21 世纪全国高等院校财经管理系列实用规划教材

U0140763

证券投资学

主　编　王　毅
副主编　宫　超　霍云雷
　　　　王凡一　赵欣颖

北京大学出版社
PEKING UNIVERSITY PRESS

内 容 简 介

　　本书系统地介绍了证券市场的基本理论、股票、债券、基金和金融衍生工具、证券市场运作和中介机构、证券监管和法律法规，还特别增加了证券营销的相关内容，使内容更加完整和充实。同时，本书将理论阐述、知识链接、案例分析有机结合，全面勾画了证券市场的脉络框架。本书每章都有导入案例、相关链接、习题等；内容紧密结合证券业从业人员资格考试大纲的要求。

　　本书可作为高等院校财经类各专业特别是金融专业的选用教材，也可作为证券投资者和金融证券经营机构从业人员的学习参考用书。

图书在版编目(CIP)数据

证券投资学/王毅主编 . —北京：北京大学出版社，2012.9
　(21世纪全国高等院校财经管理系列实用规划教材)
ISBN 978-7-301-21236-3

Ⅰ. ①证… Ⅱ. ①王… Ⅲ. ①证券投资—高等学校—教材 Ⅳ. ①F830.91

中国版本图书馆 CIP 数据核字(2012)第 212310 号

书　　　　名：	证券投资学
著作责任者：	王　毅　主编
策 划 编 辑：	林章波　李　虎
责 任 编 辑：	王显超
标 准 书 号：	ISBN 978-7-301-21236-3/F · 3334
出 版 者：	北京大学出版社
地　　　　址：	北京市海淀区成府路 205 号　　　　100871
网　　　　址：	http://www.pup.cn　　http://www.pup6.cn
电　　　　话：	邮购部 62752015　　发行部 62750672　　编辑部 62750667　　出版部 62754962
电 子 邮 箱：	pup_6@163.com
印 刷 者：	北京鑫海金澳胶印有限公司
发 行 者：	北京大学出版社
经 销 者：	新华书店
	787 毫米×1092 毫米　16 开本　24.75 印张　575 千字
	2012 年 9 月第 1 版　　2012 年 9 月第 1 次印刷
定　　　　价：	45.00 元

21世纪全国高等院校财经管理系列实用规划教材

专家编审委员会

主任委员　刘诗白

副主任委员　（按拼音排序）

韩传模	李全喜	王宗萍
颜爱民	曾　旗	朱廷珺

顾　　问　（按拼音排序）

高俊山	郭复初	胡运权
万后芬	张　强	

委　　员　（按拼音排序）

程春梅	邓德胜	范　徽
冯根尧	冯雷鸣	黄解宇
李柏生	李定珍	李相合
李小红	刘志超	沈爱华
王富华	吴宝华	张淑敏
赵邦宏	赵　宏	赵秀玲

法律顾问　杨士富

丛 书 序

我国越来越多的高等院校设置了经济管理类学科专业，这是一个包括经济学、管理科学与工程、工商管理、公共管理、农业经济管理、图书档案学6个二级学科门类和22个专业的庞大学科体系。2006年教育部的数据表明，在全国普通高校中，经济类专业布点1518个，管理类专业布点4328个。其中除少量院校设置的经济管理专业偏重理论教学外，绝大部分属于应用型专业。经济管理类应用型专业主要着眼于培养社会主义国民经济发展所需要的德智体全面发展的高素质专门人才，要求既具有比较扎实的理论功底和良好的发展后劲，又具有较强的职业技能，并且又要求具有较好的创新精神和实践能力。

在当前开拓新型工业化道路，推进全面小康社会建设的新时期，进一步加强经济管理人才的培养，注重经济理论的系统化学习，特别是现代财经管理理论的学习，提高学生的专业理论素质和应用实践能力，培养出一大批高水平、高素质的经济管理人才，越来越成为提升我国经济竞争力、保证国民经济持续健康发展的重要前提。这就要求高等财经教育要更加注重依据国内外社会经济条件的变化，适时变革和调整教育目标和教学内容；要求经济管理学科专业更加注重应用、注重实践、注重规范、注重国际交流；要求经济管理学科专业与其他学科专业相互交融与协调发展；要求高等财经教育培养的人才具有更加丰富的社会知识和较强的人文素质及创新精神。要完成上述任务，各所高等院校需要进行深入的教学改革和创新。特别是要搞好有较高质量的教材的编写和创新工作。

出版社的领导和编辑通过对国内大学经济管理学科教材实际情况的调研，在与众多专家学者讨论的基础上，决定编写和出版一套面向经济管理学科专业的应用型系列教材，这是一项有利于促进高校教学改革发展的重要措施。

本系列教材是按照高等学校经济类和管理类学科本科专业规范、培养方案，以及课程教学大纲的要求，合理定位，由长期在教学第一线从事教学工作的教师编写，立足于21世纪经济管理类学科发展的需要，深入分析经济管理类专业本科学生现状及存在的问题，探索经济管理类专业本科学生综合素质培养的途径，以科学性、先进性、系统性和实用性为目标，其编写的特色主要体现在以下几个方面：

（1）关注经济管理学科发展的大背景，拓宽理论基础和专业知识，着眼于增强教学内容与实际的联系和应用性，突出创造能力和创新意识。

（2）体系完整、严密。系列涵盖经济类、管理类相关专业以及与经管相关的部分法律类课程，并把握相关课程之间的关系，整个系列丛书形成一套完整、严密的知识结构体系。

（3）内容新颖。借鉴国外最新的教材，融会当前有关经济管理学科的最新理论和实践经验，用最新知识充实教材内容。

（4）合作交流的成果。本系列教材是由全国上百所高校教师共同编写而成，在相互进行学术交流、经验借鉴、取长补短、集思广益的基础上，形成编写大纲。最终融合了各地特点，具有较强的适应性。

（5）案例教学。教材具备大量案例研究分析内容，让学生在学习过程中理论联系实际，特别列举了我国经济管理工作中的大量实际案例，这可大大增强学生的实际操作能力。

（6）注重能力培养。力求做到不断强化自我学习能力、思维能力、创造性解决问题的能力以及不断自我更新知识的能力，促进学生向着富有鲜明个性的方向发展。

作为高要求，财经管理类教材应在基本理论上做到以马克思主义为指导，结合我国财经工作的新实践，充分汲取中华民族优秀文化和西方科学管理思想，形成具有中国特色的创新教材。这一目标不可能一蹴而就，需要作者通过长期艰苦的学术劳动和不断地进行教材内容的更新才能达成。我希望这一系列教材的编写，将是我国拥有较高质量的高校财经管理学科应用型教材建设工程的新尝试和新起点。

我要感谢参加本系列教材编写和审稿的各位老师所付出的大量卓有成效的辛勤劳动。由于编写时间紧、相互协调难度大等原因，本系列教材肯定还存在一些不足和错漏。我相信，在各位老师的关心和帮助下，本系列教材一定能不断地改进和完善，并在我国大学经济管理类学科专业的教学改革和课程体系建设中起到应有的促进作用。

2007 年 8 月

刘诗白　现任西南财经大学名誉校长、教授，博士生导师，四川省社会科学联合会主席，《经济学家》杂志主编，全国高等财经院校资本论研究会会长，学术团体"新知研究院"院长。

前　言

改革开放以来，随着我国证券市场规范化、市场化、国际化的发展趋势日渐显著，中国的证券业走上了高速发展的快车道，获得了前所未有的发展，有关院校开设了证券投资学课程，以培养我国急需的证券从业人才。

本书是一部研究证券投资特征与投资原理、揭示证券市场运行规律、阐述证券投资分析方法和技巧的教材。密切结合中国证券投资市场的现状，探讨中国证券市场成功投资之道，以实用性和趣味性为原则，结合翔实的投资案例，系统而全面地讲述与普通老百姓密切相关的投资学知识，为成功投资提供切实可行的帮助，是本书的可贵之处；对中国证券市场问题进行系统分析，探讨规避风险的可行操作，使投资获益更理性、更安全，是本书编者的一个大胆尝试。

一本高质量的教材是提高教学质量的前提条件之一，本书系统地介绍了证券市场的基本理论、股票、债券、基金和金融衍生工具、证券市场运行和中介机构、证券监管和法律法规、还特别增加了证券营销的相关内容，使内容更加完整和充实。同时，本书将理论阐述、知识链接、案例分析有机结合，全面勾画了证券市场的脉络框架。编写本书时，我们遵照了教材实行本土化，把中国的背景知识与国际接轨；形式多种多样，方便教材使用者。每章都有学习指导、相关链接、习题、案例分析等；内容紧密结合证券业从业人员资格考试大纲的要求，可以成为证券从业资格考试的参考和辅导教材；精选作者，保证质量，编写本书的作者都是常年从事证券投资教学和理论研究的人员。

本书具有以下特点：

（1）内容新颖和联系实际，有鲜明的时代感。书中内容紧贴股市现状，反映市场运行规律，力图通过分析众人熟悉的"现状"、"热点"，来揭示中国证券市场发展的本质趋势。

（2）系统性和独特性。本书全面介绍了市场经济与证券市场的基础理论、证券投资原理和方法，系统介绍了中国股市独特环境；教材结构体系完整，编写风格独特，能从投资者的角度讨论和论述相关知识，富有启发性。

（3）突出可操作性。书中穿插了大量的图表说明技术方法的应用，选用的图示和案例，来自于我国证券市场和作者的实践，有利于读者领悟技术指标原理和指导实际操作。方便读者学习和模拟练习。

（4）强调技术分析。在阐述基本分析的基础上，重点探讨了如何使用技术指标和图形分析股价走势，选择买卖时机。

本书由王毅担任主编，宫超、霍云雷、王凡一、赵欣颖担任副主编。各章编写人员具体分工如下：第1章、第10章由赵欣颖编写，第2章、第7章由宫超编写，第3章、第6章由霍云雷编写，第4章、第8章由王凡一编写，第5章、第9章及各章的案例分析由王毅编写。

本书在编写过程中参考了国内外大量文献，在此对文献作者一并表示感谢。由于编者水平有限，书中不足之处在所难免，恳请广大读者批评指正。

编　者
2012 年 6 月

目　录

第1章　证券市场概述 ⋯⋯⋯⋯⋯ 1

1.1　证券概述 ⋯⋯⋯⋯⋯⋯⋯ 2
 1.1.1　证券的概念 ⋯⋯⋯ 2
 1.1.2　有价证券 ⋯⋯⋯⋯ 3
 1.1.3　有价证券的特征 ⋯ 6
 1.1.4　证券投资及目的 ⋯ 7
1.2　证券市场 ⋯⋯⋯⋯⋯⋯⋯ 9
 1.2.1　证券市场概述 ⋯⋯ 9
 1.2.2　证券市场类型 ⋯⋯ 9
 1.2.3　证券市场的功能 ⋯ 12
 1.2.4　证券市场参与者 ⋯ 13
1.3　证券市场产生与发展 ⋯⋯ 18
 1.3.1　证券市场产生的条件 ⋯⋯ 18
 1.3.2　证券市场形成与发展
  阶段 ⋯⋯⋯⋯⋯⋯ 19
 1.3.3　中国证券市场的发展 ⋯ 22
本章小结 ⋯⋯⋯⋯⋯⋯⋯⋯⋯ 28
习题 ⋯⋯⋯⋯⋯⋯⋯⋯⋯⋯⋯ 29

第2章　股票 ⋯⋯⋯⋯⋯⋯⋯⋯ 31

2.1　股票的特点与类型 ⋯⋯⋯ 32
 2.1.1　股票的概述 ⋯⋯⋯ 32
 2.1.2　股票的类型 ⋯⋯⋯ 35
2.2　股票的价值与影响股价变动的
 因素 ⋯⋯⋯⋯⋯⋯⋯⋯ 43
 2.2.1　股票的价值 ⋯⋯⋯ 43
 2.2.2　影响股市及股价变动的
  基本因素 ⋯⋯⋯⋯ 47
2.3　股票的相关知识 ⋯⋯⋯⋯ 55
 2.3.1　股利及除息除权 ⋯ 55
 2.3.2　我国的股权分置改革 ⋯ 58
2.4　股票价格指数 ⋯⋯⋯⋯⋯ 60
 2.4.1　股票价格指数的计算 ⋯ 60
 2.4.2　我国主要的股票价格
  指数 ⋯⋯⋯⋯⋯⋯ 63
 2.4.3　国外的主要股票指数 ⋯ 65

本章小结 ⋯⋯⋯⋯⋯⋯⋯⋯⋯ 67
习题 ⋯⋯⋯⋯⋯⋯⋯⋯⋯⋯⋯ 67

第3章　债券 ⋯⋯⋯⋯⋯⋯⋯⋯ 69

3.1　债券概述 ⋯⋯⋯⋯⋯⋯⋯ 70
 3.1.1　债券的定义、票面要素和
  特征 ⋯⋯⋯⋯⋯⋯ 70
 3.1.2　债券的分类 ⋯⋯⋯ 73
 3.1.3　债券与股票的比较 ⋯ 75
3.2　政府债券 ⋯⋯⋯⋯⋯⋯⋯ 76
 3.2.1　政府债券概述 ⋯⋯ 76
 3.2.2　国家债券 ⋯⋯⋯⋯ 77
 3.2.3　地方政府债券 ⋯⋯ 81
3.3　金融债券与公司债券 ⋯⋯ 82
 3.3.1　金融债券 ⋯⋯⋯⋯ 82
 3.3.2　公司债券 ⋯⋯⋯⋯ 84
 3.3.3　我国的企业债券与
  公司债券 ⋯⋯⋯⋯ 86
3.4　国际债券 ⋯⋯⋯⋯⋯⋯⋯ 87
 3.4.1　国际债券概述 ⋯⋯ 87
 3.4.2　国际债券的分类 ⋯ 88
 3.4.3　亚洲债券市场 ⋯⋯ 89
 3.4.4　我国的国际债券 ⋯ 90

本章小结 ⋯⋯⋯⋯⋯⋯⋯⋯⋯ 91
习题 ⋯⋯⋯⋯⋯⋯⋯⋯⋯⋯⋯ 92

第4章　证券投资基金 ⋯⋯⋯⋯ 94

4.1　证券投资基金概述 ⋯⋯⋯ 96
 4.1.1　证券投资基金 ⋯⋯ 96
 4.1.2　证券投资基金的分类 ⋯ 100
4.2　证券投资基金的募集、交易与
 登记 ⋯⋯⋯⋯⋯⋯⋯⋯ 108
 4.2.1　证券投资基金的募集与
  认购 ⋯⋯⋯⋯⋯⋯ 108
 4.2.2　基金的交易、申购和
  赎回 ⋯⋯⋯⋯⋯⋯ 110
 4.2.3　基金份额的登记 ⋯ 117

4.3 证券投资基金当事人 ………… 118
　4.3.1 证券投资基金份额
　　　　持有人 …………………… 118
　4.3.2 证券投资基金管理人 …… 119
　4.3.3 证券投资基金托管人 …… 120
　4.3.4 证券投资基金当事人之间的
　　　　关系 …………………… 122
4.4 证券投资基金的费用与资产
　　估值 …………………………… 122
　4.4.1 证券投资基金的费用 …… 122
　4.4.2 证券投资基金资产估值 … 124
4.5 基金的收益、风险与信息披露 … 126
　4.5.1 证券投资基金的收益 …… 126
　4.5.2 证券投资基金投资风险 … 127
　4.5.3 证券投资基金信息披露的
　　　　内容 …………………… 128
　4.5.4 证券投资基金信息披露的
　　　　分类 …………………… 130
4.6 证券投资基金的投资 ………… 131
　4.6.1 证券投资基金的投资
　　　　范围 …………………… 131
　4.6.2 证券投资的限制 ………… 131
本章小结 …………………………… 132
习题 ………………………………… 133

第5章　金融衍生工具 …………… 135

5.1 金融衍生工具概述 …………… 136
　5.1.1 金融衍生工具的分类 …… 137
　5.1.2 金融衍生工具的产生与
　　　　发展动因 ……………… 139
5.2 金融远期合约 ………………… 140
　5.2.1 金融远期合约概述 ……… 140
　5.2.2 远期利率协议 …………… 142
　5.2.3 远期外汇合约 …………… 144
5.3 期货交易 ……………………… 146
　5.3.1 期货交易的定义、特征、
　　　　功能 …………………… 146
　5.3.2 期货合约 ………………… 148
　5.3.3 期货交易规则 …………… 150
　5.3.4 期货交易的种类 ………… 152
　5.3.5 期货交易策略 …………… 155
5.4 期权交易 ……………………… 158

5.4.1 期权的定义 ……………… 159
　5.4.2 期权交易的合约要素 …… 159
　5.4.3 期权的类型 ……………… 160
　5.4.4 权证 ……………………… 162
5.5 金融互换 ……………………… 163
　5.5.1 金融互换的定义 ………… 163
　5.5.2 金融互换市场的起源和
　　　　发展 …………………… 164
　5.5.3 金融互换交易合约的
　　　　内容 …………………… 165
　5.5.4 金融互换的种类 ………… 166
5.6 其他衍生工具 ………………… 168
　5.6.1 存托凭证 ………………… 168
　5.6.2 资产证券化与证券化
　　　　产品 …………………… 171
　5.6.3 结构化金融衍生产品 …… 174
本章小结 …………………………… 175
习题 ………………………………… 175

第6章　证券投资分析 …………… 179

6.1 宏观经济分析 ………………… 180
　6.1.1 宏观经济分析概述 ……… 180
　6.1.2 宏观经济运行与证券
　　　　市场 …………………… 185
　6.1.3 财政政策与证券市场 …… 189
　6.1.4 货币政策与证券市场 …… 191
6.2 行业分析 ……………………… 195
　6.2.1 行业分析概述 …………… 195
　6.2.2 行业的市场类型 ………… 196
　6.2.3 行业的生命周期 ………… 197
　6.2.4 影响行业发展的因素 …… 198
6.3 公司分析 ……………………… 199
　6.3.1 公司基本素质分析 ……… 199
　6.3.2 公司财务分析 …………… 203
　6.3.3 财务比率分析的主要
　　　　内容 …………………… 208
6.4 技术分析 ……………………… 214
　6.4.1 技术分析概述 …………… 214
　6.4.2 量价分析 ………………… 215
　6.4.3 K线分析 ………………… 215
　6.4.4 切线分析 ………………… 219
　6.4.5 形态分析 ………………… 222

6.4.6 指标分析 ……………… 225

本章小结 ……………………… 229

习题 …………………………… 229

第7章 证券发行与交易 ……… 233

7.1 证券发行市场 ……………… 234

7.1.1 证券发行市场的概述 …… 235

7.1.2 股票的发行 …………… 237

7.1.3 债券的发行 …………… 243

7.2 证券交易市场 ……………… 245

7.2.1 证券交易所 …………… 245

7.2.2 股票市场 ……………… 249

7.2.3 证券交易程序 ………… 257

7.2.4 债券交易市场 ………… 259

本章小结 ……………………… 261

习题 …………………………… 261

第8章 证券中介机构 …………… 263

8.1 证券公司的设立和主要业务 … 264

8.1.1 证券公司的设立 ……… 265

8.1.2 证券公司董事、监事和高级
管理人员任职资格监管 … 266

8.1.3 创新试点证券公司的评审及
持续要求 ……………… 269

8.1.4 规范类证券公司的评审及
持续要求 ……………… 270

8.1.5 证券公司的主要业务 … 272

8.2 证券公司的治理结构和内部
控制 ………………………… 278

8.2.1 证券公司的治理结构 …… 278

8.2.2 证券公司的内部控制 …… 281

8.2.3 证券公司风险控制指标 … 283

8.3 证券登记结算公司 …………… 285

8.3.1 证券登记结算公司的
设立 …………………… 285

8.3.2 证券登记结算公司的组织
机构 …………………… 286

8.3.3 证券登记结算公司的
职能 …………………… 286

8.3.4 证券登记结算公司的
有关业务规则 ………… 287

8.4 证券服务机构 ……………… 288

8.4.1 证券服务机构的类别 …… 288

8.4.2 律师事务所从事证券法律
业务的管理 …………… 288

8.4.3 注册会计师执业证券、
期货相关业务的管理 …… 289

8.4.4 证券、期货投资咨询机构
管理 …………………… 290

8.4.5 资信评级机构从事证券
业务的管理 …………… 291

8.4.6 资产评估机构从事证券、
期货业务的管理 ……… 292

8.4.7 证券服务机构的法律责任和
市场准入 ……………… 293

本章小结 ……………………… 294

习题 …………………………… 294

第9章 证券营销 ………………… 297

9.1 证券营销概述 ……………… 298

9.1.1 市场营销概述 ………… 298

9.1.2 证券公司营销概述 …… 302

9.1.3 证券经纪业务营销 …… 307

9.2 证券经纪人 ………………… 308

9.2.1 证券经纪人简介 ……… 308

9.2.2 证券经纪业务营销发展
概况 …………………… 309

9.2.3 证券经纪人发展概况 …… 312

9.2.4 证券经纪人发展前景 …… 314

9.2.5 证券经纪人基本素质 …… 315

9.2.6 证券经纪人专业形象与
礼仪 …………………… 321

9.3 证券经纪人专业化销售 …… 326

9.3.1 证券经纪人专业化销售前
准备 …………………… 326

9.3.2 证券经纪人专业化销售 … 331

9.3.3 机构客户开发方法与
技巧 …………………… 340

9.4 证券营销渠道开发方法与技巧 … 343

9.4.1 证券营销渠道 ………… 343

9.4.2 银行渠道营销 ………… 345

9.4.3 社区渠道营销 ………… 347

9.4.4 报刊亭渠道开发 ……… 348

本章小结 ……………………… 349

习题 …………………………… 350

第 10 章　证券市场监管 ················· 352

　10.1　证券市场监管概述 ············· 354
　　10.1.1　证券市场监管的理论
　　　　　　依据 ·················· 354
　　10.1.2　证券市场监管要素 ······ 356
　　10.1.3　证券市场监管模式 ······ 358
　10.2　证券市场监管法律法规 ·········· 362
　　10.2.1　证券市场监管法律 ······ 362
　　10.2.2　证券监管的行政法规 ··· 365

　　10.2.3　部门规章及规范性
　　　　　　文件 ·················· 366
　10.3　证券市场监管的内容 ············· 371
　　10.3.1　证券发行监管 ········· 371
　　10.3.2　证券交易监管 ········· 372
　　10.3.3　对证券公司的监管 ····· 375
本章小结 ····························· 376
习题 ······························· 377

参考文献 ························· 380

第 1 章　证券市场概述

教学目标

通过本章的学习，理解和掌握有价证券的定义、类型、基本特征，熟悉证券市场的分类与功能，证券市场主要参与者，了解证券市场产生与发展的条件和过程。

教学要求

知识要点	能力要求	相关知识
证券概述	(1) 有价证券概念及特征的理解能力 (2) 有价证券的种类的掌握能力 (3) 证券投资的产生及目的	(1) 有价证券的概念及特征 (2) 有价证券的种类 (3) 证券投资的产生及目的
证券市场	(1) 证券市场的定义、特征和类型的理解能力 (2) 证券市场基本功能的理解能力 (3) 证券市场参与者的概括能力	(1) 证券市场的定义、特征和类型 (2) 证券市场基本功能 (3) 证券市场参与者的构成和类型
证券市场产生与发展	(1) 证券市场产生与发展条件的理解力 (2) 证券市场发展阶段的概括能力 (3) 中国证券市场的发展阶段	(1) 证券市场产生与发展条件 (2) 证券市场形成和发展阶段 (3) 中国证券市场产生的条件和最新发展趋势

> 从短期来看，市场是一个投票机，而从长期来看，市场是一个称重计。
>
> ——巴菲特

基本概念

证券　有价证券　证券市场　证券发行人　机构投资者　个人投资者　证券公司　证券服务机构

导入案例

1929 年美国股市"黑色星期二"

1929 年 10 月 29 日，纽约证券交易所里所有的人都陷入了抛售股票的漩涡之中。股指从之前的 363 点最高点骤然下跌了平均 40%。

这是美国证券史上最黑暗的一天，是美国历史上影响最大、危害最深的经济事件，影响波及整个世界。此后，美国和全球进入了长达 10 年的经济大萧条时期。

因此，这一天被视作大萧条时期开启的标志性事件，由于正值星期二，被称为"黑色星期二"。

危机爆发前，从股市非常萧条的 1921 年到 1928 年，工业产值每年平均增加 4%，而 1928 年到 1929 年，则增加了 15%。通货膨胀率很低，新兴工业四处萌芽。

在这种情况下，乐观主义越来越流行，再加上资金成本很低，大大刺激了股票投资者的投资活动，经过 1926 年短暂的反转下跌后，股市月月创新高，由此诞生了一代炒股致富的人。这又煽动了更多的人通过经纪人现金贷款以买进更多的股票。

随着股民的增多，信托投资公司也随之增加。在 1921 年，大概只有 40 家信托公司。而到 1927 年年初，这个数目上升到 160 家，同年底达到 300 家。从 1927 年年初到 1929 年秋，信托投资公司的总资产增加了 10 倍。

危机爆发于 10 月 24 日，市场成交量放大到 1 200 万股，流露出明显的恐慌气氛。随后几天股价连续跳水，市场似乎永远无底。

10 月 29 日，在强烈的卖压下，恐慌达到极点，1 600 万股股票不惜血本逃了出来。

1930 年价格进一步下跌，直到 1932 年 7 月 8 日跌至 58 点才真正见底。工业股票跌去原市值的 85%。

点评

在证券市场的投资活动中，规避风险是市场生存的第一要务，顺应价格变动趋势顺势而为是获取收益的不二法则。

1.1 证券概述

1.1.1 证券的概念

1. 证券的定义

证券是商品经济和社会化大生产发展的产物，其含义非常广泛。从法律意义上说，证券是指各类记载并代表一定权利的法律凭证的统称，用以证明持券人有权依其所持证券记载的内容而取得应有的权益。从一般意义上来说，证券是指用以证明或设定权利所做成的书面凭证，它表明证券持有人或第三者有权取得该证券拥有的特定权益，或证明其曾经发生过的行为。

证券的票面要素主要有 4 个：①持有人，即证券为谁所有；②证券的标的物，即证券票面上所载明的特定的具体内容，它表明持有人权利所指向的特定对象；③标的物的价值，即证券所载明的标的物的价值大小；④权利，即持有人持有该证券所拥有的权利。

2. 证券的特征与类型

作为证券，必须具备两个最基本的特征：一是法律特征，即它反映的是某种法律行为的结果，本身必须具有合法性。同时，它所包含的特定内容具有法律效力。二是书面特征，即必须采取书面形式或与书面形式有同等效力的形式，并且必须按照特定的格式进行书写或制作，载明有关法规规定的全部必要事项。凡同时具备上述两个特征的书面凭证才可称之为证券。

证券按其性质不同，可分为凭证证券和有价证券。

凭证证券又称无价证券，是指本身不能使持券人或第三者取得一定收入的证券。它可分为两个大类：一类是证据书面凭证，即为单纯证明某一特定事实的书面凭证，如借据、收据等；另一类是某种私权的合法占有者的书面凭证，即占有权证券，如购物券、供应证等。

有价证券是指标有票面金额，证明持券人有权按期取得一定收入并可自由转让和买卖的所有权或债权凭证，这类证券本身没有价值，但由于它代表着一定量的财产权利，持有者可凭它直接取得一定量的商品、货币，或是取得利息、股息等收入，因而可以在证券市场上买卖和流通，客观上具有了交易价格。影响有价证券价格的因素很多，主要是预期收入和市场利率，因此，有价证券价格实际上是资本化了的收入。

在证券理论和实务中，通常所说的证券就是有价证券。

1.1.2 有价证券

有价证券有广义与狭义两种概念，广义的有价证券包括商品证券、货币证券和资本证券。

商品证券是证明持券人有商品所有权或使用权的凭证，取得这种证券就等于取得这种商品的所有权，持券者对这种证券所代表的商品所有权受法律保护。属于商品证券的有提货单、运货单、仓库栈单等。

货币证券是指本身能使持券人或第三者取得货币索取权的有价证券，货币证券主要包括两大类：一类是商业证券，主要包括商业汇票和商业本票；另一类是银行证券，主要包括银行汇票、银行本票和支票。

资本证券是指由金融投资或与金融投资有直接联系的活动而产生的证券。持券人对发行人有一定的收入请求权，它包括股票、债券及其衍生品种如基金证券、可转换证券等。

资本证券是有价证券的主要形式，狭义的有价证券即指资本证券。在日常生活中，人们通常把狭义的有价证券——资本证券直接称为有价证券乃至证券。

有价证券可以从不同角度、按不同标准进行分类。

1. 按证券发行主体分类

按证券发行主体的不同，有价证券可分为政府证券、金融证券、公司证券。

政府证券是指政府财政部门或其他代理机构为筹集资金，以政府名义发行的证券。从形式上分，政府证券主要包括国库券和公债券两大类。国库券一般由财政部发行，用以弥补财政收支不平衡。公债券是指为筹集建设资金而发行的一种债券，有时也将两者统称为公债。从发行主体上分，中央政府发行的称国家公债或国债，地方政府发行的称地方公债或地方债。

金融证券是指银行、保险公司、信用社、投资公司等金融机构为筹集经营资金而发行的证券，主要包括金融机构股票、金融债券、定期存款单、可转让大额存款单和其他储蓄证券等。

公司证券是指公司、企业等经济法人为筹集投资资金或与筹集投资资金直接相关的行为而发行的证券，主要包括公司股票、公司债券、优先认股权证和认股证书等，其中认股证书是证明持有者拥有购买发行公司一定数量股票的专有权的凭证。

2. 按证券适销性分类

证券按是否具有适销性，可以分为适销证券和不适销证券。

适销证券是指证券持有人在需要现金或希望将持有的证券转化为现金时，能够迅速地在证券市场上出售的证券。这类证券是金融投资者的主要投资对象，包括公司股票、公司债券、金融债券、国库券、公债券、优先认股权证、认股证书等。

不适销证券是指证券持有人在需要现金时，不能或不能迅速地在证券市场上出售的证券。这种证券虽不能或不能迅速地在证券市场上出售，但都具有投资风险较小、投资收益确定、在特定条件下也可以换成现金等特点，如定期存单等。

3. 按证券上市与否分类

按证券是否在证券交易所挂牌交易，证券可分为上市证券和非上市证券。

上市证券又称挂牌证券，是指经证券主管机关批准，并向证券交易所注册登记，获得在交易所内公开买卖资格的证券。

非上市证券也称非挂牌证券、场外证券，指未申请上市或不符合在证券交易所挂牌交易条件的证券。

4. 按证券收益是否固定分类

根据收益的固定与否，证券可分为固定收益证券和变动收益证券。

固定收益证券是指持券人可以在特定的时间内取得固定的收益并预先知道取得收益的数量和时间，如固定利率债券、优先股股票等。

变动收益证券是指因客观条件的变化其收益也随之变化的证券。如普通股，其股利收益事先不确定，而是随公司税后利润的多少来确定，又如浮动利率债券也属此类证券。

一般说来，变动收益证券比固定收益证券的收益高、风险大，但是在通货膨胀条件下，固定收益证券的风险要比变动收益证券大得多。

5. 按证券发行的地域和国家分类

根据发行的地域或国家的不同，证券可分为国内证券和国际证券。

国内证券是一国国内的金融机构、公司企业等经济组织或该国政府在国内资本市场上以本国货币为面值所发行的证券。

国际证券则是由一国政府、金融机构、公司企业或国际经济机构在国际证券市场上以其他国家的货币为面值而发行的证券，包括国际债券和国际股票两大类。

6. 按证券募集方式分类

根据募集方式的不同，证券可分为公募证券和私募证券。

公募证券是指发行人通过中介机构向不特定的社会公众投资者公开发行的证券，其审批较严格并采取公示制度。

私募证券是指向少数特定的投资者发行的证券，其审查条件相对较松，投资者也较少，不采取公示制度。私募证券的投资者多为与发行者有特定关系的机构投资者，也有发行公司、企业的内部职工。

7. 按证券性质分类

按证券的经济性质可分为基础证券和金融衍生证券两大类。股票、债券和投资基金都属于基础证券，它们是最活跃的投资工具，是证券市场的主要交易对象，也是证券理论和实务研究的重点。金融衍生证券是指由基础证券派生出来的证券交易品种，主要有金融期货与期权、可转换证券、存托凭证、认股权证等。

 相关链接

股票的起源与发展

股票至今已有将近 400 年的历史，它是社会化大生产的产物。随着人类社会进入了社会化大生产的时期，企业经营规模扩大与资本需求不足的矛盾日益突出，于是产生了以股份公司形态出现的，股东共同出资经营的企业组织；股份公司的变化和发展产生了股票形态的融资活动；股票融资的发展产生了股票交易的需求；股票的交易需求促成了股票市场的形成和发展；而股票市场的发展最终又促进了股票融资活动和股份公司的完善和发展。所以，股份公司、股票融资和股票市场的相互联系和相互作用，推动着股份公司、股票融资和股票市场的共同发展。

股票最早出现于资本主义国家。在 17 世纪初，随着资本主义大工业的发展，企业生产经营规模不断扩大，由此而产生的资本短缺、资本不足便成为制约着资本主义企业经营和发展的重要因素之一。为了筹集更多的资本，于是，出现了以股份公司形态，由股东共同出资经营的企业组织，进而又将筹集资本的范围扩展至社会，产生了以股票这种表示投资者投资入股，并按出资额的大小享受一定的权益和承担一定的责任的有价凭证，并向社会公开发行，以吸收和集中分散在社会上的资金。

股票交易市场可远溯到 1602 年，荷兰人开始在阿姆斯特河桥上买卖荷属东印度公司股票，这也是全世界第一支公开交易的股票，而阿姆斯特河大桥则是世界最早的股票交易所。在那里挤满了等着与股票经纪人交易的投资人，甚至惊动警察进场维持秩序。荷兰的投资人在第一个股票交易所投资了上百万荷币，只为了求得拥有这家公司的股票，以彰显身份的尊荣。

而股票市场起源于美国，已有 200 年以上的历史，至今仍十分活络，其交易的证券种类非常繁多，股票市场是供投资者集中进行股票交易的机构。大部分国家都有一个或多个股票交易所。

纽约证券交易所是美国最大、最老、最有人气的市场。纽约证交所有 200 多年的历史，大部分历史悠久的"财富 500 强"都会在纽约证券交易所挂牌。在纽约证交所，经纪人在场内走动叫喊来寻找最佳买卖主，经纪人依客户所开的条件在场内公开寻找买卖主，本身不左右价格。

1792 年 5 月 17 日，24 位证券交易商在华尔街 68 号门口的一棵梧桐树下签订了一个协定，史称"梧桐树协议(Buttonwood Agreement)",他们商定,以后每周用几个上午在这棵树下聚会,规则有 3 条:只在会员间进行交易,不准外人参加,交易按规定收取佣金。一般都将这个根本不起眼的事件作为纽约股票交易所诞生之日。而这 3 条规则也成为后来交易所的基本规则。当天按照这个规则进行交易的是美利坚银行的股票。这家银行可算作纽约证券交易所的第一家上市公司。

直到 1817 年,在这里交易的证券经纪人成立了第一个正式的交易组织——纽约证券交易委员会,也租了一栋房子,到屋子里面交易。纽约交易所开始登堂入室。1865 年,纽约交易所建起了自己的大楼。1903 年,纽约证交所迁往现在的地址。

此后,在学者作家的笔下,纽约证券交易所成为美国的象征,成为自由市场的象征。到 20 世纪 20 年代,纽约股票交易所战胜了所有挑战者,成为美国首屈一指的交易所,成交量占美国上市证券交易的75%。20 世纪 90 年代,纽约证券交易所经历了又一次辉煌,上市公司股份达到 20 亿股,而 1886 年时仅为 100 万股。纽约证交所目前有上千会员,美国著名的投资银行都在证交所场内拥有自己的经纪人。目前有来自全球的 2 800 家公司在纽约证券交易所挂牌交易,总市值达 13.5 万亿美元。

1.1.3 有价证券的特征

有价证券具有产权性、收益性、流动性、风险性等基本特征。

1. 产权性

证券的产权性是指有价证券代表一定的财产权利,拥有证券就意味着享有财产的占有、使用、收益和处分的权利。在现代经济社会里,财产权利和证券已密不可分,财产权利与证券两者融合为一体,权利证券化。虽然证券持有人并不实际占有财产,但可以通过持有证券在法律上拥有有关财产的所有权或债权。

2. 收益性

收益性是指持有证券本身可以获得一定数额的收益,这是投资者转让资本使用权的回报。证券代表的是对一定数额的某种特定资产的所有权或债权,而资产是一种特殊的价值,它要在社会经济运行中不断运动,不断增值,最终形成高于原始投入价值的价值。由于这种资产的所有权或债权属于证券投资者,投资者持有证券也就同时拥有取得这部分资产增值收益的权利,因而证券本身具有收益性。有价证券的收益表现为利息收入、红利收入和买卖证券的差价。收益的多少通常取决于该资产增值数额的多少和证券市场的供求状况。

3. 流动性

证券的流动性又称变现性,是指证券持有人可按自己的需要灵活地转让证券以换取现金。流通性是证券的生命力所在。证券的期限性约束了投资者的灵活偏好,但其流通性以变通的方式满足了投资者对资金的随机需求。证券的流通是通过承兑、贴现、交易实现的。证券流通性的强弱受证券期限、利率水平及计息方式、信用度、知名度、市场便利程度等多种因素的制约。

4. 风险性

证券的风险性是指证券持有者面临着预期投资收益不能实现,甚至使本金也受到损失的可能。这是由证券的期限性和未来经济状况的不确定性所致的。在现有的社会生产条件下，未来经济的发展变化有些是投资者可以预测的，而有些则无法预测，因此，投资者难以确定他所持有的证券将来能否取得收益和能获得多少收益，从而就使持有证券具有风险。

1.1.4 证券投资及目的

所谓投资，是指经济主体在金融市场上进行的各种金融交易活动，狭义的投资即证券投资，是在衡量金融工具的风险与收益的基础上，运用资金进行的一种以盈利或避险为目的的金融活动。

1. 证券投资的产生

证券和证券投资是随着市场经济的发展而形成和发展起来的。货币作为一般等价物出现后，生产者通过出售商品或劳务，使其劳动价值转化为货币，再通过支付货币取得生活资料和生产资料。由于货币在供求时间上的不一致，流通中就出现了剩余货币。剩余货币的持有者就成为货币的供给者，可以将货币让渡给货币短缺的需求者使用，并要求获得一定的补偿，这样就形成了早期的银行和货币市场。在货币信用成熟、商品经济发达的国家中，又逐步出现了政府发行国债、公司发行债券和股票、银行等金融机构发行金融债券和长期可转换债券等募集资金的方式，对这些证券的交易活动就是证券投资，发行和交易这种证券的场所就是证券市场。

2. 证券投资的目的

证券投资的目的主要有以下几个方面。

(1) 实现资本增值。证券投资基本的动机就是获得收益，以实现私人资本的增值。投资者在投资决策时，一般非常注意各种证券的收益率差异，在认真分析权衡的基础上，投资者或者着眼于资本的长期增值，或注重获得稳定丰厚的当期收益，或在证券交易市场通过低买高卖获得差价收益，尽可能地把资金投放于获利相对较多的证券上。

(2) 规避风险。所谓风险，就是指对未来投资收益的不确定性，投资者在投资中可能会遭受收益损失甚至本金损失的危险。证券投资本身就存在一定的风险性，但同时证券市场又为人们提供了风险和收益各异的丰富投资工具，可以通过多样化的投资组合分散风险，从而达到规避和降低风险的目的。

(3) 参与经营决策。有些投资者可能为了参与公司的生产经营决策而购买其发行的证券。资金雄厚的投资者为了实现参股和控股，往往会大量购买公司的股票，通过参加股东大会行使表决权，从而决定和影响公司生产经营、发展战略、人事任免等重大决策，证券市场上的收购战就是为了争夺公司的控制权。

(4) 保持资产流动性。金融资产的流动性是指投资者在尽可能避免损失的条件下，将投资迅速转化成现金的能力。以现金形式持有资产的流动性最大，但却无法实现资本的增值，银行活期存款一般收益率较低。固定资产投资虽然有时可以获得较高收益，但投资者将其转化成现金往往需要较高的交易成本，而且交易时间也比较长。证券投资却可以将流动性与收益性结合起来，有价证券既能较快地转化成先进，又能长期持有为投资者带来收益。因此，在保证资本增值的前提下，为了提高资产流动性，投资者往往选择证券投资。

 相关链接

流动性(Liquidity)3 种涵义

流动性的涵义大致可以从 3 个角度来说明。一是针对于具体金融工具，流动性是指将一种金融工具转化为现金这种交易媒介而不受损失的能力，这是流动性最基本的定义。一般而言，金融工具的流动性与期限成反向关系，即剩余期限越长，流动性越低；反之，剩余期限越短，流动性越高。这里流动性是另一个概念，指股票买卖活动的难易，也就是说购买这只股票后是否容易卖出，人们常说这只股票流动性很差，就是指很难按理想价格卖出。

二是市场流动性，是指市场参与者能够迅速进行大量金融交易，并且不会导致资金资产价格发生显著波动的情况。如果说流动性的基本定义着重刻画的是微观经济个体取得资金的便利程度，那么，市场流动性则侧重的是金融市场的运行状态，即如果市场参与者预期市场的流动性在可预见的将来继续保持在一个较高水平，他们就会更积极地从事交易，相应地，市场的流动性就越高。例如，股票市场的流动性取决于参与交易资金相对于股票供给的多少，这里的资金包括场内资金，既已购买了股票的资金，也就是总流通市值，以及场外资金，就是还在股票账户里准备随时入场的资金。如果股票供给不变，或交易资金增长速度快于股票供给增长速度，即便公司盈利不变，也会导致股价上涨，反之亦然。但这种股价上涨是有限度的，受过多或称过剩的资金追捧导致股价过度上涨而没有业绩支撑，终难持久，这种资金就是人们常说的热钱。

三是指整个宏观经济的流动性，即整个社会合并的资产负债表的到期日结构。如果整个社会剩余期限较短的资产越多，那么宏观经济流动性就越高。从这个角度来考察，衡量整个宏观经济流动性不仅要考虑经济体系中货币供应量的多少，而且还应当考虑其他一些易变现的短期金融资产，如货币市场基金、回购协议等。宏观经济流动性的变化不仅反映在中央银行资产负债表中负债方基础货币的变化、反映在银行体系中的流动性变化，而且也会在金融市场上得到更为综合集中地反映。2007—2008 年出现的流动性过剩就是指有过多的货币投放量，表现为过量的货币追逐有限的金融资产，导致资产价格例如房地产、股市、资源类商品快速上升和受益率的持续下降，即所谓的资产泡沫；银行机构资金来源丰富，居民储蓄增加迅速，表现为存款增速大大快于贷款速度；在宏观经济上，表现为货币增长率超过 GDP 增长率。流动性过剩容易引发信贷膨胀、投资膨胀，最终导致通货膨胀，从而引发经济过热，产生经济泡沫，因此，流动性过剩往往成为各国普遍关注的经济现象。我国出现流动性过剩的原因可以从两个方面加以分析，从内部因素来看，有经济结构不平衡、储蓄和投资倾向强于消费倾向等。储蓄投资缺口造成了贸易顺差和外汇储备的急剧增长。按目前的外汇管理制度，我国的外汇收入必须结售给中国人民银行，而央行为收购外汇必须增加货币发行。与此相关的是，贸易顺差的大量增加，人民币汇率低估导致长期升值预期加大，国外资本的流入显著增加。因此，贸易和资本流动的双顺差使我国的外汇储备急剧增加，2006 年年末，我国外汇储备达到了 10 663 亿美元。而央行为收购这些外汇储备就需要发行超过 8 万亿元货币，这是我国流动性过剩的主要内部原因。从外部因素来看，美国"9·11"事件以后，全球各主要经济体一度普遍实行低利率政策，导致各主要货币的流动性空前增长，出现了全球流动性过剩。在全球经济失衡的诱导下，大量资金从美国流入以中国为代表的亚洲新兴经济体，这是造成目前我国流动性过剩的重要外部原因。

1.2 证 券 市 场

1.2.1 证券市场概述

1. 证券市场的定义

证券市场是有价证券发行与流通以及与此相适应的组织与管理方式的总称。从广义上讲，证券市场是指一切以证券为对象的交易关系的总和。从经济学的角度可以将证券市场定义为：通过自由竞争的方式，根据供需关系来决定有价证券价格的一种交易机制。在发达的市场经济中，证券市场是完整的市场体系的重要组成部分，它不仅反映和调节货币资金的运动，而且对整个经济的运行具有重要影响。

2. 证券市场的特征

证券市场与商品市场有很大区别，也体现了证券市场的特征。

（1）证券市场的交易对象是股票、债券、证券投资基金等有价证券；而一般商品市场的交易对象是具有不同使用价值的商品。

（2）证券市场上的股票、债券等有价证券具有多重职能：①筹集资金，解决资金短缺问题；②用来投资，为投资者带来收益；③保值，以避免或减少物价上涨带来的货币损失；④投机等技术性操作争取价差收益。而一般商品市场上的商品则通常只能满足人们的某种特定需要。

（3）证券市场上证券价格的实质是对所有权让渡的市场评估，或者说是预期。

收益的市场价格与市场利率关系密切；而一般商品市场商品价格其实质是商品价值的货币表现，直接取决于市场商品的社会必要劳动时间。

（4）证券市场的风险较大，影响因素复杂，具有较大的波动性；而一般商品市场的风险较小，实行的是等价交换原则，波动小，市场前景具有较大的可测性。

1.2.2 证券市场类型

1. 按功能划分

按证券市场的功能不同可分为证券发行市场和证券流通市场。

（1）证券发行市场。证券发行市场又称"一级市场"或"初级市场"，是发行人以筹集资金为目的，按照一定的法律规定和发行程序向投资者出售证券所形成的市场。证券发行市场作为一个抽象的市场，其买卖成交活动并不局限于一个固定的场所。证券发行市场体现了证券由发行主体流向投资者的市场关系。发行者之间的竞争和投资者之间的竞争是证券发行市场赖以形成的契机。在证券发行市场上，不仅存在着由发行主体向投资者的证券流，而且存在着由投资者向发行主体的货币资本流。因此，证券发行市场不仅是发行主体筹措资金的市场，也是给投资者提供投资机会的市场。

（2）证券交易市场。证券交易市场是已发行的证券通过买卖交易实现流通转让的场所。相对于发行市场而言，证券交易市场又称为"二级市场"或"次级市场"。证券经过发行市场的承销后，即进入流通市场，它体现了新老投资者之间投资退出和投资进入的市场关系。因此，证券流通市场具有两个方面的职能：其一是为证券持有者提供需要现金时按市场价格将证券出卖变现的场所；其二是为新的投资者提供投资机会。证券交易市场又可以分为有形的交易所市场和无形的场外市场。

证券发行市场与交易市场紧密联系，互相依存，互相作用。发行市场是交易市场的存在基础，发行市场的发行条件及发行方式影响着交易市场的价格及流动性。而交易市场又能促进发行市场的发展，为发行市场所发行的证券提供了变现的场所，同时交易市场的证券价格及流动性又直接影响发行市场新证券的发行规模和发行条件。

2. 按交易组织形式划分

按交易组织形式不同可分为场内市场和场外市场。

(1) 场内市场。场内市场是指证券交易所交易市场，是证券交易的主要场所。证券交易所是一个高度组织化、高度规范化的集中交易场所，有严格规章管理制度，对交易的具体内容有明确的规定，例如交易地点必须集中在证券交易所的营业大厅；交易时间相对固定；交易对象通常是上市证券；参与交易的主体必须是证券交易所的会员，会员须交纳会员费、年费、席位费，非会员从事证券交易都要委托会员进行。

(2) 场外市场。场外市场是指在证券交易所以外进行交易的场所。场外市场包括以下几种。

① 柜台市场：分散在各个证券商的营业柜台，进行的是分散的、小规模的证券交易，交易对象主要以债券为主。

② 第三市场：已上市证券的场外交易市场。特点：交易佣金比较低，成交快，交易主体一般是大的机构投资者。

③ 第四市场：是利用电子计算机系统进行交易的市场，是一个无形市场。特点：不需要经纪人，交易可以保密，成交快。

3. 按交易对象划分

按交易对象可分为股票市场、债券市场和基金市场、衍生证券市场等，并且各个子市场之间是相互联系的。

(1) 股票市场。股票市场是股票发行和买卖交易的场所。股票市场的发行人为股份有限公司。股份有限公司在股票市场上筹集的资金是长期稳定、属于公司自有的资本。股票市场交易的对象是股票，股票的市场价格除了与股份公司的经营状况和盈利水平有关外，还受到其他诸如政治、社会、经济等多方面因素的综合影响。因此，股票价格经常处于波动之中。

(2) 债券市场。债券市场是债券发行和买卖交易的场所。债券的发行人有中央政府、地方政府、政府机构、金融机构、公司和企业。债券市场交易的对象是债券。债券因有固定的票面利率和期限，其市场价格相对股票价格而言比较稳定。

(3) 基金市场。基金市场是基金证券发行和流通的市场。封闭式基金在证券交易所挂牌交易，开放式基金是通过投资者向基金管理公司申购和赎回实现流通的。

(4) 衍生证券市场。衍生证券市场是以基础证券的存在和发展为前提的。其交易品种主要有金融期货与期权、可转换证券、存托凭证、认股权证等。

相关链接

世界五大证券交易所简介

1. 纳斯达克证交所

纳斯达克股票市场的英文直译名为"全美证券交易商协会自动报价系统"（The National Association of Securities Dealers Automated Quotations），它是全球第一个电子化的股票市场。作为以扶植处于成长期的高科技企业为己任的创业板市场，纳斯达克不仅上市标准低于主板市场，而且其本身的运作模式和效率就是高科技成果的充分体现。如果说长期以来居于世界证券市场同业霸主地位的纽约证券交易所是对应于工业文明的金融时代的杰出代表的话，那么纳斯达克无疑是应知识经济和创新的召唤应运而生的。

纳斯达克起源于场外交易的自动化发展，逐步演变为与纽约证券交易市场和全美证券市场并立的三大证券市场之一。纳斯达克市场的主要职能是操作并维持纳斯达克市场的运转，并为公司提供各种金融服务，如股票上市和信息服务。在纳斯达克内部上市的公司要根据其规模大小、业绩状况和规则严格与否进行分类；一类为纳斯达克全美市场体系，大约有 4 400 种股票；另一类为纳斯达克小额市值，大约有 1 700 种股票，它一旦达到前一类的规模与要求，便可跻身于前一类行列。可见其灵活性程度之高。

纳斯达克股票市场还编制了纳斯达克综合指数。该指数涵盖了其所有上市公司，并以各只股票的市值大小为权数，按其最新的出售价与股票数额进行加权，计算出该指数的具体值。此外，它还制定有纳斯达克 100 指数，其构成为该市场内 100 家最大的上市公司的股票。

2. 纽约证交所

纽约证券交易所（New York Stock Exchange，NYSE）是目前世界上规模最大的有价证券交易市场，也是美国历史最长、最大且最有名气的证券市场，至今已有 208 年的历史，上市股票超过 3 600 种。

纽约证券交易所约有 3 000 家总市值高达 1 700 万亿美元的大企业挂牌进行买卖，辖下共有 400 家左右的会员企业，每天约有 3 000 人在交易场地工作，20 个交易地点合共 400 多个交易位。纽约证交所的交易方式也跟传统市场一样，是采取议价方式，股票经纪会依客户所开出的买卖条件，在交易大堂内公开寻找买主卖主，然后讨价还价后完成交易。纽约证交所上市条件较为严格，还没赚钱就想上市集资的公司无法进入纽约证交所。

在 200 多年的发展过程中，纽约证券交易所为美国经济的发展、社会化大生产的顺利进行、现代市场经济体制的构建起到了举足轻重的作用，也是世界上规模最大、对世界经济有着重大影响的证券交易所。

3. 伦敦证交所

作为世界上最国际化的金融中心，伦敦不仅是欧洲债券及外汇交易领域的全球领先者，还受理超过 2/3 的国际股票承销业务。伦敦的规模与位置意味着它为世界各地的公司及投资者提供了一个通往欧洲的理想门户。

在保持伦敦的领先地位方面，伦敦证交所扮演着中心角色。伦敦证交所运作是世界上国际最强的股票市场，其外国股票的交易超过其他任何证交所。

来自 63 个国家和地区的大约 500 家外国公司在伦敦上市和交易。2000 年，伦敦的外国证券交易总额约达到 5 亿美元。世界上没有其他证交所可与此等数字媲美或在为国际发行者服务方面有如此悠久的历史。

超过 550 家外国银行和 170 家全球证券公司在伦敦设有办事处，为来自世界各地的发行者提供它们的专业技术服务——成为又一项伦敦可向外国公司提供的优越性。

4. 东京证交所

东京证券交易所的前身曾是 1879 年 5 月成立的东京证券交易株式会社。由于当时日本经济发展缓慢，证券交易不兴旺，1943 年 6 月，日本政府合并所有证券交易所，成立了半官方的日本证券交易所，但成立不到 4 年就解体了。二次大战前，日本的资本主义虽有一定的发展，但由于军国主义向外侵略，重工业、兵器工业均由国家垄断经营，纺织、海运等行业也由国家控制，这是一种战争经济体制并带有浓厚的军国主义色彩。那时，即使企业发行股票，往往也被同一财阀内部的企业所消化。因此，证券业务难以发展。日本战败后，1946 年在美军占领下交易所解散。1949 年 1 月美国同意东京证券交易所重新开业。随着日本战后经济的恢复和发展，东京证券交易所也发展繁荣起来。

东京证券交易所对于买卖交易制定了许多详细的规则。其中，最基本的是交易市场的集中原则和竞争买卖的原则。市场集中交易原则即把尽可能多的有价证券买卖集中于证券交易所交易(部分债券例外)，旨在达到形成公正价格；现货交易原则即只进行现货交易，不准进行期货交易。在东京交易市场上交易和买卖的有价证券事先要经过东京证券交易所的上市资格审查。经审查认为符合上市标准的，呈报大藏大臣认可方能上市。对于上市的有价证券，还要不断地进行严密的监督和审查，以决定其是否继续上市。

5. 德国证交所

德国证券及衍生工具交易所(Deutsche Boerse AG，德国证交所)是欧洲最活跃的证券交易市场，它是世界上唯一的集股票上市、有价证券现券交易、衍生产品交易、清算、结算和托管，以及市场数据、指数和信息技术服务于一身的综合性交易所。在德国证券交易所交易的股票来自全球 70 个国家，它的每日交易显著高于欧洲证券交易所、伦敦证券交易所等。德国证交所的上市费用在整个欧洲是最为低廉的，从 5 000～10 000 欧元不等。德国证券交所有多层次的上市标准，它可根据企业的生命周期选择：初级、一般、高级 3 种不同透明度的标准上市，以符合不同市场的需求。与此同时，公司上市时还可选择：高级市场、初级市场、一般市场、公开市场 4 个信息披露和监管层次不同的上市板块。

2011 年 2 月 21 日，德国证交所和纽约泛欧交易所宣布双方经各自公司董事会同意后已签订业务合并协议。合并后的新公司将主导衍生品和风险管理行业，并成为全球最重要的融资平台，合并后的集团将为客户提供全球规模的市场、创新产品、高运营和资本效率以及一系列更广泛的技术和市场信息解决方案，预计合并将为两家公司节省成本开支约 3 亿欧元。德国证交所于 2008 年 9 月 26 日获中国证券监督管理委员会批准在北京设立代表处，目前已经有 13 家中国公司选择在法兰克福证券交易所进行首次上市。

(资料来源：编者根据中国日报网站、新浪财经等网络资料整理)

1.2.3 证券市场的功能

在现代发达的市场经济中，证券市场是完整的金融体系的重要组成部分。证券市场以其独特的方式和活力对社会经济生活产生多方面影响，在筹集资本、引导投资、配置资源等方面有着不可替代的独特功能。

1. 筹资—投资功能

证券市场的筹资功能是指证券市场为资金需求者筹集资金的功能。这一功能的另一个作用是为资金供给者提供投资对象。在证券市场上交易的任何证券，既是筹资的工具也是投资的工具。在经济运行过程中，既有资金盈余者，又有资金短缺者，资金盈余者为使自己的资金价值增值，就必须寻找投资对象。在证券市场上，资金盈余者可以通过买入证券而实现投资。而资金短缺者为了发展自己的业务，就要向社会寻找资金。为了筹集资金，资金短缺者就可以通过发行各种证券来达到筹资的目的。

2. 资产定价功能

证券市场的第二个基本功能就是为资本决定价格。证券是资本的存在形式，所以证券的价格实际上是证券所代表的资本的价格。证券的价格是证券市场上证券供求双方共同作用的结果。证券市场的运行形成了证券需求者和证券供给者的竞争关系，这种竞争的结果是：能产生高投资回报的资本，市场的需求就大，其相应的证券的价格就高；反之，证券的价格就低。因此，证券市场提供了资本的合理定价机制。

3. 资源配置功能

证券市场的资源配置功能是指通过证券价格引导资本的流动从而实现资本的合理配置的功能。资本的趋利性决定了社会资金要向经济效益最高的行业和企业集中。在证券市场上，证券价格的高低是由该证券所能提供的预期报酬率的高低来决定的。证券价格的高低实际上是该证券筹资能力的反映。而能提供高报酬率的证券一般来自于那些经营好、发展潜力巨大的企业，或者是来自于新兴行业的企业。由于这些证券的预期报酬率高，因而其市场价格也就相应高，从而其筹资能力就强，这样，证券市场就引导资本流向能产生高报酬的企业或行业，从而使资本产生尽可能高的效率，进而实现资本的合理配置。

4. 宏观调控功能

证券市场可以充当政府进行宏观调控的工具，例如中央银行可以通过在证券市场上买卖政府债券，调控基础货币，进而调节流通中的货币数量，实现扩张或紧缩的政策效果。

5. 分散风险功能

从证券发行者看，通过发行证券把企业的经营风险转移给了投资者；从投资者看，一方面通过证券的转让，可以分散风险，另一方面通过组合投资可以分散风险。

1.2.4 证券市场参与者

证券市场参与者是构成证券市场的要素之一，主要包括证券发行人、证券投资人、证券市场中介机构、行业自律性组织以及证券监管机构等。

1. 证券发行人

证券发行人是指为筹措资金而发行债券、股票等证券的政府及其机构、金融机构、公司和企业。证券发行人是证券发行的主体。证券发行是把证券向投资者销售的行为。证券发行可以由发行人直接办理，这种证券发行称之为自办发行或直接发行。自办发行是比较特殊的发行行为，也比较少见。近年来，由于网络技术在发行中的应用，自办发行开始增多。证券发行一般由证券发行人委托证券公司进行，又称承销或间接发行。按照发行风险的承担、所筹资金的划拨及手续费高低等因素划分，承销方式有包销和代销两种，包销又可分为全额包销和余额包销。

1）公司

企业的组织形式可分为独资制、合伙制和公司制。现代股份制公司主要采取股份有限公司和有限责任公司两种形式，其中，只有股份有限公司才能发行股票。公司发行股票所筹集的资本属于自有资本，而通过发行债券所筹集的资本属于借入资本，发行股票和长期公司债券是公司筹措长期资本的主要途径，发行短期债券则是补充流动资金的重要手段。随着科学技术的进步和资本有机构成的不断提高，公司对长期资本的需求将越来越大，所以公司作为证券发行主体的地位有不断上升的趋势。

在公司证券中，通常将银行及非银行金融机构发行的证券称为金融证券。金融机构作为证券市场的发行主体，既发行债券，也发行股票。欧美等西方国家能够发行证券的金融机构一般都是股份公司，所以将金融机构发行的证券归入了公司证券。而我国和日本则把金融机构发行的债券定义为金融债券，从而突出了金融机构作为证券市场发行主体的地位。但股份制的金融机构发行的股票并没有定义为金融证券，而是归类于一般的公司股票。

2）政府和政府机构

随着国家干预经济理论的兴起，政府（中央政府和地方政府）和中央政府直属机构已成为证券发行的重要主体之一，但政府发行证券的品种仅限于债券。

政府发行债券所筹集的资金既可以用于协调财政资金短期周转、弥补财政赤字、兴建政府投资的大型基础性的建设项目，也可以用于实施某种特殊的政策，在战争期间还可以用于弥补战争费用的开支。由于中央政府拥有税收、货币发行等特权，通常情况下，中央政府债券不存在违约风险，因此，这一类证券被视为无风险证券，相对应的证券收益率被称为无风险利率，是金融市场上最重要的价格指标。

中央银行是代表一国政府发行法偿货币、制定和执行货币政策、实施金融监管的重要机构。中央银行作为证券发行主体，主要涉及两类证券。第一类是中央银行股票。在一些国家（例如美国），中央银行采取了股份制组织结构，通过发行股票募集资金，但是，中央银行的股东并不享有决定中央银行政策的权利，只能按期收取固定的红利，其股票类似于优先股。第二类是中央银行出于调控货币供给量的目的而发行的特殊债券。中国人民银行从 2003 年起开始发行中央银行票据，期限从 3 个月到 3 年不等，主要用于对冲金融体系中过多的流动性。

2. 证券投资者

证券投资者是证券市场的资金供给者，也是金融工具的购买者。证券投资者类型甚多，投资的目的也各不相同。证券投资者可分为机构投资者和个人投资者两大类。

1）机构投资者

机构投资者主要有政府机构、金融机构、企业和事业法人及各类基金等。

（1）政府机构。作为政府机构，参与证券投资的目的主要是为了调剂资金余缺和进行宏观调控。各级政府及政府机构出现资金剩余时，可通过购买政府债券、金融债券投资于证券市场。

中央银行以公开市场操作作为政策手段，通过买卖政府债券或金融债券，影响货币供应量进行宏观调控。我国国有资产管理部门或其授权部门持有国有股，履行国有资产的保值增值和通过国家控股、参股来支配更多社会资金的职责。从各国的具体实践看，出于维护金融稳定的需要，政府还可成立或指定专门机构参与证券市场交易，减少非理性的市场振荡。

（2）金融机构。参与证券投资的金融机构包括证券经营机构、银行业金融机构、保险公司以及其他金融机构。

① 证券经营机构。证券经营机构是证券市场上最活跃的投资者，以其自有资本、营

运资金和受托投资资金进行证券投资。我国证券经营机构主要是证券公司。按照《中华人民共和国证券法》（以下简称《证券法》）的规定，证券公司可以通过从事证券自营业务和证券资产管理业务，以自己的名义或代其客户进行证券投资。证券公司从事自营业务，其投资的范围包括股票、基金、认股权证、国债、公司或企业债券等上市证券以及证券监管机构认定的其他证券。证券公司从事资产管理业务的，其投资范围视资产管理业务的方式有所不同，例如，证券公司办理限定性集合资产管理业务的，应当主要投资于国债、国家重点建设债券、债券型证券投资基金、在证券交易所上市的企业债券、其他信用度高且流动性强的固定收益类金融产品；投资于业绩优良、成长性高、流动性强的股票等权益类证券以及股票型证券投资基金资产不得超过该计划资产净值的20%，而非限定性集合资产管理计划的投资范围由集合资产管理合同约定。

② 银行业金融机构。银行业金融机构包括商业银行、城市信用合作社、农村信用合作社等吸收公众存款的金融机构以及政策性银行。受自身业务特点和政府法令的制约，银行业金融机构一般仅限于投资政府债券和地方政府债券，而且通常以短期国债作为其超额储备的持有形式。我国现行法规规定，银行业金融机构可用自有资金及中国银监会规定的可用于投资的表内资金买卖政府债券和金融债券。对于因处置贷款质押资产而被动持有的股票，只能单向卖出。银行业金融机构经中国银监会批准后，也可通过理财计划募集资金进行有价证券投资。

③ 保险公司及保险资产管理公司。目前保险公司已经超过共同基金成为全球最大的机构投资者，除大量投资于各类政府债券、高等级公司债券外，还广泛涉足基金和股票投资。目前我国的保险公司除利用自有资金和保险收入作为证券投资的资金来源外，还可运用受托管理的企业年金进行投资。作为投资主体，保险公司通常采用自设投资部门进行投资、委托专门机构投资或购买共同基金份额等方式运作。保险公司除投资于国债之外，还可以在规定的比例内投资于证券投资基金和股权性证券。根据中国保监会《保险资产管理公司管理暂行规定》（2004年6月1日起施行），目前国内主要保险公司均发起设立了保险资产管理公司对保险资产的投资进行集中管理，且成为了证券市场重要的投资主体。截至2007年年末，中国保险业投资类资产规模已超过2万亿元人民币。

④ 合格境外机构投资者（QFII）。QFII制度是一国（地区）在货币没有实现完全可自由兑换、资本项目尚未开放的情况下，有限度地引进外资、开放资本市场的一项过渡性的制度。这种制度要求外国投资者若要进入一国证券市场，必须符合一定的条件，得到该国有关部门的审批通过后汇入一定额度的外汇资金，并转换为当地货币，通过严格监管的专门账户投资当地证券市场。

在我国，合格境外机构投资者是指符合《合格境外机构投资者境内证券投资管理办法》规定，经中国证券监督管理委员会（以下简称"中国证监会"）批准投资于中国证券市场，并取得国家外汇管理局额度批准的中国境外基金管理机构、保险公司、证券公司以及其他资产管理机构。

按照《合格境外机构投资者境内证券投资管理办法》，合格境外机构投资者在经批准的投资额度内可以投资于中国证监会批准的人民币金融工具，具体包括在证券交易所挂牌交易的股票、在证券交易所挂牌交易的债券、证券投资基金、在证券交易所挂牌交易的权证以及中国证监会允许的其他金融工具。合格境外机构投资者可以参与新股发行、可转换债券发行、股票增发和配股的申购。

合格境外机构投资者的境内股票投资应当遵守中国证监会规定的持股比例限制和国家其他有关规定：单个境外投资者通过合格境外机构投资者持有一家上市公司股票的，持股比例不得超过该公司股份总数的10%；所有境外投资者对单个上市公司A股的持股比例总和不超过该上市公司股份总数的20%。同时，境外投资者根据《外国投资者对上市公司战略投资管理办法》对上市公司战略投资的，其战略投资的持股不受上述比例限制。

⑤ 主权财富基金。随着国际经济、金融形势的变化，目前不少国家尤其是发展中国家拥有了大量的官方外汇储备，为管理好这部分资金，成立了代表国家进行投资的主权财富基金。经国务院批准，中国投资有限责任公司于2007年9月29日宣告成立，注册资本金为2 000亿美元，成为专门从事外汇资金投资业务的国有投资公司，以境外金融组合产品为主，开展多元投资，实现外汇资产保值增值，被视为中国主权财富基金的发端。

⑥ 其他金融机构。其他金融机构包括信托投资公司、企业集团财务公司、金融租赁公司等。这些机构通常也在自身章程和监督机构许可的范围内进行证券投资。信托投资公司可以受托经营资金信托、有价证券信托和作为投资基金或者基金管理公司的发起人从事投资基金业务。企业集团财务公司达到相关监管规定的，也可申请从事对金融机构的股权投资和证券投资业务。目前尚未批准金融租赁公司从事证券投资业务。

（3）企业和事业法人。企业可以用自己的积累资金或暂时不用的闲置资金进行证券投资。企业可以通过股票投资实现对其他企业的控股或参股，也可以将暂时闲置的资金通过自营或委托专业机构进行证券投资以获取收益。我国现行的规定是，各类企业可参与股票配售，也可投资于股票二级市场；事业法人可用自有资金和有权自行支配的预算外资金进行证券投资。

（4）各类基金。基金性质的机构投资者包括证券投资基金、社保基金、企业年金和社会公益基金。

① 证券投资基金。证券投资基金是指通过公开发售基金份额筹集资金，由基金管理人管理，基金托管人托管，为基金份额持有人的利益，以资产组合方式进行证券投资活动的基金。《中华人民共和国证券投资基金法》（以下简称《证券投资基金法》）规定，我国的证券投资基金可投资于股票、债券和国务院证券监督管理机构规定的其他证券品种。

② 社保基金。在大多数国家，社保基金分为两个层次：一是国家以社会保障税等形式征收的全国性基金；二是由企业定期向员工支付并委托基金公司管理的企业年金。由于资金来源不一样，且最终用途不一样，这两种形式的社保基金管理方式亦完全不同。全国性社会保障基金属于国家控制的财政收入，主要用于支付失业救济和退休金，是社会福利网的最后一道防线，对资金的安全性和流动性要求非常高。这部分资金的投资方向有严格限制，主要投向国债市场。而由企业控制的企业年金，资金运作周期长，对账户资产增值有较高要求，但对投资范围限制不多。

在我国，社保基金也主要由两部分组成：一部分是社会保障基金。其运作依据是2001年年底发布的《全国社会保障基金投资管理暂行办法》，资金来源包括国有股减持划入的资金和股权资产、中央财政拨入资金、经国务院批准以其他方式筹集的资金及其投资收益；同时，确定从 2001 年起新增发行彩票公益金的 80％上缴社保基金。全国社会保障基金理事会直接运作的社保基金的投资范围限于银行存款、在一级市场购买国债，其他投资需委托社保基金投资管理人管理和运作并委托社保基金托管人托管。社保基金的投资范围包括银行存款、国债、证券投资基金、股票、信用等级在投资级以上的企业债、金融债等有价证券。另一部分是社会保险基金。它是指社会保险制度确定的用于支付劳动者或公民在患病、年老伤残、生育、死亡、失业等情况下所享受的各项保险待遇的基金，一般由企业等用人单位（或雇主）和劳动者（或雇员）或公民个人缴纳的社会保险费以及国家财政给予的一定补贴组成。社会保险基金一般由养老、医疗、失业、工伤、生育 5 项保险基金组成。在现阶段，我国社会保险基金的部分积累项目主要是养老保险基金，其运作依据是劳动部的各相关条例和地方的规章。

③ 企业年金。企业年金是指企业及其职工在依法参加基本养老保险的基础上自愿建立的补充养老保险基金。按照我国现行法规，企业年金可由年金受托人或受托人指定的专业投资机构进行证券投资。按照 2004 年 2 月发布的《企业年金基金管理试行办法》的规定，企业年金基金财产的投资范围限于银行存款、国债和其他具有良好流动性的金融产品，包括短期债券回购、信用等级在投资级以上的金融债和企业债、可转换债、投资性保险产品、证券投资基金、股票等。企业年金基金不得用于信用交易，不得用于向他人贷款和提供担保。投资管理人不得从事使企业年金基金财产承担无限责任的投资。

④ 社会公益基金。社会公益基金是指将收益用于指定的社会公益事业的基金，如福利基金、科技发展基金、教育发展基金、文学奖励基金等。我国有关政策规定，各种社会公益基金可用于证券投资，以求保值增值。

2）个人投资者

个人投资者是指从事证券投资的社会自然人，他们是证券市场最广泛的投资者。个人进行证券投资应具备一些基本条件，这些条件包括国家有关法律、法规关于个人投资者投资资格的规定和个人投资者必须具备一定的经济实力。为保护个人投资者利益，对于部分高风险证券产品的投资（如衍生产品、信托产品），监管法规还要求相关个人具有一定的产品知识并签署书面的知情同意书。

在证券市场发展初期，市场参与者主要是以自然人身份从事有价证券买卖的个人投资者。个人投资者常从以往市场价格变动中发掘简单的规律，投资比较分散，缺乏专业知识和经验，其投资行为有较强的非理性特征，易受到市场气氛或媒体消息等的影响，并且行为短期倾向于过早实现盈利而回避损失，有较强的投机性。个人投资者作为市场中庞大的投资群体，其投资行为虽然不一定对市场起主导作用，但却可以表现出一个市场的规范和成熟程度。

3. 证券市场中介机构

证券市场中介机构是指为证券的发行与交易提供服务的各类机构，包括证券公司和其他证券服务机构，通常把两者合称为证券中介机构。中介机构是连接证券投资者与筹资人的桥梁，证券市场功能的发挥，很大程度上取决于证券中介机构的活动。通过它们的经营服务活动，沟通了证券需求者与证券供应者之间的联系，不仅保证了各种证券的发行和交易，还起到维持证券市场秩序的作用。

1）证券公司

证券公司是指依法设立可经营证券业务的、具有法人资格的金融机构。证券公司的主要业务有承销、经纪、自营、投资咨询、购并、受托资产管理、基金管理等。证券公司一般分为综合类证券公司和经纪类证券公司。证券公司的主要业务有证券承销、经纪、自营、投资咨询以及购并、受托资产管理和基金管理等。过去，我国证券监督管理部门将证券公司分为综合类证券公司和经纪类证券公司，并施行分类监管。随着资本市场的发展，分类监管划分模式已不能适应我国证券市场的专业化细分和规模化的发展方向。2006 年 1 月 1 日起施行的经修订的《证券法》将原有的分类管理的规定调整为按照证券经纪、证券投资咨询、财务顾问、证券承销和保荐、证券自营、证券资产管理、其他证券业务等业务类型进行管理，并按照审慎监管的原则，根据各项业务的风险程度设定分类准入条件。

2）证券服务机构

证券服务机构是指依法设立的从事证券服务业务的法人机构，主要包括证券登记结算公司、证券投资咨询公司、会计师事务所、资产评估机构、律师事务所、证券信用评级机构等。

4. 自律性组织

自律性组织包括证券交易所和证券行业协会。

1）证券交易所

根据我国《证券法》的规定，证券交易所是提供证券集中竞价交易场所的不以营利为目的的法人。其主要职责有：提供交易场所与设施；制定交易规则；监管在该交易所上市的证券以及会员交易行为的合规性、合法性，确保中场的公开、公平和公正。

2）证券业协会

证券业协会是证券行业的自律性组织，是社会团体法人。证券业协会的权力机构为由全体会员组成的会员大会。根据我国《证券法》规定，证券公司应当加入证券业协会。证券行业协会应当履行协助证券监督管理机构组织会员执行有关法律，维护会员的合法权益，为会员提供信息服务，制定规则，组织培训和开展业务交流，调解纠纷，就证券业的发展开展研究，监督检查会员行为，以及证券监督管理机构赋予的其他职责。

5. 证券监管机构

在我国，证券监管机构是指中国证券监督管理委员会及其派出机构。它是国务院直属的证券管理监督机构，依法对证券市场进行集中统一监管。它的主要职责是：负责行业性法规的起草，负责监督有关法律法规的执行，负责保护投资者的合法权益，对全国的证券发行、证券交易、中介机构的行为等依法实施全面监管，维持公平而有秩序的证券市场。

1.3 证券市场产生与发展

1.3.1 证券市场产生的条件

证券的产生已有很久的历史，但证券的出现并不标志着证券市场同时产生，只有当证券的发行与转让公开通过市场的时候，证券市场才随之出现。因此，证券市场的形成必须具备一定的社会条件和经济基础。证券市场形成于自由资本主义时期，股份公司的产生和信用制度的深化是证券市场形成的基础。

首先，证券市场是商品经济和社会化大生产发展的必然产物。随着生产力的进一步发展和商品经济的日益社会化，资本主义从自由竞争阶段过渡到垄断阶段，资本家依靠原有的银行借贷资本已不能满足巨额资金增长的需要。为满足社会化大生产对资本扩张的需求，客观上需要有一种新的筹集资金的手段，以适应经济进一步发展的需要。在这种情况下，证券与证券市场就应运而生了。

其次，股份公司的建立为证券市场的形成提供了必要的条件。随着生产力的进一步发展，生产规模的日益扩大，传统的独资经营方式和封建家族企业已经不能满足资本扩张的需要。于是产生了合伙经营的组织，随后又有单纯的合伙经营组织演变成股份制企业——股份公司。股份公司通过发行股票、债券向社会公众募集资金，实现资本的集中，满足扩大再生产对资金急剧增长的需要。因此，股份公司的建立和公司股票、债券的发行为证券市场的产生和发展提供了坚实的基础。

再次，信用制度的发展促进了证券市场的形成和发展。由于近代信用制度的发展，使得信用机构由单一的中介信用发展为直接信用，即直接对企业进行投资。于是，金融资本逐步渗透到证券市场，成为证券市场的重要支柱。信用工具一般都具有流通变现的要求，股票、债券等有价证券具有较强的变现性，证券市场恰好为有价证券的流通和转让创造了条件。由此可见，信用制度越发展，就越有可能动员更多的社会公众的货币收入转化为货币资本，投入到证券市场中去。证券业的崛起也为近代信用制度的发展开辟了广阔的前景。

1.3.2 证券市场形成与发展阶段

1. 证券市场的形成阶段(17世纪初—18世纪末)

回顾资本主义经济社会发展的历史，证券市场的最初萌芽可以追溯到16世纪初资本主义原始积累时期的西欧。当时法国的里昂、比利时的安特卫普已经有了证券交易活动，最早进入证券市场交易的是国家债券。17世纪初，随着资本主义经济的发展，出现了所有权与经营权相分离的生产经营方式，即股份公司形成和发展起来。股份公司的形成使股票、债券开始发行，从而使股票、公司债券等进入了有价证券交易的行列。1602年，在荷兰的阿姆斯特丹成立了世界上第一家股票交易所。1773年，英国的第一家证券交易所在"乔纳森咖啡馆"成立，1802年获得英国政府的正式批准。这家证券交易所即为现在伦敦证券交易所的前身。该交易所的交易品种最初是政府债券，此后公司债券和矿山、运河股票先后进入交易所交易。1790年，美国第一家证券交易所——费城证券交易所宣布成立，从事政府债券等有价证券的交易活动。1792年5月17日，24名经纪人在华尔街的一棵梧桐树下聚会，商订了一项名为"梧桐树协定"的协议，约定每日在梧桐树下聚会，从事证券交易，并定出了交易佣金的最低标准及其他交易条款。1817年，这些经纪人共同组成了"纽约证券交易会"，1863年改名为"纽约证券交易所"，这便是著名的纽约证券交易所的前身。在18世纪资本主义产业革命的影响下，包括铁路、运输、矿山、银行等行业中股份公司成为普遍的企业组织形式，其股票以及各类债券都在证券市场上流通，这一切标志着证券市场已基本形成。

这一时期证券市场的特点是：信用工具很单一，主要是股票、债券两种形式；证券市场规模小，主要采用手工操作；证券市场行情变动较大，投机、欺诈、操纵行为十分普遍；证券市场立法很不完善，证券市场也较为分散。

2. 证券市场的发展阶段（19世纪初—20世纪20年代）

从18世纪70年代开始的工业革命，到19世纪中叶已在各主要的资本主义国家相继完成，工业革命推动了机器制造业的迅速发展，并使股份公司在机器制造业中普遍建立起来，如英国的产业革命在19世纪30年代末40年代初完成。机器大工业取代了传统的工场手工业，机器制造业在工业体系中逐渐取得了优势地位。从19世纪70年代到80年代，股份公司有了极大的发展。1862年，英国有165家股份公司，20世纪80年代中期，登记的股份公司达1.5万多家，发生在英国的这一过程无一例外地发生于一切资本主义国家。美国、法国、德国等欧美资本主义国家在产业革命后，股份公司迅速成为企业的主要组织形式。股份公司的建立和发展使有价证券发行量不断扩大。据统计，世界有价证券发行额1871—1880年为761亿法郎，1881—1890年为645亿法郎，1891—1990年为1 004亿法郎，1911—1920年为3 000亿法郎，1921—1930年为6 000亿法郎。与此同时，有价证券的结构也发生了变化，在有价证券中占有主要地位的已不是政府公债，而是公司股票和企业债券。据统计，1900—1913年发行的有价证券中，政府公债占有价证券发行总额的40%，公司债券和各类股票则占60%。

综观这一时期的证券市场，其主要特点是：①股份公司逐渐成为经济社会中的主要企业组织形式；②有价证券发行量不断扩大，已初具规模；③一些国家开始加强证券管理，引导证券市场规范化运行，如英国在1862年颁布了股份公司条例，德国1892年通过的有限责任公司法，法国1867年的公司法，1894年日本制定的证券交易法等；④证券交易市场得到了发展，如日本东京证券交易市场形成于1878年，苏黎世证券交易所创建于1877年，1891年香港成立了股票经纪协会，1914年易名为香港证券交易所，等等。

3. 证券市场的完善阶段（20世纪30年代以来）

1929—1933年的经济危机是资本主义世界最严重深刻和破坏性最大的一次经济危机。这次危机严重地影响了证券市场，当时世界主要证券市场股价一泻千里，市场崩溃，投资者损失惨重。到1932年7月8日，道·琼斯工业股票价格平均数只有41点，仅为1929年最高水平的11%。大危机使各国政府清醒地认识到必须加强对证券市场的管理，于是世界各国政府纷纷制定证券市场法规和设立管理机构，使证券交易市场趋向法制化。如美国1933—1940年期间先后制定了证券交易法、证券法、信托条款法、投资顾问法、投资银行法等。其他国家也都通过加强立法对证券市场的证券发行和证券交易实行全面控制和管理。

第二次世界大战结束后，随着资本主义各国经济的恢复和发展以及各国经济的增长，证券市场也迅速恢复和发展。20世纪70年代以后，证券市场出现了高度繁荣的局面，证券市场的规模不断扩大，证券交易也日益活跃。这一时期证券市场的运行机制发生了深刻的变化，出现了一些明显的新特点。

（1）金融证券化。证券在整个金融市场上所占的比例急剧上升，地位越来越突出。尤其在美国，随着新的金融工具的纷纷出现，证券投资活动广泛而卓有成效地进行；在日本，20世纪60年代企业的资金主要依靠银行贷款，证券筹资占筹资总额的比重不到20％，而到1978年，发行证券筹资所占比例已上升到44％。同时，居民储蓄结构也出现了证券化倾向。由于保持和增加收益的需要，人们将储蓄从银行存款转向证券投资。

（2）证券市场多样化。这主要表现为：各种有价证券的发行种类、数量及其范围不断扩大；交易方式日趋多样化，除了证券现货交易外，还出现了期货交易、期权交易、股票价格指数期货交易、信用交易等多种交易方式。

（3）证券投资法人化。第二次世界大战后，证券投资有所变化。除了社会公众个人认购证券外，法人进行证券投资的比重日益上升。尤其是20世纪70年代后随着养老基金、保险基金、投资基金的大规模入市，证券投资者法人化、机构化速度进一步加快。法人投资者从过去主要是金融机构扩大到各个行业。据估计，法人投资在世界各国的证券市场占50％左右。

（4）证券市场法制化。第二次世界大战后，西方国家更加重视证券市场的法制化管理，不断制定和修订证券法律、法规，不断推进证券市场的规范化运行。同时，还通过各种技术监督和管理活动，严格证券市场法规的执行，证券市场行情趋于稳定，证券市场的投机、操纵、欺诈行为逐渐减少。

（5）证券市场网络化。计算机系统从20世纪50年代下半期开始应用于证券市场。1970年年初，伦敦证券交易所采用市场价格显示装置。1972年2月，美国建成"全国证券商协会自动报价系统"。1978年，纽约证券交易所创设"市场间交易系统"，利用电子通信网络把波士顿、纽约、费城、辛辛那提等交易所连接沟通，使各交易所每种股票的价格和成交量在荧屏上显示，经纪人和投资者可在任何一个证券市场上直接进行证券买卖。至今，世界上各主要证券市场基本上已实现了联网化，从而大大提高了证券市场的运行效率。在以计算机为基础的网络技术的推动下，证券市场的网络化迅速发展，这主要体现在网上交易的突飞猛进上。与传统交易方式相比，网上交易的优势是：①突破了时空限制，投资者可以随时随地交易；②直观方便，网上不但可以浏览实时交易行情和查阅历史资料（公告、年报、经营信息等），而且还可以进行在线咨询；③成本低，无论是证券公司还是投资者，其成本都可以大大降低。毫无疑问，证券市场的网络化将是证券市场最基本的发展趋势之一。

（6）证券市场国际化。现代证券交易越来越趋向于全球性交易。计算机系统装置被运用于证券业务中，世界上主要证券市场的经纪人可以通过设在本国的电子计算机系统与国外的业务机构进行昼夜不断的24h业务活动联系，世界上各主要的证券交易所都成为国际性证券交易所，它们不仅在本国大量上市外国公司的证券，而且在国外设立分支机构，从事国际性的股票委托交易。1990年在伦敦证券交易所上市的外国公司达500家，纽约证券交易所有110家，东京证券交易所有80多家。越来越多的公司到本国以外的证券市场上发行股票、债券。据有关资料，1975年美国220家销售额在10亿美元以上的大公司中，有80家在国外的证券交易所挂牌出售股票。证券投资国际化和全球一体化已成为证券市场发展的一个主要趋势。

（7）金融创新不断深化。在第二次世界大战之前，证券品种一般仅有股票、公司债券和政府公债券，而在二战后，西方发达国家的证券融资技术日新月异，证券品种不断创新。浮动利率债券、可转换债券、认股权证、分期债券、复合证券等新的证券品种陆续涌现，特别是在 20 世纪的后 20 年，金融创新获得了极大的发展，金融期货与期权交易等衍生品种的迅速发展使证券市场进入了一个全新的阶段。融资技术和证券种类的创新增强了证券市场的活力和对投资者的吸引力，加速了证券市场的发展。证券品种和证券交易方式的创新是证券市场生命力的源泉。实际上，从 20 世纪 70 年代开始，金融创新就形成了加速发展的态势并成为金融企业在激烈的竞争中求得生存和发展的关键因素。可以预见，在世界经济一体化的推动下，随着证券市场物质技术基础的更新和投资需求多元化的进一步发展，21 世纪将会形成新的证券创新浪潮。

1.3.3 中国证券市场的发展

我国的证券市场有着很久的发展历史，但是我国证券市场的特点独特，即旧中国的证券市场与新中国的证券市场之间没有直接的继承和延续关系，其市场发展情况也有着很大差异。因此，研究我国的证券市场必须对旧中国和新中国的情况分别予以论述。

1. 旧中国的证券市场

旧中国的证券市场有着悠久的历史，其间几经波折，几起几落，大致可分以下几个阶段。

1）萌芽阶段（唐代—清代）

我国在没有证券市场和现代银行业以前有钱庄和票号，这是封建时代证券和证券市场的萌芽形式。

据史料记载，早在一千多年前的唐代就出现了兼营银、银业的邸店、质库等；到了宋代，已有了专营银、钱、钞行交易的钱馆、钱铺。明代中叶以后，由于政治上相对安定，商品生产有了较快的发展，特别是江浙一带，出现市镇勃兴、商业繁荣、金融业兴盛的景象，产生了证券市场的早期形态——钱业市场，其操作制度严格，业务内容繁多。从清代开始，随着帝国主义的入侵，大量银元从国外涌进，各地开始使用银元、银两、制钱和铜元等多种货币，于是以银元、银两兑换制钱、铜元成为当时钱庄的主要业务之一。后来，由于各种外国纸币的侵入，市场流通货币进一步增加，货币兑换和买卖业务更加繁忙。这种原始的证券活动开始没有固定的场所，后来随着交易额的扩大，交易场所逐渐固定，逐渐形成有形的交易市场。到清代中叶，这种钱业市场在江浙两省各地普遍发展起来。其中上海、杭州、宁波和苏州等地发展很快，逐渐成为全国早期钱业市场的中心。这些市场同当地民族工商业有着极为密切的关系，生命力很强，它们不仅是我国证券市场的最初形态，而且是旧中国金融市场的重要组成部分。

2）形成阶段（清末—1920 年）

旧中国证券市场的形成同世界上许多国家一样，是以股份企业的成立和政府发行公债为基础的。

鸦片战争以后，中国迅速沦为半殖民地半封建社会。列强与中国签订了一系列不平等条约，取得了许多特权。在这些特权的保护下，外国列强不仅向中国输出商品，而且逐渐增加了对中国的殖民地投资，外商在中国开辟商埠，建立了大量的企业，这些企业大多采用股份公司的形式，并把外国股份集资的方法带入中国，大量发行股票。同时，来华投资的外国人，为了筹集现代大工业所需的巨额资本，迫切要求华商的"合作"，于是，在外商企业中的华商附股活动成为一个显著的现象，从轮船、保险、银行以及纺纱、煤气、电灯各个行业都离不开中国人的附股。据统计，19世纪华商附股的外国企业资本累计在4 000万两银以上。19世纪70年代以后，清政府洋务派兴办了一些官办、官商合办的民用工业，如1872年李鸿章、盛宣怀筹办轮船招商总局，后来的中兴煤矿公司、汉冶萍煤铁厂矿公司、大生纱厂等，都采用了募股集资的方法。随着这些股份制企业的出现，中国出现了股票这种新的投资工具。

我国最早发行的债券始于1894年，为了赔付甲午战争费用，清政府发行了"息债商款"债券，此后，政府公债大量发行。北洋军阀统治时期，袁世凯为巩固权势，加以连年混战、军阀割据，耗资巨大，政府又多次发行了公债。据统计，北洋政府统治的16年内，发行各种公债达5.2亿元。

随着股票、债券发行的增加，证券交易市场也发展起来。1869年上海已有买卖外国公司股票的外国商号，当时称为"捐客总会"。1891年外商在上海成立了上海股份公所，1905年，该公所定名为"上海众业公所"，这是外商经营的，也是旧中国最早的一家证券交易所。该交易所的主要交易对象是外国企业股票、公司债券、外国在上海的行政机构发行的债券、中国政府的金币公债以及南洋一带的橡皮股票等。中国自己的证券交易始于辛亥革命前后。1895—1913年是中国资本主义初步发展时期，民族工商业肇兴，股票发行增多，流通渐广。1913年，上海一些钱商、茶商等兼营证券买卖的大商号成立了"上海股票商业公会"。1914年，北洋政府颁布《证券交易所法》，证券交易开始走上正轨。1918年，经北洋政府批准，成立了"北京证券交易所"，这是全国第一家由中国人创办的证券交易所。1920年，经北洋政府批准，"上海股票商业公会"正式改组为"上海华商证券交易所"；1921年，北洋政府又批准成立了"天津证券物品交易所"。这些证券交易所成立后，业务兴隆，盈利丰厚，使投资于证券交易所者蜂拥而至，仅上海市，在1921年的半年多时间内证券交易所就增加到140～150家。

但是，由于这些交易所经营的对象除少数国内债券外，多数经营本交易所的股票，而且又是套用银钱业的临时拆借放款，以期货买卖为主，大量进行股票买空卖空。到1921年秋，由于银根紧缩，许多交易所难以维持，纷纷倒闭，从而发生了历史上有名的"信交风潮"。到了1922年，全国仅剩下十几家证券交易所，证券交易从此转入萧条和衰落。

3）"复苏"与短暂"繁荣"阶段（1937—1949年）

抗日战争爆发后，随着国民党军队的节节败退，公债交易骤降，公债交易市场日渐萧条。而相反地，股票市场在沉寂了十几年以后，出现了"复苏"的现象。当时，由于日伪当局禁止一切公债、外股、金银、外汇和棉花、棉纱等物资的集中交易和暗中交易，于是，大量游资集中到华股上，使华股交易逐渐兴盛起来，专门经营股票交易的公司猛增，仅上海一地的股票公司、证券贸易行就由十几家猛增到1940年的70多家，天津的证券交易行最多时达到100多家，日伪当局曾查禁股票交易，但未能奏效，从而改为疏导利用。1943年9月，下令上海华商证券交易所复业，专做华股买卖，上市公司先后增至199种，自证券交易所复业后，股票投机频繁，股市动荡不安，股价剧烈波动。

抗战胜利后，国民党政府对证券交易先是明令禁止，1945年8月上海华商证券交易所被停业解散，但是，黑市交易并未停止。于是，国民党政府转而筹划建立官方证券市场。1946年5月，国民党政府决定设立上海证券交易所，资本额定为10亿元，由原上海华商证券交易所股东认购6/10的股份，其余由中国、交通、农民三银行及中央信托局、中央邮政储金汇业局认购。当年9月，该交易所正式开业，分股票、债券两个市场。1948年2月，挽津证券交易所开业，该交易所的股本为10亿元，交易一度十分兴旺，场外交易也十分活跃。

1948年，国民党政府宣布实行币制改革，通令全国各交易所暂行停业，使短暂"繁荣"的股市走向衰亡。

2. 新中国的证券市场

新中国证券市场的出现和发展是中国从计划经济体制向市场经济体制转型过程中最为重要的成就之一。中国证券市场从开始出现的第一天起，就站在中国经济改革和发展的前沿，并推动了中国经济体制和社会资源配置方式的变革。而随着市场经济体制的逐步建立，对市场化资源配置的需求日益增加，证券市场在国民经济中发挥作用的范围和程度也日益提高。中国证券市场的发展正面临新的机遇和挑战，中国证券市场正在进行着从转轨时期向成熟市场的过渡，迈入全面发展的时期。一个更加公正、透明、高效的证券市场将在中国经济构筑自主创新体系中发挥重要作用，同时，一个更加开放和具有国际竞争力的中国证券市场也将在国际金融体系中发挥应有的作用。

1）股份制改革的兴起

十一届三中全会之后，我国开始了至今30多年的改革之路。中国的经济改革是中国证券市场产生的前提条件。改革开放之前，在高度的计划经济体制下，资金通过计划行政体制逐级下拨到生产企业。随着经济体制改革的推进，作为微观经济主体的企业对资金的需求日益多样化，这成为中国证券市场萌芽的经济和社会土壤。

1984年10月，中共十二届三中全会通过了《关于经济体制改革的决定》，确立了"社会主义经济是以公有制为基础的有计划的商品经济"这样的政治共识，并阐明了以城市为重点的整个经济体制改革的必要性，股份制也由此开始进入了正式试点阶段。1984年8月，上海市政府批准发布《关于发行股票的暂行管理办法》。1984—1986年间，北京、广州、上海等城市选择了少数大中型企业进行股份制试点。例如，1984年北京天桥百货股份制试点，1985年上海延中实业股份制试点，1985年广州市政府批准了广州绢麻厂、明兴制药厂、侨光制革厂3户国有中小型企业的股份制试点。1985年，我国企业横向联合迅速发展，从而强有力地促进了股份制的发展，而股份制的发展，也更有利于企业的横向联合趋于完善。这一年，股份制不仅仅在农村得到了发展，而且在商业、金融业、轻工业、水产业等各个方面都得到了初步的发展。1986年后，随着国家政策的进一步放开，越来越多的企业，包括一些大型国有企业纷纷进行股份制试点半公开或公开发行股票，股票的一级市场开始出现。

从1979年到20世纪80年代中期，中国改革的起步遵循的是一条"放权让利"的思路。这就是当时采取的"将更多的决策权下放给地方政府和生产单位，同时给予地方、企业和个人以更多的利益，允许一部分人先富起来"的"经济民主化"的政策。随之中国出现了国债、企业债和金融债。1981 年 7 月国务院决定恢复发行国债，开启了改革开放后中国债券市场的发展进程。从 1982 年开始，少量企业开始自发地向社会或企业内部集资并支付利息，到 1986 年底，这种没有法规约束的企业债总量达 100 多亿元。1984 年为治理严重的通货膨胀，中国实行了紧缩的货币政策。一些银行开始发行金融债券以支持在建项目的完成，此后，金融债券成为银行的一种常规性融资渠道。

2）证券市场形成和交易所的出现

随着证券发行的增多和投资者队伍的逐步扩大，证券流通的需求日益强烈，股票和债券的柜台交易陆续在全国各地区出现。1986 年 8 月，沈阳市信托投资公司率先开办了代客买卖股票和债券及企业债券抵押业务。同年 9 月，中国工商银行上海市信托投资公司静安业务部率先对其代理发行的飞乐音响公司和延中实业公司的股票开展柜台挂牌交易，标志着股票二级市场的初步形成。从 1988 年 4 月起，沈阳等 7 城市开始开展个人持有的国库券的转让业务，同年 6 月，这种转让市场扩大到全国 28 个省市区 54 个大中城市，1991 年初国库券转让市场在全国范围内出现。这些采用柜台交易方式的国库券转让市场是债券二级市场的雏形。

随着证券需求和交易的日益增多，1990 年 12 月，上海证券交易所、深圳证券交易所相继成立。1991 年，上海证交所共有 8 只上市股票，25 家会员；深圳证交所共有 6 只上市股票，15 家会员。在证券市场形成初期，由于一些股票的分红派息方案优厚，远高于银行利息，投资者积极介入，加上当时股份制企业数量较少，股票发行数量有限，供求关系由冷转热，大量的投资者涌向深圳和上海购买股票。1992 年，邓小平南方讲话后，中国掀起了新一轮改革开放的高潮，同年，中共十四大确立了"建立社会主义市场经济体制"的经济体制改革的目标，股份制成为国有企业改革的方向，更多的国有企业实行股份制改革并试图在证券市场融资。1993 年，股票发行试点正式在全国推广。在此期间，证券发行市场和交易市场都得到了蓬勃发展。

（1）发行市场的发展。我国证券发行市场的恢复与起步是从 1981 年国家发行国库券开始的。此后，债券发行连年不断，发行数额不断增加，债券种类由国家债券扩展到金融债券、企业债券、国际债券的发行。我国的股票发行始于 1984 年。1984 年 9 月，北京成立了第一家股份有限公司——天桥百货股份有限公司，并发行了股票。同年 11 月，由上海电声总厂发起成立的上海飞乐音响股份有限公司向社会公开发行股票。之后，上海延中实业股份有限公司也面向社会发行了股票。全国其他一些城市也相继发行了股票。在政府的引导下，随着股份制试点企业的增加，我国股票发行规模不断扩大，股票发行涉及境内人民币普通 A 股、供境内外法人和自然人购买的人民币特种股票 B 股，还有在境外发行的 H 股和 N 股等。

 相关链接

中国第一股——飞乐音响股票

在纽约证券交易所精致华美的橱窗内，陈列着记载世界各地资本市场发展进程的各种标志性物品。其中就有一张制作精美的中国股票，那是新中国成立以来发行的第一只股票——飞乐音响股票。

1986 年 11 月 10 日至 13 日，中国人民银行在北京举行了中美金融市场研讨会，当时的媒体用"华尔街大亨将'金融市场'带到人民大会堂"这样的标题来形容这次史无前例的高规格会议。

美国《时代》杂志驻北京的首席记者吉米(Jaime A. FlorCruz)当时撰写的一篇新闻稿《中国初出茅庐的股票市场向美国内行取经》的报道中写道——"上周在北京召开了一个不寻常的研讨会。会上，有 20 个身着细条子服装的最高水平的美国证券商人、银行家和律师，向 200 多个穿毛式制服的中国银行业和金融官员解释了难以理解的美国西部股票贷方市场基础知识。"中共政治局委员、中国人民银行行长陈慕华在会上说："我们要学习和吸收其他国家有用的经验！"

这批美国来宾中就有纽约证券交易所董事长约翰·范尔霖(John J. Phelan, Jr.)。会后，邓小平在 11 月 14 日会见参会的纽约证交所董事长约翰·范尔霖，并同他作了长时间的谈话。在会见时范尔霖向邓小平赠送了纽约证券交易所的证章，邓小平回赠给他的是一张新中国第一张股票——"飞乐音响"股票。

在会见之前准备回赠的礼物时，中国人民银行从沈阳、广州等各地找来十几张股票，但发现大多数股票都缺少部分必备要素，不符合国际通行标准样式。上海选送了最早发行的一张面值 50 元的"小飞乐"股票，该股票由"上海飞乐音响公司"发行，这是新中国第一家向社会公开发行股票的股份制企业，"飞乐音响"股票于 1986 年 9 月 26 日在中国工商银行上海静安信托业务部首家柜台上市。由于"小飞乐"股票票样上各项要素齐全，又是由上海印钞厂印制的，便被作为回赠的礼物。因此，邓小平回赠给范尔霖的就是这张"小飞乐"的股票。

就这样，范尔霖成为了第一位拥有中国股票的美国金融家，从而享有上海飞乐音响公司这家社会主义企业的股份权。

(资料来源：编者根据凤凰网财经等相关资料整理)

(2) 交易市场的发展。我国的证券交易市场始于 1986 年。1986 年 8 月，沈阳信托投资公司第一次面向社会开办了证券交易业务，之后，沈阳市建设银行信托投资公司和工商银行沈阳证券公司也开办了这项业务。1986 年 9 月，上海市几家专业银行的信托部门及信托投资公司开办了股票"柜台交易"，1988 年 4 月和 6 月，财政部先后在全国 61 个大中城市进行转让市场的试点。到 1990 年，全国证券场外交易市场已基本形成，随场外交易市场的形成，场内交易市场也迅速发展起来，1990 年 11 月 26 日，国务院授权中国人民银行批准的上海证券交易所宣告成立，并于 1990 年 12 月 19 日正式营业，成为我国第一家证券交易所；1991 年 4 月 11 日，我国另一家由中国人民银行批准的证券交易所——深圳证券交易所也宣告成立，并于同年 7 月 3 日正式营业。两家证券交易所的成立标志着我国证券市场由分散的场外交易进入了集中的场内交易。与此同时，全国的一些大中城市如武汉、天津、沈阳、大连等地还成立了 27 家证券交易中心，接纳多种债券和投资基金交易。一些交易中心还同上海、深圳证券交易所联网，使两家证券交易所的交易活动得以辐射、延伸。不仅如此，1990 年 10 月，中国人民银行还建立了全国证券交易所自动报价系统(STAQS)，该系统中心设在北京，通过计算机网络连接国内证券交易比较活跃的大中城市，为会员提供有价证券的买卖价格信息以及报价、交易、交割和结算等方面的服务。该系统 1991 年 4 月开始并网运行，至 1994 年，已有分布全国的 42 个城市的 189 家会员公司。1993 年 2 月，经中国人民银行批准，又一家证券交易网"全国电子交易系统"(NET)宣布成立。中证交 NET 系统中心设在北京，以通信卫星连接全国各地的计算机网络，为证券交易提供服务、交易、清算、交割和托管服务，提供证券市场的投资咨询及信息服务。该系统于1993年4月28日正式开业，至1994年，该系统卫星通信网络覆盖了全国100多个城市，入网证券商达几十家。直到1998年，我国证券交易市场一度形成了以"两所两网"为主体、集中与分散相结合的层次化特征。当时的场外市场除了北京的STAQ和NET系统，其余大都是地方政府为搞活本地经济、促进股权流动而自行设立的区域性的产权交易市场。它们主要定位于解决当地法人股、内部职工股和基金证券等的交易流通，而且规则各不相同，机构与管理混乱，一些上市公司质量低下，极易引发金融风险和社会问题。尽管这些市场对于当地企业的改制和融资确实起了比较好的作用。但是，由于国家一直未制定统一的政策法规对柜台交易市场进行有效的规范和管理，致使柜台交易存在不少问题。

1997年亚洲金融危机后，为防范金融风险，中央政府对各地方设立的交易所场外股票市场和柜台交易中心进行清理，并对证券经营机构、证券投资基金和期货市场中的违规行为进行整顿，化解了潜在的风险。同时，国有企业的股份制改革和发行上市逐步推进，市场规模、中介机构数量和投资者队伍稳步扩大。1999年7月《证券法》实施，以法律形式确认了证券市场的地位。2005年11月，修订后的《证券法》发布。在这期间，随着国企改革的深入，国有和非国有股份公司不断进入证券市场，成为证券市场新的组成部分，中国股票市场得到较快发展，上市公司数量快速增长。但是，证券市场发展过程中积累的遗留问题、制度性缺陷和结构性矛盾也逐步显现。从2001年开始，市场步入持续4年的调整阶段：股票指数大幅下挫；新股发行和上市公司再融资难度加大、周期变长；证券公司遇到了严重的经营困难，到2005年全行业连续4年总体亏损。2001年6月14日，上证综合指数创历史最高达2 245.44点，2005年6月6日，上证综合指数跌破1 000点，最低998.23点。这些问题产生的根源在于，中国证券市场是在向市场经济转轨过程中由试点开始而逐步发展起来的新兴市场，早期制度设计有很多局限，改革措施不配套。一些在市场发展初期并不突出的问题，随着市场的发展壮大，逐步演变成市场进一步发展的障碍，包括上市公司改制不彻底、治理结构不完善；证券公司实力较弱、运作不规范；机构投资者规模小、类型少；市场产品结构不合理，缺乏适合大型资金投资的优质蓝筹股、固定收益类产品和风险管理的金融衍生产品，以及交易制度单一，缺乏有利于机构投资者避险的交易制度，等等。

为了积极推进证券市场改革开放和稳定发展，国务院于2004年1月发布了《关于推进证券市场改革开放和稳定发展的若干意见》（以下称《若干意见》），此后，中国证券市场推行了一系列的改革措施，完善证券市场基础性制度，主要包括实施股权分置改革、提高上市公司质量、对证券公司综合治理、改革发行制度、大力发展机构投资者等。经过这些改革，投资者信心得到恢复，证券市场出现转折性变化。

2001年12月，中国加入世界贸易组织，此后，中国证券市场对外开放步伐明显加快。截至2006年年底，中国已全部履行了"入世"时有关证券市场对外开放的承诺。中国"入世"时证券业对外开放承诺包括：外国证券机构可以直接从事B股交易；外国证券机构驻华代表处可以成为所有中国证券交易所的特别会员；允许外国服务提供者设立合资公司，从事国内证券投资基金管理业务，外资比例不超过 33%，"入世"后 3 年内外资比例不超过 49%；"入世"后 3 年内，允许外国证券公司设立合资公司，外资比例不超过 1/3，合资公司可以不通过中方中介从事 A 股的承销，B 股、H 股及政府与公司债券的承销和交易，基金的发起。对外开放推进了中国证券市场的市场化、国际化进程，促进了市场的成熟和发展壮大。

3）证券监管机构的建立

证券市场发展初期，我国对证券市场没有统一集中的管理，而是在国务院部署、中国人民银行和中国经济体制改革委员会等部门决策下，由上海、深圳两地地方政府管理。1992 年 10 月，国务院设立证券管理委员会和中国证监会，12 月，国务院发布《关于进一步加强证券市场宏观管理的通知》，明确了中央政府对证券市场的统一管理体制。中国证监会的成立标志着中国证券市场开始逐步纳入全国统一监管框架，全国性市场由此开始发展。中国证券市场在监管部门的推动下，建立了一系列的规章制度，初步形成了证券市场的法规体系。

1997 年 11 月的全国金融工作会议上进一步确定了银行业、证券业、保险业分业经营、分业管理的原则。1998 年 4 月，国务院证券委撤销，其全部职能及中国人民银行对证券经营机构的监管职能同时划归中国证监会。中国证监会成为全国证券期货市场的监管部门，并在全国设立了 36 个派出机构，建立起了集中统一的证券期货市场监管体制。

中国证监会成立后，股票发行试点走向全国。在市场创建初期，各方对证券市场的规则、自身权利和义务的认识不足，为了防止一哄而上，由股票发行引起投资过热，监管机构采取了额度指标管理的审批制度，具体做法是将额度指标下达至省级政府或行业主管部门，由其在指标限度内推荐企业，再由证监会审批企业发行股票。在此期间，证券公司数量快速增长。

本 章 小 结

　　证券是指各类记载并代表一定权力的法律凭证。它用以证明持有人有权依其所持凭证记载的内容而取得应有的权益。证券是用以证明或设定权利所做成的书面凭证，表明证券持有人或第三者有权取得该证券拥有的特定权益或证明其曾经发生过的行为。有价证券是标有票面金额，用于证明持有人或该证券指定的特定主体对特定财产拥有所有权或债权的凭证。这类证券本身没有价值，但它代表着一定量的财产权利，因而可以在证券市场上买卖和流通，客观上具有交易价格。狭义有价证券指资本证券，广义包括商品证券、货币证券和资本证券。

　　证券市场是有价证券发行和交易的场所，具有筹资—投资、资本定价和优化资本配置等功能。证券市场参与者主要包括证券发行人、证券投资人、证券市场中介机构、行业自律性组织和证券监管机构等。

　　证券市场的产生得益于社会化大生产、股份制和信用制度的发展，新中国证券市场的出现和发展是中国从计划经济体制向市场经济体制转型过程中最为重要的成就之一，推动了中国经济体制和社会资源配置方式的变革，证券市场在国民经济中发挥作用的范围和程度也日益提高。

习　题

一、名词解释

有价证券　金融证券　固定收益证券　私募证券　国际证券　场内市场

二、简答题

1. 有价证券有哪些共同特征?
2. 按证券发行主体的不同,有价证券可分为哪些类型?
3. 证券市场按功能划分为哪两类?
4. 证券市场参与主体有哪些?
5. 证券市场与商品市场有什么区别?
6. 证券市场产生的条件有哪些? 简述新中国的证券市场发展情况。

三、案例分析题

中国股市数次牛市熊市大盘点

中国证券市场从成立以来经历了 7 次大的牛市和熊市,它们的特点分别如下。

特点 1:波动极大

牛市:1990 年 12 月 19 日—1992 年 5 月 26 日。

上交所正式开业以后,历时两年半的持续上扬,终于在取消涨跌停板的刺激下,一举达到 1 429 点高位。

熊市:1992 年 5 月 26 日—1992 年 11 月 17 日。

冲动过后,市场开始价值回归,不成熟的股市波动极大。仅半年的时间,股指就从 1 429 点下跌到 386 点。

特点 2:上涨极快

牛市:1992 年 11 月 17 日—1993 年 2 月 16 日。

快速下跌爽,快速上涨更爽,半年的跌幅,3 个月就全部涨回来。从 386 点到 1 558 点只用了 3 个月的时间。

熊市:1993 年 2 月 16 日—1994 年 7 月 29 日。

快速牛市上涨完成后,上海老八股宣布扩容,伴随着新股的不断发行,股指回到 325 点。

特点 3:出台利好救市

牛市:1994 年 7 月 29 日—1994 年 9 月 13 日。

为了挽救市场,相关部门出台三大利好救市:①年内暂停新股发行与上市;②严格控制上市公司配股规模;③采取措施扩大入市资金规模,一个半月时间,股指涨幅达 200%,最高达到 1 052 点。

熊市:1994 年 9 月 13 日—1995 年 5 月 17 日。

随着股价的超高,总有无形的手将股市打低,在 1995 年 5 月 17 日,股指已经回到 577 点,跌幅接近 50%。

特点 4:牛市极短

牛市:1995 年 5 月 18 日—1995 年 5 月 22 日。

这次牛市只有3个交易日。受到管理层关闭国债期货消息的影响，3天时间股指就从582点上涨到926点。

熊市：1995年5月22日—1996年1月19日。

短暂的牛市过后，股指达到阶段低点512点，绩优股股价普遍超跌，新一轮行情条件具备。

特点5：绩优股带头

牛市：1996年1月19日—1997年5月12日。

崇尚绩优股开始成为市场主流投资理念，在深发展等股票的带领下，股指重新回到1510点。从1996年4月1日算起，至同年12月12日，上证综指涨幅124%，深成指涨幅达346%，涨幅达5倍以上的股票超过百种。两只领头羊深发展从6元到20.50元，四川长虹（600839，股吧）从7元至27.45元。

熊市：1997年5月12日—1999年5月18日。

这轮大调整也是因为过度投机，在绩优股得到充分炒作之后，股指已经跌至1047点。最知名的当属《人民日报》发表《正确认识当前股票市场》的特约评论员文章，指出对于证券市场的严重过度投机和可能造成的风险，要予以高度警惕。文章发表当天，配合涨停板制度的出台，市场暴跌。

特点6：一度历史最高

牛市：1999年5月19日—2001年6月14日。

这次牛市俗称"5·19"行情，网络概念股的强劲喷发将上证指数推高到了2245点的历史最高点。"5·19"行情直接的爆发电视上海证券报记者李威的《网络股能否成为领头羊——关于中国上市公司进军网络产业的思考》，一开市领头的是东方明珠、广电股份、深桑达等网络股。

这一次，《人民日报》再次发表特约评论员文章《坚定信心，规范发展》，重申股市是恢复性上涨，要求各方面坚定信心。就是在这轮行情中亿安科技破了百元大关，但最终成为一桩丑闻。

熊市：2001年6月14日—2005年6月6日。

"5·19"行情过后，市场最关注的就是股份分置问题。股指也从2245点一路下跌到998点，4年时间股指下跌超过50%。

特点7：历史之最

牛市：2005年6月6日—2007年10月16日。

正常的技术性反转，再加上"股改"的东风，2005年5月，管理层启动股改试点，上证指数从2005年6月6日的1000点附近再次启动，2006年5月9日，上证指数终于再次站上1500点。

2006年11月20日，上证指数站上2000点。2006年12月14日，上证指数首次创历史最高记录，收于2249.11点。8个交易日之后，2006年12月27日，上证指数首次冲上2500点关口。

2007年2月26日，大盘首次站上3000点大关。

2007年5月9日，大盘首次站上4000点大关。

2007年5月14日，大盘再次创下记录4081点。

2007年10月16日，大盘创造历史最高点6124.04点。

熊市：2007年10月16日—2008年10月28日。

由于股改承诺的大小非解禁，股指偏高，平安在融资，CPI值不断升高，人民币汇率升高，美国次贷危机等问题。大盘从6124.04点一直跌到2008年10月28日的1664.93点。

（案例来源：天下财经网2008年10月）

案例问题：

（1）根据案例分析，股市会不会永远是牛市或熊市？

（2）根据案例分析，中国股市从成立以来经历了几次牛市和熊市？

（3）根据案例分析，引发历次牛市和熊市的主要原因是什么？

第 **2** 章 股 票

教学目标

通过本章的学习，理解股票的概念、本质及类型，了解股票的最新发展趋势，理解影响股票价格变动的各项因素，掌握股票的股利政策、除息除权的计算方法，熟悉我国股票价格指数的计算方法，了解我国及国际上重要的股票价格指数。

教学要求

知识要点	能力要求	相关知识
股票的概述	(1) 股票概念及特征的理解能力 (2) 股票基本功能的理解和概括能力 (3) 了解股票的最新发展趋势	(1) 股票的概念及特征 (2) 股票的基本功能 (3) 股票的最新发展趋势
影响股价的因素	(1) 股票的面值及净值 (2) 影响股票价格的因素	(1) 股票价值的计算 (2) 对影响股价因素的分析
股票的相关知识	(1) 股票的各项股利政策 (2) 股权分置改革的内容 (3) 了解我国股票价格指数的计算	(1) 除息除权的计算方法 (2) 股权分置改革的意义 (3) 各国主要股票价格指数

> 以近期的眼光看，股市是一个投票箱；以长远的眼光看，股市是一个天平。
>
> ——本杰明·格雷厄姆

 基本概念

股票 优先股股票 外资股 记名股票 国家股 社会公众股 股票的面值 股票的价值 基本分析 送股 公积金转赠股本 除息除权 价格指数

导入案例

投资者的选择

张女士是一个潜在投资者。现在，她既可以选择在债券市场上购买 A 公司的债券，也可以在股票市场上购买 A 公司的股票(A 公司在证券市场上既发行了企业债券，同时也发行了股票)。如果张女士选择投资 A 公司债券，那么，不管 A 公司是否盈利，在付息日她都将获得固定利息收入，并在到期日能够收回本金，因此她面临的风险较小。但是，如果张女士选择购买 A 公司股票，则她只能在公司盈利的情况下获得股息收入，且股息的数量并不确定。当然如果张女士愿意也可以选择将 A 公司的股票，在股票市场上卖给他人，但她永远无权要求 A 公司偿还她的本金，因此张女士面临着较大风险。当然，张女士若投资 A 公司的股票，就理所当然地成为该公司的股东，她将有权出席 A 公司的股东大会，并按照持有股份的数量多少，参与 A 公司重大事项的决策。总之，在 A 公司的存续期间，股票反映着张女士与公司之间比较稳定的经济关系，是一种无期限的收益凭证。

点评

投资股票获得的收益来自从该公司分得的股息，或者在股票市场上买卖股票获取的差价。正因如此，股票的市场价格波动一般比较剧烈，对愿意冒险的投资者来讲也更加具有吸引力。

2.1 股票的特点与类型

随着经济的发展，个人、企业、政府、机构都需要发行有价证券来进行融资。股票是有价证券的重要形式，也是筹资人在证券市场融资的重要手段。同时市场中有大量投资者手中拥有盈余资本，希望通过投资活动增加财富，股票也成为了一种重要的投资选择。

股票是货币转化为资本的形式，它得益于现代信用制度的建立，完善于股份制度的发展，推动了社会化大生产。在全球资本市场当中股票占据了十分重要的位置，有西方学者认为股价的变动要比经济周期的变动早 4～6 个月，股票价格的变动通常能够早一步预示产业经济的繁荣或衰退。

2.1.1 股票的概述

1. 股票的定义

股票是股份公司在筹集资金时向出资人发行的证明股东所持有股份的法律凭证，是出资人按其出资比例享有权益和承担义务的可转让凭证，出资人则被称为股东。因为，股票是一种权益工具，所以股票市场也称为权益市场。

股份有限公司的资本划分为股份，每一股股份的金额相等。公司股份的社会化形式就是股票。同一公司发行的同一种股票要同股同权，也就是在遵循公平、公开、公正的原则下同种类的每一股份具有同等权利。股票一经发行，购买股票的投资者即成为公司的股东。股票实质上代表了股东对股份公司的所有权，股东凭借股票可以获得公司的股息和红利，参加股东大会并行使自己的权利，同时也承担相应的责任与风险。

 相关链接

1993 年中国股市实行了无纸化股票交易，宣告了实物股票退出历史舞台。图 2.1 为 1992 年的一张股票卡。

图 2.1 天津劝业场股份有限公司股票卡

2. 股票的本质

（1）股票是虚拟资本。股票独立于真实资本之外，在股票市场上进行着独立的价值运动，是一种虚拟资本。股票是一种在金融投资活动中产生的有价证券，是一种资本证券。对于认购股票的人来说，购买股票就是一种投资行为，是一种相对实际资本而独立存在的资本形式，是由千千万万人的信用凝聚而成，通过信用使无数企业与亿万投资人紧紧联系起来，使货币资本与产业资本联系起来。

（2）股票是有价证券。有价证券是财产价值和财产权利的统一表现形式。持有有价证券一方面表示拥有一定价值量的财产，另一方面也表明有价证券持有人可以行使该证券所代表的权利。股票具有有价证券的特征：①虽然股票本身没有价值，但股票是一种代表财产权的有价证券，它包含着股东可以依其持有的股票要求股份公司按规定分配股息和红利的请求权；②股票与它代表的财产权有不可分离的关系，二者合为一体。换言之，行使股票所代表的财产权，必须以持有股票为条件，股东权利的转让应与股票占有的转移同时进行，股票的转让就是股东权的转让。

（3）股票是一种综合权利的证券。股票不像债券那样，对投资者承诺确定的投资回报，而只承诺在公司盈利时给予投资者分享收益的权利，债券是一种债权凭证。而股票是一种综合权利的凭证，这既不同于到期还本付息的债权又不同于对财产有直接支配权的物权行为，而是一种综合的权利，是独立存在的股东权利。公司股东将出资交给公司后，股东对其出资财产的所有权就转化为股东权（股权）了。股东权使股东依法享有资产收益、重大决策、选择管理者等权利。股东虽然是公司财产的所有人，享有种种权利，但对于公司的财产不能直接支配处理。

3. 股票的特点

股票是证明股东权利的法律凭证，股东可以凭借其所代表的权利领取股息、红利，在证券交易所自由买卖股票。

（1）不偿还性。股票是所有权凭证，谁持有某个公司的股票，就是该公司的主人；和该公司的命运紧紧地连在一起，公司经营好，可以分红，公司经营不好，则无红利可分，公司倒闭无剩余资产的话，全部投资一无所有。不管公司经营状况如何，股票都不得返本，股东也不得中途退股。这种无期限的法律凭证，是股票生命从发行之日开始到破产清偿结束，发行公司这种股东关系就是永久存在。这种关系实质上反映了股东与股份公司之间比较稳定的经济关系。股票代表着股东的永久性投资，当然股票持有者可以出售股票而转让其股东身份，而对于股份公司来说，由于股东不能要求退股，所以通过发行股票募集到的资金，在公司存续期间是一笔稳定的自有资本。

（2）股票的决策性。股票的持有者是股东，股东是股份有限公司最终所有者，是公司的主人，所以股东对公司的经营管理有决策权，可以参与公司的经营管理。股票持有人作为股份公司的股东，有权出席股东大会，体现对公司经营决策的参与权。股东的决策权主要表现在股东大会上对有关公司如何经营的重大问题行使投票权。股东投票权的大小是由他认购的股份的多少决定的。股东认购的股份越多，投票权越大，认购的股份少，投票权小。但股东没有直接支配公司财产的权力。

（3）股票的流动性。"流动性"这个词在经济学中的意思是：一种东西能转变成其他东西的可能性有多大，速度有多快。流动性最强的东西就是货币，它可以随时随地快速转变成其他东西。股票和货币相比，流动性较弱，股票的持有者，不能直接把股票换成其他东西，或者说，不能用股票买东西。但是股票的持有者可以到证券交易所把股票随时卖掉，换成货币，再换成其商品。由于股票具有流动性，股东个人的品质如何对公司没有什么意义，因为股票要不停地易手，公司的主人也不断变动。但不管股票怎么流动，购买股票的本金始终在公司里。判断股票的流动性强弱主要分析3个方面：首先是市场深度，以每个价位上报单的数量来衡量，如果买卖盘在每个价位上均有较大报单，则投资者无论买进或是卖出股票都会较容易成交，不会对市场价格形成较大冲击。其次是报价紧密度，指买卖盘各价位之间的价差。若价差较小，则新的买卖发生时对市场价格的冲击也会比较小，股票流动性就比较强。在有做市商的情况下，做市商双边报价的买卖价差通常是衡量股票流动性的最重要指标。最后是股票的价格弹性或者恢复能力，指交易价格受大额交易冲击而变化后，迅速恢复原先水平的能力。价格恢复能力越强，股票的流动性越高。

（4）股票的收益性。股票是能够领取红利或股息的证书。养母牛为了产牛奶，喂母鸡为了下鸡蛋，买股票为了生红利，购买普通股股票应该得红利。股票的红利率比债券利息率、存款利息率都要高，同时购买股票比买债券和存款的风险大。股票的收益来源可分成两类：一是来自股份公司。认购股票后，持有者即对发行公司享有经济权益，这种经济权益的实现形式是从公司领取股息和分享公司的红利。股息红利的多少取决于股份公司的经营状况和盈利水平。二是来自股票流通。股票持有者可以持股票到依法设立的证券交易场所进行交易，当股票的市场价格高于买入价格时，卖出股票就可以赚取差价收益。这种差价收益称为资本利得。

（5）股票的风险性。股票风险来源于股票投资收益的不确定性，或者说实际收益与预期收益之间的偏离程度。风险不等于损失，高风险的股票可能给投资者带来较大损失，也可能带来较大的未预期收益。收益是风险的报酬，风险越大，收益越高；风险小，收益小；没有风险就没有收益。股票的风险来自于3个方面：其一是股票不能还本，如果公司倒闭，资产又不足以抵偿负债、没有剩余资产可分，股本全无；其二，即使是公司不倒闭，经营不善，从公司利润中扣除税收、公积金、公益金、债券本息、优先股股票股息之后，没有任何剩余，股东无红可分；其三，投资者购买股票，指望价格上涨，若价格下降将遭受损失。

2.1.2　股票的类型

1. 普通股股票和优先股股票

（1）普通股股票是最重要的股票形式之一，像其他产权一样，普通股代表了对发行公司剩余资产的索取权和盈利的分配权。股票所有者可在公司盈利时分享利润，或在公司清算时分享公司（支付所有负债后）资产的市场价值。如果一个股份公司破产清算，那么它的现有资产首先用来偿付公司的负债，接着按持股比例支付给优先股股东，如果还有剩余，则按照比例分配给普通股股东。当然，通过持有股票，投资者也要担负公司所有权的全部风险。不过，股票持有者所承担的风险是有限的，因为股东持有股票承担的风险上限，是所投资的全部资本。

一般说来，普通股都标有面值。普通股的票面价值通常会低于股票的市场价格。实际上，一些股票发行时根本就不标明面值。面值被用来代表股东的初始投资在公司中所占的每股价值。普通股股东买入股票时，就被授予了一定的权利。股票所有者被允许参与股东大会，并按照持股比例表达自己的意愿，比如选举董事会成员等。普通股股东还有一项优先购买权，即为了维持股东的初始投资比例不变，而准许当前普通股股东优先购买公司新发行的股票、可转换股票或优先股。例如，一个股东持有已发行股票5%的份额，那么在公司增发1 000股股票时，该股东有权优先购买50股新股，以保持其持股比例继续保持在5%不变。普通股股东还对影响公司财产的事项，如兼并、清算或增发股份拥有表决权。

（2）优先股股票是公司的一种股份权益形式。持有这种股份的股东先于普通股股东享受分配，通常为固定股利。优先股收益不受公司经营业绩的影响。其主要特征有：享受固定收益、优先获得分配、优先获得公司剩余财产的清偿、无表决权。除了这些本质特征外，发行人为了吸引投资者或保护普通股东的权益，对优先股附加了很多定义，如可转换概念、优先概念、累计红利概念等。

优先股的地位界于债券与股权之间。与债券类似的是，优先股也标明了固定的股息比率，且优先股股东早于普通股股东享有对公司资产和盈利的要求权。但是，债券持有者及其他债权人必须先于优先股和普通股股东，享有对公司资产和盈利的要求权。与债权人不同，优先股股东不能对无法分配股利的公司执行破产程序。不过，优先股是公司股权资本的一部分，并能增加公司的企业价值，使得公司未来能够发行更多的债券。优先股也是一种比债券更为灵活的筹资形式，因为公司可在利润不足的情况下不分发优先股股利，还有就是大多数优先股（有限期的优先股除外）没有到期日，而债券必须到期还本付息。

一般说来，优先股股东没有表决权，除非该公司在规定时期不能发放股利。许多公司章程常常规定在满一年时间里公司如不能派发红利，则优先股股东有权推举公司董事会成员。按照优先权在具体权利上的不同，优先股可以分为累积优先股和非累积优先股、参与优先股和非参与优先股、可转换优先股和不可转换优先股以及可赎回优先股和不可赎回优先股等。此外，优先股股票还可以按照是否记载股东姓名、有无面值以及是否对股份有限公司的经营管理享有表决权分为记名股票和无记名股票、有面值股票和无面值股票以及有表决权股票和无表决权股票。

（3）优先股股票的特殊形式。优先股股票根据不同的附加条件，大致可以分成以下几类。

① 累积优先股股票和非累积优先股股票、参与优先股股票和非参与优先股股票、可转换优先股股票和不可转换优先股股票、可赎回优先股股票和不可赎回优先股股票、股息率可调整优先股股票和股息率固定优先股股票。

累积优先股股票和非累积优先股股票。这种分类的依据是优先股股票股息在当年未能足额分派时，能否在以后年度补发。

累积优先股股票是指历年股息累积发放的优先股股票。股份公司发行累积优先股股票的目的，主要是为了保障优先股股票股东的收益不致因公司盈利状况的波动而减少。由于规定未发放的股息可以累积起来，待以后年度一起支付，这就有利于保护优先股股票投资者的利益。

非累积优先股股票是指股息当年结清、不能累积发放的优先股股票。非累积优先股股票的特点是股息分派以每个营业年度为界，当年结清。如果本年度公司的盈利不足以支付全部优先股股息，对其所欠部分，公司将不予累积计算，优先股股票股东也不得要求公司在以后的营业年度中予以补发。

② 参与优先股股票和非参与优先股股票。这种分类的依据是优先股股票在公司盈利较多的年份里，除了获得固定的股息以外，能否参与或部分参与本期剩余盈利的分配。

参与优先股股票是指优先股股票股东除了按规定分得本期固定股息外，还有权与普通股股票股东一起参与本期剩余盈利分配的优先股股票。

非参与优先股股票是指除了按规定分得本期固定股息外，无权再参与对本期剩余盈利分配的优先股股票。非参与优先股股票是一般意义上的优先股股票，其优先权不是体现在股息多少上，而是在分配顺序上。

③ 可转换优先股股票和不可转换优先股股票。这种分类的依据是优先股股票在一定的条件下能否转换成其他品种。

可转换优先股股票是指发行后在一定条件下允许持有者将它转换成其他种类股票的优先股股票。在大多数情况下，股份公司的转换股票是由优先股股票转换成普通股股票，或者由某种优先股股票转换成另一种优先股股票。

　　不可转换优先股股票是指发行后不允许其持有者将它转换成其他种类股票的优先股股票。不可转换优先股股票与转换优先股股票不同，它没有给投资者提供改变股票种类的机会。

　　④ 可赎回优先股股票和不可赎回优先股股票。这种分类的依据是在一定条件下，该优先股股票能否由原发行的股份公司出价赎回。

　　可赎回优先股股票是指在发行后一定时期，可按特定的赎买价格由发行公司收回的优先股股票。一般的股票从某种意义上说是永久的，因为它的有效期限是与股份公司的存续期并存的。而可赎回优先股股票却不具有这种性质，它可以依照该股票发行时所附的赎回条款，由公司出价赎回。股份公司一旦赎回自己的股票，必须在短期内予以注销。

　　不可赎回优先股股票是指发行后根据规定不能赎回的优先股股票。这种股票一经投资者认购，在任何条件下都不能由股份公司赎回。由于股票投资者不能再从公司抽回股本，这就保证了公司资本的长期稳定。

　　⑤ 股息率可调整优先股股票和股息率固定优先股股票。这种分类的依据是股息率是否允许变动。

　　股息率可调整优先股股票是指股票发行后，股息率可以根据情况按规定进行调整的优先股股票。这种股票与一般优先股股票股息事先固定的特点不同，它的特性在于股息率是可变动的。但是，股息率的变化一般又与公司经营状况无关，而主要是随市场上其他证券价格或者银行存款利率的变化作调整。股息率可调整优先股股票的产生，主要是为了适应国际金融市场不稳定、各种有价证券价格和银行存款利率经常波动以及通货膨胀的情况。发行这种股票，可以保护股票持有者的利益，同时对股份公司来说，有利于扩大股票发行量。

　　股息率固定优先股股票是指发行后股息率不再变动的优先股股票。大多数优先股股票的股息率是固定的，一般意义上的优先股股票就是指股息率固定优先股股票。

　　2. 优先股股票相对于普通股股票具有的特征

　　(1) 普通股股票可以享有以下几种权利。

　　红利分享权，当公司把股息分配给优先股股东之后，则对普通股股东分红；资产分配权，公司解散时，当它的财产满足了其债权人清偿之后，普通股要参与公司剩余资产的分配；公司的管理权，普通股股票的股东是公司财产的最终所有者，在股东大会上普通股股东根据其持有股份的多少对公司的一切重大问题行使表决权，参与对公司的管理；认股优先权，在公司增发新股时，老股东可以购买新发行的股票。为了保证老股东的权益，老股东可按其持有股份的一定比例优先认购新股。认购新股有一定的优惠，不购买新股，其权利可以出卖或放弃。

　　(2) 优先股股票正是针对于普通股股票而言才具备了优先性，主要体现在以下4个方面。

　　① 股息率固定。普通股股票的股息是不固定的，它取决于股份公司的经营状况和盈利水平。而优先股股票在发行时就约定了固定的股息率，无论公司经营状况和盈利水平如何变化，该股息率不变。

　　② 股息分派优先。在股份公司盈利分配顺序上，优先股股票排在普通股股票之前。各国公司法对此一般都规定，公司盈利首先应支付债权人的本金和利息，缴纳税金；其次是支

付优先股股息；最后才分配普通股股利。因此，从风险角度看，优先股股票的风险小于普通股股票。

③ 剩余资产分配优先。当股份公司因解散或破产进行清算时，在对公司剩余资产的分配上，优先股股票股东排在债权人之后、普通股股票股东之前。也就是说，优先股股票股东可优先于普通股股票股东分配公司的剩余资产，但一般是按优先股股票的面值清偿。

④ 一般无表决权。优先股股票股东权利是受限制的，最主要的是表决权限制。普通股股票股东参与股份公司的经营决策主要通过参加股东大会行使表决权，而优先股股票股东在一般情况下没有投票表决权，不享有公司的决策参与权。只有在特殊情况下，如讨论涉及优先股股票股东权益的议案时，他们才能行使表决权。

3. 记名股票和无记名股票

股票按是否记载股东姓名，可以分为记名股票和无记名股票。

(1) 记名股票。记名股票是指在股票票面和股份公司的股东名册上记载股东姓名的股票。很多国家的公司法都对记名股票的有关事项做出了具体规定。一般来说，如果股票是归某人单独所有，则应记载持有人的姓名；如果股票是归国家授权投资的机构或者法人所有，则应记载国家授权投资的机构或者法人的名称；如果股票持有者因故改换姓名或者名称，就应到公司办理变更姓名或者名称的手续。我国《公司法》规定，公司发行的股票可以为记名股票，也可以为无记名股票。股份有限公司向发起人、法人发行的股票，应当为记名股票，并应当记载该发起人、法人的名称或者姓名，不得另立户名或者以代表人姓名记名。公司发行记名股票的，应当置备股东名册，记载下列事项：股东的姓名或者名称及住所、各股东所持股份数、各股东所持股票的编号、各股东取得股份的日期。记名股票有如下特点。

① 股东权利归属于记名股东。对于记名股票来说，只有记名股东或其正式委托授权的代理人才能行使股东权。除了记名股东以外，其他持有者(非经记名股东转让和股份公司过户的)不具有股东资格。

② 可以一次或分次缴纳出资。缴纳股款是股东基于认购股票而承担的义务。一般来说，股东应在认购时一次缴足股款。但是，基于记名股票所确定的股份公司与记名股东之间的特定关系，有些国家也规定允许记名股东在认购股票时可以无须一次缴足股款。我国《公司法》规定，设立股份有限公司的条件之一是发起人认购和募集的股本达到法定资本最低限额。

采取发起设立方式设立股份有限公司的，注册资本为在公司登记机关登记的全体发起人认购的股本总额。发起人应当书面认足公司章程规定其认购的股份；一次缴纳的，应当缴纳全部出资；分期缴纳的，应当缴纳首期出资。全体发起人首次出资额不得低于注册资本的20%，其余部分由发起人自公司成立之日起两年内缴足。以募集方式设立股份有限公司的，发起人认购的股份不得少于公司股份总数的35%。

③ 转让相对复杂或受限制。记名股票的转让必须依据法律和公司章程规定的程序进行，而且要服从规定的转让条件。一般来说，记名股票的转让都必须由股份公司将受让人的姓名或名称、住所记载于公司的股东名册，办理股票过户登记手续，这样受让人才能取得股东的资格和权利。而且，为了维护股份公司和其他股东的利益。法律对于记名股票的转让有时会规定一定的限制条件，如有的国家规定记名股票只能转让给特定的人。我国

《公司法》规定，记名股票由股东以背书方式或者法律、行政法规规定的其他方式转让；转让后由公司将受让人的姓名或名称及住所记载于股东名册。

④ 便于挂失，相对安全。记名股票与记名股东的关系是特定的，因此，如果股票遗失，记名股东的资格和权利并不消失，并可依据法定程序向股份公司挂失，要求公司补发新的股票。我国《公司法》对此的具体规定是：记名股票被盗、遗失或者灭失，股东可以依照《中华人民共和国民事诉讼法》规定的公示催告程序，请求人民法院宣告该股票失效。依照公示催告程序，人民法院宣告该股票失效后，股东可以向公司申请补发股票。

（2）无记名股票。无记名股票是指在股票票面和股份公司股东名册上均不记载股东姓名的股票。无记名股票也称不记名股票，与记名股票的差别不是在股东权利等方面，而是在股票的记载方式上。无记名股票发行时一般留有存根联，它在形式上分为两部分：一部分是股票的主体，记载了有关公司的事项，如公司名称、股票所代表的股数等；另一部分是股息票，用于进行股息结算和行使增资权利。我国《公司法》规定，发行无记名股票的，公司应当记载其股票数量、编号及发行日期。无记名股票有如下特点。

① 股东权利归属股票的持有人。确认无记名股票的股东资格不以特定的姓名记载为根据，所以，为了防止假冒、舞弊等行为，无记名股票的印制特别精细，其印刷技术、颜色、纸张、水印、号码等均须符合严格的标准。为保护无记名股票股东的合法权益，我国《公司法》规定，发行无记名股票的公司应当于股东大会会议召开前30日公告会议召开的时间、地点和审议事项。无记名股票持有人出席股东大会会议的，应当于会议召开5日前至股东大会闭幕时将股票交存于公司。

② 认购股票时要求一次缴纳出资。无记名股票上不记载股东姓名，若允许股东缴纳部分出资即发给股票，以后实际上无法催缴未缴纳的出资，所以认购者必须缴足出资后才能领取股票。

③ 转让相对简便。与记名股票相比，无记名股票的转让较为简单与方便，原持有者只要向受让人交付股票便发生转让的法律效力，受让人取得股东资格不需要办理过户手续。我国《公司法》规定，无记名股票的转让，由股东将该股票交付给受让人后即发生转让的效力。

④ 安全性较差。因无记载股东姓名的法律依据，无记名股票一旦遗失，原股票持有者便丧失股东权利，且无法挂失。

4. 有面额股票和无面额股票

按是否在股票票面上标明金额，股票可以分为有面额股票和无面额股票。

（1）有面额股票。有面额股票是指在股票票面上记载一定金额的股票。这一记载的金额也称为票面金额、票面价值或股票面值。股票票面金额的计算方法是用资本总额除以股份数求得，但实际上很多国家是通过法规予以直接规定，而且一般是限定了这类股票的最低票面金额。另外，同次发行的有面额股票的每股票面金额是相等的，票面金额一般以国家主币为单位。大多数国家的股票都是有面额股票。我国《公司法》规定，股份有限公司的资本划分为股份，每一股的金额相等。有面额股票具有如下特点。

① 可以明确表示每一股所代表的股权比例。例如，某股份公司发行1 000万元的股票，每股面额为1元，则每股代表着公司净资产千万分之一的所有权。

相关链接

　　紫金矿业是国内金产量最大的企业，2006年黄金产量为49.21吨，销售收入占紫金矿业总销售收入的70.40%。此外，紫金矿业还主营铜和锌产品的生产。2007年上半年，紫金矿业实现净利润16.43亿元，股东权益合计54.07亿元。2007年3月9日公司发布公告称，将向中国证监会申请发行A股，预计发行面值人民币1元的不超过1.5亿股A股，或面值人民币0.1元的15亿股A股。最终，紫金矿业选择发行15亿股0.1元A股而非缩股，打破了此前A股发行1元面值的传统。

　　② 为股票发行价格的确定提供依据。我国《公司法》规定，股票发行价格可以按票面金额，也可以超过票面金额，但不得低于票面金额。这样，有面额股票的票面金额就成为股票发行价格的最低界限。

　　(2) 无面额股票。无面额股票是指在股票票面上不记载股票面额，只注明它在公司总股本中所占比例的股票。无面额股票也称为比例股票或份额股票。无面额股票的价值随股份公司净资产和预期未来收益的增减而相应增减。公司净资产和预期未来收益增加，每股价值上升；反之，公司净资产和预期未来收益减少，每股价值下降。无面额股票淡化了票面价值的概念，但仍然有内在价值，它与有面额股票的差别仅在表现形式上。也就是说，它们都代表着股东对公司资本总额的投资比例，股东享有同等的股东权利。20世纪早期，美国纽约州最先通过法律，允许发行无面额股票。以后美国其他州和其他一些国家也相继仿效。但目前世界上很多国家(包括中国)的公司法规定不允许发行这种股票。无面额股票有如下特点。

　　① 发行或转让价格较灵活。由于没有票面金额，因而发行价格不受票面金额的限制。在转让时，投资者也不易受股票票面金额影响，而更注重分析每股的实际价值。

　　② 便于股票分割。如果股票有面额，分割时就需要办理面额变更手续。由于无面额股票不受票面金额的约束，发行该股票的公司能比较容易地进行股票分割。

　　5. 国有股股票与社会公众股股票

　　(1) 国有股股票是针对于社会公众股股票而言存在的以国家作为股票持有人的一种股票，在我国国有股股票分为国家股、法人股两种。国有股股票并不是我国独有的股票形式，西方许多国家都存在着国有股股票，例如英国、德国都曾经有过国有股股票。

　　国家股是指有权代表国家投资的部门或机构以国有资产向公司投资形成的股份，包括公司现有国有资产折算成的股份。在我国企业的股份制改造中，原来一些全民所有制企业改组为股份公司。从性质上讲，这些全民所有制企业的资产属于国家所有，因此在改组为股份公司时，就折成国家股。另外，国家对新组建的股份公司进行投资，也构成了国家股。国家股由国务院授权的部门或机构持有，或根据国务院决定，由地方人民政府授权的部门或机构持有。

　　国家股从资金来源上看，主要有3个方面。

　　① 现有国有企业改组为股份公司时所拥有的净资产。

　　② 现阶段有权代表国家投资的政府部门向新组建的股份公司的投资。

　　③ 经授权代表国家投资的投资公司、资产经营公司、经济实体性总公司等机构向新

组建股份公司的投资。如以国有资产折价入股的，须按国务院及国有资产管理部门的有关规定办理资产评估、确认、验证等手续。

国家股是国有股权的一个组成部分(国有股权的另一组成部分是国有法人股)。国有资产管理部门是国有股权行政管理的专职机构。国有股权可由国家授权投资的机构持有。在国家授权投资的机构未明确前，则由国有资产管理部门持有或由国有资产管理部门代政府委托其他机构或部门持有。如国有股权为委托持有的，国有资产管理部门一般要与被委托单位办理委托手续，订立委托协议。如国家授权投资的机构持有国有股权的，国有资产管理部门代授权方拟订有关协议。国有股股利收入由国有资产管理部门监督收缴，依法纳入国有资产经营预算并根据国家有关规定安排使用。

国家股股权可以转让，但转让应符合国家的有关规定。国有资产管理部门应考核、监督国家股持股单位权利的正确行使和义务的履行，维护国家股的权益。

(2) 法人股是指企业法人或具有法人资格的事业单位和社会团体以其依法可支配的资产投入公司形成的股份。法人持股所形成的也是一种所有权关系，是法人经营自身财产的一种投资行为。法人股股票以法人记名。

如果是具有法人资格的国有企业、事业单位及其他单位以其依法占用的法人资产向独立于自己的股份公司出资形成或依法定程序取得的股份，可称为国有法人股。国有法人股属于国有股权。

作为发起人的企业法人或具有法人资格的事业单位和社会团体在认购股份时，可以用货币出资，也可以用其他形式的资产，如实物、工业产权、土地使用权等作价出资。但对其他形式资产必须进行评估作价，核实财产，不得高估或者低估作价。

社会公众股是指我国境内个人和机构，以其合法财产向公司可上市流通股权部分投资形成的股票。在社会募集方式下，股份公司发行的股份，除了由发起人认购一部分外，其余部分应该向社会公众公开发行。我国《证券法》规定，社会募集公司申请股票上市的条件之一是：向社会公开发行的股份达到公司股份总数的25％以上；公司股本总额超过人民币4亿元的，向社会公开发行股份的比例为10％以上。

6. 外资股

外资股是指股份公司向外国和我国香港、澳门、台湾地区投资者发行的股票。这是我国股份公司吸收外资的一种方式。外资股按上市地域，可以分为境内上市外资股和境外上市外资股。

(1) 境内上市外资股。境内上市外资股原来是指股份有限公司向境外投资者募集并在我国境内上市的股份，又被称为B股(人民币特种股票)。B股的名称是相对于A股所得，字母A或B无实际意义。在我国，A股的正式名称是人民币普通股股票。它是由我国境内公开发行，供境内机构、组织或个人(不含台、港、澳投资者)以人民币认购和交易的普通股股票。

B股的正式名称是人民币特种股票。它是以人民币标明面值，以外币认购和买卖，在境内(上海、深圳)证券交易所上市交易的。B股股票是记名股票，B股市场于1992年建立，在上海证券交易所上市交易的B股股票用美元买卖；在深圳证券交易所上市交易的B股股票用港币买卖。B股股票的投资者主要有以下几个方面。

① 外国的自然人、法人和其他组织。

② 我国香港、澳门、台湾地区的自然人、法人和其他组织。

③ 定居在国外的中国公民。

④ 中国境内居民个人投资者(2001 年 2 月对中国境内居民开放 B 股市场)。

境内居民个人可以用现汇存款和外币现钞存款以及从境外汇入的外汇资金从事 B 股交易，但不允许使用外币现钞。境内居民个人与非居民之间不得进行 B 股协议转让。境内居民个人所购 B 股不得向境外转托管。经有关部门批准，境内上市外资股或者其派生形式，如认股权凭证和境外存股凭证，可以在境外流通转让。公司向境内上市外资股股东支付股利及其他款项，以人民币计价和宣布，以外币支付。

(2) 境外上市外资股。境外上市外资股是指股份有限公司向境外投资者募集并在境外上市的股份。它也采取记名股票形式，以人民币标明面值，以外币认购。在境外上市时，可以采取境外存托凭证形式或者股票的其他派生形式。

境外上市的外资股包括 H 股、N 股、S 股、L 股。

H 股是指注册地在我国内地、上市地在我国香港的外资股。香港的英文是 HONG KONG，取其首字母，在香港上市的外资股就称为 H 股。依此类推，纽约的第一个英文字母是 N，新加坡的第一个英文字母是 S，伦敦的第一个英文字母是 L，因此，在纽约、新加坡、伦敦上市的外资股分别称为 N 股、S 股、L 股。

在境外上市的外资股除了应符合我国的有关法规外，还须符合上市所在地国家或者地区证券交易所制定的上市条件。依法持有境外上市外资股，其姓名或者名称登记在公司股东名册上的境外投资人，为公司的境外上市外资股股东。公司向境外上市外资股股东支付股利及其他款项，以人民币计价和宣布，以外币支付。

7. 其他类型股票

(1) 绩优股和垃圾股。绩优股具有较高的投资回报和投资价值。其公司拥有资金、市场、信誉等方面的优势，对各种市场变化具有较强的承受和适应能力，绩优股的股价一般相对稳定且呈长期上升趋势。因此，绩优股总是受到投资者尤其是从事长期投资的稳健型投资者的青睐。

与绩优股相对应，垃圾股指的是业绩较差的公司的股票。这类上市公司或者由于行业前景不好，或者由于经营不善等，有的甚至进入亏损行列。其股票在市场上的表现萎靡不振，股价走低，交投不活跃，年终分红也差。投资者在考虑选择这些股票时，要有比较高的风险意识，切忌盲目跟风投机。

(2) 蓝筹股和红筹股。在海外股票市场上，投资者把那些在其所属行业内占有重要支配性地位、业绩优良、成交活跃、红利优厚的大公司股票称为蓝筹股。"蓝筹"一词源于西方赌场中，有 3 种颜色的筹码，其中蓝色筹码最为值钱，红色筹码次之，白色筹码最差。投资者把这些行话套用到股票上。美国埃克森石油公司和杜邦化学公司、我国上海宝钢和中国工商银行等股票都属于蓝筹股。

红筹股这一概念诞生于 20 世纪 90 年代初期的香港股票市场。中华人民共和国在国际上有时被称为红色中国，故有红筹股的称谓。红筹股是指在中国境外注册、在香港上市但主要业务在中国内地或大部分股东权益来自中国内地的股票。早期的红筹股，主要是一些中资公司收购香港的中小型上市公司后重组而形成的；此后出现的红筹股，主要是内地一些省市或中央部委将其在香港的窗口公司改组并在香港上市后形成的。红筹股已经成为内地企业进入国际资本市场筹资的一条重要渠道。红筹股虽然在香港上市，但并不属于外资股。

2.2　股票的价值与影响股价变动的因素

2.2.1　股票的价值

股票作为虚拟资本的一种形式，本身并没有价值。但是，股票之所以存在价值，是因为股票的持有人（股东），可以凭借持有的股票获得收益。并且单位数量的股票能够使其持有人所能获得的经济利益越大，股票的价值也就相应地越高。

股票作为公司发行的一种权益资本凭证，通常记录着几个核心要素：面值、发行价、每股净资产、股票的内在价值及市场价格。

1. 股票的票面价值

股票的票面价值又称面值，即在股票票面上标明的金额。该种股票被称为有面额股票。股票的票面价值在初次发行时有一定的参考意义。随着时间的推移，公司的净资产会发生变化，股票面值与每股净资产逐渐背离，与股票的投资价值之间也没有必然的联系。尽管如此，票面价值代表了每一份股份占总股份的比例，在确定股东权益时仍有一定的意义。

例如，红海贸易公司是一家总股本为2亿元人民币的上市公司。现在有投资者张三向公司出资人民币1千万元。红海贸易公司有两种方式向张三发行股票。

方式一：可以给股东印制一张股票，股票上印有"张三先生，在我公司投入资金1千万元，占有公司5％的股份，特此证明"，此时上市公司向股东发行一张无面值的法律凭证即公司股票。

方式二：红海贸易公司印制一批标有金额的股票，如在股票上标明1元/股。投资者张三购买了公司1千万股股份，上市公司就会发给张三1千万张面值为1元的股票，来证明其股权。由于红海贸易公司总股本为2亿元人民币，则一张面值为1元的股票表示占有公司1/200 000 000的股份，此时上市公司发行的是面值为1元，股票票面上标明金额的股票。

2. 股票的净值

每股净资产就是股票的净值，又称为账面价值，是用会计统计的方法计算出来的每股股票所包含的资产净值。在股票发行数量一定的情况下，公司的账面价值越高，股东拥有的资产就越多。股票的净值计算公式为

$$每股净值＝净资产/总股本$$

一个十分重要的事实就是，公司发行前后股票的净值相差较大。

例如，蓝海贸易公司在上市前，发起人共同出资1亿元，分成1亿份股票，每股面值

1元，上市时公开发行 3 000 万股，发行价为 6 元，则发行股票前后的每股净值变化为

公司上市前，每股净值＝1 亿元/1 亿股＝1 元/股

公司上市后，每股净资产＝(1 亿股×1 元＋3 000 万股×6 元)/1.2 亿股＝2.33(元)

当然，公司股票发行上市时，出于对公司自身利益等方面的考虑和确保股票发行上市成功，一般并不是按股票的面值发行股票。而是制定一个较为合理的价格来发行，既能够得到市场投资者的认可，保证发行成功，又要尽量募集更多的资金，这个价格就是股票的发行价。

股票在发行时如果以面值作为发行价，称为平价发行，此时公司发行股票募集的资金等于股本的总和，也等于面值总和。发行价格高于面值称为溢价发行，募集的资金等于面值总和的部分计入资本账户，以超过股票票面金额的发行价格发行股份所得的溢价款列为公司资本公积金。我国《公司法》不允许低于面值发行股票。

3. 股票的内在价值

股票的内在价值即理论价值，也即股票未来收益的现值。股票的内在价值决定股票的市场价格，股票的市场价格总是围绕其内在价值波动。研究和发现股票的内在价值，并将内在价值与市场价格相比较，进而决定投资策略是证券研究人员、投资管理人员的主要任务。由于未来收益及市场利率的不确定性，各种价值模型计算出来的内在价值只是股票真实的内在价值的估计值。

$$股票的内在价值＝\frac{预期红利}{银行利息率}$$

例如，一张面值 100 元的股票，预期每年可获得 4.8% 的红利，而同期银行存款利率为 3.5%，这张股票的价格应为

$$\frac{100×4.8\%}{3.5\%}＝137.14(元)$$

也就是说在银行利率为 3.5% 时，只有 137.14 元存入银行，每年才能获得 4.8 元的收入。这个价格保证股票投资人 100 元股票所得的红利收入与 137.14 元货币存入银行的收入相等，投资者获得了更大的价值。若银行利率调整为 4.8%，其他条件不变，则投资者的股票价格为 100 元，说明投资股票与银行存款相同，这时投资人则会选择投资风险相对较低的银行存款。这说明股票的内在价值与股票的预期收入成正比，与银行利率成反比。这种定价方法仅仅适用于红利不变的普通股或债券。

股票及其他有价证券的理论价格是根据现值理论而来的。现值理论认为，人们之所以愿意购买股票和其他证券，是因为它能够为它的持有人带来预期收益，因此，它的价值取决于未来收益的大小。可以认为，股票的未来股息收入、资本利得收入是股票的未来收益，亦可称之为期值。将股票的期值按必要收益率和有效期限折算成今天的价值，即为股票的现值。

股票的现值就是股票未来收益的当前价值，也就是人们为了得到股票的未来收益愿意付出的代价。可见，股票及其他有价证券的理论价格就是以一定的必要收益率计算出来的未来收入的现值。现值公式为

$$V＝\frac{D_t}{(1+i)^t}$$

在这里 V 代表一笔未来投资的现值，D_t 是在 t 年该笔投资所收到的钱数，i 是贴现率(可以理解为必要收益率)，t 是年数。考虑到资金的时间价值，贴现率越高，现值越小，贴现率越低，现值越大。因为股票的现值应该是未来各年预期股息收入现值的代数和，一股股票的现值用公式表示为

$$股票现值 = \sum_{t=1}^{N} \frac{D_t}{(1+i)^t} \quad (N \to \infty)$$

4. 股票的市场价格

股票的市场价格一般是指股票在二级市场上交易的价格。股票的市场价格由股票的价值决定，但同时受许多其他因素的影响。其中，供求关系是最直接的影响因素，其他因素都是通过作用于供求关系而影响股票价格的。由于影响股票价格的因素复杂多变，所以股票的市场价格呈现出高低起伏的波动性特征。股票的市价直接反映着股票市场的行情，是投资者买卖股票的依据。

此外，还存在一个股票的清算价格。股票的清算价格是指股份公司一旦破产或倒闭后进行清算时，每股股票所代表的实际价值。清算价格只是在股份公司因破产或其他原因丧失法人资格而进行清算时，才被作为确定股票价格的依据，在股票的发行和流通过程中没有意义。

5. 股票的收益

股票投资的收益是指投资者从购入股票开始到出售股票为止整个持有期间的收入，它由股息收入、资本损益和公积金转增收益组成。

(1) 股息是指股票持有者依据所持股票从发行公司分取的盈利。通常，股份有限公司在会计年度结算后，将一部分净利润作为股息分配给股东。其中，优先股股票股东按照规定的固定股息率优先取得固定股息，普通股股票股东则根据余下的利润分取股息。股东在取得固定的股息以后又从股份有限公司领取的收益，被称为"红利"。由此可见，红利是股东在公司按规定股息率分派后所取得的剩余利润。但在概念的使用上，人们对股息和红利并未予以严格的区分。

股息的来源是公司的税后利润。公司从营业收入中扣减各项成本和费用支出、应偿还的债务及应缴纳的税金后，余下的即为税后利润。通常，税后利润按以下程序分配：如果有未弥补亏损，首先用于弥补亏损；按《公司法》规定提取法定公积金；如果有优先股股票，按固定股息率对优先股股票股东分配；经股东大会同意，提取任意公积金；剩余部分按股东持有的股份比例对普通股股票股东分配。可见，税后净利润是公司分配股息的基础和最高限额，但因要作必要的公积金的扣除，公司实际分配的股息总是少于税后净利润。

股息作为股东的投资收益，用以股份为单位的货币金额表示，但股息的具体形式可以有多种。

① 现金股息。现金股息是以货币形式支付的股息和红利，是最普通、最基本的股息形式。分派现金股息，既可以满足股东预期的现金收益目的，又有助于提高股票的市场价格，以吸引更多的投资者。在公司留存收益和现金足够的情况下，现金股息分发的多少取决于董事会对影响公司发展的诸多因素的权衡，并要兼顾公司和股东两者的利益。一般来

说，股东更偏重于目前利益，希望得到比其他投资形式更高的投资收益；董事会更偏重于公司的财务状况和长远发展，希望保留足够的现金扩大投资或用于其他用途。但是由于股息的高低会直接影响公司股票的市价，而股价的涨跌又关系到公司本身信誉的高低及筹资能力的大小，因此，董事会在权衡公司的长远利益和股东的近期利益后，会制定出较为合理的现金股息发放政策。

② 股票股息。股票股息是以股票的方式派发的股息，通常由公司用新增发的股票或一部分库存股票作为股息代替现金分派给股东。股票股息原则上是按公司现有股东持有股份的比例进行分配的，采用增发普通股股票并发放给普通股股票股东的形式，实际上是将当年的留存收益资本化。也就是说，股票股息是股东权益账户中不同项目之间的转移，对公司的资产、负债、股东权益总额没有影响，对得到股票股息的股东在公司中所占权益的份额也不会产生影响，仅仅是股东持有的股票数比原来多了。发放股票股息既可以使公司保留现金，解决公司发展对现金的需要，又使公司股票数量增加，股价下降，有利于股票的流通。股东持有股票股息在大多数西方国家可免征所得税，出售增加的股票又可转化为现实的货币，有利于股东实现投资收益，因而是兼顾公司利益和股东利益的两全之策。

③ 财产股息。财产股息是公司用现金以外的其他财产向股东分派股息。最常见的是公司持有的其他公司或子公司的股票、债券，也可以是实物。分派财产股息，可减少现金支出，满足公司对现金的需要，有利于公司的发展。在现金不足时，用公司产品以优惠价格充作股息，可扩大其产品销路。当公司需要对其他公司控股时，可有意将持有的其他公司的股票作为股息，采用内部转移方式分派给股东，以继续维持控股公司的地位。

④ 负债股息。负债股息是公司通过建立一种负债，用债券或应付票据作为股息分派给股东。这些债券或应付票据既是公司支付的股息，也可满足股东的获利需要。负债股息一般是在已宣布发放股息，但又面临现金不足、难以支付的情况下，不得已采取的权宜之计，董事会往往更愿意推迟股息发放日期。

⑤ 建业股息。建业股息又被称为"建设股息"，是指经营铁路、港口、水电、机场等业务的股份公司，由于其建设周期长，不可能在短期内开展业务并获得盈利，为了筹集所需资金，在公司章程中明确规定并获得批准后，公司可以将一部分股本作为股息派发给股东。建业股息不同于其他股息，它不是来自公司的盈利，而是对公司未来盈利的预分，实质上是一种负债分配，也是无盈利无股息原则的一个例外。建业股息的发放有严格的法律限制，在公司开业后，应在分配盈余前抵扣或逐年抵扣冲销，以补足资本金。

(2) 资本损益。上市股票具有流动性，投资者可以在股票交易市场上出售持有的股票收回投资，赚取盈利，也可以利用股票价格的波动低买高卖来赚取差价收入。股票买入价与卖出价之间的差额就是资本损益，或被称为"资本利得"。资本损益可正可负，当股票卖出价大于买入价时，资本损益为正，即为资本收益；当卖出价小于买入价时，资本损益为负，即为资本损失。由于上市公司的经营业绩是决定股票价格的重要因素，因此，资本损益的取得主要取决于股份公司的经营业绩和股票市场的价格变化，同时与投资者的投资心态、投资经验及投资技巧也有很大关系。

(3) 公积金转增股本。公积金转增股本也采取送股的形式，但送股的资金不是来自当年未分配利润，而是公司提取的公积金。公司的公积金来源有以下几项：一是股票溢价发行时超过股票面值的溢价部分列入公司的资本公积金；二是依据我国《公司法》的规定，每年从税后利润中按比例提存部分法定公积金；三是股东大会决议后提取的任意公积金；四是公司经过若干年经营以后资产重估增值部分；五是公司从外部取得的赠予资产，如从政府部门、国外部门及其他公司等处得到的赠予资产。我国《公司法》规定，公司分配当年税后利润时，应当提取利润的 10％列入公司法定公积金。公司法定公积金累计额为公司注册资本 50％以上的，可以不再提取。公司的法定公积金不足以弥补以前年度亏损的，在提取法定公积金之前，应当先用当年利润弥补亏损。公司从税后利润中提取法定公积金后，经股东大会决议，可以从税后利润中提取任意公积金。股份有限公司以超过股票票面金额的发行价格发行股份所得的溢价款以及国务院财政部门规定列入资本公积金的其他收入，应当列为资本公积金。公司的公积金用于弥补公司亏损、扩大公司生产经营或者转为公司资本，但是资本公积金不得用于弥补公司亏损。股东大会决议将公积金转为资本时，按股东原有股份比例派送红股或增加每股面值，但法定公积金转为资本时，所留成的该项公积金不得少于转增前公司注册资本的 25％。

2.2.2 影响股市及股价变动的基本因素

股票价格是股票在市场上出售的价格。它的决定及波动受制于各种经济、政治因素，并受投资心理和交易技术等的影响。影响股票市场价格及其波动的因素，概括起来主要分为两大类，一是基本因素，另一种是技术因素。

所谓基本因素，是指来自股票市场以外的经济与政治因素以及其他因素，其波动和变化往往会对股票的市场价格趋势产生决定性影响。基本因素主要包括经济性因素、政治性因素及其他因素如不对称信息、除息除权、公司合并、灾害、营业额、股票个性等。经济性因素有很多，最重要的包括 3 个方面：一是全国的经济环境是繁荣还是萧条；二是各经济部门以及工业、农业、商业、运输业、公用事业、金融业等各行各业的状况；三是发行该股票的企业经营状况，如经营得当，盈利较多，则它的股票价格就高，行情看涨，反之，则价格就低，行情看跌。

从影响股价的基本因素分析入手，形成了股价基础分析法。基础分析法的重点放在了股票本身的内在价值上，利用丰富的统计资料，运用多种多样的经济指标采用比例的、动态的分析方法，从研究宏观的经济大气候开始，逐步开始中观的行业兴衰分析进而根据微观的企业经营、盈利的现状和前景，从而对企业所发行的股票作出接近现实的评价，并尽可能预测其未来的变化，作为投资者投资的依据。

宏观经济和证券市场运行状况、行业前景以及公司经营状况是影响投资者对将来股价预期，从而影响当前买卖决策并最终导致当前股价变化的最主要原因，在证券分析中，人们通常把这 3 类因素统称为基本因素，对这些因素的分析称为基本分析或基本面分析。在投资实践中，投资者既可以遵循公司、行业、市场的先后顺序逐一分析，也可将这个顺序颠倒过来，前者称为自下而上的分析，后者称为自上而下的分析。

1. 公司经营状况

股份公司的经营现状和未来发展是股票价格的基石。从理论上分析，公司经营状况与股票价格正相关，公司经营状况好，股价上升；反之，股价下跌。公司经营状况的好坏，可以从以下各项来分析。

（1）公司治理水平与管理层质量。公司治理包括决定公司经营的若干制度性因素，其重点在于监督和制衡，良好的公司治理结构与治理实践对公司的长期稳定经营具有至关重要的作用。对于公司治理情况的分析主要包括公司股东、管理层、员工及其他外部利益相关者之间的关系及其制衡状况，公司董事会、监事会构成及运作等因素。管理层是具体负责公司日常经营的核心力量，对公司的营运前景关系重大，对管理层的分析包括主要高级管理人员经验、水平、性格等内容，以及管理团队稳定性、合作与分工等情况。

（2）公司竞争力。在任何时期、任何行业，具有竞争力的公司股票通常更容易得到投资者认可；反之，缺乏竞争力的公司股票价格会下跌。对具体公司而言，竞争力的侧重点各不相同，但通常会包括市场占有情况、产品线完整程度、创新能力、财务健全性等。

（3）财务状况。会计报表是描述公司经营状况的一种相对客观的工具，分析公司财务状况，重点在于研究公司的盈利性、安全性和流动性。对此的研究可从上市公司发布年报、半年报等公开发布的资产负债表、现金流量表、损益表来进行分析。

① 盈利性。公司盈利水平高低及未来发展趋势是股东权益的基本决定因素，通常把盈利水平高的公司股票称为绩优股，把未来盈利增长趋势强劲的公司股票称为高增长型股票，它们在股票市场上通常会有较好的表现。

衡量盈利性最常用的指标是每股收益和净资产收益率。每股收益等于公司净利润除以发行在外的总股数，其他条件不变，每股收益越高，股价就越高。净资产收益率也称为股本收益率，等于公司净利润除以净资产，反映了公司自有资本的获利水平。在证券市场实践中，除了分析利润的绝对量（每股收益）和相对量（净资产收益率）之外，通常还需要考察盈利的构成以及持续性等因素。通常，稳定持久的主营业务利润比其他一次性或偶然的收入（例如资产重估与资产处置、财政补贴、会计政策变更等）更值得投资者重视。

② 安全性。公司的财务安全性主要是指公司偿还债务从而避免破产的特性，通常用公司的负债与公司资产和资本金相联系来刻画公司的财务稳健性或安全性。而这类指标同时也反映了公司自有资本与总资产之间的杠杆关系，因此也称为杠杆比率。除此之外，财务安全性分析往往还涉及债务担保比率、长期债务比率、短期财务比率等指标。

③ 流动性。公司资金链状况也是影响经营的重要因素，流动性强的公司抗风险能力较强，尤其在经济处于低迷时期，这一类公司股票往往会有较好的表现；反之，流动性脆弱的公司，一旦资金链断裂，很容易陷入技术性破产。衡量财务流动性状况需要从资产负债整体考量，最常用的指标包括流动比率、速动比率、应收账款平均回收期、销售周转率等。

（4）公司改组或合并。公司改组或合并有多种情况，有的是为了扩大规模、增强竞争能力而改组或合并，有的是为了消灭竞争对手，有的是为了控股，也有的是为操纵市场而进行恶意兼并。公司改组或合并总会引起股价剧烈波动，但要分析此举对公司的长期发展是否有利，改组或合并后是否能够改善公司的经营状况，这是决定股价变动方向的重要因素。

2. 行业与部门因素

所谓行业，是指作为现代社会中基本经济单位的企业，由于其劳动对象或生产活动方式的不同，生产的产品或者提供的劳务的性质、特点和在国民经济中的作用不同而形成的产业类别。就是说，行业是由一群企业组成的，这些企业由于其产品或劳务的高度可相互替代性而彼此紧密联合在一起，并且由于产品替代性的差异而与其他的企业群体相区别。

在股票市场中，经常观察到某一行业（例如有色金属、装备制造、商业零售、房地产）或者板块（例如金融、能源）的股票在特定时期中表现出齐涨共跌的特征，这说明，在这些股票中，存在着某种行业性或产业性的共同影响因素，对这些因素的分析称为行业/部门分析。

（1）行业分类。行业分类的依据主要是公司收入或利润的来源比重，目前我国常见的分类标准包括中国证监会 2001 年制定的《上市公司行业分类指引》、国家统计局发布的《行业分布标准》以及由摩根斯坦利和标准普尔联合发布的《全球行业分类标准》（GIGS）等。

以中国证监会《上市公司行业分类指引》为例，其把上市公司按三级分类，分别列入农林牧渔业、采掘业、制造业、电力煤气及水的生产和供应业、建筑业、交通运输仓储业、信息技术业、批发和零售贸易业、房地产业、社会服务业、传播与文化产业、综合类共 12 个门类及若干大类和中类。

（2）行业分析因素。一般从定量分析和定性分析两个方面研究。

① 行业或产业竞争结构。首先需要列出该行业所有的企业，重点考察其中的已上市公司；其次需要研究各家公司所占的市场份额及变化趋势、该行业中企业总家数的变化趋势等。从该项分析可以得到该行业垄断/竞争特性的初步结论。

② 行业可持续性。技术及其他因素的变化有可能终结某些行业的发展，例如，手机的普及终结了早期作为移动通信主要方式的传呼机，导致该行业的公司不能继续发展传统业务。

③ 抗外部冲击的能力。考察某个行业在遭遇重大政治、经济或自然环境变化打击时业绩的稳定性。例如，高油价可能对整个交通运输业以及相关制造行业产生非常大的不利影响，但对替代能源生产行业则是有利的。

④ 监管及税收待遇——政府关系。某些行业可能会受到政府的特殊对待，例如，公用事业通常会受到较严厉的监管，某些重要领域可能会因政府保护而暂时避免外部冲击等。

⑤ 劳资关系。在某些产业或行业中，工会拥有传统势力，对公司业绩经常产生重大影响。

⑥ 财务与融资问题。某些行业（例如航空业）可能具有非常高的长期负债率，而零售业则非常依赖短期流动性。

⑦ 行业估值水平。不管采用绝对估值还是相对估值手段，不同行业的股票通常具有相似的水平。

（3）行业生命周期。根据产业周期理论，任何产业或行业通常都要经历幼稚期、成长期、成熟期、稳定期 4 个阶段。处于不同生命周期阶段的行业，其所属股票价格通常也会呈现相同的特征。

行业经济活动是介于宏观经济活动和微观经济活动中间的经济层面，是中观经济分析的主要对象之一。不同的行业为公司投资价值的增长提供不同的空间，因此，行业是直接界定公司投资价值的重要因素之一。行业分析主要是界定行业本身所处的发展阶段和其在国民经济中的地位。同时对不同的行业进行横向比较，为最终确定投资对象提供准确的行业背景。行业分析的重要任务之一就是挖掘最具投资潜力的行业，进而在此基础上选出最具投资价值的上市公司。

3. 宏观经济与政策因素

宏观经济发展水平和状况是影响股票价格的重要因素。宏观经济影响股票价格的特点是波及范围广、干扰程度深、作用机制复杂和股价波动幅度较大。

（1）经济增长。一个国家或地区的社会经济是否能持续稳定地保持一定的发展速度，是影响股票价格能否稳定上升的重要因素。当一国或地区的经济运行势态良好，一般来说，大多数企业的经营状况也较好，它们的股票价格会上升；反之，股票价格会下降。

（2）经济周期循环。社会经济运行经常表现为扩张与收缩的周期性交替，每个周期一般都要经过高涨、衰退、萧条、复苏4个阶段，即所谓的景气循环。经济周期循环对股票市场的影响非常显著，可以这么说，是经济周期的变动从根本上决定了股票价格的长期变动趋势。

通常经济周期变动与股价变动的关系是：复苏阶段——股价回升；高涨阶段——股价上涨；危机阶段——股价下跌；萧条阶段——股价低迷。经济周期变动通过下列环节影响股票价格：经济周期变动——公司利润增减——股息增减——投资者心理和投资决策变化——供求关系变化——股票价格变化。在影响股票价格的各种经济因素中，景气循环是一个很重要的因素。

值得重视的是，股票价格的变动通常比实际经济的繁荣或衰退领先一步，即在经济高涨后期股价已率先下跌；在经济尚未全面复苏之际，股价已先行上涨。国外学者认为股价变动要比经济景气循环早4～6个月。这是因为股票价格是对未来收入的预期，所以先于经济周期的变动而变动。因此，股票价格水平已成为经济周期变动的灵敏信号或称先导性指标。

（3）货币政策。中央银行的货币政策对股票价格有直接的影响。货币政策是政府重要的宏观经济政策，中央银行通常采用存款准备金制度、再贴现政策、公开市场业务等货币政策手段调控货币供应量，从而实现发展经济、稳定货币等政策目标。无论是中央银行采取的政策手段，还是最终的货币供应量变化，都会影响股票价格，这种影响主要通过以下途径。

中央银行提高法定存款准备金率，商业银行可贷资金减少，市场资金趋紧，股票市场价格下降；中央银行降低法定存款准备金率，商业银行可贷资金增加，市场资金趋松，股票市场价格上升。

中央银行通过采取再贴现政策手段，提高再贴现率，收紧银根，使商业银行得到的中央银行贷款减少，市场资金趋紧；再贴现率又是基准利率，它的提高必定使市场利率随之提高。资金供应趋紧和市场利率提高将导致股票市场价格下降。反之，中央银行降低再贴现率，放松银根，一方面使商业银行得到的再贴现贷款增加，资金供应相对宽松；另一方面，再贴现率的下降必定使市场利率随之下降，股票价格相应提高。

中央银行通过公开市场业务大量出售证券，收紧银根，在收回中央银行供应的基础货币的同时又增加证券的供应，使证券价格下降。中央银行放松银根时，在公开市场上大量买入证券，在投放中央银行的基础货币的同时又增加证券需求，使证券价格上升。

总之，中央银行放松银根、增加货币供应，资金面较为宽松，大量游资需要新的投资机会，股票成为理想的投资对象。一旦资金进入股市，引起对股票需求的增加，立即促使股价上升。反之，中央银行收紧银根，减少货币供应，资金普遍吃紧，流入股市资金减少，加上企业抛出持有的股票以获取现金，使股票市场的需求减少，交易萎缩，股价下跌。

（4）财政政策。财政政策也是政府的重要宏观经济政策。财政政策对股票价格影响有4个方面：其一，通过扩大财政赤字、发行国债筹集资金，增加财政支出，刺激经济发展；或是通过增加财政盈余或降低赤字，减少财政支出，抑制经济增长，调整社会经济发展速度，改变企业生产的外部环境，进而影响企业利润水平和股息派发；其二，通过调节税率影响企业利润和股息。提高税率，企业税负增加，税后利润下降，股息减少；反之，企业税后利润和股息增加；其三，干预资本市场各类交易适用的税率，例如利息税、资本利得税、印花税等，直接影响市场交易和价格；其四，国债发行量会改变证券市场的证券供应和资金需求，从而间接影响股票价格。

（5）市场利率。市场利率变化通过以下途径影响股票价格。

① 绝大部分公司都负有债务，利率提高，利息负担加重，公司净利润和股息相应减少，股票价格下降；利率下降，利息负担减轻，公司净盈利和股息增加，股票价格上升。

② 利率提高，其他投资工具收益相应增加，一部分资金会流向储蓄、债券等其他收益固定的金融工具，对股票需求减少，股价下降。若利率下降，对固定收益证券的需求减少，资金流向股票市场，对股票的需求增加，股票价格上升。

③ 利率提高，一部分投资者要负担较高的利息才能借到所需资金进行证券投资。如果允许进行信用交易，买空者的融资成本相应提高，投资者会减少融资和对股票的需求，股票价格下降。若利率下降，投资者能以较低利率借到所需资金，增加融资和对股票的需求，股票价格上涨。

（6）通货膨胀。通货膨胀对股票价格的影响较复杂，它既有刺激股票市场的作用，又有抑制股票市场的作用。通货膨胀是因货币供应过多造成货币贬值、物价上涨。在通货膨胀之初，公司会因产品价格的提升和存货的增值而增加利润，从而增加可以分派的股息，并使股票价格上涨。在物价上涨时，股东实际股息收入下降，股份公司为股东利益着想，会增加股息派发，使股息名义收入有所增加，也会促使股价上涨。通货膨胀给其他收益固定的证券带来了不可回避的通货膨胀风险，投资者为了保值，增加购买收益不固定的股票，对股票的需求增加，股价也会上涨。但是，当通货膨胀严重、物价居高不下时，企业因原材料、工资、费用、利息等各项支出增加，使得利润减少，引起股价下降。严重的通货膨胀会使社会经济秩序紊乱，使企业无法正常地开展经营活动，同时政府也会采取治理通货膨胀的紧缩政策和相应的措施，此时对股票价格的负面影响更大。

（7）汇率变化。汇率的调整对整个社会经济影响很大，有利有弊。传统理论认为，汇率下降，即本币升值，不利于出口而有利于进口；汇率上升，即本币贬值，不利于进口而有利于出口。汇率变化对股价的影响要看对整个经济的影响而定。若汇率变化趋势对本国经济发展影响较为有利，股价会上升；反之，股价会下降。具体地说，汇率的变化对那些在原材料和销售两方面严重依赖国际市场的国家和企业的股票价格影响较大。

（8）国际收支状况。一般地说，若一国国际收支连续出现逆差，政府为平衡国际收支会采取提高国内利率和提高汇率的措施，以鼓励出口、减少进口，股价就会下跌；反之，股价会上涨。

4. 不对称信息对股价的影响

在证券市场上，投资者每天面对着大量而庞杂的信息，经济环境和市场本身不断地变化使得这些信息存在着不确定性。同时，不同的投资者由于知识、能力及资本规模的不同，他们搜集、处理信息的成本是不一样的，并且信息的传递存在时滞和障碍，因而在各投资者以及投资者与上市公司之间存在着信息不对称的现象。证券市场信息不对称及其对股价的影响表现在以下几个方面。

（1）证券发行、上市的信息不对称。由于市场监督的薄弱以及利益的驱动，上市公司为达到证券发行、上市和配股、增发新股的目的，往往与证券承销商、会计师事务所、律师事务所串通、策划、编制投资项目、虚造财务报表，操纵利润；同时，组织一些券商研究机构、股评人士撰写各类褒扬企业的文章、评论，欺骗证券监管部门，欺骗市场和投资者。证券市场上广大的投资者在无法了解企业真实情况并依据企业公开披露的信息进行投资，导致投资失误，损失惨重。

（2）证券交易的信息不对称。上市公司利用企业自身掌握的可能影响证券价格的有价值的信息，伙同各类证券投资机构操纵信息，牟取利益。例如，上市公司将信息有偿出售给特定投资人。上市公司与特定投资人密谋，公告虚假信息。上市公司与特定投资人达成默契，通过选择对双方牟利的有利时机公告信息等方式，来操纵信息，欺骗和诱导投资者。而证券市场上广大的中、小投资者在获取上市公司信息的质量、及时性、全面性等方面皆存在不对称，必然容易导致投资决策失误，投资风险增加。

（3）上市公司披露财务信息的欺骗性。由于会计准则的不完善以及市场监管的薄弱，上市公司在其重组过程中及存在关联交易的情况下，操纵财务报表，利用会计核算方法上的技巧，将公司财务数据和指标进行重新整合、公告，粉饰其财务上的漏洞，诱导投资者。

（4）政策变动的信息不对称。证券市场既是"经济晴雨表"，又是"政治晴雨表"，宏观经济政策的变动相应影响证券市场价格的波动。由于政策讨论、政策决定与政策发布之间存在时差，少数消息灵通人士可以提前获取政策信息，利用政策讨论、决定与发布之间的时差，提前在证券市场上迅速完成证券买进与卖出行为，从中获取证券价格波动的政策收益或回避证券价格波动的政策风险。而证券市场上绝大部分的公众投资人由于无法提前获取政策信息，只能被动地承受相应投资风险和收益，使投资者接收信息的有效性和投资者实施投资决策的有效性受到损害。

5. 新股发行和上市的影响

新股发行和上市是股市中投资者最为关注的事件之一，新股发行和上市对股价影响极大，而且这种影响是多方面的。

（1）新股发行冲击老股的价格。为了吸引投资者，新股的发行价定得不宜太高，从投资者角度来讲即购买新股比购买老股更合算。因此，在新股发行前的一段时间，许多股民就会抛出老股，回收资本，以便投向新股发行市场，这使得老股价格因无人承接或承接力不够而频频下跌。这种新股发行对老股价格的冲击现象在我国深圳、上海历次股票发行中尤为明显。近些年，我国新股首日上市的收盘价一般都高出发行价几倍，这使投资者形成了一种共识：购买原始股（新股）稳赚不赔。于是，一遇到新股发行，广大投资者就争相抢购，对老股股价造成极大压力。

（2）新股上市对老股股价的冲击。新股上市后，起点较低，涨升潜力超过老股，使一部分资金转移到新上市股票上去，股票交易市场对资金进行结构性调整，使老股价格再次受挫。不过，这种冲击持续时间不会太长。证券交易所的管理人员为了减轻冲击，也常会采取分期分批上市办法。

（3）新股上市后，自身股价节节上扬。新股上市时，由于股票发行价格偏低、购买者持续地高估股票价值及市场上技术操作等原因，股价会有一段持续涨升时期，其涨幅也是相当大的。

（4）新股上市后的涨升行情带动大市上涨。新股刚开始上市时，老股价格会受挫，但新股涨升一段后，老股也可能跟着小涨。这是因为：①有些投资者买不到新股，就把投资需求重又转向老股；②新股涨升一段后，可赚的利润已不是太多，而老股发行公司可能实力雄厚，反而会被投资者看好；③新股上涨造成整个大市的涨势，使投资者认为多头市场已经来临；④股市大户趁新股上市进行投机操作，也会抬升大市股价。

6. 其他影响股价的因素

（1）战争。战争使各国政治经济不稳定，人心动荡，股价下跌，这是战争造成的广泛影响。但是战争对不同行业的股票价格影响又不同，比如战争使军需工业兴盛，凡是与军工业相关的公司的股票价格必然上涨。战争中断了某一地区的海空或陆运，提高了原料或成品输送的运费，因而商品涨价，影响购买力公司业绩萎缩，与此相关的公司股票必然会跌价。因此，投资者应适时购进军需工业及其相关工业的股票，售出容易在战争中受损的股票。

（2）政府重大经济政策的出台、社会经济发展规划的制定、重要法规的颁布等，这些会影响投资者对社会经济发展前景的预期，从而也会引起股票价格变动。国家的重大经济政策，如产业政策、税收政策、货币政策。国家重点扶持、发展的产业，其股票价格会被推高；国家如限制发展的产业，股票价格会受到不利影响，例如政治对社会公用事业的产品和劳务进行限价，包括交通运输、煤气、水电等，这样就会直接影响公用事业的盈利水准，导致公用事业公司股价下跌。货币政策的改变，会引起市场利率发生变化，从而引起股价变化。税收政策方面，能够享受国家减税免税优惠的股份公司，其股票价格会出现上升趋势，而调高个人所得税，就会影响社会消费水准下跌，引起商品的滞销，从而对公司生产规模造成影响，导致盈利下降，股价下跌。这些政治因素对股票市场本身产生的影响，即通过公司盈利和市场利率产生一定的影响，进而引起股票价格的变动。

我国股市对政治因素变动的反应尤其敏感，股市行情与政治事件的相关性特别强，政府主要官员有关股市的一言一行，国家财政、金融政策的一丝动静，都可能导致股市行情突变，甚至于猛升或狂跌。针对我国的股市易受管理层的政策影响这一特点，有人把中国股市称为"政策市"和"消息市"。

（3）国内重大政治事件。国内重大政治事件如政权的转移，领袖的更替，政府的作为，社会的安定性等，均对股票投资者的心理产生影响，从而对股价波动产生影响。

 相关链接

在美国每逢美国总统4年一次大选，显示出证券市场每4年一次循环的投资机会。考虑到总统上任初期可能会改变政策，于是对这种政策改变是否有利于股市的预测使得选举年股价大幅波动。从1968年以来，美国总统竞选年股价平均上涨13.7%，而正常年份平均上涨只有4.2%。其中1968年尼克松当选总统，标准普尔指数上涨了7.7%；1972年尼克松再次当选，股价上涨15.6%；1976年卡特入主白宫，股价上涨19.1%；1980年里根竞选获胜，股价上涨25.8%；1988年布什就任美国第40任总统之时，股价上涨了12%。

（4）投资者心理因素。投资者的心理变化对股价变动影响很大。在大多数投资者对股市抱乐观态度时，会有意无意地夸大市场有利因素的影响，并忽视一些潜在的不利因素，从而脱离上市公司的实际业绩而纷纷买进股票，促使股价上涨；反之，在大多数投资者对股市前景过于悲观时，会对潜在的有利因素视而不见，而对不利因素特别敏感，甚至不顾发行公司的优良业绩大量抛售股票，致使股价下跌。当大多数投资者对股市持观望态度时，市场交易量就会减少，股价往往呈现盘整格局。股票市场中的中小投资者由于信息不灵，缺乏必要的专业知识和投资技巧，往往有严重的盲从心理，而有的人就利用这一盲从心理故意制造假象，诱使中小投资者在股价上涨时盲目追涨，或者股价下跌时恐慌抛售，从而加大了股价涨跌的程度。

（5）稳定市场的政策与制度安排。为保证证券市场的稳定，各国的证券监管机构和证券交易所会制定相应的政策措施和做出一定的制度安排。我国《证券法》规定，证券交易所依照证券法律、行政法规制定上市规则、交易规则、会员管理规则，并经国务院证券监督管理机构批准。因突发事件而影响证券交易的正常进行时，证券交易所可以采取技术性停牌的措施；因不可抗力的突发性事件或者为维护证券交易的正常秩序，证券交易所可以决定临时停市。证券交易所根据需要，可以对出现重大异常交易情况的证券账户限制交易。有的证券交易所对每日股票价格的涨跌幅度有一定限制，即涨跌停板规定，使股价的涨跌会大大平缓。另外，当股票市场投机过度或出现严重违法行为时，证券监督管理机构也会采取一定的措施以平抑股价波动。

（6）人为操纵因素。人为操纵往往会引起股票价格短期的剧烈波动。因大多数投资者不明真相，操纵者乘机浑水摸鱼，非法牟利。人为操纵会影响股票市场的健康发展，违背公开、公平、公正的原则，一旦查明，操纵者会受到行政处罚或法律制裁。

2.3　股票的相关知识

2.3.1　股利及除息除权

1. 股利政策

股利是指股东依靠其所拥有的公司股份从公司分得的利润，也是董事会正式公布从公司经营获得的盈余公积和应付利润中采取现金分红或派息、发放红股等方式分配给股东，作为每一个股东对公司投资的报酬。

股利是股息和红利的简称，股利就是由股息和红利两部分构成的。公司股票分为普通股股票和优先股股票两大类。普通股股票的股东得红利，优先股股票股东得股息。普通股股票的红利不是事先约定的，每个普通股股东在公司营业年度内能分得红利数量的多少完全取决于公司当年的盈利状况；而优先股股票的股息率就同债券的利息率一样是事先约定的，并在一定的时间内是不变的。

公司在营业年度内有可进行分配的盈利，就要首先对优先股股东支付股息。然而即使公司在营业年度内盈利很多，优先股股东也只能按约定的股息率进行分配。

尽管股息和红利都是股东向公司投资所获得的资金报酬，它们都是股利的表现形式，但二者还是有些差别，即股息通常是对优先股而言，而红利则是对普通股而言。股利是股息和红利的合并后的统一简化称呼。

股利是股价的基础，也是投资者选择股票的标准。股利的发放影响本利比和殖利率（是投资者评估股价和建筑买卖时机的重要指标）的计算，影响股票价值和投资效益的评估，也就自然影响股价的变动。从另一个角度看，股利的发放一方面使投资者定期地获得投资回报，另一方面，也成为投资者了解公司经营状况，预测公司未来前景的一个窗口，是股民信心的一个基础。股利发放得多，股价就会上涨。而股利派发得少或不发股利，就会引起股民疑虑，股价也会因此受挫。当然，现代股市投机气氛浓厚，股民主要不指望股利收入，而注重股票差价的利润，因此股利对股价的影响不如理论上阐述的那么明显和直接。不过，这种影响仍是不可低估的，尤其是对于追求稳定收益的长期投资。而且在股市行情看淡的情况下，股利发放多少，将决定公司股价上升还是下降。我国股市中，股利发放对股价的影响也是比较明显的。上市公司发放的股利有多种形式，常见的有如下几种。

（1）现金股利。现金股利指股份公司以现金分红方式将盈余公积金和当期应付利润的部分或全部发放给股东，股东为此应支付利息税。我国对个人投资者获取上市公司现金分红适用的利息税率为20%，目前减半征收。机构投资者由于本身需要缴纳所得税，为避免双重税负，在获取现金分红时不需要缴税。现金股利的发放致使公司的资产和股东权益减少同等数额，导致企业现金流出，是真正的股利。稳定的现金股利政策对公司现金流管理有较高的要求，通常将那些经营业绩较好，具有稳定较高现金股利支付的公司股票称为蓝筹股。

（2）股票股利。股票股利也称送股，是指股份公司对原有股东采取无偿派发股票的行为，把原来属于股东所有的盈余公积金转化为股东所有的投入资本，实质上是留存利润的凝固化、资本化，股东在公司里占有的权益份额和价值均无变化。获取股票股利暂免纳税。一般上市公司派发股票股利的表现形式为 10 送 N(N 指股数)即拥有公司 10 股股票再送 N 股股票。

(3) 资本公积金转增股本。资本公积金是在公司的生产经营之外，由资本、资产本身及其他原因形成的股东权益收入。股份公司的资本公积金，主要来源于的股票发行的溢价收入、接受的赠予、资产增值、因合并而接受其他公司资产净额等。其中，股票发行溢价是上市公司最常见、也是最主要的资本公积金来源。理论上当每股资本公积金为 1.00 元时，该公司股票相应地具备了 10 转增 10 的能力。

(4) 配股。配股是面向原有股东，按持股数量的一定比例增发新股，原股东可以放弃配股权或者行使配股权，在法律允许的情况下也可将配股权进行转让。现实中，由于配股价通常低于市场价格，配股上市之后可能导致股价下跌。在实践中人们经常发现，对那些业绩优良、财务结构健全、具有发展潜力的公司而言，增发和配股意味着将增加公司经营实力，会给股东带来更多回报，股价不仅不会下跌，可能还会上涨。上市公司股东配股的表现形式为 10 配 N 股(N 指股数)，配股价 M(M 一般低于该股的市价)。

2. 其他引起股票数量变动的情况

(1) 股票的分割与股票的合并。股票分割又称拆股、拆细，是将 1 股股票均等地拆成若干股。股票合并又称并股，是将若干股股票合并为 1 股。从理论上说，不论是分割还是合并，并不影响股东权益的数量及占公司总股权的比重，因此，也应该不会影响调整后股价。也就是说，如果把 1 股分拆为 2 股，则分拆后股价应为分拆前的一半；同样，若把 2 股并为 1 股，并股后股价应为此前的两倍。

但事实上，股票分割与合并通常会刺激股价上升，其中原因颇为复杂，但至少存在以下理由：股票分割通常适用于高价股，拆细之后每股股票总金额下降，便于吸引更多的投资者购买；并股则常见于低价股，例如，若某股票价格不足 1 元，则不足 1% 的股价变动很难在价格上反映，弱化了投资者的交易动机，并股后，流动性有可能提高，导致估值上调。

(2) 股票的增发。增发指公司因业务发展需要增加资本额而发行新股。上市公司可以向公众公开增发，也可以向少数特定机构或个人增发。增发之后，公司注册资本相应增加。

增资之后，若会计期内在增量资本未能产生相应效益时，将导致每股收益下降，则称为稀释效应，会促成股价下跌；从另一角度看，若增发价格高于增发前每股净资产，则增发后可能会导致公司每股净资产增厚，有利于股价上涨；再有，增发总体上增加了发行在外的股票总量，短期内增加了股票供给，若无相应需求增长，股价可能下跌。

(3) 股票的回购。上市公司利用自有资金，从公开市场上买回发行在外的股票，称为股份回购。

各国监管法规对此有不同的态度。我国《公司法》规定，公司不得收购本公司股份。但是有下列情形之一的除外：减少公司注册资本；与持有本公司股份的其他公司合并；将股份奖励给本公司职工；股东因对股东大会作出的公司合并、分立决议持异议，要求公司收购其股份的。2005 年以来，中国证监会为配合股权分置改革顺利进行，出台了《上市公司回购社会公众股份管理办法》，允许上市公司回购已发行股票进行注销。通常，股份回购会导致公司股价上涨。原因主要包括：首先，股份回购改变了原有供求平衡，增加需求，减少供给；其次，公司通常在股价较低时实施回购行为，而市场一般认为公司基于信息优势作出的内部估值比外部投资者的估值更准确，从而向市场传达了积极的信息。

3. 除权与除息

实际操作中，沪深股市的上市公司进行利润分配一般只采用股票红利和现金红利两种，即通常所说的送红股和派现金。当上市公司向股东分派股息时，就要对股票进行除息；当上市公司向股东送红股时，就要对股票进行除权。

在以前的股票有纸交易中，为了证明对上市公司享有分红权，股东们要在公司宣布的股权登记日予以登记，并且只有在此日被记录在公司股东名册上的股票持有者，才有资格领取上市公司分派的股息红利。实行股票的无纸化交易后，股权登记都通过计算机交易系统自动进行，股民不必到上市公司或登记公司进行专门的登记，只要在登记的收市时还拥有股票，股东就自动享有分红的权利。进行股权登记后，股票将要除权除息，也就是将股票中含有的分红权利予以解除。除权除息都在股权登记日的收盘后进行。除权之后再购买股票的股东将不再享有分红派息的权利。

当一家上市公司宣布上年度有利润可供分配并准备予以实施时，则该只股票就称为含权股，因为持有该只股票就享有分红派息的权利。在这一阶段，上市公司一般要宣布一个时间称为"股权登记日"，即在该日收市时持有该股票的股东就享有分红的权利。

在股票的除权除息日，证券交易所都要计算出股票的除权除息价，以作为股民在除权除息日开盘的参考。因为在开盘前拥有股票是含权的，而收盘后的次日其交易的股票将不再参加利润分配，所以除权除息价实际上是将股权登记日的收盘价予以变换。这样，除息价就是登记日收盘价减去每股股票应分得的现金红利。

其公式为

$$除息价＝登记日的收盘价－每股股票应分得的现金红利$$

除权价是股权登记日的收盘价格除去所含有的股权，其计算公式为

$$股权价＝股权登记日的收盘价÷（1＋每股送股率）$$

若股票在分红时既有现金红利又有红股，则除权除息参考价为

$$除权除息参考价＝[（前收盘价－现金红利）＋配股价格×$$
$$股份变动比例]÷（1＋股份变动比例）$$

某上市公司每 10 股派发现金红利 1.50 元，同时按 10 配 5 的比例向现有股东配股，配股价格为 6.40 元。若该公司股票在除权除息日的前收盘价为 11.50 元，则除权除息的参考价为 9.40 元。

针对上市公司历年来的送股数、转增股数、配股数及配股价、股息及现金支付率以及除权（息）后的股价表现等进行分析。

一个负责任的、成长性好的公司，其送、配股是丰厚的，除权（息）后股价的表现是让人满意的。某些上市公司在股市极度低迷之时仍然不思给股东回报，一味圈钱，不仅导致这些股票遭股民抛弃，也给整个大势造成恶劣影响，破坏了股市的整体形象。因此，选择投资对象应首选那些有股本扩张能力的、高含权的绩优股。

相关链接

苏宁电器 2004 年 7 月 21 日上市，当日收盘价 32.7 元，至 2007 年 A 股高点，投资收益稳稳收获 30 倍，复权后股权价格超过 1 000 元。高送转带来的填权效应，基本是源于上市公司业绩增长支撑公司涨幅过高的股价，也会支持填权后的预期股价。但并不是送转股份越多的股票，填权的可能性就越大，而是公司的成长性越好，填权的可能性才越大。只有公司未来的业绩能高速增长，"持续加油"才会带来股价的上升原动力，也才会有随后填权行情的出现。

2.3.2 我国的股权分置改革

由于历史原因，我国证券市场存在股权分置现象。股权分置是指 A 股市场上的上市公司股份按能否在证券交易所上市交易，被区分为非流通股和流通股，这是我国经济体制转轨过程中形成的特殊问题。股权分置不能适应资本市场改革开放和稳定发展的要求，必须通过股权分置改革，消除非流通股和流通股的流通制度差异。

《国务院关于推进资本市场改革开放和稳定发展的若干意见》明确指出，应"积极稳妥解决股权分置问题"，提出"在解决这一问题时要尊重市场规律，有利于市场的稳定和发展，切实保护投资者特别是公众投资者合法权益"的总体要求。2005 年 4 月 29 日，经国务院批准，中国证监会发布《关于上市公司股权分置改革试点有关问题的通知》，启动了股权分置改革的试点工作。经过两批试点，取得了一定经验，具备了转入积极稳妥推进的基础和条件。经国务院批准，2005 年 8 月 23 日，中国证监会、国务院国有资产监督管理委员会（以下简称"国资委"）、财政部、中国人民银行、商务部联合发布《关于上市公司股权分置改革的指导意见》；9 月 4 日，中国证监会发布《上市公司股权分置改革管理办法》，我国的股权分置改革进入全面铺开阶段。

上市公司股权分置改革是通过非流通股股东和流通股股东之间的利益平衡协商机制消除 A 股市场股份转让制度性差异的过程，是为非流通股可上市交易做出的制度安排。上市公司股权分置改革遵循公开、公平、公正原则，由 A 股市场相关股东在平等协商、诚信互谅、自主决策的基础上进行。中国证监会依法对股权分置改革各方主体及其相关活动实行监督管理，组织、指导和协商推进股权分置改革工作。证券交易所根据中国证监会的授权和有关规定，对上市公司股权分置改革工作实施一线监管，协调指导上市公司股权分置改革业务，办理非流通股份可上市交易的相关手续。公司股权分置改革的协议，原则上应当由全体非流通股股东一致同意提出。非流通股股东提出改革建议，应委托公司董事会召集 A 股市场相关股东举行会议，审议公司股权分置改革方案。改革方案应当兼顾全体股东的近期利益和长远利益，有利于公司发展和市场稳定，并可根据公司实际情况，采用控股股东增持股份、上市公司回购股份、预设原非流通股股份实际出售的条件、预设回售价格、认沽权等具有可行性的股价稳定措施。相关股东会议投票表决改革方案，须经参加表决的股东所持表决权的 2/3 以上通过，并经参加表决的流通股股东所持表决权的 2/3 以上通过。改革方案获得相关股东会议表决通过，公司股票复牌后，市场称这类股票为 G 股。改革后公司原非流通股股份的出售应当遵守以下规定：自改革方案实施之日起，在 12 个月内不得上市交易或转让；持有上市公司股份总数 5% 以上的原非流通股股东在上述规定期满后，通过证券交易所挂牌交易出售原非流通股股份，出售数量占该公司股份总数的比例在 12 个月内不得超过 5%，在 24 个月内不得超过 10%。

股权分置改革是为解决 A 股市场相关股东之间的利益平衡问题而采取的举措，对于同时存在 H 股或 B 股的 A 股上市公司，由 A 股市场相关股东协商解决股权分置问题。

证券监督管理机构将根据股权分置改革进程和市场整体情况择机实行"新老划断"，即对首次公开发行公司不再区分流通股和非流通股。股权分置改革基本完成和其他市场化改革措施的实施，解决了长期影响我国资本市场健康发展的重大历史遗留问题，理顺了市场机制，释放了市场潜能，使资本市场融资和资源配置功能得以恢复，并引领资本市场活跃向上。更为重要的是，资本市场已经开始对中国经济社会产生重要影响，不仅中国社会的各个层面感受到资本市场给经济发展带来的活力，而且中国的资本市场已成为全球投资者关注的焦点。

目前中国资本市场仅有 10 余家上市公司没有完成股权分置改革，对于未完成股权分置改革的上市公司在交易时被称未 S 股，单日涨跌幅为正负 5%。

（1）已完成股权分置改革的公司，按股份流通受限与否可分为以下类别。

① 有限售条件股份。有限售条件股份是指股份持有人依照法律、法规规定或按承诺有转让限制的股份，包括因股权分置改革暂时锁定的股份、内部职工股、董事、监事、高级管理人员持有的股份等。具体包括以下几种。

a. 国家持股。国家持股是指有权代表国家投资的机构或部门（如国有资产授权投资机构）持有的上市公司股份。

b. 国有法人持股。国有法人持股是指国有企业、国有独资公司、事业单位以及第一大股东为国有及国有控股企业且国有股权比例合计超过 50% 的有限责任公司或股份有限公司持有的上市公司股份。

c. 其他内资持股。其他内资持股是指境内非国有及国有控股单位（包括民营企业、中外合资企业、外商独资企业等）及境内自然人持有的上市公司股份，其中，又分为境内法人持股和境内自然人持股两类。

d. 外资持股。外资持股是指境外股东持有的上市公司股份，其中，又分为境外法人持股和境外自然人持股两类。

② 无限售条件股份。无限售条件股份是指流通转让不受限制的股份，具体包括以下几种。

a. 人民币普通股，即 A 股，含向社会公开发行股票时向公司职工配售的公司职工股。

b. 境内上市外资股，即 B 股。

c. 境外上市外资股，即在境外证券市场上市的普通股，如 H 股。

d. 其他。

（2）未完成股权分置改革的公司，按股份流通受限与否可分为以下类别。

① 未上市流通股份。未上市流通股份是指尚未在证券交易所上市交易的股份，具体包括以下几种。

a. 发起人股份。包括国家持有股份、境内法人持有股份、境外法人持有股份、其他。其中，国家持有股份指按照《股份有限公司规范意见》设立的公司所设的国家股及其增量；境内法人持有股份指发起人为境内法人时持有的股份；境外法人持有股份指按照《股份有限公司规范意见》设立的公司，其发起人为适用外资法律的法人（外商，我国港、澳、台商等）所持有的股份；其他指个别公司发起人与以上分类有区别的特殊情况。

b. 募集法人股份。指在《公司法》实施之前成立的定向募集公司所发行的、发起人以外的法人认购的股份。

c. 内部职工股。指在《公司法》实施之前成立的定向募集公司所发行的、在报告时尚未上市的内部职工股。

d. 优先股或其他，指上市公司发行的优先股或无法计入其他类别的股份。

② 已上市流通股份。已上市流通股份是指已在证券交易所上市交易的股份，具体包括以下几种。

a. 境内上市人民币普通股股票，即 A 股，含向社会公开发行股票时向公司职工配售的公司职工股。

b. 境内上市外资股，即 B 股。

c. 境外上市外资股，即在境外证券市场上市的普通股，如 H 股。

d. 其他。

2.4　股票价格指数

2.4.1　股票价格指数的计算

股价指数是由证券交易所或金融服务机构编制的，表明股票价格水平变动的指示数字。股票价格指数就是选取一些有代表性的股票，通过指数化处理，用来刻画股票市场的行情的变动。它的作用是用来反映整体股票市场上各种股票市场价格的总体水平及其变动情况的指标。

股票的市场价格受多种因素影响。不仅单个股票的价格变动额繁。而且股票价格总体水平也瞬息万变，为了描述和反映股票的价格水平及变动趋势。股价平均数和股票价格指数应运而生。

1. 股票指数的编制步骤

股价指数的编制分为 4 步。

第一步，选择样本股。选择一定数量有代表性的上市公司股票作为编制股价指数的样本股。样本股可以是全部上市股票，也可以是其中有代表性的一部分。样本股的选择主要考虑两条标准：一是样本股的市价总值要占在交易所上市的全部股票市价总值的大部分；二是样本股票价格变动趋势必须能反映股票市场价格变动的总趋势。

第二步，选定某基期，并以一定方法计算基期平均股价或市值。通常选择某一有代表性或股价相对稳定的日期为基期，并按选定的某一种方法计算这一天的样本股平均价格或总市值。

第三步，计算计算期平均股价或市值，并作必要的修正。收集样本股在计算期的价格，并按选定的方法计算平均价格或市值。有代表性的价格是样本股收盘平均价。

第四步，指数化。如果计算股价指数，就需要将计算期的平均股价或市值转化为指数值，即将基期平均股价或市值定为某一常数（通常为100，1 000或10），并据此计算计算期股价的指数值。

2. 股价平均数

股价平均数采用股价平均法，用来度量所有样本股经调整后的价格水平的平均值，可分为简单算术股价平均数、加权股价平均数和修正股价平均数。

（1）简单算术股价平均数。简单算术股价平均数是以样本股每日收盘价之和除以样本数。其计算公式为

$$\overline{P} = \frac{\sum P_i}{N}$$

式中：$\overline{P}$——平均股价；

$\quad P_i$——各样本股收盘价；

$\quad N$——样本股票种类。

简单算术股价平均数的优点是计算简便，但也存在两个缺点：①发生样本股送配股、拆股和更换时会使股价平均数失去真实性、连续性和时间数列上的可比性；②在计算时没有考虑权数，即忽略了发行量或成交量不同的股票对股票市场有不同影响这一重要因素。简单算术股价平均数的这两点不足，可以通过加权股价平均数和修正股价平均数来弥补。

（2）加权股价平均数。加权股价平均数也称加权平均股价，是将各样本股票的发行量或成交量作为权数计算出来的股价平均数。其计算公式为

$$\overline{P} = \frac{\sum\limits_{i=1}^{n} P_i W_i}{\sum\limits_{i=1}^{n} W_i}$$

式中：W_i——样本股的发行量或成交量。

以样本股成交量为权数的加权平均股价可表示为

$$加权平均股价 = \frac{样本股成交总额}{同期样本股成交总量}$$

计算结果为平均成交价。

以样本股发行量为权数的加权平均股价可表示为

$$加权平均股价 = \frac{样本股市价总额}{同期样本股发行总量}$$

计算结果为平均市场价格。

（3）修正股价平均数。修正股价平均数是在简单算术股价平均数法的基础上，当发生送股、拆股、增发、配股时，通过变动除数，使股价平均数不受影响。修正除数的计算公式如下。

$$新除数 = \frac{股份变动后的总价格}{股份变动前的平均数}$$

$$修正股价平均数 = \frac{股份变动后的总价格}{新除数}$$

目前在国际上影响最大、历史最悠久的道·琼斯股价平均数就采用修正股价平均数法来计算股价平均数，每当股票分割、送股或增发、配股数超过原股份10％时，就对除数作相应的修正。

3. 股票价格指数

股价指数是将计算期的股价或市值与某一基期的股价或市值相比较的相对变化值，用以反映市场股票价格的相对水平。

股价指数的编制方法有简单算术股价指数和加权股价指数两类。

(1) 简单算术股价指数又有相对法和综合法之分。

① 相对法是先计算各样本股的个别指数，再加总求出算术平均数。若设股价指数为P'，基期第i种股票价格为p_{0i}，计算期第i种股票价格为p_{1i}，样本数为N，计算公式为

$$P' = \frac{1}{N} \sum_{i=1}^{n} \frac{P_{1i}}{P_{0i}} \times 固定乘数$$

② 综合法是将样本股票基期价格和计算期价格分别加总，然后再求出股价指数，其计算公式为

$$P' = \frac{\sum\limits_{i=1}^{n} P_{1i}}{\sum\limits_{i=1}^{n} P_{0i}} \times 固定乘数$$

(2) 加权股价指数是以样本股票发行量或成交量为权数加以计算，又有基期加权、计算期加权和几何加权之分。

① 基期加权股价指数又称拉斯贝尔加权指数，系采用基期发行量或成交量作为权数，计算公式为

$$P' = \frac{\sum\limits_{i=1}^{n} P_{1i} Q_{0i}}{\sum\limits_{i=1}^{n} P_{0i} Q_{0i}} \times 固定乘数$$

式中：Q_{0i} ——第i种股票基期发行量或成交量。

② 计算期加权股价指数又称派许加权指数，采用计算期发行量或成交量作为权数。其适用性较强，使用较广泛，很多著名股价指数，如标准普尔指数等，都使用这一方法。计算公式为

$$P' = \frac{\sum\limits_{i=1}^{n} P_{1i} Q_{1i}}{\sum\limits_{i=1}^{n} P_{0i} Q_{1i}} \times 固定乘数$$

式中：Q_{1i} —计算期第i种股票的发行量或成交量。

③ 几何加权股价指数又称费雪理想式，是对两种指数作几何平均，由于计算复杂，很少被实际应用。其计算公式为

$$P' = \sqrt{\frac{\sum_{i=1}^{n} P_{1i}Q_{0i}}{\sum_{i=1}^{n} P_{0i}Q_{0i}} \times \frac{\sum_{i=1}^{n} P_{1i}Q_{1i}}{\sum_{i=1}^{n} P_{0i}Q_{1i}}}$$

2.4.2　我国主要的股票价格指数

迄今为止，我国已经有多种股票价格，在此仅对常用的股票指数进行介绍。我国股票价格指数的编制单位主要有中证指数有限公司、上海证券交易所、深圳证券交易所等。这些机构编制的指数又可分为综合指数和成分指数。

1. 我国重要的股票成分指数

1）沪深 300 指数

沪深 300 指数是沪、深证券交易所于 2005 年 4 月 8 日联合发布的反映 A 股市场整体走势的指数。沪深 300 指数编制目标是反映中国证券市场股票价格变动的概貌和运行状况，并能够作为投资业绩的评价标准，为指数化投资和指数衍生产品创新提供基础条件。中证指数有限公司成立后，沪、深证券交易所将沪深 300 指数的经营管理及相关权益转移至中证指数有限公司。

沪深 300 指数是目前非常重要的成分指数，我国自 2010 年开展股票指数期货，其跟踪的指数正是沪深 300 指数。

沪深 300 指数采用"除数修正法"修正。当样本股名单、股本结构发生变化或样本股的调整市值出现非交易因素变动时，采用"除数修正法"修正原固定除数，以保证指数的连续性。修正公式为：修正前的调整市值/原除数＝修正后的调整市值/新除数。其中，修正后的调整市值＝修正前的调整市值＋新增（减）调整市值。由此公式得出新除数即修正后的除数，又称新基期，并据此计算以后的指数。

沪深 300 指数按规定作定期调整。原则上指数成分股每半年进行一次调整，一般为 1 月初和 7 月初实施调整，调整方案提前两周公布。每次调整的比例定为不超过 10%。样本调整设置缓冲区，排名在 240 名内的新样本优先进入，排名在 360 名之前的老样本优先保留。最近一次财务报告亏损的股票原则上不进入新选样本，除非该股票影响指数的代表性。

沪深 300 指数简称沪深 300，成分股数量为 300 只，指数基日为 2004 年 12 月 31 日，基点位 1 000 点。

指数成分股的选择空间是：上市交易时间超过一个季度（流通市值排名前 30 位的除外）；非 ST、*ST 股票，非暂停上市股票；公司经营状况良好，最近一年无重大违法违规事件、财务报告无重大问题；股票价格无明显的异常波动或市场操纵；剔除其他经专家委员会认定的不能进入指数的股票。选样标准是选取规模大、流动性好的股票作为样本股。对样本空间股票在最近一年（新股为上市以来）的日均成交金额由高到低排名，剔除排名后 50% 的股票，然后对剩余股票按照日均总市值由高到低进行排名，选取排名在前 300 名的股票作为样本股。选样方法是，先计算样本空间股票最近一年（新股为上市以来）的日均总市值、日均流通市值、日均流通股份数、日均成交金额和日均成交股份数 5 个指标，再将上述指标的比重按 2∶2∶2∶1∶1 进行加权平均,然后将计算结果从高到低排序,选取排名在前 300 的股票。

2) 上证成分股指数

上证成分股指数简称上证 180 指数,是上海证券交易所对原上证 30 指数进行调整和更名产生的指数。

上证成分股指数的样本股共有 180 只股票,选择样本股的标准是遵循规模(总市值、流通市值)、流动性(成交金额、换手率)、行业代表性 3 项指标,即选取规模较大、流动性较好且具有行业代表性的股票作为样本。上证成分股指数依据样本稳定性和动态跟踪的原则,每年调整一次成分股,每次调整比例一般不超过 10%,特殊情况下也可能对样本股进行临时调整。

上证成分股指数采用派许加权综合价格指数公式计算,以样本股的调整股本数为权数,并采用流通股本占总股本比例分级靠档加权计算方法。当样本股名单发生变化,或样本股的股本结构发生变化,或股价出现非交易因素的变动时,采用“除数修正法”修正原固定除数,以维护指数的连续性。上证 180 指数是 1996 年 7 月 1 日起正式发布的上证 30 指数的延续,2002 年 7 月 1 日正式发布,基点为 2002 年 6 月 28 日上证 30 指数的收盘点数 3 299.05 点。

3) 深证成分股指数

深证成分股指数由深圳证券交易所编制,通过对所有在深圳证券交易所上市的公司进行考察,按一定标准选出 40 家有代表性的上市公司作为成分股,以成分股的可流通股数为权数,采用加权平均法编制而成。成分股指数以 1994 年 7 月 20 日为基日,基日指数为 1 000 点,起始计算日为 1995 年 1 月 23 日。深圳证券交易所选取成分股的一般原则是:有一定的上市交易时间;有一定的上市规模,以每家公司一段时期内的平均可流通股市值和平均总市值作为衡量标准;交易活跃,以每家公司一段时期内的总成交金额和换手率作为衡量标准。根据以上标准,再结合下列各项因素评选出成分股:公司股票在一段时间内的平均市盈率,公司的行业代表性及所属行业的发展前景,公司近年来的财务状况、盈利记录、发展前景及管理素质等,公司的地区、板块代表性等。

4) 深证 100 指数

深圳证券信息有限公司于 2003 年初发布深证 100 指数。深证 100 指数成分股的选取主要考察 A 股上市公司流通市值和成交金额两项指标,从在深交所上市的股票中选取 100 只 A 股作为成分股,以成分股的可流通 A 股数为权数,采用派许综合法编制。根据市场动态跟踪和成分股稳定性原则,深证 100 指数将每半年调整一次成分股。深证 100 指数以 2002 年 12 月 31 日为基准日,基准指数定为 1 000 点,从 2003 年 1 月 2 日开始编制和发布。深证 100 指数采用派许加权法编制。

2. 我国重要的股票综合指数

1) 上证综合指数

上海证券交易所从 1991 年 7 月 15 日起编制并公布上海证券交易所股价指数,它以 1990 年 12 月 19 日为基期,以全部上市股票为样本,以股票发行量为权数,按加权平均法计算。遇新股上市、退市或上市公司增资扩股时，采用除数修正法修正原固定除数，以保证指数的连续性。2007 年 1 月上海证券交易所宣布，新股于上市第 11 个交易日开始计入上证综指、新综指及相应上证 A 股、上证 B 股、上证分类指数，从而进一步完善指数编制规则，使指数更真实地反映市场的平均收益水平。

上证综合指数系列还包括 A 股指数、B 股指数及工业指数、商业指数、地产指数，等等。上证 A 股指数以 1990 年 12 月 19 日为基期，设基期指数为 100 点，以全部上市的 A 股为样本，以市价总值加权平均法编制。上证 B 股指数以 1992 年 2 月 21 日为基期。设基期指数为 100 点，以美元为计价单位，以全部上市的 B 股为样本，以市价总值加权平均法编制。

上海证券交易所按全部上市公司的主营范围、投资方向及产出分别计算工业类指数、商业类指数、地产类指数、公用事业类指数和综合类指数。上证工业类指数、商业类指数、地产类指数、公用事业类指数、综合类指数均以 1993 年 4 月 30 日为基期，基期指数设为 1 358.78 点，于 1993 年 6 月 1 日正式对外公布，以在上海证券交易所上市的全部工业类股票、商业类股票、地产类股票、公用事业类股票、综合类股票为样本，以全部发行股数为权数进行计算。

2）深证综合指数

深圳证券交易所综合指数包括：深证综合指数、深证 A 股指数和深证 B 股指数。它们分别以在深圳证券交易所上市的全部股票、全部 A 股、全部 B 股为样本股，以 1991 年 4 月 3 日为综合指数和 A 股指数的基期，以 1992 年 2 月 28 日为 B 股指数的基期，基期指数定为 100 点。

3）中小企业板综合指数

中小企业板综合指数简称"中小板指数"，由深圳证券交易所编制。中小企业板指数以全部在中小企业板上市后并正常交易的股票为样本，新股于上市次日起纳入指数计算。中小板指数以最新自由流通股本数为权重，即以扣除流通受限制的股份后的股本数量作为权重，以计算期加权法计算，并以逐日连锁计算的方法得出实时指数的综合指数。中小板指数以 2005 年 6 月 7 日为基日，设定基点为 1 000 点，于 2005 年 12 月 20 日起正式对外发布。

2.4.3　国外的主要股票指数

1. 道·琼斯工业股价平均数

道·琼斯工业股价平均数是世界上最早、最享盛誉和最有影响的股票价格平均数，由美国道·琼斯公司编制，并在《华尔街日报》上公布。早在 1884 年 7 月 3 日，道·琼斯公司的创始人查尔斯·亨利·道和爱德华·琼斯根据当时美国有代表性的 11 种股票编制股票价格平均数，并发表于该公司编辑出版的《每日通讯》上。以后，道·琼斯股价平均数的样本股逐渐扩大至 65 种，编制方法也有所改进，《每日通讯》也于 1889 年改为《华尔街日报》。现在人们所说的道·琼斯指数实际上是一组股价平均数，包括 5 组指标。

（1）工业股价平均数，以美国埃克森石油公司、通用汽车公司和美国钢铁公司等 30 家著名大工商业公司股票为编制对象，能灵敏反映经济发展水平和变化趋势。平时所说的道·琼斯指数就是指道·琼斯工业股价平均数。

（2）运输业股价平均数，以美国泛美航空公司、环球航空公司、国际联运公司等 20 家具有代表性的运输业公司股票为编制对象。

（3）公用事业股价平均数，以美国电力公司、煤气公司等 15 种具有代表性的公用事业大公司股票为编制对象。

（4）股价综合平均数，以上述 65 家公司股票为编制对象。

（5）道·琼斯公正市价指数，以 700 种不同规模或实力的公司股票作为编制对象，于 1988 年 10 月首次发表。由于该指数所选的股票不但考虑了广泛的行业分布，而且兼顾了公司的不同规模和实力，因而具有相当的代表性。

道·琼斯股价平均数以 1928 年 10 月 1 日为基期，基期指数为 100 点。道·琼斯指数的编制方法原为简单算术平均法，由于这一方法的不足，从 1928 年起采用除数修正的简单平均法，使平均数能连续、真实地反映股价变动情况。

长期以来，道·琼斯股价平均数被视为最具权威性的股价指数，被认为是反映美国政治、经济和社会状况最灵敏的指标。究其原因，主要是由于该指数历史悠久，采用的 65 种股票都是世界上第一流大公司的股票，在各自的行业中居有举足轻重的主导地位，而且不断地以新生的更有代表性的股票取代那些已失去原有活力的股票，使其更具代表性，比较好地与在纽约证券交易所上市的 2 000 多种股票变动同步，指数由最有影响的金融报刊《华尔街日报》及时而详尽报导等。

2. NASDAQ 市场及其指数

NASDAQ 的中文全称是全美证券交易商自动报价系统，于 1971 年正式启用。它利用现代电子计算机技术，将美国 6 000 多个证券商网点连接在一起，形成了一个全美统一的场外二级市场。1975 年又通过立法，确定这一系统在证券二级市场中的合法地位。目前有不少国家和地区模仿美国 NASDAQ，建立第二交易系统或二板市场，如欧洲的 EAS-DAQ 市场、日本的 JASDAQ 市场、新加坡的 SESDAQ 市场、马来西亚的 MESDAQ 市场、韩国的 KDSDAQ 市场等。

NASDAQ 市场设立了 13 种指数，分别为：NASDAQ 综合指数、NASDAQ100 指数、NASDAQ 金融 100 指数、NASDAQ 银行指数、NASDAQ 生物指数、NASDAQ 计算机指数、NASDAQ 工业指数、NASDAQ 保险指数、NASDAQ 其他金融指数、NASDAQ 通讯指数、NASDAQ 运输指数、NASDAQ 全国市场综合指数和 NASDAQ 全国市场工业指数。

NASDAQ 综合指数是以在 NASDAQ 市场上市的、所有本国和外国的上市公司的普通股为基础计算的。该指数按每个公司的市场价值来设权重，这意味着每个公司对指数的影响是由其市场价值决定的。市场总价是所有已公开发行的股票在每个交易日的卖出价总和。现在 NASDAQ 综合指数包括 3 300 多家公司，远远超过其他市场指数。正因为有如此大的计算范围，使得该指数成为 NASDAQ 的主要市场指数。该指数是在 1971 年 2 月 5 日启用的，基准点为 100 点。

3. 标准普尔股票价格综合指数

它是纽约证券交易所公布的一种股票价格指标。标准普尔公司是美国一家最大的证券研究机构，它于 1923 年开始编制股票指数，最初选样的股票是 233 种，后来编制两种股票指数：一是包括 90 种股票价格指数，每天计算发表一次；另一种是 480 种股票价格指数，每周计算和发表一次。到 1957 年选样股票扩大到 500 种，包括工商业 400 种，航空、铁路、公路等运输行业 20 种；金融、保险行业 40 种，公用事业 40 种。采用高速电子计算机，将 500 种普通股股票加权平均编制成一种股票价格综合指数，每小时计算发表一次。标准普尔股票价格指数以 1941—1943 年为基期，定为 100。由于股票价格指数包括的股票达 500 种之多，并且考虑到交易量的影响，信息咨询采集较全，它更能近似地反映股票市场的情况。所以美国联邦储备制度和商业银行采用过标准普尔指数，但它仍然不能代替道·琼斯股票指数。

本 章 小 结

　　本章首先讲述了关于股票的一般性基础知识，包括股票的定义、本质和特点等内容。在此基础之上，本章结合中国证券市场的实际，系统地介绍了股票的类型、股票的价格以及确定股票价格的几种模型。根据证券投资的实际，简要阐述了对股票价格产生影响的诸多因素并根据其对股票的影响，进一步论述了股票价格在不同情况下的变化。本章还对股票的股利政策进行了介绍，包括对股票价格进行除息除权的计算，指出了在不同股利政策下股价的变动方式、股票价格除息除权的意义。本章系统地阐述了股权分置改革的开展过程并结合中国股票市场的实际，对股权分置改革的方式、程序以及手段进行了介绍，指出在股权分置改革之后中国股票市场依然存在的限制流通股票的不同种类。最后本章介绍了股票的价格指数的不同计算方式，包括我国的股票价格指数和国际证券市场上著名的股票价格指数及它们的计算方法和对市场的影响和意义。

习　题

一、名词解释

　　股票　境内上市的外资股　配股　股票价格指数　股票的面值

二、简答题

1. 简述优先股股票与普通股股票的区别。
2. 股票的鼓励政策有哪些？
3. 结合本章的内容，简述股票的本质是什么。
4. 简述股权分置改革的意义。
5. 简述股票的主要类型。

三、 案例分析题

巴菲特投资中石油

沃伦·巴菲特是世界公认的股神，被喻为世界上最伟大的投资者和最优秀、最富有的证券投资家，他以独到的眼光和独特的投资策略，为自己也为其投资人创造了巨额财富。

2003 年 4 月，在中国股市低迷徘徊的时期，巴菲特以每股 1.6 至 1.7 港元的价格大举介入中石油 H股 23.4 亿股，他后来向媒体透露了自己购买中石油股票的原因，他说："我读了 2002 年 4 月的年报，而且又读了 2003 年的年报，然后我决定投资 5 亿美元给中石油，仅仅根据我读的年报，我没有见过管理层，也没有见过分析家的报告，但是非常通俗易懂，是很好的一个投资。"巴菲特这一举动，也使他成为中石油的第二大股东。

巴菲特被世界各地的股民们称为"股神"，一向是股市投资的"风向标"，他购买中石油如此多的股票，并成为中石油的第二大股东，很快引起世界各地的股票投资者的关注，不少人开始"跟风"购进中石油的股票，这也是近年来中石油股票不断上升的一个原因。

然而，这位"股神"却在中国股市如日中天，中石油股价节节上升之机，开始了他的减持之路。

首次减持中石油 H 股发生于 2007 年 7 月 12 日。这天，香港联交所在股市收盘后披露消息，称巴菲特以平均每股 12.441 港元的价格，减持了 4 年多的中石油 H 股股票 1 690 万股，巴菲特所持中石油股份由11.05% 降至 10.96%，共套现资金约 2.1 亿港元。在之后 3 个月内，巴菲特将自己手中所持中石油 23.4亿 H 股全部卖出，获利 277 亿港元。巴菲特主要获利方法是低估值买入，通过企业盈利带来价值增长获得收益。分析其具体投资过程如下。

（1）股票估值：2002 至 2003 年，巴菲特给中石油估值为 1 000 亿美元，在价格 370 亿美元时买进，就是在 3.7 折时买进。

（2）买入价格：巴菲特原来就持有中石油 10 多亿股，而在 2003 年 4 月 9 日至 24 日的 15 天内，以低于 1.7 港元/股的价格，7 度出击，至少购入中石油 H 股 8.577 亿股。这样，截至 4 月 30 日，巴菲特手中持有中石油股票总量为 23.477 61 亿美元，占中石油总股本的 1.33%。

（3）买入时机：①SARS 期间；②恒指长年下跌处于历史大底最低点。

（4）卖出价格。

巴菲特在 2007 年 7～10 月间，11～15 港元区间内连续卖出中石油，5 亿的本金卖了 40 亿美元左右，获利约 270 多亿人民币，净赚 7 倍。2007 年 11 月 1 日中石油 H 股创出 20.25 港元的最高价后就一路下跌。

巴菲特在最近接受一家外国媒体采访时告诉中国股民："我通常是在人们对股票市场失去信心的时候购买，但是在中国的市场，人们总是很踊跃地购买，当然他们有很好的理由，近年以来，我已经不像两年前那样，容易找到被低估的股票了，我不知道中国股市的明后年是不是还会涨，但我知道价格越高越要加倍小心，不能掉以轻心，要更谨慎。"

（案例来源：沃伦·巴菲特全集，2010 年）

案例问题：

阅读上述资料，为什么巴菲特认为 2003 年是合适的买入时机？通过案例分析有价证券有什么特点？

第3章 债券

教学目标

　　通过本章的学习，掌握债券、政府债券、金融债券、公司债券和国际债券的定义、特征；熟悉债券与股票的异同点；熟悉各类债券的具体分类与特点。

教学要求

知识要点	能力要求	相关知识
债券概述	(1) 债券概念及特征的理解能力 (2) 金融衍生品基本功能的理解和概括能力 (3) 了解金融衍生品的最新发展趋势	(1) 债券的概念及特征 (2) 债券的分类 (3) 债券股票的异同
政府、金融、公司债券	(1) 理解政府、金融、公司债券的概念 (2) 掌握国债的分类和特征	(1) 政府、金融、公司债券的概念及分类 (2) 储蓄国债与记账式和凭证式国债的比较 (3) 可交换和可转换公司债的区别
国际债券	(1) 国际债券的概念及种类的理解与掌握能力 (2) 理解欧洲债券和外国债券的区别 (3) 了解我国的国际债券	(1) 国际债券的概念及特征 (2) 欧洲债券和外国债券的区别 (3) 龙债券、武士债券、扬基债券

> "人群中积聚的是愚蠢，不是天生智慧。"
>
> ——《乌合之众》

 基本概念

　　债券　政府债券　金融债券　公司债券　国际债券　外国债券　欧洲债券　龙债券

导入案例

两个小实验

纽约有位叫夏皮诺的心理医生，他请了一批人来做两个实验。

实验一

选择：①75%的机会得到 1 000 美元，但有 25%的机会什么都得不到；②确定得到 700 美元。

虽然一再向参加实验者解释，从概率上来说，第一选择能得到 750 美元，可结果还是有 80%的人选择了第二选择。

大多数人宁愿少些，也要确定的利润。

实验二

选择：①75%的机会付出 1 000 美元，但有 25%的机会什么都不付；②确定付出 700 美元。

结果是 75%的选择了第一选择。

他们就是为了搏 25%什么都不付的机会。

点评

投资是概率的游戏，无论什么样的买卖决定，人性中讨厌风险的天性便在其中扮演角色。

3.1 债券概述

3.1.1 债券的定义、票面要素和特征

1.债券的定义

债券是一种有价证券，是发行人按照法定程序发行的约定在一定期限内还本付息的债权债务凭证。

债券所规定的资金借贷双方的权责关系主要有：①所借贷货币资金的数额；②借贷的时间；③在借贷时间内的资金成本或应有的补偿(即债券的利息)。

债券所规定的借贷双方的权利义务关系包含 4 个方面的含义。

①发行人是借入资金的经济主体；②投资者是出借资金的经济主体；③发行人必须在约定的时间付息还本；④债券反映了发行者和投资者之间的债权债务关系，而且是这一关系的法律凭证。

债券有以下基本性质。

(1) 债券属于有价证券。首先，债券反映和代表一定的价值。债券本身有一定的面值，通常它是债券投资者投入资金的量化表现；另外，持有债券可按期取得利息，利息也是债券投资者收益的价值表现。其次，债券与其代表的权利联系在一起，拥有债券就拥有了债券所代表的权利，转让债券也就将债券代表的权利一并转移。

(2) 债券是一种虚拟资本。债券尽管有面值，代表了一定的财产价值，但它也只是一

种虚拟资本，而非真实资本。因为债券的本质是证明债权债务关系的证书，在债权债务关系建立时所投入的资金已被债务人占用，债券是实际运用的真实资本的证书。债券的流动并不意味着它所代表的实际资本也同样流动，债券独立于实际资本之外。

（3）债券是债权的表现。债券代表债券投资者的权利，这种权利不是直接支配财产权，也不以资产所有权表现，而是一种债权。拥有债券的人是债权人，债权人不同于公司股东，是公司的外部利益相关者。

2. 债券的票面要素

通常，债券票面上有 4 个基本要素。

（1）债券的票面价值。债券的票面价值是债券票面标明的货币价值，是债券发行人承诺在债券到期日偿还给债券持有人的金额。

在债券的票面价值中，首先要规定票面价值的币种，即以何种货币作为债券价值的计量标准。确定币种主要考虑债券的发行对象。一般来说，在本国发行的债券通常以本国货币作为面值的计量单位；在国际金融市场筹资，则通常以债券发行地所在国家的货币或以国际通用货币为计量标准。此外，确定币种还应考虑债券发行者本身对币种的需要。币种确定后，则要规定债券的票面金额。票面金额大小不同，可以适应不同的投资对象，同时也会产生不同的发行成本。票面金额定得较小，有利于小额投资者购买，持有者分布面广，但债券本身的印刷及发行工作量大，费用可能较高；票面金额定得较大，有利于少数大额投资者认购，且印刷费用等也会相应减少，但使小额投资者无法参与。因此，债券票面金额的确定也要根据债券的发行对象、市场资金供给情况等因素综合考虑。

（2）债券的到期期限。债券到期期限是指债券从发行之日起至偿清本息之日止的时间，也是位券发行人承诺履行合同义务的全部时间。

各种债券有不同的偿还期限，短则几个月，长则几十年，习惯上有短期债券、中期债券和长期债券之分。发行人在确定债券期限时，要考虑多种因素的影响，主要如下。

① 资金使用方向。债务人借入资金可能是为了弥补临时性资金周转之短缺，也可能是为了满足对长期资金的需求。在前者情况下可以发行短期债券，在后者情况下可以发行中长期债券。这样安排的好处是既能保证发行人的资金需要，又不因占用资金时间过长而增加利息负担。

② 市场利率变化。债券偿还期限的确定应根据对市场利率的预期相应选择有助于减少发行者筹资成本的期限。一般来说，当未来市场利率趋于下降时，应选择发行期限较短的债券，以避免市场利率下跌后仍须支付较高的利息；而当未来市场利率趋于上升时，应选择发行期限较长的债券，这样能在市场利率趋高的情况下保持较低的利息负担。

③ 债券的变现能力。这一因素与债券流通市场发育程度有关。如果流通市场发达，债券容易变现，长期债券较能被投资者接受；如果流通市场不发达，投资者买了长期债券而又急需资金时不易变现。长期债券的销售就可能不如短期债券。

（3）债券的票面利率。债券票面利率也称名义利率，是债券年利息与债券票面价值的比率，通常年利率用百分数表示。利率是债券票面要素中不可缺少的内容。

在实际经济生活中，债券利率有多种形式，如单利、复利和贴现利率等。债券利率亦受很多因素影响，主要如下。

① 借贷资金市场利率水平。市场利率较高时，债券的票面利率也相应较高，否则投资者会选择其他金融资产投资而舍弃债券；反之，市场利率较低时，债券的票面利率也相应较低。

② 筹资者的资信。如果债券发行人的资信状况好，债券信用等级高，投资者的风险小，债券票面利率可以定得比其他条件相同的债券低一些；如果债券发行人的资信状况差，债券信用等级低，投资者的风险大，债券票面利率就需要定得高一些。此时的利率差异反映了信用风险的大小，高利率是对高风险的补偿。

③ 债券期限长短。一般来说，期限较长的债券流动性差，风险相对较大，票面利率应该定得高一些；而期限较短的债券流动性强，风险相对较小，票面利率就可以定得低一些。但是，债券票面利率与期限的关系较复杂，它们还受其他因素的影响，所以有时也会出现短期债券票面利率高而长期债券票面利率低的现象。

（4）债券发行者名称。这一要素指明了该债券的债务主体，既明确了债券发行人应履行对债权人偿还本息的义务，也为债权人到期追索本金和利息提供了依据。

需要说明的是，以上4个要素虽然是债券票面的基本要素，但它们并非一定在债券票面上印制出来。在许多情况下，债券发行者是以公布条例或公告形式向社会公开宣布某债券的期限与利率，只要发行人具备良好的信誉，投资者也会认可接受。

此外，债券票面上有时还包含一些其他要素，如有的债券具有分期偿还的特征，在债券的票面上或发行公告中附有分期偿还时间表；有的债券附有一定的选择权，即发行契约中赋予债券发行人或持有人具有某种选择的权利，包括附有赎回选择权条款的债券、附有出售选择权条款的债券、附有可转换条款的债券、附有交换条款的债券、附有新股认购权条款的债券等。

附有赎回选择权条款的债券表明债券发行人具有在到期日之前买回全部或部分债券的权利；附有出售选择权条款的债券表明债券持有人具有在指定的日期内以票面价值将债券卖回给发行人的权利；附有可转换条款的债券表明债券持有人具有按约定条件将债券转换成发行公司普通股股票的选择权；附有交换条款的债券是指债券持有人具有按约定条件将债券与债券发行公司以外的其他公司的普通股股票交换的选择权；附有新股认购权条款的债券表明债券持有人具有按约定条件购买债券发行公司新发行的普通股股票的选择权。

3. 债券的特征

（1）偿还性。偿还性是指债券有规定的偿还期限，债务人必须按期向债权人支付利息和偿还本金。债券的偿还性使资金筹措者不能无限期地占用债券购买者的资金，换言之，他们之间的借贷经济关系将随偿还期结束、还本付息手续完毕而不复存在。这一特征与股票的永久性有很大的区别。在历史上，债券的偿还性也有例外，曾有国家发行过无期公债或永久性公债。这种公债无固定偿还期，持券者不能要求政府清偿，只能按期取息。当然，这只能视为特例，不能因此而否定债券具有偿还性的一般特性。

（2）流动性。流动性是指债券持有人可按需要和市场的实际状况灵活地转让债券，以提前收回本金和实现投资收益。流动性首先取决于市场为转让所提供的便利程度，其次取决于债券在迅速转变为货币时是否在以货币计算的价值上蒙受损失。

（3）安全性。安全性是指债券持有人的收益相对稳定，不随发行者经营收益的变动而变动，并且可按期收回本金。一般来说，具有高度流动性的债券同时也是较安全的，因为它不仅可以迅速地转换为货币，而且还可以按一个较稳定的价格转换。债券不能收回投资的风险有两种情况。

① 债务人不履行债务，即债务人不能按时足额按约定的利息支付或者偿还本金。不同的债务人不履行债务的风险程度是不一样的，一般政府债券不履行债务的风险最低。

② 流通市场风险，即债券在市场上转让时因价格下跌而承受损失。许多因素会影响债券的转让价格，其中较重要的是市场利率水平。

（4）收益性。收益性是指债券能为投资者带来一定的收入，即债权投资的报酬。在实际经济活动中，债券收益可以表现为 3 种形式：一是利息收入，即债权人在持有债券期间按约定的条件分期、分次取得利息或者到期一次取得利息；二是资本损益，即债权人到期收回的本金与买入债券或中途卖出债券与买入债券之间的价差收入。从理论上说，如果市场利率在持有债券期间一直不变，这一价差就是自买入债券或是自上次付息至卖出债券这段时间的利息收益表现形式。但是，由于市场利率会不断变化，债券在市场上的转让价格将随市场利率的升降而上下波动。债券持有者能否获得转让价差、转让价差的多少，要视市场情况而定；三是再投资收益，即投资债券所获现金流量再投资的利息收入。它受市场收益率变化的影响。

3.1.2　债券的分类

债券种类很多，在债券的历史发展过程中出现过许多不同品种的债券，各种债券共同构成了一个完整的债券体系。债券可以依据不同的标准进行分类。

1. 按发行主体分类

根据发行主体的不同，债券可以分为政府债券、金融债券和公司债券。

（1）政府债券。政府债券的发行主体是政府。中央政府发行的债券称为国债。其主要用途是解决由政府投资的公共设施或重点建设项目的资金需要和弥补国家财政赤字。根据不同的发行目的，政府债券有不同的期限，从几个月至几十年。政府债券的发行和收入的安排使用是从整个国民经济的范围和发展来考虑的。政府债券的发行规模、期限结构、未清偿余额关系着一国政治、经济发展的全局。除了政府部门直接发行的债券外，有些国家把政府担保的债券也划归为政府债券体系，称为政府保证债券。这种债券由一些与政府有直接关系的公司或金融机构发行，并由政府提供担保。

（2）金融债券。金融债券的发行主体是银行或非银行的金融机构。金融机构一般有雄厚的资金实力，信用度较高，因此，金融债券往往也有良好的信誉。银行和非银行金融机构是社会信用的中介，它们的资金来源主要靠吸收公众存款和金融业务收入。它们发行债券的目的主要有：筹资用于某种特殊用途；改变本身的资产负债结构。对于金融机构来说，吸收存款和发行债券都是它的资金来源，构成了它的负债。存款的主动性在于存款户，金融机构只能通过提供服务条件来吸引存款，而不能完全控制存款，是被动负债，而发行债券则是金融机构的主动负债，金融机构有更大的主动权和灵活性。

（3）公司债券。公司债券是公司依照法定程序发行，约定在一定期限还本付息的有价证券。公司债券的发行主体是股份公司，但有些国家也允许非股份制企业发行债券，所以，归类时可将公司债券和企业发行的债券合在一起，称为公司（企业）债券。公司发行债券的目的主要是为了满足经营需要。由于公司的情况千差万别，有些经营有方、实力雄厚、信誉高，也有一些经营较差，可能处于倒闭的边缘，因此，公司债券的风险性相对于政府债券和金融债券要大一些。公司债券有中长期的，也有短期的，视公司的需要而定。

2. 按付息方式分类

根据债券发行条款中是否规定在约定期限向债券持有人支付利息，债券可分为零息债券、附息债券、息票累积债券 3 类。

（1）零息债券。零息债券也称零息票债券，指债券合约未规定利息支付的债券。通常，这类债券以低于面值的价格发行和交易，债券持有人实际上是以买卖（到期赎回）价差的方式取得债券利息。

（2）附息债券。附息债券的合约中明确规定，在债券存续期内，对持有人定期支付利息（通常每半年或每年支付一次）。

附息债券是在债券上附有各期利息票的中、长期债券。债券持有人于息票到期时，凭从债券剪下来的息票领取该期的利息。这种领取利息的方式被称为"剪息票"，每张息票上须有与债券券面的号数相同的编号及应付利息的日期和金额。息票到期之前，持票人不能要求兑付。持票人并非一定是债券持有人，因为息票本身也是一种有价证券，每一张息票都可以根据其所附的债券的利率、期限、面值等计算出其价值。所以，息票可以转让，非债券持有人也可凭息票领取债券利息。

（3）息票累积债券。与附息债券相似，这类债券也规定了票面利率，但是，债券持有人必须在值券到期时一次性获得本息，存续期间没有利息支付。

3. 按债券形态分类

债券有不同的形式，根据债券券面形态可以分为实物债券、凭证式债券和记账式债券。

（1）实物债券。实物债券是一种具有标准格式实物券面的债券。在标准格式的债券券面上，一般印有债券面额、债券利率、债券期限、债券发行人全称、还本付息方式等各种债券票面要素。有时债券利率、债券期限等要素也可以通过公告向社会公布，而不在债券券面上注明。无记名国债就属于这种实物债券，它以实物券的形式记录债权、面值等，不记名，不挂失，可上市流通。实物债券是一般意义上的债券，很多国家通过法律或者法规对实物债券的格式予以明确规定。

（2）凭证式债券。凭证式债券的形式是债权人认购债券的一种收款凭证，而不是债券发行人制定的标准格式的债券。我国 1994 年开始发行凭证式国债。我国的凭证式国债通过各银行储蓄网点和财政部门国债服务部面向社会发行，券面上不印制票面金额，而是根据认购者的认购额填写实际的缴款金额，是一种国家储蓄值，可记名、挂失，以凭证式国债收款凭证记录债权，不能上市流通，从购买之日起计息。在持有期内，持券人如遇特殊情况需要提取现金，可以到原购买网点提前兑取。提前兑取时，除偿还本金外，利息按实际持有天数及相应的利率档次计算，经办机构按兑付本金的 2‰ 收取手续费。

（3）记账式债券。记账式债券是没有实物形态的票券，利用证券账户通过计算机系统完成债券发行、交易及兑付的全过程。我国1994年开始发行记账式国债。目前，上海证券交易所和深圳证券交易所已为证券投资者建立了电子证券账户，发行人可以利用证券交易所的交易系统来发行债券。投资者进行记账式债券买卖必须在证券交易所设立账户。记账式国债可以记名、挂失，安全性较高，同时由于记账式债券的发行和交易均无纸化，所以发行时间短，发行效率高，交易手续简便，成本低，交易安全。

3.1.3 债券与股票的比较

1. 债券与股票的相同点

（1）债券与股票都属于有价证券。尽管债券和股票有各自的特点，但它们都属于有价证券。债券和股票作为有价证券体系中的一员，是虚拟资本，它们本身无价值，但又都是真实资本的代表。持有债券或股票都有可能获取一定的收益，并能行使各自的权利和流通转让。债券和股票都在证券市场上交易是各国证券市场的两大支柱类交易工具。

（2）债券与股票都是筹措资金的手段。债券和股票都是有关经济主体为筹资需要而发行的有价证券。经济主体在社会经济活动中必然会产生对资金的需求，从资金融通角度看，债券和股票都是筹资手段。与向银行贷款间接融资相比，发行债券和股票筹资的数额大，时间长，成本低，且不受贷款银行的条件限制。

（3）债券与股票收益率相互影响。从单个债券和股票看，它们的收益率经常会发生差异，而且有时差距还很大。但是，总体而言，如果市场是有效的，则债券的平均收益率和股票的平均收益率会大体保持相对稳定的关系，其差异反映了二者风险程度的差别。这是因为在市场规律的作用下，证券市场上一种融资手段收益率的变动会引起另一种融资手段收益率发生同向变动。

2. 债券与股票的区别

（1）权利不同。债券是债权凭证，债券持有者与债券发行人之间的经济关系是债权债务关系，债券持有者只可按期获取利息及到期收回本金，无权参与公司的经营决策。股票则不同，股票是所有权凭证，股票所有者是发行股票公司的股东，股东一般拥有表决权，可以通过参加股东大会选举董事，参与公司重大事项的审议和表决，行使对公司的经营决策权和监督权。

（2）目的不同。发行债券是公司追加资金的需要，它属于公司的负债，不是资本金。发行股票则是股份公司创立和增加资本的需要。筹措的资金列入公司资本。而且发行债券的经济主体很多，中央政府、地方政府、金融机构、公司企业等一般都可以发行债券，但能发行股票的经济主体只有股份有限公司。

（3）期限不同。债券一般有规定的偿还期，期满时债务人必须按时归还本金，因此，债券是一种有期证券。股票通常是无须偿还的，一旦投资入股，股东便不能从股份公司抽回本金，因此，股票是一种无期证券，或称永久证券。但是，股票持有者可以通过市场转让收回投资资金。

（4）收益不同。债券通常有规定的票面利率，可获得固定的利息。股票的股息红利不固定，一般视公司经营情况而定。

（5）风险不同。股票风险较大，债券风险相对较小。这是因为：①债券利息是公司的固定支出，属于费用范围；股票的股息红利是公司利润的一部分，公司有盈利才能支付，而且支付顺序列在债券利息支付和纳税之后；②倘若公司破产，清理资产有余额偿还时，债券偿付在前，股票偿付在后；③在二级市场上，债券因其利率固定、期限固定，市场价格也较稳定，而股票无固定期限和利率，受各种宏观因素和微观因素的影响，市场价格波动频繁，涨跌幅度较大。

3.2 政 府 债 券

3.2.1 政府债券概述

1. 政府债券的定义

政府债券是国家为了筹措资金而向投资者出具的、承诺在一定期限内支付利息和到期还本的有价证券。政府债券的举债主体是国家。从广义的角度看，社会上存在公共部门和私人部门两大部门，私人部门的财产归私人所有，而公共部门的财产归国家所有，因此，广义的政府债券属于公共部门的债务，与它相对应的是私人部门的债务。从狭义的角度看，政府是国家政权的代表，国家的债务就是政府的债务，因此，狭义的政府债券属于政府部门的债务，与它相对应的是非政府部门的债务。人们一般所指的政府债券大多是狭义的，即政府举借的债务。根据政府债券发行主体的不同，又可分为中央政府债券和地方政府债券。中央政府发行的债券称为国债。

2. 政府债券的性质

政府债券的性质主要从两个方面考察：①从形式上看，政府债券也是一种有价证券，它具有债券的一般性质。政府债券本身有面额，投资者投资于政府债券可以取得利息，因此，政府债券具备了债券的一般特征；②从功能上看，政府债券最初仅是政府弥补赤字的手段，但在现代商品经济条件下，政府债券已成为政府筹集资金、扩大公共开支的重要手段，并且随着金融市场的发展，逐渐具备了金融商品和信用工具的职能，成为国家实施宏观经济政策、进行宏观调控的工具。

3. 政府债券的特征

（1）安全性高。政府债券是政府发行的债券，由政府承担还本付息的责任，是国家信用的体现。在各类债券中，政府债券的信用等级是最高的，通常被称为金边债券。投资者购买政府债券是一种较安全的投资选择。

（2）流动性强。政府债券是一国政府的债务，它的发行量一般都非常大，同时，由于政府债券的信用好，竞争力强，市场属性好，所以，许多国家政府债券的二级市场十分发达，一般不仅允许在证券交易所上市交易，还允许在场外市场进行买卖。发达的二级市场为政府债券的转让提供了方便，使其流动性大大增强。

（3）收益稳定。投资者购买政府债券可以得到一定的利息。政府债券的付息由政府保证，其信用度最高，风险最小，对于投资者来说，投资政府债券的收益是比较稳定的。此外，因政府债券的本息大多数固定且有保障，所以交易价格一般不会出现大的波动，二级市场的交易双方均能得到相对稳定的收益。

（4）免税待遇。政府债券是政府自己的债务，为了鼓励人们投资政府债券，大多数国家规定，对于购买政府债券所获得的收益，可以享受免税待遇。《中华人民共和国个人所得税法》规定，个人投资的公司债券利息、股息、红利所得应纳个人所得税，但国债和国家发行的金融债券的利息收入可免纳个人所得税。因此，在政府债券与其他证券名义收益率相等的情况下，如果考虑税收因素，持有政府债券的投资者可以获得更多的实际投资收益。

3.2.2　国家债券

国家债券是中央政府根据信用原则，以承担还本付息责任为前提而发行的债务凭证。国家债券简称为国债。国债发行量大、品种多，是政府债券市场上最主要的投资工具。

1. 国债的分类

（1）按偿还期限分类。国债的偿还期限是国债的存续时间，以此为标准，习惯上把国债分为短期国债、中期国债和长期国债。

短期国债一般指偿还期限为一年或一年以内的国债，具有周期短及流动性强的特点，在货币市场上占有重要地位。政府发行短期国债，一般是为满足国库暂时的入不敷出之需。在国际市场上，短期国债的常见形式是国库券，它是由政府发行用于弥补临时收支差额的一种债券。我国 20 世纪 80 年代以来也曾使用国库券的名称，但它与发达国家所指的短期国债不同，偿还期限大多是超过一年的。

中期国债是指偿还期限在一年以上、10 年以下的国债。政府发行中期国债筹集的资金或用于弥补赤字，或用于投资，不再用于临时周转。

长期国债是指偿还期限在 10 年或 10 年以上的国债。长期国债由于期限长，政府短期内无偿还的负担，而且可以较长时间占用国债认购者的资金，所以常被用作政府投资的资金来源。长期国债在资本市场上有着重要地位。

短期国债、中期国债以及长期国债都属于有期国债。在国债发展史上，一些西方国家政府还曾发行过一种无期国债。这种国债在发行时并未规定还本期限，债权人平时仅有权按期索取利息，而无权要求清偿，但政府可以随时从市场上买入而将其注销。

（2）按资金用途分类。政府通过国债筹集的资金可用于各项开支。根据举借债务对筹集资金使用方向的规定，国债可以分为赤字国债、建设国债、战争国债和特种国债。

赤字国债是指用于弥补政府预算赤字的国债。政府收支不平衡是一种经常可能出现的现象，如果支出大于收入，便产生赤字。弥补赤字的手段有多种，除了举借国债外，还有增加税收、向中央银行借款、动用历年结余等。增加税收会加重社会负担，易引起人们的反对，而且增税还必须通过一定的法律程序，不适合作为政府临时增加收入的主要手段；向中央银行借款有可能增加货币供应量，导致通货膨胀；动用历年结余须视政府过去的年度收支情况，若无结余，此手段也无法运用。因此，发行国债常被政府用作弥补赤字的主要方式。

建设国债是指发债筹措的资金用于建设项目。政府的职能有多种，它在社会经济中往往要承担一些大型基础性项目和公共设施的投资，如修建铁路和公路，这些项目耗资十分巨大，因此，常由政府通过举借债务筹集专项资金来建设。

战争国债专指用于弥补战争费用的国债。战争时期，军费开支庞大，在用其他方法已无法再筹集到资金的时候，政府就有可能以发行国债来弥补。

特种国债是指政府为了实施某种特殊政策而发行的国债。随着政府职能的扩大，政府有时为了某些特殊的社会目的而需要大量资金，为此也有可能举借国债。

（3）按流通与否分类。流通性是债券的特征之一，也是国债的基本特点，但也有一些国债是不能流通的，因此，国债可以分为流通国债和非流通国债。

流通国债是指可以在流通市场上交易的国债。这种国债的特征是投资者可以自由认购、自由转让，通常不记名。转让价格取决于对该国债的供给与需求。流通国债的转让一般在证券市场上进行，如通过证券交易所或柜台市场交易。在不少国家，流通国债占国债发行量的大部分。

非流通国债是指不允许在流通市场上交易的国债。这种国债不能自由转让，可以记名，也可以不记名。非流通国债的发行对象有的是个人，有的是一些特殊的机构。以个人为发行对象的非流通国债一般以吸收个人的小额储蓄资金为主，故有时称为储蓄债券。

（4）按发行本位分类。国债债券有一定的面值，有面值就需要有某种计量单位。依照不同的发行本位，国债可以分为实物国债和货币国债。

此处的实物国债与实物债券不是同一个含义。

实物债券是专指具有实物票券的债券，它与无实物票券的债券（如记账式债券）相对应；而实物国债是指以某种商品实物为本位而发行的国债。政府发行实物国债主要有两种情况：一是在货币经济不发达时，实物交易占主导地位；二是尽管货币经济已比较发达，但币值不稳定，为维持国债信誉，增强国债吸引力，发行实物国债。

货币国债是指以某种货币为本位而发行的国债。货币国债又可以进一步分为本币国债和外币国债。本币国债以本国货币为面值发行，外币国债以外国货币为面值发行。在现代社会，绝大多数国债属于货币国债，实物国债已非常少见。

2. 我国的国债

我国发行的国债品种主要如下。

（1）普通国债。目前我国发行的普通国债有记账式国债、凭证式国债和储蓄国债（电子式）。

① 记账式国债。我国的记账式国债是从 1994 年开始发行的一个上市券种。它是由财政部面向全社会各类投资者、通过无纸化方式发行的、以电子记账方式记录债权并可以上市和流通转让的债券。记账式国债的发行分为证券交易所市场发行、银行间债券市场发行以及同时在银行间债券市场和证券交易所市场发行（又称为"跨市场发行"）3 种情况。个人投资者可以购买交易所市场发行和跨市场发行的记账式国债，而银行间债券市场的发行主要面向银行和非银行金融机构等机构投资者。

记账式国债的特点是：可以记名、挂失，以无券形式发行可以防止证券的遗失、被窃与伪造，安全性好；可上市转让，流通性好；期限有长有短，但更适合短期国债的发行；

通过交易所计算机网络发行可以降低证券的发行成本；上市后价格随行就市，具有一定的风险。

② 凭证式国债。这是指由财政部发行的、有固定票面利率、通过纸质媒介记录债权债务关系的国债。发行凭证式国债一般不印制实物券面，而采用填制"中华人民共和国凭证式国债收款凭证"的方式，通过部分商业银行和邮政储蓄柜台，面向城乡居民个人和各类投资者发行，是一种储蓄性国债。凭证式国债购买方便，变现灵活，利率优惠，收益稳定，安全无风险，是我国重要的国债品种。

③ 储蓄国债（电子式）。这是指财政部面向境内中国公民储蓄类资金发行的、以电子方式记录债权的不可流通的人民币债券。目前，储蓄国债（电子式）通过试点商业银行面向个人投资者销售。储蓄国债（电子式）自发行之日起计息，付息方式分为利随本清和定期付息两种。储蓄国债（电子式）试点期间，财政部将先行推出固定利率固定期限和固定利率变动期限两个品种。投资者在同一试点商业银行只允许开设一个账户。从我国债券市场发展的情况看，凭证式国债和储蓄国债（电子式）这两个品种将在我国长期并存。

储蓄国债（电子式）是 2005 年推出的国债新品种，具有以下特点：针对个人投资者，不向机构投资者发行；采用实名制，不可流通转让；采用电子方式记录债权；收益安全稳定，由财政部负责还本付息，免缴利息税；鼓励持有到期；手续简化；付息方式较为多样。

凭证式国债和储蓄国债（电子式）都在商业银行柜台发行，不能上市流通，但都是信用级别最高的债券，以国家信用作保证，而且免缴利息税。不同之处如下。

a. 申请购买手续不同。投资者购买凭证式国债，可持现金直接购买；购买储蓄国债（电子式）须开立个人国债托管账户并指定对应的资金账户后购买。

b. 债权记录方式不同。凭证式国债采取填制"中华人民共和国凭证式国债收款凭证"的形式记录债权，由各承销银行和投资者进行管理；储蓄国债（电子式）以电子记账方式记录债权，采取二级托管体制，由各承办银行总行和中央国债登记结算有限责任公司统一管理，降低了由于投资者保管纸质债权凭证带来的风险。

c. 付息方式不同。凭证式国债为到期一次还本付息；储蓄国债（电子式）付息方式比较多样，既有按年付息品种，也有利随本清品种。

d. 到期兑付方式不同。凭证式国债到期后，须由投资者前往承销机构网点办理兑付事宜，逾期不加计利息；储蓄国债（电子式）到期后，承办银行自动将投资者应收本金和利息转入其资金账户，转入资金账户的本息资金作为居民存款，按活期存款利率计付利息。

e. 发行对象不同。凭证式国债的发行对象主要是个人，部分机构也可认购；储蓄国债（电子式）的发行对象仅限于个人，机构不允许购买或者持有。

f. 承办机构不同。凭证式国债由各类商业银行和邮政储蓄机构组成的凭证式国债承销团成员的营业网点销售；已发售的储蓄国债（电子式）由财政部会同中国人民银行确认代销试点资格的已经开通相应系统的商业银行营业网点销售。

储蓄国债（电子式）与记账式国债都以电子记账方式记录债权，但具有下列不同之处。

a. 发行对象不同。记账式国债机构和个人都可以购买，而储蓄国债（电子式）的发行对象仅限于个人。

b. 发行利率确定机制不同。记账式国债的发行利率是由记账式国债承销团成员投标确定的；储蓄国债（电子式）的发行利率由财政部参照同期银行存款利率及市场供求关系等因素确定。

c. 流通或变现方式不同。记账式国债可以上市流通，可以从二级市场上购买，需要资金时可以按照市场价格卖出；储蓄国债（电子式）只能在发行期认购，不可以上市流通，但可以按照有关规定提前兑取。

d. 到期前变现收益预知程度不同。记账式国债二级市场交易价格是由市场决定的，到期前市场价格（净价）有可能高于或低于发行面值。当卖出价格高于买入价格时，表明卖出者不仅获得了持有期间的国债利息，同时还获得了部分价差收益；当卖出价格低于买入价格时，表明卖出者虽然获得了持有期间的国债利息，但同时也承担了部分价差损失。因此，投资者购买可流通记账式国债于到期前卖出，其收益是不能预知的，并要承担市场利率变动带来的价格风险。而储蓄国债（电子式）在发行时就对提前兑取条件作出规定，也就是说，投资者提前兑取所能获得的收益是可以预知的，而且本金不会低于购买面值（因提前兑付带来的手续费除外），不承担由于市场利率变动而带来的价格风险。因此，储蓄国债（电子式）适合注重投资安全、收益稳定的投资者购买。

（2）其他类型国债。为适应国家经济发展和筹措财政资金的需要，1987 年以来，财政部曾发行多种其他类型的国债，主要有国家重点建设债券、国家建设债券、财政债券、特种债券、保值债券、基本建设债券等。

近年来主要有以下几种。

① 特别国债。特别国债是为了特定的政策目标而发行的国债。1998—2007 年，财政部发行了两次特别国债。

为了增加国有商业银行的资本金，经第八届全国人大常委会第三十次会议审议通过，并经国务院批准，财政部于 1998 年 8 月 18 日发行了 2 700 亿元特别国债。该国债为记账式附息国债，期限为 30 年，年利率为 7.2%，向四大国有商业银行定向发行，所筹资金专项用于拨补四大国有商业银行资本金。

根据外汇储备增长趋势和货币政策操作需要，第十届全国人大常委会第二十八次会议经审议，批准财政部于 2007 年发行 15 500 亿元人民币特别国债，用于购买约 2 000 亿美元外汇，作为组建国家外汇投资公司的资本金来源，并相应调整 2007 年年末国债余额限额。经批准发行的特别国债为 10 年期以上可流通记账式国债，票面利率根据市场情况灵活决定。2007 年 8 月，财政部在全国银行间债券市场向境内商业银行发行 6 000 亿元、10 年期、票面利率为 4.3% 的第一期特别国债；2007 年 9~12 月，财政部通过银行间债券市场和试点商业银行柜台向社会各类投资者发行第二、三、四、五、六、八期特别国债，期限为 10 年或 15 年，票面利率在 4.41%~4.69% 之间，共 2 102.28 亿元；2007 年 12 月，财政部通过全国银行间债券市场向境内商业银行发行 7 500 亿元、15 年期、票面利率为 4.45% 的第七期特别国债。至 2007 年 12 月下旬，财政部通过发行特别国债共筹措资金约 15 500 亿元人民币。

② 长期建设国债。为执行积极的财政政策，经第九届全国人大常委会第四次会议通过，财政部于 1998 年 9 月向四大国有商业银行定向发行了 1 000 亿元、年利率为 5.5%、

期限为 10 年的附息国债，专项用于国民经济和社会发展急需的基础设施投入。此后，1999—2004 年，为实施积极财政政策而发行的长期建设国债分别为 1 100、1 500、1 500、1 500、1 400 亿元和 1 100 亿元，加上 1998 年的 1 000 亿元，总计发行 9 100 亿元。截至 2003 年年末，形成了约 3.8 万亿元的国债项目总投资规模，每年拉动经济增长 1.5～2 个百分点，为扩大国内需求、抑制通货紧缩、推动国民经济增长发挥了积极作用。

 相关链接

杨百万早年"倒卖"国债数钱数到手抽筋

"那时候只有 10 元面值的人民币，那时候没有点钞机，我们哗啦哗啦地数钱，真的数到手抽筋，而且神经高度刺激。当时我吃 4 粒安眠药，晚上也只能睡两个小时。钱的力量太大了。"而通过这种蚂蚁搬家的方式，一年之间，杨怀定变成了杨百万。杨百万的第一桶金来自国债买卖。

"我是 1988 年 3 月 28 日从工厂辞职的，把自己的铁饭碗扔下之后，在家里躺了两个礼拜，琢磨该干哪一行。"在杨百万回忆中，那两周做的另外一件事情，就是看报纸——他订了市场上所有能买到的报纸，一共 73 张。在 4 月初的一天，一条新闻引起了他的注意：1988 年 4 月 21 日，中国将开放国库券交易。

"我看过电影《子夜》，只要有证券交易，就有高低价。虽然我们是社会主义经济，但证券交易是市场经济的产物，只要存在，就一定会有高有低……"杨百万称，当时他就"傻"想，或许能从差价中赚上一笔。

在首个交易日，杨百万，不，是杨怀定，拿着两万元钱到了交易所，站在交易所的门口，他算了一笔账：国库券 1985 年的开盘价是 104 元，利息率 15%，如果 2 万元全部买下，一年就有 3 000 元。"当时存在银行的利率是 5.4%，全年利息 1 080 元。那多出来的近 2 000 元早已超出我在工厂的工资。"于是他把所有的钱都买了国库券。

"买是买了，但是心里忐忑不安，害怕跌。下午就迫不及待地跑去交易所看行情，一看，发现涨到 112 元了，我赶紧卖了，赚了 800 元。"一年的工资到手了，杨怀定心放宽了些，又开始突发奇想：如果我能把 104 元的国库券买回来，再以 112 元的价格卖出去，不就可以赚钱了吗？由于当时全国有 7 个城市都开放了国库券交易，杨怀定决定要打听一下其他城市的行情。"但是那时候国库券行情属于国家机密，但当天的《解放日报》报道了上海的开盘价和收盘价，依此类推，各地的党报一定会报当地的行情。"杨怀定立即跑到了上海图书馆，翻看全国各地的党报，终于查到，安徽合肥当日国库券开盘价为 94 元，收盘价为 98 元。

连夜去合肥！一个来回，20 000 元的本钱一下子变成了 22 000 多元。跑了几次以后，杨怀定决定借钱，在把所有亲朋好友的钱都借了之后，他手头有了 14 万元现金，开始背着更多的钱往返于合肥和上海之间。随着投入的钱越来越多，杨怀定每一个往返所赚的钱也越来越多。

3.2.3　地方政府债券

1. 地方政府债券的发行主体

地方政府债券是由地方政府发行并负责偿还的债券，简称地方债券，也可以称为"地方公债"或"地方债"。地方政府债券是地方政府根据本地区经济发展和资金需求状况，以承担还本付息责任为前提，向社会筹集资金的债务凭证。筹集的资金一般用于弥补地方财政资金的不足，或者地方兴建大型项目。地方政府债券的发行主体是地方政府，地方政府一般又由不同的级次组成，而且在不同的国家有不同的名称。美国地方政府债券由州、市、区、县和州政府所属机关和管理局发行。日本地方政府债券则由一般地方公共团体和特殊地方公共团体发行，前者是指都、道、府、县、市、镇、村政府，后者是指特别地区、地方公共团体联合组织和开发事业团体等。

2. 我国的地方政府债券

地方政府债券是政府债券的形式之一，在新中国成立初期就已经存在。如早在 1950 年，东北人民政府就发行过东北生产建设折实公债，但 1981 年恢复国债发行以来，却从未发行过地方政府债券。我国 1995 年起实施的《中华人民共和国预算法》规定，地方政府不得发行地方政府债券（除法律和国务院另有规定外）。

3.3 金融债券与公司债券

3.3.1 金融债券

1. 金融债券的定义

金融债券是指银行及非银行金融机构依照法定程序发行并约定在一定期限内还本付息的有价证券。20 世纪 60 年代以前，只有投资银行、投资公司之类的金融机构才发行金融债券，因为这些机构一般不吸收存款，或者只吸收少量的长期存款，发行金融债券成为其筹措资金来源的一个重要手段。而商业银行等金融机构因能吸收存款，有稳定的资金来源，一般不允许发行金融债券。

20 世纪 60 年代以后，商业银行等金融机构为改变资产负债结构或用于某种特定用途，纷纷加入发行金融债券的行列，从而打破了金融债券的发行格局。在欧美很多国家，由于商业银行和其他金融机构多采用股份公司这种组织形式，所以这些金融机构发行的债券与公司债券一样，受相同的法规管理，一般归类于公司债券。日本则有所不同，金融债券的管理受制于特别法规。我国和日本一样，将金融机构发行的债券定义为金融债券，以突出金融机构作为证券市场发行主体的地位。从广义上讲，金融债券还应该包括中央银行债券，只不过它是一种特殊的金融债券，其特殊性表现在：一是期限较短；二是为实现金融宏观调控而发行。

2. 我国的金融债券

我国金融债券的发行始于北洋政府时期，后来，国民党政府时期也曾多次发行金融公债、金融长期公债和金融短期公债。新中国成立之后的金融债券发行始于 1982 年。该年，中国国际信托投资公司率先在日本的东京证券市场发行了外国金融债券。为推动金融资产多样化，筹集社会资金，国家决定于 1985 年由中国工商银行、中国农业银行发行金融债券，开办特种贷款。这是我国经济体制改革以后国内发行金融债券的开端。在此之后，中国工商银行和中国农业银行又多次发行金融债券，中国银行、中国建设银行也陆续发行了金融债券。1988 年，部分非银行金融机构开始发行金融债券。1993 年，中国投资银行被批准在境内发行外币金融债券，这是我国首次发行境内外币金融债券。1994年，我国政策性银行成立后，发行主体从商业银行转向政策性银行，当年仅国家开发银行就7次发行了金融债券，总金额达758亿元。1997年和1998年，经中国人民银行批准，部分金融机构发行了特种金融债券，所筹集资金专门用于偿还不规范证券回购交易所形成的债务。近年来，我国金融债券市场发展较快，金融债券品种不断增加，主要有以下几种。

（1）政策性金融债券。政策性金融债券是政策性银行在银行间债券市场发行的金融债券。1999年以后，我国金融债券的发行主体集中于政策性银行，其中以国家开发银行为主，金融债券已成为其筹措资金的主要方式。

从1999年起，我国银行间债券市场以政策性银行为发行主体开始发行浮动利率债券。基准利率曾采用1年期银行定期存款利率和7天回购利率。从2007年6月起，浮息债券以上海银行间同业拆放利率（Shibor）为基准利率。Shibor是中国货币市场的基准利率，是以16家报价行的报价为基础，剔除一定比例的最高价和最低价后的算术平均值，自2007年1月4日正式运行。目前对外公布的Shibor共有8个品种，期限从隔夜到1年。

2007年6月，中国人民银行、国家发展和改革委员会发布《境内金融机构赴香港特别行政区发行人民币债券管理暂行办法》，境内政策性银行和商业银行经批准可在香港发行人民币债券。

（2）商业银行债券。

① 商业银行金融债券。2005年4月27日，《全国银行间债券市场金融债券发行管理办法》颁布，自2005年6月1日起施行。金融债券是指依法在中华人民共和国境内设立的金融机构法人在全国银行间债券市场发行的、按约定还本付息的有价证券。

② 商业银行次级债券。2004年6月17日，《商业银行次级债券发行管理办法》颁布实施。商业银行次级债券是指商业银行发行的、本金和利息的清偿顺序列于商业银行其他负债之后、先于商业银行股权资本的债券。

③ 混合资本债券。2006年9月5日，中国人民银行发布第11号公告，就商业银行发行混合资本债券的有关事宜进行了规定。混合资本债券是一种混合资本工具，它比普通股股票和债券更加复杂。《巴塞尔协议》并未对混合资本工具进行严格定义，仅规定了混合资本工具的一些原则特征，而赋予各国监管部门更大的自由裁量权，以确定本国混合资本工具的认可标准。中国银监会借鉴其他国家对混合资本工具的有关规定，严格遵照《巴塞尔协议》要求的原则特征，选择以银行间市场发行的债券作为我国混合资本工具的主要形式，并由此命名我国的混合资本工具为混合资本债券。我国的混合资本债券是指商业银行为补充附属资本发行的、清偿顺序位于股权资本之前但列在一般债务和次级债务之后、期限在15年以上、发行之日起10年内不可赎回的债券。

按照现行规定，我国的混合资本债券具有4个基本特征。①期限在15年以上，发行之日起10年内不得赎回。发行之日起10年后发行人具有1次赎回权，若发行人未行使赎回权，可以适当提高混合资本债券的利率。②混合资本债券到期前，如果发行人核心资本充足率低于4%，发行人可以延期支付利息。如果同时出现以下情况：最近1期经审计的资产负债表中盈余公积与未分配利润之和为负，且最近12个月内未向普通股股票股东支付现金红利，则发行人必须延期支付利息。在不满足延期支付利息的条件时，发行人应立即支付欠息及欠息所产生的复利。③当发行人清算时，混合资本债券本金和利息的清偿顺序列于一般债务和次级债务之后、先于股权资本。④混合资本债券到期时，如果发行人无力支付清偿顺序在该债券之前的债务或支付该债券将导致无力支付清偿顺序在混合资本债券之前的债务，发行人可以延期支付该债券的本金和利息。待上述情况好转后，发行人应继续履行其还本付息义务，延期支付的本金和利息将根据混合资本债券的票面利率来计算。

（3）证券公司债券。2003年8月29日，中国证监会发布《证券公司债券管理暂行办法》，证券公司债券是指证券公司依法发行的、约定在一定期限内还本付息的有价证券。

2004年10月，中国证监会和中国银监会、中国人民银行制定并发布《证券公司短期融资券管理办法》。证券公司短期融资券是指证券公司以短期融资为目的，在银行间债券市场发行的约定在一定期限内还本付息的金融债券。

（4）保险公司次级债务。2004年9月29日，中国保监会发布了《保险公司次级定期债务管理暂行办法》。保险公司次级定期债务是指保险公司经批准定向募集的、期限在5年以上（含5年）、本金和利息的清偿顺序列于保单责任和其他负债之后、先于保险公司股权资本的保险公司债务。该办法所称保险公司是指依照中国法律在中国境内设立的中资保险公司、中外合资保险公司和外资独资保险公司。中国保监会依法对保险公司次级定期债务的定向募集、转让、还本付息和信息披露行为进行监督管理。

与商业银行次级债务不同的是，按照《保险公司次级定期债务管理暂行办法》，保险公司次级债务的偿还只有在确保偿还次级债务本息后偿付能力充足率不低于100%的前提下，募集人才能偿付本息；并且，募集人在无法按时支付利息或偿还本金时，债权人无权向法院申请对募集人实施破产清偿。

（5）财务公司债券。为满足企业集团发展过程中财务公司充分发挥金融服务功能的需要，为改变财务公司资金来源单一的现状，满足其调整资产负债期限结构和化解金融风险的需要，同时也为了增加银行间债券市场的品种、扩大市场规模，2007年7月，中国银监会下发《企业集团财务公司发行金融债券有关问题的通知》，明确规定企业集团财务公司发行债券的条件和程序，并允许财务公司在银行间债券市场发行财务公司债券。

3.3.2 公司债券

1. 公司债券的定义

公司债券是公司依照法定程序发行的、约定在一定期限还本付息的有价证券。公司债券属于债券体系中的一个品种，它反映发行债券的公司和债券投资者之间的债权债务关系。

2. 公司债券的类型

各国在实践中曾创造出许多种类的公司债券，这里选择以下品种进行介绍。

（1）信用公司债券。信用公司债券是一种不以公司任何资产作担保而发行的债券，属于无担保证券范畴。一般来说，政府债券无须提供担保，因为政府掌握国家资源，可以征税，所以政府债券安全性最高。金融债券大多数也可免除担保，因为金融机构作为信用机构，本身就具有较高的信用。公司债券不同，一般公司的信用状况要比政府和金融机构差，所以，大多数公司发行债券被要求提供某种形式的担保。但少数大公司经营良好，信誉卓著，也发行信用公司债券。信用公司债券的发行人实际上是将公司信誉作为担保。为了保护投资者的利益，可要求信用公司债券附有某些限制性条款，如公司债券不得随意增加、债券未清偿之前股东的分红要有限制等。

（2）不动产抵押公司债券。不动产抵押公司债券是以公司的不动产（如房屋、土地等）作抵押而发行的债券，是抵押证券的一种。公司以这种财产的房契或地契作抵押，如果发生了公司不能偿还债务的情况，抵押的财产将被出售，所得款项用来偿还债务。另外，用作抵押的财产价值不一定与发生的债务额相等，当某抵押品价值很大时，可以分作若干次抵押，这样就有第一抵押债券、第二抵押债券等之分。在处理抵押品偿债时，要按顺序依次偿还优先一级的抵押债券。

（3）保证公司债券。保证公司债券是公司发行的由第三者作为还本付息担保人的债券，是担保证券的一种。担保人是发行人以外的其他人（或称"第三者"），如政府、信誉好的银行或举债公司的母公司等。一般来说，投资者比较愿意购买保证公司债券，因为一旦公司到期不能偿还债务，担保人将负清偿之责。实践中，保证行为常见于母子公司之间，如由母公司对子公司发行的公司债券予以保证。

（4）收益公司债券。收益公司债券是一种具有特殊性质的债券。它与一般债券相似，有固定到期日，清偿时债权排列顺序先于股票。但另一方面，它又与一般债券不同，其利息只在公司有盈利时才支付，即发行公司的利润扣除各项固定支出后的余额用作债券利息的来源。如果余额不足支付，未付利息可以累加，待公司收益增加后再补发。所有应付利息付清后，公司才可对股东分红。

（5）可转换公司债券。可转换公司债券是指发行人依照法定程序发行、在一定期限内依据约定的条件可以转换成股份的公司债券。这种债券附加转换选择权，在转换前是公司债券形式，转换后相当于增发了股票。可转换公司债券兼有债权投资和股权投资的双重优势。可转换公司债券与一般的债券一样，在转换前投资者可以定期得到利息收入，但此时不具有股东的权利；当发行公司的经营业绩取得显著增长时，可转换公司债券的持有人可以在约定期限内，按预定的转换价格转换成公司的股份，以分享公司业绩增长带来的收益。可转换公司债券一般要经股东大会或董事会的决议通过才能发行，而且在发行时，应在发行条款中规定转换期限和转换价格。

（6）附认股权证的公司债券。附认股权证的公司债券是公司发行的一种附有认购该公司股票权利的债券。这种债券的购买者可以按预先规定的条件在公司发行股票时享有优先购买权。预先规定的条件主要是指股票的购买价格、认购比例和认购期间。按照附新股认股权和债券本身能否分开来划分，这种债券有两种类型：一种是可分离型，即债券与认股权可以分开，可独立转让，即可分离交易的附认股权证公司债券；另一种是非分离型，即不能把认股权从债券上分离，认股权不能成为独立买卖的对象。按照行使认股权的方式可以分为现金汇入型与抵缴型。现金汇入型是指当持有人行使认股权时，必须再拿出现金来认购股票；抵缴型是指公司债券票面金额本身可按一定比例直接转股。

对于发行人来说，发行现金汇入型附认股权证的公司债券可以起到一次发行、二次融资的作用。投资者在认购债券时需要缴纳认购资金，当投资者行权购入标的股票的时候需要再次缴纳认购资金，从而使债券的发行方只发行一次债券，却可以分两次募集资金。但这种债券也可能给发行人带来不利影响，主要体现在：首先，相对于普通可转债，发行人一直都有偿还本息的义务。由于认股权证和债券是分离交易，所以无论债券持有人行权与否，债券会一直存续到到期日，所以发行人必须承担到期还本付息的义务。其次，如果债券附带美式权证，会给发行人的资金规划带来一定的不利影响。由于美式权证的特点是在行权期限内随时可以行权，发行人需要面对在行权期内缴纳认股款的不确定性，从而对资金规划和控制有不确定影响。最后，无赎回和强制转股条款，从而在发行人股票价格高涨或者市场利率大幅降低时，发行人需要承担一定的机会成本。附认股权证的公司债券与可转换公司债券不同，前者在行使新股认购权之后，债券形态依然存在，而后者在行使转换权之后，债券形态随即消失。

(7) 可交换债券。可交换债券是指上市公司的股东依法发行、在一定期限内依据约定的条件可以交换成该股东所持有的上市公司股份的公司债券。

可交换债券与可转换债券的相同之处是发行要素与可转换债券相似，也包括票面利率、期限、换股价格和换股比率、换股期限等；对投资者来说与持有标的上市公司的可转换债券相同，投资价值与上市公司价值相关，在约定期限内可以以约定的价格交换为标的股票。

可交换债券与可转换债券的不同之处是：①发债主体和偿债主体不同，前者是上市公司的股东，通常是大股东，后者是上市公司本身；②适用的法规不同，在我国发行可交换债券的适用法规是《公司债券发行试点办法》，可转换债券的适用法规是《上市公司证券发行管理办法》，前者侧重于债券融资，后者更接近于股权融资；③发行目的不同，前者的发行目的包括投资退出、市值管理、资产流动性管理等，不一定要用于投资项目，后者和其他债券的发债目的一般是将募集资金用于投资项目；④所换股份的来源不同．前者是发行人持有的其他公司的股份，后者是发行人未来发行的新股；⑤股权稀释效应不同，前者换股不会导致标的公司的总股本发生变化，也不会摊薄每股收益，后者会使发行人的总股本扩大，摊薄每股收益；⑥交割方式不同，前者在国外有股票、现金和混合 3 种交割方式，后者一般采用股票交割；⑦条款设置不同，前者一般不设置转股价向下修正条款，后者一般附有转股价向下修正条款。

3.3.3 我国的企业债券与公司债券

我国证券市场上同时存在企业债券和公司债券，它们在发行主体、监管机构以及规范的法规上有一定区别。

1. 企业债券

我国的企业债券是指在中华人民共和国境内具有法人资格的企业在境内依照法定程序发行、约定在一定期限内还本付息的有价证券。但是，金融债券和外币债券除外。企业债券由 1993 年 8 月 2 日国务院发布的《企业债券管理条例》规范。根据《企业债券管理条例》规定，国家计划委员会会同中国人民银行、财政部、国务院证券委员会(现由中国证监会行使原证券委员会职能)拟订全国企业债券发行的年度规模和规模内的各项指标，报国务院批准后下达各省、自治区、直辖市、计划单列市人民政府和国务院有关部门执行。

2. 公司债券

我国的公司债券是指公司依照法定程序发行、约定在1年以上期限内还本付息的有价证券。公司债券的发行人是依照《公司法》在中国境内设立的有限责任公司和股份有限公司。发行公司债券应当符合《证券法》、《公司法》和《公司债券发行试点办法》规定的条件，经中国证监会核准。

2007年8月，中国证监会正式颁布实施《公司债券发行试点办法》。《公司债券发行试点办法》的出台标志着我国公司债券发行工作的正式启动，对于发展我国的债券市场、拓展企业融资渠道、丰富证券投资品种、完善金融市场体系、促进资本市场协调发展具有十分重要的意义。

3. 我国公司债券与企业债券的区别

（1）发行主体的范围不同。企业债券主要是以大型的企业为主发行的；公司债券的发行不限于大型公司，一些中小规模公司只要符合一定法规标准，都有发行机会。

（2）发行方式以及发行的审核方式不同。企业债券的发行采取审批制或注册制；公司债券的发行采取核准制，引进发审委制度和保荐制度。

（3）担保要求不同。企业债券较多地采用了担保方式，同时又以一定的项目为主；公司债券募集资金的使用不强制与项目挂钩，包括可以用于偿还银行贷款、改善财务结构等股东大会核准的用途，也不强制担保，而是引入了信用评级方式。

（4）发行定价方式不同。《企业债券管理条例》规定，企业债券的利率不得高于银行相同期限居民储蓄定期存款利率的40%；公司债券的利率或价格由发行人通过市场询价确定。

3.4 国际债券

3.4.1 国际债券概述

1. 国际债券的定义

国际债券是指一国借款人在国际证券市场上以外国货币为面值、向外国投资者发行的债券。国际债券的发行人主要是各国政府、政府所属机构、银行或其他金融机构、工商企业及一些国际组织等。国际债券的投资者主要是银行或其他金融机构、各种基金会、工商财团和自然人。

2. 国际债券的特征

国际债券是一种跨国发行的债券，涉及两个或两个以上的国家。同国内债券相比，具有一定的特殊性。

（1）资金来源广、发行规模大。发行国际债券是在国际证券市场上筹措资金，发行对象为各国的投资者。因此，资金来源比国内债券广泛得多。

发行国际债券的目的之一就是要利用国际证券市场资金来源的广泛性和充足性。发行人进入国际债券市场的门槛比较高，必须由国际著名的资信评估机构进行债券信用级别评定，只有高信誉的发行人才能顺利筹资。因此，在发行人资信状况得到充分肯定的情况下，国际债券的发行规模一般都比较大。

（2）存在汇率风险。发行国内债券，筹集和还本付息的资金都是本国货币，所以不存在汇率风险。发行国际债券，筹集到的资金是外国货币，汇率一旦发生波动，发行人和投资者都有可能蒙受意外损失或获取意外收益，所以，汇率风险是国际债券的重要风险。

（3）有国家主权保障。在国际债券市场上筹集资金，有时可以得到一个主权国家政府最终偿债的承诺保证。若得到这样的承诺保证，各个国际债券市场都愿意向该主权国家开放，这也使得国际债券市场有较高的安全性。当然，代表国家主权的政府也要对本国发行人在国际债券市场上借债进行审查和控制。

（4）以自由兑换货币作为计量货币。国际债券在国际市场上发行，因此，其计价货币往往是国际通用货币，一般以美元、英镑、欧元、日元和瑞士法郎为主。这样，发行人筹集到的资金是一种可通用的自由外汇资金。

3.4.2 国际债券的分类

1. 外国债券

外国债券是指某一国家借款人在本国以外的某一国家发行以该国货币为面值的债券。它的特点是债券发行人属于一个国家，债券的面值货币和发行市场则属于另一个国家。

外国债券是一种传统的国际债券。在美国发行的外国债券称为扬基债券，它是由非美国发行人在美国债券市场发行的吸收美元资金的债券。在日本发行的外国债券称为武士债券，它是由非日本发行人在日本债券市场发行的以日元为面值的债券。

2005年2月18日，中国人民银行、财政部、国家发改委和中国证监会联合发布了《国际开发机构人民币债券发行管理暂行办法》，允许符合条件的国际开发机构在中国发行人民币债券。国际开发机构是指进行开发性贷款和投资的国际开发性金融机构，国际开发机构人民币债券是指国际开发机构依法在中国境内发行的、约定在一定期限内还本付息的、以人民币计价的债券。

2005年10月，中国人民银行批准国际金融公司和亚洲开发银行在全国银行间债券市场分别发行人民币债券11.3亿元和10亿元。这是中国债券市场首次引入外资机构发行主体，是中国债券市场对外开放的重要举措和有益尝试。根据国际惯例，国外金融机构在一国发行债券时，一般以该国最具特征的吉祥物命名。据此，国际多边金融机构首次在华发行的人民币债券被命名为"熊猫债券"。2006年11月15日，国际金融公司又成功发行8.7亿元熊猫债券。

2. 欧洲债券

欧洲债券是指借款人在本国境外市场发行的、不以发行市场所在国货币为面值的国际债券。欧洲债券的特点是债券发行者、债券发行地点和债券面值所使用的货币可以分别属于不同的国家。由于它不以发行市场所在国的货币为面值，故也称无国籍债券。欧洲债券票面使用的货币一般是可自由兑换的货币，主要为美元，其次还有欧元、英镑、日元等；也有使用复合货币单位的，如特别提款权。

欧洲债券是在 20 世纪 60 年代初期随着欧洲货币市场的形成而出现和发展起来的。到 20 世纪 70 年代中期，欧洲债券已初具规模；20 世纪 80 年代以来，欧洲债券的发展更快。据统计，1976 年国际债券发行总额中，外国债券占 56％，欧洲债券占 44％；而在 1983 年，欧洲债券升至 64％，外国债券则降为 36％。目前，欧洲债券已成为各经济体在国际资本市场上筹措资金的重要手段。

欧洲债券和外国债券在很多方面有一定的差异。如在发行方式方面，外国债券一般由发行地所在国的证券公司、金融机构承销，而欧洲债券则由一家或几家大银行牵头，组织十几家或几十家国际性银行在一个国家或几个国家同时承销。在发行法律方面，外国债券的发行受发行地所在国有关法规的管制和约束，并且必须经官方主管机构批准，而欧洲债券在法律上所受的限制比外国债券宽松得多，它不需要官方主管机构的批准，也不受货币发行国有关法令的管制和约束。在发行纳税方面，外国债券受发行地所在国的税法管制，而欧洲债券的预扣税一般可以豁免，投资者的利息收入也免缴所得税。

欧洲债券市场以众多创新品种而著称。在计息方式上，既有传统的固定利率债券，也有种类繁多的浮动利率债券，还有零息债券、延付息票债券、利率递增债券（累进利率债券）和在一定条件下将浮动利率转换为固定利率的债券等。在附有选择权方面，有双货币债券、可转换债券和附权证债券等。双货币债券是指以一种货币支付息票利息，以另一种不同的货币支付本金的债券。可转换债券是指可转换成另一种资产（通常是普通股股票）的债券。附权证债券有权益权证、债务权证、货币权证、黄金权证等一系列类型。附权益权证债券允许权证持有人以约定的价格购买发行人的普通股股票；附债务权证债券允许权证持有人以与主债券相同的价格和收益率向发行人购买额外的债券；附货币权证债券允许权证持有人以特定的价格，即固定汇率，将一种货币兑换成另一种货币；附黄金权证债券允许权证持有人按约定条件向债券发行人购买黄金。欧洲债券市场不断创新的品种满足了不同债券发行人和投资人的需求，也使该市场自身得到长足的发展。

龙债券是指在除日本以外的亚洲地区发行的一种以非亚洲国家和地区货币标价的债券。一般是一次到期还本、每年付息一次的长期固定利率债券，或者是以美元计价，以伦敦银行同业拆放利率为基准，每一季或每半年重新定一次利率的浮动利率债券。龙债券的发行以非亚洲货币标定面额，尽管有一些债券以加拿大元、澳元和日元标价，但多数以美元标价。龙债券市场是指在除日本以外的亚洲地区发行的一种以非亚洲国家和地区货币标价的公开债券市场。这种债券的发行、定价和承销都在亚洲的几个时区之内。龙债券的发行人来自亚洲、欧洲、北美洲和南美洲，投资者则来自亚洲的主要国家，而且他们都是债券发行的原始购买者。龙债券的每次发行规模各不相同。大致在 1 亿～5 亿美元之间。最适宜的规模是 2.5 亿～3 亿美元之间。截至 1994 年 5 月，已有 22 种龙债券发行，包括 GECAPITAL 公司已发行的一笔债券在内，发行总额达 51 亿美元。

3.4.3　亚洲债券市场

亚洲债券是指用亚洲国家货币定值，并在亚洲地区发行和交易的债券，亚洲债券的供给方大都来自亚洲经济体，而其需求方则来自包括亚洲各经济体在内的全球投资者。亚洲债券市场就是亚洲债券发行、交易和流通的市场，是以亚洲地区为主的区域性债券市场。

最近几年以来，亚洲债券市场的发展已日益成为亚洲各经济体、特别是东亚经济体加强区域金融合作的重要内容。

亚洲债券市场的发展源于人们对1997年东南亚金融危机的反思。亚洲各经济体的政府官员和金融业界普遍认为，亚洲地区不健全的金融体系是形成东南亚金融危机的重要原因。这主要表现在企业过于依赖银行体系的间接融资，危机国家普遍缺少发达的资本市场，企业外部融资也以银行借贷为主，从而使金融风险集中在银行体系。发展亚洲债券市场无疑会深化亚洲地区的金融体系，纠正该地区过于依赖银行体系这种不合理的融资格局。

东南亚金融危机以后，亚洲各经济体为了维护共同的金融稳定和经济发展，在加快自身内部经济重组和改革的同时，非常注重与周边经济体加强区域财金合作，各种层次、各种形式的区域财金合作形式层出不穷。亚洲债券市场的发展也在不同场合下被多次提及，成为亚洲地区各种区域财金合作机制讨论的一大热点问题，主要有2003年6月第二次亚洲合作对话（简称"ACD"）外长非正式会议通过了旨在发展亚洲债券市场的《清迈宣言》、2002年9月由中国香港提出的"发展资产证券化和信用担保市场"倡议、东亚及太平洋地区中央银行行长会议组织（简称"EMEAP"）成立的亚洲债券基金、东盟＋中日韩（10＋3）各成员国在整合上述倡议的基础上提出的统一"促进亚洲债券市场发展倡议"（简称"ABMI"）等。

在经济全球化的浪潮下，保持本地区的金融稳定和经济安全仍然是亚洲各经济体共同关心的话题，这也使亚洲债券市场的发展有了较为现实的基础。从经济方面来看，亚洲各经济体的实体经济联系日益密切，这也为亚洲债券市场的发展奠定了良好的基础。目前，不少亚洲经济体在亚洲债券市场发展方面都已经有了实质性的进展，从2004年下半年开始，马来西亚、泰国等国在国内都已经允许跨境债券的发行和交易。由此可见，亚洲债券市场具有良好的发展前景。

中国一直是亚洲债券市场发展倡议的积极倡导者和参与者，目前，中国广泛参与了包括10＋3机制、EMEAP机制以及亚太经济合作组织（简称"APEC"）机制等相关的多项活动。2005年我国允许符合条件的国际开发机构在我国国内发行人民币债券（即熊猫债券），体现了我国参与亚洲债券市场发展的决心，并为推动该市场的发展做出了实质性贡献。在国内债券市场引入合格的境外发行人，进一步丰富了发债主体，并使我国在资本项目开放上向前迈进了一步。

3.4.4 我国的国际债券

对外发行债券是我国吸引外国资金的一个重要渠道，从1982年首次在国际市场发行国际债券至今，我国各类筹资主体已在国际债券市场发行了100多次债券。我国发行国际债券始于20世纪80年代初期。当时，在改革开放的政策指导下，为利用国外资金，加快我国的建设步伐，我国开始利用国际债券市场筹集资金，主要的债券品种有以下几种。

1. 政府债券

1987年10月，财政部在德国法兰克福发行了3亿马克的公募债券，这是我国经济体制改革后政府首次在国外发行债券。1994年7月，我国政府在日本发行公债券；1995年11月又发行400亿日元债券，其中，20年期为100亿日元，7年期为300亿日元。1996

年我国政府成功地在美国发行 4 亿美元 100 年期扬基债券，极大地提高了我国政府的国际形象，在国际资本市场确定了我国主权信用债券的较高地位和等级。1997 年和 1998 年，我国利用国际债券融资进入了一个新的阶段，两年共发行美元债券 34.31 亿、德国马克债券 5 亿、日元债券 140 亿。2001 年 5 月 17 日，中国政府在海外成功发行了总值达 15 亿美元的欧元和美元债券。这是中国政府自 1998 年 12 月以来首次在国际资本市场上发行债券。其中，10 亿美元的 10 年期美元债券年息率为 6.8%，由高盛、J.P. 摩根大通、摩根士丹利、法国巴黎、德意志银行及巴克莱资本等投资银行承销。此次发行债券不仅保持了中国在国际资本市场上经常发行人的地位，而且向国际金融社会展示了中国经济的活力，是一次具有战略眼光的融资行为。

2. 金融债券

1982 年 1 月，中国国际信托投资公司在日本东京资本市场上发行了 100 亿日元的债券，期限 12 年，利率 8.7%，采用私募方式发行。随后，在 20 世纪 80 年代中后期，福建投资信托公司、中国银行、上海国际信托投资公司、广东国际信托投资公司、天津国际信托投资公司、交通银行等也先后在日本东京、德国法兰克福、中国香港、新加坡、英国伦敦发行国际债券。发行币种包括日元、港币、德国马克、美元等，期限均为中、长期，最短的 5 年，最长的 12 年，绝大多数采用公募方式发行。1993 年，中国投资银行被批准首次在境内发行外币金融债券。发行数量为 5 000 万美元，发行对象为城乡居民，期限为一年，采取浮动利率制，利率高于国内同期限美元存款利率一个百分点。

3. 可转换公司债券

到 2001 年底，南玻 B 股转券、镇海炼油、庆铃汽车 H 股转券、华能国际 N 股转券等 4 种可供境外投资者投资的券种已先后发行。

截至 2003 年 12 月底，我国共发行各种国际债券约 200 多亿美元。我国国际债券的发行地遍及亚洲、欧洲、美洲等世界各地；债券的期限结构有 1、5、7、10、30 年等数个品种。2004 年，我国财政部在境外发行 10 亿欧元 10 年期债券和 5 亿美元 5 年期债券。中国进出口银行发行两期共 10 亿美元 10 年期债券，国家开发银行发行 6 亿美元和 3.25 亿欧元两期债券。2007 年国家开发银行和中国进出口银行在国际市场各发行一期美元债券，发行额各为 7 亿美元。尽管近年的发行量不大，但却保持了我国在国际资本市场上经常发行人的地位，树立了我国政府和金融机构的国际形象，在国际资本市场确立了我国主权信用债券的地位和等级，并对我国金融业的对外开放起到了重要的推动作用。

本 章 小 结

债券是一种有价证券，是发行人按照法定程序发行的约定在一定期限内还本付息的债权债务凭证，具有偿还性、流动性、安全性和收益性的特征。根据发行主体的不同，债券可以分为政府债券、金融债券和公司债券；根据债券发行条款中是否规定在约定期限向债券持有人支付利息，债券可分为零息债券、附息债券、息票累积债券；根据债券券面形态可以分为实物债券、凭证式债券和记账式债券。

政府债券是国家为了筹措资金而向投资者出具的、承诺在一定期限内支付利息和到期还本的有价证券。按偿还期限分类，国债分为短期国债、中期国债和长期国债；按资金用途分类，国债可以分为赤字国债、建设国债、战争国债和特种国债。

金融债券是指银行及非银行金融机构依照法定程序发行并约定在一定期限内还本付息的有价证券，包括：政策性金融债券、商业银行债券、证券公司债券、保险公司次级债和财务债券；公司债券是公司依照法定程序发行的、约定在一定期限还本付息的有价证券，包括信用公司债券、不动产抵押公司债券、保证公司债券、收益公司债券、可转换公司债券、可交换公司债券。

国际债券是指一国借款人在国际证券市场上以外国货币为面值、向外国投资者发行的债券，包括欧洲债券和外国债券。

习　　题

一、名词解释

债券　政府债券　金融债券　公司债券　外国债券　欧洲债券

二、简答题

1. 债券的特征是什么？
2. 简述凭证式国债和储蓄国债的区别。
3. 简述记账式国债和储蓄国债的区别。
4. 简述可交换债券和可转换债券的区别。
5. 简述外国债券和欧洲债券的区别。

三、案例分析题

我国购买"两房"债券

"开着宝马进去，骑着自行车出来。"比起中国投资者，输得底儿掉的"两房"投资人现在连自我调侃的心情都没有。2010 年 6 月 16 日，由于"两房"股价长期处于 1 美元以下，不符合纽约证券交易所交易规则，美国联邦住房金融局发表声明，"勒令"房利美和房地美两家公司从纽约证券交易所摘牌。这一此前没有任何风声走漏的"深水炸弹"，不仅瞬间重伤普通股民，还惊扰了中国持有的数千亿债券。

房利美和房地美已于第一时间表示接受退市要求。截止到 6 日收盘，两房股票遭遇投资者疯狂抛售，暴跌近 4 成。房利美股价不足 40 美分，房地美股价仅为 50 美分左右。早在 2007 年 9 月，房利美最高为每股 99 美元，房地美是 48 美元。3 年间"两房"股价缩水高达 99%，相当于被"清零"。

1. 保尔森自传"泄密"

现在人们很关心中国究竟持有多少"两房"债券。然而确切的数据不管是美国还是中国官方都没有透露。毕竟这个问题太敏感了。美国前财长保尔森在自传中指出，"外国投资者持有超过 1 万亿美元的由两房发行或担保的债券，其中以日本、中国和俄罗斯为主"。

市场普遍认为，美国国内持有"两房"债券的 80%，按目前"两房"债券的规模，外国投资者持有量应在 1.2 万亿美元左右。在次贷危机爆发时，保尔森在自传中透露，俄罗斯、中国大幅卖出美国政府担保的债券包括"两房"债券。俄罗斯几乎全部卖光，约 1 700 亿美元，而中国卖了 500 亿美元。

2. "两房"有可能破产

假设当初卖出的都是"两房"债券的话,目前日本和中国大致分摊剩下的近 1 万亿美元"两房"债券,中国估计持有其中的 5 000 亿美元。标准普尔曾经在报告中指出,中国金融机构持有"两房"债券总额达到 3 400 亿美元。一旦美国经济真的出现二次探底,美国房价继续下跌,"两房"的窟窿会越来越大。"两房"被列入"可清算的金融实体"意味着,如果"两房"未来严重威胁到美国整体经济,可以考虑让它们破产。这种可能性有多大,谁也不知道,但美国人确实在考虑。一旦走到这一步,中国持有的大量"两房"债券将血本无归。

3. 保不保"两房"债券,美国政府很暧昧

"两房"是美国政府保荐的企业,然而"保荐"是否等同于"担保"?对此,美国政府官员的态度暧昧,一直没有给予明确的说法。两房"退市"会否拖累期债券的价值,美国政府会不会撒手不管令投资者血本无归成为各方争议的焦点。2000 年 3 月 22 日,时任美国财政部部长金赛尔出席国会听证时曾表示,联邦政府对政府保荐的企业发行的债券不提供担保。2010 年 4 月 3 日,美国财政部长盖特纳公开表示,人们不应该怀疑美国政府对"两房"的支持,但"房利美与房地美发行的债券不应该视为主权债券"。

在"两房"被强制退市的当天,美国一些由前政客组成的非官方机构明确指出,"两房"债券属于"非政府担保债券",投资者获得了高于国债的利息,就应该同时承担起风险,更不能以美国纳税人的金钱来弥补外资应承担的风险。这充分表明,中国所持有的巨额"两房"并非"主权债券",并非"无后顾之忧"。

4. 外汇管理局回应

2010 年 7 月 6 日,国家外汇管理局在其网站发布《外汇政策热点问题问答(二)》表示,"两房"是经美国国会立法批准成立的政府资助机构,其承保和购买的房地产贷款约占美国居民房地产市场的 50%,对美国房地产市场和美国经济至关重要。"两房"债券规模大、流动性较好,在债券投资领域一直是各国中央银行进行外汇储备投资的重要对象。危机期间,"两房"获得美国政府的积极救助,总体情况稳定。目前,美国政府拥有"两房"约 80% 的股份,是最大股东,此次"两房"根据交易所相关规定退市,对"两房"的债券未造成负面影响。

5. 未来风险取决于美国政府的态度

"两房"债券未来是否会发生违约仍是未知数。分析人士指出,美国政府并未明确对"两房"的担保,但市场一直相信政府对其存在的隐形担保。2008 年金融危机之后,美国向"两房"注入数千亿美金,并成为其控股 80% 的股东,加强而不是减弱了政府担保。那时"两房"面临破产清算的危险远胜于今。在美国政府没有实质性改革之前,短期内"两房"证券仍将保持稳定。就美国政府而言,"两房"对维持其房地产市场的稳定起重要作用,大面积债券违约对美国的房地市场、抵押市场都会造成动荡。

6. 部分专家看法

"两房股票退市与两房的债券价格并没有直接关系。"中国社科院世界经济与政治研究所国际金融室副主任张明认为:"两房"已经发行的债券,有政府隐涵担保。"美国政府解救'两房'债券的偿付能力进行了承诺。债券价格不会像股票一样一落千丈,到期还本付息的问题不大。当然如果美元大幅贬值,该损失我们是避免不了的。"

中国现代国际关系研究院世界经济研究所所长陈凤英说,"两房"退市对我国持有的债券并无直接影响,但未来是否会发生违约还取决于美国以政府对"两房"的改革政策。

(案例来源:搜狐新闻,2010 年 7 月)

案例问题:

(1) 根据案例分析,"两房"股市退市的原因是什么?

(2) 根据案例分析,"两房"股市退市对"两房"债券有什么影响?

第 4 章　证券投资基金

教学目标

通过本章的学习，掌握证券投资基金的定义和特征，熟悉基金的作用，掌握基金与股票、债券的区别，熟悉证券投资基金的产生和发展，熟悉证券投资基金的分类方法，掌握封闭式基金与开放式基金、契约型基金与公司型基金的定义与区别，掌握货币市场基金管理内容，熟悉各类基金的含义，掌握交易所交易的开放式基金的概念、特点，了解 ETF 和 LOF 的异同，掌握封闭式基金与开放式基金的申购与赎回。熟悉基金份额持有人的权利和义务，掌握基金管理人的概念、资格、职责，掌握基金托管人的概念、条件、职责、更换条件，熟悉基金当事人之间的关系。熟悉基金的管理费、托管费和其他费用的含义和提取规定，掌握基金资产净值的含义，熟悉基金资产估值的概念及估值的基本原则，熟悉证券投资基金的收益构成、收益分配方式与分配原则，掌握基金的投资风险。

教学要求

知识要点	能力要求	相关知识
证券投资基金概述	(1) 掌握证券投资基金 (2) 熟悉证券投资的分类	(1) 基金的产生与发展、特点、作用、基金与股票和债券的区别 (2) 基金的分类
证券投资基金当事人	(1) 掌握证券投资基金份额持有人 (2) 掌握基金管理人 (3) 熟悉基金托管人 (4) 了解基金当事人之间的关系	(1) 份额持有人的权利与义务 (2) 基金管理人的资格与职责 (3) 基金托管人的条件、职责和更换条件 (4) 持有人与管理人、管理人与托管人、持有人与托管人
基金的费用与资产估值	(1) 熟悉证券投资基金的费用 (2) 掌握证券投资基金的资产估值	(1) 管理费、托管费、其他费用 (2) 基金资产净值、基金资产的估值

续表

知识要点	能力要求	相关知识
基金的收益、风险及信息披露	(1) 掌握基金的收益 (2) 熟悉基金的投资风险 (3) 了解基金的信息披露	(1) 基金收益的构成及分配 (2) 基金投资的风险 (3) 基金信息披露的内容
证券投资基金的投资	(1) 了解证券投资的投资范围 (2) 了解证券投资的限制	(1) 基金投资的投资范围 (2) 基金投资的限制

历史不会重复自己，但会押着同样的韵脚。

——马克·吐温（Mark Twain）

基本概念

证券投资基金　封闭式基金　开放式基金　ETF基金　LOF基金　基金管理人　基金托管人
基金份额持有人　基金资产净值　基金资产估值

导入案例

西天取经记

唐僧师徒4人西天取经回来，虽然加官进爵，一扫以前的清贫日子，但仍觉得生财无道，看看其他神仙逍遥自在的样子，甭提多羡慕。后来4人一合计，还是八戒鬼点子多，他前阵子想找财神爷借点钱时，看到其门前的基金卖得很火，于是提议不如向财神爷买点基金，其他3人都觉得这主意不错，就找到财神爷，财神爷也搞不清他们的胃口，就找到智多星，智多星运用最新的"理财＋性格"测试软件一算，给他们下了一个诊书。

唐三藏：固步自封型，难于接受新事物，小气、节约。面对基金这新鲜物，又冒出几万年前面对人参果时那句"善哉，善哉，拿走，拿走"。作为师父级人物，也相当于一个正教授了，其收入颇丰，除了较高的固定月薪之外，还有四处讲课诵经的酬劳，但其坚信银行储蓄最安全，所以建议连哄带骗让他先买点货币基金，小气之人必然小计，等他看到货币基金的收益比银行定期还是高那么一点，而且比定存方便多了，他就会慢慢转变观念的。

孙悟空：聪明、急躁型，但有长远眼光，敢于冒险，好大喜功、爱面子、好交朋友，虽然收入在三兄弟最高，可惜全都用在应酬上了，像个漏斗似的，因此可以建议他先省点钱下来买基金，先买激进一点的，不过这猴子急躁，怕过两天赚了点钱又想赎回去买点桃吃了，所以还得用基金转换"紧箍咒"，让他耐不住时可以将基金转换出来到货币，可以省下不少手续费，平时分的红利可以够他买桃、请朋友喝点酒，还可以吹嘘一下。

猪八戒：不用说，好吃懒做，今朝有酒今朝醉，吃喝嫖赌还都俱全，典型的月光族，所以才搞得做了净坛使者还要找人家借钱零花的下场。智多星建议高老庄小姐在猪八戒发粮时直接由财务将工资中的2 000元用于基金定投，否则到他手上就没得剩了。

沙僧：老实本分，稳重，但行事谨慎，做事犹豫不定，认定之后就很执着，怕老婆。他买什么基金比较合适？比较稳健的基金，做长期投资，可以选择后端收费，投资3年以上，那时小沙僧出世时估计就可能有小轿车坐了。

点评

对于收入不同、消费观念不同、风险偏好不同的人群，选择不同的基金品种，使其收益最大化。

4.1 证券投资基金概述

4.1.1 证券投资基金

1. 证券投资基金的概念

证券投资基金（简称"基金"）是指通过发售基金份额，将众多投资者的资金集中起来，形成独立财产，由基金托管人托管，基金管理人管理，以投资组合的方式进行证券投资的一种利益共享、风险共担的集合投资方式。基金的投资者是基金的所有者。

证券投资基金通过发行基金份额的方式募集资金，个人投资者或机构投资者通过购买一定数量的基金份额参与基金投资。基金所募集的资金在法律上具有独立性，由选定的基金托管人保管，并委托基金管理人进行股票、债券等分散化组合投资。基金投资收益在扣除由基金承担的费用后的盈余全部归基金投资者所有，并依据个人投资者所购买的基金份额的多少在投资者之间进行分配。

每只基金都会订立基金合同，基金管理人、基金托管人和基金投资者的权利义务在基金合同中有详细的约定。基金公司在发售基金份额时都会向投资者提供一份招募说明书。基金合同与招募说明书是基金设立的两个重要法律文件。

与直接投资股票或债券不同，证券投资基金是一种间接投资工具。一方面，证券投资基金以股票、债券等金融证券为投资对象；另一方面，基金投资者通过购买基金份额的方式间接进行证券投资。

2. 证券投资基金的产生和发展

1）证券投资基金的产生发展史

证券投资基金是证券市场发展的必然产物，在发达国家已有上百年的历史。证券投资基金起源于19世纪60年代，迄今为止，它大致经历了产生、发展、成熟3个阶段。

产生阶段（1868—1920年）。一般认为，基金起源于英国，是在18世纪末、19世纪初产业革命的推动下出现的。当时，产业革命的成功使英国生产力水平迅速提高，工商业都取得较大的发展，其殖民地和海外贸易遍及全球，大量的资金为追逐高额利润而涌向其他国家。可是大多数投资者缺乏国际投资知识，又不了解外国的情况，难以直接参加海外投资。于是，人们便萌发了众人集资、委托专人经营和管理的想法。1868年由政府出面组建了海外和殖民地政府信托组织，公开向社会发售受益凭证。海外和殖民地政府信托组织是公认的最早的基金机构，以分散投资于国外殖民地的公司债为主。该基金类似股票，不能退股，也不能兑现，认购者的权益仅限于分红和派息。

发展阶段（1921年—20世纪70年代）。经过19世纪70年代到20世纪初的30多年的发展，美国经济超过了英国，国民生产总值位居世界第一位。尤其是第一次世界大战后，美国的经济更是空前繁荣。在此背景下，1921年4月，美国设立了第一家证券投资基金组织——美国国际证券信托基金，这标志着证券投资基金发展史上"英国时代"的结束和"美国时代"的开始。1924年3月21日，"马萨诸塞投资信托基金"设立，这意味着美国式证券投资基金的正式起步。

成熟阶段（20世纪80年代以后）。证券投资基金的成熟表现在3个方面：一是证券投资基金在整个金融市场中占有了重要的地位；二是证券投资基金成为一种国际化现象；三是证券投资基金在金融创新中得到了快速发展，有力地促进了金融运行机制的创新。

2）我国证券投资基金业的发展

证券投资基金在我国发展的时间还比较短，但在证券监管机构的大力扶植下，获得了突飞猛进的发展。我国证券投资基金业发展可分为3个阶段。

早期探索阶段：

1987年，我国新技术创业投资公司与汇丰集团、渣打集团在中国香港联合设立了中国置业基金。这标志着中资金融机构开始正式涉足投资基金业务。

1990年12月、1991年7月，上海证券交易所与深圳证券交易所相继开业，标志着中国证券市场正式形成。

1992年11月，经中国人民银行总行批准，中国国内第一家比较规范的投资基金——淄博乡镇企业投资基金正式设立。该基金为公司型封闭式基金。

试点发展阶段：

1997年11月14日，我国颁布了《证券投资基金管理暂行办法》。该办法为我国基金业的规范发展奠定了规制基础。由此，我国基金业的发展进入规范化的试点发展阶段。

在试点发展阶段，我国基金业在发展上主要表现出以下几个方面的特点。

（1）基金在规范化运行方面得到很大的提高。首先，《证券投资基金管理暂行办法》对基金管理公司的设立规定了较高的准入条件：基金管理公司的主要发起人必须是证券公司或信托投资公司，每个发起人的实收资本不少于3亿元人民币；其次，明确基金托管人在基金运作中的作用；最后，建立较为严格的信息披露制度。这些措施的实行，有力地促进了我国基金业的规范化运作。

（2）在封闭式基金成功试点的基础上成功地推出开放式基金，使我国的基金运作水平实现历史性跨越。1998年3月，经中国证监会批准，新成立了南方基金管理公司和国泰基金管理公司，两家基金管理公司分别发起设立了基金开元和基金金泰，由此拉开了中国证券投资基金试点的序幕。2000年10月，中国证监会发布了《开放式证券投资基金试点办法》。2001年9月，我国第一只开放式基金——华安创新诞生，使我国基金业的发展实现了从封闭式基金到开放式基金的历史性跨越。

（3）对老基金进行了全面规范清理，绝大多数老基金通过资产置换、合并等方式被改造成为新的证券投资基金。1999年10月下旬，10只老基金最先经资产置换后合并改制为

4 只证券投资基金，随后其他老基金也被陆续改制为新基金。老基金的全面清理规范，解决了基金业发展的历史遗留问题。

（4）监管部门出台了一系列鼓励基金业发展的政策措施，对基金业的发展起到了重要的促进作用。鼓励基金业发展的政策措施包括向基金进行新股配售、允许保险公司通过购买基金间接进行股票投资等措施。

（5）开放式基金的发展为基金产品的创新开辟了新的天地。在开放式基金推出前，我国共有 47 只封闭式基金。2002 年 8 月，封闭式基金的数量增加到 54 只，其后封闭式基金由于一直处于高价交易状态，它的发展因此陷入停滞状态。2002 年 8 月推出了第一只系列基金——招商安泰系列基金，2003 年 5 月推出的我国第一只具有保本特色的基金——南方避险增值基金，2003 年 12 月推出的我国第一只货币型基金——华安现金富丽基金，在这一阶段开放式基金得到了迅速发展。

快速发展阶段：

2004 年 6 月 1 日开始实施的《证券投资基金法》，为我国基金业的发展奠定了重要的法律基础，标志着我国基金业的发展进入了一个新的发展阶段。其主要表现如下。

（1）基金业监管的法律体系日益完善。为配合《证券投资基金法》的实施，中国证监会相继出台了包括《证券投资基金管理公司管理办法》《证券投资基金运作管理办法》《证券投资基金销售管理办法》《证券投资基金信息披露管理办法》《证券投资基金信托管理办法》《证券投资基金行业高级管理人员任职管理办法》等一系列法规，使基金行业监管的法律体系日趋完备。

（2）基金品种日益丰富，开放式基金取代封闭式基金成为市场发展事务主流。从 2004 年 10 月成立的国内第一只上市开放式基金（LOF）——南方积极配置基金，到 2008 年 4 月推出的国内首只社会责任基金——兴业社会责任基金，再到 2009 年 5 月推出的 ETF 联接基金等，层出不穷的基金产品创新极大地推动了我国基金业的发展。

（3）基金公司业务开始走向多元化，出现了一批规模较大的基金管理公司。目前我国基金的管理公司除了募集、管理公募基金外，已被允许开展社保基金管理、企业年金管理、QDII 基金管理及特定客户资产管理等其他委托理财业务，基金管理公司的业务正日益走向多元化。

（4）基金行业对外开放的程度不断提高。基金行业的对外开放主要体现在 3 个方面：一是合资基金管理公司数量不断增加；二是合格境内机构投资者（QDII）的推出，使我国基金行业开始进入国际投资市场；三是自 2008 年 4 月起，部分基金管理公司开始到香港设立分公司，从事资产管理相关业务。

（5）基金业市场营销和服务创新日益活跃。基金业市场化程度的提高直接推动了基金管理人营销和服务意识的增强；在国外成熟市场较为普遍的服务项目及创新型基金产品能迅速地进入国内基金市场。

（6）基金投资者队伍迅速壮大，个人投资者取代机构投资者成为基金的主要持有者。2006 年之前，我国机构投资者持有开放式基金的比例在 50% 左右。2009 年年末，我国开放式基金账户数达到了 7 788.7 万户，个人投资者持有基金的比例达到了 80%，标志着我国证券投资基金的投资者结构发生了质的变化。

3. 证券投资基金的特点

1）集合理财、专业管理

基金将众多的投资者的资金集中起来，委托基金管理人进行共同投资，表现出一种集合理财的特点。基金由基金管理人进行投资管理和运作。基金管理人一般拥有大量的专业投资研究人员和强大的信息网络，能够更好地对证券市场进行全方位的动态跟踪与深入分析。将资金交给基金管理者管理，使中小投资者享受到专业的投资管理服务。

2）组合投资、分散风险

为降低投资风险，一些国家的法律通常规定基金必须以组合投资的方式进行基金的投资运作，从而使"组合投资、分散风险"成为基金的一大特色。中小投资者由于资金量小，一般无法通过购买数量众多的股票分散风险。基金通过购买几十种甚至上百种股票，投资者购买基金就相当于用很少的资金购买了一揽子股票，在大多数情况下，某些股票下跌造成的损失可以用其他股票上涨的盈利来弥补，因此可以充分享受到组合投资、分散风险的好处。

3）利益共享、风险共担

基金投资者是基金的所有者。基金投资收益在扣除由基金承担的费用后的盈余全部归基金投资者所有，并依据各投资者所持有的基金份额比例进行分配。为基金提供服务的基金托管人、基金管理人只能按规定收取一定比例的托管费、管理费，并不参与基金收益的分配。

4）严格监管、信息透明

严格监管、信息透明是切实保护投资者的利益，增强投资者对基金投资信心的表现。为切实保护投资者的利益，增强投资者对基金投资的信心，各国（地区）基金监管机构都对基金业实行严格的监管，对各种有损于投资者利益的行为进行严厉打击，并强制基金进行及时、准确、充分的信息披露。在这种情况下，严格监管和信息透明也就成为基金的另一个显著特点。

5）独立托管、保障安全

基金管理人负责基金的投资操作，本身并不参与基金财产的保管，基金财产的保管由独立于基金管理人的基金托管人负责，这种相互制约、相互监督的制衡机制对投资者的利益提供了重要的保障。

4. 证券投资基金的作用

证券投资基金是一种集中资金、专业理财、组合投资、分散风险的集合投资方式。一方面，它通过发行基金份额的形式面向投资大众募集资金；另一方面，将募集的资金，通过专业理财、分散投资的方式投资于资本市场。其独特的制度优势促使其不断发展壮大，在金融体系中的地位和作用也不断上升。

1）为中小投资者拓宽了投资渠道

对中小投资者来说，存款或购买债券较为稳妥，但收益率较低；投资股票有可能获得较高的收益，但风险较大。证券投资基金作为一种新型的投资工具，把众多投资者的小额资金汇集起来进行组合投资，由专家来管理和运作，经营稳定、收益可观，从而为广大中小投资者提供了有效参与证券市场的投资渠道。

2）优化金融结构，促进经济增长

我国金融结构存在直接融资和间接融资相对失衡的矛盾，通过证券市场直接融资的比重较小且呈不断萎缩的状态。证券投资基金能够将中小投资者的闲散资金汇集起来投资于证券市场，扩大了直接融资的比例，为企业在证券市场筹集资金创造了良好的融资环境，实际上起到了将储蓄资金转化为生产资金的作用；证券投资基金吸引中小投资者的资金使之转化为生产资金的功能为产业发展和经济增长提供了重要的资金来源，有利于生产力的提高和国民经济的发展。

3）有利于证券市场稳定和健康发展

证券投资基金在投资组合管理过程中对所投资证券进行的深入研究与分析，有利于促进信息的有效利用和传播，有利于市场合理定价，有利于市场有效性的提高和资源的合理配置。不同类型、不同投资对象、不同风险与收益特性的证券投资基金在给投资者提供广泛选择的同时，也为资本市场的不断变革和金融产品不断创新提供了新的源泉。

4）完善金融体系和社会保障体系

通过为保险资金提供专业化的投资服务和投资于货币市场，证券投资基金行业的发展有利于促进保险市场和货币市场的发展壮大，增强证券市场与保险市场、货币市场之间的协同，改善宏观经济政策和金融政策的传导机制，完善金融体系。

国际经验表明，证券投资基金的专业化服务，可为社保基金、企业年金等各类养老金提供保值增值平台，促进社会保障体系的建立与完善。

5．证券投资基金与股票、债券的区别

（1）反映的经济关系不同。股票反映的是一种所有权关系，是一种所有权凭证，投资者购买股票后就成为公司的股东；债券反映的是债权债务关系，是一种债权凭证，投资者购买债券后就成为公司的债权人；基金反映的则是一种信托关系，是一种受益凭证，投资者购买基金份额就成为基金的受益人。

（2）所筹资金的投向不同。股票和债券是直接投资工具，筹集的资金主要投向实业领域；基金是一种间接投资工具，所筹集的资金主要投向有价证券等金融工具或产品。

（3）投资收益与风险大小不同。通常情况下，股票价格的波动性较大，是一种高风险、高收益的投资品种；债券可以给投资者带来较为确定的利息收入，波动性也较股票要小，是一种低风险、低收益的投资品种；基金投资于众多股票，能有效分散风险，是一种风险相对适中、收益相对稳健的投资品种。

4.1.2 证券投资基金的分类

构成基金的要素有多种，因此可以依据不同的标准对基金进行分类。

（1）根据运作方式的不同，可以将基金分为封闭式基金、开放式基金。

① 封闭式基金。封闭式基金是指基金份额在基金合同期限内固定不变，基金份额可以在依法设立的证券交易所交易，但基金份额持有人不得申请赎回的一种基金运作方式。封闭式基金又称为固定式投资基金。

由于封闭式基金在封闭期内不能追加认购或赎回，投资者只能通过证券经纪商在二级市场上进行基金的买卖。封闭式基金的期限是指基金的存续期，即基金从成立起到终止之日的时间。决定基金期限长短的因素主要有两个：一是基金本身投资期限的长短。一般来说，如果基金的目标是进行中长期投资，其存续期就可长一些；反之，如果基金的目标是进行短期投资（如货币市场基金），其存续期就可短一些。二是宏观经济形势。一般来说，如果经济稳定增长，基金存续期就可长一些，否则应相对短一些。当然，在现实中，存续期还应依据基金发起人和众多投资者的要求来确定。基金期限届满即为基金终止，管理人应组织清算对基金资产进行清算核资，并将清资核资后的基金净资产按照投资者的出资比例进行公正合理的分配。

②　开放式基金。开放式基金是指基金份额不固定，基金份额可以在基金合同约定的时间和场所进行申购或者赎回的一种基金运作方式。开放式基金是基金管理公司在设立基金时，发行基金单位的总份额不固定，可以根据市场供求情况发行新份额或者被投资者赎回的投资基金。投资者可根据市场状况和各自的投资决策，或者要求发行机构按现期净资产值扣除手续费后赎回股份或受益凭证，或者再买入股份或受益凭证，增持基金单位份额，其买卖价格按照基金单位资产净值加上一定手续费确定，交易方式一般为柜台交易，存续期间没有明确规定。

封闭式基金与开放式基金的不同点有以下几个方面。

①　期限不同。封闭式基金通常有固定的存续期限，通常在 5 年以上，一般为 10 年或 15 年，经受益人大会通过并经主管机关同意可以适当延长期限。而开放式基金没有固定的存续期限，投资者可以随时向基金管理人赎回基金单位。

②　发行规模限制不同。封闭式基金在招募说明书中列明其基金规模，在封闭期限内未经法定程序认可不能再增加发行。开放式基金没有发行规模限制，投资者可以随时提出认购或赎回申请，基金规模就随之增加或减少。

③　交易价格的确定标准不同。封闭式基金与开放式基金的基金单位除了首次发行价都是按面值加一定百分比的购买费计算外，以后的交易计价方式不同。封闭式基金的买卖价格受市场供求关系的影响，常出现溢价或折价现象，并不必然反映基金的净资产值。开放式基金的交易价格则取决于基金每单位净资产值的大小，其申购价一般是基金单位资产值加上一定的购买费，赎回价是基金单位净资产值减去一定的赎回费，不直接受市场供求影响。

④　基金单位交易方式不同。封闭式基金的基金单位在封闭期限内不能赎回，持有人只能寻求在证券交易所出售给第三者。开放式基金的投资者则可以在首次发行结束一段时间（多为 3 个月）后，随时向基金管理人或中介机构提出购买或赎回申请，买卖方式灵活，除极少数开放式基金在交易所作名义上市外，通常不上市交易。

⑤　投资策略不同。封闭式基金由于在封闭期限内基金份额相对固定，没有赎回压力，基金管理公司无须提取准备金，管理公司可以充分利用资金，制定长期的投资策略与规划。开放式基金因基金单位可以随时赎回，为应付投资者随时赎回兑现，基金资产不能全部用来投资，更不能把全部资本用来进行长线投资，必须保持基金资产的流动性，在投资组合上需保留一部分现金和高流动性的金融商品。

⑥　基金份额资产净值公布的时间不同。封闭式基金一般每周或更长时间公布一次，开放式基金一般在每个交易日连续公布。

⑦ 交易费用不同。投资者在买卖封闭式基金时，在基金价格之外要支付手续费；投资者在买卖开放式基金时，则要支付申购费和赎回费。

从发达国家金融市场来看，开放式基金已成为世界投资基金的主流。世界基金发展史从某种意义上说就是从封闭式基金走向开放式基金的历史。

(2) 根据法律形式的不同，可以将基金分为契约型基金和公司型基金。

① 契约型基金。契约型基金又称为单位信托基金，是指把投资者、管理人、托管人三者作为基金的当事人，通过签订基金契约的形式，发行受益凭证而设立的一种基金。

契约型基金是基于契约原理而组织起来的信托行为，没有基金章程，也没有董事会，而是通过基金契约来规范三方当事人的行为。基金管理人可以作为基金的发起人，通过发行受益凭证将资金筹集起来组成信托资产，并依据信托契约负责基金的经营和管理操作。基金托管人一般由银行担当，依据信托契约来负责管理信托资产，执行管理人的有关指令，办理基金名下的资金往来，对基金管理人的运作实行监管。投资者也是受益凭证的持有人，通过购买受益凭证享有基金投资收益。

契约型基金起源于英国，后在我国香港、新加坡、印度尼西亚等国家和地区十分流行。

② 公司型基金。公司型基金是按照公司法以公司形态组成的，该基金公司以发行股份的方式募集资金，一般投资者则为认购基金而购买该公司的股份，也就成为该公司的股东，凭其持有的股份依法享有投资收益。这种基金要设立董事会，重大事项由董事会讨论决定。

基金公司的设立程序类似于一般股份公司，基金公司本身依法注册为法人，但不同于一般股份公司的是，它是委托专业的财务顾问或管理公司来经营与管理；基金公司的组织结构也与一般股份公司类似，设有董事会和持有人大会，基金资产由公司所有，投资者则是这家公司的股东，股东通过股东大会行使权利并承担风险。

不同的国家(地区)具有不同的法律环境，基金能够采用的法律形式也会有所不同。目前我国的基金全部是契约型基金，而美国的绝大多数基金则是公司型基金。组织形式的不同赋予了基金不同的法律地位，基金投资者所受到的法律保护也因此有所不同。

契约型基金与公司型基金的不同点有以下几个方面。

① 法律依据不同。契约型基金是依照基金契约组建，信托法是其设立的依据，基金本身不具有法人资格。公司型基金是按照公司法组建的，具有法人资格。

资金的性质不同。契约型基金的资金是通过发行基金份额筹集起来的信托财产；公司型基金的资金是通过发行普通股股票筹集的公司法人的资本。

② 投资者的地位不同。契约型基金的投资者既是基金的委托人，又是基金的受益人，即享有基金的受益权。公司型基金的投资者对基金运作的影响比契约型基金的投资者大：契约型基金的投资者购买基金份额后成为基金契约的当事人之一，投资者没有管理基金资产的权力；公司型基金的投资者购买基金的股票后成为该公司的股东，可以通过股东大会享有管理基金公司的权力。

③ 基金的运营依据不同。契约型基金依据基金契约营运基金；公司型基金依据基金公司章程营运基金。

尽管契约型基金和公司型基金在很多方面存在不同，但从投资者的角度看，这两种投资方式并无多大区别，它们的投资方式都是把投资者的资金集中起来，按照基金设立时所规定的投资目标和策略，将基金资产分散投资于众多的金融产品上，获取收益后再分配给投资者。

从世界基金业的发展趋势看，公司型基金除了比契约型基金多了一层基金公司组织外，其他各方面都与契约型基金有趋同化的倾向。

（3）依据投资对象的不同，可以将基金分为股票基金、债券基金、货币市场基金、混合基金等。

① 股票基金。股票基金是指以股票为主要投资对象的基金。根据中国证监会对基金类别的分类标准，基金资产60%以上投资于股票的为股票基金。股票基金的投资目标侧重于追求资本利得和长期资本增值。基金管理人拟定投资组合，将资金投放到一个或几个国家，甚至是全球的股票市场，以达到分散风险的目的。按基金投资的分散化程度，可将股票基金划分为一般股票基金和专门化股票基金。

股票基金是最重要的基金品种，它的优点是资本的成长潜力大，投资者不仅可以获得资本利得，还可以通过该基金使得较少的资本能够分散投资于各类普通股股票。由于聚集了巨额资金，几只甚至一只基金就可以引发股市动荡，所以各国政府对股票基金的监管都十分严格，不同程度地规定了基金购买某一家上市公司的股票总额不得超过基金资产净值的一定比例，防止基金过度投机和操纵股市。

② 债券基金。债券基金主要以债券为投资对象。根据中国证监会对基金类别的分类标准，基金资产80%以上投资于债券的为债券基金。债券基金是基金市场仅次于股票基金的另一重要基金品种。由于债券的年利率固定，因而这类基金的风险较低，适合于稳健型投资者。

通常债券基金收益会受货币市场利率的影响，当市场利率下调时，其收益率就会上升；反之，若市场利率上调，则基金收益率下降。除此以外，汇率也会影响基金的收益，管理人在购买非本国货币的债券时，往往还在外汇市场上做套期保值。

③ 货币市场基金。货币市场基金以货币市场工具为投资对象。根据中国证监会对基金类别的分类标准，仅投资于货币市场工具的为货币市场基金。货币市场基金的投资工具期限在一年以内，包括银行短期存款、国库券、公司债券、银行承兑票据及商业票据等。由于这些投资工具具有较高的流动性和安全性，所以货币市场基金通常被认为是无风险或低风险的投资。

按照中国证监会发布的《货币市场基金管理暂行办法》以及其他有关规定，目前我国货币市场基金能够进行投资的金融工具主要包括：现金；1年以内(含1年)的银行定期存款、大额存单；剩余期限在397天以内(含397天)的债券；期限在1年以内(含1年)的债券回购；期限在1年以内(含1年)的中央银行票据；剩余期限在397天以内(含397天)的资产支持证券；中国证监会、中国人民银行认可的其他具有良好流动性的货币市场工具。

货币市场基金不得投资于以下金融工具：股票；可转换债券；剩余期限超过397天的债券；信用等级在AAA级以下的企业债券；国内信用评级机构评定的A-1级或相当于A-1级的短期信用级别及该标准以下的短期融资券；流通受限的证券；中国证监会、中国人民银行禁止投资的其他金融工具。

④ 混合基金。混合基金同时以股票、债券等为投资对象，以期通过在不同资产类别上的投资实现收益与风险之间的平衡。根据中国证监会对基金类别的分类标准，投资于股票、债券和货币市场工具，但股票投资和债券投资的比例不符合股票、债券基金规定的为混合基金。

（4）根据投资目标的不同，可以将基金分为成长型基金、收入型基金和平衡型基金。

① 成长型基金。成长型基金是指以追求资本增值为基本目标，较少考虑当期收入的基金，主要以具有良好增长潜力的股票为投资对象。成长型基金以追求长期增值为目标，为了达到长期增值的目标，基金管理人通常将基金资产投资于信誉度较高、有长期成长前景或长期盈余的所谓成长公司的股票。成长型基金又可以分为稳健成长型基金和积极成长型基金。

② 收入型基金。收入型基金是指以追求稳定的经常性收入为基本目标的基金，主要以大盘蓝筹股、公司债、政府债等稳定收益证券为投资对象。收入型基金以获取当期的最大收入为目标。收入型基金资产成长的潜力较少，损失本金的风险相对也较低，一般可分为固定收入型基金和股票收入型基金。固定收入型基金的主要投资对象是债券和优先股，因而尽管收益率较高，但长期成长的潜力很小，而且当市场利率波动时，基金净值容易受到影响。股票收入型基金的成长潜力比较大，但易受股市波动的影响。

③ 平衡型基金。平衡型基金则是既注重资本增值又注重当期收入的一类基金。这种基金一般将25％～50％的资产投资于债券及优先股，其余的投资于普通股。平衡型基金的主要目的是从其投资组合的债券中得到适当的利息收益，与此同时又可以获得普通股的升值收益。投资者既可以获得当期收益，又可以得到资金的长期增值，通常是把资金分散投资于股票和债券。

一般而言，成长型基金的风险大、收益高；收入型基金的风险小、收益低；平衡型基金的风险、收益则介于成长型基金与收入型基金之间。根据投资目标的不同，既有以追求资本增值为基本目标的成长型基金，也有以获取稳定的经常性收入为基本目标的收入型基金以及兼具成长与收入双重目标的平衡型基金。不同的投资目标决定了基金的基本投向与基本的投资策略，以适应不同投资者的投资需要。

（5）依据投资理念的不同，可以将基金分为主动型基金与被动型基金。

① 主动型基金。主动型基金是一类力图取得超越基准组合表现的基金。一般来说，市场上的绝大多数基金都属于该类型。

② 被动型基金。与主动型基金不同，被动型基金并不主动寻求取得超越市场的表现，而是试图复制指数的表现。被动型基金一般选取特定的指数作为跟踪的对象，因此通常又被称为指数型基金。由于其投资组合模仿某一股价指数或债券指数，收益随着即期的价格指数上下波动，因此，当价格指数上升时，基金收益增加；反之，收益减少。基金因始终保持即期的市场平均收益水平，因而收益不会太高，也不会太低。

指数基金的优势如下。

① 费用低廉。指数基金的管理费较低，尤其交易费用较低。

② 风险较小。由于指数基金的投资非常分散，可以完全消除投资组合的非系统风险，而且可以避免由于基金持股集中带来的流动性风险。

③ 在以机构投资者为主的市场中，指数基金可获得市场平均收益率，可以为股票投资者提供比较稳定的投资回报。

④ 指数基金可以作为避险套利的工具。对于投资者尤其是机构投资者来说，指数基金是他们避险套利的重要工具。

由于指数基金收益率的稳定性、投资的分散性以及高流动性，特别适合于社保基金等数额较大、风险承受能力较低的资金投资。

（6）根据募集方式的不同，可以将基金分为公募基金和私募基金。

① 公募基金。公募基金是指可以面向社会公众公开发售的一类基金。其主要特征有：可以面向社会公众公开发售基金份额和宣传推广，基金募集对象不固定；投资金额要求低，适宜中小投资者参与；必须遵守基金法律和法规的约束，并接受监管部门的严格监管。

② 私募基金。私募基金则是只能采取非公开方式，面向特定投资者募集发售的基金。与公募基金相比，私募基金不能进行公开的发售和宣传推广，投资金额要求高，投资者的资格和人数常常受到严格的限制。与公募基金必须遵守基金法律和法规的约束并接受监管部门的严格监管相比，私募基金在运作上具有较大的灵活性，所受到的限制和约束也较少。它既可以投资于衍生金融产品进行买卖交易，也可以进行汇率、商品期货投机交易等。私募基金的投资风险较高，主要以具有较强风险承受能力的富裕阶层为目标客户。

私募基金与公募基金的不同点有以下几个方面。

① 私募基金一般收取 20％超额业绩费。当私募基金盈利时，私募管理人会提取其中的 20％作为回报；公募基金则没有业绩报酬。

② 私募基金追求绝对正收益。私募基金管理人的收益和投资者的利益是一致的，私募基金的固定管理费很少，主要依靠超额业绩费。只有投资者赚到钱，私募才能赚到超额业绩费，所以私募基金需要追求绝对的正收益，对下行风险的控制相对严格；而公募基金追求相对收益。

③ 私募基金股票的投资比例灵活，在 0～100％之间，可以称之为"全天候"的产品，可以通过灵活的仓位选择规避市场的系统性风险；公募股票型基金有 60％最低仓位限制。

④ 私募基金投资门槛较高；公募基金则门槛较低。

⑤ 私募基金操作灵活，目前阳光私募基金规模通常在几千万至 1 个亿，相对于公募，总金额比较小，操作更灵活。同时，在需要时，私募可以集中持仓一两个行业，及五六只股票；公募基金规模一般相对较大，持股相对分散。

⑥ 私募基金一般有 6～12 个月封闭期，客户在封闭期中赎回受到限制，封闭期后一般每月公布一次净值并开放申购；而公募基金一般成立后 3 个月内不开放申购、赎回，随后每日开放。

（7）根据基金的资金来源和用途的不同，可以将基金分为在岸基金和离岸基金。

① 在岸基金。在岸基金是指在本国募集资金并投资于本国证券市场的证券投资基金。由于在岸基金的投资者、基金组织、基金管理人、基金托管人及其他当事人和基金的投资市场均在本国境内，所以基金的监管部门比较容易运用本国法律、法规及相关技术手段对证券投资基金的投资运作行为进行监管。

② 离岸基金。离岸基金是指一国的证券投资基金组织在他国发售证券投资基金份额，并将募集的资金投资于本国或第三国证券市场的证券投资基金。

(8) 特殊类型基金。

① 系列基金。系列基金又称为伞型基金，是指多个基金共用一个基金合同，子基金独立运作，子基金之间可以进行相互转换的一种基金结构形式。

② 基金中的基金。基金中的基金是指以其他证券投资基金为投资对象的基金，其投资组合由其他基金组成。我国目前尚无此类基金存在。

③ 保本基金。保本基金是指通过采用投资组合保险技术，保证投资者在投资到期时至少能够获得投资本金或一定回报的证券投资基金。保本基金的投资目标是在锁定下跌风险的同时力争有机会获得潜在的高回报。目前，我国已有多只保本基金。

投资保本基金并不等于将资金作为存款存放在银行或存款类金融机构，保本基金在极端情况下仍存在本金损失的风险。保本基金可以投资于股票、债券、货币市场工具、权证、股指期货及中国证监会允许投资的其他金融工具。

④ QDII 基金。QDII 是 Qualified Domestic Institutional Investors（合格境内机构投资者）的首字母缩写。QDII 基金是指在一国境内设立，经该国有关部门批准从事境外证券市场的股票、债券等有价证券投资的基金。它为国内投资者参与国际市场提供了便利。2007年我国推出了首批 QDII 基金。

⑤ 分级基金。分级基金又称为"结构型基金""可分离交易基金"，是指在一只基金内部通过结构化的设计或安排，将普通基金份额拆分为具有不同预期收益与风险的两类（级）或多类（级）份额并可分离上市交易的一种基金产品。

⑥ ETF（交易型开放式指数基金）。交易型开放式指数基金通常又称为交易所交易基金（Exchange Traded Funds，ETF），是一种在交易所上市交易的、基金份额可变的一种开放式基金。ETF 结合了封闭式基金与开放式基金的运作特点，一方面可以像封闭式基金一样在交易所二级市场进行买卖；另一方面又可以像开放式基金一样申购、赎回。不同的是，它的申购是用一揽子股票换取 ETF 份额，赎回时也是换回一揽子股票而不是现金。这种交易方式使该类基金存在一、二级市场之间的套利机制，可有效防止类似封闭式基金的大幅折价现象。

ETF 出现于 20 世纪 90 年代初期。加拿大多伦多证券交易所于 1991 年推出的指数参与份额（TIPs）是严格意义上最早出现的 ETF，但于 2000 年终止。现存最早的 ETF 是美国证券交易所（AMEX）于 1993 年推出的标准普尔存托凭证（SPDRs）。尽管出现的时间不长，但其发展非常迅速。2004 年 12 月 30 日，我国华夏基金管理公司以上证 50 指数为模板，募集设立了"上证 50 交易型开放式指数证券投资基金"（简称"50ETF"），并于 2005 年 2 月 23 日在上海证券交易所上市交易，采用的是完全复制法。2006 年 2 月 21 日，易方达深证 100ETF 正式发行，这是深圳证券交易所推出的第一只 ETF。截至 2012 年 3 月底，在上海和深圳证券交易所的 ETF 共有 38 只。

ETF 的运行因素如下。

a. 参与主体。ETF 主要涉及 3 个参与主体，即发起人、受托人和投资者。发行人即基金产品创始人，一般为证券交易所或大型基金管理公司、证券公司。受托人受发起人委托托管和控制股票信托组合的所有资产。由于指数型 ETF 采用指数化投资策略，除非指数有变，一般受托人不用时常调整股票组合，但管理型投资公司 ETF 的受托人有一定的投资决策自由处置权。受托人一般为银行、信托投资公司等金融机构。投资者为购买 ETF 的机构或个人。

b. 基础指数选择及模拟。指数型 ETF 能否发行成功与基础指数的选择有密切关系，基础指数应该是有大量的市场参与者广泛使用的指数，以体现它的代表性和流动性，同时基础指数的调整频率不宜过于频繁，以免影响指数股票组合与基础指数间的关联性。

为实现模拟指数的目的，发起人将组合基础指数的成分股票，然后将构成指数的股票种类及权数交付受托机构形成信托资产。当指数编制机构对样本股票或权数进行调整时，受托机构必须对信托资产进行相应调整，同时在二级市场进行买进或卖出，使 ETF 的净值与指数始终保持联动关系。

c. 构造单位的分割。指数型 ETF 的发起人将组成基础指数的股票依照组成指数的权数交付信托机构托管成为信托资产后，即以此为实物担保通过信托机构向投资者发行 ETF。ETF 的发行量取决于每构造单位净值的高低。这种股票组合资产分割程序，使 ETF 的单位净值与损益变化和股价指数的走势相联系。一个构造单位的价值应符合投资者的交易习惯，不能太高或太低，通常将一个构造单位的净值设计为标准指数的某一百分比。构造单位的分割使投资者买卖 ETF 的最低投资金额远远低于买入各指数成分股所需的最低投资金额，实现了以较低金额投资整个市场的目的，并为投资者进行价值评估和市场交易提供了便利。

d. 构造单位的申购与赎回。ETF 的重要特征在于它独特的双重交易机制。ETF 的双重交易特点表现在它的申购和赎回与 ETF 本身的市场交易是分离的，分别在一级市场和二级市场进行。也就是说，ETF 同时为投资者提供了两种不同的交易方式：一方面，投资者可以在一级市场交易 ETF，即进行申购与赎回；另一方面，投资者可以在二级市场交易 ETF，即在交易所挂牌交易。

在一级市场，ETF 的申购和赎回一般都规定了数量限制，即一个构造单位及其整数倍，低于一个构造单位的申购和赎回不予接受。投资者在申购和赎回时，使用的不是现金，而是一揽子股票。由于构造单位就是一组复制的与该 ETF 基础股价指数成分股的数量和比例相同的股票组合，因此，在申购时，投资者可以从相关的股票市场购买一组包含于某一 ETF 之内的基础个股，并将它们交付给 ETF 的托管银行；托管银行在交割后，再将相应数量的 ETF 份额交给投资者。当投资者所交付的投资组合价值与 ETF 一个或数个构造单位的价值不相等时，差额由现金补齐。赎回时投资者将 ETF 的份额交回到托管银行，换回一揽子股票，而不是现金。这种以货代款的交易方式使 ETF 不必为应付投资者的经常性赎回而保留大量现金，提高了资金的使用效率。由于在一级市场 ETF 申购、赎回的金额巨大，而且是以实物股票的形式进行大宗交易，因此只适合于机构投资者。这些机构投资者通常是证券公司或大型机构投资者，他们参与创造新的 ETF 构造单位，是为了建立自己的存货头寸或满足客户购买 ETF 的需要。

ETF 的二级市场交易以在证券交易所挂牌交易方式进行，任何投资者，不管是机构投资者，还是个人投资者，都可以通过经纪人在证券交易所随时购买或出售 ETF 份额。

投资者在二级市场上买卖 ETF 的基金份额与基金本身不发生直接关系,他们只是在二级市场交换基金份额的所有权。机构投资者可以在二级市场对构造单位进行分解,并在交易所通过经纪人向个人投资者提供 ETF 份额。对个人投资者而言,ETF 的二级市场交易机制为他们提供了诸多方便。ETF 的二级市场交易价格与其资产净值非常接近,一般不存在大的折价或溢价。这是因为 ETF 的二级市场价格与其资产净值背离时,套利者就会利用申购、赎回机制和二级市场交易机制在一、二级市场之间进行套利交易,使 ETF 的价格很快恢复到其净资产值附近。当然,申购、赎回的规模限制使套利机制的作用受到一定限制,但从美国的实践看,ETF 的二级市场交易价格与单位净值基本是一致的。

⑦ LOF(上市开放式基金)。上市开放式基金(Listed Open - ended Funds,LOF)是一种既可以在场外市场进行基金份额申购赎回,又可以在交易所(场内市场)进行基金份额交易和基金份额申购或赎回的开放式基金。它是我国对证券投资基金的一种本土化创新。

尽管同样是交易所交易的开放式基金,但就产品特性看,深圳证券交易所推出的 LOF 在世界范围内具有首创性。与 ETF 相区别,LOF 不一定采用指数基金模式,同时,申购和赎回均以现金进行。2004 年 10 月 14 日,南方基金管理公司募集设立了南方积极配置证券投资基金,并于 2004 年 12 月 20 日在深圳证券交易所上市交易。截至 2012 年 3 月底,已经有 91 只 LOF 在深圳证券交易所上市交易。

4.2 证券投资基金的募集、交易与登记

4.2.1 证券投资基金的募集与认购

1. 基金的募集

基金的募集是指基金管理公司根据有关规定向中国证监会提交募集申请文件、发售基金份额、募集基金的行为。基金的募集一般要经过申请、核准、发售和基金合同生效 4 个步骤。

1) 基金募集申请

申请募集基金应向中国证监会提交相关文件,主要包括:募集基金申请报告、基金合同草案、基金托管协议草案、招募说明书草案。

2) 基金募集申请的核准

依据《证券投资基金法》的有关规定,中国证监会应当自受理封闭式基金募集申请之日起 6 个月内作出核准或不予核准的决定。基金募集申请经中国证监会核准后方可发售基金份额。

3) 基金份额的发售

基金管理人在收到核准文件之日起 6 个月内进行基金份额发售。基金的募集期限自基金份额发售之日起计算,募集期限不得超过 3 个月。基金管理人应当在基金份额发售的 3 日前公布招募说明书、基金合同及其他相关文件。封闭式基金在募集期间募集的资金应当存入专门账户,在基金募集行为结束前,任何人不得动用。

4）基金合同生效

基金募集期限届满，封闭式基金需满足募集的基金份额总额达到标准规模的80%以上，基金份额持有人不少于200人的要求；开放式基金需满足基金募集份额总额不少于2亿份，基金募集金额不少于2亿元人民币，基金份额持有人的人数不少于200人的要求。满足这些条件之后，基金管理人应当在募集期限届满之日起10日内聘请法定验资机构验资。在收到验资报告之日起10日内，向中国证监会提交备案申请和验资报告，办理基金备案手续。

中国证监会自收到基金管理人验资报告和基金备案材料之日起3个工作日内予以书面确认；自中国证监会书面确认之日起，基金合同生效。基金管理人应当在收到确认文件的次日发布基金合同生效公布。

基金募集期限届满，不能满足上述条件的，基金募集失败。基金管理人应承担下列责任。

（1）以固有财产承担募集行为而产生的债务和费用。

（2）在基金募集期限届满后30日内返还投资者已缴纳的款项，并加计银行同期存款利息。

2. 基金的认购

在基金募集期内购买基金份额的行为通常被称为"基金的认购"。

1）开放式基金的认购

（1）认购步骤。投资人认购开放式基金，一般通过基金管理人或管理人委托的商业银行、证券公司等机构办理。认购开放式基金通常分为开户、认购和确认3个步骤。

① 开户。投资人必须先开立基金账户和资金账户。

② 认购。填写认购申请表，并按销售机构规定的方式全额缴款。投资者在募集期内可以多次认购基金份额，已经正式受理的认购申请不得撤销。

③ 确认。申请的成功与否应以注册登记机构的确认结果为准。投资者 T 日提交认购申请后，可于 $T+2$ 日办理查询。

（2）认购方式。开放式基金的认购采取金额认购的方式。

（3）开放式基金的认购费率和收费模式。《证券投资基金销售管理办法》规定，开放式基金的认购费率不得超过认购金额的5%。实际中，我国股票基金的认购费率大多在1%～1.5%；债券基金的认购费率通常在1%以下，货币市场基金一般不收取认购费。

（4）开放式基金认购份额的计算。中国证监会于2007年3月对认购费用及认购份额计算的方法进行了统一规定。基金认购费率统一以净认购金额为基础收取，计算公式为

$$净认购金额＝认购金额÷（1＋认购费率）$$

$$认购费用＝净认购金额×认购费率$$

$$认购份额＝（净认购金额＋认购利息）÷基金份额面值$$

其中，"认购金额"指投资人在认购申请中填写的认购金额总额；"认购费率"指与投资人认购金额对应的认购费率；"认购利息"指认购款项在基金合同生效前产生的利息。

【例4-1】某投资人投资1万元认购基金，认购资金在募集期产生的利息为3元，其对应的认购费率为1.2%，基金份额面值为1元，则其认购费用及认购份额为

净认购金额＝10 000÷(1＋1.2％)＝9 881.42(元)

认购费用＝9 881.42×1.2％＝118.58(元)

认购份额＝(9 881.42＋3)÷1＝9 884.42(份)

2) 封闭式基金的认购

封闭式基金的认购价格一般采用 1 元人民币基金份额面值加计 0.01 元人民币发售费用的方式加以确定。拟认购封闭式基金份额的投资人必须开立深、沪证券账户及资金账户。认购申请一经受理就不能撤单。

3) ETF 与 LOF 份额的认购

ETF 份额的认购。与普通的开放式基金不同，ETF 份额可以用现金认购，也可以用证券认购。现金认购是投资者使用现金认购 ETF 份额的行为；证券认购是投资者使用指定的证券换购 ETF 份额的行为。我国投资者一般可选择场内现金认购、场外现金认购以及证券认购等方式认购 ETF 份额。

LOF 份额的认购。目前，我国只有深圳证券交易所开办 LOF 业务。LOF 份额的认购分场外认购和场内认购两种方式。场外认购的基金份额注册登记在中国结算公司的开放式基金注册登记系统；场内认购的基金份额注册登记在中国结算公司的证券登记结算系统。

4) QDII 基金份额的认购

QDII 基金份额的认购程序、渠道与一般开放式基金类似，但 QDII 基金份额可以用人民币认购，也可以用美元或其他外汇货币为计价货币认购。

4.2.2 基金的交易、申购和赎回

1. 封闭式基金的交易

1) 上市交易条件

符合下列条件的封闭式基金，经基金管理人申请、中国证监会核准可以在证券交易所上市交易。上市交易的条件如下。

(1) 基金的募集符合《证券投资基金法》的规定。

(2) 基金合同期限在 5 年以上。

(3) 基金募集金额不低于 2 亿元人民币。

(4) 基金份额持有人不少于 1 000 人。

(5) 基金份额上市交易规则规定的其他条件。

2) 交易规则

投资者买卖封闭式基金必须开立深、沪证券账户或深、沪基金账户及资金账户。基金账户只能用于基金、国债及其他债券的认购及交易。每个投资者只能开设和使用一个资金账户，并只能对应一个股票账户或基金账户。

封闭式基金的交易时间为每周一至周五，每天 9：30～11：30、13：00～15：00。法定公众假期除外。

封闭式基金交易遵从"价格优先，时间优先"的原则。价格优先是指较高价格买进申报优先于较低价格买进申报，较低价格卖出申报优先于较高价格卖出申报。时间优先是指买卖方向相同、价格相同的，先申报者优先于后申报者。

封闭式基金的报价单位为每份基金价格。基金的申报价格最小变动单位为 0.001 元人民币。买入或卖出基金份额申报数量应该为 100 的整数倍，每 100 份基金份数又称为1手。基金单笔最大数量应该低于 1 万手。

我国封闭式基金的交易采取电脑集合竞价和连续竞价两种方式。集合竞价是指对一段时间内接收的买卖申报一次性集中撮合的竞价方式。连续竞价是指对买卖申报逐笔连续撮合的竞价方式。目前我国封闭式基金交易与股票交易一样实行涨跌幅限制，涨跌幅比例为10％。在基金上市首日可以不遵从此项规定。封闭式基金的交割、交收与 A 股一样实行 $T+1$ 模式，即达到交易后，相应的基金交割和资金交收在成交日的下一个营业日完成。

3）交易费用

封闭式基金交易佣金不得高于成交金额的 0.3％（深圳证券交易所特别规定该佣金水平不得低于代收的证券交易监管费和证券交易经手费，上海证券交易所无此规定）。目前，封闭式基金不收取印花税。

4）折（溢）价率

投资者通常使用折价率或溢价率来反映封闭式基金份额净值与其二级市场价格之间的关系。具体的计算公式为

折价率＝（基金份额净值－二级市场价格）/基金份额净值×100％

溢价率＝（二级市场价格－基金份额净值）/基金份额净值×100％

2. 开放式基金的申购与赎回

1）申购、赎回的概念

投资者在开放式基金合同生效后，申请购买基金份额的行为称为基金的申购。

开放式基金的赎回是指基金份额持有人要求基金管理人购回其所持有的开放式基金份额的行为。

开放式基金的基金合同生效之后，有一段短暂的封闭期，该期限最长时间不超过 3 个月。在此期限内，不办理基金赎回业务。

2）申购和认购的区别

认购指在基金设立募集期内，投资者申请购买基金份额的行为。申购指在基金合同生效后，投资者申请购买基金份额的行为。一般情况下，认购期购买基金的费率要比申购期优惠。认购期购买的基金份额一般要经过封闭期才能赎回，申购的基金份额要在申购成功后的第二个工作日才能赎回。

3）开放式基金申购、赎回原则

（1）股票基金、债券基金的申购、赎回原则如下。

① 未知价交易原则。投资者在申购、赎回股票基金、债券基金时不能即时获知买卖的成交价格。申购赎回价格只能以申购、赎回的交易时间结束后管理人公布的基金份额净值为基准进行计算。

② 金额申购、份额赎回原则。股票基金、债券基金申购以金额申请，赎回以份额申请。这是适应未知价格情况下的一种最简便、安全的交易方式。

（2）货币市场基金的申购、赎回原则如下。

① 确定价原则。货币市场基金申购、赎回基金份额价格以 1 元人民币为基准进行计算。

② 金额申购、份额赎回原则。货币市场基金申购以金额申请、赎回以份额申请。

4）申购、赎回的费用及销售服务费

（1）申购费用。开放式基金申购费用的收取方式有两种，一种称为前端收费；另一种称为后端收费。前端收费是指在购买基金时收取认购费或申购费的收费方式。前端申购费一般随认（申）购费率递增而递减；基金公司网上交易直销一般可以享受前端申购费费率优惠。后端收费是指在购买基金时可以先不用支付认购费或申购费，而在赎回时支付，后端收费模式的特点是基金持有年限越长，费率越低，直至为零。

目前，大部分基金采取前端收费模式，有些基金则在传统的前端收费模式之外，还提供了后端收费模式供投资者选择，投资者每次购买基金时可以自由选择前端或后端收费模式。

很多投资者想当然地认为后端收费模式好，申购时省下的申购费也在生钱，可以最大化地发挥资本的价值。其实，后端收费模式对投资者的意义，主要在于申购费率会随着基金持有年限逐年递减，甚至不再收取申购费用，适合于长期投资者。从数学上看，只有当投资期限内，后端收费模式下的申购费率低于前端收费时，才可能节省申购费。简单来讲，对于那些将基金作为两三年甚至更长期限投资工具的投资者，可考虑后端收费模式，而持有基金期限在两年以内的，还是前端收费更合适。

后端收费的设计目的是为了鼓励投资者能够长期持有基金，因此，后端收费的费率一般会随着投资者持有时间的增长而递减。某些基金甚至规定如果投资者能在持有基金超过一定期限后才卖出，后端收费可以完全免除。要提醒投资者的是，后端收费和赎回费是不同的。后端收费与前端收费一样，都是申购费用的一种，只不过在时间上不是在买入基金时而是在卖出基金时支付。因此，如果投资者购买的是后端收费的基金，那么在投资者卖出基金的时候，除了必须支付赎回费以外，还必须支付采取后端收费形式收取的申购费。

（2）赎回费用。赎回费率不得超过基金份额赎回金额的 5％，赎回费总额的 25％ 归入基金财产。对于短期交易的投资人，可以采取以下费用标准：对于持续持有期少于 7 日的投资人，收取不低于赎回金额 1.5％ 的赎回费；对于持续持有期少于 30 日的投资人，收取不低于赎回金额 0.75％ 的赎回费。按上述标准收取的基金赎回费应全额计入基金财产。通常，持有时间越长，适用的赎回费率越低。

（3）销售服务费。对于货币市场，基金管理人可以依照相关规定从基金财产中持续计提一定比例的销售服务费。

5）申购份额、赎回金额的计算

（1）申购费用及申购份额的计算如下。

按规定计算公式如下。

$$净申购金额＝申购金额/（1＋申购费率）$$
$$申购费用＝净申购金额×申购费率$$
$$申购份额＝净申购金额/申购当日基金份额净值$$

当申购费用为固定金额时，申购份额的计算方式如下。

$$净申购金额＝申购金额－固定金额$$
$$申购份额＝净申购金额/申购当日基金份额净值$$

基金份额以四舍五入的方法保留小数点后两位以上,由此产生的误差损失由基金资产承担,产生的收益归基金资产所有。

(2) 赎回金额的确定。

$$赎回总额=赎回份额×赎回日基金份额净值$$

$$赎回费用=赎回总金额×赎回费率$$

$$赎回金额=赎回总金额-赎回费用$$

对投资者来说的"买基金"分两种情况,一种是认购新基金;一种就是去买老基金,这种情况也就是所谓的申购。由于认购时基金管理公司会推出不少促销措施,认购费率会有不同,但目前各家基金的申购费率都大致固定,前端收费基本为申购金额的 1.5%,后端收费则为相关金额的 1.8%(不足 1 年;超过 1 年不足两年时为 1.5%)。

以此为标准计算前、后端收费的差异(赎回费均为 0.5%):

假设某一投资者申购 10 万元后端收费模式的某只基金,申购日其净值为 1 元,不到两年,当净值达到 1.1 元时该投资者就全部赎回。那么又可以分 3 种情况来讨论,一是该基金期间从未分过红;二是分红(假定 10% 的收益全部分掉,下同)后投资者选择了现金方式,且赎回时净值仍为 1 元;三是投资者决定分红转投资,赎回时净值也为 1 元。

如果一律按后端申购费率 1.5% 计算

赎回时所需支付的费用分别为:

$$100\ 000×1×1.5\%+100\ 000×1.1×0.5\%=1\ 500+550=2\ 050(元)$$

$$100\ 000×1×1.5\%+100\ 000×1×0.5\%=1\ 500+500=2\ 000(元)$$

$$110\ 000×1×1.5\%+110\ 000×1×0.5\%=1\ 650+550=2\ 200(元)$$

如果投资者选择前端收费模式

对应的交易费用分别为:

$$100\ 000×1×1.5\%+98\ 500×1.1×0.5\%=1\ 500+541.75=2\ 041.75(元)$$

$$100\ 000×1×1.5\%+98\ 500×1×0.5\%=1\ 500+492.5=1\ 992.5(元)$$

$$100\ 000×1×1.5\%+108\ 350×1×0.5\%=1\ 500+541.75=2\ 041.75(元)$$

从上述计算可以发现,如果投资者在短期内需要赎回基金,那么选择现金分红且选择前端收费成本最低,选择后端收费且红利转投资成本最高。两者每 10 万元的收费相差 $2\ 200-1\ 992.5=207.5(元)$。如果投资者在不到 1 年的时间内赎回,前面 3 个公式所列金额还将更高,因为费率将为 1.8%。

6) 申购、赎回的登记与款项支付

投资者在申购基金成功后,登记机构会在 $T+1$ 日内为投资者办理增加权益的登记手续;投资者自 $T+2$ 日起有权赎回该部分基金份额。投资者赎回基金份额成功后,登记机构会在 $T+1$ 日为投资者办理扣除权益的登记手续。

申购采用全额缴款方式。如若资金在规定时间内未全额到账,会导致申购失败;在申购失败的情形下,款项将被退回投资者账户。投资者赎回申请成交后,基金管理人自受理基金投资者有效申请之日起 7 个工作日内支付赎回款项。

7) 开放式基金巨额赎回认定及处理方式

巨额赎回的认定。单个开放日基金净赎回申请超过基金份额的 10%,则为巨额赎回。

单个开放日的净赎回申请，是指该基金的赎回申请加上基金转换中该基金的转出申请之和，扣除当日发生的该基金申购申请及基金转换中要求转入申请之和后得到的余额。

巨额赎回的处理方式。接受全额赎回。基金管理人认为有能力对付投资者的全额赎回申请时，按正常赎回程序执行。

部分延期赎回。基金管理人认为兑付投资者赎回申请有困难，或认为兑付投资者的赎回申请进行的资产变现会使基金份额净值发生较大波动时，基金管理人可以在当日接受赎回比例不低于上一日基金总份额 10% 的前提下，对其余部分赎回申请延期办理。

3. 基金份额的转换、非交易过户、转托管与冻结

1) 开放式基金份额的转换

开放式基金份额的转换是指投资者不需要先赎回已持有的基金份额，就可以将其持有的基金份额转换为同一基金管理人管理的另一基金份额的一种业务模式。基金份额的转换采取未知价法，按照转换申请日的基金份额净值为基础计算转换基金份额数量。

2) 开放式基金的非交易过户

开放式基金的非交易过户是指不采用申购、赎回等基金交易方式，将一定数量的基金份额按照一定规则从某一投资者基金账户转移到另一投资者基金账户的行为。这种方式主要包括继承、司法强制执行等方式。接受划转的主体必须是合格的个人投资者或机构投资者。

3) 开放式基金份额的转托管

基金持有人可以办理其基金份额在不同销售机构的转托管手续。转托管在转出方进行申报，基金份额转托管一次完成。一般情况下，投资者于 T 日转托管基金份额成功后，转托管份额于 $T+1$ 日到达转入方网点，投资者可在 $T+2$ 日起赎回该部分基金份额。

4) 基金份额的冻结

基金注册登记机构只受理国家有权机关依法要求的基金账户或基金份额的冻结与解冻。基金账户或基金份额被解冻的，被解冻部分产生的权益也一并冻结。

4. ETF 份额的上市交易与申购、赎回

1) ETF 份额折算与变更登记

（1）ETF 基金份额折算的时间。

基金合同生效后，基金管理人要逐步调整实际组合直至达到 ETF 跟踪指数的要求，这个过程又称为 ETF 建仓阶段。ETF 建仓期不超过 3 个月。

基金建仓期结束后，为方便投资者跟踪基金份额净值变化，基金管理人会以某一特定日期作为基金份额折算日，以标的指数的 1% 或 0.1% 作为份额净值，对原来的基金份额进行折算。

（2）ETF 基金份额折算的原则。

ETF 基金份额折算由基金管理人办理，并由登记结算机构负责基金份额的变更登记。

基金份额折算前后，必须保证基金份额持有人的收益不受实质性影响。调整后的基金份额持有人持有的基金份额占基金份额总额的比例不能发生变化。

（3）ETF 基金份额折算方法。

基金管理人设定基金份额折算日为 T 日，T 日收市后，基金管理人计算当日的基金资产净值 X 与基金份额总额 Y。T 日标的指数收盘值为 I，选定以标的指数的 0.1% 作为基金份额净值进行基金份额的折算，那么 T 日的目标基金份额净值为 $I/1\,000$，基金份额折算比例为：

折算比例＝$(X/Y)/(I/1\,000)$，以四舍五入的方法保留小数点后 8 位；折算后的份额＝原持有份额×折算比例。

2）ETF 份额的上市交易

基金合同生效后，基金管理人可以向证券交易所申请上市交易；ETF 上市后在二级市场上的交易与封闭式基金类似，应该遵循下列交易规则。

（1）基金上市首日的开盘参考价为前一工作日基金份额净值。

（2）基金实行价格涨跌幅限制，涨跌幅比例为 10%，自上市首日起实行。

（3）基金买入申报数量为 100 份或其整数倍，不足 100 份的部分可以卖出。

（4）基金申报价格最小变动单位为 0.001 元。

3）ETF 份额的申购与赎回

（1）申购和赎回的场所。

投资者办理 ETF 申购、赎回时应当在代办证券公司办理基金申购、赎回业务的营业场所或按代理证券公司提供的其他方式办理基金的申购与赎回；部分 ETF 基金管理人还提供场外申购赎回模式，投资者可以采用现金方式，通过场外申购赎回代理机构办理申购赎回业务。

（2）申购、赎回的时间。

申购、赎回的开始时间：基金在基金份额折算日之后能够开始办理申购；基金自基金合同生效日后不超过 3 个月的时间起开始办理赎回。在申购、赎回开始日前至少 3 个工作日基金管理人要在至少一种经中国证监会认可的媒体上披露相关信息。

开放日及开放时间：投资者可办理申购、赎回等业务的开放日为证券交易所的交易日，开放时间为 9：30—11：30，13：00—15：00；在此时间之外，相关机构不办理投资者的申购、赎回业务。

（3）申购、赎回的数额限制。

投资者申购、赎回的基金份额必须为最小申购、赎回单位的整数倍。中国一般规定 ETF 的最小申购、赎回单位为 50 万份或 100 万份。

（4）申购、赎回的原则如下。

① 场内申购、赎回 ETF 采用份额申购、份额赎回的方式，即申购、赎回均以份额申请。场外申购采用金额申购、份额赎回的方式。

② 场内申购、赎回 ETF 的申购对价、赎回对价包括组合证券、现金替代、现金差额及其他对价。场外申购、赎回 ETF 时，申购对价、赎回对价为现金。

③ 申购、赎回申请提交后不得撤销。

4）申购、赎回清单

T 日申购、赎回清单公告内容包括最小申购、赎回单位所对应的组合证券内各成分证券数据、现金代替、T 日预估现金部分、$T-1$ 日现金差额、基金份额净值及其他相关内容。

5. LOF 份额的上市交易及申购与赎回

1）LOF 份额的上市条件

LOF 基金申请在交易所上市应当具备下列条件。

（1）基金的募集符合《证券投资基金法》的规定。

（2）募集金额不少于 2 亿元人民币。

（3）持有人不少于 1 000 人。

（4）交易所规定的其他条件。

2）LOF 份额的交易规则

基金上市首日开盘参考价为上市首日前一交易日的基金份额净值。基金上市后，投资者可在交易时间内通过证券营业部买卖基金份额，以交易系统撮合价成交。LOF 在交易所的交易规则如下。

（1）买入 LOF 申报数量应为 100 份或其整数倍；申报价格最小变动单位为 0.001 元人民币。

（2）深圳证券交易所对 LOF 交易实行涨跌幅限制，涨跌幅比例为 10%，自上市首日起执行。

（3）T 日买入基金份额自 $T+1$ 日起即可在深圳证券交易所卖出或赎回。

（4）投资者卖出基金份额后的资金 $T+1$ 日即可到账，而赎回资金至少 $T+2$ 日到账。

3）LOF 份额的申购、赎回

LOF 份额的场内、场外申购和赎回均采取"金额申购、份额赎回"原则，申购申报单位为一元人民币，赎回申报单位为一份基金份额。

T 日申购的基金份额，自 $T+2$ 日开始在深圳证券交易所卖出或赎回；T 日买入的基金份额，$T+1$ 日可以在深圳证券交易所卖出或者赎回。

4）LOF 份额的跨系统转托管

LOF 份额的转托管包括两种类型：系统内转托管和跨系统转托管。

系统内转托管是指投资者将托管在某证券经营机构的 LOF 份额转托管到其他证券经营机构，或将托管在某基金管理人或其代销机构的 LOF 份额转托管到其他基金代销机构或基金管理人的操作。

跨系统转托管是指基金份额持有人将持有的基金份额在基金注册登记系统和证券登记结算系统之间进行转登记的行为。

6. QDII 基金的申购与赎回

（1）QDII 基金申购和赎回与一般开放式基金申购和赎回大体相似。

①申购和赎回渠道。QDII 基金的申购和赎回渠道与一般开放式基金基本相同，投资者可通过基金管理人的直销中心及代销机构的网点进行 QDII 基金的申购与赎回。基金管理人可根据情况变更或增减代销机构，并予以公告。

②申购与赎回的开放日及时间。与一般开放式基金相同，QDII 基金申购与赎回的开放日也为证券交易所的交易日（基金管理人公告暂停申购或赎回时除外），投资者应当在开

放日的开放时间办理申购和赎回申请。开放时间为9：30—11：30和13：00—15：00。

③申购与赎回的程序、原则、申购份额和赎回金额的确定、巨额赎回的处理办法等都与一般开放式基金类似。

（2）QDII基金申购和赎回与一般开放式基金申购和赎回的区别如下。

①币种。QDII基金申购、赎回的币种为人民币；但基金管理人可以在不违反法律、法规规定的情况下，接受其他币种的申购、赎回，并提前公告。

②拒绝或暂停申购的情形。因为QDII基金主要投资于海外市场，所以拒绝或暂停申购的情形与一般开放式基金有所不同。

4.2.3 基金份额的登记

1. 开放式基金份额登记的概念

开放式基金份额的登记，是指基金注册登记机构通过设立和维护基金份额持有人名册，确认基金份额持有人持有基金份额的事实的行为。

2. 开放式基金登记机构及其职责

依据《证券投资基金法》相关规定，可以从事基金登记业务的机构包括基金管理人或委托经中国证监会认定的其他机构办理。

（1）我国目前开放式基金的登记体系有以下几种模式。

①基金管理人自建登记系统的内置模式。

②委托中国结算公司作为登记机构的外置模式。

③以上两种情况兼有的混合模式。

（2）具有代办基金登记业务资格的机构能接受基金管理人的委托，开办下列业务。

①建立并管理投资者基金份额账户。

②负责基金份额登记，确认基金交易。

③代理发放红利。

④建立并保管基金投资者名册。

⑤基金合同或者登记代理协议规定的其他职责。

3. 基金登记流程

基金份额登记流程实际上是登记机构通过登记系统对基金投资者所投资份额及其变动的确定、记账的过程。这个过程与基金的申购、赎回过程是一致的，具体流程如下。

T日，投资者的申购、赎回申请信息通过代销机构网点传送至代销机构总部，由代销机构总部将本代销机构的申购、赎回申请信息汇总后统一传送至注册登记机构。

$T+1$日，注册登记机构根据T日各代销机构的申购、赎回申请数据及T日的基金份额净值统一进行确认处理，并将确认的基金份额登记至投资者的账户，然后将确认后的申购、赎回数据信息下发至各代销机构。各代销机构再下发至各所属网点。同时，注册登记机构也将登记数据发送至基金托管人。至此，注册登记机构完成对基金份额持有人的基金份额登记。如果投资者提交的信息不符合注册登记的有关规定，最后的确认信息将是投资者申购、赎回失败。

4. 申购、赎回的资金结算

资金结算分清算和交收两个环节。清算是按照确定的规则计算出基金当事各方应收应付的资金数额的行为。交收是基金当事各方根据确定的清算结果进行资金的收付，从而完成整个交易的过程。

目前，我国境内基金申购款一般能在 $T+2$ 日内到达基金的银行存款账户，赎回款一般于 $T+3$ 日内从基金的银行存款划出。货币市场基金一般于 $T+1$ 日即可从基金的银行存款账户划出，最快可在划出当天到达投资者资金账户。

4.3 证券投资基金当事人

4.3.1 证券投资基金份额持有人

基金份额持有人就是基金的投资人，他们是基金收益凭证的持有者，是基金资产的实际所有者。基金份额持有者作为受益人，享有基金资产的一切权利，如基金信息的知情权、表决权和收益权等。

1. 基金份额持有人的权利

根据《中华人民共和国证券投资基金法》第 9 章第 70 条的规定，基金份额持有人享有以下权利。

（1）分享基金财产收益。

（2）参与分配清算后的剩余财产。

（3）依法转让或者申请赎回其持有的基金份额。

（4）按照规定要求召开基金份额持有人大会。

（5）对基金份额持有人大会审议事项行使表决权。

（6）查阅或复制公开披露的基金信息资料。

（7）对基金管理人、基金托管人、基金份额发售机构损害其合法权利的行为依法提起诉讼。

（8）基金合同约定的其他权利。

2. 基金份额持有人的义务

基金份额持有人应当承担以下的义务。

（1）遵守基金契约。

（2）缴纳基金认购款项及规定费用。

（3）承担基金亏损或终止的有限责任。

（4）不从事任何有损基金及其他基金投资人合法权益的活动。

（5）在封闭式基金存续期间，不得要求赎回基金份额；在封闭式基金存续期间，交易行为和信心披露必须遵守法律、法规的有关规定。

（6）法律、法规及基金契约规定的其他义务。

4.3.2　证券投资基金管理人

1. 基金管理人的概念

基金管理人是负责基金发起设立与经营管理的专业性机构。我国《证券投资基金法》规定，基金管理人由依法设立的基金管理公司担任。基金管理公司通常由证券公司、信托投资公司或其他机构等发起成立，具有独立法人地位。基金管理人的目标是受益人利益的最大化，因而，不得出于自身利益的考虑损害基金持有人的利益。

基金管理人是基金的组织者和管理者，在整个基金的运作中起着核心作用。它不仅负责基金的投资管理，而且承担着产品设计、基金营销、基金注册登记、基金估值、会计核算以及客户服务等多方面的职责，基金持有人利益的保护也与基金管理人的行为密切相关。基金管理费是基金管理人的主要收入来源。基金管理人只有以投资者的利益为重，不断使投资者取得满意的投资回报时才能在竞争中立于不败之地。

基金管理人在不同的基金市场，名称有所不同。例如，在英国称为投资管理公司，在美国称为基金管理公司，在日本称为证券投资信托公司，在我国台湾地区称为证券投资信托事业，在我国大陆称为基金管理公司。尽管名称不同，但其职责都是基本一致的，都是运用和管理基金资产，为投资者获取最大收益。

2. 基金管理人的资格

鉴于基金管理公司在证券投资基金运作中的特殊地位和作用，我国对基金管理公司实行较为严格的市场准入管理。我国相关法律规定，基金管理公司的注册资本应不低于1亿元人民币。其主要股东（指出资额占基金管理公司注册资本的比例最高且不低于25％的股东）应当具备下列条件。

(1) 从事证券经营、证券投资咨询、信托资产管理或者其他金融资产管理。

(2) 注册资本不低于3亿元人民币。

(3) 具有较好的经营业绩，资产质量良好。

(4) 持续经营3个以上完整的会计年度，公司治理健全，内部监控制度完善。

(5) 最近3年没有因违法违规行为受到行政处罚或者刑事处罚。

(6) 没有挪用客户资产等损害客户利益的行为。

(7) 没有因违法违规行为正在被监管机构调查，或者正处于整改期间。

(8) 具有良好的社会信誉，最近3年在税收、工商等行政机关以及金融监管、自律管理、商业银行等机构无不良记录。

基金管理公司除主要股东外的其他股东，要求注册资本、净资产应当不低于1亿元人民币，资产质量良好，且具备上述第(4)项～第(8)项规定的条件。

中外合资基金管理公司的境外股东应当具备下列条件。

(1) 为依其所在国家或者地区法律设立、合法存续并具有金融资产管理经验的金融机构，财务稳健，资信良好，最近3年没有受到监管机构或者司法机关的处罚。

(2) 所在国家或者地区具有完善的证券法律和监管制度，其证券监管机构已与中国证监会或者中国证监会认可的其他机构签订证券监管合作谅解备忘录，并保持着有效的监管合作关系。

（3）实缴资本不少于3亿元人民币的等值可自由兑换货币。

（4）经国务院批准的中国证监会规定的其他条件。

3. 基金管理人的职责

依据我国《证券投资基金法》的规定，基金管理人只能由依法设立的基金管理公司担任。基金管理人的职责主要如下。

（1）依法募集基金，办理或者委托经中国证监会认定的其他机构代为办理基金份额的发售、申购、赎回和登记事宜。

（2）办理基金备案手续。

（3）对所管理的不同基金财产分别管理、分别记账，进行证券投资。

（4）按照基金合同的约定确定基金收益分配方案，及时向基金份额持有人分配收益。

（5）进行基金会计核算并编制基金财务会计报告。

（6）编制中期和年度基金报告。

（7）计算并公告基金资产净值，确定基金份额申购、赎回价格。

（8）办理与基金财产管理业务活动有关的信息披露事项。

（9）召集基金份额持有人大会。

（10）保存基金财产管理业务活动的记录、账册、报表和其他相关资料。

（11）以基金管理人的名义，代表基金份额持有人利益行使诉讼权利或者实施其他法律行为。

（12）中国证监会规定的其他职责。

我国《证券投资基金法》还规定，基金管理人不得有下列行为。

（1）将其固有财产或者他人财产混同于基金财产从事证券投资。

（2）不公平地对待其管理的不同基金财产。

（3）利用基金财产为基金份额持有人以外的第三人牟取利益。

（4）向基金份额持有人违规承诺收益或者承担风险。

（5）依照法律、行政法规有关规定，由国务院证券监督管理机构规定禁止的其他行为。

4. 基金管理人的更换条件

我国《证券投资基金法》规定，有下列情形之一的，基金管理人职责终止。

（1）被依法取消基金管理资格。

（2）被基金份额持有人大会解任。

（3）依法解散、被依法撤销或者被依法宣告破产。

（4）基金合同约定的其他情形。

4.3.3 证券投资基金托管人

1. 基金托管人概念

证券投资基金托管人是指根据法律法规要求，在证券投资基金运作中承担资产保管、交易监督、信息披露、资金清算及会计核算等相应职责的当事人。基金托管人又称为基金保管人，通常由有实力的商业银行或信托投资公司担任。

2. 基金托管人的条件

我国《证券投资基金法》相关条款规定，基金托管人必须是由依法设立并取得基金托管资格的商业银行担任。申请取得基金托管资格，应具备以下条件并经中国证监会和中国银监会核准。

（1）净资产和资本充足率符合有关规定。

（2）设有专门的基金托管部门。

（3）取得基金从业资格的专职人员达到法定人数。

（4）有安全保管基金财产的条件。

（5）有安全、高效的清算交割系统。

（6）有符合要求繁荣营业场所、安全防范设施和基金托管业务有关的其他设施。

（7）有完善的内部稽核监控制度和风险控制制度。

（8）法律、行政法规规定的和经国务院批准的中国证监会、中国银监会规定的其他条件。

3. 基金托管人的职责

《证券投资基金法》第29条对基金托管人的职责规定如下。

（1）安全保管基金财产。

（2）按照规定开设基金财产分别设置账户和证券账户。

（3）对所托管的不同基金财产分别设置账户，确保基金财产的完整与独立。

（4）保存基金托管业务活动的记录、账户、报表和其他相关资料。

（5）按照基金合同的约定，根据基金管理人的投资指令，及时办理清算、交割事宜。

（6）办理与基金托管业务活动有关的信息披露事项。

（7）对基金财务会计报表、中期和年度基金报告出具意见。

（8）复核、审查基金管理人计算的基金资产净值和基金份额申购、赎回价格。

（9）按照规定召集基金份额持有人大会。

（10）按照规定监督基金管理人的投资运作。

（11）中国证监会规定的其他职责。

概括而言，基金托管人的职责主要有安全保管基金财产，完成基金资金清算，进行基金会计核算，监督基金投资运作等方面。

4. 基金托管人的更换条件

根据《证券投资基金法》第33条的规定，有下列情形之一的，基金托管人职责终止。

（1）被依法取消基金托管资格。

（2）被基金份额持有人大会解任。

（3）依法解散、被依法撤销或者被依法宣告破产。

（4）基金合同约定的其他情形。

《证券投资基金法》还规定，基金托管人发现基金管理人的投资指令违反法律、行政法规和其他有关规定，或者违反基金合同约定的，应当拒绝执行，立即通知基金管理人，并及时向国务院证券监督管理机构报告。基金托管人发现基金管理人依据交易程序已经生效的投资指令违反法律、行政法规和其他有关规定，或者违反基金合同的，应当立即通知基金管理人，并及时向国务院证券监督管理机构报告。

4.3.4 证券投资基金当事人之间的关系

1. 持有人与管理人

在基金的当事人中，基金份额持有人通过购买基金份额或基金股份，参加基金投资并将资金交给基金管理人管理，享有基金投资的收益权，是基金资产所有者和受益人。基金管理人则是接受基金份额持有人的委托，负责对所筹集的资金进行具体的投资决策和日常管理，并有权委托基金托管人保管基金资产的金融中介机构。因此，基金份额持有人与基金管理人之间的关系是委托人、受益人与受托人的关系，也是所有者和经营者之间的关系。

2. 管理人与托管人

基金管理人与基金托管人的关系是相互制衡的关系。基金管理人由投资专业人员组成，负责基金资产的经营；托管人由主管机关认可的金融机构担任，负责基金资产的保管，依据基金管理机构的指令处置基金资产并监督管理人的投资运作是否合法合规。对基金管理人而言，处理有关证券、现金收付的具体事务交由基金托管人办理，自己就可以专心从事资产的运用和投资决策。基金管理人和基金托管人任何一方违反基金合同或基金公司章程的规定，对方都应当监督并及时制止，直至请求更换违规方。这种相互制衡的运行机制，有利于基金信托财产的安全和基金运用的绩效。

3. 持有人与托管人

基金份额持有人与托管人的关系是托管与受托的关系，即基金份额持有人将基金资产委托给基金托管人保管。对持有人而言，将基金资产委托给专门的机构保管，可以确保基金资产的安全；对基金托管人而言，必须对基金份额持有人负责，监管基金管理人的行为，提高资产的报酬。

4.4 证券投资基金的费用与资产估值

4.4.1 证券投资基金的费用

在基金运作过程中涉及的费用可分为两大类：一类是基金销售过程中发生的由基金投资者自己承担的费用。这类费用主要包括申购费、赎回费及基金转换费。基金销售过程中发生的由基金投资者自己承担的费用不参与基金的会计核算。另一类是基金管理过程中发生的费用。主要包括基金管理费、基金托管费、信息披露费等。基金管理过程中发生的费用由基金资产承担。对于不收取申购、赎回费的基金，还可以按照不高于0.25%的比例从基金资产中计提一定的费用，专门用于本基金的销售和对基金持有人的服务。

1. 管理费

基金管理人管理基金资产而向基金收取的费用为基金管理费。基金管理费通常按照每个估值日基金净资产的一定比率（年率）逐日计提，累计至每月月底，按月支付。基金管理费率的大小通常与基金规模成反比，与风险成正比。基金规模越大，风险越小，管理费率就越低；反之，则越高。

从基金类型看，证券衍生工具基金管理费率最高。如认股权证基金的管理费率约为1.5%～2.5%；股票基金约为1%～1.5%；债券基金约为0.5%～1.5%；货币市场基金约为0.25%～1%。目前，我国股票基金大部分按照1.5%的比例计提基金管理费，债券基金的管理费率一般低于1%，货币市场基金的管理费率为0.33%。

基金管理费通常从基金的股息、利息收益或从基金资产中扣除，不另向投资者收取。

2. 托管费

基金托管人为基金提供托管服务而向基金收取的费用称为基金托管费用。托管费通常按照基金资产净值的一定比率提取，逐日计算并累计，按月支付给托管人。托管费从基金资产中提取，费率也会因基金种类不同而异。通常基金规模越大，基金托管费率越低。基金托管费年费率国际上通常为0.2%左右。目前，我国封闭式基金按照0.25%的比例计提基金托管费；开放式基金根据基金合同的规定比例计提，通常低于0.25%；股票型基金的托管费率要高于债券基金及货币市场基金的托管费率。我国规定，基金托管人可磋商酌情调低基金托管费，经中国证监会核准后公告，无须为此召开基金持有人大会。

3. 其他费用

1）基金销售服务费

基金销售服务费目前只有货币市场基金和一些债券型基金收取。费率大约为0.25%。收取销售服务费的基金通常不收申购费。

目前，我国的基金管理费、基金托管费及基金销售服务费均是按前一日基金资产净值的一定比例逐日计提，按月支付。计算方法为

$$H = E \times R \div 365$$

式中，H——每日计提的费用；

　　　E——前一日的基金资产净值；

　　　R——费率。

2）基金交易费

基金在进行证券买卖交易时所发生的相关交易费用称为基金交易费。目前，我国证券投资基金的交易费用主要包括印花税、交易佣金、过户费、经手费、证管费。交易佣金由证券公司按成交金额的一定比例向基金收取，印花税、过户费、经手费、证管费等则由登记公司或交易所按有关规定收取。参与银行间债券交易的，还需向中央国债登记结算有限责任公司支付银行间账户服务费，向全国银行间同业拆借中心支付交易手续费等服务费用。

3）基金运作费

基金运作费指为保证基金正常运作而发生的应由基金承担的费用，包括审计费、律师

费、上市年费、信息披露费、分红手续费、持有人大会费、开户费、银行汇划手续费等。按照有关规定，发生的这些费用如果影响基金份额净值小数点后第 5 位的，即发生的费用大于基金净值的十万分之一，应采用预提或待摊的方法计入基金损益。发生的费用如果不影响基金份额净值小数点后第 5 位的，即发生的费用小于基金净值的十万分之一，应于发生时直接计入基金损益。

4.4.2 证券投资基金资产估值

1. 基金资产净值

基金份额净值是计算投资者申购基金份额、赎回资金的基础，也是评价基金投资业绩的基础指标之一，是指在某一时点某一证券投资基金每一基金单位代表的基金资产的净值。用公式表示为

$$基金资产净值 = 基金资产 - 基金负债$$
$$基金份额净值 = 基金资产净值 ÷ 基金总份额$$

其中，基金资产是指基金拥有的所有资产（包括股票、债券、银行存款和其他有价证券等）按照公允价格计算的资产总额。基金负债是指基金运作及融资时所形成的负债，包括应付给他人的各项费用、应付资金利息等。基金总份额是指当时发行在外的基金份额总量。

2. 基金资产估值

基金资产估值是指通过对基金所拥有的全部资产及所有负债按一定的原则和方法进行估算，进而确定基金资产公允价值的过程。

1）基金资产估值的目的

基金资产估值的目的是客观、准确地反映基金资产的价值。

2）基金资产估值对象

基金资产估值的对象为基金依法拥有的各类资产，如股票、债券、权证等。

3）基金资产估值日的确定

基金管理人应于每个交易日当天对基金资产进行估值。

4）基金资产估值需考虑的因素

（1）估值频率。基金一般按照固定的时间间隔对基金资产进行估值，通常监管法规会规定一个最小的估值频率。对于开放式基金而言，估值的时间通常与开放申购、赎回的时间一致。目前，我国的开放式基金于每个交易日估值，并于次日公告基金份额净值。封闭式基金每周披露一次基金份额净值，但每个交易日也都进行估值。

（2）交易价格。当基金只投资于交易活跃的证券时，对其资产进行估值较为容易。这种情况下，市场交易价格是可接受的，也是可信的，直接采用市场交易价格就可以对基金资产估值。当基金投资于交易不活跃的证券时，资产估值问题则要复杂得多。在这种情况下，基金持有的证券要么没交易价格，要么交易价格不可信。

（3）价格操纵及滥估问题。在对基金资产估值时还需注意价格操纵和滥估问题。对流动性差的债券及问题证券进行估值时需要有主观判断，此时的主观判断如果由基金管理人

来作出，便为滥估提供了机会。要避免基金资产估值时出现价格操纵及滥估现象，需要监管当局颁布更为详细的估值规则来规范估值行为，或者由独立第三方进行估值。

（4）估值方法的一致性及公开性。估值方法的一致性是指基金在进行资产估值时均应采取同样的估值方法，遵守同样的估值规则；估值方法的公开性是指基金采用的估值方法需要在法定募集文件中公开披露。假若基金变更了估值方法，也需及时进行披露。

5）基金资产估值程序

（1）基金份额净值是按照每个开放日闭市后，基金资产净值除以当日基金份额的余额数量计算。

（2）基金日常估值由基金管理人进行。基金管理人每个工作日对基金资产估值后，将基金份额净值结果发给基金托管人。

（3）基金托管人进行复核，复核无误后签章返回给基金管理人，由基金管理人对外公布，并由基金注册登记机构根据确认的基金份额净值计算申购、赎回数额。月末、年中和年末估值复核与基金会计账目的核对同时进行。

6）基金资产估值基本原则

按照《企业会计准则》和中国证监会相关规定，估值的基本原则如下。

（1）对存在活跃市场的投资品种，如估值日有市价的，应采用市价确定公允价值。

（2）对不存在活跃市场的投资品种，应采用市场参与者普遍认同且被以往市场实际交易价格验证具有可靠性的估值技术确定公允价值。

（3）有充足理由表明按以上估值原则仍不能客观反映相关投资品种的公允价值的，基金管理公司应根据具体情况与托管银行进行商定，按最能恰当反映公允价值的价格估值。

7）具体投资品种的估值方法

（1）交易所上市、交易品种的估值。通常情况下，交易所上市的有价证券以其估值日在证券交易所挂牌的市价即收盘价估值；交易所上市的债券按估值日收盘净价估值；交易所上市不存在活跃市场的有价证券，采用估值技术确定公允价值。交易所以大宗交易方式转让的资产支持证券，采用估值技术确定公允价值，在估值技术难以可靠计量公允价值的情况下，按成本进行后续计量。

（2）交易所发行未上市品种的估值。首次发行未上市的股票、债券和权证，采用估值技术确定公允价值，在估值技术难以可靠计量公允价值的情况下按成本计量；送股、转增股、配股和公开发行新股等发行未上市股票，按交易所上市的同一股票的市价估值；首次公开发行有明确锁定期的股票，同一股票在交易所上市后，按交易所上市的同一股票的市价估值。

（3）交易所停止交易等非流通品种的估值。因持有股票而享有的配股权，从配股除权日起到配股确认日止，如果收盘价高于配股价，按收盘价高于配股价的差额估值，收盘价等于或低于配股价，则估值为零；对停止交易但未行权的权证，一般采用估值技术确定公允价值；对于因重大特殊事项而长期停牌股票的估值，需要按估值基本原则判断是否采用估值技术。

（4）全国银行间债券市场交易的债券、资产支持证券等固定收益品种，采用估值技术确定公允价值。

8）基金资产估值计价错误的处理及责任承担

当估值或份额净值计价错误实际发生时，基金管理公司应立即纠正，及时采取合理措施防止损失进一步扩大；当基金份额净值计价错误达到或超过基金资产净值的 0.25％时，基金管理公司应及时向监管机构报告；当计价错误达到 0.5％时，基金管理公司应当公告并向监管机构备案。

基金管理公司和托管银行未能遵守相关法律法规规定或基金合同约定，在进行基金估值、计算或复核基金份额净值的过程中，给基金财产或基金份额持有人造成损害的，应分别对各自行为依法承担赔偿责任或承担连带赔偿责任。

9）基金资产估值暂停的情形

基金管理人虽然必须按规定对基金净值资产进行估值，但遇到下列特殊情况，可以暂停估值。

（1）基金投资所涉及的证券交易所遇法定节假日或因其他原因暂停营业时。

（2）因不可抗力或其他情形致使基金管理人、基金托管人无法准确评估基金资产价值时。

（3）占基金相当比例的投资品种的估值出现重大转变，而基金管理人为保障投资人的利益，已决定延迟估值。

（4）如出现基金管理人认为属于紧急事故的任何情况，会导致基金管理人不能出售或评估基金资产的。

（5）中国证监会和基金合同认定的其他情形。

4.5 基金的收益、风险与信息披露

4.5.1 证券投资基金的收益

1. 证券投资基金的收益构成

基金在一定会计期间的经营成果即为基金收益。收益包括收入减去费用的净额、直接计入当期利润的得失和损失等。其组成有以下几个部分。

（1）利息收入。利息收入具体包括债券利息收入、资产支持证券利息收入、存款利息收入、买入返售金融资产收入等。

（2）投资收益。投资收益具体包括股票投资收益、债券投资收益、资产支持证券投资收益、基金投资收益、衍生工具收益、股利收益等。

（3）其他收入。其他收入即指赎回费扣除基本手续费后的余额、手续费返还、ETF替代损益以及基金管理人等机构为弥补基金财产损失而支付给基金的赔偿款项等。

（4）公允价值变动损益。公允价值变动损益指基金持有的采用公允价值模式计量的交易性金融资产、交易性金融负债等公允价值变动形成的应计入当期损益的利得或损失，一般于估值日对基金资产按公允价值估值时予以确定。

（5）基金的费用。

基金的费用是指基金在日常投资经营活动中发生的、会导致所有者权益减少的、与向

基金持有人分配利润无关的经济利益的总流出。具体包括管理人报酬、托管费、销售服务费、交易费用、利息支出和其他费用等。

2. 证券投资基金的收益分配

1）基金收益分配对基金份额净值的影响

基金进行收益分配会导致基金份额净值的下降，但这并不造成基金份额持有人的投资损失，基金份额净值的减少的部分是得到分红的补偿。

2）封闭式基金的收益分配

《证券投资基金运作管理办法》第35条规定，封闭式基金的收益分配，每年不得少于一次，封闭式基金年度收益分配比例不得低于基金年度已实现收益的90%。封闭式基金当年收益应先弥补上一年亏损，然后才可进行当年分配。封闭式基金一般采用现金方式分红。

3）开放式基金的收益分配

我国开放式基金按照规定需在基金合同中约定基金收益分配的最多次数和基金收益分配的最低比例。开放式基金当年利润应先弥补上一年度亏损，然后才可进行当年分配。

开放式基金有现金分红和分红再投资转换为基金份额两种分红方式。《证券投资基金运作管理办法》第36条规定，基金收益分配应当采用现金方式。

4）货币市场基金的收益分配

《货币市场基金管理暂行规定》第9条规定，对于每日按照面值进行报价的货币市场基金，可以在基金合同中将收益分配的方式约定为红利再投资，并应当每日进行收益分配。

货币市场基金每周五进行分配时，将同时分配周六和周日的收益；每周一至周四进行分配时，则仅对当日收益进行分配。投资者于周五申购或转换转入的基金份额不享有周五和周六、周日的收益，投资者于周五赎回或转换转出的基金份额享有周五和周六、周日的收益。节假日的利润计算基本与在周五申购或赎回的情况相同。

4.5.2 证券投资基金投资风险

证券投资基金是一种集中资金、专家管理、分散投资、降低风险的投资工具，但投资者投资基金仍会面临一定的风险。投资者投资证券投资基金，面临的风险主要包括：市场风险、管理能力风险、技术风险、巨额赎回风险以及其他风险。

1. 市场风险

市场风险是指受基金因证券市场环境的影响而产生的各种风险。这是因为基金主要投资于证券市场，证券市场价格会因经济因素、政治因素、投资心理和交易制度等各种因素的影响而产生波动，导致基金收益水平和净值发生变化，收益水平和基金净值的变化必然或多或少地给基金投资者带来风险。

证券市场风险主要包括政策风险、经济周期风险、利率风险、购买力风险、产业风险、信用风险、上市公司经营风险、流动性风险、国际竞争风险等。

2. 管理能力风险

管理能力风险是指基金因为管理人和基金托管人的管理水平、管理手段和管理技术等因素，而影响基金收益水平，从而给基金投资者带来的风险。

3. 技术风险

技术风险是指在基金的后台运作中，可能因为技术系统的故障或者差错而影响交易的正常进行甚至导致基金份额持有人利益受到影响。这种技术风险可能来自基金管理人、基金托管人、注册登记人、销售机构、证券交易所和证券登记结算机构等。

4. 巨额赎回风险

巨额赎回风险是开放式基金所特有的风险。如果因为市场剧烈波动或其他原因而连续出现巨额赎回的情况，并导致基金管理人出现现金支付困难，基金投资者申请赎回基金份额，可能会遇到部分顺延赎回或暂停赎回等风险。

5. 其他风险

战争、自然灾害等不可抗力的出现，可能严重影响证券市场的运行，从而导致基金财产的损失。而且，其他意外情况也会给基金的正常运行和基金持有人的基金资产带来风险。

4.5.3 证券投资基金信息披露的内容

1. 证券投资基金信息披露的含义和作用

1）证券投资基金信息披露的含义

证券投资基金信息披露是指基金市场上的有关当事人在基金募集、上市交易、投资运作等一系列环节中，依照法律法规规定向社会公众进行的信息披露。

2）证券投资基金信息披露的作用

依靠强制性信息披露，培育和完善市场运行机制，增强市场参与各方对市场的理解和信心，是世界各国证券市场监管的普遍做法，基金市场作为证券市场的组成部分也不例外。基金信息披露的作用主要表现在以下几个方面。

（1）有利于投资者的价值判断。在基金份额的募集过程中，基金招募说明书等募集信息披露文件向公众投资者阐明了基金品种的风险收益特征安排，投资者能据以选择适合自己风险偏好和收益预期的基金产品。在基金运作过程中，通过充分披露基金投资组合、历史业绩和风险状况等信息，现有基金份额持有人可以评价基金经理的管理水平，了解基金投资是否符合基金合同的承诺，从而判定该基金产品是否值得继续持有。

（2）有利于防止利益冲突与利益输送。资本市场的基础是信息披露，监管的主要内容之一就是对信息披露的监管。相对于实质性审查制度，强制性信息披露的基本推论是投资者的信息弱势地位，增加资本市场的透明度，防止利益冲突与利益输送，增加对基金运作的公众监督，限制和阻止基金管理不当和欺诈行为的发生。

（3）有利于提高证券市场的效率。由于现实中证券市场的信息不对称问题，使投资者无法对基金进行有效甄别，也无法有效克服基金管理人的道德风险，高效率的基金无法吸引到足够的资金进行投资，不能形成合理的资金配置机制。通过强制性信息披露，能迫使隐藏的信息得以及时和充分的公开，从而消除逆向选择和道德风险等问题带来的低效无序状况，提高证券市场的有效性。

（4）有效防止信息滥用。如果法规不对基金信息披露进行规范，任由不充分、不及时、虚假的信息得以传播，那么市场上便会充斥着投资决策，甚至给基金运作带来致命性打击，这将不利于整个行业的长远发展。

2. 证券投资基金信息披露的原则

证券投资基金信息披露的原则可以从内容方面的实质性要求和形式方面的技术性要求两个方面进行区分，分别为实质性原则和形式性原则。实质性原则包括真实性原则、准确性原则、完整性原则、及时性原则和公平性原则；形式性原则包括规范性原则、易解性原则和易得性原则。

1）披露内容方面应遵循的基本原则

（1）真实性原则。真实性原则是基金信息披露最根本、最重要的原则，它要求披露的信息应当反映客观现实，不能有对信息进行任何扭曲或者粉饰的行为。

（2）准确性原则。准确性原则要求用精确的语言披露信息，在内容和表达形式上不使人误解，也不得玩弄文字游戏使用模棱两可的语言。

（3）完整性原则。完整性原则要求披露所有可能影响投资者决策的信息，在披露某一具体信息时必须对该信息的所有重要方面进行充分的披露，不仅要披露对信息披露义务人有利的信息，更要披露对信息披露义务人不利的各种风险因素。

（4）及时性原则。及时性原则要求以最快的速度公开信息，体现在基金管理人应在法定期限内披露基金招募说明书、定期报告等文件，在重大事件发生之日起两日内披露临时报告。

（5）公平披露原则。公平披露原则要求将信息向市场上所有的投资者平等公开地披露，而不仅向个别机构或投资者披露。

2）披露形式方面应遵循的基本原则

（1）规范性原则。规范性原则要求基金信息必须按照法定的内容和格式进行披露，以保证披露信息的可比性。

（2）易解性原则。易解性原则要求信息披露的表述应当简明扼要、通俗易懂，避免使用冗长、技术性用语。

（3）易得性原则。易得性原则要求公开披露的信息易为一般公众投资者获取。

3. 证券投资基金信息披露的内容

我国《证券投资基金法》第60条规定，基金管理人、基金托管人和其他基金信息披露义务人应当依法披露基金信息，并保证所披露信息的真实性、准确性和完整性。

根据《证券投资基金法》的规定，基金管理人、基金托管人和其他基金信息披露义务人应当对以下信息进行披露。

（1）基金招募说明书、基金合同、基金托管协议。

（2）基金募集情况。

（3）基金份额上市交易公告书。

（4）基金资产净值、基金份额净值。

（5）基金份额申购、赎回价格。

（6）基金财产的资产组合季度报告、财务会计报告及中期和年度基金报告。

（7）临时报告。

（8）基金份额持有人大会决议。

（9）基金管理人、基金托管人的专门基金托管部门的重大人事变动。

（10）涉及基金管理人、基金财产、基金托管业务的诉讼。

（11）依照法律、行政法规的有关规定，由国务院证券监督管理机构规定应予披露的其他信息。

为了防止信息误导给投资者造成损失，保护公众投资者的合法权益，维护证券市场的正常秩序，根据《证券投资基金法》的规定，基金信息披露义务人在公开披露基金信息时，不得有下列行为。

（1）虚假记载、误导性陈述或者重大遗漏。虚假记载是指信息披露人将不存在的事实在基金信息披露文件中予以记载的行为；误导性陈述是指使投资者对基金投资行为发生错误判断并产生了重大影响的表述；重大遗漏是指披露中存在应披露而未披露的信息，以至于影响投资者做出正确决策。此类行为属于侵害投资者合法权益的、严重的违法犯罪行为。

（2）对证券投资业绩进行预测。对于证券投资基金，其投资领域横跨资本市场和货币市场，投资范围涉及股票、债券、货币市场工具等金融产品，基金的各类投资标的由于受各种经济条件及因素影响，其风险收益变化存在一定的随机性。因此，对基金的证券投资业绩水平进行预测，不科学的应予以禁止。

（3）违规承诺收益或者承担损失。基金是存在一定投资风险的金融产品，投资者应根据自己的收益偏好和风险承受能力，审慎选择基金品种，即所谓"买者自慎"。在基金信息披露中承诺收益或承担损失，这将被视为是对投资者的诱骗及进行不正当竞争。

（4）诋毁其他基金管理人、基金托管人或者基金份额发售机构。基金管理人、托管人或基金销售机构对其他同行进行诋毁、攻击，借以抬高自己，则将被视为违反市场公平原则，扰乱市场秩序，构成了不正当竞争行为。

（5）依照法律、行政法规有关规定，由国务院证券监督管理机构规定禁止的其他行为。

4.5.4　证券投资基金信息披露的分类

证券投资基金信息披露大致可分为基金募集信息披露、运作信息披露和临时信息披露。

1. 基金募集信息披露

基金募集信息披露可分为首次募集信息披露和存续期募集信息披露。

首次募集信息披露主要包括基金份额发售前至基金合同生效期间进行的信息披露。在此期间，基金管理人需要编制并披露招募说明书、基金合同、托管协议、基金份额发售公告等文件。在基金将验资报告提交中国证监会基金备案手续后，基金还应当编制并披露基金合同生效公告。

存续期募集信息披露主要是指开放式基金在基金合同生效后每6个月披露一次更新的招募说明书。

2. 基金运作信息披露

基金运作信息披露文件包括：基金份额上市交易公告书、基金资产净值和份额净值公告、基金年度报告、半年度报告、季度报告。其中，基金年度报告、半年度报告和季度报告统称为基金定期报告。

3. 基金临时信息披露

基金临时信息披露主要是指在基金存续期间，当发生重大事件或市场上流传误导性信息，可能引致对基金份额持有人权益或基金份额价格产生重大影响时，基金信息披露义务人依法对外披露临时报告或澄清公告。

4.6 证券投资基金的投资

4.6.1 证券投资基金的投资范围

我国《证券投资基金法》规定，基金财产应当用于下列投资：①上市交易的股票、债券；②国务院证券监督管理机构规定的其他证券品种。因此，证券投资基金的投资范围为股票、债券等金融工具。

目前我国的基金主要投资与国内依法公开发行上市的股票、非公开发行股票、国债、企业债券和金融债券、公司债券、货币市场工具、资产支持证券、权证等。

4.6.2 证券投资的限制

对证券投资基金进行投资限制，主要是出于以下目的的考虑：一是引导基金份额分散投资，降低风险；二是避免基金操纵市场；三是发挥基金引导市场的积极作用。

目前，对证券投资基金的限制主要包括对基金投资范围的限制、投资比例的限制等方面。我国《证券投资基金法》规定，基金财产不得用于以下投资或者活动。

（1）承销证券。

（2）向他人贷款或者提供担保。

（3）从事承担无限责任的投资。

（4）买卖其他基金份额，但是国务院另有规定的除外。

（5）向其基金管理人、基金托管人出资或者买卖基金管理人、基金托管人发行的股票或者债券。

（6）买卖与其基金管理人、基金托管人有控股关系的股东或者与其基金管理人、基金托管人有其他重大利害关系的公司发行的证券或者承销期内承销的证券。

（7）从事内幕交易、操纵证券交易价格及其他不正当的证券交易活动。

（8）依照法律、行政法规有关规定，由国务院证券监督管理机构规定禁止的其他活动。

根据《证券投资基金运作管理办法》及有关规定，基金投资应符合以下有关方面的规定：股票基金应有 60％以上的资产投资于股票，债券基金应有 80％以上的资产投资于债券；货币市场基金仅投资于货币市场工具，不得投资于股票、可转债、剩余期限超过 397 天的债券、信用等级在 AAA 级以下的企业债、国内信用等级在 AAA 级以下的资产支持证券、以定期存款利率为基准利率的浮动利率债券；基金不得投资于有锁定期但锁定期不明确的证券。货币市场基金、中短债基金不得投资于流通受限证券。封闭式基金投资于流通受限证券的锁定期不得超过封闭式基金的剩余存续期；基金投资的资产支持证券必须在全国银行间债券交易市场或证券交易所交易。

此外，基金管理人运用基金财产进行证券投资，不得有下列情形：①一只基金持有一家上市公司的股票，其市值超过基金资产净值的 10％；②同一基金管理人管理的全部基金持有一家公司发行的证券，超过该证券的 10％；③基金财产参与股票发行申购，单只基金所申报的金额超过该基金的总资产，单只基金所申报的股票数量超过拟发行股票公司本次发行股票的总量；④违反基金合同关于投资范围投资策略和投资比例等约定；⑤中国证监会规定禁止的其他情形。完全按照有关指数的构成比例进行证券投资的基金品种可以不受第①、②项规定的比例限制。

本 章 小 结

证券投资基金（简称"基金"）是指通过发售基金份额，将众多投资者的资金集中起来，形成独立财产，由基金托管人托管，基金管理人管理，以投资组合的方式进行证券投资的一种利益共享、风险共担的集合投资方式。基金的投资者是基金的所有者。封闭式基金是指基金份额在基金合同期限内固定不变，基金份额可以在依法设立的证券交易所交易，但基金份额持有人不得申请赎回的一种基金运作方式。封闭式基金又称为固定式投资基金。开放式基金是指基金份额不固定，基金份额可以在基金合同约定的时间和场所进行申购或者赎回的一种基金运作方式。开放式基金是基金管理公司在设立基金时，发行基金单位的总份额不固定，可以根据市场供求情况发行新份额或者被投资者赎回的投资基金。契约型基金又称为单位信托基金，是指把投资者、管理人、托管人三者作为基金的当事人，通过签订基金契约的形式，发行受益凭证而设立的一种基金。公司型基金是按照公司法以公司形态组成的，该基金公司以发行股份的方式募集资金，一般投资者则为认购基金而购买该公司的股份，也就成为该公司的股东，凭其持有的股份依法享有投资收益。这种基金要设立董事会，重大事项由董事会讨论决定。公募基金是指可以面向社会公众公开发售的一类基金。其主要特征有：可以面向社会公众公开发售基金份额和宣传推广，基金募集对象不固定；投资金额要求低，适宜中小投资者参与；必须遵守基金法律和法规的约束，并接受监管部门的严格监管。私募基金则是只能采取非公开方式，面向特定投资者募集发售的基金。与公募基金相比，私募基金不能进行公开的发售和宣传推广，投资金额要求高，投资者的资格和人数常常受到严格的限制。

习 题

一、名词解释

证券投资基金 开放式基金 封闭式基金 ETF基金 LOF基金 基金管理人 基金托管人 基金信息披露 市场风险

二、简答题

1. 证券投资基金有哪些特点？
2. 简述证券投资基金与股票、债券的区别。
3. 简述契约型基金与公司型基金的区别。
4. 简述开放式基金与封闭式基金的异同。
5. 简述证券投资基金当事人之间的关系。
6. 证券投资基金有哪些费用？
7. 简述证券投资基金的收益与分配原则。
8. 证券投资基金有哪些风险？

三、案例分析题

牛顿赔上了10年薪水

大名鼎鼎的牛顿曾做过一个疯狂的股民。1711年，为赚取蕴藏在南美东部海岸的巨大财富，有着英国政府背景的英国南海公司成立，并发行了最早的一批股票。当时人人都看好南海公司，其股票价格从1720年1月的每股128英镑左右，很快增值，涨幅惊人。这时候牛顿恰巧获得了一笔款，加上他个人的一些积蓄，看到如此好利好的消息，就在当时4年投入约7 000英镑购买了南海公司股票。很快他的股票就涨起来了，仅仅两个月左右，比较谨慎的牛顿把这些股票卖掉后，竟然赚了7 000英镑！

但是刚刚卖掉股票，牛顿就后悔了，因为到了7月，股票价格达到了1 000英镑，几乎增值了8倍。经过"认真"地考虑，牛顿决定加大投入。然而此时的南海公司已经出现了经营困境，公司股票的真实价格与市场价格脱钩严重，此前的6月英国国会通过了"反泡沫公司法"，对南海公司等企业进行限制。没过多久，南海股票一落千丈，到了12月最终跌为约124英镑，南海公司总资产严重缩水。许多投资人血本无归，牛顿也未及脱身，亏了2万元英镑！这笔钱对于牛顿无疑是一笔巨款，牛顿曾做过英格兰皇家造币厂厂长的高薪职位，年薪也不过2 000英镑，事后，牛顿感到自己枉为科学界名流，竟然测不准股市的走向，感慨地说："我能计算出天体运行的轨迹，却难以预料到人们的疯狂。"

毋庸讳言，牛顿是其所在领域的天才人物，但不是股市中的高手。他从炒股的经历中可以看出，投资成功需要非常专业的特殊素质，纵然是在其他领域有极大建树的成功者，在股市中却未必能胜任投资理财之职。投资绝不能冲动，来回换手追涨杀青看似积极主动，其实可能正好被市场打了正反两个耳光，股市远比想象的要复杂得多。股市投资需要能战胜自己人性的种种弱点：贪婪、恐惧、急躁……君不见多少散户辛苦搏杀数年依旧徒劳无功，对大多数人而言要想直接从股市中致富不是件靠谱的事。

那为什么人们可以选择信赖基金呢？因为基金除了在股票基本面研究、上市公司实施调研考察上具有散户不可比拟的专业优势外，在控制人性心理弱点方面同样具有很强的相对优势。一方面，基金经理的专业素养较高，对长期价值投资理念的接受程度也更高，有了坚定的投资理念，就能比常人更容易控制和克服人性的弱点；另一方面，基金公司拥有严密、规范、科学的投资流程，即使某个基金经理一时难以控制自己的人性弱点，也可以通过这个严格的投资流程最大限度的消除其危害。而且由于基金动辄以亿计的操作方式与散户的零散资金操作迥然不同，基金的风险意识和投资决策前的全面考虑都会强于散户，这也是基金投资可以有效控制人性弱点的重要原因之一。

不能克服人性的弱点，做不好股票投资不要紧，生于现代社会的投资者比牛顿要幸运得多，现代投资者还可以选择依靠基金进行投资理财。基金的出现可以说是绝大多数普遍投资者的福音。"知人者智，自知者明"，既然已经意识到自己很难具备控制或减轻人性弱点影响的能力，那就精心挑选一只长期业绩表现出色的基金，从此远离市场涨跌的困扰吧。为什么要选择基金？因为许多人长期投资基金的结果足以表明，这种选择是明智的。

（案例来源：中美财经资讯网，2009 年 9 月）

案例问题：

（1）根据案例分析，绝顶聪明的牛顿投资巨亏的原因是什么？

（2）根据案例分析，假设 1720 年有一只 ABC 基金，也投资了南海公司，那么这个基金当时会不会和牛顿一样亏得血本无归？

（3）根据案例分析，基金相对普遍投资者在投资股票时具有哪些优势？

第 **5** 章 金融衍生工具

教学目标

通过本章的学习，理解金融衍生品的概念、特征及基本功能，了解金融衍生品的最新发展趋势，理解期货交易的概念和特征，掌握期货交易的分类，熟悉期货交易机制，理解并掌握期权的概念和分类，熟悉看涨期权和看跌期权的计算，了解我国权证的相关知识。

教学要求

知识要点	能力要求	相关知识
金融衍生品概述	(1) 金融衍生品概念及特征的理解能力 (2) 金融衍生品基本功能的理解和概括能力 (3) 了解金融衍生品的最新发展趋势	(1) 金融衍生品的概念及特征 (2) 金融衍生品的基本功能 (3) 金融衍生品的最新发展趋势
期货市场	(1) 理解期货交易的概念和特征 (2) 掌握期货交易的分类 (3) 熟悉期货交易制度	(1) 期货交易的概念、特征及分类 (2) 期货交易与现货交易、远期交易的比较 (3) 期货交易制度
期权市场	(1) 期权的概念及种类的理解与掌握能力 (2) 理解期货和期权的区别 (3) 了解我国权证的含义、分类、权证的价值等	(1) 期权的概念及种类 (2) 期货和期权的区别 (3) 权证：权证的概念、分类、价值等

> 行情总在绝望中诞生，在半信半疑中成长，在憧憬中成熟，在希望中毁灭。
>
> ——约翰·邓普顿(John Templeton)

 基本概念

期货合约　期货交易　远期交易　双向交易　对冲机制　保证金交易制度　看涨期权　看跌期权　认股权证　认沽权证　备兑权证　套期保值　价格发现　投机交易

导入案例

巧 用 资 源

在美国一个农村，住着一个老头，他的老伴早早就去世。他有 3 个儿子。大儿子、二儿子都在部队服役，只有小儿子和他在一起父子相依为命。

突然有一天，一个人找到老头，对他说："老人家，我想把你的小儿子带到城里去工作。"

老头气愤地说："不行，绝对不行，你滚出去吧！"

这个人又说："如果我在城里给你儿子找的对象，也就是你未来的儿媳妇是盖茨的女儿呢？"

老头想了想，终于让这件事打动了。

过了几天，这个人找到了美国首富——微软总裁盖茨，对他说："尊敬的盖茨先生，我想给你的女儿找对象。"

盖茨说："快滚出去吧！"

这个人又说："如果我给你女儿找的对象，也就是你未来的女婿是通用公司的副总裁，可以吗？"

盖茨同意了。

又过了几天，这个人找到了通用公司总裁，对他说："尊敬的总裁先生，你应该马上任命一个副总裁！"

总裁先生摇头说："不可能，这里这么多副总裁，我为什么还要任命一个副总裁呢，而且必须马上？"

这个人说："如果你们任命的这个副总裁是盖茨的女婿，可以吗？"

总裁先生当然同意了。

点评

思维的创新使一切都有可能，创新带来资源的最佳配置，带来了社会财富。

5.1 金融衍生工具概述

近 30 年来，衍生产品市场的快速崛起成为市场经济史中最引人注目的事件之一。过去，通常把市场区分为商品(劳务)市场和金融市场，进而根据金融市场工具的期限特征把金融市场分为货币市场和资本市场。衍生产品的普及改变了整个市场结构：它们连接起传统的商品市场和金融市场，并深刻地改变了金融市场与商品市场的截然划分；衍生产品的期限可以从几天扩展至数十年，已经很难将其简单地归入货币市场或是资本市场；其杠杆交易特征撬动了巨大的交易量，它们无穷的派生能力使所有的现货交易都相形见绌；衍生工具最令人着迷的地方还在于其强大的构造特性，不但可以用衍生工具合成新的衍生产品，还可以复制出几乎所有的基础产品。它们所具有的这种不可思议的能力已经改变了"基础产品决定衍生工具"的传统思维模式，使基础产品与衍生产品之间的关系成为不折不扣的"鸡与蛋孰先孰后"的不解之谜。

2007 年 10 月以来，起源于美国的信贷危机波及全球金融市场，并进而将全球经济带入下降轨道。美联储估计原本规模约 1 000 亿美元的美国次级贷款何以最终波及大量金融机构，最终放大为一场"海啸"呢？很多人将其归咎于金融衍生产品的泛滥和难以估值、无法约束。早在 2002 年，巴菲特就在其致股东信中断言衍生产品是"魔鬼"、"定时炸弹"，甚至是"大规模杀伤武器"。

要论衍生产品功过，还是要坚持一分为二的辨证立场。衍生产品所具有的灵活方便、设计精巧、高效率等特征的确是风险管理和金融投资的利器，不能因为引致金融"海啸"就彻底否定它，对它的研究和运用都还需要进一步深化；同时，也必须看到，对微观个体分散风险有利的衍生工具并没有从根本上消除金融风险的源头，反而可能引起风险总量的净增长，在特定条件下就可能酝酿出巨大的金融灾难。因此，强化对金融衍生产品的政府监管、信息披露以及市场参与者的自律将是必要之举。

5.1.1　金融衍生工具的分类

随着金融创新的发展，金融衍生工具经过衍生再衍生、组合再组合的螺旋式发展，品种不断增加。按照基础工具的种类的不同，金融衍生工具有不同的分类。

1. 按照产品形态分类

根据产品形态，金融衍生工具可分为独立衍生工具和嵌入式衍生工具。

（1）独立衍生工具。这是指本身即为独立存在的金融合约，例如期权合约、期货合约或者互换交易合约等。

（2）嵌入式衍生工具（Embedded Derivatives）。这是指嵌入到非衍生合同（简称"主合同"）中的衍生金融工具，该衍生工具使主合同的部分或全部现金流量将按照特定利率、金融工具价格、汇率、价格或利率指数、信用等级或信用指数，或类似变量的变动而发生调整，例如目前公司债券条款中包含的赎回条款、返售条款、转股条款、重设条款等。

2. 按照金融衍生工具自身交易方法分类

（1）金融远期（Forwards），指合约双方同意在未来日期按照协定价格交换金融资产的合约。金融远期合约规定了将来交换的资产、交换的日期、交换的价格和数量，合约条款因合约双方的需要不同而不同。金融远期合约主要有远期利率协议、远期外汇合约、远期股票合约等。

（2）金融期货（Financial Futures），指买卖双方在有组织的交易所内以公开竞价的形式达成的，在将来某一特定时间交收标准数量特定金融工具的协议，主要包括货币期货、利率期货和股权类期货 3 种。

（3）金融期权（Financial Options），指合约双方按约定价格，在约定日期内就是否买卖某种金融工具所达成的契约，包括现货期权和期货期权两大类，每类又可分为很多种类。

（4）金融互换（Financial Swaps），指两个或两个以上的当事人按共同商定的条件，在约定的时间内交换一定支付款项的金融交易，主要有货币互换和利率互换两类。

这 4 类衍生工具中，金融远期合约是其他 3 种衍生工具的始祖，其他衍生工具均可以认为是金融远期合约的延伸或变形。这种分类是最基本、最常见的分类。

3. 按照基础工具种类的不同分类

(1) 股权式衍生工具(Equity Derivatives),指以股票或股票指数为基础工具的金融衍生工具,主要包括股票期货、股票期权、股票指数期货、股票指数期权以及上述合约的混合交易合约。

(2) 货币衍生工具(Currency Derivatives),指以各种货币作为基础工具的金融衍生工具,主要包括远期外汇合约、货币期货、货币期权、货币互换以及上述合约的混合交易合约。

(3) 利率衍生工具(Interest Derivatives),指以利率或利率的载体为基础工具的金融衍生工具,主要包括远期利率协议、利率期货、利率期权、利率互换以及上述合约的混合交易合约。

4. 按照金融衍生工具交易性质的不同分类

(1) 远期类工具(Forward - Based Derivatives)。在这类交易中,交易双方均负有在将来某一日期按一定条件进行交易的权利与义务,双方的风险收益是对称的。属于这一类的有远期合约(包括远期外汇合约、远期利率协议等)、期货合约(包括货币期货、利率期货、股票指数期货等)、互换合约(包括货币互换、利率互换等)。

(2) 选择权类工具(Option - Based Derivatives)。在这类交易中,合约的买方有权根据市场情况选择是否履行合约,换句话说,合约的买方拥有不执行合约的权利,而合约的卖方则负有在买方履行合约时执行合约的义务。因此,双方的权利、义务以及风险收益是不对称的。属于这一类的有期权合约(包括货币期权、利率期权、股票期权、股票指数期权等),另有期权的变通形式——认股权证(包括非抵押认股权证和备兑认股证)、可转换债券、利率上限、利率下限、利率上下限等。

值得一提的是,上述分类并不是一成不变的。随着金融衍生工具日新月异的发展,上述的分类界限正在模糊,由2种、3种甚至更多不同种类的衍生工具及其他金融工具,经过变化、组合以及合成这几种方式创造出来的再衍生工具和合成衍生工具正在出现,使衍生工具的传统分类模糊难辨。如由期货和期权合约组成的期货期权;由期权和互换合成的互换期权;由远期和互换合成的远期互换等。

5. 按照金融衍生工具交易场所的不同分类

(1) 交易所交易的衍生工具。这是指在有组织的交易所上市交易的衍生工具,例如在股票交易所交易的股票期权产品,在期货交易所和专门的期权交易所交易的各类期货合约、期权合约等。

(2) 场外交易市场(简称 "OTC")交易的衍生工具。这是指通过各种通信方式,不通过集中的交易所,实行分散的、一对一交易的衍生工具,例如金融机构之间、金融机构与大规模交易者之间进行的各类互换交易和信用衍生产品交易。从近年来的发展看,这类衍生产品的交易量逐年增大,已经超过交易所市场的交易额,市场流动性也得到增强,还发展出专业化的交易商。

5.1.2 金融衍生工具的产生与发展动因

从20世纪60年代开始，特别是进入20世纪70年代以后，随着布雷顿森林体系的解体和世界性石油危机的发生，利率和汇率出现了剧烈波动。宏观经济环境的变化使金融机构的原有经营模式和业务种类失去市场，同时又给它们创造了开发新业务的机会和巨大的发展空间。与此同时，计算机与通信技术的长足发展及金融理论的突破促使金融机构的创新能力突飞猛进，而创新成本却日益降低。在强大的外部需求召唤下，在美好的盈利前景吸引下，金融机构通过大量的创新活动冲破来自内外部的各种制约，导致全球金融领域发生了一场至今仍在继续的广泛而深刻的变革：形形色色的新业务、新市场、新机构风起云涌，不仅改变了金融总量和结构，而且还对金融体制发起了猛烈的冲击，对货币政策和宏观调控提出了严峻挑战，导致国际金融市场动荡不定，国际金融新秩序有待形成。

1. 金融衍生工具产生的最基本原因是避险

20世纪70年代以来，随着美元的不断贬值，布雷顿森林体系崩溃，国际货币制度由固定汇率制走向浮动汇率制。1973年和1978年两次石油危机使西方国家经济陷于滞胀，为对付通货膨胀，美国不得不运用利率工具，这又使金融市场的利率波动剧烈。利率的升降会引起证券价格的反方向变化，并直接影响投资者的收益。面对利市、汇市、债市、股市发生的前所未有的波动，市场风险急剧放大，迫使商业银行、投资机构、企业寻找可以规避市场风险、进行套期保值的金融工具，金融期货、期权等金融衍生工具便应运而生。

2. 20世纪80年代以来的金融自由化进一步推动了金融衍生工具的发展

所谓金融自由化，是指政府或有关监管当局对限制金融体系的现行法令、规则、条例及行政管制予以取消或放松，以形成一个较宽松、自由、更符合市场运行机制的新的金融体制。金融自由化的主要内容如下。

（1）取消对存款利率的最高限额，逐步实现利率自由化。如美国1980年《银行法》废除了Q条例，规定从1980年3月起分6年逐步取消对定期存款和储蓄存款的最高利率限制。

（2）打破金融机构经营范围的地域和业务种类限制，允许各金融机构业务交叉、互相自由渗透，鼓励银行综合化发展。

（3）放松外汇管制。

（4）开放各类金融市场，放宽对资本流动的限制。

其他还包括放松对本国居民和外国居民在投资方面的许多限制，减轻金融创新产品的税负以及促进金融创新等。金融自由化一方面使利率、汇率、股价的波动更加频繁、剧烈，使得投资者迫切需要可以回避市场风险的工具；另一方面，金融自由化促进了金融竞争。由于允许各金融机构业务交叉、相互渗透，多元化的金融机构纷纷出现，直接或迂回地夺走了银行业很大一块阵地；再加上银行业本身业务向多功能、综合化方向发展，同业竞争激烈，存贷利差趋于缩小，使银行业不得不寻找新的收益来源，改变以存、贷款业务为主的传统经营方式，把金融衍生工具视作未来的新增长点。

3. 金融机构的利润驱动是金融衍生工具产生和迅速发展的又一重要原因

金融机构通过金融衍生工具的设计开发以及担任中介，显著地推进了金融衍生工具的发展。金融中介机构积极参与金融衍生工具的发展主要有两方面原因：一是在金融机构进行资产负债管理的背景下，金融衍生工具业务属于表外业务，既不影响资产负债表状况，又能带来手续费等项收入。1988 年国际清算银行（简称"BIS"）制定的《巴塞尔协议》规定：开展国际业务的银行必须将其资本对加权风险资产的比率维持在 8％以上，其中核心资本至少为总资本的 50％。这一要求促使各国银行大力拓展表外业务，相继开发了既能增进收益、又不扩大资产规模的金融衍生工具，如期权、互换、远期利率协议等。二是金融机构可以利用自身在金融衍生工具方面的优势，直接进行自营交易，扩大利润来源。为此，金融衍生工具市场吸引了为数众多的金融机构。但是，由于越来越多的金融机构尤其是商业银行介入了金融衍生工具交易，引起了监管机构的高度关注，目前新的《巴塞尔协议Ⅱ》对国际性商业银行从事金融衍生工具业务也规定了资本金要求。

4. 新技术革命为金融衍生工具的产生与发展提供了物质基础与手段

金融衍生产品价格变动与基础资产之间的紧密关系、价格计算以及交易策略的高度复杂性对计算机、网络技术、通信技术提出了非常苛刻的要求。相关领域科技发展的日新月异，极大地便利了衍生产品市场的各类参与者，市场规模和交易效率均显著提高。

金融衍生工具极强的派生能力和高度的杠杆性使其发展速度十分惊人，根据国际清算银行的金融衍生产品统计报告（BIS，2011 年 3 月），截至 2010 年 9 月，全球商业银行持有的各类现货资产总数为 349 062 亿美元，而同期交易所交易的未平仓期货合约金额达到 223 156 亿美元（2010 年 12 月底数据），发行在外的期权合约金额达到 456 159 亿美元（2010 年 12 月底数据），OTC 交易的金融衍生产品名义金额达到 5 826 550 亿美元。后 3 类之和达到商业银行现货资产数额的 18.6 倍，衍生产品名义金额平均年增长近 20％。考虑到商业银行在整个金融行业内的显著地位，可以毫不夸张地说，目前基础金融产品与衍生工具之间已经形成了倒金字塔结构，单位基础产品所支撑的衍生工具数量越来越大。

5.2 金融远期合约

5.2.1 金融远期合约概述

1. 金融远期合约的定义

金融远期合约（Forward Contracts）是指交易双方约定在未来的某一确定时间，按照事先商定的价格（如汇率、利率或股票价格等），以预先确定的方式买卖一定数量的某种金融资产的合约。

合约中规定在将来买入标的物的一方称为多方，在未来卖出标的物的一方称为空方，合约中规定的未来买卖标的物的价格称为交割价格。如果信息是对称的，而且合约双方对未来的预期相同，那么合约双方所选择的交割价格应使合约的价值在签署合约时等于零。这意味着无须成本就可处于远期合约多头或空头状态。

人们把使得远期合约价值为零的交割价格称为远期价格。这个远期价格显然是理论价格，它与远期合约在实际交易中形成的实际价格（即双方签约时所确定的交割价格）并不一定相等。但是，一旦理论价格与实际价格不相等，就会出现套利机会。若交割价格高于远期价格，套利者就可以通过买入标的资产现货、卖出远期并等待交割来获取无风险利润，从而促使现货价格上升、交割价格下降，直至套利机会消失；若交割价格低于远期价格，套利者就可以通过卖空标的资产现货、买入远期来获取无风险利润，从而促使现货价格下降，交割价格上升，直至套利机会消失。而此时，远期理论价格等于交割价格。

一般来说，价格总是围绕着价值波动的，而远期价格跟远期价值却相差很大。例如，当远期价格等于交割价格时，远期价值为零。其原因在于远期价格指的是远期合约中标的物的远期价格，它是跟标的物的现货价格紧密相连的，而远期价值则是指远期合约本身的价值，它是由远期实际价格与远期理论价格的差距决定的。在合约签署时，若交割价格等于远期理论价格，则此时合约价值为零。但随着时间推移，远期理论价格有可能改变，而原有合约的交卸价格则不可能改变，因此原有合约的价值就可能不再为零。

2. 金融远期合约的种类

金融远期合约主要有远期利率协议、远期外汇合约和远期股票合约等。

（1）远期利率协议是买卖双方同意在未来一定时间（清算日），以商定的名义本金和期限为基础，由一方将协定利率与参照利率之间差额的贴现额度付给另一方的协议。

（2）远期外汇合约是指双方约定在将来某一时间按约定的远期汇率买卖一定金额的某种外汇的合约。

（3）远期股票合约是指在将来某一特定日期按特定价格交付一定数量单个股票或一揽子股票的协议。

3. 金融远期合约的特征

金融远期合约作为场外交易的衍生工具与场内交易的期货、期权等衍生工具比较具有以下特征。

（1）金融远期合约是通过现代化通信方式在场外进行的，由银行给出双向标价，直接在银行与银行之间、银行与客户之间进行。

（2）金融远期合约交易双方互相认识，而且每一笔交易都是双方直接见面，交易意味着接受参加者的对应风险。

（3）金融远期合约交易不需要保证金，对方风险通过变化双方的远期价格差异来承担。金融远期合约大部分交易都导致交割。

（4）金融远期合约的金额和到期日都是灵活的，有时只对合约金额最小额度作出规定，到期日经常超过期货的到期日。

4. 金融远期合约的产生和优缺点

远期合约是适应规避现货交易风险的需要而产生的。相对于封建社会自给自足的状态而言，现货交易是人类的一大进步。通过交易，双方均可获得好处。但现货交易的最大缺点在于无法规避价格风险。一个农场主的命运完全掌握在他的农作物收割时农作物现货市场价格。如果在播种时就能确定农作物收割时卖出的价格，农场主就可安心致力于农作物的生产了。远期合约正是适应这种需要而产生的。远期合约是非标准化合约。因此它不在交易所交易，而是在金融机构之间或金融机构与客户之间通过谈判后签署远期合约。已有的远期合约也可以在场外市场交易。在签署远期合约之前，双方可以就交割地点、交割时间、交割价格、合约规模、标的物的品质等细节进行谈判，以便尽量满足双方的需要。因此远期合约跟后面将要介绍的期货合约相比，灵活性较大。这是远期合约的主要优点。

但远期合约也有明显的缺点：首先，由于远期合约没有固定的、集中的交易场所，不利于信息交流和传递，不利于形成统一的市场价格，市场效率较低。其次，由于每份远期合约千差万别，这就给远期合约的流通造成较大不便，因此远期合约的流动性较差。最后，远期合约的履约没有保证。当价格变动对一方有利时，但对方有可能无力或无诚意履行合约，因此远期合约的违约风险较高。

5.2.2 远期利率协议

远期利率协议简称 FRA，从使用者角度来看，远期利率协议是双方希望对未来利率走势进行保值或投机所签订的一种协议。保值者要对未来利率风险进行防范，投机者虽然面临利率风险，但指望从未来的利率变化中获利。实际上，远期利率协议的买方相当于名义借款人，而卖方则相当于名义贷款人，双方签订远期利率协议，相当于同意从未来某一商定日期开始，按协定利率借贷一笔数额、期限、币种确定的名义本金。只是双方在清算日时，并不实际交换本金，而是根据协议利率和参照利率之间的差额及名义本金额，由交易一方支付给另一方结算金。

1. 远期利率协议的功能

远期利率协议最重要的功能在于通过固定将来实际交付的利率而避免了利率变动风险。签订 FRA 后，不管市场利率如何波动，协议双方将来收付资金的成本或收益总是固定在合同利率水平上。例如，当参照利率上升时，表明协议购买方的资金成本加大，但由于他可以从协议出售方得到参照利率与协议利率的差价，正好可弥补其加大了的资金成本，而协议出售方则固定了他的资金收益。反之，则反理。

另外，由于远期利率协议交易的本金不用交付，利率是按差额结算的，所以以资金流动量较小，这就给银行提供了一种管理利率风险而无须通过大规模的同业拆放来改变其资产负债结构的有效工具，这对于增加资本比例，改善银行业务的资产收益率十分有益。

与金融期货、金融期权等场内交易相比，由于远期利率协议具有简便、灵活、不需支付保证金等特点，因此更能充分满足交易双方的特殊需求。但与此同时，由于远期利率协议是场外交易，故存在信用风险和流动性风险，其信用风险和流动性风险也较场内交易的金融期货合约要大，但其市场风险较金融期货小，因为它最后实际支付的只是利差而非本金。

2. 远期利率协议交易

1) 远期利率协议的报价

远期利率协议常常以 LIBOR 为参照利率，其报价一般由银行报出。如银行报出"美元 3V6V10.03—9.99"，说明美元 FRA3 个月后起息，再过 6 个月结束；10.03 和 9.99 分别为银行卖价和买价，表示银行愿以 10.03％的利率卖出，以 9.99％的利率买进 FRA。

2）远期利率协议的运用

远期利率协议的主要优势是：交割日时不需实际收付本金，只是用 LIBOR 将利率协议期第一天确定的利率与该日前两个营业日时的 LIBOR 之间的利息差额贴现为现值，据此进行交割。远期利率协议项下的交易方分为买方和卖方。所谓卖方，即为根据协议在交割日形式上支出交易本金的一方；买方则指于交割日形式上收入交易本金的一方。市场上通常每笔交易金额为 1 000 万～2 000 万美元，协议期限以 3 个月和 6 个月为主，也有 1 个月期至 1 年期的交易期限。

远期利率协议运用的原则是：未来时间里持有大额负债的银行，在面临利率上升、负债成本增加的风险时，必须买进远期利率协议；未来期间拥有大笔资产的银行，在面临利率下降、收益减少的风险时，必须卖出远期利率协议。运用远期利率协议可以实施利率风险管理。

【例 5-1】假设甲银行根据其经营计划在 3 个月后需向某银行拆进一笔 1 000 万美元、期限 3 个月的资金，该银行预测在短期内利率可能在目前 7.5％（年利率）的基础上上升，从而将增加其利息支出，增大筹资成本。为了降低资金成本，甲银行采取通过远期利率协议交易将其在未来的利息成本固定下来。甲银行的操作是：按 3 个月期年利率 7.5％的即期利率买进 1 000 万美元的远期利率协议，交易期限为 3 个月。3 个月后，果真同预测一样，LIBOR 上升为 8.5％，这个时候，甲银行采取了如下交易将利息成本固定下来。

（1）轧平远期利率协议头寸。即按 3 个月后远期利率协议交割日当天的伦敦同业拆放利率，卖出 3 个月期 1 000 万美元远期利率协议。由于利率上升，甲银行取得利差，其计算结果是

$$结算金 = \frac{(8.5\% - 7.5\%) \times 10\ 000\ 000 \times \frac{90}{360}}{1 + 8.5\% \times \frac{90}{360}} = 24\ 479.8（美元）$$

（2）按交割日 LIBOR8.5％取得 3 个月期美元贷款 9 975 520.2 美元（即 10 000 000－24 479.8）。由于甲银行已从远期利率协议中取得了 24 479.8 美元的收益，因而，它只需取得 9 975 520.2 美元的贷款，即可满足借款 1 000 万美元的需要。由此可以计算出甲银行此笔借款利息支出为

借款利息支出 =（10 000 000－24 479.8）× 8.5％ × 90 ÷ 360 = 211 979.8（美元）

远期利率协议所得：24 479.8 美元

最终利息支出：187 500（211 979.8－24 479.8）美元

$$年利率 = \frac{187\ 500 \times 4}{9\ 975\ 520.2} = 7.5\%$$

由此可以看出，甲银行通过远期利率协议交易，在 LIBOR 上升的情况下，仍将其利率固定到原来的水平，从而避免了因利率支出增多，增大筹资成本的风险。

5.2.3 远期外汇合约

1. 远期外汇合约的定义

远期外汇合约(Forward Exchange Contracts)是指双方约定在将来某一时间按约定的远期汇率买卖一定金额的某种外汇的合约。交易双方在签订合同时就确定好将来进行交割的远期汇率，到时不论汇价如何变化，都应按此汇率交割。在交割时，名义本金并未交割，而只交割合同中规定的远期汇率与当时的即期汇率之间的差额。

按照远期的开始时期划分，远期外汇合约又分为直接远期外汇合约和远期外汇综合协议。前者的远期期限是直接从现在开始算的，而后者的远期期限是从未来的某个时点开始算的，因此实际上是远期的远期外汇合约。如 1×4 远期外汇综合协议是指从起算日之后的一个月(结算日)开始计算的为期 3 个月的远期外汇综合协议。

1) 远期汇率

远期汇率是指两种货币在未来某一日期交割的买卖价格。

远期汇率的标价方法有两种：一种是直接标出远期汇率的实际价格；另一种是报出远期汇率与即期汇率的差价，即远期差价，也称远期汇水。升水是远期汇率高于即期汇率时的差额；贴水是远期汇率低于即期汇率时的差额。若远期汇率与即期汇率相等，那么就称为平价。就两种货币而言，一种货币的升水必然是另一种货币的贴水。

在不同的汇率标价方式下，远期汇率的计算方法不同。

直接标价法下，远期汇率＝即期汇率＋升水，或远期汇率；即期汇率－贴水。

间接标价法下，远期汇率＝即期汇率－升水，或远期汇率；即期汇率＋贴水。

2) 远期外汇综合协议

远期外汇综合协议是指双方约定买方在结算日按照合同中规定的结算日直接远期汇率用第二货币向卖方买入一定名义金额的原货币，然后在到期日再按合同中规定的到期日直接远期汇率把一定名义金额原货币出售给卖方的协议。从该定义可以看出，远期外汇综合协议实际上是名义上的远期对远期掉期交易，之所以是名义上的，是因为后者涉及全部资金的实际流动，因此必须满足相应的法定准备金的要求，而前者不需全部资金的实际流动，双方只要在结算日结算市场汇率变动给双方带来的盈亏即可。

2. 远期外汇交易

远期外汇交易(Forward Transaction)又称期汇交易，是指买卖外汇的双方先签订合同，规定买卖外汇的数量、汇率和未来交割外汇的时间，到了规定的交割日期买卖双方再按合同规定办理货币收付的外汇交易。在签订合同时，除交纳 10% 的保证金外，不发生任何资金的转移。

远期交易的期限有 1 个月、3 个月、6 个月和 1 年等几种，其中 3 个月最为普遍。远期交易很少超过 1 年，因为期限越长，交易的不确定性越大。

1) 远期外汇交易的目的

人们进行期汇交易的具体目的是多方面的，但不外乎是为了套期保值、平衡头寸、投机的动机。具体包括以下几方面。

（1）进出口商和外币资金借贷者为避免商业或金融交易遭受汇率变动的风险而进行期汇买卖。在国际贸易中，自买卖合同签订到贷款清算之间有相当一段时间，在这段时间内，进出口商可能因计价货币的汇率变动而遭受损失，为避免汇率风险，进出口商可预先向银行买入或卖出远期外汇，到支付或收进货款时，就可按原先约定的汇率来办理交割。同样地，拥有外币的债权人和债务人可能在到期收回或偿还资金时因外汇汇率变动而遭受损失，因此，他们也可在贷出或借入资金时，相应卖出或买入相同期限、相当金额的期汇，以防范外汇风险。

（2）外汇银行为平衡其远期外汇头寸而进行期汇买卖。进出口商和顾客为避免外汇风险而进行期汇交易，实质上就是把汇率变动的风险转嫁给外汇银行。外汇银行为满足客户要求而进行期汇交易时，难免会出现同一货币同一种交割期限或不同交割期限的超买或超卖，这样，银行就处于汇率变动的风险之中。为此，银行就要设法把它的外汇头寸予以平衡，即将不同期限不同货币头寸的余缺进行抛售或补进，由此求得期汇头寸的平衡。

（3）外汇投机者为谋取投机利润而进行期汇买卖。在浮动汇率制下，汇率的频繁剧烈波动会给外汇投机者进行外汇投机创造有利的条件。所谓外汇投机是指根据对汇率变动的预期，有意保持某种外汇的多头或空头，希望从汇率变动中赚取利润的行为。外汇投机既可以在现汇市场上进行又可以在期汇市场上进行。二者的区别在于，在现汇市场上进行投机时，由于现汇交易要求立即进行交割，投机者手中必须持有足够的现金或外汇。而期汇交易只需缴纳少量保证金，无须付现汇，到期轧抵，计算盈亏，因此，不必持有巨额资金就可进行交易。所以，期汇投机较容易，成交额也较大，但风险也较高。

2）远期外汇交易方式

（1）固定交割日的远期交易，即交易双方事先约定在未来某个确定的日期办理货币收付的远期外汇交易。这是一种较常用的远期外汇交易方式，但它缺乏灵活性和机动性。因为在现实中外汇买卖者（如进出口商）往往事先并不知道外汇收入和支出的准确时间，因此，他们往往希望与银行约定在未来的一段期限中的某一天办理货币收付，这时就需采用择期交易方式，即选择交割日的交易。

（2）选择交割日的远期交易指主动请求交易的一方可在成交日的第 3 天起至约定的期限内的任何一个营业日，要求交易的另一方按照双方事先约定的远期汇率办理货币收付的远期外汇交易。

确定择期交割日的方法有两种。

① 事先把交割期限固定在两个具体日期之间：如某一出口商在 2011 年 10 月 13 日成交一笔出口交易，预期 3 个月内收到货款。这样，该出口商马上在外汇市场上卖出一笔 3 个月的远期外汇，并约定择期日期为 10 月 17 日至 12 月 17 日。这样该出口商便可在这段时间内的任何一天随时将收到的外汇卖给银行。

② 事先把交割期限固定在不同月份之间。如上例中，出口商可视其需要，将交割期限规定为第一个月、第二个月、第三个月中的任意两个月或择期 3 个月。

由于择期交易在交割日上对顾客较为有利，因此，银行在择期交易中使用的是对顾客较不利的汇率，也就是说，银行将选择从择期开始到结束期间最不利于顾客的汇率作为择期远期交易的汇率。

3）掉期交易

掉期交易又称时间套汇，是指同时买进和卖出相同金额的某种外汇但买与卖的交割期限不同的一种外汇交易，进行掉期交易的目的也在于避免汇率变动的风险。掉期交易可分为以下 3 种形式。

（1）即期对远期，即在买进或卖出一笔现汇的同时，卖出或买进相同金额该种货币的期汇。期汇的交割期限大都为 1 星期、1 个月、2 个月、3 个月和 6 个月。这是掉期交易中最常见的一种形式。

【例 5-2】假设某日一美国投资者在现汇市场上以￡1＝US1.950 0 的汇价卖出 195 万美元，买入 100 万英镑，到英国进行投资，期限 6 个月，为避免投资期满时英镑汇率的下跌，同时在期汇市场上卖出 6 个月期 100 万英镑（这里忽略不计利息），若 6 个月期汇汇率为￡1＝US1.945 0，则 100 万英镑可换回 194.5 万美元，195－194.5＝0.5（万美元），即为掉期保值成本。

（2）明日对次日，即在买进或卖出一笔现汇的同时，卖出或买进同种货币的另一笔即期交易，但两笔即期交易交割日不同，一笔是在成交后的第二个营业日（明日）交割，另一笔反向交易是在成交后第 3 个营业日（次日）交割。这种掉期交易主要用于银行同业的隔夜资金拆借。

（3）远期对远期，指同时买进并卖出两笔相同金额、同种货币、不同交割期限的远期外汇。这种掉期形式多为转口贸易中的中间商所使用。

5.3 期货交易

5.3.1 期货交易的定义、特征、功能

期货交易（Futures Transaction）是指交易双方在集中性的市场以公开竞价的方式所进行的期货合约的交易。

1. 期货市场的基本特征

（1）期货市场具有专门的交易场所。期货交易是在专门的期货交易所内进行的，一般不允许场外交易。期货交易所不仅为期货交易者提供了一个专门的交易场所，提供了进行期货交易所必需的各种设备和服务，而且还为期货交易制定了严密的规章制度，使得期货市场成为一个组织化、规范化程度很高的市场，同时，它还为所有在期货交易所内达成的交易提供财务上和合约履行方面的担保。这是期货交易区别于现货即期交易和现货远期交易的一个重要方面。由于期货交易所内汇集了众多的买方和卖方，并对交易行为进行规范，为交易提供担保，这就为期货合约的买卖创造了有利条件，既使得交易者寻找交易对手比较容易，也使得交易者不必担心交易的安全性而专心于期货合约的买卖，从而使得期货交易所内买卖合约的活动比较频繁，大大提高了市场流动性。

（2）期货市场的交易对象是标准化的期货合约。期货交易买卖的标的是标准化的期货合约，现代期货市场的产生正是以标准化期货合约的出现为标志的，这也是期货交易区别于现货远期合约交易的又一个重要方面。正是鉴于现货远期合约交易的非标准化特征，所

以在期货交易产生之初，期货交易所即为期货交易制定了标准化的期货合约，这在期货市场发展史上是一个重要的里程碑。期货合约的数量、等级、交割时间、交割地点等条款都是标准化的。合约中唯一的变量是价格。标准化期货合约的出现既简化了交易手续，降低了交易成本，又防止了因交易双方对合约条款的不同理解而可能出现的争议和纠纷。同时，由于期货合约是标准化的，这就为合约持有者今后进一步转让该合约创造了便利条件。

（3）适宜于进行期货交易的期货商品具有特殊性。期货市场自身的特点决定了并非所有的商品都适宜于进行期货交易，大多数适宜于进行现货即期和远期合约交易的商品并不适宜于进入期货市场进行交易。一般而言，期货商品上市的条件主要有以下几方面。

① 商品可以被保存相当长的时间而不易变质损坏，以保持现货市场和期货市场之间的流动性。

② 商品的品质等级可以进行明确的划分和评价，能为公众认可，以保证期货合约的标准化。

③ 商品的生产量、交易量和消费量足够大，以保证单个或少数参与交易者无法操纵市场。

④ 商品的价格波动较为频繁，以保证套期保值目的和投机目的的实现。商品的未来市场供求关系和动向不容易估计，以保证存在交易对象。

（4）期货交易是通过买卖双方公开竞价的方式进行的。在期货交易中，期货合约的买卖是由代表众多的买方和卖方的经纪人在交易所内通过公开喊价或计算机自动撮合的方式达成的。期货市场是一个公开、公平、公正和竞争的场所，由于期货交易和期货市场的这种特征，就使得期货市场上的期货价格能够较为准确地反映出现货市场上真实的供求状况及其变动趋势。

（5）期货市场实行保证金制度。在期货市场进行交易需要缴纳一定数量的履约保证金（一般为成交金额的5%～15%），并且在交易的过程中需要维持一个最低的履约保证金水平，随着期货合约交割期的临近，保证金水平会不断提高，这种做法的目的是为了给期货合约的履行提供一种财务担保，也就是说，如果交易者未能将其所持有的期货合约在合约到期前进行对冲平仓，那么就必须在合约到期后根据合约的规定进行实物交割。保证金制度对于期货交易来说是至关重要的，它增加了期货交易的安全性，使得期货交易所和结算所能够为在交易所内达成并经结算所结算的期货交易提供履约担保。

（6）期货市场是一种高风险、高回报的市场。期货交易是一种保证金交易，投入5%～15%的资金就可以从事100%的交易，正是由于这种杠杆原理，决定了期货交易是一种高风险，同时也是一种高回报的交易。投入一定数量的资金，交易有可能获得数倍甚至数十倍于这笔资金的收益，同时也面临着数倍甚至数十倍于这笔资金的投资风险。然而，也正是由于期货市场的这种高风险、高回报的特点，吸引着越来越多的投资者源源不断地加入到期货市场中来。

（7）期货交易是一种不以实物商品的交割为目的的交易。交易者进行期货交易的目的有两种——套期保值或者进行投机。期货交易的这两种特定的目的决定了期货交易是一种不以实物商品的交割为目的的交易。期货交易中最后进行实物交割的比例很小，一般只有1%～3%，绝大多数的期货交易者都以对冲平仓的方式了结交易。

2. 期货交易的功能

1) 风险转移功能

风险转移是期货交易最基本的经济功能。在日常经济活动中，市场主体常面临商品价格、利率、汇率和证券价格的变动(统称价格风险)，所谓风险转移就是将市场上变化的风险从不愿承担风险的人身上转移到愿意承担风险的人身上。有了期货交易后，生产经营者就可利用套期保值交易把价格风险转移出去，以实现规避风险的目的。

套期保值是指在现货市场某一笔交易的基础上，在期货市场上做一笔价值相当、期限相同但方向相反的交易，以期保值。套期保值规避价格波动风险的经济原理是某一特定商品的期货价格和现货价格应该是共同受相同的经济因素的影响和制约的，也就是说，两者价格的走势具有趋同性。现货价格上升，期货价格也会上升，相反情况是很少的；而且，当期货合约临近交割时，现货价格与期货价格的差叫做基差，也往往接近于零，否则会引起套利机会。所以，保值者只要在期货市场建立一种与其现货市场相反的部位，则在市场价格发生变动时，他在一个市场遭受损失必然在另一个市场获利，以获利弥补损失，达到保值的目的。期货的套期保值分为两种形式：多头(买进)套期保值和空头(卖出)套期保值。

2) 价格发现功能

价格发现是期货交易的另一重要功能。价格发现也叫价格形成，是指大量的买者和卖者通过竞争性的叫价而后造成的市场货币价格，它反映了人们对利率、汇率和股指等变化和收益曲线的预测及对目前供求状况和价格关系的综合看法；这种竞争性的价格一旦形成并被记录下来，通过现代化的通信手段迅速传到世界各地，就会形成世界性的价格。

5.3.2 期货合约

期货合约(Futures Contract)是指买卖双方之间签订的在将来一个确定时间按确定的价格购买或出售某项资产的标准化合约。

期货交易中的头寸是指多头或空头。当合约的一方同意在将来某个确定的日期以某个确定的价格购买标的资产时，就称这一方为多头；另一方同意在同样的日期以同样的价格出售该标的资产，就称这一方为空头。换句话说，购买期货合约的一方被称为是持有期货多头头寸的投资者；出售期货合约的一方就被称为是持有期货空头头寸的投资者。无论投资者的初始交易是购买还是出售期货合约，都称这一行为是开仓；无论投资者是持有多头头寸，还是空头头寸，都把这一行为叫做持仓。投资者在持仓的过程中会根据市场价格发生的波动决定是否有必要将持仓合约在合约到期以前转让给其他交易者，若持仓者在到期日之前改变他已有的头寸，在市场上买卖与自己合约品种、数量相同但方向相反的期货，就称这一交易行为是期货合约的对冲交易。期货合约的对冲是期货交易平仓方式中的一种，平仓的另一种方式是期货合约到期时进行实物交割。

1. 期货合约的标准化

从期货合约的基本要素中可以清楚地看到，期货合约最显著的特征就是合约的标准化。期货合约的标准化主要体现在以下几个方面。

1）合约标的品质的标准化

合约标的品质不同，则价格也不同。由于同类产品的产地或生产厂家不同，其产品的品质也不一定相同。为了使期货合约的买卖和转让能正常进行，首先必须对相关标的的品质进行标准化，制定相关标的品质的统一标准，以避免交易中产生品质纠纷。同时，还制定了非标准品的质量贴水规定，使得所有交易者进行买卖对象完全是统一的标准合约，没有品质差异。合约标的品质的标准化促进了合约的转让买卖，增大了交易市场的流动性。

2）合约标的计量的标准化

在一份期货合约中，合约标的的计量单位和交易数量都有其标准化规定，以避免由于合约的买卖和转让交易频繁且交易量大所带来的结算和统计的不便。

3）交割月份的标准化

期货合约按交割月份来划分。交易所必须指定在交割月份中可以进行交割的确切时期。对于许多期货合约来说，交割时期是整个交割月。交割月份随合约的不同而不同，由交易所根据客户的需要进行选择。在任何给定的时间，交易的合约包括有最近交割月的合约和一系列随后交割月的合约。由交易所指定特定月份合约开始交易的时刻，交易所同时也对给定合约的最后交易日作了规定。最后交易日是允许期货合约买卖平仓的最后一日，通常是最后交割日的前几天。

4）交割地点（仓库）的标准化

交易所必须指定商品期货合约的交割地点（仓库），这对可能存在较大的运输费用的商品期货尤为重要。当指定几个交割地点（仓库）时，空头方收取的价款有时会根据他选择的交割地点进行调整。

2. 期货合约的内容

期货合约是一种在规范的交易所内进行交易的标准化合约，在合约中对有关交易的标的、合约规模、交割时间、标价方法等都有标准化的条款，同时它也是一种大众化的公共约定。一张期货合约通常包括以下基本内容。

1）期货品种

期货品种是指具有期货标的性能，并经过批准允许作为进入交易所进行期货买卖的品种，也叫作"上市品种"。根据品种的不同，期货一般可分为商品期货和金融期货两类。

2）交易单位

交易单位是指交易所对每一份期货合约所规定的交易数量。在进行期货交易时，人们只需买进或卖出这一标准数量的某一整数倍，即买进或卖出多少份（俗称"手"）这样的期货合约，以简化期货交易的计算。但是，这也在一定程度上限制了人们根据自己的实际需要确定交易数量的余地。

3）质量标准

质量标准是指某一商品具有代表性的标准品级。对于商品期货来讲，由于商品的规格、质量等存在差异，所以交易所一般要对期货加以规定。对于金融期货来讲，由于不存在品质的差异，所以交易所除对一些特殊的金融期货合约作必要规定外，一般不作其他具体规定。

4）最小变动价位

最小变动价位也叫最小价格波动，一个刻度是指某一商品报价单位在每一次报价时所允许的最小价格变动量。有了最小变动价位的规定，竞价双方就都有了标准，在相同的价值上就可以成交。

5）每日价格波动限制

每日价格波动限制是指为了防止过度投机而带来的暴涨暴跌，交易所对大多数的期货合约所规定的每天价格相对于上一日结算价可以波动的最大限度。如果价格变化超过这一幅度，交易就自动停止。这种限制一般也称为"每日停板额限制"。

6）合约月份

合约月份是指期货合约到期交收实物的月份。在金融期货交易中，除少数合约有特殊规定外，绝大多数合约的交收月份都定为每年有 4～6 个交割月份。

7）交易时间

交易时间是指交易所规定的各种合约在每一交易日可以进行交易的具体时间。不同的交易所可以规定不同的交易时间，在同一个交易所，不同的合约也可以有不同的交易时间。

8）最后交易日

最后交易日是指由交易所规定的各种合约停止交易的最后截止时间。在期货交易中，绝大多数成交的合约都是通过对冲交易结清的，如果持仓者到最后交易日仍不作对冲交易，那就必须通过交接实物或结算现金来结清。

9）交割条款

交割条款是指由交易所规定的各种期货合约因到期未平仓而进行实际交割的各项条款，包括交割日、交割方式及交割地点等。

5.3.3 期货交易规则

期货交易规则主要包括保证金制度、涨跌停板制度、每日无负债结算制度、持仓限额制度、强行平仓制度、大户报告制度、实物交割制度、风险准备金制度和信息披露制度等。

1. 保证金制度

如果两个投资者相互间直接接触并同意在将来某时刻按某一特定的价格交易一项资产，这就明显地存在风险。一方面投资者可能会后悔该项交易，极力想毁约；另一方面，该投资者也可能没有财力来保证该项协议的实施。为了有效防止交易者因市场价格被动而导致的违约给结算公司带来损失，交易所建立了保证金制度。因此，凡参与期货交易的投资者，无论买方还是卖方，都必须按规定缴纳"保证金"。当投资者进入交易后，经纪人会要求投资者建立一个保证金账户，以供存放保证金。初始保证金是指签约成交每一份新期货合约时，买卖双方都必须向交易所缴纳的存入其保证金账户的保证金。初始保证金按照合约价值的一定比率来计算，它是确保交易者履约的财力担保金，而不是交易中的定金或交易者应付价款的一部分。当合约履约后，原持仓人注销这份合约时，该合约相关的已交交易保证金在结算时予以全数退还，不计利息。若违约，则违约一方的保证金被收缴，用来冲抵违约所造成的损失，包括价格波动所带来的损失和应付违约罚金，这也被称作违约方必须付出的违约成本。

根据价格波动的一般波动幅度和结算制度，保证金比率大体为合约价值的 5％～15％。这一比率由经纪人确定，但不得低于结算公司为此规定的最低标准。这就是说，在合约成交的下一个交易日，价格的波动幅度不会超过 5％～15％，所缴纳的初始保证金足以抵偿价格不利波动时所带来的账面亏损。

2. 涨跌停板制度

涨跌停板制度包括涨停板和跌停板两种。它是指为了防止过度投机而带来的暴涨暴跌，交易所对大多数的期货合约所规定的每天价格相对于上一日结算价可以波动的最大限度。如果价格变化超过这一幅度，交易就自动停止。不过，当价格波动较大时，也可适当调整期货合约的价格波动限制。在某一交易的期货合约中，需列明每日停板额，它是根据合约的交易日结算价加上或减去一定比例的金额计算出来的，交易者不得在确定的停板价格之外进行交易。

3. 持仓限额制度

持仓限额制度指交易所规定会员或客户可以持有的，按单边计算的某一合约持仓的最大数额。如果同一客户在不同会员处开仓交易，则要将该客户在各账户下的持仓合并计算。

4. 强行平仓制度

强行平仓制度是与持仓限额制度和涨跌停板制度等相互配合的风险管理制度。当交易所会员或客户的交易保证金不足并未在规定时间补足，或当会员或客户的持仓量超出规定的限额，或当会员或客户违规时，交易所为了防止风险进一步扩大，将对其持有的未平仓合约进行强制性平仓处理，这就是强行平仓制度。

5. 大户报告制度

大户报告制度是与限仓制度紧密相关的另外一个控制交易风险，防止大户操纵行为的制度。期货交易所建立限仓制度后，当会员或客户某品种持仓合约的投机头寸达到交易所对其规定的投机头寸持仓限额的 80％以上时，必须向交易所申报。申报的内容包括客户的开户情况、交易情况、资金来源和交易动机等，便于交易所审查大户是否有过度投机和操纵市场行为以及大户的交易风险情况。

6. 每日无负债结算制度

初始保证金存入保证金账户后，随着期货价格的变化，期货合约的价格也在变化。这样，与市场价格相比，投资者未结清的期货合约就出现了账面盈亏，因而在每个交易日结束后，结算公司将根据当日的结算价格（一般为收盘价）对投资者未结清的合约进行重新估价，确定当日的盈亏水平，同时调整投资者的保证金账户的余额，这就是所谓的每日结算制度，或称为盯市。在这里，交易所规定了交易者在其保证金账户中所必须保有的最低余额的保证金水平，也就是维持保证金。维持保证金通常为初始保证金的 75％左右。

若根据市场价格计算出的保证金账户中余额低于维持保证金水平，则经纪人会要求投资者再存入一笔保证金，使之达到初始保证金水平，这就是追加保证金。

所以，追加保证金是指交易者在持仓期间因价格变动而发生了亏损，使其保证金账户的余额减少到规定的维持保证金以下时所必须补交的保证金。若客户不及时存入追加保证金，则经纪人将予以强行平仓。

7. 实物交割制度

虽然大多数期货交易者并不将其头寸保持到期，但如果一个头寸在其到期前没有被对冲，就需要对合同进行交割以平仓。交割分为实物交割或现金结算两种形式。实物交割是指交易者按已列交割期的持仓合约的内容进行实物商品的交收的履约行为。一些金融期货，如标的物为股票指数的期货，是以现金结算的。

8. 风险准备金制度

风险准备金制度是指期货交易所从自己收取的会员交易手续费中提取一定比例的资金作为确保交易所担保履约的备付金的制度。交易所风险准备金的设立目的是为维护期货市场正常运转而提供财务担保和弥补因不可预见的风险带来的亏损。

9. 信息披露制度

交易所按即时、每日、每周、每月向会员、投资者和社会公众提供期货交易信息。内容涉及各种价格、成交量、成交金额、持仓量、仓单数、申请交割数以及交割仓库库容情况等。

5.3.4 期货交易的种类

1. 商品期货

从 19 世纪中叶现代意义上的期货交易产生到 20 世纪 70 年代，农产品期货一直在期货市场中居主导地位，同时新的期货品种也在不断涌现。随着农产品生产和流通规模的扩大，除了小麦、玉米、大米等谷物以外，棉花、咖啡、白糖等经济作物，生猪、活牛等畜产品，木材、天然橡胶等林产品也陆续在期货市场上市交易。19 世纪下半叶，伦敦金属交易所(LME)开金属期货交易的先河，先后推出铜、锡、铅、锌等期货品种。伦敦金属交易所和纽约商品交易所(COMEX)已成为目前世界主要的金属期货交易所。

20 世纪 70 年代初发生的石油危机给世界石油市场带来巨大冲击，石油等能源产品价格剧烈波动，直接导致了能源期货的产生。纽约商业交易所(NYMEX)已成为目前世界最具有影响力的能源期货交易所，上市的品种有原油、汽油、取暖油、天然气、电力等。

2. 金融期货

20 世纪 70 年代，布雷顿森林体系解体，浮动汇率制取代了固定汇率制，世界金融体制发生了重大变化。随着汇率和利率的剧烈波动，市场对风险管理工具的需要变得越来越迫切。商品期货的发展为金融期货交易的产生发挥了示范效应，期货业将商品期货交易的原理应用于金融市场，金融期货应运而生。

按基础工具划分，金融期货主要有 3 种类型：外汇期货、利率期货和股权类期货。另外，芝加哥期货交易所(CBOT)还开设有互换的期货，芝加哥商业交易所(CME)开设有消费者物价指数期货和房地产价格指数期货。

（1）外汇期货。外汇期货又被称为"货币期货"，是以外汇为基础工具的期货合约，是金融期货中最先产生的品种，主要用于规避外汇风险。

外汇期货交易自 1972 年在芝加哥商业交易所所属的国际货币市场（IMM）率先推出后得到了迅速发展。以芝加哥商业交易所为例，上市品种不仅包括以美元标价的外币期货合约（如欧元期货、日元期货、瑞士法郎期货、英镑期货等），还包括外币对外币的交叉汇率期货（如欧元对日元、欧元对英镑、欧元对瑞士法郎等）以及芝加哥商业交易所自行开发的美元指数期货。2005 年，芝加哥商业交易所推出了以美元、日元、欧元报价和现金结算的人民币期货及期货期权交易，但是，由于人民币汇率并未完全实现市场化，这些产品的交易并不活跃。

（2）利率期货。利率期货是继外汇期货之后产生的又一个金融期货类别，其基础资产是一定数量的与利率相关的某种金融工具，主要是各类固定收益金融工具。利率期货主要是为了规避利率风险而产生的。固定利率有价证券的价格受到现行利率和预期利率的影响，价格变化与利率变化一般呈反向关系。

1975 年 10 月，利率期货产生于美国芝加哥期货交易所，虽然比外汇期货晚了 3 年，但其发展速度与应用范围都远较外汇期货来得迅速和广泛。利率期货品种主要如下。

① 债券期货。以国债期货为主的债券期货是各主要交易所最重要的利率期货品种。我国曾经短暂开展过国债期货交易试点。1992 年 12 月 18 日，上海证券交易所开办国债期货交易，并于 1993 年 10 月 25 日向社会公众开放，此后，深圳证券交易所、北京商品交易所也向社会推出了国债期货交易。国债期货推出后，受到市场的广泛欢迎，但是，由于现货市场所存在的固有缺陷以及期货交易规则的不完善，引发了以"3·27 国债期货事件"为代表的大量风险事件，造成市场秩序紊乱。1995 年 5 月 17 日，中国证监会决定暂停国债期货试点，至今仍未恢复。

② 主要参考利率期货。在国际金融市场上存在若干重要的参考利率，它们是市场利率水平的重要指标，同时也是金融机构制定利率政策和设计金融工具的主要依据。除国债利率外，常见的参考利率包括伦敦银行间同业拆放利率、香港银行间同业拆放利率、欧洲美元定期存款单利率、联邦基金利率等。

（3）股权类期货。股权类期货是以单只股票、股票组合或者股票价格指数为基础资产的期货合约。

① 股票价格指数期货。股票价格指数期货是以股票价格指数为基础变量的期货交易，是为适应人们控制股市风险，尤其是系统性风险的需要而产生的。股票价格指数期货的交易单位等于基础指数的数值与交易所规定的每点价值之乘积，采用现金结算。

1982 年，美国堪萨斯期货交易所（KCBT）首先推出价值线指数期货，此后全球股票价格指数期货品种不断涌现，几乎覆盖了所有的基准指数。其中比较重要的有：芝加哥商业交易所的标准普尔股票价格指数期货系列、纽约期货交易所的纽约证券交易所综合指数期货系列、芝加哥期货交易所的道·琼斯指数期货系列、伦敦国际金融期权期货交易的富时100 种股票价格指数期货系列、新加坡期货交易所的日经 225 指数期货、中国香港交易所的恒生指数期货、中国台湾证券交易所的台湾股票指数期货等。

② 单只股票期货。单只股票期货是以单只股票作为基础工具的期货，买卖双方约定，以约定的价格在合约到期日买卖规定数量的股票。事实上，股票期货均实行现金交割，买卖双方只需要按规定的合约乘数乘以价差，盈亏以现金方式进行交割。为防止操纵市场行为，并不是所有上市交易的股票均有期货交易，交易所通常会选取流通盘较大、交易比较活跃的股票推出相应的期货合约，并且对投资者的持仓数量进行限制。以中国香港交易所为例，目前有 38 只上市股票共 40 种期货合约在交易。

③ 股票组合的期货。股票组合的期货是金融期货中最新的一类，是以标准化的股票组合为基础资产的金融期货，芝加哥商业交易所基于美国证券交易所 ETF 以及基于总回报资产合约(TRAKRS)的期货最具代表性。目前，有 3 只交易所交易基金的期货在芝加哥商业交易所上市交易。

 相关链接

中国金融期货交易所与沪深 300 股指期货

(1) 中国金融期货交易所。中国金融期货交易所于 2006 年 9 月 8 日在上海成立，是经国务院同意、中国证监会批准，由上海期货交易所、郑州商品交易所、大连商品交易所、上海证券交易所和深圳证券交易所共同发起设立的中国首家公司制交易所，注册资本为 5 亿元人民币。股东大会是公司的权力机构，公司设董事会，对股东大会负责，并行使股东大会授予的权力。

中国金融期货交易所实行结算会员制度，会员分为结算会员和非结算会员，结算会员按照业务范围分为交易结算会员、全面结算会员和特别结算会员。截至 2011 年 1 月底，中国金融期货交易所拥有会员 137 家，其中全面结算会员 15 家、交易结算会员 61 家、交易会员 61 家。2010 年 1 月 12 日，中国证监会批复同意中国金融期货交易所组织股票指数期货交易；2010 年 4 月 16 日，首份合约正式上市交易。至 2010 年年末，全年成交合约 45 873 295 手，成交金额 410 699 亿元，已成为中国和全球最大的单个衍生产品合约之一。

(2) 沪深 300 股指期货合约内容，见表 5-1 所示。

表 5-1 沪深 300 股指期货合约表

沪深 300 股指期货合约表	
合约标的	沪深 300 指数
合约乘数	每点 300 元
报价单位	指数点
最小变动价位	0.2 点
合约月份	当月、下月及随后两个季月
交易时间	上午：9：15～11：30，下午：13：00～15：15
最后交易日交易时间	上午：9：15～11：30，下午：13：00～15：00
每日价格最大波动限制	上一个交易日结算价的±10%
最低交易保证金	合约价值的 12%

沪深 300 股指期货合约表	
最后交易日	合约到期月份的第 3 个周五，遇国家法定假日顺延
交割日期	同最后交易日
交割方式	现金交割
交易代码	IF
上市交易所	中国金融期货交易所

5.3.5 期货交易策略

1. 套期保值交易

套期保值是指在现货市场某一笔交易的基础上，在期货市场上做一笔价值相当、期限相同但方向相反的交易，以期保值。

1）套期保值的两个基本原理

套期保值之所以能够达到规避价格风险的目的，其基本原理有两个。

（1）同一品种的商品，其期货价格与现货价格受到相同因素的影响和制约，虽然波动幅度会有不同，但其价格的变动趋势和方向有一致性。保值者在期货市场上建立了与现货市场相反的头寸，则无论市场价格朝哪一方向变动，均可避免风险，实现保值。不过，在套期保值中，保值者一般只能做到保值，而不能获利。因为保值者在一个市场上获得的利润将被另一市场的损失所抵消。

（2）随着期货合约到期日的临近，期货价格和现货价格逐渐聚合，在到期日，基差接近于零，两价格大致相等。

2）套期保值的分类

由于期货品种很多，这些品种的生产者、加工者、经营者、相关的储运商和贸易商都可以在必要时利用期货市场保值，所以，按保值的性质和目的不同，又可以分为如下 4 类。

（1）存货保值。有存货的交易者关心的是存货的价格在将来不会贬值，并且能体现出持有成本，包括仓储费用、保险费用、存货占用的资金利息等，于是他将会关注期货价格比现货价格高出的部分是否可以弥补持有成本。例如，某储运商购入小麦，欲储存 3 个月后再售出获利，则其今后的保本销售价大致等于购买小麦的成本和 3 个月的持有成本。他可以利用期货市场进行空头套期保值以达到保值目的。

（2）经营保值。对于贸易商、经销商、加工商等中间商来说，其现货市场的经营是稳定且有连续性的，他们面临的是双重的风险，既要担心以后购进商品时价格上涨，又要担心以后卖出商品时价格下跌，所以，他们有时做多头保值，有时做空头保值，以保证其中间利润（如加工利润、贸易差额等）的实现。

（3）选择保值。选择保值是指现货交易者在适当的时候进行价格投机的交易，是否保值取决于交易者对未来的价格预期。一些大公司通常要进行全额保值，但有时却根据价格预期进行保值或不进行全额保值。在价格低时，敢于进行价格投机，在价格越高，波动越大时，越是会进行严格的保值。选择保值者所做出的保值与否的决定代表着人们对价格变化的态度，有助于增强期货市场的价格发现功能，而经营保值者和存货保值者都遵循相等且相反的原则，对价格发现的贡献有限。

（4）预期保值。预期保值是以预期价格为基础进行的保值交易，保值者在初次建立期货头寸时，没有相应的存货或有效的合同与之对应，它只是作为以后进行的现货贸易合同的一个暂时替代交易，以抓住眼下有利的价格。预期保值通常有以下几种情况：加工商在没有签订成品售出合同时，买进期货合约以确保以后的原材料供应；生产者在产品产出之前就在期货市场上卖出相应的期货合约，以保证产品卖出好价钱；贸易商在尚未签订买卖合同之前，在期货市场上预先买进或卖出相关的期货合约。

3）套期保值的操作

（1）空头套期保值。空头套期保值是指在现货市场处于多头的情况下在期货市场做一笔相应的空头交易，以避免现货价格变动的风险。相关商品的空头情况意味着套期保值者交割相关商品有固定期货价格的承诺，或相关商品有很高的价格关联关系。空头套期保值一般适用于持有商品的交易商担心商品价格下跌的情况，以及适用于预测资产的未来销售。

【例5-3】8月5日，某证券商买进面值总额为1亿美元的3个月期美国国库券，买进价格为93（以IMM指数表示价格，IMM指数＝100－贴现率），并准备在3天后将这批国库券售出。为防止这3天内市场利率上升，从而国库券价格下跌而遭受损失，该证券商便在买进国库券现货的同时卖出相同面值的国库券期货，以期保值（见表5-2）。

表5-2 证券商买进卖出示意

日 期	现货市场	期货市场
8月5日	以93的价格买进面值总额为1亿美元的3个月期国库券，共支付价款98 250 000美元	以92.6的价格卖出100张9月份到期的国库券期货合约，总值为98 150 000美元
8月8日	以92.4的价格卖出面值为1亿美元的3个月期国库券，共收取价款98 100 000美元	以92的价格买入平仓100张9月份到期的国库券期货合约，总值为98 000 000美元
损益	－150 000美元	＋150 000美元

（2）多头套期保值。多头套期保值是指在现货市场处于空头的情况下，在期货市场做一笔相应的多头交易，以避免现货价格变动的风险。多头套期保值通常适用于类似这样的场合：投资者准备在将来某一时刻购买商品却担心商品涨价，或者某投资者在资产上做空头时，可用多头套期保值策略进行风险管理。

【例5-4】7月20日，某基金经理预计在8月底可收到总额为1 200 000美元的款项，并准备用这笔款项购买A公司股票和B公司股票。但由于资金将在一个多月以后才能取得，如果届时这两种股票的市场价格上涨，那么他用这笔款项只能购得较少的股票。为避免这一可能的损失，他决定用主要市场指数期货做多头套期保值。

假设在7月20日，A公司股票的市场价格为每股25美元，B公司股票的市场价格为每股 15 美元，如以当天市场价格购买，用 1 200 000 美元可买到这两种股票各 30 000 股，同时 9 月主要市场指数期货价格为 478。在 8 月 31 日，A 公司股票的市场价格已经涨为每股 30 美元，B 公司股票的市场价格也涨为每股 18 美元，这样，仍购买预期的股数需支付 1 440 000 美元，此时 9 月主要市场指数期货价格已升至 574。其过程见表 5-3。

表 5-3　某基金经理估计股票价格

日　　期	现货市场	期货市场
7 月 20 日	预期 8 月 31 日收到 1 200 000 美元，买入 A 公司和 B 公司的股票，当天市场价为： A 公司：25 美元 B 公司：15 美元 按此价格可分别购买 30 000 股 A 公司和 B 公司的股票	买入 10 张 9 月主要市场指数期货价格为 478 合约价值为 1 195 000（＝478×250×10）美元
8 月 31 日	收到 1 200 000 美元，由于股票价格上涨，A 公司股票涨至 30 美元，B 公司股票涨至 18 美元，仍想分别购入 30 000 股股票，需要支付 1 440 000 美元	卖出平仓 10 张 9 月主要市场指数期货价格为 574 合约价值为 1 435 000（＝574×250×10）美元
损益	资金缺口 240 000 美元	获利 240 000 美元

2. 投机、套利交易

期货交易一向被认为是投机意识十足的投资工具，由于这种交易采取保证金方式，吸引了大量只想赚取价差，根本没有套期保值需求的投资者。一般来说，人们把在期货市场上进行的广义的投机分为两类，一类是正常的单项式投机，即普通的买空卖空活动，纯粹利用单个期货品种价格的波动进行的投机交易；另一类是利用期货合约之间、现货和期货之间反常的价格关系进行的投机，也就是套利交易。

1）单项式投机

单项式投机是指人们根据自己对金融期货市场的价格变动趋势的预测，通过看涨时买进，看跌时卖出而获利的交易行为。

根据投机者持仓时间的长短，投机分为一般头寸投机、当日投机和逐小利投机即枪帽子。一般头寸投机者持仓时间较长，他们以多种期货为对象，一般利用较长时间的价差来获利，交易量较大。当日投机者只进行当天平仓期货交易，交易对象为他们认为有利可图的各种期货，希望利用较大差价获利。逐小利投机者是随时买进或卖出，赚取很小的差价，他们交易频繁，往往一天内买卖合约数次，其交易期货品种较为单一，但交易量一般较大，对增强市场流动性具有十分重要的意义。按具体的操作手法不同，投机可分为多头投机和空头投机。

【例 5-5】11 月 2 日，CBOT 主要市场指数期货的市场价格为 472，某投机者预期该指数期货的价格将下跌，于是以 472 的价格卖出 20 张 12 月份到期的主要市场指数期货合约。这样，在合约到期前，该投机者将面临 3 种不同的情况：市场价格下跌至 456，市场价格不变和市场价格上涨至 488。

（1）若市场价格下跌至 456，他可获利 80 000 美元[（472−456）×250 美元×20]。

（2）若市场价格不变，该投机者将既无盈利也无损失。

（3）若市场价格上涨至 488，他将损失 80 000 美元[（472−488）×250 美元×20]。

2）套利交易

套利是指人们利用暂时存在的不合理的价格关系，通过同时买进和卖出相同或相关的商品或期货合约，以赚取其中的价差收益的交易行为。套利的实质是对不同的合约（包括现货）的价差进行投机，分别建立正反两方向的头寸，这两种合约的联动性很强，所以套利的原理与套期保值的原理很相似。

（1）期现套利。期现套利是指在期货市场和现货市场间套利。若期货价格较高，则卖出期货同时买进现货到期货市场交割；当期货价格偏低时，买入期货在期货市场上进行实物交割，接受商品，再将它转到现货市场上卖出获利。这种套利通常在即将到期的期货合约上进行。大量的期现套利有助于期货价格的合理回归。

期现套利一般仅涉及现货商人。因为涉及期货、现货两个市场，如果实物交割，还要占用大量的资金，且需要有相应的现货供、销渠道来买进或卖出现货。这样的条件一般投机者不具备，所以一般的投机者很少在即将到期的合约上操作。而期现套利者却最关注进入交割月份的期货合约品种，只要基差足够大，超过预期投机成本，套利者就会入市，最终再根据市场情况灵活选择在期货市场平仓或是进行实物交割。

（2）跨期套利。跨期套利是指在同一交易所同时买进和卖出同一品种的不同交割月份的期货合约，以便在未来两合约价差变动于己有利时再对冲获利。跨期套利在套利交易中最为常见，有 3 种最主要的交易形式：买近卖远套利、卖近买远套利和蝶式套利。

（3）跨市套利。跨市套利是指在两个不同的期货交易所同时买进和卖出同一品种同一交割月份的期货合约，以便在未来两合约价差变动于己有利时再对冲获利。跨市套利的风险及操作难度都比跨期套利更大，因为它涉及不同的交易所，交易者必须同时考虑两个市场的情形和影响因素。有时，虽然是同一品种，但各交易所的交易规则、交割等级、最后交易日、交割期的规定都有差异；期货市场上的流动性也不一样。若是做不同国家的跨市套利，还要考虑汇率变动的影响，如果对汇率的变动估计不足或估计错误，则投资者将面临严重的汇率风险，所以必须全面考虑各种因素，才能使套利取得成功。因此在国外一般大的投资基金、投资银行才进行跨市套利交易。

（4）跨品种套利。跨品种套利是指在同一交易所同时买进和卖出同一交割月份不同品种的期货合约，选择的两种不同合约应在价格变动上有较强的联动性。跨品种套利可以分为相关商品套利和可转换性商品套利两种形式。

5.4　期权交易

期权的萌芽形式已有几百年的历史。较早的期权交易主要是用于实物商品房地产和贵金属业务，都是现货期权。20 世纪 20 年代，美国出现了股票的期权交易，但由于它带着较为浓厚的投机色彩而不为多数人所接受。金融期权是在 20 世纪 70 年代以来的国际金融创新中发展起来的又一新的金融交易形式。自产生以来，它就得到了飞速发展。尤其是在金融风险管理中，它更是一种颇受投资者欢迎的套期保值的新工具。

5.4.1 期权的定义

期权（Option）又称选择权，实质上是一种权利的有偿使用，当期权购买者支付给期权出售者一定的期权费后，赋予购买者在规定期限内按双方约定的价格购买或出售一定数量某种金融资产权利的合约。

从期权交易的定义中可以看出，它包含3层意思。

（1）选择权的内涵是一定时间、一定价格和一定数量的选择权，超过了这些限度就超出期权的交易范围。

（2）选择权实质上是权利而不是义务，一旦期权购买者购买了某项期权合约，他即拥有了该合约所规定的权利，他既可以执行也可以放弃，并且不必承担必须买进或卖出的义务。

（3）期权交易成立的媒介是期权费，只有买方愿意让渡的期权费与卖方所能接受的期权价格相等时，交易才能成立。

5.4.2 期权交易的合约要素

期权交易的买方通过付出一笔较小的权利费用得到一种权利，在期权有效期内，若标的物价格朝有利于期权买方的方向变化，买方可以选择履约，即按协定价格执行买或卖的权利；在期权合约的有效期内，期权也可以转让；超过有效期，合约失效，买主的权利随之作废，卖主的义务也被解除。

通过上述对期权交易的描述可以看出，期权合约的要素主要如下。

1. 期权的买方

购买期权的一方，即支付期权费，获得权利的一方，也称期权的多头方。在金融期权交易中，期权购买者可在期权合约所规定的某一特定的时间，以事先确定的价格向期权卖方买进或卖出一定数量的某种金融商品或金融期货合约。在期权合约所规定的时间内或期权合约所规定的某一特定的履约日，期权的买方既可以执行他所拥有的这一权利，也可以放弃这一权利。

2. 期权的卖方

出售期权的一方获得期权费，因而承担着在规定的时间内履行该期权合约的义务。期权的卖方也称为期权的空头方。在金融期权交易中，期权的卖方应在期权合约所规定的时间内或期权合约所规定的某一特定履约日，只要期权购买方要求执行期权，期权卖方就必须无条件地履行期权合约所规定的义务。

3. 协定价格

协定价格也称敲定价格或执行价格，是指期权合约所规定的、期权买方在行使权利时所实际执行的价格，即在金融期权交易中，协定价格是指期权购买者买卖事先确定的标的资产（或期货合约）的交易价格。这一价格一旦确定，则在期权有效期内，无论期权标的物的市场价格上升到什么程度或下降到什么程度，只要期权购买者要求执行期权，期权出售者就必须以协定价格履行他必须履行的义务。

4. 期权费

期权是一种权利的交易，期权费就是这一权利的价格。所谓期权费，又称为权利金、期权价格或保险费，是指期权买方为获取期权合约所赋予的权利而向期权卖方支付的费用。这一费用一旦支付，则不管期权购买者是否执行期权均不予退回。它是期权合约中唯一的变量，其大小取决于期权合约的性质、到期月份及敲定价格等各种因素。

5. 通知日

当期权买方要求履行标的物（或期货合约）的交货时，他必须在预先确定的交货和提运日之前的某一天通知卖方，以便让卖方做好准备，这一天就是通知日。

6. 到期日

到期日也称履行日，在这一天，一个预先作了声明的期权合约必须履行交货。通常对于期货期权来说，期权的到期日应先于其标的资产——期货合约的最后交易日。

【例 5-6】场内的标准期权合约报价行情如下。

3	IBM	NOV.	400	Call	premium15
合约份数	标的物	期权到期日	协定价格	买权	期权费

其含义是：3 份 IBM 公司的协定价格为 400 的 11 月份到期的买权股票期权，期权费 15。

5.4.3 期权的类型

金融期权的分类标准有很多，按不同的标准可以划分为不同的类型。

（1）按期权买者的权利划分，期权可分为看涨期权、看跌期权和双向期权。

① 看涨期权。看涨期权是指赋予期权的购买者在预先规定的时间以执行价格从期权出售者手中买入一定数量的金融工具的权利的合约。为取得这种买的权利，期权购买者需要在购买期权时支付给期权出售者一定的期权费。因为它是人们预期某种标的资产的未来价格上涨时购买的期权，所以被称为看涨期权。

② 看跌期权。看跌期权是指期权购买者拥有一种权利，在预先规定的时间以协定价格向期权出售者卖出规定的金融工具。为取得这种卖的权利，期权购买者需要在购买期权时支付给期权出售者一定的期权费。因为它是人们预期某种标的资产的未来价格下跌时购买的期权，所以被称为看跌期权。

③ 双向期权。双向期权又称为双重期权，是指期权购买方向期权出售方支付了一定的期权费之后，在期权合约有效期内，按事先商定的协定价格，双向期权出售方既买了某种期货合约的看涨期权，又出售了该期货合约的看跌期权。简言之，就是期权买方在同时以等价购买等量的同一期货合约的看涨期权和看跌期权。显然，购买双向期权的期权费要高于只购买单向期权的期权费，但是双向期权的获利机会和可能性也要高于单向期权。双向期权的购买方预测相关期货合约的价格会有较大幅度的变动，但无论价格如何变动，只要当价格大幅上涨时执行看涨期权，当价格大幅下跌时执行看跌期权，均可获利。因为无论相关期货合约的价格是高于还是低于协定价格，只要期货合约价格与协定价格之差大于该期权买方向期权卖方所支付的期权费，期权买方就会盈利；相反，双向期权的出售方预

测相关期货合约的价格不会发生较大幅度的波动，可以出售双向期权以获得更多的期权费。双向期权同样可以转让，只要期权费上涨对购买者有利，他就可以直接卖掉期权，获取期权费价格差。

（2）按期权买者执行期权的时限划分，期权可分为欧式期权和美式期权。欧式期权是指期权的购买者只有在期权到期日才能执行期权（即行使买进或卖出标的资产的权利），既不能提前也不能推迟。若提前，期权出售者可以拒绝履约；若推迟，期权将被作废。而美式期权则允许期权购买者在期权到期前的任何时间执行期权。美式期权的购买者既可以在期权到期日这一天行使期权，也可以在期权到期之前的任何一个营业日执行期权。当然，超过到期日，美式期权也同样被作废。不难看出，对期权购买者来说，美式期权比欧式期权更为有利。因为买进这种期权后，它可以在期权有效期内根据市场价格的变化和自己的实际需要比较灵活而主动地选择履约时间。相反，对期权出售者来说，美式期权比欧式期权使他承担着更大的风险，他必须随时为履约做好准备。因此，在其他情况一定时，美式期权的期权费通常比欧式期权的期权费要高一些。

从上面的分析可以看出，所谓的"欧式期权"和"美式期权"实际上并没有任何地理位置上的含义，而只是对期权购买者执行期权的时间有着不同的规定。

（3）按协定价格与标的物市场价格的关系不同，可以将期权分为实值期权、平值期权和虚值期权。实值期权是指如果期权立即执行，买方具有正的现金流；平值期权是指如果期权立即执行，买方的现金流为零；虚值期权是指如果期权立即执行，买方具有负的现金流。三者之间的关系见表5-4。

表5-4 实值期权、平值期权、虚值期权的对应关系

	看涨期权	看跌期权
实值期权	市场价格＞协定价格	市场价格＜协定价格
平值期权	市场价格＝协定价格	市场价格＝协定价格
虚值期权	市场价格＜协定价格	市场价格＞协定价格

实值、平值、虚值描述的是期权在有效期的某个时点上的状态，随着时间的变化，同一期权的状态也会不断变化。有时是实值期权，有时是平值期权，有时变成虚值期权。

（4）按交易场所不同划分，期权可分为交易所交易期权和柜台式期权。交易所交易期权是指一种标准化的期权，它有正式规定的数量，在交易所大厅中以正规的方式进行交易。柜台式期权是指期权的出卖者为满足某一购买者特定的需求而产生的，它并不在交易大厅中进行，因此也被称为场外交易市场。场外交易市场交易规模非常大。

（5）根据标的物的性质划分，期权可以分为现货期权和期货期权两类。现货期权是指以各种金融工具本身作为期权合约之标的物的期权，如各种股票期权、股票指数期权、外汇期权、债券期权等。期货期权是指以各种金融期货合约作为期权合约之标的物的期权，如各种外汇期货期权、利率期货期权及股票指数期货期权等。

金融期权之所以分为现货期权和期货期权是因为这两类期权在具体的交易规则、交易策略以及定价原理等方面都有很大的区别，而且这两类期权通常有不同的主管机关加以分别管理。

5.4.4 权证

权证是基础证券发行人或其以外的第三人(简称"发行人")发行的,约定持有人在规定期间内或特定到期日有权按约定价格向发行人购买或出售标的证券,或以现金结算方式收取结算差价的有价证券。从产品属性看,权证是一种期权类金融衍生产品。权证与交易所交易期权的主要区别在于,交易所挂牌交易的期权是交易所制定的标准化合约,具有同一基础资产、不同行权价格和行权时间的多个期权形成期权系列进行交易;而权证则是权证发行人发行的合约,发行人作为权利的授予者承担全部责任。

1. 权证分类

根据各种分类标准可以把权证分为不同的类型。

(1) 按基础资产分类。根据权证行权的基础资产或标的资产,可将权证分为股权类权证、债权类权证以及其他权证。目前我国证券市场推出的权证均为股权类权证,其标的资产可以是单只股票或股票组合(如 ETF)。以下所介绍的权证均指股权类权证。

(2) 按基础资产的来源分类。根据权证行权所买卖的标的股票来源不同,权证分为认股权证和备兑权证。

认股权证也被称为"股本权证",一般由基础证券的发行人发行,行权时上市公司增发新股售予认股权证的持有人。20 世纪 90 年代初,我国证券市场曾经出现过的飞乐、宝安等上市公司发行的认股权证以及配股权证、转配股权证就属于认股权证。

备兑权证通常由投资银行发行,备兑权证所认兑的股票不是新发行的股票,而是已在市场上流通的股票,不会增加股份公司的股本。

(3) 按持有人权利分类。按照持有人权利的性质不同,权证分为认购权证和认沽权证。前者实质上属看涨期权,其持有人有权按规定价格购买基础资产;后者属看跌期权,其持有人有权按规定价格卖出基础资产。

(4) 按行权的时间分类。按照权证持有人行权的时间不同,可以将权证分为美式权证、欧式权证、百慕大式权证等类别。美式权证可以在权证失效日之前任何交易日行权;欧式权证仅可以在失效日当日行权;百慕大式权证则可在失效日之前一段规定时间内行权。

(5) 按权证的内在价值分类。按权证的内在价值,可以将权证分为平价权证、价内权证和价外权证,其原理与期权相同。

2. 权证要素

权证的要素包括权证类别、标的、行权价格、存续时间、行权日期、行权结算方式、行权比例等要素。

(1) 权证类别。权证类别即标明该权证属认购权证或认沽权证。

(2) 标的。权证的标的物种类涵盖股票、债券、外币、指数、商品或其他金融工具,其中股票权证的标的可以是单一股票或是一揽子股票组合。

(3) 行权价格。行权价格是发行人发行权证时所约定的、权证持有人向发行人购买或出售标的证券的价格。若标的证券在发行后有除息、除权等事项，通常要对认股权证的认股价格进行调整。

（4）存续时间。权证的存续时间即权证的有效期，超过有效期，认股权自动失效。目前上海证券交易所、深圳证券交易所均规定，权证自上市之日起存续时间为6个月以上24个月以下。

（5）行权日期。这是指权证持有人有权行使权利的日期。

（6）行权结算方式。行权结算方式分为证券给付结算方式和现金结算方式两种。前者指权证持有人行权时，发行人有义务按照行权价格向权证持有人出售或购买标的证券；后者指权证持有人行权时，发行人按照约定向权证持有人支付行权价格与标的证券结算价格之间的差额。

（7）行权比例。这是指单位权证可以购买或出售的标的证券数量。目前上海证券交易所和深圳证券交易所规定，标的证券发生除权的，行权比例应作相应调整，除息时则不作调整。

3. 权证发行、上市与交易

上海证券交易所和深圳证券交易所均对权证的发行、上市和交易进行了具体规定。

（1）权证的发行。由标的证券发行人以外的第三人发行并上市的权证，发行人应按照下列规定之一提供履约担保。

① 通过专用账户提供并维持足够数量的标的证券或现金，作为履约担保。

履约担保的标的证券数量＝权证上市数量×行权比例×担保系数

履约担保的现金金额＝权证上市数量×行权价格×行权比例×担保系数

担保系数由交易所发布并适时调整。

② 提供经交易所认可的机构作为履约的不可撤销的连带责任保证人。

（2）权证的上市和交易。上海证券交易所和深圳证券交易所对权证的上市资格标准不尽相同，但均对标的股票的流通股份市值、标的股票交易的活跃性、权证存量、权证持有人数量、权证存续期等作出要求。

目前权证交易实行 $T+0$ 回转交易。

5.5 金融互换

5.5.1 金融互换的定义

按照国际清算银行（BIS）的定义，金融互换是买卖双方在一定时间内交换一系列现金流的合约。具体来说，金融互换是指两个（或两个以上）当事人按照商定的条件，在约定的时间内交换不同金融工具的一系列支付款项或收入款项的合约。

互换是一种按需定制的交易方式。互换的双方既可以选择交易额的大小，也可以选择期限的长短。只要互换双方愿意，从互换内容到互换形式都可以完全按需要来设计，由此而形成的互换交易可以完全满足客户的特定需求。

金融互换最基本的形式如下。

(1) 一种货币与另一种货币之间的互换。

(2) 同一货币的浮动利率与固定利率互换。

(3) 不同货币的固定利率与固定利率互换。

(4) 不同货币固定利率与浮动利率互换。

(5) 不同货币的浮动利率与浮动利率的互换。

(6) 同一货币的浮动利率与浮动利率的互换等。

5.5.2 金融互换市场的起源和发展

金融互换是 20 世纪 80 年代在平行贷款和背对背贷款的基础上发展起来的，但它们之间既有联系又有区别。

1. 平行贷款

20 世纪 70 年代初，由于国际收支恶化，英国实行外汇管制并采取了对外投资扣税的办法，以控制资金的外流。于是一些银行为满足企业逃避外汇管制的需求，推出了平行贷款：两个母公司分别在国内向对方公司在本国境内的子公司提供金额相当的本币贷款，并承诺在指定的到期日各自归还所借货币。例如，英国母公司向美国母公司在英国境内的子公司贷款，美国母公司相对应地贷款给英国母公司在美国境内的子公司。平行贷款既可满足双方子公司的融资需要，又可逃避外汇管理，因此深受欢迎。但平行贷款存在信用风险问题，这是因为平行贷款包含两个独立的贷款协议，它们分别具有法律效力，其权利、义务不相联系，当一方出现违约时，另一方仍不能解除履约义务。这种融资方式的主要优点是可以绕开外汇管制的限制，不会发生跨国界的资金转移。但运用这种方式融资需要有两个母公司、两个子公司，而且双方需要融资的数额相同，并且都愿意承担所包含的信贷风险。

2. 背对背贷款

背对背贷款是为了解决平行贷款中的信用风险问题而产生的。它是指两个国家的公司相互直接贷款，贷款币种不同但币值相等，贷款到期日相同，各自支付利息，到期各自偿还原借款货币。

背对背贷款尽管有两笔贷款，但只签订一个贷款协议，协议中明确，若一方违约，另一方有权抵消应尽的义务。这就大大降低了信用风险，向货币互换大大迈进一步。但是，背对背贷款涉及跨国借贷问题存在外汇管制问题。因此，背对背贷款只是在 1979 年英国取消外汇管制后才作为一种金融创新工具而出现。

背对背贷款虽然已非常接近现代货币互换，但二者仍有本质的区别。前者是一种借贷行为，在法律上会产生新的资产和负债(双方互为对方的债权人和债务人)；而后者则是不同货币间负债或资产的互换，是一种表外业务，并不产生新的资产与负债，因而也就不改变一个公司原有的资产负债结构。这也是互换交易之所以受到人们青睐并得以飞速发展的重要原因。

3. 金融互换产生的理论基础

金融互换产生的理论基础是比较优势理论。该理论是英国著名经济学家大卫·李嘉图提出的。他认为，在两国都能产生两种产品，且一国在这两种产品的生产上均处于有利地位，而另一国均处于不利地位的条件下，如果前者专门生产优势较大的产品，后者专门生产劣势较小(既具有比较优势)的产品，那么通过专业化分工和国际贸易，双方仍能从中获益。

互换交易正是利用交易双方在筹资成本上的比较优势而进行的。具体而言，互换产生的条件可以归纳为两个方面。

(1) 交易双方对对方的资产或负债均有需求。

(2) 双方在这两种资产或负债中存在比较优势。

最著名的首次互换发生在 1981 年世界银行和国际商业机器公司(IBM)之间。世界银行需要用瑞士法郎或德国马克这类绝对利率水平较低的货币进行负债管理；与此同时，IBM 公司则希望筹集美元资金以便同其美元资产相匹配，避免汇率风险。由于世界银行在欧洲债券市场上信誉卓著，筹集美元资金的成本低于 IBM 公司，而 IBM 公司发行瑞士法郎债券的筹资成本低于世界银行。在存在比较优势的情况下，世界银行和 IBM 公司分别筹集自己具有优势的资金，并通过互换获得自己需要的资金，从而降低筹资成本。

5.5.3　金融互换交易合约的内容

典型的互换交易合约通常包括以下几个方面的内容。

1. 交易双方

交易双方是指相互交换货币或利率的双方交易者，而金融互换的交易双方有时也是两个以上的交易者参加的同一笔互换交易，如果交易双方都是国内的交易者，称为国内互换；如果交易双方是不同国家的交易者，则称为跨国互换。

2. 合约金额

由于交易者参与互换市场的目的是从事融资、投资或财务管理，因而每一笔互换交易的金额都比较大，一般在 1 亿美元或 10 亿美元以上，或者是等值的其他国家的货币。

3. 互换的货币

理论上互换的货币可以是任何国家的货币，但进入互换市场并经常使用的货币则是世界最主要的可自由兑换的货币，如美元、欧元、瑞士法郎、英镑、日元、加元、澳元、新加坡元、港币等。

4. 互换的利率

目前，进入互换市场的利率包括固定利率、伦敦银行同业拆放利率、存单利率、银行承兑票据利率、优惠利率、商业票据利率、国库券利率、零利息债券利率等。

5. 合约到期日

互换交易通常是外汇市场、期货市场上不能提供中长期合同时才使用，因而其到期日的期限长，一般均为中长期的。

6. 互换价格

利率互换价格是由与固定利率、浮动利率和信用级别相关的市场条件决定的；而货币互换价格由交易双方协商确定，但通常能反映两国货币的利率水平，主要由政府债券利率作为参考的依据。此外，货币互换价格还受到政府改革目标、交易者对流动性的要求、通货膨胀预期，以及互换双方的信用级别等的影响。

7. 权利义务

互换双方根据合约的签订来明确各自的权利义务，并在合约到期日承担相互交换利息或货币的义务，同时也获得收到对方支付利息或货币的权利。

8. 价差

价差表现为中介买卖价的差异。美元利率互换的价差通常为 5～10 个基点，货币互换的价差则不固定，价差的多少一般视信用风险而定。

9. 其他费用

其他费用主要指互换市场的中介者因安排客户的互换交易，对互换形式、价格提供咨询等获取的收入，如法律费、交换费、咨询费、监督执行合约费等。

5.5.4 金融互换的种类

金融互换的发展历史虽然较短，但品种不断创新。除了传统的货币互换和利率互换外，各种新的金融互换品种不断涌现。

1. 利率互换

利率互换是指双方同意在未来的一定期限内，根据同种货币的同样的名义本金交换现金流，其中一方的现金根据浮动利率计算出来，而另一方的现金流根据固定利率计算。互换的期限通常在 2 年以上，有时甚至在 15 年以上。双方进行利率互换的主要原因是双方在固定利率和浮动利率市场上具有比较优势。由于利率互换只交换利息差额，因此信用风险很小。

2. 货币互换

货币互换是将一种货币的本金和固定利息与另一货币的等价本金和固定利息进行交换。货币互换的主要原因是双方在各自国家中的金融市场上具有比较优势。由于货币互换涉及本金互换，因此当汇率变动很大时，双方将面临一定的信用风险。当然这种风险比单纯的贷款风险小得多。

3. 其他互换

从最普遍的意义来说，互换实际上是现金流的交换。由于计算或确定现金流的方法有很多，因此互换的种类也很多。除了上述最常见的利率互换和货币互换外，其他主要的互换品种如下。

1）交叉货币利率互换

交叉货币利率互换是利率互换和货币互换的结合。它是以一种货币的固定利息交换另一种货币的浮动汇率。标准的交叉货币互换与利率互换相似；互换双方的货币不相向；到期需要交换本金；在生效日本金可交换也可不交换；互换双方既可以是固定利率互换，也可以是浮动利率互换，或者是浮动利率与固定利率互换。

2）增长型互换、减少型互换和滑道型互换

在标准的互换中，名义本金是不变的，而在这3种互换中，名义本金是可变的。即可以在互换期内按照预定方式变化。其中增长型互换的名义本金在开始时较小，而后随着时间的推移逐渐增大。减少型互换则正好相反，其名义本金随时间的推移逐渐由大变小。近年来，互换市场又出现了一种特殊的减少型互换，即指数化本金互换。指数化本金互换，其名义本金的减少幅度取决于利率水平，利率越低，名义本金减少幅度越大。滑道型互换的名义本金则在互换期内时而增大，时而变小。

增长型互换比较适合借款额在项目期内逐渐增长的情形，例如，建筑工程融资。减少型互换则比较适合于以发行债券来融资的借款方。就项目融资来看，初期借款可能逐渐增加，此后，随着对承包者的阶段性支付的累积，借款额会逐渐减少。因此可以考虑采用滑道型互换与各地借款本金相对应。

3）基础互换

在普通的利率互换中，互换一方是固定利率，另一方是浮动利率。而在基础互换中，双方都是浮动利率，只是两种浮动利率的参照利率不同，通常一方的浮动利率与某一时期的伦敦银行同业拆放利率挂钩，而另一方的浮动利率则与另一类市场利率相联系，如商业票据利率、存款证利率或联邦基金利率等。例如，某公司通过商业票据的滚动发行筹集资金，并将筹得的资金投资于收益率为伦敦银行同业拆放利率的资产，那么一笔基础互换交易就可以防范或消除由于采用不同利率而产生的收入流与支出流不相吻合的风险。或者，发行商业票据的公司可能希望锁定借款成本，那么，该公司可以将基础互换与普通互换相结合：先把浮动商业票据利率转化成浮动伦敦银行同业拆放利率，再把伦敦银行同业拆放利率转变成固定利率。

4）议价互换

大多数互换的初始定价是公平合理的，不存在有利于交易一方而不利于交易另一方的问题，也就是说没有必要从互换一开始就由交易一方向另一方支付利息差。然而在议价互换交易中，固定利率不同于市场的标准利率，因此，交易一方必须向另一方进行补偿。议价互换的应用价值在于：当借款方发行浮动利率债券筹资，并希望利用互换既能将浮动利率债券转换成固定利率债券，又能支付发行债券的前端费用时，就可以设计一份议价互换。借款方（债券发行公司）收取一笔初始资金和定期浮动利息，同时以略高于普通互换市场利率的固定利率支付利息。高出固定利率边际额可以在互换期内将发行债券前端费用有效地加以分摊。

5）边际互换

边际互换所采用的浮动利率是在LIBOR基础上再加上或减去一个边际额，而不是直接用伦敦银行同业拆放利率本身，因此把它叫作边际互换。一个按伦敦银行同业拆放利率LIBOR＋50个基点筹资的借款人当然希望能从互换中获得伦敦银行同业拆放利率LIBOR＋50个基点的利率，而不仅仅是伦敦银行同业拆放利率，否则浮动利率的现金流量就不一致。因此，边际互换的结果类似于普通互换中对固定利率加上一个边际额。例如，一个普通互换是7.00％的固定利率对伦敦银行同业拆放利率，则与此相应的边际互换的报价可能就是

7.50%的固定利率对伦敦银行同业拆放利率 LIBOR＋50 个基点。只有当互换双方天数计算惯例或付息次数各不相同时，如固定利率方以实际天数/365 计算，而浮动利率方以 30/360 计算，边际互换与普通互换的结果才会出现差异。

5.6 其他衍生工具

5.6.1 存托凭证

1. 存托凭证的定义

存托凭证(Depositary Receipts，DR)是指在一国证券市场流通的代表外国公司有价证券的可转让凭证。存托凭证一般代表外国公司股票，有时也代表债券。存托凭证也被称为"预托凭证"，是指在一国(个)证券市场上流通的代表另一国(个)证券市场上流通的证券的证券。

存托凭证首先由 J. P. 摩根首创。1927 年，美国投资者看好英国百货业公司塞尔弗里奇公司的股票，由于地域的关系，这些美国投资者要投资该股票很不方便。当时的 J. P. 摩根就设立了一种美国存托凭证(简称"ADR")，使持有塞尔弗里奇公司股票的投资者可以把塞尔弗里奇公司股票交给摩根指定的在美国与英国都有分支机构的一家银行，再由这家银行发给各投资者美国存托凭证。这种存托凭证可以在美国的证券市场上流通，原来持有塞尔弗里奇公司股票的投资者就不必再跑到英国抛售该股票；同时要投资塞尔弗里奇公司股票的投资者也不必再到英国股票交易所去购买塞尔弗里奇公司股票，可以在美国证券交易所购买该股票的美国存托凭证。每当塞尔弗里奇公司进行配股或者分红等事宜，发行美国存托凭证的银行在英国的分支机构都会帮助美国投资者进行配股或者分红。这样美国投资者就省去了到英国去配股及分红的麻烦。

美国存托凭证出现后，各国根据情况相继推出了适合本国的存托凭证，比如全球存托凭证(简称 GDR)、国际存托凭证(简称 IDR)。目前我国也开始酝酿推出中国存托凭证(简称 CDR)，即在我国内地发行的代表境外或者我国香港特区证券市场上某一种证券的证券。

2. 美国存托凭证的有关业务机构

参与美国存托凭证发行与交易的中介机构包括存券银行、托管银行和中央存托公司。

(1) 存券银行。存券银行作为 ADR 的发行人和 ADR 的市场中介，为 ADR 的投资者提供所需的一切服务。

① 作为 ADR 的发行人，存券银行在 ADR 基础证券的发行国安排托管银行，当基础证券被解入托管账户后，立即向投资者发出 ADR。ADR 被取消时，指令托管银行把基础证券重新投入当地市场。

② 在 ADR 交易过程中，存券银行负责 ADR 的注册和过户，安排 ADR 在存券信托公司的保管和清算，及时通知托管银行变更股东或债券持有人的登记资料，并与经纪人保持经常联系，保证 ADR 交易的顺利进行。同时，存券银行还要向 ADR 的持有者派发美元

红利或利息，代理 ADR 持有者行使投票权等股东权益。

③ 存券银行为 ADR 持有者和基础证券发行人提供信息和咨询服务。作为 ADR 持有者、发行公司的代理者和咨询者，存券银行向 ADR 持有者提供基础证券发行人及 ADR 的市场信息，解答投资者的询问；向基础证券发行人提供 ADR 持有者及 ADR 市场信息，帮助发行人建立和改进 ADR 计划，特别是提供法律、会计、审计等方面的咨询和代理服务；协调 ADR 持有者和发行公司的一切事宜，并确保发行公司符合法律要求。

（2）托管银行。托管银行是由存券银行在基础证券发行国安排的银行，它通常是存券银行在当地的分行、附属行或代理行。托管银行负责保管 ADR 所代表的基础证券；根据存券银行的指令领取红利或利息，用于再投资或汇回 ADR 发行国；向存券银行提供当地市场信息。

（3）中央存托公司。中央存托公司是指美国证券中央保管和清算机构，负责 ADR 的保管和清算。美国证券中央保管和清算机构的成员为金融机构，如证券经纪公司、自营商、银行、信托投资公司、清算公司等，其他机构和个人也可以通过与以上成员建立托管或清算代理关系间接地参加证券中央保管和清算机构。

3. 美国存托凭证的种类

按照基础证券发行人是否参与存托凭证的发行，美国存托凭证可分为无担保的存托凭证和有担保的存托凭证。

（1）无担保的存托凭证。无担保的存托凭证由一家或多家银行根据市场的需求发行，基础证券发行人不参与，存券协议只规定存券银行与存托凭证持有者之间的权利义务关系。无担保的存托凭证目前已很少应用。

（2）有担保的存托凭证。有担保的存托凭证由基础证券发行人的承销商委托一家存券银行发行。承销商、存券银行和托管银行三方签署存券协议。协议内容包括存托凭证与基础证券的关系，存托凭证持有者的权利，存托凭证的转让、清偿、红利或利息的支付以及协议三方的权利义务等。采用有担保的存托凭证，发行公司可以自由选择存券银行。

有担保的存托凭证分为一、二、三级公开募集存托凭证和美国 144A 规则下的私募存托凭证。这 4 种有担保的存托凭证各有其不同的特点和运作惯例，美国的相关法律也对其有不同的要求。简言之，一级存托凭证允许外国公司无须改变现行的报告制度就可以享受公开交易证券的好处；想在一家美国交易所上市的外国公司可采用二级存托凭证；如果要在美国市场上筹集资本，则须采用三级存托凭证。存托凭证的级别越高，所反映的美国证券交易委员会(简称 SEC)登记要求也越高，对投资者的吸引力就越大。

4. 存托凭证在中国的发展

（1）我国公司发行的存托凭证。我国公司发行的存托凭证涵盖了以下几种主要种类。

发行一级存托凭证的国内企业主要分两类：一类是含 B 股的国内上市公司，如氯碱化工、二纺机、轮胎橡胶和深深房，这些公司是我国上市公司早期在海外发行存托凭证的试点；另一类主要是在我国香港上市的内地公司，如青岛啤酒和平安保险等，这些公司在发行存托凭证时都以发行 H 股作为发行存托凭证的基础；另外，2004 年 12 月，在新加坡交易所上市的双威通讯也以一级存托凭证方式发行了存托凭证。

2004 年以前，只有在香港上市的中华汽车发行过二级存托凭证；进入 2004 年后，随着中国网络科技类公司海外上市速度加快，二级存托凭证成为中国网络股进入 NASDAQ 的主要形式。

发行三级存托凭证的公司均在我国香港交易所上市，而且发行存托凭证的模式基本相同，即在我国香港交易所发行上市的同时，将一部分股份转换为存托凭证在纽约股票交易所上市，这样不仅实现在我国香港和美国同时上市融资的目的，而且简化了上市手续，节约了交易费用。

144A 私募存托凭证由于对发行人监管的要求最低，而且发行手续简单，所以早期寻求境外上市的境内企业使用得较多。但由于投资者数量有限，而且在柜台市场交易不利于提高企业知名度，所以近年来较少使用。

（2）我国公司发行存托凭证的阶段和行业特征。截至 2006 年年底，中国企业发行存托凭证的家数达到 69 家，发行存托凭证 73 种。

将这段时间的发展分为 4 个阶段介绍。

① 1993—1995 年，中国企业在美国发行存托凭证。1993 年 7 月，上海石化以存托凭证方式在纽约证券交易所挂牌上市，开了中国公司在美国证券市场上市的先河。随后还有马钢、仪征化纤等 4 家国内公司以私募方式在美国上市。此外还有深深房、二纺机、氯碱化工等含 B 股的上市公司作为试点发行在场外交易的不具备融资功能的一级存托凭证。在短短 3 年时间内，共有 14 家中国公司在华尔街相继登场，迈出了我国公司走向海外证券市场的第一步。

② 1996—1998 年，基础设施类存托凭证渐成主流。从 1996 年开始，发行存托凭证公司的类型开始转变，传统制造业公司比重有所下降，取而代之的是以基础设施和公用事业为主的公司。这些公司涉及航空、铁路、公路、电力等领域，如华能电力、东方航空、南方航空和广深铁路等，而且发行三级存托凭证的比重大大提高。这批存托凭证的购买者多为机构投资者，有利于提升中国企业在海外的知名度，并有利于保持证券价格的稳定。1998 年 3 月—2000 年 3 月，美国证券市场对中国存托凭证发行的大门紧闭长达两年。

③ 2000—2001 年，高科技公司及大型国有企业成功上市。从 1999 年开始，随着全球新经济的兴起，高科技公司开始在各国的二板市场上大放异彩。国证监会曾发布《关于企业申请境外上市有关问题的通知》，以此为政策依托，以中华网为代表的互联网公司和以中国移动为代表的通信类公司在美国的主板和二板市场成功上市。在此期间，中国联通和网易通过三级存托凭证分别在纽约证券交易所和 NASDAQ 挂牌上市，可以说是顺应了国际证券市场的趋势。

这一阶段的另一重要特征就是内地大型国有企业在我国香港和美国两地上市，做法是将部分 H 股转为存托凭证在纽约证券交易所上市；我国石油天然气行业的三大巨头——中石油、中石化、中海油均已成功登陆美国证券市场。加入世贸组织后，能源、钢铁等关系国计民生的重要行业必然受到外资的猛烈冲击，亟须壮大自身实力，参与全球竞争。此时，大型国企通过发行存托凭证进入美国证券市场意义深远。

④ 2002 年以来，中国企业存托凭证发行出现分化现象。一方面是大型国有企业，如中国电信、中国人寿、平安保险、中芯国际等继续保持海外上市（柜）的势头；另一方面大量民营企业，如百度、尚德、分众传媒成功上市。

5.6.2 资产证券化与证券化产品

1. 资产证券化与证券化产品的定义

资产证券化是以特定资产组合或特定现金流为支持，发行可交易证券的一种融资形式。传统的证券发行是以企业为基础，而资产证券化则是以特定的资产池为基础发行证券。

在资产证券化过程中发行的以资产池为基础的证券被称为"证券化产品"。通过资产证券化，将流动性较低的资产(如银行贷款、应收账款、房地产等)转化为具有较高流动性的可交易证券，提高了基础资产的流动性，便于投资者进行投资；还可以改变发起人的资产结构，改善资产质量，加快发起人资金周转。

2. 资产证券化的种类与范围

(1) 根据基础资产分类。根据证券化的基础资产不同，可以将资产证券划分为不动产证券化、应收账款证券化、信贷资产证券化、未来收益证券化(如高速公路收费)、债券组合证券化等类别。

(2) 根据资产证券化的地域分类。根据资产证券化发起人、发行人和投资者所属地域不同，可将资产证券划分为境内资产证券化和离岸资产证券化。国内融资方通过在国外的特殊目的机构(SPV)或结构化投资机构(SIV)在国际市场上以资产证券化的方式向国外投资者融资被称为"离岸资产证券化"；融资方通过境内 SPV 在境内市场融资则被称为"境内资产证券化"。

(3) 根据证券化产品的属性分类。根据证券化产品的金融属性不同，可以分为股权型证券化、债券型证券化和混合型证券化。

值得注意的是，尽管资产证券化的历史不长，但相关证券化产品的种类层出不穷，名称也千变万化。最早的证券化产品以商业银行房地产按揭贷款为支持，故被称为"按揭支持证券"(简称 MBS)；随着可供证券化操作的基础产品越来越多，出现了"资产支持证券"(简称 ABS)的称谓；再后来，由于混合型证券(具有股权和债权性质)越来越多，干脆用 CDOs(Collateralized Debt Obligations)概念代指证券化产品，并细分为 CLOs、CMOs、CBOs 等产品。最近几年，还采用金融工程方法，利用信用衍生产品构造出合成 CDOs。

3. 资产证券化的有关当事人

资产证券化交易比较复杂，涉及的当事人较多，一般而言，下列当事人在证券化过程中具有重要作用。

(1) 发起人。发起人也被称为"原始权益人"，是证券化基础资产的原始所有者，通常是金融机构或大型工商企业。

(2) 特定目的机构或特定目的受托人。这是指接受发起人转让的资产，或受发起人委托持有资产，并以该资产为基础发行证券化产品的机构。选择特定目的机构或受托人时，通常要求满足所谓破产隔离条件，即发起人破产对其不产生影响。

(3) 资金和资产存管机构。为保证资金和基础资产的安全，特定目的机构通常聘请信誉良好的金融机构进行资金和资产的托管。

（4）信用增级机构。此类机构负责提升证券化产品的行业等级，为此要向特定目的机构收取相应费用，并在证券违约时承担赔偿责任。有些证券化交易中并不需要外部增级机构，而是采用超额抵押等方法进行内部增级。

（5）信用评级机构。如果发行的证券化产品属于债券，发行前必须经过评级机构进行信用评级。

（6）承销人。承销人是指负责证券设计和发行承销的投资银行。如果证券化交易涉及金额较大，可能会组成承销团。

（7）证券化产品投资者，即证券化产品发行后的持有人。

除上述当事人外，证券化交易还可能需要金融机构充当服务人，服务人负责对资产池中的现金流进行日常管理，通常可由发起人兼任。

4. 美国次级贷款及相关证券化产品危机

一直以来，贷款尤其是住房按揭贷款证券化在整个资产证券化产品市场具有重要地位，截至 2007 年 1 月，美国按揭贷款支持的证券化产品总额达到 5.7 万亿美元。

在美国，住房抵押贷款大致可以分为 5 类。

（1）优级贷款。对象为消费者信用评分最高的个人（信用分数在 660 分以上），月供占收入比例不高于 40% 及首付 20% 以上。

（2）Alt-A 贷款。对象为信用评分较高但信用记录较弱的个人，如自雇以及无法提供收入证明的个人。

（3）次级贷款。对象为信用分数较差的个人，尤其信用评分低于 620 分，月供占收入比例较高或记录欠佳，首付低于 20%。

（4）住房权益贷款。对已经抵押过的房产，若房产总价扣减净值后仍有余额，可以申请再抵押。

（5）机构担保贷款。指经由 Fannie Mae、Gennie Mae、Freddie Mac 等政府住房按揭贷款支持机构担保的贷款。

1995 年以来，由于美国房地产价格持续上涨，同时贷款利率相对较低，导致金融机构大量发行次级按揭贷款。到 2007 年年初，这类贷款大约为 1.2 万亿美元，占全部按揭贷款的 14% 左右。

按揭贷款经结构性投资工具（SIVs）打包，并据此发行不同等级的按揭支持证券（MBS），这些按揭支持证券的信用评级从 AAA 级、BBB 级一直到权益级均有。一些金融机构再设立 SIVs，购买 MBS 形成资产池，进行下一步的证券化操作，形成所谓 MBS CDOs 或 ABS CDOs，同样，这些 CDOs 产品也要经过评级，等级仍然从 AAA 级到权益级。这个过程可以一直继续下去，在 CDOs 的基础上不断发展出新的 CDOs。对于低等级 CDOs 的投资人而言，其收益取决于资产池所产生的现金流在偿付所有优先等级债券持有人之后的"剩余"，风险相对比较大，但同时杠杆率也比较大，如果作为最原始基础资产的按揭贷款不出现大量违约，收益就比较可观；反之，若基础资产池出现恶化，则层层叠叠不断衍生的 CDOs 将面临越来越大的风险。

从 2005 年起，美国利率水平开始逐步提高，房价从 2006 年起出现回落，贷款不良率开始上升，进而导致证券化资产质量恶化，相关金融机构出现巨额亏损。其中，那些利用短期融资工具获取资金并以此投资于 CDOs 产品的机构受害尤其巨大。目前，这场危机已经从美国不断传播到全球金融市场，有关次贷危机损失的估计数不断翻新，若干金融机构受到牵连，甚至有的已经面临破产危机。次贷危机将成为一段时期内影响全球金融稳定的最主要危险根源之一。

5. 中国资产证券化的发展

中国内地资产证券化起步于 20 世纪 90 年代初，但发展较多波折，对国内证券市场产生的影响较小。1992 年，三亚市开发建设总公司以三亚市丹州小区 800 亩土地为发行标的物，土地每亩折价 25 万元(17 万元为征地成本，5 万元为开发费用，3 万元为利润)，发行总金额为 2 亿元的三亚地产投资券，预售地产开发后的销售权益，首开房地产证券化之先河。1996 年 8 月，珠海市人民政府在开曼群岛注册了珠海市高速公路有限公司，以当地机动车的管理费及外地过境机动车所缴纳的过路费作为支持，根据美国证券法律的 144A 规则发行总额为 2 亿美元的资产担保债券(其中一部分是年利率为 9.125% 的 10 年期优先级债券，发行量是 8 500 万美元；另一部分是年利率为 11.5% 的 12 年期的次级债券，发行量为 11 500 万美元)。随后，国内高速公路建设不同程度地引入了证券化融资设计，据不完全统计，国内有 20 余省、市、自治区高速公路建设采用了证券化融资方案。此外，以中集集团为代表的大型企业还成功开展了应收账款证券化交易。从这些交易的结构看，多数采用了离岸证券化方式，因此较少受到国内证券市场的关注。

2005 年被称为"中国资产证券化元年"，信贷资产证券化和房地产证券化取得新的进展，引起国内外广泛关注。2005 年 4 月，中国人民银行、中国银监会发布《信贷资产证券化试点管理办法》，将信贷资产证券化明确定义为"银行业金融机构作为发起机构，将信贷资产信托给受托机构，由受托机构以资产支持证券的形式向投资机构发行受益证券，以该财产所产生的现金支付资产支持证券收益的结构性融资活动"，中国银监会于同年 11 月发布了《金融机构信贷资产证券化监督管理办法》；同时，国家税务总局等机构也出台了与信贷资产证券化相关的法规。2005 年 12 月，作为资产证券化试点银行，中国建设银行和国家开发银行分别以个人住房抵押贷款和信贷资产为支持，在银行间市场发行了第一期资产证券化产品。2005 年 12 月 21 日，内地第一只房地产投资信托基金(REITs)——广州越秀房地产投资信托基金正式在香港交易所上市交易。

2006 年以来我国资产证券化业务表现出下列特点。

(1) 发行规模大幅增长，种类增多，发起主体增加。资产证券化产品种类增多，基础资产涉及信贷资产、不动产、租赁资产、应收账款、收费项目等。发行规模从 2005 年的 81.96 亿元增长到 2006 年的 115.8 亿元、2007 年的 178 亿元、2008 年的 302 亿元。资产证券化发起人除商业银行乖口企业之外，资产管理公司、证券公司、信托投资公司均成为新的发起或承销主体。

(2) 机构投资者范围增加。2006 年 5 月，中国证监会发布了《关于证券投资基金投资资产支持证券有关事项的通知》(证监基金字[2006]93 号)，准许基金投资包括符合中国人民银行、中国银监会相关规定的信贷资产支持证券，以及中国证监会批准的企业资产支持证券类品种。紧接着，6 月份国务院又颁布了《关于保险业改革发展的若干意见》(简称"国十条"），提出在风险可控的前提下，鼓励保险资金直接或间接投资资本市场，稳步扩大保险资金投资资产证券化产品的规模和品种。

（3）二级市场交易尚不活跃。目前资产证券化产品的投资主体主要是各类机构投资者，以大宗交易为主，通常采取买入并持有到期策略，导致市场流动性严重不足。以 2009 年 2 月为例，资产支持证券托管数总计 49 只，票面总金额为 566.06 亿元，但全月仅发生 9 笔交易，交易量为 10.69 亿元。

5.6.3 结构化金融衍生产品

1. 结构化金融衍生产品的定义

结构化金融衍生产品是运用金融工程结构化方法，将若干种基础金融商品和金融衍生产品相结合设计出的新型金融产品。目前最为流行的结构化金融衍生产品主要是由商业银行开发的各类结构化理财产品以及在交易所市场上市交易的各类结构化票据，它们通常与某种金融价格相联系，其投资收益随该价格的变化而变化。

目前，我国国内尚无交易所交易的结构化产品，但是，很多商业银行均通过柜台销售各类"挂钩理财产品"。这些理财产品的预期收益与某种利率、汇率或者黄金、股票、能源价格相联系，通过事先约定的计算公式进行计算。

2. 结构化金融衍生产品的收益与风险

由于结构化金融衍生产品挂钩的基础资产具有不同的风险特征，嵌入式衍生产品的种类、结构各异，导致结构化产品的收益与风险出现非常大的差异。同时，由于这类产品结构复杂，难以为普通投资者所掌握，通常监管机构和行业自律组织均要求金融机构在销售时格外当心，防止错误地销售给不具备风险承受能力的客户。

【例 5-7】累算远期交易。

某投资者在某私人银行开户，先后存入近 200 万美元。银行在电话中向客户推荐"打折股票"金融衍生产品累算远期交易（简称 FA）。

该产品要求客户在 1 年内，每天以合约当日股价的 79.6% 折扣购买 1 000 股中国铝业股票，两周交割一次。FA 合约在中国铝业股票涨到合约当日股价 103% 后中止，但保证向客户按照约定价格最少提供 4 个星期的股票。假如股票价格跌破 79.6% 折扣价时，投资者就必须每天双倍购买中国铝业股票，即 2 000 股。

2007 年 10 月 12 日通话当日，银行为投资者确定以当天中国铝业股价为依据，其合约行使价为每股 19.535 6 港元。就在合约执行几天后，中国铝业股价掉头向下，1 年内跌幅高达 87%。到合约最后 1 个交易日 2008 年 10 月 10 日时，中国铝业的股价仅为 3.29 港元，远超同期港股跌幅，致使该投资者以每天 2 000 股的速度，在 1 年里以 19.535 6 港元的价位总共买入了约 50 万股中国铝业，其资产平均以每天 3 万多港元的速度蒸发。

当投资者表示凑钱有困难时，该私人银行称可以提供贷款。2008 年 10 月 10 日合约结束，投资者向银行贷款 375 万港元，而此时他账户里的股票、票据市值约 500 万港元。然而 10 月 24 日以及 27 日，港股连续两天大跌，中国铝业股价最低跌到 1.9 港元，投资者账户股票市值缩水至不够贷款数额，从而被银行强行斩仓偿还贷款。

最后，投资者的千万资产全部消失殆尽，还倒欠银行贷款 23 万港元。

本 章 小 结

金融衍生品是指一种根据事先约定的事项进行支付的双边合约，其合约价格取决于或派生于原生金融工具的价格及其变化，它是相对于原生金融工具而言的。这些相关的或原生的金融工具一般指股票、债券、存单、货币等。金融衍生品是金融创新的产物，其目的是满足不同类型投资者对金融工具的安全性、盈利性和流动性的不同要求。它具有跨期交易、杠杆效应与高风险性、套期保值和套利共存等基本特征。其基本功能包括：规避风险、价格发现、优化资源配置、调控价格水平、提高交易效率、容纳社会游资等。

期货交易是在现货交易的基础上形成的，指集中在法定的交易所内以公开竞价方式进行的期货合约的买卖，并以获得合约价差为目的交易活动。其基本特征有：能够实现"以小博大"；高报酬率和高风险；获利方式较多，且操作比较简单；合约标准化；交易集中化；结算统一化。期货交易可分为商品期货和金融期货两大类。

期货交易制度一般由期货交易所制定，上级监管部门核准而实行，主要目的是实现期货交易、控制市场风险。期货交易制度主要包括：双向交易和对冲机制、杠杆机制、结算所和无负债结算制度、涨跌停板制度、持仓限额制度、大户报告制度、强行平仓制度和风险准备金制度等。

期货又称选择权，是指持有者能在规定的期限内按交易双方商定的价格购买或出售一定数量的基础工具的权利。期权交易就是对这种选择权的买卖。期权交易实际上是一种权利的单方面有偿让渡。根据不同的分类标准，可以将期权划分为很多类别。

权证是指发行人所发行的，持有人有权利在特定期间以特定价格买进或卖出特定数量标的证券的凭证。权证实质反映的是发行人与持有人之间的一种契约关系，持有人向权证发行人支付一定数量的价金之后，就从发行人那里获取了一个权利。权证价值由两部分构成：内在价值和时间价值。

习 题

一、名词解释

金融衍生工具 金融远期合约 期货合约 期权合约 权证 金融互换 结构化金融衍生产品

二、简答题

1. 与基础工具相比，金融衍生工具具有哪些特点？
2. 金融远期合约的种类有哪些？
3. 期货套期保值与投机的根本区别是什么？
4. 期权的种类有哪些？
5. 简述金融互换的起源和发展。
6. 结构化金融衍生产品的风险有哪些？

三、案例分析题

股票期权激励机制案例分析：公司的"金手铐"

股票期权激励机制是指公司给予员工未来一段时间内以现在的一个价格购买公司股票的权利。该期权的年限一般是5～10年，也就是说持有该权利的管理者在持续经营企业一段时间后才能行使该权利。如果该权利到期时的股票价格高于协定价格，说明他保证了公司资本和企业市值的不断升值，这是符合股东利益的。对管理者来说，在期权到期时行使该权利的结果将为他带来丰厚的收入。股票期权在开始出现时更多是为了避免高额的所得税率对高级经理人的现金报酬的不利影响。20世纪90年代以来，股票期权作为企业一项长期激励机制，已在美国大多数上市公司及其他各国公司中得到越来越广泛的应用。

我国从1993年在北京、上海、武汉、杭州等地开始实行股票期权激励机制。但是由于资本市场不健全、政策障碍的因素，直到2001年以前，我国还没有得到官方正式承认的股票期权激励计划。随着2005年年底《上市公司股权激励规范意见》（试行）的颁布，以及《公司法》、《证券法》等相关法规的修订，上市公司实行股权激励的法律障碍已经解除。股权激励机制在我国将再掀高潮。表5-5为2006年部分公司股权激励情况。

表5-5　2006年部分公司股权激励情况表

公司	股票代码	公告日期	激励方式	行权数量（万）	占总股本的比例（%）	行权价（元）
深振业	000006	2006-1-11	限制性股票	1 500	6.00	3.89
万科	000002	2006-3-21	限制性股票	未定	不超过10%	—
伊利股份	600887	2006-4-24	股票期权	5 000	9.68	13.33
华侨城	000069	2006-4-27	限制性股票	5 000	4.50	7
中捷股份	002021	2006-4-27	股票期权	510	3.71	6.59
苏泊尔	002032	2006-4-7	股票期权	600	3.41	7.01
辽宁成大	600739	2006-5-23	股票期权	4 050	8.13	8.75
金发科技	600143	2006-5-23	股票期权	2 275	10.00	18.46
泸州老窖	000568	2006-6-6	股票期权	2 400	2.85	12.78
伟星股份	002003	2006-6-27	股票期权	608	8.13	9.06
康恩贝	600572	2006-5-26	股票期权	670	4.88	7.2
博瑞传播	600880	2006-7-27	股票期权	1 600	8.78	14.85
七匹狼	002029	2006-6-10	股票期权	700	6.33	10.2
宝能源	000690	2006-7-21	股票期权	2 700	9.84	10.85
鹏博士	600804	2006-8-17	股票期权	1 200	8.46	6.56
浙江龙盛	600352	2006-10-23	股票期权	4 120	6.98	4
中兴通讯	000063	2006-10-26	股票期权	4 798	5.00	30.05

限制性股票是指公司为了达到某一特定目标，将股票无偿赠送或以较低价格出售给激励对象。但股票的抛售受到一定条件的约束，只有当激励对象完成预定目标后(例如股票价格达到一定水平)，激励对象才可以将其抛售，从中获利。

1. 我国上市公司实施股票期权激励制度的主要问题

1) 公司法人治理结构问题

大股东控制股东大会的现象比较普遍，监事会作用不明显，往往造成股东大会、董事会和监事会形成了一个利益团体。这样的法人治理结构不能满足经营者股票期权计划的要求。

2) 资本市场问题

我国资本市场不够完善，投机气氛浓于投资气氛，庄家控制大盘、信息披露失真等现象不能得到有效控制。股票价格往往不能客观、如实地反映公司的质量及其真实价值。

3) 经营者市场问题

我国的经营者市场没有真正建立，经营者选拔不能保证质量。在这种情况下实行股票期权计划不但不能减小代理风险，还有可能会使风险增加。

4) 公司控制权市场问题

公司并购可能是管理者被赶出企业，这促使其努力工作，从而克服了两权分立的情况下委托者与代理者目标不同的问题。但我国的股票市场存在很多不利于并购的因素。

5) 评价指标体系问题

我国未能建立起合理评价经营者业绩的指标体系，同时由于股票价格不能如实反映公司质量，更使得经营者的业绩水平无从考证，从而缺少对经营者的监督作用。

2. 国内外股票激励案例研究

微软公司员工的薪酬主要由3部分构成：一部分是工资，另一部分就是公司股票认购权，最后一部分是奖金。微软通常不付给员工很高的薪酬，但是有较高的奖金、股票认购权以及工资购买股票时享受的折扣。每一名微软雇员工作满18个月就可获得认购权中的25%的股票，此后每6个月可获得其中的12.5%，10年内的任何时候员工都可以兑现全部认购权。微软每两年还配发一次新的认股权，雇员可用不超过10%的工资八五折优惠价格购买公司的股票。

在互联网发展的高峰中，作为软件界巨头，就像其他成熟的技术公司一样，微软的管理人员和工程师也纷纷跳槽到互联网新创企业和风险投资企业。微软公司为了留住顶尖人才，又悄悄推出一系列新的奖励制度，包括超过往常数量的员工股票期权和额外的休假等。在新的奖励制度中，股票期权计划分配给高级管理人员和重要的软件工程师，最多可达200 000股。据知情人士透露，微软近年来提拔的30多名副总裁中，有些人就有资格享受该项奖励。

Intel 公司从1984年开始面向公司的高层管理人员授予股票期权，主要用于对高层管理人员的年度管理绩效的奖励。1999年Intel经过管理部门的推荐或者公司补偿委员会的批准对高级管理人员授予股票期权。股票期权授予数量取决于以下几个公司内部因素，如：前一次赠予的数量、过去几年中的工作贡献和工作范围等。一般而言，最初授予的股票期权在授予5年后才可以行权。Intel公司在1984年的股票期权计划中提出公司会在非经常情况下对主要高级管理人员和其他高级员工赠予额外的股票期权，以认可他们在未来领导公司前进中的潜力。这类股票期权的授予等待期一般要长于普通股股票期权的授予等待期。公司在1999年的股票期权计划中开始实施不仅包括其主要高级管理人员的股票期权制度，并且开始进行全体员工的股票期权计划。

百度为了构建核心团队，设计实施了百度"2000期权计划"。百度成立之初，CEO李彦宏就引入了硅谷盛行的期权激励计划，为了给当时的员工打气，李彦宏甚至命令"要让前台员工都持有公司股票"。

其实，对于百度这样的高科技公司而言，其发展严重依赖核心管理人员和技术人员效率的发挥，例如核心技术的开发、盈利模式的拓展、管理效率的提高等。而且，在搜索引擎公司里，员工的价值非常重要。如何在竞争市场中留住公司的核心管理人才？如何在激烈的行业竞争中留住核心技术人才？如何对百度创业团队的卓越贡献给予回报？"2000 期权计划"的出现解决了上述问题。

在"2000 期权计划"初期，李彦宏通过一次性授予管理层和核心员工期权来进行长期激励。随后，李彦宏开始分期授予管理层和核心员工期权。这样通过期权计划，百度的核心管理层和核心员工通过期权能够在未来获得自己的股权。早期百度员工拿到股票的价格也就是几块钱甚至几毛钱人民币，可后来在美国上市当天最高就冲到 150 美元。正是由于这样的期权计划，上市之后的百度已经创造了几百个百万富翁，前台接待也成了百万富翁更是成为百度神话中的典型。

通过期权激励，百度形成了一个核心团队。上市后的百度，其董事和执行官共同持股 29.5%：CEO 李彦宏 25.8%、技术副总裁刘建国 1.1%，首席财务官王湛生 1.1%，首席运营官朱洪波 1%，副总裁梁冬 0.4%。同时，公司的其他员工持有 5.5% 的股份。这样，管理层和员工持股也能够形成一种持股文化，形成公司内部的平等和稳定的氛围。当然最重要的是，这能够促使百度管理团队和员工努力工作，为将来期权行权时将"纸上富贵"变成真金白银。

制度设计的重要性在这里显露无疑，并已经成为今天百度的独特优势。从制度层面来观察百度的期权制度，李彦宏无疑是做了一个聪明的安排。

首先，在创业时期推行股票期权制度的企业，最直接的好处就是能降低运营成本。早期进入百度的员工，那时候百度没有钱，就降低工资，职位越高的人降得越多，VP（Vice President）这个级别降到一半，甚至一半以上。同时，期权就成为了弥补降薪的重要手段。这对曾经一度面临资金链断裂危险的百度来说，期权制度无疑能最大限度地降低企业成本。

其次，股票期权是一个长期积累的方案，不是说给之后马上可以兑现。根据百度的规定，员工工作第一年不允许兑现，到过完第一年之后可以一次性行使 1/4，从第二年开始，每一个月都可以行使 1/48。除了公司内部制定的 4 年的期限之外，纳斯达克股市也有规定，任何公司上市之后的半年期权是不能交易的，对百度的员工来说这也就意味着即使 8 月 5 日工作满一年了，甚至满 4 年了，最早也得明年 2 月 5 日才能兑现。尽管百度于 2005 年 12 月宣布提前解冻 300 万股普通股，从 12 月 19 日开始流通，但这仍然是极小的比例。

这意味着，此前获得期权必须在百度至少工作 4 年才能彻底兑现。而在员工不断兑现期权的同时，百度会根据员工的业绩表现，对符合条件的员工不断授予期权。为了不断兑现期权，员工就会持续不断地去努力工作。这样，和员工长久利益挂钩的期权就成了留住员工的"金手铐"。

[案例来源：金融衍生工具教程（修订第三版），2011 年]

案例问题：

（1）股票期权激励机制有很多优点，但是同时也会存在一些弊端。特别是美国会计丑闻曝光以来，越来越多的学者开始关注这种机制的另一面。通过阅读上述资料，你认为股权激励机制有哪些弊端？

（2）在激烈的市场竞争中，微软、Intel、百度等公司能否通过股票期权激励机制或其类似机制达到吸纳人才的目的？

第6章 证券投资分析

通过本章的学习，掌握宏观经济分析、行业分析、公司分析和技术分析的方法；熟悉各种分析方法的步骤以及对证券市场影响的传导过程；熟悉各种分析方法中涉及的指标变量。

教学要求

知识要点	能力要求	相关知识
宏观经济分析	(1) 宏观经济分析各指标的概念及理解能力 (2) 宏观经济运行与证券市场关系的理解能力 (3) 影响证券市场供求关系的因素	(1) 国民经济总体3指标的概念及意义 (2) 宏观经济变动与证券市场波动的关系 (3) 金融衍生品的最新发展趋势
行业分析	(1) 掌握行业的一般特征分析 (2) 掌握影响行业兴衰的主要因素	(1) 行业的竞争结构的分类 (2) 经济周期与行业分析、行业生命周期的分析 (3) 影响行业兴衰的各种因素
公司分析	(1) 掌握公司的基本分析 (2) 掌握公司的财务分析	(1) 经济区位、产品、各种能力的分析 (2) 公司各种财务比率的分析
技术分析	(1) 技术分析的概念及道氏理论的理解能力 (2) 技术分析各主要理论的理解能力 (3) 技术分析主要技术指标的掌握	(1) 技术分析三大假设 (2) K线理论、切线理论、形态理论 (3) MACD、WMS、KD

"要为长期而买进。"

——西方谚语

基本概念

宏观经济分析　行业分析　公司分析　技术分析　财政政策　货币政策　汇率政策　垄断竞争
寡头垄断　区位　K线　MACD　KD

导入案例

尼米兹启示

1915 年时，年轻的美国海军少尉尼米兹成为一名潜艇军官。出于职业的要求，尼米兹通过刻苦学习，成为柴油发动机的一流专家。于是，美国当时最大的柴油机厂商提出用高薪聘请他。那时尼米兹的月薪不足 250 美元，而厂商提出，只要尼米兹少尉愿意离开海军，厂商愿意支付年薪 2.5 万美元的高价。尼米兹少尉略一犹豫之后，拒绝了邀请，回答说："不，我不愿意离开海军。"于是，又过了 30 多年，尼米兹终于成为美国海军的五星上将。

点评

尼米兹的选择从短期看是不理智的，从长期看是明智的选择。当今世界，人们应该坚持自己的长期目标，投资也是一样。

6.1　宏观经济分析

6.1.1　宏观经济分析概述

1. 宏观经济分析的意义

证券市场与宏观经济密切相关，特别是股票市场素有"宏观经济晴雨表"之称。证券投资活动效果的好坏、效率的高低，不仅要受国民经济基本单位的影响，还要受宏观经济形势的直接制约。因此，宏观经济分析对于证券投资来说非常重要，它的意义在于以下几个方面。

（1）有助于把握证券市场的总体变动趋势。只有看清了宏观经济发展的大方向，才能对证券市场的总体变化趋势做出正确的判断；而密切关注各种宏观经济因素，尤其是货币政策和财政政策的变化，则有助于抓住证券投资的市场时机。

（2）有助于判断整个证券市场的投资价值。证券市场的投资价值是指整个市场的平均投资价值。不同企业、不同行业与不同部门之间相互影响、相互制约的结果，反映出了国民经济发展的速度和质量，而整个国民经济增长的速度与质量，在一定意义上就是整个证券市场的投资价值的反映。作为证券市场的投资对象，企业的投资价值必然与宏观经济形势有内在关联，因此宏观经济分析是判断整个证券市场投资价值的关键。

（3）有助于掌握宏观经济政策对证券市场的影响力度与方向。在市场经济条件下，国家通过财政政策和货币政策的放松和收紧，来影响经济增长速度和企业经济效益，并进一步影响证券市场。因此，认真分析宏观经济政策，掌握其对证券市场的影响力度与方向，能够准确把握整个证券市场的运动趋势和不同证券品种的投资价值变动。

（4）有助于了解转型背景下中国证券市场的特殊性。中国证券市场发展历史短，且正处于经济体制转轨时期，具有一定的特殊性，如国有成分比重较大、行政干预较多、投机性偏高、机构投资者力量相对较弱、阶段性波动较大等。这些特殊性导致宏观经济对中国证券市场的影响不同于成熟市场经济，有时会出现市场表现和宏观经济相背离的情况。因此，在进行宏观经济分析时，将中国证券市场与海外成熟市场的共性和自身特性相结合，才能更加准确地把握证券市场的动向。否则，简单化地用成熟市场的标准来衡量中国的证券市场，会容易导致分析结果的偏差。

2. 评价宏观经济形势的经济指标

一个国家或地区一定时期的经济形势反映了该国在该时期内整个国民经济活动的成果。这一成果可以用几个主要的综合经济指标表示出来，借以考察国民经济生产、分配和使用的情况，并可用以对不同国家和不同时间进行对比，以区分出各国经济发展水平的高低和发展速度的快慢等。

1）国民经济总体指标

（1）国内生产总值和国民生产总值。国内生产总值（GDP），是指在一定时期一个国家的国土范围内，本国和外国居民所生产的最终商品和劳务的市场价值总和；国民生产总值（GNP）指一个国家的国民在国内、国外所生产的最终商品和劳务的市场价值总和。

实践中，伴随着经济全球化进程，越来越多的国家（包括我国）在国民经济考核中选择使用国内生产总值指标。一般采用国内生产总值的增长率来表示经济增长速度。经济增长速度，也称经济增长率，是反映一定时期经济发展水平变化程度的动态指标，也是反映一个国家经济是否具有活力的基本指标。增长速度为正值，表示增长程度；增长速度为负值，表示下降程度，也称负增长。

（2）失业率。失业率是指劳动人口中失业人数所占的百分比。值得注意的是，通常所说的充分就业是指对劳动力的充分利用，但不是完全利用，因此在实际生活中不可能达到失业率为零的状态。在充分就业情况下，也会存在一部分"正常"的失业，如劳动力的结构不能适应劳动力需求所致的结构性失业。一般而言，失业率达到一个很低的水平就可以认为达到了充分就业。

一直以来，失业率数字被视为资本市场的重要指标，属滞后指标范畴。它是市场上最为敏感的月度经济指标。一般情况下，失业率下降，表示整体经济健康发展，持续下降则可能形成通货膨胀，使银行收紧银根，减少货币投放；失业率上升，则表示经济发展放缓或衰退，可导致政府放松银根，刺激经济增长。

（3）通货膨胀。在现代经济学中，通货膨胀被定义为一般物价水平持续、普遍、明显的上涨。与通货膨胀相反的现象为通货紧缩，无通货膨胀或极低度通货膨胀称之为稳定性物价。在实际工作中，测量通货膨胀程度一般用价格指数的增长率来表示，常用指标主要有：消费者物价指数（CPI）、生产者物价指数（PPI）、批发物价指数、国内生产总值物价平减指数。由于以上几种指标在衡量通货膨胀时各有利弊，而且设计的计算口径不一致，即使在同一国家的同一时期，各种指数所反映的通货膨胀程度也不尽相同，因此，在衡量通货膨胀时选择指数要适当。一般而言，在衡量通货膨胀时，消费者物价指数使用得最多、最普遍。

通货膨胀会从两个方面影响社会经济：①引导收入和财富的再分配；②扭曲商品价格信号，降低经济效率。投资者要了解通货膨胀可能产生的影响。首先，必须从了解通货膨胀产生的原因入手。需求拉动型通货膨胀通常比较温和，能增加企业利润，刺激就业，增加国民产出；而成本推动型和结构型通货膨胀可能会引致大量失业，经济衰退甚至于崩溃。其次，在实践中，必须将它与经济增长的动态变化相结合，并考虑其他重要影响因素，如政治体制改革、经济体制改革、战争、国际收支状况以及其他突发性因素。最后，关注政府为应对通货膨胀而采取的货币政策和财政政策，这些政策的抑制作用通常会导致高失业和国内生产总值的低增长。投资者如果能对通货膨胀的后果以及政府的宏观调控进行及时预测，并适时调整投资策略，就可以降低投资损失甚至险中求胜。

（4）国际收支。国际收支是一国居民在一定时期内与非居民在政治、经济、军事、文化及其他往来中所产生的全部交易的系统记录。这里的"居民"是指在国内居住一年以上的自然人和法人。一国国际收支的状况主要取决于该国进出口贸易和资本流入流出状况，并主要反映在国际收支平衡表的经常账户、资本和金融账户两大账户当中。简单地说，涉及商品服务的交易，在国际收支账户的经常项目中记录；涉及国际资产买卖的交易，在资本和金融账户中记录。

当一国国际收入等于国际支出时，称为国际收支平衡；当国际收入大于国际支出时，称为国际收支顺差；当国际支出大于国际收入时，称为国际收支逆差。过度的顺差或逆差都不利于一国经济发展的稳定。在一国国际收支处于不平衡状态时，市场机制可以进行某种程度的调节，但这种调节的力度有限，尤其是在固定汇率制度下。为此，政府在很多情况下要实施不同的宏观经济政策以弥补市场对国际收支平衡调节力度的不足。因此，投资者既要关注国际收支的变化对进出口企业、国际资本流动的影响，也要及时把握政府可能出台的调控政策，两者都会影响证券市场的波动。

2）投资指标

投资规模是一个关系到国民经济全局的经济指标。投资规模过大或过小，都不利于国民经济的发展。投资规模过小，不利于为经济的进一步发展奠定物质技术基础；投资规模过大，超出了一定时期人力、物力和财力的可能，又会造成国民经济比例的失调，对国民经济造成的影响和损失更大。投资规模是否适度，是影响经济稳定与增长的一个决定因素。全社会固定资产投资是衡量投资规模的主要指标，具体包括国有经济单位投资、城乡集体经济单位投资、其他各种经济类型的单位投资和城乡居民个人投资。

3）消费指标

（1）社会消费品零售总额。社会消费品零售总额的大小和增长速度能够反映出城乡居民与社会集团消费水平的高低和消费意愿的强弱，因此，它是研究国内零售市场变动情况、反映经济景气程度的重要指标。

（2）城乡居民储蓄存款余额。城乡居民储蓄存款余额是居民可支配收入扣除消费支出后形成的，其大小和可支配收入水平、消费支出比例有直接关系，同时利率的变化、直接或间接投资品种的完善等也是影响人们储蓄意愿的主要因素。一方面，城乡居民储蓄存款余额增加，意味着居民消费需求和投资需求的减小，对经济发展的预测趋于谨慎；另一方面，如果银行的存贷比不变，居民储蓄增加，银行的资金来源扩大，对企业的贷款投放也会放宽，正常情况下又会扩大企业的投资需求。因此，对这一指标的认识要结合同期的金融政策。

4）金融指标

（1）总量指标。

① 货币供应量。货币供应量是计算具有不同变现能力的货币数量，表现货币总体结构的指标。货币供应量根据流动性划分为 3 个层次：流通现金（M0）、狭义货币供应量（M1）和广义货币供应量（M2）。通常所说的货币供应量，主要指 M2。M0 与消费变动密切相关，是最活跃的货币。M1 反映居民和企业资金松紧变化，代表社会的直接购买能力，是经济周期波动的先行指标，商品的供应量应和 M1 保持合适的比例关系，不然经济会过热或萧条。M2 流动性偏弱，但代表着现实购买力和潜在购买力，能够反映社会总需求的变化和未来通货膨胀的压力状况，研究 M2 构成的变化，对整个国民经济状况的分析和预测都有特别重要的意义。

② 金融机构各项存贷款余额。金融机构各项存贷款余额，是指某一时点金融机构存款金额与金融机构贷款金额。其中，金融机构包括商业银行、政策性银行、非银行信贷机构和保险公司。

③ 金融资产总量。金融资产总量，是指手持现金、银行存款、有价证券、保险等其他资产的总和。

（2）利率。利率是指在借贷期内所形成的利息额与本金的比率。一国各种不同的利率相互联系而构成的有机整体称为利率体系，主要包括中央银行利率、商业银行利率和市场利率 3 个层次。基准利率、存款利率、贷款利率、国债利率属于人民银行指定利率。

市场利率是指由借贷资金的供求关系所决定的利率，主要针对贷款利率，在基准利率上下浮动 10%～50%，存款利率、国债利率不会浮动。

各种利率中，存贷款利率对经济的影响表现最明显、最直接。在其他条件不变时，由于利率水平上浮引起存款增加和贷款下降，一方面是居民消费支出减少；另一方面是企业的生产成本增加，它会同时抑制供给和需求。而利率水平的降低则会引起需求和供给的双向扩大。因此，现在所有国家都把利率作为宏观经济调控的重要工具之一。当经济过热、通货膨胀上升时，便提高利率、收紧信贷；当过热的经济和通货膨胀得到控制时，便会把利率适当地调低。因此，利率是重要的基本经济因素之一。

（3）汇率。汇率亦称"外汇行市"或"汇价"，是指一国货币兑换另一国货币的比率，也就是以一种货币表示另一种货币的价格。国际收支及外汇储备、利率、通货膨胀和政治局势等因素都会影响一国汇率的波动。发生国际收支顺差，会使该国货币对外汇率上升，反之，该国货币汇率下跌；利率水平直接对国际间的资本流动产生影响，高利率国家发生资本流入，低利率国家则发生资本外流，资本流动会造成外汇市场供求关系的变化，从而对外汇汇率的波动产生影响；通货膨胀影响本币的价值和购买力，会引发出口商品竞争力减弱、进口商品增加，还会对外汇市场产生心理影响，削弱本币在国际市场上的信用地位，最终导致本币贬值，而通货膨胀的缓解又会使汇率上浮；政治局势的变化一般包括政治冲突、军事冲突、选举和政权更迭等，这些政治因素对汇率的影响有时很大，但影响时限一般都很短。汇率的波动会影响一国进出口额的变化。例如，美元升值，人民币贬值，将刺激中国商品的出口，同时制约外国商品对中国的进口；反之，美元贬值而人民币升值却会大大刺激进口，减少出口。

汇率的波动又会影响国际间资本的流动。汇率的变动对长期资本流动的影响较小。由于长期资本的流动主要以利润和风险为转移，在利润有保证和风险较小的情况下，汇率变动不致直接引起巨大的波动。短期资本流动则常常受到汇率的较大影响。当存在本币对外贬值的趋势下，本国投资者和外国投资者就不愿意持有以本币计值的各种金融资产，并会将其转兑成外汇，发生资本外流现象。同时，由于纷纷转兑外汇，加剧外汇供求紧张，会促使本币汇率进一步下跌。反之，当存在本币对外升值的趋势下，本国投资者和外国投资者就力求持有以本币计值的各种金融资产，并引发资本的内流。同时，由于外汇纷纷转兑本币，外汇供过于求，会促使本币汇率进一步上升。

（4）外汇储备。国家外汇储备是指一国货币当局所持有的、可以用于对外支付的国外可兑换货币。

并非所有国家的货币都能充当国际储备资产，只有那些在国际货币体系中占有重要地位，且能自由兑换其他储备资产的货币才能充当国际储备资产。我国和世界其他国家在对外贸易与国际结算中经常使用的外汇储备主要有美元、欧元、日元、英镑等。当国际收支顺差时，外汇的流入量大于流出量，外汇储备就会增加；当发生国际收支逆差时，外汇储备就会减少。外汇储备增加，赚取了外汇的企业或个人大多会兑换为本币，在国内进行消费或投资，这样就扩大了市场上本币的流通量，需求增加推动物价随之上升，可能形成通货膨胀。在实行浮动汇率制的国家，由于本币需求增大，会导致本币升值，从而加大出口和外来投资的成本，进而使国际收支趋于平衡；在实行固定汇率制的国家，政府一般会采取提高利率的手段来抑制通货膨胀，这样同时也会抑制消费和投资，使经济发展速度减缓。

5）财政指标

（1）财政收入。财政收入指国家财政参与社会产品分配所取得的收入总和，是实现国家职能的财力保证。财政收入的内容主要包括各项税收、专项收入、其他收入、国有企业计划亏损补贴等。

（2）财政支出。财政支出，是指在市场经济条件下，政府为提供公共产品和服务，满足社会共同需要而进行的财政资金的支付。财政支出按最终用途可分为积累性支出与消费性支出。积累性支出指最终用于社会扩大再生产和增加社会储备的支出，如基本建设支出、工业交通部门基金支出、企业控潜发行支出等，这部分支出是社会扩大再生产的保证；消费性支出指用于社会福利救济费等，这部分支出对提高整个社会的物质文化生活水平起着重大的作用。

在财政收支平衡条件下，财政支出的总量并不能扩大和缩小总需求。但财政支出的结构会改变消费需求和投资需求的结构。在总量不变的条件下，两者是此多彼少的关系。扩大了投资，消费就必须减少；扩大了消费，投资就必须减少。

（3）赤字或结余。财政收入与财政支出的差额即为赤字（差值为负时）或结余（差值为正时）。财政赤字有两种弥补方式：一是通过举债即发行国债来弥补；二是通过向银行借款来弥补。

6.1.2　宏观经济运行与证券市场

从宏观层面进行证券投资分析，主要是通过把握宏观经济运行与宏观经济政策对证券市场的影响，进而预测证券市场的总体走势。关于宏观经济运行与证券市场的关系，理论界一直很推崇"股市是经济晴雨表"这一命题。该命题是由查尔斯·道在 100 多年前提出来的。他认为，股票市场集中了各行各业、各种类型的精英，他们掌握着各种信息，能从各个层面、各种跨度对信息作分析判断，得出相对准确的预期，成为股市上的先知先觉者。在经济变化还没有被大多数人发觉之时，这些人就已经提前行动，而股市走势就是这些人投资决策信息综合反映的结果。所以股市像气象上的晴雨表能预先反映天将下雨还是放晴一样，成为经济的晴雨表。

这一命题表明证券市场在一定条件下能够提前反映宏观经济的运行，同样，宏观经济的走向也会影响证券市场的长期趋势。自该命题提出来后，100 多年来几乎没有人会从根本上去否认它。但是，宏观经济环境对证券市场的影响因素很复杂，除了经济周期波动这种纯粹的经济因素外，还包括政府经济政策、经济体制、政治体制等其他因素。这就使得证券市场反映经济的过程并不那么简单，其间充满了复杂性与多变性。

1. 宏观经济运行对证券市场的影响

证券市场是整个国民经济的重要组成部分，它在宏观经济的大环境中发展，同时又服务于国民经济的发展。宏观经济运行态势是关系到证券市场大盘走势的最基本因素。它从以下几条途径影响证券市场。

1）上市公司经营业绩

上市公司的经营业绩是影响投资者决策的关键要素。公司的经营业绩会随着宏观经济运行周期、宏观经济政策、利率水平和物价水平等宏观经济因素的变动而变动。如果宏观经济运行趋好，企业总体盈利水平提高，有利于其股票市值的上涨；如果政府采取强有力的宏观调控政策，紧缩银根，企业因投资和经营受到抑制，盈利下降，其股票市值就可能缩水。

2）居民可支配收入

在经济周期处于上升阶段或在提高居民收入政策的作用下，居民可支配收入水平提高，将会在一定程度上拉动消费需求，从而增加相关企业的经济效益。另外，居民可支配收入水平的提高，也会直接增加对证券的投资需求。

3）资金成本

单位和居民的资金成本会因国家某些经济政策的调整而发生变化。如采取调高利率、实施消费信贷管制、加征所得税等政策时，上市公司、各类投资者和普通居民的资金成本将随之增加，进而会影响上市公司的业绩水平、证券的投资意愿和投资能力，最终可能会形成证券市场下行的压力。

4）投资者对股价的预期

投资者对股价的预期最终决定其投资决策。当宏观经济总体趋好时，投资者预期公司业绩和自身投资收益会上升，证券市场自然人气旺盛，从而推动市场平均价格走高；反之，则会令投资者对证券市场信心下降。

2. 宏观经济变动与证券市场波动的关系

国内生产总值变动是一国经济成就的根本反映，国内生产总值的持续上升表明国民经济良性发展，制约经济的各种矛盾趋于或达到协调，人们有理由对未来经济产生好的预期；相反，如果国内生产总值处于不稳定的非均衡增长状态，暂时的高产出水平并不表明一个好的经济形势，非均衡的发展可能激发各种矛盾，从而孕育一个深远的经济衰退。

从长期来看，在上市公司行业结构与该国产业结构基本一致的情况下，股票平均价格变动与国内生产总值变化趋势相吻合。但并不能简单地认为，只要国内生产总值增长，证券市场行情必将随之上扬，实际走势往往复杂多变，必须将国内生产总值的增长和与它相关的各种经济因素结合在一起进行考察。

（1）持续、稳定、高速的国内生产总值增长，一般推动证券市场呈上升走势。这是因为在这种情形下，经济增长往往源于需求刺激下资源更充分的利用，社会总供求协调增长，经济结构趋于平衡、合理，经济的健康发展为证券市场的上升提供了良好的推动力量。具体体现在：上市公司利润持续上升，投资风险逐渐减小，股票和债券全面升值；国民收入和个人收入增加，扩大了对债券的需求；人们对经济形势的乐观预期进一步提升了证券投资的积极性。

（2）高通货膨胀下的国内生产总值增长，必将导致证券市场行情下跌。高通货膨胀率的出现通常是由于社会总需求大大超过社会总供给，经济严重失衡，如果调控不当，极可能导致未来的滞胀。这时经济中的各种矛盾会逐渐显现，企业经营面临困境，人们的收入降低，对未来的悲观预期加重，必将导致证券市场行情下挫。

（3）宏观调控下的国内生产总值减速增长，将使证券市场呈平稳渐升的态势。为了控制失衡状态下的国内生产总值高速增长，政府一般都要采取一些紧缩性的政策来减缓国内生产总值的增长速度，维持经济的稳定。如果调控得力，国内生产总值仍然保持适度增长而非负增长或者低增长，各种经济矛盾逐步缓解，人们对经济的发展将重新恢复信心，证券市场行情由此亦将平稳渐升。

（4）转折性的国内生产总值增长，会促使证券市场走强。当国内生产总值负增长速度逐渐减缓并呈现向正增长转变的趋势时，证券市场走势也将由下跌转为上升；当国内生产总值由低速增长转向高速增长时，证券市场亦将伴之以快速上涨之势。以上分析均沿着国内生产总值正增长的方向进行，当事实呈反方向运行时，则会导出相反的后果。值得注意的是，国内生产总值是经济的宏观指标，股价指数是股市的宏观指标，两个指标之间理应存在一定的内在关联，但这种关联不是机械的对应。由于影响证券市场走势的因素很多，一国的证券市场与本国的国内生产总值的走势可能出现超前、同步或者背离等多种情况。

3. 经济周期与证券市场波动的关系

科学研究和实践证明，宏观经济走势呈螺旋式上升、波浪式前进，具有周期轮回的特征。宏观经济的这种周期性波动，被称为经济周期。通常情况下，一个完整的经济周期划分为 4 个阶段：复苏—繁荣—衰退—萧条。与实体经济周期变化相对应，证券市场也会呈现出上升期、高涨期、下降期和停滞期的交替出现，如图 6.1 所示。

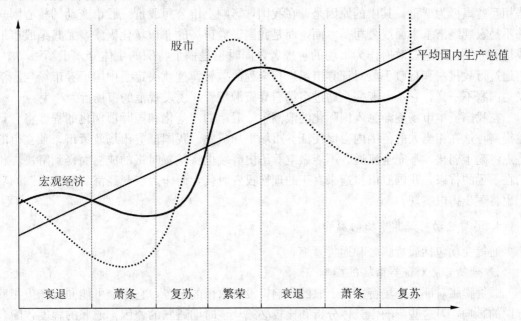

图 6.1　证券市场周期变化

经济周期对证券市场走势的影响可以从经济周期 4 个阶段的运行轨迹来分析。

（1）萧条阶段。即经济活动低于正常水平的阶段。此时，信用收缩，投资减少，生产下降，失业严重，消费萎缩，悲观情绪笼罩着整个经济领域。在股市中，利空消息满天乱飞，市场人气极度低迷，成交萎缩频创低量，股指不断探新低，一片熊市景象。当经济萧条到一定时期，人们压抑的需求开始显露，公司开始积极筹划未来，政府为了刺激经济增长，出台放松银根及其他有利于经济增长的政策。由于对经济复苏的预期，一些有远见的投资者开始默默吸纳股票，股价在缓缓回升。

（2）复苏阶段。该阶段是萧条与繁荣的过渡阶段。在这一阶段，各项经济指标显示，经济已开始回升，公司的经营转好，盈利水平提高，因经济的复苏使居民的收入增加，加之良好预期，流入股市的资金开始增多，对股票的需求增大，从而推动股价上扬。股市的获利效应使投资者对股市的信心增强，更多的居民投资股市，形成股价上扬的良性循环。

（3）繁荣阶段。在这一阶段，信用扩张，投资增加，生产高涨，就业充分，消费旺盛，乐观情绪笼罩着整个经济领域。在股市中，投资者信心十足，交易活跃，成交剧增，股价指数屡创新高。当经济繁荣达到过热阶段时，政府为调控经济会提高利率实行紧缩银根的政策，公司业绩会因成本上升收益减少而下降，股价上升动力衰竭。此时股价所形成的峰位往往成为牛市与熊市的转折点。

（4）衰退阶段。在该阶段，生产总值开始下降，股价由繁荣末期的缓慢下跌变成急速下跌，由于股市的总体收益率降低甚至低于利率，加之对经济的预期看淡，人们纷纷离开股市，股市进入漫长的熊市。

证券市场与宏观经济之间所具有的显著相关性只有在成熟的证券市场条件下才能表现出来，而在不成熟的证券市场上，证券市场与宏观经济的走势则经常会出现相互背离的现象。近几年来，我国经济强劲上升，股市却我行我素，疲弱不堪，证券市场与宏观经济走势相互背离极为严重。其中的原因是，在我国，影响上市公司股价或股市变动的核心因素并不是宏观经济基本面或公司基本面，而是我国证券市场的非市场化因素，尤其是股市形成机制和结构问题。政府作为市场的管理者，同时也是一个特殊的主体介入市场活动中，它通过行政机制和行政手段对证券市场进行全程的监管，这就决定了中国证券市场与经济发达国家不一样，它不可能完全通过市场引导资源配置，诱发规范的市场行为产生。

在我国资本市场逐渐融入国际化的浪潮中，股市的规范化和国际惯例化的程度将会日益提高，这在相当大的范围内会促使证券市场更加成熟。我国证券市场政策市、独立市的特点将趋于弱化，不完全流通、不能做空等历史弊端也将随着时机的成熟而得到解决。相信在不远的将来，我国股市将迎来真正的理性投资时代，而作为宏观经济"晴雨表"的功能也将逐步得以实现。

4. 通货变动对证券市场的影响

通货变动包括通货膨胀和通货紧缩。

1) 通货膨胀对证券市场的影响

通货膨胀对证券市场特别是个股的影响，没有永恒的定势，它完全可能同时产生相反方向的影响，对这些影响作具体分析和比较必须从该时期通胀的原因，通胀的程度，配合当时的经济结构和经济形势，政府可能采取的干预措施等分析入手。一般有以下几种情形。

（1）温和、稳定的通货膨胀对股价的影响较小。通货膨胀提高了债券的必要收益率，从而引起债券价格下跌。

（2）如果通货膨胀在一定的可容忍范围内持续，而经济处于景气（扩张）阶段，产量和就业都持续增长，那么股价也将持续上升。

（3）严重的通货膨胀是很危险的，可能从两个方面影响证券价格：其一，资金流出证券市场，引起股价和债券价格下跌；其二，经济扭曲和失去效率，企业筹集不到必需的生产资金，同时，原材料、劳务成本等价格飞涨，使企业经营严重受挫，盈利水平下降，甚至倒闭。

（4）政府往往不会长期容忍通货膨胀存在，因而必然会使用某些宏观经济政策工具来抑制通货膨胀，这些政策必然对经济运行造成影响。

（5）通货膨胀时期，并不是所有价格和工资都按同一比率变动，而是相对价格发生变化。这种相对价格变化引致财富和收入的再分配，因而某些公司可能从中获利，而另一些公司可能蒙受损失。

（6）通货膨胀不仅产生经济影响，还可能产生社会影响，并影响投资者的心理和预期，从而对股价产生影响。

（7）通货膨胀使得各种商品价格具有更大的不确定性，也使得企业未来经营状况具有更大的不确定性，从而增加证券投资的风险。

（8）通货膨胀对企业的微观影响表现为：通货膨胀之初，"税收效应"、"负债效应"、

"存货效应"、"波纹效应"有可能刺激股价上涨；但长期严重的通货膨胀，必然恶化经济环境、社会环境，股价将受大环境影响而下跌。

2) 通货紧缩对证券市场的影响

通货紧缩带来的经济负增长，使得股票、债券及房地产等资产价格大幅下降，银行资产状况严重恶化。而经济危机与金融萧条的出现反过来又大大影响了投资者对证券市场走势的信心。

6.1.3 财政政策与证券市场

财政政策是政府依据客观经济规律制定的指导财政工作和处理财政关系的一系列方针、准则和措施的总称。主要通过财政赤字、财政补贴、改变税收、国债政策等手段影响总需求，促进社会总供给和总需求趋于平衡。

1. 财政政策的手段及功能

财政政策的实施主要是通过国家预算、税收、国债、财政补贴等手段，这些手段可以单独使用也可以相互配合使用。

1) 国家预算

国家预算是财政政策的主要手段。国家预算对经济的调控作用主要表现在以下两个方面。

首先，通过调整国家预算收支之间的关系，可以起到调节社会供求总量平衡的作用。当社会总需求大于社会总供给时，国家预算采用"收大于支"的结余政策，压缩财政支出，可以缩小社会总需求；当社会总供给大于总需求时，国家预算采用"支大于收"的赤字政策则能够扩张社会总需求；在社会供求总量大体平衡时，国家预算实行收支平衡的中性政策与之配合。

其次，通过调整国家预算支出结构，可以调节国民经济中的各种比例关系和经济结构，促使社会的总供求结构平衡。财政投资主要运用于能源、交通以及重要的基础产业、基础设施的建设，财政投资的多少和投资方向直接影响和制约部门经济，因而既具有造就未来经济结构框架的功能，也有矫正当期结构失衡的功能。但国家预算手段调控能力的大小，与财政收入占国民收入的比重关系极大。这一比例愈高，国家预算调控力度就愈大；反之，比重愈低，国家预算调控的力度就愈小。

2) 税收

税收是国家凭借政治权力参与社会产品分配的重要形式，具有强制性、无偿性和固定性的特征。税收既是筹集财政收入的主要工具，又因具有多重调节职能成为宏观经济调控的重要手段。

(1) 税收能够调节社会总供给与总需求之间的总量平衡。从调节总供给来看，可以通过降低税率和扩大减免税范围，增加企业可支配收入，刺激投资和增加供给；反之，提高税率和缩小减免税范围，使企业可支配的收入减少，影响企业投资和生产的发展，从而减少供给。从调节社会总需求来看，可以根据消费需求和投资需求设置不同的税种或在同一税种中实行差别税率，控制需求数量。

(2) 税收能够调节供求结构。这主要是通过设置不同的税率和税种来实现对生产结构和消费结构的调节。就生产结构来看，某一产业的发展取决于该产业的盈利水平，而税收对盈利水平有着重要的影响。在价格不变的条件下，税收的增减直接影响利润，从而鼓励或限制某些产业的发展。就消费结构来看，当某种产品供求不平衡时，既可以通过调节产业结构来实现，也可以通过设置不同的税种和税率直接调节消费结构来进行。

（3）税收能够调节国际收支平衡。这主要通过进口关税政策和出口退税政策来实现。例如当一国国际收支出现赤字时，政府一方面通过出口退税刺激出口；另一方面征收或调高进口关税抑制进口，使国际收支达到平衡。

3）国债

国债是中央政府按照有偿信用原则筹集财政资金的一种重要形式，同时也是实现宏观调控的重要财政政策手段。国债的调节作用主要表现在以下几个方面。

（1）国债可以调节国民收入的使用结构及积累和消费的比例关系。中央政府通过发行国债，将社会上的闲散的消费资金转化为积累资金，用于生产建设。

（2）国债可以调节产业结构。中央政府通过发行国债筹集资金并将资金运用到社会效益和宏观效益较高的项目上，消除企业和银行投资较注重微观效益而常常与宏观经济目标发生矛盾的弊端，站在整个国家的角度调节投资结构，促进整个国民经济结构趋于合理。

（3）国债可以调节资金供求和货币流通。中央政府通过扩大或减少国债的发行，降低或提高国债利率或贴现率直接调节货币供求和货币流通量来调节整个国民经济。

4）财政补贴

财政补贴是国家为了某种特定需要，将一部分财政资金无偿补助给企业和居民的一种再分配形式。我国的财政补贴主要包括：价格补贴、企业亏损补贴、财政贴息、房租补贴、职工生活补贴和外贸补贴。

5）财政管理体制

财政管理体制是中央与地方、地方各级政府之间以及国家与企事业单位之间资金管理权限和财力划分的一种根本制度。它的主要功能是调节各地区、各部门之间的财力分配。

6）转移支付制度

转移支付制度是指中央财政将集中的一部分财政资金，按一定标准拨付给地方财政的一项制度。它的主要功能是调整中央政府和地方政府之间的财政纵向不平衡，以及调整地区间的财政横向不平衡。

2. 财政政策的运作及对证券市场的影响

一国政府运用财政政策来影响国民经济，一方面可以通过"自动稳定器"作用，调节社会供需，减轻经济波动；另一方面通过"相机抉择"，发挥财政政策的职能。在我国，主要发挥财政政策的"相机抉择"作用。

财政政策分为扩张性财政政策、紧缩性财政政策和中性财政政策。一般情况下，当总需求不足，物价持续走低，经济出现衰退时，政府往往会实施扩张性财政政策，即增加政府支出、加大财政赤字，减少税收、扩大减免税范围，刺激需求增加。相反，当总需求过旺，经济过热，出现通货膨胀时，政府往往会实施紧缩性财政政策，即减少财政支出，增加税收、减少减免税范围，抑制需求。

作为国民经济"晴雨表"的证券市场，与国家的经济形势息息相关，财政政策的运作在很大程度上将通过影响国民经济进而影响证券市场价格。总体上讲，扩张性财政政策旨在刺激经济发展，将促使证券市场走强；而紧缩性财政政策旨在控制过热的经济，证券市场趋于走弱。

1）扩张性财政政策对证券市场的作用机理

扩张性财政政策，又称为宽松的或积极的财政政策，通常采用下列政策手段对证券市场发生影响。

（1）减少税收，降低税率，扩大减免税范围。对于上市公司，减税会直接减少支出增加税后利润，每股税后收益增加，这使股票更"值钱"，股票的交易价格也将上涨。上市公司税后收益增加，企业投资增加，进而带动社会整体需求增加，促进经济增长，使企业利润进一步增加，证券价格将长期走牛。对于社会公众，降低税收、扩大减免税范围，在增加了社会公众收入的同时也增加了投资需求和消费需求，增加投资需求会直接加大对证券的需求，而增加消费需求会带动社会整体需求增加，因此，减税有利于证券价格上涨。

（2）增加政府支出。加大政府的财政支出与财政赤字，通过政府的投资行为，增加社会整体需求，扩大就业，刺激经济的增长，这样企业利润也将随之增加，进而推动股票价格上涨。特别是与政府购买和支出相关的企业将最先、最直接获益，其证券价格将率先上涨。在经济的回升中，居民收入增加，居民的投资需求和消费需求也会随之增加，前者会直接刺激股价上涨，后者会间接促使股价步入上升通道。但此项政策使用要适度，否则支出过度导致财政出现巨额赤字时，需求虽然得到进一步扩大，但同时也增加了经济的不稳定因素。通货膨胀加剧，物价上涨，有可能使投资者对经济预期不乐观，反而造成股价下跌。

（3）发行国债。一国政府运用国债这个政策工具实施财政政策时，往往要考虑很多的因素。实施松的财政政策，从增加社会货币流通量这个角度出发，往往会减少国债的发行；从增加政府支出及加大财政赤字这个角度出发，又会增加国债的发行。减少国债的供给，社会货币流通量增加，在股票总供给量不变或变化较小时会增加对股票的需求，使股价上涨。但减少国债发行又会影响到政府的支出，给国民经济及股市上涨带来负面影响。增加国债的发行一方面导致证券供应的增加，在证券市场无增量资金介入的情况下，就会减少对股票的需求，引起股票价格下跌；另一方面又会增加政府的支出，刺激国民经济增长，有利于股市上涨。因此国债的发行对股价的影响十分复杂，不能单纯地从一个角度来分析国债发行对股价的影响。

（4）增加财政补贴。财政补贴增加了财政支出，有利于扩大社会总需求和刺激供给增加，从而使整个证券市场的总体水平趋于上涨。

2）紧缩性财政政策对证券市场的作用机理

紧缩性财政政策对证券市场的影响与上述情况相反，从总体上抑制证券市场价格上涨。

6.1.4 货币政策与证券市场

货币政策是指政府为实现一定的宏观经济目标所制定的关于货币供应和货币流通组织管理的基本方针和基本准则。主要通过调控货币供应总量保持社会总供给与总需求平衡；

通过调控利率和货币总量控制通货膨胀，保持物价总水平的稳定；调节消费、储蓄与投资的比例，引导储蓄向投资的转化，实现资源的合理配置，保持经济持续稳定发展。

具体来讲，货币政策的目标就是：稳定物价、实现充分就业、保持经济增长和国际收支平衡。

1. 货币政策工具及功能

货币政策工具，又称货币政策手段，是指中央银行为实现货币政策目标而采取的政策手段。货币政策工具分为两类：一般性政策工具（包括法定存款准备金率、再贴现政策及公开市场业务）和选择性政策工具（包括直接信用控制、间接信用指导等）。

1) 一般性政策工具

(1) 法定存款准备金率。

法定存款准备金率是指中央银行规定的金融机构为保证客户提取存款和资金结算而准备的在中央银行的存款占其存款总额的比例。法定存款准备金率的作用效果十分明显，它在很大程度上限制了商业银行体系创造派生存款的能力。提高法定存款准备金率，商业银行可运用资金减少，贷款能力下降，市场货币流通量减少；降低存款准备金率，商业银行可运用资金增多，贷款能力增强，市场货币流通量加大。此外，法定准备金率还可通过货币乘数效应，对货币供给总量产生更大的影响。因此法定存款准备金率是一种影响货币供应的强有力的工具，中央银行很少动用这一工具。一般情况下，当物价上涨幅度过快，发生较严重的通货膨胀时，中央银行会提高法定存款准备金率；反之，当发生较严重的需求不足，经济出现危机时，中央银行会降低法定存款准备金率。

 相关链接

历次存款准备金率调整对股市影响（表）

表 6-1 是 2007 年以来存款准备金率调整对股市的影响。

表 6-1 2007 年以来存款准备金率调整对股市的影响

公布日	大型金融机构			中小金融机构			股市
	调整前	调整后	幅度	调整前	调整后	幅度	沪指
2012 年 2 月 18 日	21%	20.5%	−0.50%	17.50%	17.00%	−0.50%	
2011 年 11 月 30 日	21.50%	21%	−0.50%	18%	17.50%	−0.50%	2.29%
2011 年 06 月 14 日	21%	21.50%	0.50%	17.50%	18%	0.50%	−0.95%
2011 年 05 月 12 日	20.50%	21%	0.50%	17.00%	17.50%	0.50%	0.95%
2011 年 04 月 17 日	20%	20.50%	0.50%	16.50%	17.00%	0.50%	0.22%
2011 年 03 月 18 日	19.50%	20.00%	0.50%	16.00%	16.50%	0.50%	0.08%
2011 年 02 月 18 日	19.00%	19.50%	0.50%	15.50%	16.00%	0.50%	1.12%
2011 年 01 月 14 日	18.50%	19.00%	0.50%	15.00%	15.50%	0.50%	−3.03%

续表

公布日	大型金融机构			中小金融机构			股市
	调整前	调整后	幅度	调整前	调整后	幅度	沪指
2010 年 12 月 10 日	18.00%	18.50%	0.50%	14.50%	15.00%	0.50%	2.88%
2010 年 11 月 19 日	17.50%	18.00%	0.50%	14.00%	14.50%	0.50%	−0.15%
2010 年 11 月 10 日	17.00%	17.50%	0.50%	13.50%	14.00%	0.50%	1.04%
2010 年 05 月 02 日	16.50%	17.00%	0.50%	13.50%	13.50%	0.00%	−1.23%
2010 年 02 月 12 日	16.00%	16.50%	0.50%	13.50%	13.50%	0.00%	−0.49%
2010 年 01 月 12 日	15.50%	16.00%	0.50%	13.50%	13.50%	0.00%	−3.09%
2008 年 12 月 22 日	16.00%	15.50%	−0.50%	14.00%	13.50%	−0.50%	−4.55%
2008 年 11 月 26 日	17.00%	16.00%	−1.00%	16.00%	14.00%	−2.00%	−2.44%
2008 年 10 月 08 日	17.50%	17.00%	−0.50%	16.50%	16.00%	−0.50%	−0.84%
2008 年 09 月 15 日	17.50%	17.50%	0.00%	17.50%	16.50%	−1.00%	−4.47%
2008 年 06 月 07 日	16.50%	17.50%	1.00%	16.50%	17.50%	1.00%	−7.73%
2008 年 05 月 12 日	16.00%	16.50%	0.50%	16.00%	16.50%	0.50%	−1.84%
2008 年 04 月 16 日	15.50%	16.00%	0.50%	15.50%	16.00%	0.50%	−2.09%
2008 年 03 月 18 日	15.00%	15.50%	0.50%	15.00%	15.50%	0.50%	2.53%
2008 年 01 月 16 日	14.50%	15.00%	0.50%	14.50%	15.00%	0.50%	−2.63%
2007 年 12 月 08 日	13.50%	14.50%	1.00%	13.50%	14.50%	1.00%	1.38%
2007 年 11 月 10 日	13.00%	13.50%	0.50%	13.00%	13.50%	0.50%	−2.40%
2007 年 10 月 13 日	12.50%	13.00%	0.50%	12.50%	13.00%	0.50%	2.15%
2007 年 09 月 06 日	12.00%	12.50%	0.50%	12.00%	12.50%	0.50%	−2.16%
2007 年 07 月 30 日	11.50%	12.00%	0.50%	11.50%	12.00%	0.50%	0.68%
2007 年 05 月 18 日	11.00%	11.50%	0.50%	11.00%	11.50%	0.50%	1.04%
2007 年 04 月 29 日	10.50%	11.00%	0.50%	10.50%	11.00%	0.50%	2.16%
2007 年 04 月 05 日	10.00%	10.50%	0.50%	10.00%	10.50%	0.50%	0.13%
2007 年 02 月 16 日	9.50%	10.00%	0.50%	9.50%	10.00%	0.50%	1.41%
2007 年 01 月 05 日	9.00%	9.50%	0.50%	9.00%	9.50%	0.50%	2.49%

(2) 再贴现政策。再贴现政策是中央银行对商业银行用持有的未到期票据向中央银行融资所做的政策规定，主要包括再贴现率的确定和再贴现的资格条件。中央银行根据市场资金供求状况确定再贴现率，能够影响商业银行借款成本，进而影响商业银行对社会的信用量，从而调节货币供应总量。中央银行提高再贴现率，商业银行向中央银行融资成本增高，商业银行就会提高对客户的贴现率或贷款利率，使商业银行信用量收缩，减少市场货

币量供应。反之，中央银行降低再贴现率，商业银行向中央银行融资成本降低，商业银行会降低对客户的贴现率或贷款利率，增加市场货币供应。再贴现率的短期政策效应比较明显，而中央银行对再贴现资格条件的规定则偏向于长期的政策效应，释放扶持或抑制作用，并改变资金流向。

（3）公开市场业务。公开市场业务是指中央银行在金融市场上公开买卖有价证券，以此来调节市场货币量的政策行为。中央银行的公开市场购买行为，会扩大基础货币，增加货币供应；中央银行的公开市场出售行为，会缩小基础货币，减少货币供应。这一货币政策工具对金融市场上货币供应量的影响最为直接，因此，公开市场业务是中央银行经常采用的货币政策工具。

2）选择性政策工具

（1）直接信用控制。直接信用控制是以行政命令或其他方式，直接对金融机构尤其是商业银行的信用活动进行控制。其具体手段包括：规定利率限额与信用配额、信用条件限制、规定金融机构流动性比率和直接干预等。

（2）间接信用指导。间接信用指导是指中央银行通过道义劝告、窗口指导等办法来间接影响商业银行等金融机构行为的做法。

3）我国常用的货币政策工具

目前，我国常用的货币政策工具主要有：银行存贷款利率、法定存款准备金率、公开市场业务、中央银行外汇操作等。近年来，中国人民银行连续多次调整银行存贷款利率和法定存款准备金率，充分发挥这两大工具的作用，逐步加强对货币供应量的调控能力。

2. 货币政策的运作及对证券市场的影响

货币政策的运作主要是指中央银行根据客观经济形势采取适当的货币政策，调控货币量和信用规模，使之达到预定的货币政策目标，并以此影响经济的运行。根据货币政策运作方向可以分为宽松性货币政策和紧缩性货币政策。一般情况下，当物价持续回落、需求不足、经济衰退时，中央银行会采取宽松性货币政策，即降低法定存款准备金率和再贴现率及再贷款利率、增加政府公开购买、降低利率；当物价上涨、需求过度、经济过度繁荣时，中央银行会采取紧缩性货币政策，即提高法定存款准备金率和再贴现率及再贷款利率、减少政府公开购买、提高利率。总的来说，宽松性货币政策将促使证券市场走强，紧缩性货币政策则使其趋弱。

1）宽松性货币政策对证券市场的作用机理

（1）降低利率。一般而言，降低利率将促使股票价格上涨。原因是：①降低利率，投资于股票的机会成本降低，从而会直接吸引储蓄资金流入股市，导致对股票需求增加，刺激股价长期走好；②降低利率，企业借款成本降低、利润增加，股价自然上涨；③利率是计算股票理论价格的重要依据，利率降低，股票理论价格提高，促使股票市场价格进一步上涨。在货币政策工具中，利率的调整对股价的影响是十分直接的，但利率的变动与股价运动呈反方向变化是一般情况，并非绝对的负相关关系。在股市暴跌时，即使下调利率，也可能会使股市回升乏力；同样，在股市行情暴涨时，上调利率控制股价的作用也不一定很明显。

（2）下调法定存款准备金率、再贷款利率、再贴现率中央银行利用这3种货币政策工具来调节货币供应量，从而影响货币市场和资本市场的资金供求，进而影响证券市场。

如果中央银行下调存款准备金率、再贷款利率、再贴现率，就能增加商业银行的资金头寸，使商业银行可贷资金充裕。这样，首先能够为上市公司提供良好的融资环境：一方面，有利于上市公司获得更多的贷款进行资产重组，摆脱经营困境，增加营业利润，为股价攀升奠定坚实的基础；另一方面，上市公司拥有多个融资渠道，就会减轻对股民的配股压力，使二级市场资金更为宽裕，也有利于股价振荡上行。其次，有利于基金管理公司、证券公司等非银行金融机构到银行同业拆借市场拆借更多的资金，也有利于上市公司、国有企业、国有控股上市公司直接向商业银行借款投资于证券市场，资金供应增加会直接刺激证券市场行情上扬。

（3）加大公开市场购买。在政府倾向于实施宽松性货币政策时，中央银行利用公开市场业务操作可以从两个方面影响证券市场：①中央银行大量购买有价证券，增加市场上的货币供应量，会推动利率下调，降低资金成本，从而激发企业和个人的投资热情和消费热情，有利于推动股价上涨；②中央银行公开市场业务直接以国债为操作对象，大量购买国债会改变国债市场的供求关系，直接影响国债市场的波动。

（4）选择性货币政策工具的使用。

直接信用控制和间接信用指导通常和产业政策、区域政策结合使用，对证券市场走势产生结构性影响。对于国家的优先发展产业、支柱产业以及农业、能源、交通、通信等基础产业，或者国家要优先重点发展的地区，政府如果采取放松对商业银行的信贷管制、扩大信贷规模等扶持措施加以区别对待，相应板块的股票价格往往会领涨于其他板块或者大盘，甚至逆势而上。

2）紧缩性货币政策对证券市场的作用机理

紧缩性货币政策对证券市场的影响与宽松性货币政策正好相反。值得注意的是，财政政策与货币政策对股票价格的影响十分复杂，并且政策滞后效应较为明显。受到其他宏观经济因素以及投资者预期因素的影响，在政策调整的消息出台后，证券市场的表现有时与理论上的推导相一致，有时可能会有偏差，甚至反向运动，但财政政策与货币政策对股市的影响是十分深远的，它能在较长的时期内影响股价的运行趋势，因此正确预测与把握国家的财政政策和货币政策，认真分析财政政策、货币政策对经济形势的综合影响，是进行股票投资决策必不可少的理论依据。

6.2 行业分析

6.2.1 行业分析概述

行业分析是介于宏观和微观之间的重要的经济因素。在国民经济中，一些行业的增长率与国民生产总值的增长率保持同步，另一些行业的增长率高于国民生产总值的增长率，还有一些行业的增长率则低于国民生产总值的增长率。而在一般情况下，某一企业的增长与其行业的增长是基本一致的。鉴于这种情况，投资者在投资过程中，对行业的正确选择必定建立在对行业的正确分析的基础上。通常，在行业分析中，主要分析行业的市场类型、生命周期和影响行业发展的有关因素。通过分析，可以了解到处于不同市场类型和生命周期不同阶段上的行业的产品生产、竞争状况以及盈利能力等方面信息资料，从而有利于正确地选择适当的行业进行有效的投资。

1. 行业的含义

所谓行业，是指从事国民经济中同性质的生产或其他经济活动的经营单位和个体等构成的组织结构体系。

2. 上市公司行业分类

针对上市公司的行业分类，道·琼斯分类法是最通常的分类法之一，它描述了在纽约证券交易所上市交易的各行业股票的平均市场价格的变化。该分类法将大多数股票分为3大类：工业、运输业和公用事业，然后选取有代表性的股票，基本可以表明该行业的一种趋势。我国的上海证券交易所和深圳证券交易所分别编制的股票价格指数，对行业进行的分类不完全相同。

上海证券交易所编制的沪市成分指数，将全部上市公司分为5类，即工业类、商业类、地产类、公用事业类和综合类，并分别计算和公布各类股价指数。深圳证券交易所自1995年2月20日开始发布其成分指数，该指数把深圳上市的全部公司分成6类，即工业类、商业类、地产类、金融业类、公用事业类和综合类，同时计算和发布各类股价指数。

近年来，随着证券市场的发展，我国上市公司的数量剧增，沪、深两交易所对上市公司原有的行业分类逐渐显现出其不足之处：分类过粗，给市场各方的上市公司分析带来诸多不便。2001年4月4日，中国证监会公布了《上市公司行业分类指引》（以下简称《指引》）。《指引》是以我国国家统计局《中华人民共和国国家标准(GB/T 4754—1994)》为主要依据，并在借鉴联合国国际标准产业分类、北美行业分类体系相关内容的基础上而制定的。

《指引》以在中国境内证券交易所挂牌交易的上市公司为基本分类单位，规定了上市公司分类的原则、编码方法、框架及其运行与维护制度等内容。《指引》以上市公司营业收入为分类标准，所采用财务数据为经会计师事务所审计的合并报表数据。当公司某类业务的营业收入比重大于或等于50%，则将其划入该业务相对应的类别；当公司某类业务营业收入比重比其他业务收入比重均高出30%，但该业务收入低于50%，则将该公司划入此类业务相对应的行业类别；否则，将其划入综合类。

《指引》将上市公司的经济活动分为门类、大类两级，其下的中类作为支持性分类参考。上市公司被分成13个门类：农、林、牧、渔业；采掘业；制造业；电力、煤气及水的生产和供应业；建筑业；交通运输、仓储业；信息技术业；批发和零售贸易；金融、保险业；房地产业；社会服务业；传播与文化产业；综合类以及90个大类和288个中类。

6.2.2 行业的市场类型

根据行业中企业数量、产品性质、价格的制定和其他一些因素，各行业基本上可分为以下4种市场类型。

1. 完全竞争的市场

完全竞争指众多生产者生产同质产品的市场情形。其特点是：生产者数量众多，各种生产资料可以完全流动；生产的产品是同质的、无差别的；生产者不是价格的制定者，生产者的盈利基本上由市场对产品的供需状况来确定；生产者和消费者对市场都非常了解，并可自由进入和退出这个市场。从上述特点可以看出，完全竞争其实质在于所有的企业都无法控制市场的价格和使产品差异化。

初级产品的市场类型多与此相近似。

2. 垄断竞争

垄断竞争即不完全竞争指许多生产者生产同种但不同质产品的市场情形。其特点是：生产者众多，各种生产资料可以流动；生产的产品同种但不同质，即产品之间存在着差异；由于产品差异性的存在，生产者可借以树立自己产品的声誉，从而对其产品的价格有一定的控制能力。制造品的市场类型一般都属于这种类型。

3. 寡头垄断

寡头垄断指相对少量的生产者在某种产品的生产中占据很大市场份额的情形。在这个市场上通常存在着一个起领导作用的企业，其他的企业则随该企业的定价与经营方式的变化而相应地进行某些调整。处于领导地位的企业不是固定不变的，它随企业实力的变化而变化。资本密集型、技术密集型产品，如钢铁、汽车，以及少数储量集中的矿产品，如石油等市场类型多属此类。

4. 完全垄断

完全垄断指独家企业生产特质产品(指没有或缺乏相近的替代品)的情形。完全垄断可分为政府完全垄断和私人完全垄断两种。在这种市场中，由于市场被独家企业所控制，产品又没有或缺少合适的替代品，因此垄断者能够根据市场的需求情况制定理想的价格和产量，在高价寡销和低价多销之间进行选择，以获取最大的利润。但垄断者制定产品价格与生产数量的自由是受限制的，它要受到反垄断法和政府管制的约束。公用事业和某些资本、技术高度密集型或稀有资源的开采等行业属于这种完全垄断的市场类型。

6.2.3 行业的生命周期

每种行业都要经历一个由成长到衰退的发展演变过程。一般来说，行业的生命周期可分以下 4 个阶段。

1. 初创期

在新行业的初创期里，由于新行业刚刚诞生或创建不久，因而只有为数不多的创业公司投资于这个新兴的行业。这些创业公司财务上不但没有盈利，反而普遍亏损；同时，也面临很大的投资风险。在初创期后段，随着行业生产技术的提高，生产成本的降低和市场需求的扩大，新行业便逐步由高风险、低收益的初创期转向高风险、高收益的成长期。

2. 成长期

新行业生产的产品经过广泛的宣传和顾客的试用，逐渐以其奇异性(如新用途、新设计等)赢得了大众的欢迎或偏好，市场需求开始上升，新行业也随之趋于繁荣。与市场需求的变化相适应，供给方面也相应出现了一系列的变化，因而新行业出现了生产厂商与产品竞争优胜劣汰规律的作用，市场上生产厂商的数目在大幅度下降之后开始稳定下来。由于市场需求基本饱和，产品的销售增长率减慢，迅速赚取大量利润的机会减少，整个行业开始进入稳定期。

3. 稳定期

行业的稳定期是一个相对较长的时间。在这一时期里，在竞争中生存下来的少数大厂商垄断了整个行业的市场，每个厂商都占有一定比例的市场份额，由于彼此势均力敌，市场份额比例发生变化的程度较小。行业的利润则由于一定程度的垄断，达到了很高的水平，而风险却因市场比例比较稳定，新企业难以与老企业相竞争而下降。

4. 衰退期

经过较长的稳定期后，由于新产品和大量替代品的出现，原行业的市场需求开始逐渐减少，产品的销量也开始下降，某些厂商开始向其他更有利可图的行业转移资金，因此该行业出现了厂商数目减少、利润下降的萧条景象。至此，整个行业便进入生命周期的最后阶段。

6.2.4 影响行业发展的因素

行业的发展受到多种因素的影响，既包括政府的影响，也包括社会倾向的改变和技术因素的影响，以及相关行业变动因素的影响。

1. 技术进步对行业的影响

目前，人类社会正处于知识经济时代，不仅新兴学科不断涌现，而且理论科学朝实用技术的转化过程大大缩短，速度大大加快，这直接而有力地推动了经济的迅速发展。第二次世界大战后，工业发展的一个显著特点是：新技术在不断地推出新行业的同时，也在不断地淘汰旧行业。如大规模集成电路计算机代替了一般的电子计算机，通信卫星代替了海底电缆等。这些新产品在定型和大批量生产后，市场价格大幅度地下降，从而很快就能被消费者所使用。又如20世纪90年代以来信息技术实现巨大突破，特别是世纪之交因特网和电子商务的发展，是一次前所未有的技术与制度创新，甚至使人们的思维方式发生了转变。新兴行业的创新特点使其能够很快地超过并代替旧行业，或严重地威胁原有行业的生存。

2. 政府的影响作用

政府的影响作用是相当广泛的。各个行业都要受到政府的管理，只是程度不同而已。政府的管理措施可以影响到行业的经营范围、增长速度、价格政策、利润率和其他许多方面。当政府做出决定鼓励某一行业的发展，就会相应增加该行业的优惠贷款量，限制该行业国外产品的进口，降低该行业的所得税，结果是这些措施对刺激该行业的股价上涨起到了相应的效果。相反，如果政府要限制某一行业的发展，就会对该行业的融资进行限制，提高该行业的公司税收，并允许国外同类产品进口，结果该行业的股票价格便会下降。

政府实施管理的主要行业是：公用事业、运输部门和金融部门。另外，政府除了对这些关系到国计民生的重要行业进行直接管理外，通常还制定有关的反垄断法来间接地影响其他行业。

3. 社会倾向的改变对行业的影响

现代社会的消费者和政府已经越来越强调经济行业应负的社会责任，越来越注意工业化给社会所带来的种种影响。这种日益增强的社会意识或社会倾向对许多行业已经发生了明显的作用。如20世纪90年代中期以来在公众的强烈要求和压力下，许多西方国家，特别是产品责任法最为严格的美国，纷纷对许多行业的生产及产品做出了种种限制性规定。如美国政府要求汽车制造商加固汽车保险杆、安装乘员安全带、改善燃油系统、提高防污染系统的质量等。医药行业也受到政府的专门监督，如美国的食品与药品受管理委员会和消费者的监督。防止环境污染、保持生态平衡目前已成为工业化国家一个重要的社会趋势，在发展中国家也正日益受到重视。

4. 相关行业变动因素的影响

相关行业变动对股价的影响一般表现在3个方面。

(1) 如果相关行业的产品是该行业生产的上游产品，那么相关行业产品价格变化与该行业的生产成本直接相关。比如钢材价格上涨，可能会使生产汽车的公司股票价格下跌。

(2) 如果相关行业的产品是该行业产品的替代品，那么若相关行业产品价格上涨，在其产品需求下降的同时，就会提高对该行业产品的市场需求，从而使市场销售量增加，公司盈利也因此提高，股价上升。比如茶叶价格上升，可能对经营咖啡制品的公司股票价格产生利好影响。

(3) 如果相关行业的产品与该行业生产的产品是互补关系，那么相关行业产品价格上升，对该行业内部的公司股票价格将产生不利影响。如1973年石油危机爆发后，美国消费者开始偏爱小型节油汽车，结果对美国传统汽车制造业造成相当大的打击，其股价大幅下跌。

6.3 公 司 分 析

6.3.1 公司基本素质分析

1. 基本资料归类

公司的基本素质分析主要针对上市公司的基本资料，综合考察公司的内部条件和外部环境，分析上市公司自身的优势和劣势、面临的挑战和机遇、发展的可行性和现实需要等。上市公司的基本资料信息，可以通过各种股票分析软件、各类网站、报刊、广播电视等媒体以及公司内部资料等渠道来搜集和整理。大致可以分为以下几类，每一类都从不同层面反映了上市公司的现实状况。

（1）公司所属行业。包括行业的发展历史沿革与发展前景、影响行业增长和盈利能力的关键因素、行业进入壁垒、来自行业内外的竞争、政府的产业支持或管制政策、上下游产业的市场前景和供需状况、国民经济波动对行业发展的影响等。

（2）公司的背景和历史沿革。包括公司性质、集团及其关联企业、公司规模、股本结构和主要投资者、公司的中长期发展战略和发展方向的历史沿革，公司的主要产品和利润的主要来源，公司的主要优劣势等。

（3）公司的经营管理。包括公司的组织结构和管理体制、管理层人员及其简历、员工技术构成、薪酬激励制度、人力资源管理体制、生产能力和生产效率、原材料构成及其供应、与主要供货商的关系等。

（4）公司的市场营销。包括公司的主要产品的市场需求弹性、产品销售的季节性或周期性波动特点、主要客户组成及与主要客户的关系、产品覆盖的地区与市场占有率、销售成本与费用控制、顾客购买力和满意度、主要竞争对手的市场占有率等。

（5）公司的研发能力。包括公司研发的重点项目、研发设施和研发人员的比例、研发费用支出占销售收入的比率、新产品开发频率与市场需求、生产规模和投资需求等。

（6）公司的融资与投资。包括公司目前的资金缺口、融资途径、融资前后的资本结构、投资结构、投资项目的可行性与投资收益等。

（7）公司潜在的风险。包括公司正在面临或可能面临的宏观经济风险、汇率或利率风险、市场风险、财务风险等。

2. 公司的经济区位分析

经济区位又称区位，是指地理范畴上的经济增长点及其辐射范围。如近几年来相继出现的沈阳、上海浦东、天津滨海新区、成都、重庆、武汉城市圈、长株潭城市群、深圳8个国家综合配套改革试验区。上市公司的投资价值与区位经济的发展密切相关。具体来讲，以下区位因素会影响到对上市公司的投资价值判断。

1）区位内的自然资源和基础设施

如果上市公司的主营业务能够获得当地的自然资源和基础设施的有效支撑，则有利于公司的发展，否则就会成为公司发展的障碍。

2）区位内的产业政策

为了促进区位经济的发展，中央政府和地方政府一般都会制定区位经济发展规划和产业布局战略，确立优先发展和扶植的产业，并会给予一定的财税、信贷、土地等多方面的优惠政策。如果区位内的上市公司的发展方向与区位经济发展战略要求相符，通常都会受惠于各种优惠政策，借力加快自身发展。

3）区位经济特色

区位经济特色，是指区位内经济相对于区位外经济的比较优势，包括区位内的经济发展环境、条件与水平、经济发展现状等。区位优势可以使该区位内的相关上市公司，在同等条件下比其他区位主营业务相同的上市公司具有更大的竞争优势和发展空间。

3. 公司竞争地位分析

上市公司行业地位、市场占有率水平应成为投资者进行股票投资的一个重要的决策参考依据。一家行业地位出色的企业往往历史悠久、客户稳定、信誉良好，其面临的商业风险相对较小。从近几年的情况看，很多上市公司纷纷以合资、参股、并购等方式向通信、网络、生物制药等领域渗透，行业内的竞争日趋激烈。按照市场竞争的一般规律，只有行业地位出众、市场占有率不断提高，特别是具有垄断优势的公司才能成为行业巨头，这些公司是投资者首选的投资品种。

判断上市公司行业地位应主要从以下几方面入手：一是要看该公司产品的市场占有率是否居行业前列；二是要看该公司产品销售增长率在本行业是否处于领先地位；三是要看该公司在行业内是否保持着技术领先地位。

4. 公司经营管理能力分析

1）上市公司主营业务状况

任何公司都有其特定的经营范围，公司在这一范围内通过组合生产经营要素来实现自己的盈利。上市公司也一定要有鲜明的主业才能在激烈的市场竞争中取胜。如果公司没有进行过根本性的产业转移和多种经营，主营业务状况在相当程度上决定着公司经营状况、盈利能力，进而决定着投资者的投资回报。

投资者可以根据公司年报和中报的相关统计报表从以下几方面分析上市公司的主营业务状况。

（1）公司的经营方式。经营方式分析主要考察公司是单一经营还是多元化经营。多元化经营的优点是风险相对分散，但容易导致公司经营管理缺乏针对性，造成主业不精，影响公司盈利增长。单一经营的缺点是风险相对集中，但如果其产品占有很大的市场份额，公司盈利也会很丰厚。

（2）主营业务的盈利能力和主营业务利润占净利润的比重。主营业务的盈利能力是指主营业务利润占主营业务收入的比重，主营业务盈利能力越高，说明公司为实现一定的主营收入而实际付出的物化劳动和活劳动相对较少，或者意味着公司付出一定的物质消耗和劳动消耗实现的主营产出相对较多。该指标可以综合反映公司主营产品的科技含量和附加价值的大小、主营产品的竞争力和市场销售情况。

主营业务利润占净利润的比重可以衡量企业净利润的可信度和企业可持续发展能力的强弱。一般而言，一个优秀的企业，其主营业务利润占净利润总额的比重要达到70％以上。而那些主业不精，利润的取得主要依赖于企业无法控制和具有较大偶然性的投资收益、财政补贴或者营业外净收入的企业，它们的经营业绩尽管也一时"惊人"，但因为基础不牢固，其业绩只能是昙花一现。

（3）主营业务规模的扩展情况。衡量一家上市公司主营业务规模的扩展情况，一方面要看该公司主营业务收入的增长情况；另一方面要看公司的主营利润的增长和主营收入的增长是否相适应。前者是从外延的角度对公司主营业务扩展的"量"的考察，后者是从内涵的角度对公司主营业务发展的"质"的考察。一个发展势头良好的企业，其主营业务的发展总是伴随着利润的相应增长。

2）上市公司人才素质状况

企业竞争的焦点是人才的竞争。一个企业人才素质的好坏从根本上决定着企业的生存与竞争实力。对上市公司人才素质进行分析首先要考察公司管理层的素质；其次要看员工素质。

（1）公司管理层的素质。公司管理层人员包括公司的各级经理人员。公司管理层的素质状况在企业发展中起决定性作用，直接关系到公司的业绩表现。在我国，由于企业家的市场生成机制还不成熟，外部约束机制又很不健全，公司管理层的德才素质水平在企业的生存发展中就显得更为重要。

一般而言，公司管理层应该具备以下良好素质：一是积极从事管理工作的意愿；二是较高的专业技术能力；三是良好的道德品质修养；四是较强的人际关系协调能力。

考察公司管理层素质可以通过以下途径。

① 了解他们的社会与历史背景，包括学历、家庭环境、个人爱好等反映个人成长方面的内容。通过这些可以反映一个人的受教育程度、品格、专业知识水平、是否具有高瞻远瞩统领全军的能力，等等。

② 调查以往的工作业绩。主要考察工作能力、工作阅历、组织才能、领导才能、活动能力、政策水平和业务实绩等，以及在本行业中经营管理的年限。若该领导人未担任过领导职务，则应考察他过去工作的性质、种类、工作魄力、是否已显示出具有领导才能等。

③ 利用相关数据指标。如平均受教育年限、不同学历领导人占领导总数的百分比、公司管理人员占企业总人数的百分比、管理费用占公司总支出的百分比、管理人员的平均年龄、不同年龄管理人员占管理人员总数的百分比等，这些指标可以反映公司领导人的平均业务水平和管理能力。一般而言，管理人员占比重较少、管理费用占支出比重较低，说明该公司管理水平较高；若管理人员较多，管理费用占总支出比重较大，说明公司管理水平较低。平均受教育年限长，高学历人员所占比重高，说明管理人员素质较高；反之说明管理人员素质较低。管理人员平均年龄较年轻，青年管理人员占比重较大，说明公司比较有活力和朝气。

（2）公司员工的素质。上市公司员工是公司经营的主体，他们的文化和业务素质对公司的发展起着至关重要的作用。公司员工应该具有以下素质：专业技术能力、对企业的忠诚度、责任感、团队合作精神和创新能力等。反映劳动力素质的指标主要有劳动者平均受教育水平、高学历的人数构成、职工技术水平构成、劳动生产率等。

3）公司产品开发、技术创新能力

当今社会，由于科技的不断进步，产品更新换代的速度越来越快，公司要想保持和巩固其市场地位，赢得竞争优势，就必须不断地开发新产品，应用新技术，引入新机制。否则迟早会被市场淘汰。

分析一家上市公司产品开发、技术创新能力可以从以下几方面入手。

（1）人力资源状况。即公司是否拥有稳定的专业人才和技术骨干队伍，稳定人才的措施是否得力、到位。

（2）研究机构的设置状况。公司通过独立研究、委托研究、合作研究等方式将经济资产与科技资产结合、重组，从而奠定公司技术创新的基础。人们注意到大凡强势高科技企业都在研究开发中持续投入，如联想集团建立了国家级技术中心，成立了专业的软件开发生产机构，并在香港、深圳、美国硅谷设立研究开发中心；海尔与中国科学院化学所联合成立了国家工程研究中心；清华同方拥有国家工程研究中心做后盾。

（3）研发费用。美国《加州高科技股通讯报》创办人麦克·墨菲是世界著名的高科技投资专家，被誉为全美首席高科技分析师。墨菲在其所著的《高科技选股策略》一书中，曾提到高科技股成长公司所具备的4个要素：①研发费用至少占营业收入的7%；②营业额每年至少增长15%；③税前销售利润率（即毛利率）至少达到15%或更高；④股东权益报酬率（即净资产收益率）至少达到15%或更多。墨菲认为，这4个条件中最重要的是研发费用，净资产收益率相对最不重要。墨菲推出了"成长流量"和"成长流量比"的概念。他提出，一家高科技股除了每股收益外，还必须计算每股研发费用，每股收益加上每股研发费用，就是公司的成长流量，用股价除以成长流量就是成长流量比。一般上市公司是以市盈率来衡量其股价高低的，高科技企业则应按成长流量比来衡量其投资价值。因为每股收益是过去已经拿到的利润，每股研发费用才能代表公司未来的获利能力。研发费用的主要开支，就是用高薪吸引高智能人才。市场是最公正的，高智能人才愿意加盟的公司，肯定是好公司，这样的高投入也会有高回报。当然，研发费用的投向必须对路，否则，就可能竹篮打水一场空。此外，根据墨菲的考察，研发费用不得少于营业额的2%，否则就难以在国际市场上竞争。

（4）新产品开发、试制情况。一个公司应能根据市场需求的变化、产品销售情况正确判断公司现有产品所处的生命周期阶段，及时制订新产品开发计划，从人员、技术设备、资金供应等方面保证新产品开发工作正常进行，并注意新产品对公司经济效益的影响。

6.3.2 公司财务分析

1. 公司财务分析的主体及其关注点

公司财务分析，又称财务报表分析，是指上市公司的关注者以公司的财务报表为主要依据，采取一定的标准和系统科学的方法，综合分析和评价公司的财务状况和经营成果，以便为相关决策提供参考。进行公司财务分析的目的，一般可以归结为：评价过去的经营业绩，衡量现在的财务状况，预测未来的发展趋势。关注上市公司财务状况的人，主要包括公司现有股东和潜在股东、债权人、上市公司管理者、政府管理部门、竞争对手和其他相关人士等。但是，他们与上市公司经济利害关系不同，需要的信息不同，因此对财务报表的关注点也就不同。

1）公司现有股东和潜在股东

公司的现有股东和潜在股东作为主要投资人，考虑最多的是以尽可能小的投资风险置换尽可能多的投资回报。因此，他们进行财务报表分析的目的在于估计公司的未来收益和风险水平，较多关注公司的盈利能力和市场竞争能力，以便决定自己是投资还是撤资，以及投资的数量和持股的时间。

但是，上市公司的股东由于持有的股份比例不同，对上市公司财务状况关注点会有一定差异。大股东们通常对上市公司有一定的控制权，能够直接或间接地影响被持股上市公司重要岗位上的人事安排、投资决策、经营决策，以及股利分配政策等，因此，他们往往关心与上市公司战略性发展有关的财务信息，如上市公司资产的基本结构和质量、上市公司资本结构、上市公司长期获取质量较高利润的前景等；而小股东们则更关心上市公司近期业绩、股利分配政策以及短期现金流转状况等。

2）债权人

债权人是指提供信用给公司并得到公司还款承诺的人，包括金融机构债权人和商业债权人（即商品或劳务的供应商）。债权人最为关心的是上市公司是否具有偿还债务的能力。根据提供的债务期限不同，债权人分为短期债权人和长期债权人。其中，短期债权人提供的债务在一年期以内，长期债权人提供的债务超过一年。相应地，两者关注财务信息的侧重点有所区别。短期债权人一般关心上市公司支付短期债务的能力，对上市公司的获利能力并不十分在意。而长期债权人的利息和本金是否能按期清偿，与上市公司是否具有长期获利能力及良好的现金流动性密切相关，因此，他们比较关心上市公司的获利能力。

3）公司管理者

公司管理者受聘于股东，负责公司的日常经营活动，对公司资产的保值增值和债务的清偿负有责任。因此，他们关注公司各方面的财务信息，包括偿债能力、盈利能力、资产周转效率和持续发展能力等。他们根据财务报表的数据，以及外部使用人无法获得的内部信息，能够了解公司最真实的经营状况，以便发现问题，采取对策改善经营管理。

4）政府管理部门

政府管理部门包括财政审计部门、工商税收部门、证券管理机构和社会保障部门等。他们分析公司的财务报表是为了履行自己的职责，督促公司依法经营、依法纳税，以及履行必要的社会责任。

5）竞争对手

竞争对手希望获取关于上市公司财务状况的会计信息及其他信息，借以判断上市公司间的相对效率，同时，还可为未来可能出现的上市公司兼并提供信息。因此，竞争对手可能把上市公司作为关注目标，因而他们对上市公司财务状况的各个方面均感兴趣。

6）其他相关人士

其他相关人士包括专业的证券投资分析师、注册会计师、律师、公司雇员等。通过财务报表分析，证券投资分析师可以为客户提供专家意见和理财服务，注册会计师可以在完成自己的业务指标的同时为上市公司、有关管理机构和社会公众提供有价值的参考意见，律师可以为追查财务案件寻求帮助。公司雇员最关心自己的收入的稳定、持续以及是否有加薪的可能，因此，他们借助于财务报表，可以了解公司当前和未来的经营发展状况，有效维护个人的相关权益。

2. 公司财务分析的对象——财务报告

根据中国证监会的要求，上市公司必须遵守财务公开的原则。除了在证券募集说明书中披露的财务报告之外，上市公司应当定期披露年度财务报告、上半年中期财务报告和季度财务报告。财务报告是上市公司董事会向社会公众（投资者）公开披露或列报的全面反映报告期财务事项的规范化文件。一份完整的财务报告应当包括财务报表、财务报表附注和审计报告，如图 6.2 所示。

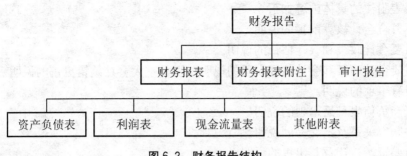

图6.2　财务报告结构

1）财务报表

财务报表是反映一个企业过去所取得的财务成果及其质量，以及当前财务状况的报告性文件。上市公司的财务报表是公司的财务状况、经营业绩和发展趋势的综合反映，是投资者了解公司、决定投资行为的最全面、最详实的往往也是最可靠的第一手资料。其中最重要的是资产负债表、利润表和现金流量表。

（1）资产负债表。资产负债表是反映企业某一特定日期资产、负债、所有者权益等财务状况的财务报表。它表明公司在某一特定日期所拥有的经济资源、所承担的经济义务和公司所有者对净资产的要求权。资产负债表以"资产＝负债＋所有者权益"为平衡关系。

资产负债表的作用在于：表明资产及其分布状况，反映企业所承担的债务及其偿还期限分布，反映净资产的持有状况，有助于判断企业财务状况的发展趋势。

（2）利润表。利润表是反映上市公司某一会计期间财务成果的报表。它可以提供上市公司在月度、季度或年度内净利润或亏损的形成情况。利润表各项目间的关系可用"收入－费用＝利润"来概括。

利润表的作用在于：能够反映企业在一定期间内的经营成果，有助于评价企业的获利能力，帮助判断企业的价值，预测企业未来盈利变化的趋势。

（3）现金流量表。现金流量表是反映上市公司在一定会计期间现金流入与现金流出情况的报表，表明企业获得现金和现金等价物的能力。现金流量表的核心内容是经营活动现金流量、投资活动现金流量、筹资活动现金流量3个部分。

利润表列示了公司一定时期实现的净利润，但未揭示其与现金流量的关系，资产负债表提供了公司货币资金期末与期初的增减变化，但未揭示其变化的原因。现金流量表如同桥梁沟通了上述两表的会计信息，使公司的对外财务报表体系进一步完善，向投资者与债权人提供更全面、有用的信息。

2）财务报表附注

财务报表附注是为了便于财务报表使用者理解财务报表的内容而对财务报表的编制基础、编制依据、编制原则和方法及主要项目等所作的解释。它是对财务报表的补充说明，是财务决算报告的重要组成部分。企业的年度财务报表附注至少应披露如下内容：财务报表附注是对资产负债表、利润表、现金流量表和所有者权益变动表等报表中列示项目的文字描述或明细资料，以及对未能在这些报表中列示项目的说明等。

财务报表附注的具体内容如下。

（1）不符合会计核算前提的说明。

（2）重要会计政策和会计估计的说明。

（3）重要会计政策和会计估计变更的说明，以及重大会计差错更正的说明。

（4）或有事项的说明。

（5）资产负债表日后事项的说明。

（6）关联方关系及其交易的说明。

（7）重要资产转让及其出售的说明。

（8）企业合并、分立的说明。

（9）财务报表重要项目的说明。

（10）企业所有者权益中，国家所有者权益各项目的变化数额及其变化原因。

财务报表附注中需要特别关注的内容如下。

（1）重要会计政策和会计估计的说明。会计政策和会计估计对企业财务报表有重大影响，证券分析人员应当在详细了解企业所采纳的会计政策和会计估计的基础上，确认其是否遵循了谨慎、重要性和实质重于形式 3 个会计原则，是否最恰当地反映企业的财务状况和经营成果，分析会计政策和会计估计的变更带给企业的影响。主要关注以下方面的变更：报表合并范围的变化，折旧方法及其他资产摊销政策的变更，长期、重大供销合同利润的确认，特别收入事项的确认，等等。

（2）或有事项。或有事项指可能导致企业发生损益的不确定状态或情形。常见的或有事项包括：已贴现商业承兑汇票形成的或有负债，未决诉讼、仲裁形成的或有负债，为其他企业提供债务担保形成的或有负债，很可能给企业带来经济效益的或有资产，等等。证券分析人员要考虑或有事项给企业带来的潜在风险和收益，更全面地掌握企业在生产经营过程中的实际状况。

（3）资产负债表日后的事项。资产负债表日后的事项，反映自年度资产负债表日至财务报告批准报出日之间发生的需要告诉或说明的事项。这些事项对企业来说既有利也不利，对日后事项进行分析，可以帮助证券分析人员快速判断这些重要事项是给企业增加了经济收益还是使其遭受了损失。

（4）关联方关系及其交易的说明。企业的关联交易，是指关联企业之间为达到某种目的而进行的交易。证券分析人员应了解这些关联交易的实质，了解企业被交换出去的资产是否是企业的非重要性资产，被交换进来的资产是否能在未来给企业带来一定的经济效益。

3）审计报告

审计报告是指注册会计师依据独立审计准则，在实施必要审计程序后出具的，对被审计单位提供的财务报表发表审计意见的书面文件。通常，只有上市公司的年度财务报告必须提供审计报告。除非上市公司拟进行中期分配或再融资，或中国证监会要求，中期财务报告无须提供审计报告。季度报告无须接受独立审计，也无须提供全面的财务报表附注。

审计报告根据最终意见的性质分为 4 种类型：无保留意见的审计报告；保留意见的审计报告；否定意见的审计报告；表示拒绝意见的审计报告。其中，无保留意见审计报告表明注册会计师对被审计单位财务报表数据真实性、合法性的认可，而其他 3 种审计报告表达了对被审计公司财务报表的不同程度的质疑，有提示风险的作用。

3. 财务报表的分析方法

财务报表分析的基本方法有两大类：比较分析法和因素分析法。其中，比较分析法最常用。

1）比较分析法

比较分析法是指对财务报表当中两个或两个以上的可比数据进行对比，解释财务指标的差异和变动关系，是财务报表分析的最基本方法。比较分析法具体有以下几种方法。

按比较的标准分类如下。

（1）历史分析。历史分析也称趋势分析，是指将公司财务报表中连续两期或多期的项目金额或财务指标进行对比，确定其增减变化的方向、数额和幅度，揭示公司财务状况和经营状况变化的趋势。适用于对公司的财务状况进行纵向的发展趋势分析。

（2）同业分析。同业分析是指将公司的主要财务指标与同行业的平均指标或同行业中的先进企业的指标进行对比，判断企业在行业中所处的地位和水平。适用于做横向的同业比较，认识公司自身的优势和不足，确定公司的投资价值。

（3）预算差异分析。预算差异分析是指对比公司期初预算和期末实际的会计项目数据和财务指标，分析预算（计划）的完成情况。由于企业财务预算一般属于内部信息，所以这种预算差异分析仅适用于企业内部管理层使用，目的在于发现企业存在的问题，完善经营管理。

按比较的指标分类如下。

（1）总量指标分析。总量是指财务报表某个项目的金额总量，比如净利润、应收账款、存货等。由于不同企业的财务报表项目的金额之间不具有可比性，因此总量比较主要用于历史和预算比较。

（2）财务比率分析。财务比率是用倍数或比例表示的分数式，它反映各会计要素的相互关系和内在联系，代表了企业某一方面的特征、属性或能力。比如流动比率、速动比率、资产负债率、产权比率等。财务比率以相对数的形式，排除了规模的影响，使不同比较对象建立起可比性，因此广泛用于历史比较、同业比较和预算比较。

（3）结构百分比分析。结构百分比是用百分率表示某一报表项目的内部结构。它反映该项目内各组成部分的比例关系，代表了企业某一方面的特征、属性或能力。结构百分比排除了规模的影响，使不同比较对象建立起可比性，可以用于本企业历史比较、与其他企业比较和与预算比较。

2）因素分析法

因素分析法是指把整体分解为若干个局部的分析方法，包括比率因素分解法和差异因素分解法。

（1）比率因素分解法。比率因素分解法是指把一个财务比率分解为若干个影响因素的方法。企业的偿债能力、收益能力等是用财务比率评价的，对这些能力的分析必须通过财务比率的分解来完成。著名的杜邦财务分析模型就是采用的比率因素分解法，如图 6.3 所示。在实际的分析中，分解法和比较法是结合使用的。比较之后需要分解，以深入了解差异的原因；分解之后还需要比较，以进一步认识其特征。不断地比较和分解，构成了财务报表分析的主要过程。

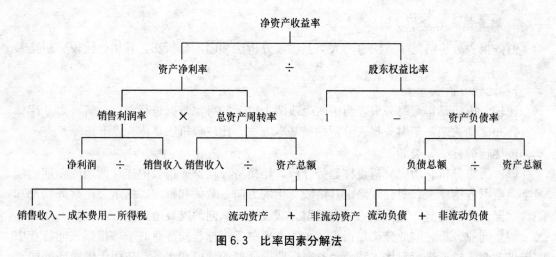

图 6.3 比率因素分解法

（2）差异因素分解法。差异因素分解法又分为定基替代法和连环替代法两种。

① 定基替代法。定基替代法是测定比较差异成因的一种定量方法。按照这种方法，需要分别用实际值替代标准值，以测定各因素对财务指标的影响，计算公式为

$$数量变动影响金额＝实际价格×实际数量－实际价格×预算数量$$
$$＝实际价格×数量差异$$
$$价格变动影响金额＝实际价格×实际数量－预算价格×实际数量$$
$$＝价格差异×实际数量$$

② 连环替代法。连环替代法需要依次用实际值替代标准值，以测定各因素对财务指标的影响。

$$数量变动影响金额＝预算价格×实际数量－预算价格×预算数量$$
$$＝预算价格×数量差异$$
$$价格变动影响金额＝实际价格×实际数量－预算价格×实际数量$$
$$＝价格差异×实际数量$$

在运用连环替代法进行因素分析时，一定要注意掌握好分解的关联性和因素替代的顺序性。

6.3.3 财务比率分析的主要内容

财务比率是比较分析的结果，同时也是对公司财务报表进行更深层次的比较分析和因素分析的基础。比率分析涉及公司管理的各个方面，比率指标也很多，根据指标反映财务状况的侧重点，可以大致归纳为以下几类：偿债能力分析、营运能力分析、盈利能力分析等。

1. 公司偿债能力分析

1）短期偿债能力分析（流动比率、速动比率、现金比率）

短期偿债能力是指公司偿付流动负债的能力。流动负债是一年内或超过一年的一个营业周期内需要偿付的债务。一般来说流动负债需以流动资产来偿付，通常需要以现金直接偿还。评价公司短期偿债能力的财务比率主要有流动比率、速动比率和现金比率。

（1）流动比率。流动比率是公司流动资产与流动负债的比率。计算公式为

$$流动比率=\frac{流动资产}{流动负债}$$

流动比率是衡量公司短期偿债能力的一个重要财务指标，这个比率越高，说明公司偿还流动负债的能力越强，流动负债得到偿还的保障越大，但是，过高的流动比率也可能是公司滞留在流动资产上的资金过多，会影响到公司的获利能力。根据经验，流动比率在2∶1左右比较合适。

（2）速动比率。流动资产扣除存货后的资产称为速动资产。速动资产与流动负债的比率称为速动比率，也称酸性试验。其计算公式为

$$速动比率=\frac{速动资产}{流动负债}=\frac{流动资产-存货}{流动负债}$$

通过速动比率来判断公司短期偿债能力比用流动比率进了一步，因为它扣除了变现力较差的存货。速动比率越高，说明公司的短期偿债能力越强。根据经验，一般认为速动比率为1∶1时比较合适。

（3）现金比率。现金比率是公司的现金类资产与流动负债的比率。其计算公式为

$$现金比率=\frac{现金+现金等价物}{流动负债}$$

现金比率反映公司的直接支付能力，现金比率高，说明公司有较好的支付能力。但是，如果这个比率过高，意味着公司拥有过多的获利能力较低的现金类资产，公司资产未能得到有效的运用。

2）长期偿债能力分析（资产负债率、股东权益比率）

长期偿债能力是指公司偿还长期负债的能力。反映公司长期偿债能力的财务比率主要有：资产负债率和股东权益比率。

（1）资产负债率。资产负债率是公司负债总额与资产总额的比率，也称为负债比率或举债经营比率，它反映公司的资产总额中有多少是通过举债得到的。其计算公式为

$$资产负债率=\frac{负债总额}{资产总额}$$

资产负债率反映公司偿还债务的综合能力，这个比率越高，公司偿还债务的能力越差；反之，偿还债务的能力越强。

对于资产负债率，公司的债权人、股东和公司经营者往往从不同的角度来评价。

首先，从债权人角度来看，他们最关心的是其贷给公司资金的安全性。债权人总是希望公司的负债比率低一些。其次，从公司股东的角度来看，其关心的主要是投资收益的高低。因此，股东所关心的往往是全部资产报酬率是否超过了借款的利息率。公司股东可以通过举债经营的方式，以有限的资本、付出有限的代价而取得对公司的控制权，并且可以得到举债经营的杠杆利益。最后，站在公司经营者的立场，他们既要考虑公司的盈利，也要顾及公司所承担的财务风险。资产负债率作为财务杠杆不仅反映了公司的长期财务状况，也反映了公司管理当局的进取精神。

至于资产负债率为多少才合理并没有一个确定的标准。一般而言，处于高速成长时期的公司，其负债比率可能会高一些，这样所有者会得到更多的杠杆利益。

（2）股东权益比率。股东权益比率是股东权益与资产总额的比率，该比率反映公司资产中有多少是所有者投入的。其计算公式为

$$股东权益比率 = \frac{股东权益总额}{资产总额}$$

股东权益比率与负债比率之和等于1。因此，这两个比率是从不同的侧面来反映公司长期财务状况的。

股东权益比率的倒数，称作权益乘数，即资产总额是股东权益的多少倍。该乘数越大，说明股东投入的资本在资产中所占比重越小。其计算公式为

$$权益乘数 = \frac{资产总额}{股东权益总额}$$

3）影响公司偿债能力的其他因素

（1）或有负债。或有负债是公司在经济活动中有可能会发生的债务。或有负债不作为负债在资产负债表的负债类项目中进行反映，除了已贴现未到期的商业承兑汇票在资产负债表的附注中列示外，其他的或有负债在会计报表中均未得到反映。这些或有负债在资产负债表编制日还不能确定未来的结果如何，一旦将来成为公司现实的负债，则会对公司的财务状况产生重大影响，尤其是金额巨大的或有负债项目。

（2）担保责任。在经济活动中，公司可能会发生以本公司的资产为其他公司提供法律担保。这种担保责任，在被担保人没有履行合同时，有可能会成为公司的负债，但是，这种担保责任在会计报表中并未得到反映，因此在进行财务分析时，必须要考虑到公司是否有巨额的法律担保责任。

（3）租赁活动。公司在生产经营活动中，可以通过财产租赁的方式解决急需的设备。通常财产租赁有两种形式：融资租赁和经营租赁。采用融资租赁方式，租入的固定资产作为公司的固定资产入账，租赁费用作为公司的长期负债入账，这在计算前面有关的财务比率中都已经计算在内。但是，经营租赁的资产，其租赁费用并未包含在负债之中，如果经营租赁的业务量较大、期限较长或者具有经常性，则其租金虽然不包含在负债之中，但对公司的偿债能力也会产生较大的影响。

2. 公司营运能力分析

公司的营运能力反映了公司资金的周转状况，对此进行分析，可以了解公司的营业状况及经营管理水平。公司的资金周转状况与供、产、销各个经营环节密切相关，在供、产、销各环节中，销售有着特殊的意义。人们可以通过产品销售情况与公司资金占用量来分析公司的资金周转状况，评价公司的营运能力。评价公司营运能力常用的财务比率有：存货周转率、应收账款周转率、流动资产周转率、固定资产周转率、总资产周转率等。

1）营运能力分析1（存货周转率、应收账款周转率）

（1）存货周转率。存货周转率也称存货利用率，是公司一定时期的销售成本与平均存货的比率。其计算公式是

$$存货周转率 = \frac{销售成本}{平均存货}$$

$$平均存货 = \frac{期初存货余额 + 期末存货余额}{2}$$

存货周转率说明了一定时期内公司存货周转的次数，可以用来测定公司存货的变现速度、衡量公司的销售能力及存货是否过量。在正常情况下，如果公司经营顺利，存货周转率越高，说明存货周转得越快，公司的销售能力越强，营运资金占用在存货上越少。但是，存货周转率过高，也可能说明公司管理方面存在一些问题，如存货水平低，甚至经常缺货，或者采购次数过于频繁，批量太小等。存货周转率过低，常常是库存管理不力，销售状况不好，造成存货积压，说明公司在产品销售方面存在一定的问题，但也可能是公司调整了经营方针，因某种原因增大库存的结果。

存货周转状况也可以用存货周转天数来表示。其计算公式为

$$存货周转天数 = \frac{360}{存货周转率} = \frac{平均存货 \times 360}{销售成本}$$

（2）应收账款周转率。应收账款周转率是公司一定时期赊销收入净额与应收账款平均余额的比率，它反映了公司应收账款的周转速度。其计算公式为

$$应收账款周转率 = \frac{赊销收入净额}{应收账款平均余额}$$

$$应收账款平均余额 = \frac{期初应收账款 + 期末应收账款}{2}$$

应收账款周转率是评价应收账款流动性大小的一个重要财务比率，它反映了公司在一个会计年度内应收账款的周转次数，可以用来分析公司应收账款的变现速度和管理效率。这一比率越高，说明公司催收账款的速度越快，可以减少坏账损失，而且资产的流动性强，公司的短期偿债能力也会增强。但是，如果应收账款周转率过高，可能是因为公司奉行了比较严格的信用政策、信用标准和付款条件过于苛刻的结果。这样会限制公司销售量的扩大，从而影响公司的盈利水平。这种情况往往表现为存货周转率同时偏低。如果公司的应收账款周转率低，说明公司催收账款的效率太低，或者信用政策十分宽松，这样会影响公司资金利用率和资金的正常周转。

2）营运能力分析2（流动资产周转率、固定资产周转率、总资产周转率）

（1）流动资产周转率。流动资产周转率是销售收入与流动资产平均余额的比率，它反映的是全部流动资产的利用效率。其计算公式为

$$流动资产周转率 = \frac{销售收入}{流动资产平均余额}$$

$$流动资产平均余额 = \frac{期初流动资产 + 期末流动资产}{2}$$

流动资产周转率表明在一个会计年度内公司流动资产周转的次数，它反映了流动资产周转的速度。该指标越高，说明公司流动资产的利用率越好。但是，究竟流动资产周转率为多少才算好，并没有一个确定的标准。通常分析流动资产周转率应比较公司历年的数据并结合行业特点。

（2）固定资产周转率。固定资产周转率也称固定资产利用率，是公司销售收入与固定资产平均净值的比率。其计算公式为

$$固定资产周转率 = \frac{销售收入}{固定资产平均净值}$$

$$固定资产平均净值 = \frac{期初固定资产净值 + 期末固定资产净值}{2}$$

这项比率主要用于分析对厂房、设备等固定资产的利用效率，该比率越高，说明固定资产的利用率越高，管理水平越好。如果固定资产周转率与同行业平均水平相比偏低，说明公司的生产效率较低，可能会影响公司的获利能力。

（3）总资产周转率。总资产周转率也称总资产利用率，是公司销售收入与资产平均总额的比率。其计算公式为

$$总资产周转率 = \frac{销售收入}{资产平均总额}$$

$$资产平均总额 = \frac{期初资产总额 + 期末资产总额}{2}$$

总资产周转率可用来分析公司全部资产的使用效率。如果这个比率低，说明公司利用资产进行经营的效率较差，会影响公司的获利能力，公司应该采取措施提高销售收入或处置资产，以提高总资产利用率。

3. 公司盈利能力分析

盈利能力是指公司赚取利润的能力。盈利能力分析是公司财务分析的重要组成部分，也是评价公司经营管理水平的重要依据。对公司获利能力进行分析，一般只分析公司正常经营活动的获利能力，不涉及非正常的经营活动。评价公司盈利能力的财务比率主要有：资产报酬率、股东权益报酬率、销售毛利率、销售净利率等，对于股份有限公司，还应分析每股利润、每股现金流量、每股股利、股利发放率、每股净资产、市盈率等。

1）盈利能力分析 1（资产报酬率、股东权益报酬率、销售净利率）

（1）资产报酬率。资产报酬率也称资产收益率、资产利润率或投资报酬率，是公司在一定时期内的净利润与资产平均总额的比率。其计算公式为

$$资产报酬率 = \frac{净利润}{资产平均总额} \times 100\%$$

资产报酬率主要用来衡量公司利用资产获取利润的能力，它反映了公司总资产的利用效率。这一比率越高，说明公司的获利能力越强。

（2）股东权益报酬率。股东权益报酬率也称净资产收益率、净值报酬率或所有者权益报酬率，它是一定时期公司的净利润与股东权益平均总额的比率。其计算公式为

$$股东权益报酬率 = \frac{净利润}{股东权益平均总额} \times 100\%$$

$$股东权益平均总额 = \frac{期初股东权益 + 期末股东权益}{2}$$

股东权益报酬率反映了公司股东获取投资报酬的高低。该比率越高，说明公司的获利能力越强。

（3）销售净利率。销售净利率是公司净利润与销售收入净额的比率。其计算公式为

$$销售净利率 = \frac{净利润}{销售收入净额} \times 100\%$$

销售净利率说明了公司净利润占销售收入的比例，它可以评价公司通过销售赚取利润

的能力。销售净利率表明公司每元销售收入可实现的净利润是多少。该比率越高，公司通过扩大销售获取收益的能力越强。评价公司的销售净利率时，应比较公司历年的指标，从而判断公司销售净利率的变化趋势。但是，销售净利率受行业特点影响较大，因此，还应该结合不同行业的具体情况进行分析。

2）获利能力分析2（每股利润、每股现金流量、每股股利、每股净资产、股利发放率、市盈率）

（1）每股利润。每股利润也称每股收益或每股盈余，是股份公司税后利润分析的一个重要指标。每股利润是税后净利润扣除优先股股利后的余额，除以发行在外的普通股平均股数。其计算公式为

$$每股利润 = \frac{净利润 - 优先股股利}{发行在外的普通股平均股数}$$

每股利润反映股份公司获利能力的大小。每股利润越高，说明股份公司的获利能力越强。

（2）每股现金流量。每股现金流量是经营活动现金净流量扣除优先股股利后的余额，除以发行在外的普通股平均股数。其计算公式为

$$每股现金流量 = \frac{经营活动现金净流量 - 优先股股利}{发行在外的普通股平均股数}$$

每股现金流量越高，说明公司越有能力支付现金股利。

（3）每股股利。每股股利是普通股分配的现金股利总额除以发行在外的普通股股数，它反映了普通股获得现金股利的多少。其计算公式为

$$每股股利 = \frac{现金股利总额 - 优先股股利}{发行在外的普通股股数}$$

每股股利的高低，不仅取决于公司获利能力的强弱，还取决于公司的股利政策和现金是否充裕。

（4）股利发放率。股利发放率也称股利支付率，是普通股每股股利与每股利润的比率。它表明股份公司的净收益中有多少用于股利的分派。其计算公式为

$$股利发放率 = \frac{每股股利}{每股利润} \times 100\%$$

股利发放率主要取决于公司的股利政策，一般而言，如果一个公司的现金量比较充裕，并且目前没有更好的投资项目，则可能倾向于发放现金股利；如果公司有投资项目，则可能会少发股利，而将资金用于投资。

（5）每股净资产。每股净资产也称每股账面价值，是股东权益总额除以发行在外的股票数量。其计算公式为

$$每股净资产 = \frac{股东权益总额}{发行在外的股票股数}$$

每股净资产并没有一个确定的标准，但是，投资者可以比较分析公司历年的每股净资产的变动趋势，来了解公司的发展趋势和获利能力。

（6）市盈率。市盈率也称价值盈余比率或价值与收益比率，是指普通股每股市价与每股利润的比率。其计算公式为

$$市盈率 = \frac{每股市价}{每股利润}$$

市盈率是反映股份公司获利能力的一个重要财务比率，这一比率是投资者作出投资决策的重要参考因素之一。一般来说，市盈率高，说明投资者对该公司的发展前景看好，愿意以比较高的价格购买该公司股票，所以一些成长性较好的高科技公司股票的市盈率通常要高一些。但是也应注意，如果某种股票的市盈率过高，则意味着这种股票具有较高的投资风险。

6.4 技 术 分 析

6.4.1 技术分析概述

1. 技术分析含义

技术分析是通过对市场过去和现在的行为，运用一系列方法进行归纳和总结，概括出一些典型的行为，并据此预测证券市场的未来变化。

其特征表现为：①运用历史资料进行分析，主要采用的数据是成交价和成交量，它认为这些数据昭示了市场未来变化的某个方面；②大量采用统计指标和图形方法，历史资料毕竟是零乱的，并带有一定的随机成分，通过一定方法对历史资料进行加工，可使其中揭示未来的成分更加昭彰；③许多技术分析方法包含着对人们心理活动的定量分析。

2. 技术分析与基本分析的区别

技术分析方法和基本分析方法的主要区别如下。

(1) 技术分析是对股票价格变动趋势的分析，其目的是预测股价变动的方向和幅度；基本分析是对股票价值的分析，其目的是判断股票价格相对于价值的高低。

(2) 技术分析是根据历史资料分析股票价格的未来变化；基本分析是根据预期股息和贴现率决定股票的价值。

(3) 技术分析侧重于短期分析和个股分析；基本分析侧重于长期分析和大势分析。

3. 技术分析的假设条件

技术分析方法能否正确预测未来市场行为，据称依赖于 3 个基本假设。

(1) 市场行为包容一切信息。这一假定的基本思想是证券价格的每一个影响因素都完全、充分反映在证券价格之中。这一假定暗含的思想是，仅仅对证券价格的高低和变化进行分析就足以包括对影响证券市场所有因素的分析，而没有必要知晓究竟是什么因素在影响证券价格。这一点是技术分析方法成立的基础。

(2) 价格变动是有趋势的。这一假定的基本思想是，证券价格在一段时间内上涨或下跌，在将来一定时间内，如果没有足够的力量改变这一趋势，价格将沿袭过去的变化趋势。这一假定是技术分析方法成立的前提。

(3) 历史会重演。这一假设的含义是投资者过去的经验是他制定投资策略的参考。这一假定是技术分析方法合乎科学的条件。

6.4.2　量价分析

1. 量、价是市场行为的最基本表现

市场行为最基本的表现就是成交价和成交量。技术分析就是利用过去和现在的成交量、成交价资料，以图形分析和指标分析工具来解释、预测未来的市场走势。再把时间因素考虑进去，技术分析就可简单地归结为对时间、价、量三者关系的分析，在某一时点上的价和量反映的是买卖双方在这一时点上的市场行为，是双方的暂时均衡点，随着时间的变化，均势会不断发生变化，这就是价量关系的变化。

一般说来，买卖双方对价格的认同程度通过成交量的大小确认，认同程度大，成交量大；认同程度小，成交量小。双方的这种市场行为反映在价、量上往往呈现出这样一种规律：价增量增，价跌量减。

成交价、成交量的这种规律是技术分析的合理性所在，价、量是技术分析的基本要素，一切技术分析方法都是以价、量关系为研究对象的。

2. 成交量与价格趋势的关系

技术分析方法认为，价格的涨、跌和平是股价变动的方向，成交量是对价格变动方向的认同，也可以认为是价格变动的力量。股价变动与成交量之间的关系可以总结为以下 6 种情况。

（1）股价上升，成交量增加。即价升量增。表明股价上涨得到成交量的认同，后市具有进一步上涨的潜力。

（2）股价上升，成交量减少。即空涨。表明股价上涨没有得到成交量的认可，股价上升的动力不足，后市看跌。

（3）股价下跌，成交量增加。即价跌量增。表明股价下跌得到成交量的认同，后市具有进一步下跌的动力。

（4）股价下跌，成交量减少。即空跌。表明股价下跌没有得到成交量的认可，股价下跌的动力不足，后市看涨。

（5）股价持平，成交量增加。这种情况应具体分析，股价经历一段下跌后，放出了一定的成交量，而股价持平，表明逢低吸纳的投资者增多，股价有反弹或反转的可能，这种情况常称为底部放量，后市应看好；股价经历一段上涨后，放出了一定的成交量，而股价持平，表明逢高减磅的投资者增多，股价有反弹或反转的可能，这种情况常称为顶部放量，后市应看淡。

（6）股价持平，成交量较小。这种情况称为无量盘整。表明多空双方力量处于均衡状态，双方均在等待机会寻找突破方向，后市走向不明，涨跌依靠新的因素来打破平衡。

6.4.3　K 线分析

1. K 线

K 线也称日本线，据说起源于 200 年前的日本。一条 K 线记录的是某一种股票一天的价格变动情况。将每天的 K 线按时间顺序排列在一起，就组成反映这支股票每天价格变动情况的 K 线图，这就叫日 K 线图，将每周、每月的 K 线按时间顺序排列起来，就是周、月 K 线图。

价格的变动主要体现在 4 个价格上，即开盘价、最高价、最低价和收盘价。4 个价格中，收盘价最为重要。

K 线是一条柱状的线条，由影线和实体组成。影线在实体上方的部分叫上影线，下方的部分叫下影线。实体分阴线和阳线两种，又称红（阳）线和黑（阴）线。图 6.4 是两个常见 K 线的形状。

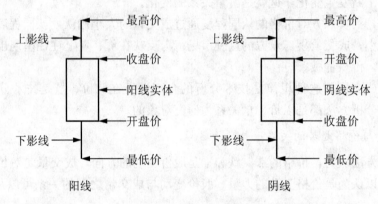

图 6.4　常见的 K 线形状

图 6.4 中，中间的矩形长条叫实体，上、下伸出的两条细线叫上、下影线。如果开盘价高于收盘价，则实体为阴线或黑线（如右图）；反之，收盘价高于开盘价，则实体为阳线或红线。将 4 个价格在坐标纸上一一标出，然后按图的方式即可画出。将每个交易日的 K 线连接在一起，就构成反映股票价格历史情况的 K 线图。

2. K 线的含义

除了上图所画 K 线的形状外，由于 4 个价格的不同取值，还会产生其他形状的 K 线，概括起来有下列 5 种。

(1) 光头阳线和光头阴线。这是没有上影线的 K 线，当收盘价或开盘价正好与最高价相等时，就会出现这种 K 线，如图 6.5 所示。

图 6.5　光头阳线和光头阴线

(2) 光脚阳线和光脚阴线。这是没有下影线的 K 线，当收盘价或开盘价正好与最低价相等时，就会出现这种 K 线，如图 6.6 所示。

(3) 光头光脚的阳线和阴线。这种 K 线既没有上影线也没有下影线，当开盘价和收盘价分别与最高价和最低价相等时，就会出现这种 K 线，如图 6.7 所示。

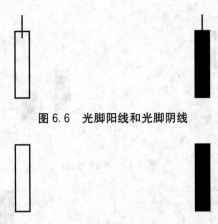

图 6.6　光脚阳线和光脚阴线

图 6.7　光头光脚的阳线和阴线

（4）十字星。当收盘价与开盘价相同时，就会出现这种 K 线，它的特点是没有实体，如图 6.8 所示。

（5）T 字形和倒 T 字形。在十字星的基础上，如果再加上秃头和光脚的条件，就会出现这两种 K 线。它们没有实体，而且没有上影线或者没有下影线，形状像英文字母 T，如图 6.9 所示。

图 6.8　十字星　　　　　　　图 6.9　T 字形和倒 T 字形

在 K 线图中，阳线实体的长短代表多方力量的强弱，阴线实体的长短代表空方力量的强弱，上影线表示上方抛压，影线的长短代表抛压的大小，下影线表示下方接盘，影线的长短代表承接力量的大小。K 线图是反映股价变动情况的图形，其目的是测量多空双方的力量对比，为做多或空提供依据。

3. K 线组合的含义

在 K 线组合中，两根 K 线的组合情况非常多，只要掌握了几种特定的组合形态然后举一反三，就可得知别的组合的含义。

无论是两根 K 线还是多根 K 线，都是以两根 K 线的相对位置的高低和阴阳来推测行情的。将前两天的 K 线画出，然后，用数字将前天的 K 线划分成 5 个区域，如图 6.10 所示。前天的 K 线是判断行情的基础，第二天的 K 线是判断行情的关键。简单地说，第二天多空双方争斗的区域越高，越有利于上涨；越低，越有利于下降，也就是从区域 1 到区域 5 是多方力量减少、空方力量增加的过程。

以下是几种具有代表性的 K 线组合情况，由它们的含义可以得知 K 线组合的含义。

（1）连续两阳和连续两阴。这是多空双方的一方已经取得决定性胜利，牢牢地掌握了主动权，今后将以取胜的一方为主要运动方向，如图 6.11 所示，右图是空方获胜，左图是多方获胜。第二根 K 线实体越长，超出前一根 K 线越多，则取胜一方的优势就越大。

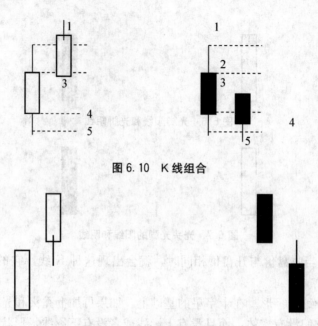

图 6.10　K 线组合

图 6.11　连续两阳和连续两阴

（2）曙光初现和乌云盖顶。曙光初现的第一根 K 线为阴线，第二根 K 线为跳低开盘，但收盘价切入第一根 K 线的实体部分，它表明空方的打压遭遇多方的顽强抵抗，若在股价运行的底部出现，则是见底回升的强烈信号。乌云盖顶正好相反，如图 6.12 所示。

图 6.12　曙光初现和乌云盖顶

（3）阴包阳和阳包阴。阴包阳是第一根阳线的实体较长，但第二根阴线的实体更长，第二根阴线把第一根阳线完全覆盖，阴包阳显示多方的进攻在空方的反击下土崩瓦解，后市看跌。阳包阴情况完全相反，如图 6.13 所示。

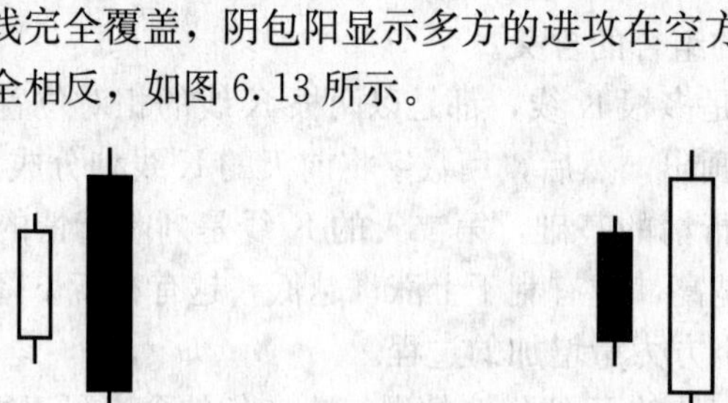

图 6.13　阴包阳和阳包阴

（4）早晨之星和黄昏之星。一根实体较长的阴线之后紧接着出现一根跳低开盘的小阳线，第三天又出现一根阳线，且收盘价切入第一根阴线的上半部分。这种组合若出现在股价运行的底位，则是见底反转的信号。黄昏之星情况完全相反，如图 6.14 所示。

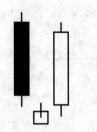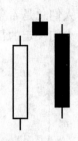

图 6.14　早晨之星和黄昏之星

6.4.4　切线分析

1. 趋势分析

趋势就是股票价格的波动方向。

趋势的方向有上升方向、下降方向和水平方向。如果图形中每个后面的峰和谷都高于前面的峰和谷，则趋势就是上升方向。如果图形中每个后面的峰和谷都低于前面的峰和谷，则趋势就是下降方向。如果图形中后面的峰和谷与前面的峰和谷相比，没有明显的高低之分，几乎呈水平延伸，这时的趋势就是水平方向。水平方向趋势是被大多数人忽视的一种方向，这种方向在市场上出现的机会是相当多的。图 6.15 是 3 种趋势方向的图形。

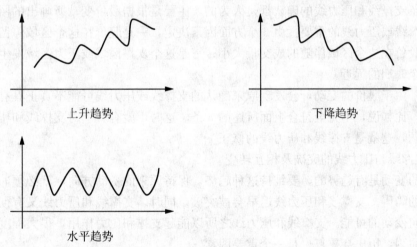

图 6.15　趋势方向图

按道氏理论，趋势分为 3 种类型：①主要趋势，主要趋势是股价波动的大方向，一般持续的时间比较长；②次要趋势，是在主要趋势中进行的调整；③短暂趋势，是在次要趋势中进行的调整。这 3 种类型的趋势的区别是时间的长短和波动幅度的大小。

2. 支撑线与压力线

1）支撑线与压力线

如果趋势已经确认了，比如人们认识到大牛市来临，那么自然打算入市，这时就有选择入市时机的问题。人们总是希望在涨势回落的最低点买入，这个回落的低点在哪里呢？支撑线和压力线会给人们一定的帮助，如图6.16所示。

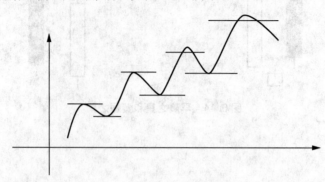

图6.16　支撑线和压力线

支撑线又称为抵抗线。当股价跌到某个价位附近时，股价停止下跌，甚至有可能回升，这是因为多方在此买入造成的。支撑线起阻止股价继续下跌的作用，该价位就是支撑线所在的位置。压力线又称为阻力线。当股价上涨到某价位附近时，股价会停止上涨，甚至回落，这是因为空方在此抛售造成的。压力线起阻止股价继续上升的作用。这个起着阻止或暂时阻止股价继续上升的价位就是压力线所在的位置。

2）支撑线与压力线的确认

每一条支撑线和压力线的确认都是人为的，主要是根据股价变动所画出的图表。一般来说，支撑线或压力线的重要性由3个方面因素决定，一是股价在这个区域停留时间的长短；二是股价在这个区域伴随的成交量大小；三是这个支撑区域或压力区域发生的时间距离当前这个时期的远近。

有时，由于股价的变动，会发现原来确认的支撑线或压力线可能不真正具有支撑或压力的作用，比如说，不完全符合上面所述的3条。这时，就有一个对支撑线和压力线进行调整的问题，这就是支撑线和压力线的修正。

3）支撑线与压力线的突破及相互转变

股价的变动是有趋势的，要维持这种趋势，保持原来的变动方向，就必须冲破阻止其继续向前的障碍。支撑线和压力线迟早会被突破。同时，支撑线和压力线又有彻底阻止股价按原方向变动的可能。支撑线和压力线之所以能起支撑和压力作用，很大程度是由于心理方面的原因，历史会重复也是一个重要因素。

在上升趋势中，如果未创出新高，即未突破压力线，这个上趋势就已处在很关键的位置了，如果其后股价又向下突破了这个上升趋势的支撑线，就发出了趋势有变的强烈信号，通常这意味着，这一轮上升趋势已经结束，下一步的走向是下跌。同样，在下降趋势中未创新低，即未突破支撑线，这个下降趋势就已经处于很关键的位置，如果其后股价向上突破了这个下降趋势的压力线，这就发出了下降趋势将要结束的强烈信号。

支撑和压力线也可能相互转变。一个支撑如果被跌破，那么这个支撑将成为压力；同理，一个压力被突破，这个压力将成为支撑。支撑和压力相互转化的重要依据是被突破，可以从3个方面判断是否被突破：①幅度原则；②时间原则；③收盘价原则。

3. 趋势线与轨道线

1) 趋势线

趋势线是衡量价格趋势的，由趋势线的方向可以明确地看出股价的运行趋势。在上升趋势中，将两个低点连成一条直线，就得到上升趋势线。在下降趋势中，将两个高点连成一条直线，就得到下降趋势线，如图 6.17(b)所示。

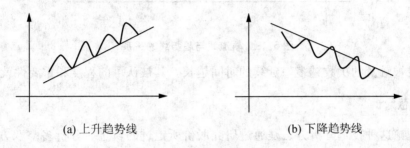

(a) 上升趋势线   (b) 下降趋势线

图 6.17   趋势线

上升趋势线是支撑线的一种，下降趋势线是压力线的一种。

在实际中怎样对用各种方法画出的趋势线进行挑选评判，得到一条真正起作用的趋势线？首先，必须确实有趋势存在。其次，画出直线后，还应得到第 3 个点的验证才能确认这条趋势线是有效的。另外，这条直线延续的时间越长，就越具有有效性。

怎样用这条趋势线对股价进行预测？一般来说，趋势线有两种作用：①对股价今后的变动起约束作用，就是起支撑和压力作用；②趋势线被突破后，说明股价下一步的走势将要反转。越重要越有效的趋势线被突破，其转势的信号越强烈。即原来是支撑线的，现在将起压力作用，原来是压力线的现在将起支撑作用。

2) 轨道线

轨道线又称通道线或管道线。在已经得到了趋势线后，通过第一个峰和谷可作出这条趋势线的平行线，这条平行线就是轨道线，也就是常说的上升和下降轨道。轨道的作用是限制股价的变动范围。轨道一旦得到确认，那么价格将在这个通道里变动。轨道线的另一个作用是提供趋势转向的警报。如果在一次波动中未触及轨道线，离得很远就开始掉头，这往往是趋势将要改变的信号。轨道线如图 6.18 所示。

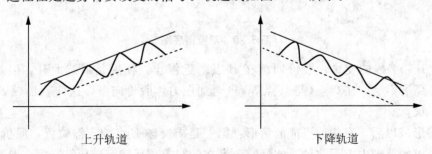

上升轨道   下降轨道

图 6.18   轨道线

与突破趋势线不同，对轨道线的突破并不是趋势反转的开始，而是趋势加速的开始，即原来的趋势线的斜率将会增加，趋势线将会更加陡峭，如图 6.19 所示。

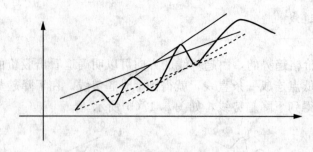

图 6.19　轨道线与趋势线的关系

轨道线被触及的次数越多，延续的时间越长，其被认可的程度和重要性就越高。

6.4.5　形态分析

形态理论这种技术分析方法是通过研究股价所走过的轨迹，分析多空双方力量的对比结果，进而指导投资活动。如果一方力量的增加是决定性的，股票价格走势将出现反转，这一种价格走势称为反转突破形态；如果一方是暂时获得优势，多空双方将出现拉锯，这一种走势称为持续整理形态。

1. 反转突破形态

1）双重顶底

双重顶和双重底因形似英文字母 M 和 W，所以又称 M 头和 W 底。图 6.20 是这种形态的形状。双重顶共有两个顶和一个底，也就是两个相同高度的高点和一个低点。下面以 M 头为例说明双重顶底形成的过程。

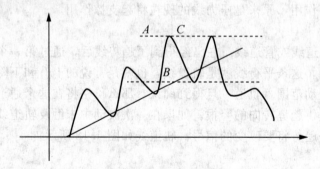

图 6.20　双重顶底图

受上升趋势线的支撑，股价回档在 B 点附近停止。往后是继续上升，但是力量不够，上升高度不足，在 C 点（与 A 点等高）遇到压力，股价向下，这样就形成 A 和 C 两个顶的形状。

M 头形成以后，有两种可能的情形：第一是未突破 B 点的支撑位置，股价在 A、B 和 C 点形成的范围内上下波动，这是一个潜在的双重顶反转突破形态；第二是突破 B 点的支撑位置继续向下，这种是双重顶反转突破形态。

以 B 点作平行于 A、C 连线的平行线（上面的一条虚线），就得到颈线。A、C 连线是趋势线，颈线是与这条趋势线对应的轨道线，这条轨道线在这里起支撑作用。

双重顶形态应重点掌握以下要点：①两个顶点高度应大致相同，以不超过 3% 为限；②形态形成时间可长可短，少则一个交易日，多则数年，时间越长，对后市的影响越大；③突破颈线是形态成立的标志，突破颈线就是突破轨道线；④突破颈线后，从突破点算起，股价将至少要跌到与形态高度相等的距离。形态高度就是从顶点到颈线的垂直距离。

以上是以双重顶为例，对双重顶底形态进行介绍，对于双重底，情形完全相反，原理完全相同。

2）头肩顶底

头肩顶和头肩底是实际股价形态中出现得最多的形态，是最著名和最可靠的反转突破形态。头肩形形成的时间较长，少则 3、5 个月，长则数年之久。图 6.21 是这种形态的简单形式。

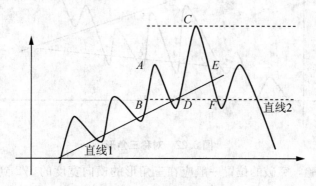

图 6.21　头肩顶底图

这种形态一共出现 3 个顶和两个底，中间的高点比另外两个都高，称为头，左右两个相对较低的高点称为肩。以下以头肩顶为例对头肩形进行介绍。

在上升趋势中，不断升高的各个局部的高点和低点保持着上升趋势，然后在某一个地方趋势的上涨势头将放慢。图中 A 和 B 点还没有放慢的迹象，但在 C 和 D 点已经有了势头受阻的信号，这说明这一轮上涨趋势可能已经出了问题。最后，股价走到了 E 和 F 点，这时反转向下的趋势已势不可挡。图中的直线 1 和直线 2 是两条明显的支撑线。在 C 点和 D 点突破直线 1 说明上升趋势的势头已经遇到了阻力，E 点和 F 点之间的突破则是趋势的转向。另外，E 点的反弹高度没有超过 C 点，F 点的回落已经低于 D 点，都是上升趋势出了问题的信号。

图中的直线 2 是头肩顶底形态中极为重要的颈线，在头肩顶底形态中，它是支撑线，起支撑作用。头肩顶底形态走到了 E 点并调头向下，只能说是原有的上升趋势已经转化成了横向延伸，还不能说已经反转向下了。只有当图形走到了 F 点，即股价向下突破了颈线，才能说头肩底反转形态已经形成。确认突破颈线的原则有收盘价原则、百分比原则和时间原则。

颈线突破后，股价运动的方向是下跌，下跌的深度从突破点算起，股价将至少要跌到与形态高度相等的距离，即是从头到颈线的距离，也就是头肩顶形态的高度。

以上是以头肩顶为例，对头肩顶底形态进行了介绍。对头肩底而言，情形完全相反，原理完全相同。

2. 持续整理形态

（1）对称三角形。对称三角形大多发生在一个大趋势进行的途中，它表示原有的趋势暂时处于休整阶段，之后还要沿着原有趋势继续运行。

图 6.22 是对称三角形的一个简化图形，这里的原有趋势是上升，所以，三角形态完成以后是突破向上。对称三角形有两条聚拢的直线，上面的向下倾斜，起压力作用；下面的向上倾斜，起支撑作用。两条直线的交点称为顶点。

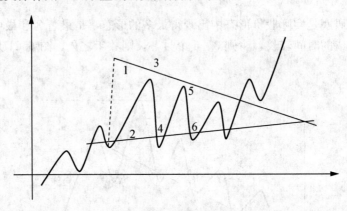

图 6.22　对称三角形

根据多年的经验，突破的位置一般应在三角形的横向宽度的 1/2 到 3/4 的某个地点。如果股价不在预定的位置突破三角形，那么这个对称三角形态可能转化成别的形态。突破的确认可以采用百分比原则、时间原则或收盘价原则。三角形的横向宽度指的是图中顶点到虚线的距离。

对称三角形被突破后，有两种测算目标价位的方法。方法一：如图 6.23 所示，从 C 点向上的带箭头的直线高度，是未来股价至少要达到的高度，箭头直线长度与 AB 连线长度相等。AB 连线的长度称为对称三角形形态的高度，从突破点算起，股价至少要运行到与形态高度相等的距离。方法二：如图 6.23 所示，过 A 点作平行于下边直线的平行线，图中的斜虚线，是股价今后至少要达到的位置。

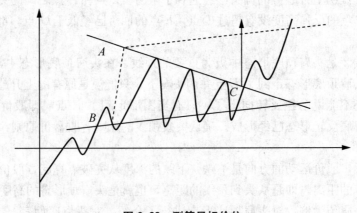

图 6.23　测算目标价位

（2）上升/下降三角形。上升三角形是对称三角形的变形。对称三角形有上下两条直线，将上面的直线由向下倾斜变成水平方向就得到上升三角形，如图6.24所示。

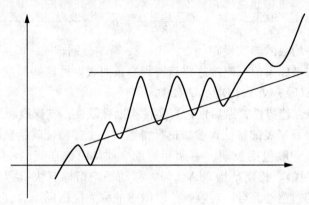

图6.24 上升三角形

在对称三角形中，压力和支撑都是逐步加强的。一方是越压越低，另一方是越撑越高，看不出谁强谁弱。在上升三角形中，压力是水平的，没有变化，而支撑都是越来越高。由此可见，上升三角形比对称三角形有更强烈的上升欲望，多方比空方更为积极，通常以三角形向上突破作为这个持续过程终止的标志。

下降三角形同上升三角形正好反向，是看跌的形态。情形完全相反，原理完全相同。

6.4.6 指标分析

1.指标分析概述

指标分析是指按确定的方法对原始数据进行处理，制成图表，并用制成的图表对股市进行分析的方法。原始数据指的是开盘价、最高价、最低价、收盘价、成交量和成交金额，有时还包括成交笔数。

指标分析的应用主要通过以下几方面进行：①指标的背离；②指标的交叉；③指标的高位和低位；④指标的徘徊；⑤指标的转折。

每一个技术指标都是从某一特定方面对股市进行观察。技术指标可以进行定量的分析。在进行技术指标的分析和判断时，也经常用到别的技术分析方法的基本结论。技术指标是一种分析工具，每种工具都有自己的适用范围。各个指标在预测大势方面有准确程度的区别，一般不可能考虑到每一个技术指标。通常是以四五个技术指标为主，别的指标为辅。

2.移动平均数（MA）和平滑异同移动平均数（MACD）

1）移动平均数（MA）

（1）MA的计算。移动平均数是统计学用以研究事物发展变化趋势的方法，假设有一反映事物发展变化某一方面特征的数字：

$$a_0, a_1, a_2, \cdots, a_x$$

假定数列 a 存在某种趋势，上升、下降或上下变动，数列的这个趋势是受到某种主要因素影响的结果。但一些次要的、偶然的因素也在影响这个数列，使其呈现出不规则变动，可用逐项移动平均的办法消除这些次要的、偶然的变动，使其主要趋势呈现出来。设移动项数是3，移动项数常被称为移动平均数的参数，则移动平均数为

$$b_0 = \frac{a_0 + a_1 + a_2}{3}, \quad b_1 = \frac{a_1 + a_2 + a_3}{3}, \quad b_{x-2} = \frac{a_{x-2} + a_{x-1} + a_x}{3}$$

也可以把移动平均数的参数设定为 5、10、20 等，分别求 5、10、20 日移动平均数，如果把这些数值标在坐标系中，连接这些点得到一条曲线，称这些曲线为 5、10、20 日移动平均线，记为 MA(5)、MA(10)、MA(20)。

（2）MA 的特点。趋势性；滞后性；真实性；助涨跌性；支撑线和压力线的特性。

MA 的参数强化了 MA 的特征，参数选择得越大，上述特征就越显著。使用 MA 时通常选择不同的参数，一般包括长期、中期和短期 3 类 MA。在我国，短期一般是指 MA(5)，中期是指 MA(10)，长期是指 MA(20)。移动平均指标有快指标和慢指标之分，快慢是相对于收盘价的敏感性而言，对收盘价较敏感的称为快指标，对收盘价较不敏感的称为慢指标。参数较大的移动平均数被称为慢指标，参数较小的移动平均数被称为快指标。其他技术指标也有类似的区分。

（3）MA 的测市法则。MA 在股价走势预测中的运用，经典的是葛兰碧法则，其内容如下。

平均线从下降开始走平，股价从下上穿平均线；股价连续上升远离平均线，突然下跌，但在平均线附近再度上升；股价在平均线以下，并连续暴跌，远离平均线。以上 3 种情况均为买入信号，如图 6.25 所示。

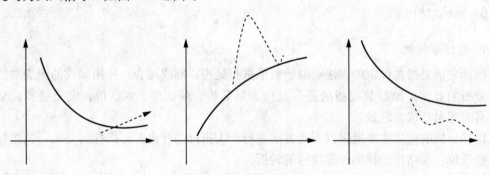

图 6.25　买入信号图形

平均线从上升开始走平，股价从上下穿平均线；股价连续下降远离平均线，突然上升，但在平均线附近再度下降；股价在平均线之上，并连续暴涨，远离平均线。以上 3 种情况均为卖出信号，如图 6.26 所示。

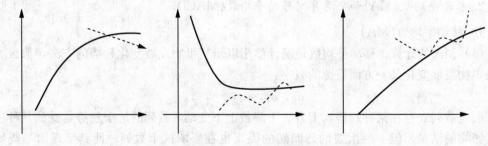

图 6.26　卖出信号图形

股价实际上是 1 日的 MA，股价相对于移动平均线实际上是短期 MA 相对于长期 MA。从这个意义上说，如果只有两个不同参数的 MA，则可以将相对短期的 MA 当成股价，将较长期的 MA 当成 MA，这样，上述股价相对于 MA 的所有法则，都可以换成快速相对于慢速的 MA。常说的死亡交叉和黄金交叉，实际上就是向上、向下突破压力或支撑的问题。

在盘整阶段、趋势形成后的中途休整阶段、局部的反弹和回档，MA 极易发出错误的信号，这是使用 MA 应该注意的。MA 是用于反映股价变动的趋势，只有当股价运动确实存在趋势时，才能使用这一方法。

2）平滑异同移动平均数（MACD）

（1）MACD 的计算。MACD 由正负差（DIF）和异同平均数（DEA）两部分组成，DIF 是核心，DEA 是辅助。

DIF 是快速平滑移动平均数与慢速平滑移动平均数之差，快速是短期的 EMA，慢速是长期的 EMA。以最常用的参数 12 和 26 为例。DIF 的计算过程是

$$当日\ EMA(12) = \frac{2}{12+1} \times 当日收盘价 + \frac{11}{12+1} \times 昨日\ EMA(12)$$

$$当日\ EMA(26) = \frac{2}{26+1} \times 当日收盘价 + \frac{25}{26+1} \times 昨日\ EMA(26)$$

$$DIF = EMA(12) - EMA(26)$$

得到 DIF 后，对连续数日的 DIF 进行算术平均就得到 DEA。

（2）MACD 的测市法则。利用 MACD 进行行情预测，主要是从两个方面进行。

从 DIF 和 DEA 的取值和这两者之间的相对取值对行情进行预测，其应用法则如下。

① DIF 和 DEA 均为正值时，属多头市场。DIF 向上突破 DEA 是买入信号；DIF 向下跌破 DEA 只能认为是回档。

② DIF 和 DEA 均为负值时，属空头市场。DIF 向下突破 DEA 是卖出信号；DIF 向上穿破 DEA 只能认为是反弹，作暂时补空。

利用 DIF 的形态进行行情分析，主要是采用指标背离原则。如果 DIF 的走向与股价走向相背离，则此时是采取行动的信号，至于是卖出还是买入要依 DIF 的上升和下降而定。

MACD 的优点是除掉了 MA 频繁出现的买入卖出信号，使发出信号的要求和限制增加，避免假信号的出现。MACD 的缺点同 MA 一样，在股市没有明显趋势而进入盘整时，失误的时候极多。

3. 威廉指标和 KD 指标

1）威廉指标（WMS%）

（1）WMS% 的计算。这个指标由 Larry ・ Williams 于 1973 年首创，最初用在期货市场。WMS% 表示的是市场处于超买还是超卖状态。

WMS% 的计算公式

$$WMS\%(N) = \frac{C_N - L_N}{H_N - L_N} \times 100$$

式中：C_N——当日收盘价；

H_N 和 L_N——N 日内的最高价和最低价。

由公式可知，WMS％的参数是天数 N，WMS％的参数习惯上是取 10 或 20。WMS％指标表示的含义是当日收盘价在 N 日内所处的相对位置。若 $C_N = H_N$，则 WMS％＝100，表明收盘价格处在最高位置；若 $C_N = L_N$，则 WMS％＝0，表明收盘价格处在最低位置；若 $C_N = L_N + \dfrac{H_N - L_N}{2}$，则 WMS％＝50，表明收盘价格处在中间位置。图 6.27 为 WMS％表示的收盘价格图形。

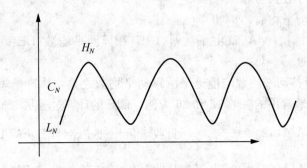

图 6.27　WMS％所示的收盘价格图形

（2）WMS％的测市法则。WMS％的运用包括两个方面：一是 WMS％的数值；二是 WMS％曲线的形状。

① WMS％的数值。WMS％的值介于 0～100 之间，以 50 为中轴将其分为上下两个区域。当 WMS％高于 80 时处于超买状态，行情即将见顶，应当考虑卖出。当 WMS％低于 20 时处于超卖状态，行情即将见底，应当考虑买入。80 和 20 只是一个经验数字，不是绝对的，投资者可以根据各自的风险偏好选择不同的数值。

② WMS％曲线的形状。WMS％进入高位后一般要回头，如果这时股价继续上升，这就是顶背离，是卖出的信号。WMS％进入低位后一般要反弹，如果这时股价继续下跌，这就是底背离，是买进的信号。

2）KD 指标

（1）KD 指标的计算。KD 指标又称随机指数，KD 指标的计算分为 3 步，先计算未成熟随机值 RSV，计算公式为

$$RSV(N) = \frac{C_N - L_N}{H_N - L_N} \times 100$$

RSV 实际上就是 WMS％，只是名称不同。对 RSV（WMS％）进行指数平滑，就得到 K 指标

$$当日\,K\,值 = \frac{2}{3} \times 昨日\,K\,值 + \frac{1}{3} \times 当日\,RSV$$

式中 1/3 是平滑因子，也可以选择别的数字，不过目前已经约定俗成。对 K 值进行指数平滑，就得到 D 值

$$当日\,D\,值 = \frac{2}{3} \times 昨日\,D\,值 + \frac{1}{3} \times 当日\,K\,值$$

KD 指标是在 WMS％指标基础上发展起来的，所以 KD 具有 WMS％的一些特性。在反映股票价格变化时，WMS％最快，K 其次，D 最慢。在使用 KD 指标时，往往称 K 指标为快指标，D 指标为慢指标。

（2）KD 指标的测市法则。KD 指标是两条曲线，应用时主要从 4 个方面进行考虑。

① KD 的数值。KD 的取值范围是 0～100，可将其划分为几个区域：超买区、超卖区、徘徊区。按一般的划分法，80 以上为超买区，20 以下为超卖区，其余为徘徊区。KD 超过 80 就应该考虑卖出，低于 20 就应该考虑买入。

② KD 曲线的形态。当 KD 指标在较高或较低位置形成了头肩形和多重顶底时，是采取行动的信号。这些形态一定要在较高位置或较低位置出现，位置越高或越低，结论越可靠。

③ 指标的交叉。K 上穿 D 是金叉，为买入信号，但出现金叉是否就应该买入，还要看别的条件。第一个条件是金叉的位置。应该是在超卖区的位置，越低越好。第二个条件是金叉的次数。有时在低位，K、D 要来回交叉几次，交叉的次数以 2 次为最少，越多越好。第三个条件是金叉的方向，即常说的"右侧相交"原则。

④ 指标的背离。背离就是指标与价格走势不一致。当 KD 处在高位，并形成两个依次向下的峰，而此时股价还在一个劲地上涨，这叫顶背离，是卖出的信号；与之相反，KD 处在低位，并形成一底比一底高，而股价还在继续下跌，这叫底背离，是买入的信号。

本 章 小 结

宏观经济分析的经济指标共分 5 大类：国民经济总体指标、投资指标、消费指标、金融指标和财政指标。其中国内生产总值、失业率、通货膨胀、货币供应量、利率、汇率等具体指标最受关注。财政政策调整的常用手段是国家预算、税收、国债、财政补贴、财政管理体制、转移支付制度等；货币政策调整后的主要手段是法定存款准备金率、再贴现政策、公开市场业务和利率等。为了刺激陷入低迷的经济态势，若政府采取宽松的财政政策和货币政策，证券市场一般会得到上行的动力；而在经济增长过快、有泡沫风险时，若政府推出了紧缩性的财政政策和货币政策，证券市场则有下行的压力。

行业分析包括行业的市场竞争结构分析、与经济周期的关系分析、行业的生命周期分析和影响行业兴衰的因素的分析。

公司分析是证券投资分析微观层次，是确定最终具体的投资对象的必需环节。公司分析的内容包括基本素质分析和财务分析两个部分，其中最重要的是财务分析。

技术分析包括 K 线分析、趋势分析、形态分析、指标分析等。

习 题

一、名词解释

宏观经济分析　行业分析　公司分析　技术分析

二、简答题

1. 通货膨胀对证券市场的影响是什么？
2. GDP 的变动对证券市场的影响是什么？
3. 货币政策有哪些手段？对证券市场的影响是什么？
4. 如何进行行业结构分析？
5. 影响行业兴衰的因素有哪些？
6. 公司基本素质分析包括哪些内容？
7. 技术分析的主要内容有哪些？
8. 技术分析的前提是什么？

三、案例分析题

海油工程公司的估值分析

一、基本面分析

（一）公司概况

海洋石油工程股份有限公司是中国海洋石油总公司在上海证券交易所上市的控股公司，是天津市新技术产业园区认证的高新技术企业，国家甲级工程设计单位，国家一级施工企业。海油工程公司是中国目前唯一一家承揽海洋石油、天然气开发工程建设项目的总承包公司，主要从事海上油气田开发工程及其陆地终端的设计与建造，各类码头钢结构物的建造与安装，各种类型的海底管道与电缆的铺设，海上油气田平台导管架和组块的装船、运输、安装与调试，以及海洋工程及陆上设施的检测与维修等业务。

海油工程先后为中国海洋石油总公司、菲利普斯、科麦奇、雪佛龙、道达尔、壳牌、日中石油株式会社、现代重工株式会社等客户提供过优质服务，业务范围遍及中国各海域，并多次远赴中东、东南亚和韩国海域成功进行施工作业。其多次获得科麦奇、壳牌、菲利普斯、阿科等国际知名能源公司授予的优质工程、安全施工证书和最佳承包商等荣誉。

（二）政策支持

目前，我国海洋工程装备制造业产业规模约为 300 亿元人民币，约占世界市场份额的 7%，但是在深海开发技术方面才刚起步，尚处于产业链的低端。"十二五"期间，我国海上油气田开发工程建设投资预计将达到 2 500 亿～3 000 亿元。海洋油气开采的关键技术急需突破。从中长期来看，海油工程公司面临较多机遇。首先，"十二五"期间中国海油将投入较大数额资金用于中国海域的油气资源勘探开发，使油气产量有更大幅度的提升，并将在深水油气开发、清洁能源建设和海外资源获取等方面取得较大发展，这些将给公司带来持续性的市场机遇。其次，国内经济社会较快发展对油气资源需求持续加大，近十年来，我国新增石油产量一半以上来自海上并呈上升之势，海洋已成为油气增长的重要接替区，海洋石油工程行业发展前景广阔。此外，海洋工程装备制造业被列入国家战略性新兴产业规划，有望得到政策和资金等方面的扶持。

2011 年 9 月 16 日，国务院出台了海洋工程装备产业创新发展战略，海洋工程装备产业是开发利用海洋资源的物质和技术基础，在去年十七届五中全会时就已经把发展海洋经济提到了国家战略的高度，明确提出了提高海洋开发综合管理能力，将海洋工程装备产业纳入重点培育和发展的战略性新兴产业。因此，海油工程公司作为海洋工程装备产业中的上市公司有希望得到政府的大力扶持和相关央企大订单的支持。

（三）公司未来前景

公司未来看点一：国家深海开发投资可能超预期十二五期间，在中国的近海大陆架和大陆坡，将会再建设 5 000 万吨的生产能力，同时将会有 2～3 个深水油气田要建成投产，总投资将超过 2 500 亿～3 000 亿元人民币。笔者认为未来投资很可能超预期，原因有两点：一是对目前投资的判断属于国家深海开发的保守估计，实际开发油田数目很可能超预期；二是已有油田如流花油田等需要维护投资。

公司未来看点二：深海和海外业务公司未来业务重点是深海尤其是南海以及海外业务。公司收入未来会从浅海向深海转型，南海的深海项目收入在未来 1～2 年内会超过以渤海为主的浅海收入，南海大型深水天然气项目荔湾 3—1 项目是公司第一个真正意义上的深水项目，该项业务预计会为公司带来约 40 亿元的收入。海外业务是公司收入的另一个增长极，公司海外未来的重点发展区域包括澳大利亚和中东等，公司与休斯敦海洋工程领域知名专家在休斯敦共同组建科泰公司，加快国际深水市场开发，未来海外业务同样有望提速。

（四）财务分析

指标/日期	2010－12－31	2009－12－31	2008－12－31
基本每股收益（元）	0.02	0.30	0.63
每股净资产（元）	2.32	2.76	3.79
每股经营现金流（元）	0.16	0.43	0.44
每股未分配利润（元）	0.83	0.98	1.24
主营业务收入（万元）	713 770.71	1 396 058.51	959 465.93
主营业务成本（万元）	636 311.95	1 221 861.36	772 888.55
利润总额（万元）	16 265.50	121 118.02	137 156.79
净利润（万元）	8 433.02	98 299.64	119 355.51
摊薄净资产收益率（%）	0.93	10.97	14.58
销售毛利率（%）	10.85	12.48	19.45
主营收入同比增长率（%）	－48.87	45.50	59.11
净利润同比增长率（%）	－91.42	－17.64	10.94
资产负债率（%）	49.29	44.85	48.76
资产总计（万元）	1 792 069.53	1 636 858.04	1 606 569.70
负债合计（万元）	883 246.29	734 183.97	783 418.98
应收账款净额（万元）	221 025.23	270 860.30	122 271.84
存货（净额）（万元）	88 649.90	101 325.29	272 350.21
流动比率	1.55	1.12	1.23
速动比率	1.31	0.89	0.81

二、技术面分析

下面分别是海洋工程的历史走势图和最近几个月的股价走势图。

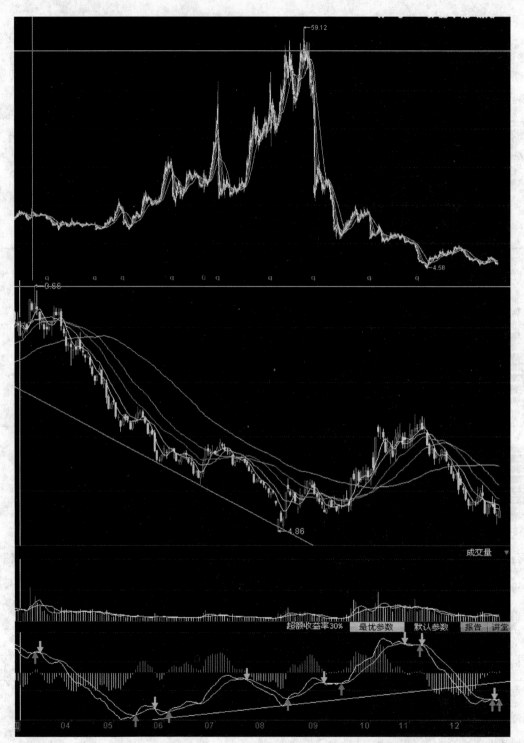

（案例来源：海洋石油工程股份有限公司报告，2011 年）

案例问题：

通过研究海油工程的上述资料，做出你的投资结论。

第 7 章 证券发行与交易

教学目标

通过本章的学习，理解证券发行市场与交易市场的概念、特征及基本功能，了解证券发行市场与交易市场的组织形式与层次结构，理解股票发行的概念和特征，掌握股票发行的方式，熟悉债券发行的方式，理解并掌握证券交易市场的功能，熟悉证券交易的程序。

教学要求

知识要点	能力要求	相关知识
证券发行市场	(1) 证券发行市场概念及构成的理解能力 (2) 证券发行市场发行与承销理解和概括能力 (3) 股票发行的目的及价格	(1) 证券发行市场的概念 (2) 证券发行与承销制度 (3) 股票发行的价格的确定因素
证券交易市场	(1) 证券交易市场的概念和特征 (2) 证券交易市场的组织形式及构成 (3) 股票交易市场的功能	(1) 证券交易的概念、特征及分类 (2) 证券交易所的成员 (3) 股票交易的程序

证券行业承担风险无可指责，但不能孤注一掷

——乔治·索罗斯

 基本概念

证券发行市场 证券承销 发行市场 交易市场 证券交易所 场外市场 退市风险警示 证券结算 场内市场 证券委托

证券 投资学

导入案例

市场如何运作

从前有一个到处都是猴子的地方，有一天，一名男子出现并向村民宣布，他将以每只 10 元的价钱购买猴子。村民们了解附近有很多猴子，于是他们走进森林开始抓猴子，这名男子花了数千元购买每只 10 元的猴子，猴子数量于是开始减少，村民们越来越难抓到。这名男子随后宣布，他将出价每只猴子 20 元，村民们更努力抓猴子，但很快地，供应量更为减少，他们几乎很难再抓到了。因此，人们开始回到自己的农场，淡忘了抓猴子这件事。后来，这名男子提高价格到每只 30 元，但是猴子的供应变得更稀少，已经很难抓到。这名男子于是宣布，每只猴子他出价 50 元。这时候他离开了，去城里办一些事，改由他的助理代表他继续从事购买猴子的业务。这名男子离开后，助理告诉村民，我偷偷将这些猴子 30 元卖给你们，等这名男子从城里回来，你们可以将它们以每只 50 元卖给他，于是村民们汇集了所有的积蓄，购买了全部的猴子。从此之后村民们再也没有见到这名男子和他的助理了，于是村子里又再次变成了到处都是猴子的地方，直到不久之后，另一名男子出现了……

点评

投资者需要了解证券市场是如何运作的，识别价格调整过程中施放的信息是否是诱导投资者接盘。

7.1 证券发行市场

证券市场是证券交易的场所，也是资金供求的中心。根据市场的功能划分，证券市场可分为证券发行市场和证券交易市场。所谓发行市场就是通过发行证券进行筹资活动的市场，又称为"一级市场"。它一方面为资本的需求者提供筹集资金的渠道，另一方面为资本的供应者提供投资的场所。发行市场是实现资本职能转化的场所，通过发行证券，把社会闲散资金转化为生产资本。流通市场就是已发行证券进行转让和交易的市场，又称为"二级市场"。流通市场一方面为证券持有者提供随时变现的机会，另一方面又为新的投资者提供投资机会。与发行市场的一次性行为不同，在流通市场上证券可以不断地进行交易。

证券发行市场是交易市场的基础和前提，有了发行市场的证券供应，才有流通市场的证券交易，证券发行的种类、数量和发行方式决定着流通市场的规模和运行。交易市场是发行市场得以持续扩大的必要条件，有了交易市场为证券的转让提供保证，才使发行市场充满活力。此外，交易市场的交易价格制约和影响着证券的发行价格，是证券发行时需要考虑的重要因素。

证券的发行、交易活动必须实行公开、公平、公正的原则，必须遵守法律、行政法规；禁止欺诈、内幕交易和操纵证券市场的行为。证券发行、交易活动的当事人具有平等的法律地位，应当遵守自愿、有偿、诚实信用原则。

7.1.1 证券发行市场的概述

1. 证券发行市场的含义

证券发行市场是发行人向投资者出售证券的市场。证券发行市场通常无固定场所，是一个无形的市场。证券发行市场的作用主要表现在以下3个方面。

（1）为资金需求者提供筹措资金的渠道。证券发行市场拥有大量的运行成熟的证券商品供发行者选择，发行者可以参照各类证券的期限、收益水平、参与权、流通性、风险度、发行成本等不同特点，根据自己的需要和可能选择发行何种证券，并依据当时市场上的供求关系和价格行情来确定证券发行数量和价格（收益率）。发行市场上还有众多的为发行者服务的中介机构，它们可以接受发行者的委托，利用自己的信誉、资金、人力、技术和网点等向公众推销证券，有助于发行者及时筹措到所需资金。发达的发行市场还可以冲破地区限制，为发行者扩大筹资范围和对象，在境内或境外面向各类投资者筹措资金，并通过市场竞争逐步使筹资成本合理化。

（2）为资金供应者提供投资的机会，实现储蓄向投资转化。政府、企业和个人在经济活动中可能出现暂时闲置的货币资金，证券发行市场提供了多种多样的投资机会，实现社会储蓄向投资转化。储蓄转化为投资是社会再生产顺利进行的必要条件。

（3）形成资金流动的收益导向机制，促进资源配置的不断优化。在现代经济活动中，生产要素都跟随着资金流动，只有实现了货币资金的优化配置，才有可能实现社会资源的优化配置。证券发行市场通过市场机制选择发行证券的企业，那些产业前景好、经营业绩优良和具有发展潜力的企业更容易从证券市场筹集所需要的资金，从而使资金流入最能产生效益的行业和企业，达到促进资源优化的目的。

2. 证券发行市场的构成

证券发行市场由证券发行人、证券投资者和证券中介机构3部分组成。证券发行人是资金的需求者和证券的供应者，证券投资者是资金的供应者和证券的需求者，证券中介机构则是联系发行人和投资者的专业性中介服务组织。

（1）证券发行人。在市场经济条件下，资金需求者筹集外部资金主要通过两条途径：向银行借款和发行证券，即间接融资和直接融资。随着市场经济的发展，发行证券已成为资金需求者最基本的筹资手段。证券发行人主要是政府、企业和金融机构。

（2）证券投资者。证券投资者是指以取得利息、股息或资本收益为目的而买入证券的机构和个人。证券发行市场上的投资者包括个人投资者和机构投资者，后者主要是证券公司、商业银行、保险公司、社保基金、证券投资基金、信托投资公司、企业和事业法人及社会团体等。

（3）证券中介机构。在证券发行市场上，中介机构主要包括证券公司、证券登记结算公司、会计师事务所、律师事务所、资信评级公司、资产评估事务所等为证券发行与投资服务的中立机构。它们是证券发行人和投资者之间的中介，在证券发行市场上占有重要地位。

3. 证券发行的分类

（1）公募发行就是指公开发行证券，即面向非特定的社会公众广泛公开地发行证券。公募的优点是以众多的投资者为发行对象，筹资潜力大，可避免证券被操纵，并且可申请在交易所上市交易，流动性强，可以提高发行人的信誉。公募的缺点是工作量大，发行过程繁杂，登记核准所需时间较长，发行费用较高。

（2）私募发行就是非公开发行证券，即只向少数特定的投资者发行证券。私募具有发行手续简单，可节省发行费用，有特定的投资者不必担心发行失败等特点。私募的证券不能在证券交易所上市交易，流动性差，支付的利率水平也比公募发行要高。

按照证券的发行过程又可以分为直接发行和间接发行。这是按发行过程的不同，对证券发行方式进行的分类。直接发行是指发行人自己承担证券发行的一切事务和发行风险，不通过发行中介机构，直接向投资者发行证券。在一般情况下，私募发行的证券或是公开发行有困难的证券，或是实力雄厚、有把握实现巨额私募、为节省发行费用的大公司证券，才采用直接发行的方式。间接发行是指发行者通过委托证券发行中介机构向社会公众发行证券。间接发行具有承销费用高和手续繁杂，但发行范围广和风险小等特点。所以，一般情况下，大多数证券发行都选择间接发行的方式。在我国，证券的发行只允许采用间接发行的方式。

4. 证券的发行与承销制度

（1）证券发行制度。

① 注册制。证券发行注册制实行公开管理原则，实质上是一种发行公司的财务公开制度。它要求发行人提供关于证券发行本身以及和证券发行有关的一切信息。发行人不仅要完全公开有关信息，不得有重大遗漏，并且要对所提供信息的真实性、完整性和可靠性承担法律责任。发行人只要充分披露了有关信息，在注册申报后的规定时间内未被证券监管机构拒绝注册，就可以进行证券发行，无须再经过批准。实行证券发行注册制可以向投资者提供证券发行的有关资料，但并不保证发行的证券资质优良，价格适当。

② 核准制。核准制是指发行人申请发行证券，不仅要公开披露与发行证券有关的信息，符合《公司法》和《证券法》所规定的条件，而且要求发行人将发行申请报请证券监管部门决定的审核制度。证券发行核准制实行实质管理原则，即证券发行人不仅要以真实状况的充分公开为条件，而且必须符合证券监管机构制定的若干适合于发行的实质条件。只有符合条件的发行人经证券监管机构的批准方可在证券市场上发行证券。实行核准制的目的在于证券监管部门能尽法律赋予的职能，保证发行的证券符合公众利益和证券市场稳定发展的需要。

我国《证券法》规定，公开发行股票、公司债券和国务院依法认定的其他证券，必须依法报经国务院证券监督管理机构或国务院授权部门核准。公开发行是指向不特定对象发行证券、向特定对象发行证券累计超过 200 人的以及法律、行政法规规定的其他发行行为。上市公司发行证券，可以向不特定对象公开发行，也可以向特定对象非公开发行。非公开发行是指上市公司采用非公开方式向特定对象发行证券的行为。

我国的股票发行实行核准制。发行申请需由保荐人推荐和辅导，由发行审核委员会审核，中国证监会核准。发行人申请公开发行股票、可转换为股票的公司债券或公开发行法律、行政法规规定实行保荐制度的其他证券的，应当聘请具有保荐资格的机构担任保荐人。上市公司申请公开发行证券或者非公开发行新股，应当由保荐人保荐，并向中国证监会申报。保荐制度明确了保荐人和保荐代表人的责任，并建立了责任追究机制。保荐人及其保荐代表人应当遵循勤勉尽责、诚实守信的原则，认真履行审慎审核和辅导义务，并对其出具的发行保荐书的真实性、准确性、完整性负责。发行核准制度规定，国务院证券监督管理机构设发行审核委员会(以下简称"发审委")。发审委审核发行人股票发行申请和可转换公司债券等中国证监会认可的其他证券的发行申请。发审委依照《证券法》、《公司法》等法律、行政法规和中国证监会的规定，对发行人的股票发行申请文件和中国证监会有关职能部门的初审报告进行审核，提出审核意见。中国证监会依照法定条件和法定程序作出予以核准或者不予核准股票发行申请的决定，并出具相关文件。

（2）证券承销方式。证券发行的最后环节是将证券推销给投资者。发行人推销证券的方法有两种：一是自己销售，称为自销；二是委托他人代为销售，称为承销。一般情况下，公开发行以承销为主。

承销是将证券销售业务委托给专门的股票承销机构销售。按照发行风险的承担、所筹资金的划拨以及手续费的高低等因素划分，承销方式有包销和代销两种。

① 包销。包销是指证券公司将发行人的证券按照协议全部购入，或者在承销期结束时将售后剩余证券全部自行购入的承销方式。包销可分为全额包销和余额包销两种。全额包销是指由承销商先全额购买发行人该次发行的证券，再向投资者发售，由承销商承担全部风险的承销方式。余额包销是指承销商按照规定的发行额和发行条件，在约定的期限内向投资者发售证券，到销售截止日，如投资者实际认购总额低于预定发行总额，未售出的证券由承销商负责认购，并按约定时间向发行人支付全部证券款项的承销方式。

② 代销。代销是指证券公司代发行人发售证券，在承销期结束时，将未售出的证券全部退还给发行人的承销方式。

我国《证券法》规定，发行人向不特定对象发行的证券，法律、行政法规规定，应当由证券公司承销的，发行人应当同证券公司签订承销协议；向不特定对象发行的证券票面总值超过人民币5 000万元，应当由承销团承销。证券承销采取代销或包销方式。我国《上市公司证券发行管理办法》规定，上市公司发行证券，应当由证券公司承销；非公开发行股票，发行对象均属于原前10名股东的，可以由上市公司自行销售。上市公司向原股东配售股份应当采用代销方式发行。

7.1.2 股票的发行

股票发行是指符合条件的发行人以筹资或实施股利分配为目的，按照法定的程序，向投资者或原股东发行股份或无偿提供股份的行为，即拟上市的公司通过中介机构间接向投资者出售新发行的股票，或者是公司直接向投资者出售新发行的股票，这种行为就叫股票发行。发行股票需要有一套完整的程序，并且股票发行是股票交易的前提。这种股票的发行行为所形成的市场就叫股票发行市场，又被称为初级市场或一级市场。

股票发行市场是股票市场的重要组成部分，也是整个股票市场的起点和股票交易的基础。它与股票流通市场相互依存，共同构成了完整的股票市场。

股票发行市场通常没有具体的市场形式和固定的场所，是一个无形的市场。股票的发行可以在投资银行、信托投资公司和证券公司等场所发生，也可以通过市场公开出售新股票。股票发行市场体现了股票由发行主体流向投资者的市场关系，通过一种纵向关系将发行者和投资者联系起来，而股票流通市场则通过一种横向关系将股票的买卖双方联系起来。

在股票发行过程中，公司通常是通过证券公司向投资者出售新发行的股票，而不是投资者之间互相交易股票。股票发行人是资金的需求者和股票的供应者；股票投资者是资金的供应者和股票的需求者，证券中介机构则是联系发行人和投资者的专业性中介服务组织。

1. 股票发行的目的

公司进行首次公开发行的目的是为适应公司业务的发展进一步筹集资金。但公司筹集资金的方式不仅仅是通过发行股票，还包括发行公司债券或向银行贷款。如果公司仅仅是为了筹集资金，通常会选择成本较低的公司债券或银行贷款。因此，公司发行股票的目的还包括以下4点。

（1）为新建股份公司筹集资金。股份公司的成立有两种形式：一种是发起设立，即由公司发起人认购全部股票。发起设立程序简单，发起人出资后公司设立即告完成，但这类公司规模较小；另一种是募集设立，即除发起人本身出资外，还需向社会公开发行股票募集资金。按照我国《公司法》的规定，以募集设立方式设立股份公司的发起人认购的股份不得少于股份总额的35%，这类公司的规模一般较大。

（2）改善经营。现有股份公司为扩大经营规模或范围，提高公司的竞争能力而投资新的项目时，需增加发行股票筹集资金，通常称为增资发行。

（3）改善财务结构。当公司负债率过高时，通过发行股票增加公司资本可以有效地降低负债比例，改善公司财务结构。

（4）其他类目的，如满足公司上市标准、公积金转增股本及股票派息、转换证券、股份的分割与合并、非股份有限公司改制成股份有限公司和公司兼并等。

公司发行股票可以选择网下向配售对象询价配售，或者网上资金申购两种方式。所谓网下询价配售主要是针对机构投资者，通过询价来最终确定发行价格。网上资金申购针对个人投资者，以指定的价格进行申购。

2. 股票的发行方式

在各国不同的政治、经济、社会条件下，特别是金融体制和金融市场管理的差异使得股票的发行方式也是多种多样的。根据不同的分类方法可以概括如下，按发行的对象不同分为公募发行与私募发行；按发行的主体不同分为直接发行与间接发行；按股票发行机构所承担的发行责任的大小不同分为包销发行、代理发行和承销发行。

（1）公募发行是指公开向社会非特定的投资者广泛募集资金的股票发行方式。公募发行可以采用股份公司自己直接发售的方法，也可以支付一定的发行费用通过证券中介机构代理发行。采用这种方式能够在较短的时间内筹集到大量的资金，可以扩大股东的范围，而分散持股可以防止股票被囤积或被少数人操纵，有利于提高公司的社会性和知名度，也可增加股票的适销性和流通性。

（2）私募发行是指向特定的投资者募集资金的一种股票发行方式。通常在两种情况下采用：一是股东配股，又称股东分摊，即股份公司按股票面值向原有股东分配该公司的新股认购权，动员股东认购。这种新股发行价格往往低于市场价格，事实上成为对股东的一种优待，一般股东都乐于认购。如果有的股东不愿认购，他可以自动放弃新股认购权，也可以把这种认购权转让他人；二是私人配股，又称第三方分摊，即股份公司将新股票分售给股东以外的本公司职工、往来客户等与公司有特殊关系的第三者。采用这种方式往往出于两种考虑：一方面是为了按优惠价格将新股分摊给特定投资者，以示照顾；另一方面是当新股票发行遇到困难时，向第三者分摊以求支持，无论是股东还是私人配售，由于发行对象是既定的。因此，不必通过公募方式，这不仅可以节省委托中介机构的手续费，降低发行成本，还可以调动股东和内部的积极性，巩固和发展公司的公共关系。

（3）直接发行又叫直接招股，是指股份公司自己承担股票发行的一切事务和发行风险，直接向认购者推销出售股票的方式。采用直接发行方式时，要求发行者熟悉招股手续，精通招股技术并具备一定的条件。当认购额达不到计划招股额时，新建股份公司的发起人或现有股份公司的董事会必须自己认购出售的股票。因此，直接发行只适用于有既定发行对象或发行风险少、手续简单的股票。一般情况下，私募发行的股票或因公募发行有困难（如信誉低所致的市场竞争力差、承担不了大额的发行费用等）的股票；或是实力雄厚，有把握实现巨额私募以节省发行费用的大股份公司股票，才采用直接发行的方式。

（4）间接发行又称间接招股，或委托代理发行，是指发行者不直接参与股票的发行过程，而是委托给一家或几家证券发行中介机构出售股票的方式。中介机构作为股票的推销者，办理一切发行事务，承担一定的发行风险并从中提取相应的收益。根据股票发行机构所承担的发行责任的大小不同，可分为包销发行、代理发行和承销发行。

（5）包销发行又称包买招股，指股票发行单位与股票发行机构签订购买合同，由证券发行中介机构先用自己的资金一次性地把将要公开发行的股票全部买下，然后再转售给其他投资者的发行方式。

（6）代理发行又称代销，是指受托者只代理股票发行者发售股票的一种发行方式。代理人只负责按照发行者的条件推销股票，代理招股业务，而不承担任何发行风险。发售到约定期时，代理方要将收入的资金或连同未销出去的股票退还给股票发行者。

（7）承销发行，又称余股承购，股票发行者与证券发行中介机构签订推销合同明确规定，在约定期限内，如果中介机构实际推销的结果未能达到合同规定的发行数额，其差额部分由中介机构自己承购下来。这种发行方法的特点是能够保证完成股票发行额度，一般较受发行者的欢迎，而中介机构因需承担一定的发行风险，故承销费高于代销的手续费。

股票间接发行时究竟采用哪一种方法，发行者和推销者考虑的角度是不同的，需要双方协商确定。一般来说，发行者主要考虑自己在市场上的信誉、用款时间、发行成本和对推销者的信任程度；推销者则主要考虑所承担的风险和所能获得的收益。

3. 股票的发行价格及确定因素

（1）股票发行价格。股票发行价格是指投资者认购新发行的股票时实际支付的价格。根据我国《公司法》和《证券法》的规定，股票发行价格可以等于票面金额，也可以超过票面金额，但不得低于票面金额。以超过票面金额的价格发行股票所得的溢价款项列入发行公司的资本公积金。股票发行采取溢价发行的，发行价格由发行人与承销的证券公司协商确定。

股票发行的定价方式可以采取协商定价方式，也可以采取一般询价方式、累计投标询价方式、上网竞价方式等。我国《证券发行与承销管理办法》规定，首次公开发行股票以询价方式确定股票发行价格。

根据规定，首次公开发行股票的公司及其保荐机构应通过向询价对象询价的方式确定股票发行价格。询价对象是指符合中国证监会规定条件的证券投资基金管理公司、证券公司、信托投资公司、财务公司、保险机构投资者、合格境外机构投资者（QFII）以及其他经中国证监会认可的机构投资者。发行申请经中国证监会核准后，发行人应公告招股意向书并开始进行推荐和询价。询价分为初步询价和累计投标询价两个阶段。通过初步询价确定发行价格区间和相应的市盈率区间。发行价格区间确定后，发行人及保荐机构在发行价格区间向询价对象进行累计投标询价，并根据累计投标询价的结果确定发行价格和发行市盈率。首次公开发行的股票在中小企业板上市的，发行人及其主承销商可以根据初步询价结果确定发行价格，不再进行累计投标询价。

上市公司发行证券，可以通过询价方式确定发行价格，也可以与主承销商协商确定发行价格。

（2）确定股价的因素。股价的发行价格过高会增加承销过程中的风险，也会抑制投资者的情绪使股票发行困难。反之，难以最大限度地满足发行人的资金需求，甚至会损害原有股东的利益。股票发行价格的确定是否合理对于股票的顺利发行以及保证股票交易市场的稳定是至关重要的。股票价格的确定有两种方法。

① 议价法，是指由股票发行公司与承销商议定发行价格和承销价格。在此过程中，主要考虑二级市场上股票价格的高低、市场利率水平的高低、发行公司的经营状况及未来前景、发行公司风险水平等因素。并根据这些因素进行加权平均。议价法的价格确定较为合理，它综合考虑了多种因素。但它要求较为完善的会计审核制度、合理的市场利率水平和比较正常的二级市场股价水平。

② 竞价法，是指股票发行公司将其股票发行的有关资料向一定范围的股票承销商公告，各承销商根据各自情况拟定各自的标书，以投标方式相互竞争股票承销业务，出价最高者中标，该出价就是股票发行价格。

（3）我国普通股股票发行价格的确定。

① 市盈率法。通过市盈率法确定股票发行价格，首先应根据专业会计师审核后的盈利预测计算出发行人的每股净盈利；其次可根据二级市场的平均市盈率、发行人的行业情况（同类营业公司的股票市盈率）、发行人的经营状况及其成长性等拟订发行的市盈率；最后依发行市盈率与每股净盈利之乘积决定发行价。

发行价计算公式为：发行价＝每股净盈利×行市盈率

② 净资产倍率法。净资产倍率法又称资产现值法，指通过资产评估(物业评估)和相关会计手段确定发行人拟募股资产的净现值和每股净资产值，然后根据证券市场的状况将每股净资产值乘以一定的倍率或一定折扣，依此确定股票发行价格的方法。依此种方式确定每股发行价值不仅应考虑公平市值，而且还需考虑市场所能接受的溢价倍数或折扣倍率。

其计算公式为：发行价格＝每股净资产×溢价倍数(折扣倍率)

③ 竞价确定法。指投资者在指定时间内通过交易柜台或者证券交易所交易网络，以不低于发行底价的价格并按限购比例或数量进行认购委托，申购期满后，由交易所的交易系统将所有有效申购按照价格优先、同位价格按照时间优先的原则，将投资者的认购委托由高价位向低价位累计有效认购数量。当累计数量恰好达到或超过本次发行数量的价格，即为本次发行的价格。如果在发行底价上仍不能满足本次发行股票的数量，则竞价的底价即为发行价。

发行底价也可由发行人和承销商根据发行人的经营业绩、盈利预测，由投资的规模、市盈率、发行市场与股票交易市场上同类股票的价格及影响发行价格的其他因素共同研究协商确定。

4. 股票上市

股票上市是指已经公开发行的股票，经过一定的程序在证券交易所主牌交易的过程。股票上市资格也称股票上市标准，它是指证券交易所对申请股票上市的公司所中的规定或要求，只有达到这些标准后公司股票才允许上市。各国证券交易所关于股票上市的标准各不相同，具体的标准要视各个国家证券交易所的具体情况而定。在我国，股份公司的股票要在证券交易所上市，必须符合《公司法》和《证券法》规定的上市条件。一般而言，各个国家主要从以下几个方面对上市的条件进行界定。

(1) 资本总额：是指企业各种投资主体注册的全部资本金。我国《公司法》规定，申请其股票上市的公司，其股本总额不少于人民币5 000万元。

(2) 盈利能力：是指公司在一定时期内获取利润的能力，也称为公司的资金或资本增值能力。一般情况下，公司的利润率越高，盈利能力就越强。公司的盈利能力从根本上决定着股利的支付和股票的价格。我国《公司法》明确规定，股份公司上市必须符合开业时间在3年以上，并且最近3年连续盈利的条件。

(3) 股权分布程度：是为了避免股份公司的股权过于集中，使股票具有足够的流通性，防止大股东操纵股价，证券交易所对公司的股权分布程度都有一个具体的要求。我国《公司法》明确规定，申请其股票上市的股份有限公司必须满足以下条件：持有股票面值达人民币1 000元以上的股东人数不少于1 000人，向社会公开发行的股份达公司股份总额的25%以上；公司股本总额超过人民币4亿元的，其向社会公开发行股份的比例为15%以上。

(4) 资本结构：是指股份公司所使用的各种资金的构成比例。借入资金多意味着负债比率大，负债比率的大小直接影响投资者收益的多少。

(5) 偿债能力：是指公司用其资产偿还长期债务与短期债务的能力。它可以反映企业的财务状况和经营能力，是公司偿还到期债务的能力或保证，能够直接影响股票的交易状况和股利。

　　在我国，对于股票的发行主要从主板发行条件、中小板发行条件以及创业板发行条件3个角度从法律法规上进行规定。

　　首次公开发行股票的条件。我国《证券法》规定，公司公开发行新股应当具备健全且运行良好的组织机构，具有持续盈利能力，财务状况良好，最近3年财务会计文件无虚假记载，无其他重大违法行为以及经国务院批准的国务院证券监督管理机构规定的其他条件。

　　为规范首次公开发行股票并上市的行为，中国证监会于2006年5月制定并发布《首次公开发行股票并上市管理办法》，对首次公开发行股票并上市公司的主体资格、独立性、规范运行、财务指标作出规定。

　　《首次公开发行股票并上市管理办法》规定，首次公开发行的发行人应当是依法设立并合法存续的股份有限公司；持续经营时间应当在3年以上；注册资本已足额缴纳；生产经营合法；最近3年内主营业务、高级管理人员、实际控制人没有重大变化；股权清晰。发行人应具备资产完整、人员独立、财务独立、机构独立、业务独立的独立性，应规范运行。

　　发行人的财务指标应满足以下要求：

　　(1) 最近3个会计年度净利润均为正数且累计超过人民币3 000万元，净利润以扣除非经常性损益后较低者为计算依据。

　　(2) 最近3个会计年度经营活动产生的现金流量净额累计超过人民币5 000万元；或者最近3个会计年度营业收入累计超过人民币3亿元。

　　(3) 发行前股本总额不少于人民币3 000万元。

　　(4) 最近一期末无形资产(扣除土地使用权、水面养殖权和采矿权等后)占净资产的比例不高于20%。

　　(5) 最近一期末不存在未弥补亏损。

　　在中小板首次公开发行股票也须符合《首次公开发行股票并上市管理办法》规定的发行条件。

　　创业板首次公开发行股票的条件。按照2009年3月发布的《首次公开发行股票并在创业板上市管理暂行办法》(简称《管理办法》)，首次公开发行股票并在创业板上市主要应符合如下条件：

　　(1) 发行人应当具备一定的盈利能力。为适应不同类型企业的融资需要，创业板对发行人设置了两项定量业绩指标，以便发行申请人选择：第一项指标要求发行人最近两年连续盈利，最近两年净利润累计不少于1 000万元，且持续增长；第二项指标要求发行人最近1年盈利，且净利润不少于500万元，最近1年营业收入不少于5 000万元，最近两年营业收入增长率均不低于30%。

　　(2) 发行人应当具有一定的规模和存续时间。根据《证券法》第50条关于申请股票上市的公司股本总额应不少于3 000万元的规定，《管理办法》要求发行人具备一定的资产规模，具体规定最近一期末净资产不少于2 000万元，发行后股本不少于3 000万元。规定发行人具备一定的净资产和股本规模，有利于控制市场风险，《管理办法》规定发行人应具有一定的持续经营记录，具体要求发行人应当是依法设立且持续经营3年以上的股份有限公司。有限责任公司按原账面净资产值折股整体变更为股份有限公司的，持续经营时间可以从有限责任公司成立之日起计算。

（3）发行人应当主营业务突出。创业企业规模小，且处于成长发展阶段，如果业务范围分散，缺乏核心业务，既不利于有效控制风险，也不利于形成核心竞争力。因此，《管理办法》要求发行人集中有限的资源主要经营一种业务，并强调符合国家产业政策和环境保护政策。同时，要求募集资金只能用于发展主营业务。

（4）对发行人公司治理提出从严要求。根据创业板公司特点，在公司治理方面参照主板上市公司从严要求，要求董事会下设审计委员会，强化独立董事职责，并明确控股股东责任。

发行人应当保持业务、管理层和实际控制人的持续稳定，规定发行人最近2年内主营业务和董事、高级管理人员均没有发生重大变化，实际控制人没有发生变更。

发行人应当资产完整，业务及人员、财务、机构独立，具有完整的业务体系和直接面向市场独立经营的能力。发行人与控股股东、实际控制人及其控制的其他企业间不存在同业竞争，以及严重影响公司独立性或者有失允的关联交易。

发行人及其控股股东、实际控制人最近3年内不存在损害投资者合法权益和社会公共利益的重大违法行为。发行人及其控股股东、实际控制人最近3年内不存在未经法定机关核准，擅自公开或者变相公开发行证券，或者有关违法行为虽然发生在3年前，但目前仍处于持续状态的情形。

上市公司公开发行证券的条件。为规范上市公司证券发行行为，中国证监会于2006年5月制定并发布《上市公司证券发行管理办法》，对上市公司发行证券的一般性条件及上市公司配股、增发，发行可转换债券、认股权证和债券分离交易的可转换公司债券以及非公开发行股票的条件作出了规定：

（1）上市公司公开发行证券条件的一般规定包括上市公司组织机构健全、运行良好；上市公司的盈利能力具有可持续性；上市公司的财务状况良好；上市公司最近36个月内财务会计文件无虚假记载、不存在重大违法行为；上市公司募集资金的数额和使用符合规定；上市公司不存在严重损害投资者的合法权益和社会公共利益的违规行为。

（2）向原股东配售股份（配股）的条件。除一般规定的条件以外，还有以下条件：拟配售股份数量不超过本次配售股份前股本总额的30%；控股股东应当在股东大会召开前公开承诺认配股份的数量；采用《证券法》规定的代销方式发行。

7.1.3 债券的发行

我国债券市场的债券品种有国债、金融债、企业债和公司债，其中在证券交易所市场上市的有国债、企业债、公司债和资产证券化证券。

我国《证券法》规定，发行公司债券必须依照《证券法》规定的条件，报经国务院授权的部门审批。发行人必须向国务院授权的部门提交《公司法》规定的申请文件和国务院授权的部门规定的有关文件。2007年8月，中国证监会颁布了《公司债发行试点办法》，其中所称的"公司债券"是公司依照法定程序发行、约定在1年以上期限内还本付息的有价证券。《公司债发行试点办法》的颁布实施标志着我国公司债券发行工作正式启动，使我国证券市场有了真正意义上的公司债券，这不仅丰富了固定收益工具的品种，而且改善了我国金融市场结构，增加了资本市场供给，有利于资本市场的均衡发展。

《公司债发行试点办法》规定，公司债券发行采用核准制，实行保荐制度，发行程序简单规范。发债公司可以无担保，也可以分期发行，发行条件比较宽松。对公司债券的票面利率没有限制性规定，发行价格由发行人和保荐机构通过市场询价确定。由市场决定发行价格的制度设计使票面利率的确定有较大的创新空间和自由度，也为公司打开了低成本融资的渠道。

具体而言，发行公司债券应当符合以下条件：公司的生产经营符合法律、行政法规和公司章程的规定，符合国家产业政策；公司内部控制制度健全，内部控制制度的完整性、合理性、有效性不存在重大缺陷；经资产评级机构评级，债券信用级别良好；公司最近1期末经审计的净资产额应符合法律、行政法规和中国证监会的有关规定；最近3个会计年度实现的年均可分配利润不少于公司债券1年的利息；本次发行后累计公司债券余额不超过最近1期末净资产额的40%；金融类公司的累计公司债券余额按金融企业的有关规定计算。

1. 债券发行方式

（1）定向发行又被称为"私募发行"、"私下发行"，即面向特定投资者发行。一般由债券发行人与某些机构投资者，如人寿保险公司、养老基金、退休基金等直接洽谈发行条件和其他具体事务，属直接发行。

（2）承购包销指发行人与由商业银行、证券公司等金融机构组成的承销团通过协商条件签订承购包销合同由承销团分销拟发行债券的发行方式。

（3）招标发行指通过招标方式确定债券承销商和发行条件的发行方式。按照国际惯例，根据标的物不同，招标发行可分为价格招标、收益率招标；根据中标规则不同，可分为荷兰式招标(单一价格中标)和美式招标(多种价格中标)。

2. 债券发行价格

债券的发行价格是指投资者认购新发行的债券实际支付的价格。债券的发行价格可以分为：平价发行，即债券的发行价格与面值相等；折价发行，即债券以低于面值的价格发行；溢价发行，即债券以高于面值的价格发行。在面值一定的情况下，调整债券的发行价格可以使投资者的实际收益率接近市场收益率的水平。

债券发行的定价方式以公开招标最为典型。按照招标标的分类，有价格招标和收益率招标；按照价格决定方式分类，有美式招标和荷兰式招标。以价格为标的的荷兰式招标是以募满发行额为止所有投标者的最低中标价格作为最后中标价格，全体中标者的中标价格是单一的；以价格为标的的美式招标是以募满发行额为止中标者各自的投标价格作为各中标者的最终中标价，各中标者的认购价格是不相同的。以收益率为标的的荷兰式招标是以募满发行额为止的中标者最高收益率作为全体中标者的最终收益率，所有中标者的认购成本是相同的；以收益率为标的的美式招标是以募满发行额为止的中标者所投标的各个价位上的中标收益率作为中标者各自的最终中标收益率，各中标者的认购成本是不相同的。一般情况下，短期贴现债券多采用单一价格的荷兰式招标，长期附息债券多采用多种收益率的美式招标。

7.2 证券交易市场

证券交易市场是为已经公开发行的证券提供流通转让机会的市场。证券交易市场通常分为证券交易所市场和场外交易市场。我国《证券法》规定，依法发行的股票、公司债券及其他证券应当在依法设立的证券交易所上市交易或者在国务院批准的其他证券交易场所转让。证券当事人依法买卖的证券必须是依法发行并交付的证券。依法发行的股票、公司债券及其他证券，法律对其转让有限制性规定的，在限定的期限内不得买卖。我国《证券法》规定，向不特定对象发行证券或向特定对象发行证券累计超过 200 人的，为公开发行，必须经国务院证券监督管理机构或者国务院授权的部门核准。因此，公开发行股票的股份公司为公众公司，其中，在证券交易所上市交易的股份公司称为上市公司，符合公开发行条件、但未在证券交易所上市交易的股份公司称为非上市公司，非上市公司的股票将在柜台市场转手交易。

7.2.1 证券交易所

1. 证券交易所的概述

证券交易所的定义：证券交易所是证券买卖双方公开交易的场所，是一个高度组织化、集中进行证券交易的市场，是整个证券市场的核心。证券交易所本身并不买卖证券，也不决定证券价格，而是为证券交易提供一定的场所和设施，配备必要的管理和服务人员，并对证券交易进行周密的组织和严格的管理，为证券交易顺利进行提供一个稳定、公开、高效的市场。我国《证券法》规定，证券交易所是为证券集中交易提供场所和设施，组织和监督证券交易，实行自律管理的法人。

证券交易所，它不仅从事股票交易，而且也进行债券交易。证券交易所有以下特征。

（1）证券交易所本身既不持有证券，也不买卖证券，更不能决定证券的价格，它只是为买卖证券提供服务、创造条件，并对双方进行监督。股票和债券的价格是买方与卖方通过公开竞价的方式决定的。

（2）证券交易所是证券买卖完全公开的市场。它要求所有申请上市的证券发行者必须定期真实地公开其经营状况和财务状况，交易所自身也定期公布各证券的行情和统计表，便于投资者迅速、准确地选择目标，使证券持有者能决定保留还是卖出证券，换回现金，证券交易所随时公布股票价格指数，据此预测证券市场行情的发展。

（3）证券交易所具有严密的组织性。它有专门的立法和规章制度。各国都明确规定，只有证券商、经纪人才能代理买卖双方进入交易所参加交易，一般投资者不能直接进场交易。交易所对成交价格、成交单位、成交后的结算都有严格的规定。并且对于交易所内部的人员也严加约束，如遇有利用内部情报、操纵价格、垄断欺诈等行为和事件发生，也有相应的规定予以严厉制裁。

根据我国《证券交易所管理办法》第 11 条规定，证券交易所的职能主要为：①提供证券交易的场所和设施；②制定证券交易所的业务规则；③接受上市申请、安排证券上市；④组织、监督证券交易；⑤对会员进行监管；⑥对上市公司进行监管；⑦设立证券登记结算机构；⑧管理和公布市场信息；⑨中国证监会许可的其他职能。

2. 证券交易所的组织形式

证券交易所的组织形式大致可以分为两类，即公司制和会员制。公司制的证券交易所是以股份有限公司形式组织并以营利为目的的法人团体，一般由金融机构及各类民营公司组建。交易所章程中明确规定作为股东的证券经纪商和证券自营商的名额、资格和公司存续期限。公司制的证券交易所必须遵守本国公司法的规定，在政府证券主管机构的管理和监督下，吸收各类证券挂牌上市。同时，任何成员公司的股东、高级职员、雇员都不能担任证券交易所的高级职员，以保证交易的公正性。

会员制的证券交易所是一个由会员自愿组成的、不以营利为目的的社会法人团体。交易所设会员大会、理事会和监察委员会。

我国《证券法》规定，证券交易所的设立和解散由国务院决定。设立证券交易所必须制定章程，证券交易所章程的制定和修改必须经国务院证券监督管理机构批准。

我国内地有两家证券交易所：上海证券交易所和深圳证券交易所。上海证券交易所于1990年12月19日正式营业；深圳证券交易所于1991年7月3日正式营业。两家证券交易所均按会员制方式组成，是非营利性的事业法人。组织机构由会员大会、理事会、监察委员会和其他专门委员会、总经理及其他职能部门组成。

根据我国《证券交易所管理办法》第17条规定，会员大会是证券交易所的最高权力机构具有以下职权：①制定和修改证券交易所章程；②选举和罢免会员理事；③审议和通过理事会、总经理的工作报告；④审议和通过证券交易所的财务预算、决算报告；⑤决定证券交易所的其他重大事项。

根据我国《证券法》和《证券交易所管理办法》的规定，证券交易所设理事会，理事会是证券交易所的决策机构，其主要职责是：①执行会员大会的决议；②制定、修改证券交易所的业务规则；③审定总经理提出的工作计划；④审定总经理提出的财务预算、决算方案；⑤审定对会员的接纳；⑥审定对会员的处分；⑦根据需要决定专门委员会的设置；⑧会员大会授予的其他职责。

我国《证券法》规定，证券交易所设总经理1人，由国务院证券监督管理机构任免。

会员制的证券交易所规定，进入证券交易所参与集中交易的，必须是证券交易所的会员或会员派出的入市代表；其他人要买卖在证券交易所上市的证券，必须通过会员进行。会员制证券交易所注重会员自律，在证券交易所内从事证券交易的人员，违反证券交易所有关规则的，由证券交易所给予纪律处分；对情节严重的撤销其资格，禁止其入场进行证券交易。

3. 证券交易所的成员

不论是公司制的交易所还是会员制的交易所，其参加者都是证券经纪人和自营商。

（1）会员。会员包括股票经纪人、证券自营商及专业会员。

股票经纪人主要是指佣金经纪人，即专门替客户买卖股票并收取佣金的经纪人。交易所规定只有会员才能进入大厅进行股票交易。因此，非会员投资者若想在交易所买卖股票，就必须通过经纪人。

股票自营商是指不为顾客买卖股票，而为自己买卖股票的证券公司，根据其业务范围可以分为直接经营人和零数交易商。直接经营人是指在交易所注册的、可直接在交易所买卖股票的会员，这种会员不需支付佣金，其利润来源于短期股票价格的变动。零数交易商是指专门从事零数交易的交易商（零数交易是指不够一单位所包含的股数的交易），这种交易商不能收取佣金，其收入主要来源于以低于整份交易的价格从证券公司客户手中购入证券，然后以高于整份交易的价格卖给零数股票的购买者所赚取的差价。

专业会员是指在交易所大厅专门买卖一种或多种股票的交易所会员，其职责是就有关股票保持一个自由的、连续的市场。专业会员的交易对象为其他经纪人，按规定不能直接同公众买卖证券。在股票交易时间，专业会员既可以经纪人身份也可以自营商身份参与股票的买卖业务，但他不能同时身兼二职参加股票买卖。

（2）交易人。交易人进入交易所后，就被分为特种经纪人和场内经纪人。特种经纪人是交易所大厅的中心人物，每位特种经纪人都身兼数职，主要有：充当其他股票经纪人的代理人；直接参加交易，以轧平买卖双方的价格差距，促成交易；在大宗股票交易中扮演拍卖人的角色，负责对其他经纪人的出价和开价进行评估，确定一个公平的价格；负责本区域交易，促其成交；向其他经纪人提供各种信息。场内经纪人主要有佣金经纪人和独立经纪人。佣金经纪人是交易所的主要会员，与投资公众直接发行联系。其职责是接受顾客的委托后在交易所交易厅内代为买卖，并在买卖成交后向委托客户收取佣金。大多数投资者都要委托佣金经纪人代为买卖。通常人们所说的经纪人即是指佣金经纪人。独立经纪人主要是指一些独立的个体企业家。一个公司如果没有自己的经纪人，就可以成为独立经纪人的客户，每做一笔交易，公司须付一笔佣金。在实践中，独立经纪人都会竭力按公司要求进行股票买卖，以获取良好信誉和丰厚报酬。

4. 证券交易所的层次结构

根据社会经济发展对资本市场的需求和建设多层次资本市场的部署，我国在以上海、深圳证券交易所作为证券市场主板市场的基础上，又在深圳证券交易所设置了中小企业板块市场和创业板市场，从而形成了交易所市场内的不同市场层次。

（1）主板市场。主板市场是一个国家或地区证券发行、上市及交易的主要场所，一般而言，各国主要的证券交易所代表着国内主板主场。主板市场对发行人的营业期限、股本大小、盈利水平、最低市值等方面的要求标准较高，上市企业多为大型成熟企业，具有较大的资本规模以及稳定的盈利能力。相对创业板市场而言，主板市场是资本市场中最重要的组成部分，很大程度上能够反映经济发展状况，有"宏观经济晴雨表"之称。上海证券交易所和深圳证券交易所主板、中小板块是我国证券市场的主板市场。

2004年5月，经国务院批准，中国证监会批复同意，深圳证券交易所在主板市场内设立中小企业板块市场。设立中小企业板块的宗旨是为主业突出、具有成长性和科技含量的中小企业提供直接融资平台，是我国多层次资本市场体系建设的一项重要内容，也是分步推进创业板市场建设的一个重要步骤。

中小企业板块的设计要点主要是4个方面：①暂不降低发行上市标准，而是在主板市场发行上市标准的框架下设立中小企业板块，这样可以避免因发行上市标准变化带来的风险；②在考虑上市企业的成长性和科技含量的同时，尽可能扩大行业覆盖面，以增强上市公司行业结构的互补性；③在现有主板市场内设立中小企业板块可以依托主板市场形成初始规模，避免直接建立创业板市场初始规模过小带来的风险；④在主板市场的制度框架内实行相对独立运行，目的在于有针对性地解决市场监管的特殊性问题，逐步推进制度创新，从而为建立创业板市场积累经验。

中小企业板块的总体设计可以概括为"两个不变"和"四个独立"。"两个不变"是指中小企业板块运行所遵循的法律、法规和部门规章与主板市场相同，中小企业板块的上市公司须符合主板市场的发行上市条件和信息披露要求。中小企业板块以"两个不变"的原则体现为现有主板市场的一个板块，从法律、行政法规到中国证监会及国务院有关部门的部门规章，中小企业板块适用的基本制度规范与现有主板市场完全相同，中小企业板块适用的发行上市标准也与现有主板市场完全相同。从上市公司看，虽然不改变主板市场的发行上市标准，但把符合主板市场发行上市条件的企业中规模较小的企业集中到中小企业板块，逐步形成创业板市场的初始资源。

"四个独立"是指中小企业板块是主板市场的组成部分，同时实行运行独立、监察独立、代码独立、指数独立。运行独立是指中小企业板块的交易由独立于主板市场交易系统的第二交易系统承担；监察独立是指深圳证券交易所建立独立的监察系统实施对中小企业板块的实时监控，该系统针对中小企业板块的交易特点和风险特征设置独立的监控指标和报警阈值；代码独立是指将中小企业板块股票作为一个整体，使用与主板市场不同的股票编码；指数独立是指中小企业板块在上市股票达到一定数量后，发布该板块独立的指数。

从制度安排看，中小企业板块以运行独立、监察独立、代码独立和指数独立与主板市场相区别，同时，中小企业板块又以其相对独立性与创业板市场相衔接。

中小企业板块市场在监管方面主要采取两项措施：一是改进交易制度，完善开盘集合竞价制度和收盘价的确定方式，在监控中引入涨跌幅、振幅及换手率的偏离值等指标，完善交易异常波动停牌制度等；二是完善中小企业板块上市公司监管制度，推行募集资金使用定期审计制度、年度报告说明会制度和定期报告披露上市公司股东持股分布制度等措施。

（2）创业板市场。创业板市场又被称为"二板市场"，是为具有高成长性的中小企业和高科技企业融资服务的资本市场。创业板市场是不同于主板市场的独特的资本市场，具有前瞻性、高风险、监管要求严格以及明显的高技术产业导向的特点。与主板市场相比，在创业板市场上市的企业规模较小、上市条件相对较低，中小企业更容易上市募集发展所需资金。创业板市场的功能主要表现在两个方面：一是在风险投资机制中的作用，即承担风险资本的退出窗口作用；二是作为资本市场所固有的功能，包括优化资源配置、促进产业升级等作用，而对企业来讲，上市除了融通资金外，还有提高企业知名度、分担投资风险、规范企业运作等作用。因而，建立创业板市场是完善风险投资体系，为中小高科技企业提供直接融资服务的重要一环，也是多层次资本市场的重要组成部分。

经国务院同意、中国证监会批准，我国创业板市场于 2009 年 10 月 23 日在深圳证券交易所正式启动。我国创业板市场主要面向成长型创业企业，重点支持自主创新企业，支持市场前景好、带动能力强、就业机会多的成长型创业企业，特别是支持新能源、新材料、电子信息、生物医药、环保节能、现代服务等新兴产业的发展。

我国创业板的推出和发展将发挥对高科技、高成长创业企业的"助推器"功能，为各类风险投资和社会资本提供风险共担、利益共享的进入和退出机制，促进创业投资良性循环，逐步强化以市场为导向的资源配置、价格发现和资本约束机制，提高我国资本市场的运行效率和竞争力。

创业板是我国多层次资本市场体系的重要组成部分。创业板的开板标志着我国交易所市场在经过 20 年发展后已经逐步确立了由主板（含中小板）、创业板构成的多层次交易所市场体系框架。

7.2.2 股票市场

股票市场是金融市场的重要组成部分，是上市公司筹集资金的主要场所之一，在整个国民经济中处于非常重要的地位，股票市场有经济活动"晴雨表"之称。

1. 股票市场的概念

股票市场是指股票发行和交易的场所，由于股票是有价证券的一部分。因此，股票市场也是证券市场的一部分。目前世界上很少有专门的股票市场，股票市场与证券市场没有严格的区分。中国有深圳和上海两个股票（证券）市场。

2. 股票市场的基本功能

通过股票的发行，大量的资金流入股市，进而流入发行股票的企业。一方面改善企业的资金流动状况，促进企业的发展壮大，增强企业抵抗风险的能力；另一方面，通过股票的流通，投资者将手中的资金转换成不同的投资组合，利用股市行情的涨落谋取收益。所以股票市场一方面为股票的发行、流通和转让提供了基本的场所；另一方面也刺激了人们购买股票的欲望。

股票市场的基本功能具体有以下几点。

1）筹集资金

筹集资金是股票市场的首要功能。企业通过在股票市场上发行股票，把分散在社会上的闲置资金集中起来，形成巨额的、可供长期使用的资本，用于支持企业社会化大生产和大规模经营。股票市场所能达到的筹集资金的规模和速度是企业依靠自身积累和银行贷款所无法比拟的。马克思对此有过生动的评述："假如必须等待积累去使某些单个资本增长到能够修建铁路的程度，那么恐怕直到今天世界上还没有铁路，但是，集中通过股份公司转瞬之间就把这件事完成了。"

2）引导资金合理流动，优化资源配置

股票市场的优化资源配置功能是通过一级市场筹资、二级市场股票的流动来实现的，投资者通过及时披露的各种信息选择成长性好、盈利潜力大的股票进行投资，抛弃业绩滑坡、收益差的股票，这就使资金逐渐流向效益好、发展前景好的企业，推动其股价逐步上扬，为该公司利用股票市场进行资本扩张提供了良好的运作环境。而业绩差、前景黯淡的企业股价下滑，难以继续筹集资金，以致逐渐衰落、消亡或被兼并收购。

3）分散风险，保护投资者的利益

股票投资的风险主要来自于 3 个方面：一是发行股票企业的经营不善；二是股票价格下跌；三是欺诈性的股票发行。

股票市场的设立之所以可有效地减少这些风险，其一是挂牌上市的企业都要经过严格的审核，必须在过去数年里连续盈利，并且要按规定公布经营信息。舆论监督对企业的经营有很强的约束力，所以上市公司的盈利性有一定的保证；其二是股市里集中了大量的股票，投资者可选择多种股票进行组合，从而减少或分散风险；其三是股市作为一个有高度组织的市场，它对股票的发行及上市都有一系列的法规限制，从而在一定程序上可以防止和减少欺诈活动的发生。

股票市场同时还给投资者提供了分散风险的途径。从投资者角度看，根据个人承担风险的程度可以通过买卖股票和建立投资组合来转移和分散风险。投资者在资金多余时可以购买股票进行投资，把消费资金转化为生产资金。在资金紧缺时，可以把股票卖掉变成现金以解决即期支付之需。股票市场的高变现性使人们放心地把多余资金投入股票市场，使闲散资金转化为生产资金，即使社会最大限度地利用了分散的闲散资金，又促进了个人财富的保值增值。

4）股票定价

股票本身并无价值，其价格是由股票的预期收益、市场利息率以及供求关系等多种因素决定的。

股票的价格只有在进入股票市场后才表现出来，并且围绕其票面金额（或者是内在价值）上下波动。股票在市场上流通的价格与其票面金额不同，票面金额只是股票持有人参与红利分配的依据，不等于其本身所代表的真实资本价值，也不是股票价格的基础。股票市场可以分为场内交易市场和场外交易市场。股票场内交易市场是股票集中交易的场所，即股票交易所。有些国家最初的股票交易所是自发产生的，有些则是根据国家的有关法规注册登记设立或经批准设立的。股票交易所有严密的组织，严格的管理，并有进行集中交易的固定场所，在许多国家，交易所是股票交易的唯一合法场所。

股票场外交易市场是在股票交易所以外的各证券交易机构柜台上进行的股票交易市场，所以也叫作柜台交易市场。随着通信技术的发展，一些国家出现了有组织的、并通过现代化通信与电脑网络进行交易的场外交易市场，如美国的全美证券商协会自动报价系统（NASDAQ）。

3. 股票的交易市场的特点

股票交易市场，是为已经发行的股票进行买卖、转让和流通的市场，包括交易所市场和场外交易市场两部分。由于它是建立在发行市场基础上的，因此又称作二级市场。股票发行市场和交易市场是互相依存、互为补充的整体。但相比而言，股票交易市场比发行市场更为复杂，其作用和影响也更大。股票交易市场的特点如下。

（1）参与者的广泛性。在股票交易市场上，股票投资者的构成主要有证券公司、信托公司、投资公司、企事业单位等机构投资者和广大的个人投资者。任何一个拥有一定资金的个人或机构都可以参与交易市场活动，买卖股票，无需经过严格的资格审核。

（2）价格的不确定性。股票价格不能确定的原因有两个：一是市场的开盘价仅是一种参考，交易价格往往很少与它相同；二是卖出股票方或买进股票方的买卖意愿，根据多种因素并且在股票交易双方的报价一致时才能成交，往往是交易双方和中介经纪人都难以预料到的。多重因素的影响使股票的交易价格波动频繁，从而吸引了大量的投资者。

（3）交易的连续性。股票交易在时间上有连续性，这主要是由处于不同地域的证券交易市场所决定的。目前，世界股票交易市场已形成一个24h都可以连续进行交易业务的市场。从国际日期变更线看，最早开市的是东京证券交易市场，接着是香港和新加坡证券交易市场，再接着是巴黎和伦敦等证券交易市场，最后是纽约证券交易市场。它们在时间和地域上都连成一条线，相继开市，上一市场的开盘价、收盘价和其他交易行情成为下一市场交易的重要参考依据之一，使得股市行情在各交易市场的差距越来越小。此外，同一交易市场的股票交易在开市期间也具有连续性。

（4）交易的投机性。这是由股票交易价格的不确定性所引发的。股票同其他商品一样，存在着买卖价格的差额，因而只要有交易就有价差，有价差就会有投机产生。特别是股票交易的不即时交割，更给投机创造了条件。另外，对股票交易价格涨跌的预期也为股票交易的投机增加了可能性。

在股票交易市场上进行投机的有两种人：一种是专门进行投机交易的人，靠买空卖空进行交易，获取成交价与交割时点的价差利润；另一种是主要进行投资交易的人，他们在进行投资的同时受追求利润或其他心理动机的驱动而进行一些投机性交易，保护自己的利益或使自己获得更大的利润。股票交易市场的投机是无法避免的，没有投机股市就会像一潭死水，缺乏活力，但过度投机又会带来许多消极影响。

4. 股票交易市场的类型

目前，世界上比较通行的划分方法是把股票交易市场分为两大类，场内交易市场（证券交易所）和场外交易市场。

1）场内交易市场

场内交易市场是指由证券交易所组织的集中交易市场，有固定的交易场所和交易活动时间，在多数国家它还是全国唯一的证券交易场所。因此，是全国最重要、最集中的证券交易市场。证券交易所接受和办理符合有关法令规定的证券上市买卖，投资者则通过证券商在证券交易所进行证券买卖。

证券交易所不仅是买卖双方公开交易的场所，而且为投资者提供多种服务，交易所随时向投资者提供关于在交易所挂牌上市的证券交易情况，如成交价格和数量等；提供发行证券企业公布的财务情况，供投资者参考。交易所制定各种规则，对参加交易的经纪人和自营商进行严格管理，对证券交易活动进行监督，防止操纵市场、内幕交易、欺诈客户等违法犯罪行为的发生。交易所还有不断完善的各种制度和设施，以保证正常交易活动持续、高效地进行。

2）场外交易市场

场外市场又称店头市场或柜台市场。它与交易所共同构成一个完整的证券交易市场体系。场外交易市场实际上是由千万家证券商组成的抽象的证券买卖市场。在场外交易市场内，每个证券商大都同时具有经纪人和自营商双重身份，随时与买卖证券的投资者通过直接接触或电话、电报等方式迅速达成交易。

场外交易市场与股票交易所的主要不同点是：①它的买卖价格是证券商人之间通过直接协商决定的，而股票交易所的证券价格则是公开竞价的结果；②它的证券交易不是在固定的场所和固定的时间内进行的，而是主要通过其他通信工具成交；③在股票交易所内仅买卖已上市的股票，而在场外交易市场则不仅买卖已上市的股票，同样也买卖未上市的股票。

投资者如果想买卖某些公司发行的、没有在股票交易所登记上市的股票，可以委托证券商人在场外进行。他们通过计算机、电话网络或电报网直接联系完成交易。在场外交易市场买卖股票有时需付佣金，有时只付净价。场外交易市场的股票通常有两种价格：一是公司卖给证券公司的批发价格；二是证券公司卖给客户的零售价格。在这种市场上，股票的批发和零售价格的差价不大，一般来说不超过买卖金额的 5%。

5. 股票交易的方式

转让股票进行买卖的方法和形式称为交易方式，它是股票流通交易的基本环节。现代股票流通市场的买卖交易方式种类繁多，从不同的角度可以分为以下 3 类。

1）议价买卖和竞价买卖

从买卖双方决定价格的不同，分为议价买卖和竞价买卖。议价买卖就是买方和卖方一对一地面谈，通过讨价还价达成买卖交易。它是场外交易中常用的方式，一般在股票上不了市、交易量少、需要保密或为了节省佣金等情况下采用。竞价买卖是指买卖双方都是由若干人组成的群体，双方公开进行双向竞争的交易，即交易不仅在买卖双方之间有出价和要价的竞争，而且在买者群体和卖者群体内部也存在着激烈的竞争，最后在买方出价最高者和卖方要价最低者之间成交。在这种双方竞争中，买方可以自由地选择卖方，卖方也可以自由地选择买方，使交易比较公平，产生的价格也比较合理。竞价买卖是证券交易所中买卖股票的主要方式。

2）直接交易和间接交易

按达成交易的方式不同，分为直接交易和间接交易。直接交易是指买卖双方直接洽谈，股票也由买卖双方自行清算交割，在整个交易过程中不涉及任何中介的交易方式。场外交易绝大部分是直接交易。间接交易是指买卖双方不直接见面和联系，而是委托中介人进行股票买卖的交易方式。证券交易所中的经纪人制度就是典型的间接交易。

3）现货交易和期货交易

按交割期限不同，分为现货交易和期货交易。现货交易是指股票买卖成交以后，马上办理交割清算手续，当场钱货两清。期货交易则是股票成交后按合同中规定的价格、数量，过一段时期再进行交割清算的交易方式。

关于股票上市交易的特别处理。

公司上市的资格并不是永久的，当不能满足证券上市条件时，证券监管部门或证券交易所将对该股票作出实行特别处理、退市风险警示、暂停上市、终止上市的决定。这些做法既是对投资者的警示，也是对上市公司的淘汰制度，是防范和化解证券市场风险、保护投资者利益的重要措施。证券交易所对在主板上市和创业板上市的股票作出实行特别处理、退市风险警示、暂停上市、终止上市决定的标准不同。当上市公司出现财务状况异常或者其他异常情况，导致其股票存在被终止上市的风险，或者投资者难以判断公司前景，投资者权益可能受到损害的，证券交易所对该公司股票交易实行特别处理。特别处理分为警示存在终止上市风险的特别处理(简称"退市风险警示")和其他特别处理。

6. 退市风险警示的处理措施

在公司股票简称前冠以"＊ST"字样，以区别于其他股票，股票价格的日涨跌幅限制为5％。

(1) 警示存在终止上市风险的特别处理(退市风险警示)。

① 上市公司出现以下情形之一的，上海证券交易所和深圳证券交易所对在主板上市的股票交易实行退市风险警示：最近两年连续亏损(以最近两年年度报告披露的当年经审计净利润为依据)；因财务会计报告存在重大会计差错或者虚假记载，公司主动改正或者被中国证监会责令改正后，对以前年度财务会计报告进行追溯调整，导致最近两年连续亏损；因财务会计报告存在重大会计差错或者虚假记载，被中国证监会责令改正但未在规定期限内改正，且公司股票已停牌两个月；未在法定期限内披露年度报告或者中期报告，且公司股票已停牌两个月；公司可能被解散；法院依法受理公司重整、和解或者破产清算申请；因股权分布不具备上市条件，公司在规定期限内向证券交易所提交解决股权分布问题的方案，并获得证券交易所同意；证券交易所认定的其他情形。

② 上市公司出现下列情形之一的，深圳证券交易所对在中小企业板块上市的股票交易实行退市风险警示：最近一个会计年度的审计结果显示其股东权益为负值；最近一个会计年度被注册会计师出具否定意见的审计报告，或者被出具了无法表示意见的审计报告而且深圳证券交易所认为情形严重的；最近一个会计年度的审计结果显示公司对外担保余额(合并报表范围内的公司除外)超过1亿元且占净资产值的100％以上(主营业务为担保的公司除外)；最近一个会计年度的审计结果显示公司违法违规为其控股股东及其他关联方提供的资金余额超过2 000万元或者占净资产值的50％以上；公司受到深圳证券交易所公开谴责后，在24个月内再次受到深圳证券交易所公开谴责；连续20个交易日，公司股票每日收盘价均低于每股面值；连续120个交易日内，公司股票通过深圳证券交易所交易系统实现的累计成交量低于300万股。

③ 上市公司出现下列情形之一的，深圳证券交易所对在创业板上市的股票交易实行退市风险警示：最近两年连续亏损(以最近两年年度报告披露的当年经审计净利润为依据)；因财务会计报告存在重要的前期差错或者虚假记载，公司主动改正或者被中国证监会责令改正，对以前年度财务会计报告进行追溯调整，导致最近两年连续亏损；最近一个会计年度的财务会计报告显示当年经审计净资产为负；因财务会计报告存在重要的前期差错或者虚假记载，被中国证监会责令改正但未在规定期限内改正，且公司股票已停牌两个月；未在法定期限内披露年度报告或者中期报告；最近一个会计年度的财务会计报告被注册会计师出具否定意见或者无法表示意见的审计报告；出现可能导致公司解散的情形；因股权分布或股东人数不具备上市条件，公司在规定期限内提出股权分布或股东人数问题解决方案，经深圳证券交易所同意其实施；公司股票连续120个交易日通过深圳证券交易所交易系统实现的累计成交量低于100万股；法院依法受理公司重整、和解或者破产清算申请；深圳证券交易所认定的其他存在退市风险的情形。

（2）其他特别处理。

① 上市公司出现以下情形之一的，上海证券交易所和深圳证券交易所对在主板上市的股票交易实行其他特别处理：最近一个会计年度的审计结果表明股东权益为负值；最近一个会计年度的财务会计报告被会计师事务所出具无法表示意见或者否定意见的审计报告；按照规定条件向交易所提出申请并获准撤销对其股票交易实行的退市风险警示后，最近一个会计年度的审计结果表明公司主营业务未正常运营，或者扣除非经常性损益后的净利润为负值；生产经营活动受到严重影响且预计在 3 个月内不能恢复正常；主要银行账号被冻结；董事会会议无法正常召开并形成决议；公司被控股股东及其关联方非经营性占用资金或违反规定决策程序对外提供担保，情形严重的；中国证监会和交易所认定的其他情形。

② 上市公司出现下列情形之一的，深圳证券交易所对在创业板上市的股票交易实行其他风险警示处理：按照有关规定申请并获准撤销退市风险警示的公司或者申请并获准恢复上市的公司，其最近一个会计年度的审计结果显示主营业务未正常运营或者扣除非经常性损益后的净利润为负值；公司生产经营活动受到严重影响且预计在 3 个月以内不能恢复正常；公司主要银行账号被冻结；公司董事会无法正常召开会议并形成董事会决议；中国证监会或者深圳证券交易所认定的其他情形。

7. 暂停股票上市交易

（1）我国《证券法》规定，上市公司有下列情形之一的，由证券交易所决定暂停其股票上市交易：①公司股本总额、股权分布等发生变化不再具备上市条件；②公司不按照规定公开其财务状况，或者对财务会计报告作虚假记载，可能误导投资者；③公司有重大违法行为；④公司最近 3 年连续亏损；⑤证券交易所上市规则规定的其他情形。

（2）上海证券交易所和深圳证券交易所决定暂停其股票在主板上市的其他情形有：因连续两年亏损其股票交易被实行退市风险警示后，最近一个会计年度审计结果表明公司继续亏损；因财务会计报告存在重大会计差错或者虚假记载，其股票交易被实行退市风险警示后，在两个月内仍未按要求改正财务会计报告；未在法定期限内披露年度报告或者中期报告，其股票交易被实行退市风险警示后，在两个月内仍未披露应披露的年度报告或者中期报告；股权分布发生变化不具备上市条件，被交易所实行退市风险警示后，在 6 个月内其股权分布仍不具备上市条件；公司股本总额发生变化不再具备上市条件；公司有重大违法行为；交易所规定的其他情形。

（3）深圳证券交易所决定暂停其股票在中小企业板块上市的其他情形有：因最近一个会计年度的审计结果显示其股东权益为负值，股票交易被实行退市风险警示后，公司首个年度报告审计结果显示股东权益仍然为负；因最近一个会计年度被注册会计师出具否定意见的审计报告，或者被出具了无法表示意见的审计报告而且深圳证券交易所认为情形严重的，股票交易被实行退市风险警示后，公司首个年度报告注册会计师仍出具否定意见的审计报告，或者被出具了无法表示意见的审计报告而且深圳证券交易所认为情形严重的；因最近一个会计年度的审计结果显示公司对外担保余额（合并报表范围内的公司除外）超过 1 亿元且占净资产值的 100%以上（主营业务为担保的公司除外），股票交易被实行退市风险警示后，公司年度报告审计结果显示公司对外担保余额（合并报表范围内的公司除外）仍超过1亿元且占公司净资产值的100％以上；因最近一个会计年度的审计结果显示公司违法违规为其控股股东及其他关联方提供的资金余额超过2 000万元或者占净资产值的50％以上，股票交易被实行退市风险警示后，公司年度报告审计结果显示公司违法违规为其控股股东及其他关联方提供的资金余额超过2 000万元且占公司净资产值的50％以上；因公司受到深圳证券交易所公开谴责后，在24个月内再次受到深圳证券交易所公开谴责，股票交易被实行退市风险警示的，公司在其后12个月内再次受到深圳证券交易所公开谴责。

（4）深圳证券交易所决定暂停其股票在创业板上市的其他情形有：股票交易被实行退市风险警示后，首个会计年度审计结果表明公司继续亏损；股票交易被实行退市风险警示后，首个会计年度审计结果表明公司净资产仍然为负；股票交易被实行退市风险警示后，在两个月内仍未按要求改正其财务会计报告；股票交易被实行退市风险警示后，在两个月内仍未披露年度报告或中期报告；股票交易被实行退市风险警示后，未能在法定期限内披露最近一期年度报告或者中期报告，且在其后两个月内仍未披露；股票交易被实行退市风险警示后，公司年度财务会计报告被注册会计师出具否定意见或者无法表示意见的审计报告；公司股本总额变化不再具备上市条件；公司股权分布或股东人数不符合上市条件且未能在停牌后一个月内提交解决方案，或复牌后6个月内其股权分布或股东人数仍不能符合上市条件；公司有重大违法行为；深圳证券交易所规定的其他情形。

8. 终止股票上市交易

（1）我国《证券法》规定，上市公司有下列情形之一的，由证券交易所决定终止其股票上市交易：公司股本总额、股权分布等发生变化不再具备上市条件，在证券交易所规定的期限内仍不能达到上市条件；公司不按照规定公开其财务状况，或者对财务会计报告作虚假记载，且拒绝纠正；公司最近3年连续亏损，在其后一个年度内未能恢复盈利；公司解散或者被宣告破产；证券交易所上市规则规定的其他情形。

（2）上海证券交易所和深圳证券交易所决定终止其股票在主板上市的其他情形有：股票被暂停上市后，未能在法定期限内披露最近一期年度报告；股票被暂停上市后，在法定期限内披露的最近一期年度报告显示公司亏损；股票被暂停上市后，在法定期限内披露了最近一期年度报告，但未在其后5个交易日内提出恢复上市申请；股票被暂停上市后，在两个月内仍未按要求改正财务会计报告或披露相关定期报告；股票被暂停上市后，在两个月内披露了按要求改正的财务会计报告或相关定期报告，但未在其后的5个交易日内提出恢复上市申请；恢复上市申请未被受理；恢复上市申请未获同意；公司股本总额发生变化不再具备上市条件，在交易所规定的期限内仍不能达到上市条件；股票被暂停上市后，在暂停上市6个月内股权分布仍不具备上市条件；上市公司或者收购人以终止股票上市为目的回购股份或者要约收购，在方案实施后，公司股本总额、股权分布等发生变化不再具备上市条件；上市公司被吸收合并；股东大会在公司股票暂停上市期间作出终止上市的决议；公司解散；公司被法院宣告破产；交易所认定的其他情形。

（3）深圳证券交易所决定终止其股票在中小企业板块上市的其他情形有：①因最近一个会计年度的审计结果显示其股东权益为负值被暂停上市后，公司首个中期报告审计结果显示股东权益仍为负的；②因最近一个会计年度被注册会计师出具否定意见的审计报告，或者被出具了无法表示意见的审计报告而且深圳证券交易所认为情形严重的被暂停上市后，公司首个中期报告被注册会计师出具否定意见的审计报告，或者被出具无法表示意见的审计报告而且深圳证券交易所认为情形严重的；③因最近一个会计年度的审计结果显示公司对外担保余额（合并报表范围内的公司除外）超过1亿元且占净资产值的100％以上（主营业务为担保的公司除外）被暂停上市后，公司首个中期报告审计结果显示公司对外担保余额（合并报表范围内的公司除外）超过5 000万元且占公司净资产值的50％以上；④因最近一个会计年度的审计结果显示公司违法违规为其控股股东及其他关联方提供的资金余额超过2 000万元或者占净资产值的50％以上被暂停上市后，公司首个中期报告审计结果显示公司违法违规为其控股股东及其他关联方提供的资金未全部归还；⑤因公司受到深圳证券交易所公开谴责后，在24个月内再次受到深圳证券交易所公开谴责被暂停上市的，其后12个月内再次受到深圳证券交易所公开谴责；⑥因连续20个交易日，公司股票每日收盘价均低于每股面值，一股票交易被实行退市风险警示后90个交易日内，没有出现过连续20个交易日公司股票每日收盘价均高于每股面值；⑦因连续120个交易日内，公司股票通过深圳证券交易所交易系统实现的累计成交量低于300万股，股票交易被实行退市风险警示的，在其后120个交易日内的累计成交量低于300万股；⑧因上述第①、②、③、④项情形被暂停上市的，公司未在法定期限内披露暂停上市后经审计的首个中期报告。

（4）深圳证券交易所决定终止其股票在创业板上市的其他情形有：股票被暂停上市后，未能在法定期限内披露暂停上市后首个年度报告；股票被暂停上市后，未能在法定期限内披露暂停上市后首个中期报告；股票被暂停上市后，在法定期限内披露的暂停上市后首个年度报告显示公司出现亏损；股票被暂停上市后，在法定期限内披露了暂停上市后相关定期报告，但未能在其后5个交易日内提出恢复上市申请；股票被暂停上市后，在法定期限内披露的暂停上市后首个中期报告显示公司净资产仍为负；股票被暂停上市后，在两个月内仍未能披露经改正的有关财务会计报告；股票被暂停上市后，在两个月内披露了经改正的有关财务会计报告，但未能在其后的5个交易日内提出恢复上市申请；股票被暂停上市后，在一个月内仍未能披露相关年度报告或者中期报告；股票被暂停上市后，在一个月内披露了相关年度报告或者中期报告，但未能在其后的5个交易日内提出恢复上市申请；股票被暂停上市后，公司首个半年度财务会计报告被注册会计师出具否定意见或者无法表示意见的审计报告；股票被暂停上市后，公司未能在法定期限内披露暂停上市后首个中期报告；股票被暂停上市后，公司首个半年度财务会计报告显示该情形已消除，但未能在其后的5个交易日内提出恢复上市申请；恢复上市申请未被受理；恢复上市申请未被核准；股票被暂停上市后，在其后的6个月内公司股权分布状况或股东人数仍未能达到上市条件；上市公司以终止公司股票上市为目的进行回购，或者要约收购，回购或者要约收购实施完毕后，公司股本总额、股权分布或股东人数不再符合上市条件；公司股本总额发生变化不再具备上市条件，在交易所规定的期限内仍不能达到上市条件；股票被实行退市风险警示，在其后的120个交易日内的累计成交量低于100万股；在股票被暂停上市期间，股东大会作出终止上市决议；公司因故解散；法院宣告公司破产；深圳证券交易所规定的其他情形。

（5）公司债券上市交易后，公司有下列情形之一的，由证券交易所决定暂停其公司债券上市交易：①公司有重大违法行为；②公司情况发生重大变化，不符合公司债券上市条件；③发行公司债券所募集的资金不按照核准的用途使用；④未按照公司债券募集办法履行义务；⑤公司最近两年连续亏损。公司有第①、④项所列情形之一经查实后果严重的，或者有第②、③、⑤项所列情形之一，在限期内未能消除的，由证券交易所决定终止其公司债券上市交易。

7.2.3　证券交易程序

在证券交易活动中，投资者在证券市场上买卖已发行的证券要按照一定的程序进行。所谓证券交易程序，是指投资者在二级市场上买进或卖出已上市证券所应遵循的规定过程。在现行的技术条件下，许多国家的证券交易已采用电子化形式。在电子化交易情况下，证券交易的基本过程包括开户、委托、成交、结算等几个阶段。(参考图 7.1)

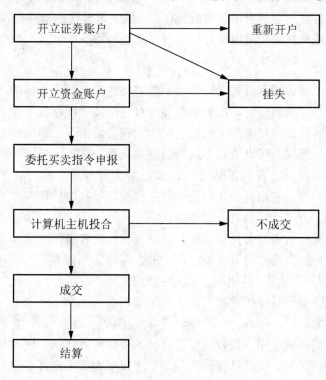

图 7.1　证券交易程序

1. 开户

开户有两个方面，即开立证券账户和开立资金账户。由于采用电子化交易方式，证券和资金都可以记录在相应的账户中。按照我国相关制度规定，投资者应当开立实名账户。同一投资者开立的资金账户和证券账户的姓名或者名称应当一致。

投资者买卖证券的第一步是要向中国结算公司申请开立证券账户，用来记载投资者所持有的证券种类、数量和相应的变动情况。在我国，中国结算公司可以委托证券公司代为开立证券账户。自然人和一般机构投资者开立证券账户，由开户代理机构受理；证券公司和基金公司等机构开立证券账户，由中国结算公司受理。证券账户有不同的类型，有的根据投资者种类(如个人投资者和机构投资者)区分，有的根据投资品种(如 A 股和 B 股)区分。当然，对于投资者来说，除买卖 B 股需单独开立账户外，在一个 A 股证券账户中允许买卖各种证券是比较方便的。

开立证券账户后，投资者还不能直接买卖证券。由于买卖证券要涉及货币资金的收入或付出，因此，投资者还必须开立资金账户。资金账户用来记载和反映投资者买卖证券的货币收付和结存数额。在我国现阶段，投资者交易结算资金已经实行第三方存管制度。根据这一制度的规定，投资者在商业银行有签约存款账户，同时在证券公司开立《客户交易结算资金第三方存管协议》中的资金台账。

开立证券账户和资金账户后，投资者买卖证券所涉及的证券、资金变化就会从相应的账户中得到反映。

例如，某投资者买入甲股票 1 000 股，包括股票价格和交易税费的总费用为 10 000元，则投资者的证券账户上就会增加甲股票 1 000 股，资金账户上就会减少 10 000 元。如果证券账户和资金账户遗失，可以通过挂失程序重新补办。

2. 委托

在证券交易所市场，投资者买卖证券是不能直接进入交易所办理的，而必须通过证券交易所的会员来进行。换而言之，投资者需要通过经纪商才能在证券交易所买卖证券。在这种情况下，投资者向证券经纪商下达买进或卖出证券的指令，称为"委托"。

委托指令有多种形式，可以按照不同的依据来分类。从各国（地区）情况看，一般根据委托订单的数量，有整数委托和零数委托；根据买卖证券的方向，有买进委托和卖出委托；根据委托价格限制，有市价委托和限价委托；根据委托时效限制，有当日委托、当周委托、无期限委托、开市委托和收市委托等。

证券经纪商接到投资者的委托指令后，首先要对投资者身份的真实性和合法性进行审查。审查合格后，经纪商要将投资者委托指令的内容传送到证券交易所进行撮合。这一过程称为"委托的执行"，也称为"申报"或"报盘"。

证券交易所在证券交易中接受报价的方式主要有口头报价、书面报价和计算机报价 3种。采用口头报价方式时，证券公司的场内交易员接到交易指令后，在证券交易所规定的交易台前或者指定的区域，用口头方式喊出自己的买价或者卖价，同时辅以手势，直至成交。而在书面报价情况下，交易员将证券买卖要求以书面形式向证券交易所申报，然后按规定的竞价交易原则撮合成交。计算机报价则是指证券公司通过计算机交易系统进行证券买卖申报，其做法是：证券公司将买卖指令输入计算机终端，并通过计算机系统传给证券交易所的交易系统，交易系统接收后即进行配对处理。若买卖双方有合适的价格和数量，交易系统便自动撮合成交。目前，我国通过证券交易所进行的证券交易均采用计算机报价方式。

3. 成交

证券交易所交易系统接受申报后，要根据订单的成交规则进行撮合配对。符合成交条件的予以成交，不符合成交条件的继续等待成交，超过了委托时效的订单失效。

在成交价格确定方面，一种情况是通过买卖双方直接竞价形成交易价格；另一种情况是交易价格由交易商报出，投资者接受交易商的报价后即可与交易商进行证券买卖。

在订单匹配原则方面，根据各国(地区)证券市场的实践，优先原则主要有：价格优先原则、时间优先原则、按比例分配原则、数量优先原则、客户优先原则、做市商优先原则和经纪商优先原则等。其中，各证券交易所普遍使用价格优先原则作为第一优先原则。我国采用价格优先和时间优先原则。

4. 结算

证券交易成交后，首先需要对买方在资金方面的应付额和在证券方面的应收种类和数量进行计算，同时也要对卖方在资金方面的应收额和在证券方面的应付种类和数量进行计算，这一过程属于清算，包括资金清算和证券清算。清算结束后，需要完成证券由卖方向买方转移和对应的资金由买方向卖方转移，这一过程属于交收。清算和交收是证券结算的两个方面。

对于记名证券而言，完成了清算和交收还有一个登记过户的环节。完成了登记过户，证券交易过程才告结束。

7.2.4 债券交易市场

我国的债券交易可以分为场内债券交易市场(在上海证券交易所和深证证券交易所交易、转让、流通)和银行间债券市场(场外债券交易市场)。

(1) 场内债券交易市场。作为集中性市场，上海证券交易所是最早开办债券交易的场所，1990年底上海证券交易所开办第一笔国债交易，深圳证券交易所1993年才开办国债业务。交易所市场实行的是集中撮合竞价与经纪商制度，采用计算机集合竞价、连续竞价和大宗交易的方式。投资者可委托交易所会员在交易所市场进行债券交易，债券持有人可卖出债券的数量，根据其在交易所指定的登记结算机构库存债券数量以交易所公布的标准券(综合券)折算率计算出的标准券(综合券)量为限。目前，交易所按周公布各债券品种的标准券(综合券)折算率，并按该比率计算各会员的标准券(综合券)库存。中国证券登记结算公司上海分公司和深圳分公司分别托管上海证券交易所和深圳证券交易所的债券。

我国交易所债券市场主要包括交易所国债市场、企业债市场、可转债市场和回购市场，其中交易所国债市场和银行间国债市场共同构成了我国国债交易市场的主体，企业债市场随着发债企业数量的增加，其规模呈现出逐步递增的态势，但增长速度慢于债券市场的整体扩张速度；可转债市场在我国呈现出新兴市场的特点，逐步得到了投资者的认同，体现了较高的市场投资价值，其年发行规模和市场存量规模都呈现出较快增长；回购市场就回购品种而言可以分为国债回购和企业债回购，其中国债回购市场根据参与者的不同又可以分为银行间国债回购市场和交易所国债回购市场，与交易所国债市场发展状况一样，交易所国债回购市场落后于银行间回购市场的发展。

(2) 银行间债券市场。全国银行间债券市场是指依托于中国外汇交易中心暨全国银行间同业拆借中心(简称"交易中心")和中央国债登记结算有限责任公司(简称"中央登记公司")的，面向商业银行、农村信用联社、保险公司、证券公司等金融机构进行债券买卖和回购的市场。全国银行间债券市场成立于1997年6月6日。经过10多年的迅速发展，银行间债券市场目前已成为我国债券市场的主体部分。交易中心是中国人民银行直属事业单位，专事提供银行间市场中介服务。

其主要职能是：提供银行间外汇交易、人民币同业拆借、债券交易系统并组织市场交易；办理外汇交易的资金清算、交割，负责人民币同业拆借及债券交易的清算监督；提供网上票据报价系统；提供外汇市场、债券市场和货币市场的信息服务；开展中国人民银行批准的其他业务。交易中心利用先进的电子信息技术，依托专线网和互联网，面向银行间外汇市场、债券市场和货币市场，建成了交易、清算、信息、风险管理和监管五大服务平台，在支持人民币汇率稳定、传导央行货币政策、服务金融机构和监管部门等方面发挥了重要作用。

交易方式和品种：债券交易方式包括现券买卖与回购交易两部分。现券交易品种目前为国债和以市场化形式发行的政策性金融债券；用于回购的债券包括国债、中央银行票据、政策性金融债券和企业中期票据。回购的期限为1天～1年，交易系统按1天、7天、14天、2l天、1个月、2个月、3个月、4个月、6个月、9个月、1年共11个品种统计公布债券回购的成交量和成交价。

交易时间：每周一～周五（节假日除外）9：00～12：00，13：30～16：30。

成员构成：中华人民共和国境内的商业银行及其授权分行、信托投资公司、企业集团财务公司、金融租赁公司、农村信用社、城市信用社、证券公司、基金管理公司及其管理的各类基金、保险公司、外资金融机构，以及经金融监管当局批准可投资于债券资产的其他金融机构均有资格申请与交易中心交易系统联网交易。

对两个债券交易市场的比较可参考表7-1。

表7-1 银行间债券市场与交易所债券市场的比较

	银行间债券市场	交易所债券市场
功能	央行公开市场操作，实现货币政策目标，金融机构债券投资和流动性管理	股票投资者投资组合和融资便利
参与者范围	机构投资者：商业银行、农村信用社、证券公司、基金管理公司、保险公司、企业（债券结算代理）	机构投资者：证券公司、基金管理公司、保险公司、企业个人投资者
交易方式	双边报价（做市商制度），一对一询价谈判	集中撮合竞价（价格优先，时间优先）
债券托管方式	在中央结算公司开立一级债券托管账户	在中国证券登记结算有限公司托管（上交所和深交所各在中证登上海和深圳的分公司托管）
债券结算方式	全国同业拆借中心提供前台债券交易；中国央结算公司提供债券托管和后台结算，采用逐笔、实时和全额结算制度	交易所提供前台债券交易，中国证券登记结算有限公司托管和后台结算，投资者在证券商处开立账户，采用净额结算制度
交易结算风险承担	由交易双方自行承担	由交易所提供结算担保和承担交易结算风险
交易品种	金融机构可以从事回购和现货交易，企业只能从事正回购和现货交易	机构投资者和个人投资者均可进行现货交易，机构投资者可进行国债企业债回购交易，个人投资者不能进行回购交易

续表

	银行间债券市场	交易所债券市场
交易手续费	一次性开户费、结算过户费和代理佣金	开户费和交易手续费
价格波动程度	价格波动幅度较小	价格波动幅度较大
投资特点	债券存量大，投资工具丰富，交易成本低价格波动小	流动性较强，投资工具较少，交易费用较高，价格波动大，不利于大宗交易的成交

本 章 小 结

　　本章首先介绍的证券市场是由证券发行市场与证券交易共同组成的。发行市场是流通市场的基础和前提，流通市场又是发行市场得以存在和发展的条件，并显著地影响发行市场。发行市场的规模决定了流通市场的规模，影响着流通市场的交易价格。证券市场的两个组成部分既相互依存，又相互制约，是一个不可分割的整体。在此基础上本章结合中国证券市场实际，系统介绍了证券发行市场和证券交易市场的基本理论和基本知识。其中重点阐述了股票的发行目的、发行方式以及股票发行价格的确定因素；股票市场的功能、特点和分类。结合证券投资活动实际，介绍了证券交易的程序、证券的发行承销制度，并对债券的发行价格、发行方式以及债券的交易市场特别是对场内债券交易市场和银行间债券市场进行了比较，明确提出了两者的区别。

习　　题

一、名词解释

　　一级市场　二级市场　证券交易所　特别风险提示

二、简单题

　　1. 简述证券发行市场与交易市场的关系。
　　2. 简述股票退市风险警示的条件。
　　3. 结合本章的内容，简述交易所的组织形式。
　　4. 简述股票的交易程序。

三、案例分析题

美国的场外交易市场

美国的资本市场体系比较成熟、完善，多层次的资本市场体系使得不同规模、不同需求的企业都可以利用资本市场进行融资、交易，获得发展机会，其中场外交易市场是美国多层次资本市场体系中不可或缺的一部分。

目前，美国的场外交易市场是一个通过计算机系统和电话连接的庞大市场，这一市场按层次高低分为：纳斯达克、场外交易商场公告板、粉单市场、第三市场、第四市场等。其中，纳斯达克是最大的OTC市场。

1. 纳斯达克(NASDAQ)

NASDAQ是美国证券交易商协会(NASD)于1971年在华盛顿建立并负责组织和管理的一个自动报价系统，是世界第一个电子股票市场。其最大特色在于利用现代信息技术建立了自己的电子交易系统，现已成为全球最大的场外交易市场。NASDAQ起初为所有OTC市场的证券报价，后来其报价的证券等级提高，企业需要满足一定的条件才能在NASDAQ挂牌。NASDAQ分为NASDAQ全国市场(NAS-DAQNM)和NASDAQ小型资本市场(NASDAQSCM)。在NASDAQ全国市场，许多世界范围的大公司在此挂牌，既包括传统部门公司，也包括新兴行业、成长迅速的公司。NASDAQ小型资本市场的挂牌标准比较宽松，主要面向新的、规模较小的公司。在该市场挂牌的公司，如果满足标准，可以转到全国市场。

2. 场外交易市场公告栏(OTCBB)

OTCBB开通于1990年，是一个能够提供实时的股票交易价和交易量的电子报价系统。OTCBB的交易品种包括美国国内外各类股票、证券、认购权、基金单位、美国存托品证(ADR)以及直接参与计划(DPPs)等，主要面向还没有在NASDAQ或其他全国性证券交易所进行交易的证券。

3. 粉单市场

粉单市场创建于1904年由美国国家报价机构设立。

该市场对订阅用户定期制作刊物，发布场外交易的各种证券的报价信息，在每天交易结束后向所有客户提供证券报价，使证券经纪商能够方便地获取市场报价信息。在粉单市场上交易的股票没有任何财务要求和信息披露要求。通过粉单市场，分散在全国的市场可以进行有效的联系，解决了长期困扰小额股票市场的信息分散问题，提高了市场效率。

4. 第三市场

第三市场形成于20世纪30年代，指证券交易所外的上市证券交易市场。其交易者主要是机构投资者和证券经纪商，很少或不需要交易所提供有关证券研究、保管、信息和市场分析等服务。这样，不但可使佣金降低，而且使交易的总成本也比较低。

5. 第四市场

第四市场是美国投资者和证券持有人绕开证券经纪人，相互间直接进行证券交易而形成的市场。买卖双方通常不需要支付中介费，即便有时通过第三方来安排，佣金也要低于其他市场。第四市场对证券交易所内和场外的大批量证券交易产生巨大的竞争压力，促使这些交易以较低的成本和更直接的方式进行。

（案例来源：华北金融，2008年9月）

案例问题：

(1) 根据案例分析，什么是场外交易市场？

(2) 根据案例分析，OTCBB交易的主要是什么证券？

(3) 根据案例分析，在粉单市场上交易的股票具有什么财务的信息披露要求？

(4) 根据案例分析，什么是第三市场？

(5) 根据案例分析，第四市场有什么作用？

第 8 章　证券中介机构

通过本章的学习掌握证券公司的定义，掌握我国证券公司设立条件以及对注册资本的要求，掌握证券公司的设立以及重要事项变更审批要求，熟悉证券公司董事、监事和高级管理人员任职资格监管。熟悉创新试点证券公司的评审及持续要求，熟悉规范类证券公司的评审及持续要求。掌握证券公司主要业务的种类、业务内容及相关管理规定。掌握证券公司治理结构的主要内容，掌握证券公司内部控制的目标、原则，熟悉证券公司各项业务内部控制的主要内容，掌握证券公司风险控制指标管理、有关净资本及其计算、风险控制指标标准和监管措施的规定。

教学要求

知识要点	能力要求	相关知识
证券公司的设立和主要业务	(1) 证券公司设立的理解能力 (2) 证券公司监管的理解 (3) 了解创新试点和规范类证券公司的评审及持续要求 (4) 掌握证券公司的主要业务	(1) 设立条件、注册资本 (2) 董事、监事和高级管理人员的监管 (3) 申请条件、持续要求 (4) 承销与发行、经纪业务、自营业务、融资融券业务等
证券公司的治理和内部控制结构	(1) 理解证券公司治理结构 (2) 掌握证券公司的内部控制结构 (3) 熟悉证券公司风险控制指标	(1) 股东及股东会、董事和董事会、监事和监事会、经理层 (2) 内部控制的目标、原则和主要内容 (3) 净资本计算、风险控制指标标准、监管措施
证券登记结算公司	(1) 熟悉证券登记结算公司的设立 (2) 了解证券登记结算公司的组织机构 (3) 掌握证券登记结算公司的职能 (4) 了解证券登记结算公司业务规则	(1) 设立条件 (2) 组织机构 (3) 证券账户和结算账户的管理、证券的存管和过户、证券交易的清算和交收 (4) 结算原则、结算证券和资金的专用性

续表

知识要点	能力要求	相关知识
证券服务机构	(1) 熟悉证券服务机构的类别 (2) 了解各证券服务机构的相关管理 (3) 掌握证券服务机构的法律责任和市场准入	(1) 机构的类别 (2) 律师事务所、注册会计师、投资咨询机构等机构的管理 (3) 法律责任和市场准入

> 风险来自你不知道自己正在做什么。
>
> ——沃伦·巴菲特（Warren Buffett）

基本概念

证券公司　证券经纪业务　证券承销　证券保荐　证券资产管理　证券自营　融资融券　证券公司治理结构　证券公司内部控制　证券服务机构

导入案例

美林证券被收购

美林证券成立于1885年，是全世界最大的全球性综合投资银行之一。美林公司的业务涵盖了投资银行的所有方面，包括债券及股票的承销、二级市场经纪及自营业务、资产管理、投资咨询及财务顾问。自1988年起，美林连续10年成为全球最大的债券及股票承销商。美林集团在纽约交易所、伦敦交易所和其他许多股票交易市场的股票交易额均名列首位。美林集团拥有阵容强大、范围全面的调研分析队伍，是全球拥有最强研究实力的投资银行之一。

2008年，受次贷危机拖累，美林证券蒙受了超过500亿美元的损失及资产减计。2008年9月，公司决定接受美国银行提出的竞购请求，以避免面临破产的命运。美国银行对外界宣布于2009年1月1日完成对美林公司的330亿美元的收购。因此，美林证券作为独立投资银行画上了句号。美国银行将拥有全球最大规模的财富管理业务，拥有大约20 000名金融顾问以及超过2万亿美元的客户资产。美国银行与美林的合并也加强了在债券和股票承销、销售和交易以及并购咨询领域的实力，同时创造出加深与全球企业及机构客户关系的重大机会。

点评

一家证券公司无论资产规模多大，研究分析队伍多大，都有因经营管理不善破产或被收购的可能。

8.1　证券公司的设立和主要业务

证券公司是指依照《公司法》和《证券法》设立的经营证券业务的有限责任公司或

者股份有限公司。在我国，设立证券公司必须经国务院证券监督管理机构审查批准。世界各国对证券公司的划分和称呼不尽相同。美国的通俗称谓是投资银行；英国则称商人银行；以德国为代表的一些国家实行银行业与证券业混业经营；通常由银行设立公司从事证券业务经营。日本等一些国家和我国一样，将专营证券业务的金融机构称为证券公司。

证券公司是证券市场重要的中介机构，在证券市场的运作中发挥着重要作用。一方面，证券公司是证券市场投融资服务的提供者，为证券发行人和投资者提供专业化的中介服务；另一方面，证券公司也是证券市场重要的机构投资者。此外，证券公司还通过资产管理方式，为投资者提供证券及其他金融产品的投资管理服务等。因此，证券公司在证券市场中扮演着重要角色。

8.1.1 证券公司的设立

《证券法》对设立证券公司所应具备的条件作出了较为全面的规定，包括对证券公司章程的要求，对主要股东资格的限制条件，明确提出了风险管理和内部控制制度，要求证券公司的注册资本应当是实缴资本，将注册资本最低限额与证券公司从事的业务种类直接挂钩，分为5 000万元、1亿元和5亿元3个标准等。《证券法》还规定，我国证券公司的组织形式为有限责任公司或股份有限公司，不得采取合伙及其他非法组织形式。

1. 设立条件

按照《证券法》的要求，设立证券公司应当具备下列条件。

(1) 有符合法律、行政法规规定的公司章程。

(2) 主要股东具有持续盈利能力，信誉良好，最近3年无重大违法违规记录，净资产不低于人民币2亿元。

(3) 有符合《证券法》规定的注册资本。

(4) 董事、监事、高级管理人员具备任职资格，从业人员具有证券从业资格。

(5) 有完善的风险管理与内部控制制度。

(6) 有合格的经营场所和业务设施。

(7) 法律、行政法规规定的和经国务院批准的国务院证券监督管理机构规定的其他条件。

2. 注册资本要求

(1) 证券公司经营证券经纪、证券投资咨询和与证券交易、证券投资活动有关的财务顾问业务中的一项和数项的，注册资本最低限额为人民币5 000万元。

(2) 证券公司经营证券承销与保荐、证券自营、证券资产管理和其他证券业务中的任何一项的、注册资本最低限额为人民币1亿元。

(3) 证券公司经营证券承销与保荐、证券自营、证券资产管理和其他证券业务中的任何两项以上的，注册资本最低限额为人民币5亿元。

证券公司的注册资本应当是实缴资本。证券监督管理机构根据审慎监管原则和各项业务的风险程序，可以调整注册资本最低限额，但不得低于上述限额。

3. 设立以及重要事项变更审批要求

我国证券公司的设立实行审批制，由中国证监会依法对证券公司的设立申请进行审查，决定是否批准设立。未经中国证监会批准，任何单位和个人不得经营证券业务。

（1）行政审批程序。证券监督管理机构应当自受理证券公司设立申请之日起 6 个月内，依照法定条件和法定程序并根据审慎监管原则进行审查，作出批准或者不予批准的书面决定，并通知申请人；不予批准的，应当说明理由。

证券公司设立申请获得批准后，申请人应当在规定的期限内向公司登记机关申请设立登记，领取营业执照。证券公司应当自领取营业执照之日起 15 日内，向证券监督管理机构申请经营证券业务许可证。未取得经营证券业务许可证，证券公司不得经营证券业务。

（2）重要事项变更审批要求。证券公司设立、收购或者撤销分支机构，变更业务范围或者注册资本，变更持有 5% 以上股权的股东、实际控制人，变更公司章程中的重要条款，合并、分立、变更公司形式，停业、解散、破产，必须经证券监督管理机构批准。

证券公司在境外设立、收购或者参股证券经营机构，必须经证券监督管理机构批准。

8.1.2　证券公司董事、监事和高级管理人员任职资格监管

为了规范证券公司董事、监事和高级管理人员任职资格监管，提高董事、监事和高级管理人员的专业素质，保障证券公司依法合规经营，根据《公司法》、《证券法》、《行政许可法》等法律、行政法规的有关规定，制定了《证券公司董事、监事和高级管理人员任职资格监管办法》，已于 2006 年 12 月 1 日起施行。

证券公司高级管理人员（以下简称高管人员），是指证券公司的总经理、副总经理、财务负责人、合规负责人、董事会秘书、境内分支机构负责人以及实际履行上述职务的人员。

证券公司董事、监事和高管人员应当在任职前取得中国证券监督管理委员会核准的任职资格。

证券公司不得聘请未取得任职资格的人员担任董事、监事和高管人员，不得违反规定授权不具备任职资格的人员实际行使职权。证券公司董事、监事和高管人员应当遵守法律、行政法规和中国证监会的规章、规范性文件，遵守公司章程和进行规范，恪守诚信，勤勉尽责。中国证监会依法对证券公司董事、监事和高管人员监督管理。

证券公司董事、监事和高管人员的任职资格由中国证监会依法核准，经中国证监会授权，也可以由中国证监会派出机构（以下简称派出机构）依法核准。中国证券业协会、证券交易所依法对证券公司董事、监事和高管人员进行自律管理。

1. 任职资格条件

取得证券公司董事、监事和高管人员任职资格，应当具备以下基本条件。

（1）正直诚实，品行良好。

（2）熟悉证券法律、行政法规、规章以及其他规范性文件，具备履行职责所必需的经营管理能力。

1）董事、监事的任职资格条件

取得董事、监事任职资格，除应当具备基本条件外，还应当具备以下条件。

（1）从事证券、金融、法律、会计工作3年以上或者经济工作5年以上。

（2）具有大专以上学历。

取得独立董事任职资格，除应当具备基本条件外，还应当具备以下条件。

（1）从事证券、金融、法律、会计工作5年以上。

（2）具有大学本科以上学历，并且具有学士以上学位。

（3）有履行职责所必需的时间和精力。

独立董事不得与证券公司存在关联关系、利益冲突或者存在其他可能妨碍独立客观判断的情形。

下列人员不得担任证券公司独立董事。

（1）在证券公司或其关联方任职的人员及其近亲属和主要社会关系人员。

（2）在下列机构任职的人员及其近亲属和主要社会关系人员：持有或控制证券公司5%以上股权的单位、证券公司前5名股东单位、与证券公司存在业务联系或利益关系的机构。

（3）持有或控制上市证券公司1%以上股权的自然人，上市证券公司前10名股东中的自然人股东，或者控制证券公司5%以上股权的自然人，及其上述人员的近亲属。

（4）为证券公司及其关联方提供财务、法律、咨询等服务的人员及其近亲属。

（5）最近1年内曾经具有前4项所列举情形之一的人员。

（6）在其他证券公司担任除独立董事以外职务的人员。

（7）中国证监会认定的其他人员。

2）高管人员的任职资格条件

取得总经理、副总经理、财务负责人、合规负责人、董事会秘书，以及证券公司管理委员会、执行委员会和类似机构的成员（以下简称经理层人员）任职资格，除应当具备基本条件外，还应当具备以下条件。

（1）从事证券工作3年以上，或者金融、法律、会计工作5年以上。

（2）具有证券从业资格。

（3）具有大学本科以上学历或取得学士以上学位。

（4）曾担任证券机构部门负责人以上职务不少于2年，或者曾担任金融机构部门负责人以上职务不少于4年，或者具有相当职位管理工作经历。

（5）通过中国证监会认可的资质测试。

2．监督管理

（1）证券公司董事、监事和高管人员应当按照法律、行政法规、中国证监会的规定和公司章程行使职权，不得授权未取得任职资格的人员代为行使职权。

（2）高管人员职责分工发生调整的，证券公司应当在5日内在公司公告，并向中国证监会及相关派出机构报告。同时，证券公司应当将上述事项及时告知相关高管人员。证券公司未按要求履行公告、报告义务的，相关高管人员应当在两日内向中国证监会及相关派出机构报告。

（3）证券公司董监事和高管人员应当拒绝执行任何机构、个人侵害公司利益或者客户合法权益等的指令或者授意，发现有侵害客户合法权益的违法违规行为的，应当及时向中国证监会及相关派出机构报告。中国证监会及其派出机构依法保护因依法履行职责、切实维护客户利益而受到不公正待遇的董事、监事和高管人员的合法权益。

（4）禁止证券公司董事、监事和高管人员从事下列行为。

① 利用职权收受贿赂或者获取其他非法收入。

② 挪用或侵占公司或者客户资产。

③ 违法将公司或者客户资金借贷给他人。

④ 以客户资产为本公司、公司股东或者其他机构、个人债务提供担保。

（5）中国证监会对取得经理层人员任职资格但未在证券公司担任经理层人员职务的人员进行资格年检。上述人员应当自取得任职资格的下一个年度起，在每年第一季度向住所地派出机构提交由单位负责人或推荐人签署意见的年检登记表。

（6）取得经理层人员任职资格而不在证券公司担任经理层人员职务的人员，未按规定参加资格年检，或未通过资格年检，或自取得任职资格之日起连续 5 年未在证券公司任职的，应当在任职前重新申请取得经理层人员的任职资格。

（7）中国证监会建立数据库，记录取得经理层人员任职资格的人员信息。证券公司选聘经理层人员，可以从中查询相关信息。中国证监会将证券公司董事长、副董事长、监事会主席的有关信息录入数据库。

（8）取得董事、监事、经理层人员任职资格的人员应当至少每 3 年参加中国证监会认可的业务培训，取得培训合格证书。取得分支机构负责人任职资格的人员应当至少每 3 年参加所在地派出机构认可的业务培训，取得培训合格证书。

（9）证券公司董事长、总经理不能履行职务或者缺位时，公司可以按公司章程等规定临时决定符合第（8）条规定的人员代为履行职务，并在作出决定之日起 3 日内向中国证监会及注册地派出机构报告。公司决定的人员不符合条件的，中国证监会及相关派出机构可以责令公司限期另行决定代为履行职务的人员，并责令原代为履行职务人员停止履行职务。代为履行职务的时间不得超过 6 个月。公司应当在 6 个月内选聘具有任职资格的人员担任董事长、总经理。

（10）证券公司董事、监事和高管人员涉嫌重大违法犯罪，被行政机关立案调查或司法机关立案侦查的，证券公司应当暂停相关人员的职务。

（11）有下列情形之一的，相关派出机构应当对负有直接责任或领导责任的董事、监事和高管人员进行监管谈话。

① 证券公司或本人涉嫌违反法律、行政法规或者中国证监会规定。

② 证券公司法人治理结构、内部控制存在重大隐患。

③ 证券公司财务指标不符合中国证监会规定的风险控制指标。

④ 证券公司聘任不具有任职资格的人员担任董事、监事和高管人员或违反本办法规定授权不具备任职资格的人员实际履行上述职务。

⑤ 违反第（2）项规定，未履行公告义务。

⑥ 董事、监事和高管人员不遵守承诺。

⑦ 违反第(1)项、第(3)项、第(8)项、第(10)项的规定。

⑧ 自签署推荐意见之日起一年内所推荐的人员被认定为不适当人选或被撤销任职资格。

⑨ 所出具的推荐意见存在虚假内容；对公司及其股东、其他董事、监事和高管人员的违法违规行为隐瞒不报；未按规定对离任人员进行离任审计；中国证监会根据审慎监管原则认定的其他情形。

(12) 证券公司净资本或其他风险控制指标不符合规定，被中国证监会责令限期改正而逾期未改正的，或其行为严重危及证券公司的稳健运行、损害客户合法权益的，中国证监会可以限制公司向董事、监事和高管人员支付报酬、提供福利，或暂停相关人员职务，或责令更换董事、监事和高管人员。董事、监事、高管人员被暂停职务期间，不得离职。

(13) 证券公司董事、监事和高管人员在任职期间出现下列情形之一的，中国证监会及相关派出机构可以将其认定为不适当人选。

① 向证券监管机构提供虚假信息、隐瞒重大事项。

② 拒绝配合证券监管机构依法履行监管职责。

③ 擅离职守。

④ 一年内累计3次被证券监管机构按照第53条的规定进行监管谈话。

⑤ 累计3次被自律组织纪律处分。

⑥ 累计3次对公司受到行政处罚负有领导责任。

⑦ 累计5次对公司受到纪律处分负有领导责任。

⑧ 中国证监会根据审慎监管原则认定的其他情形。

(14) 自被中国证监会及相关派出机构认定为不适当人选之日起两年内，任何证券公司不得聘用该人员担任董事、监事和高管人员。

(15) 证券公司董事、监事和高管人员未能勤勉尽责，致使证券公司存在重大违法违规行为或者重大风险的，中国证监会及相关派出机构可以撤销相关人员的任职资格，并责令公司限期更换董事、监事和高管人员。

(16) 自推荐人签署推荐意见之日起一年内，被推荐人被认定为不适当人选或被撤销任职资格的，自作出有关决定之日起两年内不受理该推荐人的推荐意见和签署意见的年检登记表。

(17) 董事长、副董事长、高管人员辞职，或被认定为不适当人选而被解除职务，或被撤销任职资格的，证券公司应当按照规定对其进行离任审计，并且自离任之日起3个月内将审计报告报中国证监会及相关派出机构备案。

(18) 董事长、副董事长、高管人员离任审计期间，不得在其他证券公司担任董事、监事和高管人员。

8.1.3 创新试点证券公司的评审及持续要求

1. 申请条件

(1) 客户交易结算资金管理的要求。从事相关创新活动试点的证券公司(简称"试点证券公司")必须制定并严格实施符合独立存管要求的客户交易结算资金存管制度，能够做到客户交易结算资金封闭运行、资金划转与复核分离、核算体系完备、管理权限集中、监控体系有效、系统强制留痕、便利外部查询，确保客户交易结算资金的安全、完整、透明，并且严格执行《客户交易结算资金管理办法》及其相关规定，向中国证券业协会报送申请材料之日前的一年内未在任何时点挪用或占用客户交易结算资金。

（2）相关业务合规性与风险状况的处理。申请试点的证券公司必须如实报告 2004 年 8 月以前客户资产管理业务、债券回购业务和证券自营业务情况，说明其合规性和风险状况。对存在风险的或不合规的客户资产管理业务、债券回购业务和证券自营业务已制定切实可行的方案，限期进行清算。

（3）客户资产管理业务的要求。申请试点的证券公司必须确保 2004 年 8 月以后开展的客户资产管理业务严格按照《证券公司客户资产管理业务试行办法》及相关要求进行规范运作，不占用客户托管的债券进行回购，不占用客户回购融入的资金，确保客户资产的安全、完整。

（4）相关业务的专项审计。申请试点的债券公司聘请具有债券相关业务资格的会计师事务所对公司客户交易结算资金的安全性，客户资产管理业务、债券回购业务和证券自营业务的合规性，以及是否存在账外业务等问题进行专项审计。

（5）申请试点的证券公司必须符合下列要求。

① 根据经营业务的范围，近一年净资本达到相应规定。

② 最近一年流动资产余额不低于流动负债余额（不包括客户交易结算资金和客户委托管理资金）的 150%。

③ 最近一年对外担保及其他形式的或有负债之和不高于净资产的 10%，因证券公司发债提供的反担保除外。

④ 最近一年净资本不低于净资产的 70%；设立并持续经营 3 年以上（含 3 年），且董事会和高级管理层的主要负责人具有相应的专业素质与管理能力。

2. 评审程序

申请试点的证券公司，应当向中国证券业协会提交相关申请材料；中国证券业协会设立评审委员会，负责申请试点的证券公司的评审工作；评审过程中的询问和陈述。

3. 管理分工

创新试点工作的评审由中国证券业协会制定试点证券公司的评审办法，负责组织评审工作；试点证券公司的各项创新活动接受中国证监会及派出机构的监管；中国证券业协会对试点证券公司进行持续评价。

4. 持续要求

持续满足申请试点的条件；建立相应的监控预警与补足机制；建立风险控制制度；公开披露信息；建立责任追究制度。

8.1.4 规范类证券公司的评审及持续要求

1. 申请要求

（1）申请评审的证券公司要先行完成摸清风险底数的工作，并由注册地的证监会派出机构进行核查。申请评审的证券公司应按照有关要求，对公司财务状况、经营风险、规范经营情况，客户交易结算资金及客户托管的国债、企业债等客户资产的安全状况，公司治理和内控制度执行情况，客户资产管理业务、自营业务的规模和规范运作情况，经纪业务规范运作情况，以及公司是否存在违规债务、账外经营情况等进行全面、深入的自查，对自查发现的问题提出切实可行的整改措施和清理方案，并承诺自报送申请材料之日起6个月内完成整改清理工作。

（2）申请评审的证券公司应严格执行《客户交易结算资金管理办法》、《关于进一步加强证券公司客户交易结算资金监管的通知》及其他有关规定，制定并严格实施符合独立存管要求的客户交易结算资金存管制度，确保客户交易结算资金独立于公司自有资金，确保客户交易结算资金的安全、完整、透明、可控、可查。公司的客户交易结算资金独立存管制度及实施情况应通过注册地证监会派出机构组织的评审。向协会报送申请材料时，申请评审的公司应不存在挪用或占用客户交易结算资金的情况，并承诺今后不发生挪用或占用客户交易结算资金行为。

（3）申请评审的证券公司客户资产管理业务应严格按照《证券公司客户资产管理业务试行办法》等有关规定进行规范运作，按照有关规定将资产管理业务合同向注册地证监会派出机构报备。对违规开展的客户资产管理业务和债券回购业务已切实采取措施进行清理，并承诺不占用客户托管债券进行回购，不占用客户回购融入的资金，确保客户资产的安全、完整。

（4）申请评审的证券公司自营业务应严格按照证监会的有关规定等有关要求进行规范，根据有关规定对自营账户向注册地证监会派出机构进行报备，并承诺自报送申请材料之日起6个月内完成对自营业务的清理规范。

（5）申请评审的证券公司的法定代表人和经营管理主要负责人应对本办法第（1）条、第（2）条、第（3）条、第（4）条作出的承诺承担直接责任，并明确责任追究和责任承担的方式。

（6）申请评审的证券公司应按照《证券公司治理准则（试行）》和《证券公司内部控制指引》的有关规定完善公司法人治理结构，建立、健全公司内部控制体系及风险管理制度，确保其科学合理、周密完整并有效执行。

（7）申请评审的证券公司应确保公司股权清晰，股东出资真实、完整、足额到位，不存在以下行为。

① 抽逃资本、虚假出资。

② 委托他人行使股权。

③ 股东或具有实际控制权的自然人、法人或其他组织及其关联人占用公司资产。

④ 违法向股东、关联方及其他单位或个人提供担保、融资或融资性交易。

（8）申请评审的证券公司还应当符合下列要求。

① 设立并持续经营一年或一年以上。

② 综合类（含比照综合类）证券公司最近一年净资本不低于人民币2亿元；经纪类证券公司最近一年净资本不低于人民币2 000万元。

③ 最近一年流动资产余额不低于流动负债余额（不包括客户交易结算资金和客户委托管理资金）。

④ 最近一年对外担保及其他形式的或有负债之和不高于净资产的20%，因证券公司发债提供的反担保除外。

⑤ 最近一年净资本不低于净资产的50%。

（9）申请评审的证券公司最近一年应未因重大违法违规行为受到国家有关部门处罚，未因涉嫌重大违法违规行为正在被国家有关部门调查。

2. 持续性要求

（1）规范类证券公司应持续符合本办法规定的申请条件。如出现净资本及其他风险控制指标不符规定的，协会应责令其限期改正；逾期未改正，或其行为严重危及公司稳健运行、损害客户合法权益的，协会应建议监管部门停止批准其开展新业务，限制业务活动，责令立即停止违规业务。

（2）规范类证券公司应建立动态的净资本监控预警与补充机制，确保净资本及有关财务指标持续符合本办法的规定。

（3）规范类证券公司应对客户交易结算资金是否安全、透明、完整，以及证券持仓、盈亏状况、风险状况和交易活动等进行有效监控，确保其客户交易结算资金独立存管和证券自营、客户资产管理和债券回购等业务的风险控制制度的有效实施。

（4）规范类证券公司应不断完善其客户交易结算资金独立存管、客户资产管理、债券回购、证券自营业务的管理办法和责任追究制度，健全内控体系和财务核算体系，保证会计报表的真实、准确、完整。对虚报、瞒报、漏报、错报的行为，由法定代表人和经营管理主要责任人承担相应责任。

（5）规范类证券公司应在协会网站上公开披露经具有相关证券业务资格的会计师事务所审计的年度报告摘要等信息。

（6）协会根据本办法规定的条件对规范类证券公司进行年度考评。规范类证券公司出现重大异常的，协会可组织专项考评。年度考评和专项考评结果报证监会备案，考评不合格者，将不再作为规范类公司，并从规范类公司名单中剔除。

（7）协会应对会员日常自律管理中发现、媒体反映或投资者投诉的规范类证券公司的异常情况及时予以跟踪并按有关规定进行处理。情节严重的，移交证监会调查处理。

8.1.5 证券公司的主要业务

按照《证券法》，我国证券公司的业务范围包括：证券承销与保荐业务，证券经纪业务，证券自营业务，证券投资咨询业务及与证券交易、证券投资活动有关的财务顾问业务，证券资产管理业务，融资融券业务及其他证券业务。《证券法》还规定，经国务院证券监督管理机构批准，证券公司可以为客户买卖证券提供融资融券服务。

1. 证券承销与保荐业务

1）证券承销业务

证券承销是指证券公司代理证券发行人发行证券的行为。发行人向不特定对象公开发行的证券，法律、行政法规规定应当由证券公司承销的，发行人应当同证券公司签订承销协议。

证券承销业务可以采取代销或者包销方式。证券代销是指证券公司代发行人发售证券，在承销期结束时，将未售出的证券全部退还给发行人的承销方式。证券包销是指证券公司将发行人的证券按照协议全部购入或者在承销期结束将售后剩余证券全部自行购入的承销方式，前者为全额包销，后者为余额包销。我国《证券法》还规定了承销团的承销方式，按照《证券法》的规定，向不特定对象发行的证券票面总值超过 5 000 万元的，应当由承销团承销，承销团由主承销商和参与承销的证券公司组成。

2）证券保荐业务

发行人申请公开发行股票、可转换为股票的公司债券，依法采取承销方式的，或者公开发行法律、行政法规规定实行保荐制度的其他证券的，应当聘请具有保荐资格的机构担任保荐人。证券公司履行保荐职责应按规定注册登记为保荐机构。保荐机构负责证券发行的主承销工作，负有对发行人进行核查，向中国证监会出具保荐意见，并根据市场情况与发行人协商确定发行价格的责任。

2. 证券经纪业务

证券经纪业务又称代理买卖证券业务，是指证券公司接受客户委托代客户买卖有价证券的业务。证券经纪业务分为柜台代理买卖证券业务和通过证券交易所代理买卖证券业务。目前，我国公开发行并上市的股票、公司债券及权证等证券，在交易所以公开的集中交易方式进行。因此，我国证券公司从事的经纪业务以通过证券交易所代理买卖证券业务为主。证券公司的柜台代理买卖证券业务主要为在代办股份转让系统进行交易的证券的代理买卖。

在证券经纪业务中，经纪委托关系的建立表现为开户和委托两个环节。按照相关法规的规定，证券公司办理经纪业务，应当置备统一制度的证券买卖委托书，供委托人使用。客户的证券买卖委托不论是否成交，其委托记录应当按照规定的期限保存于证券公司。证券公司接受证券买卖的委托，应当根据委托书载明的证券名称、买卖数量、出价方式、价格幅度等，按照交易规则代理买卖证券，如实进行交易记录；买卖成交后，应当按照规定制作买卖成交报告单交付客户。证券交易中确认交易行为及其交易结果的对账单必须真实，并由交易经办人员以外的审核人员逐笔审核，保证账面证券余额与实际持有的证券相一致。

证券经营机构在从事证券经纪业务时必须遵守下列规定。

（1）未经国务院证券监督管理机构批准，不得为客户提供融资融券服务。

（2）不得接受客户的全权委托而决定证券买卖、选择证券种类、决定买卖数量或者买卖价格。

（3）不得向客户保证交易收益或者允诺赔偿客户的投资损失。

（4）妥善保管客户开户资料、委托记录、交易记录和与内部管理、业务经营有关的各项资料，任何人不得隐匿、伪造、篡改或者毁损。

（5）证券公司及其从业人员不得在批准的营业场所之外接受客户委托和进行清算交割。

（6）禁止证券公司及其从业人员从事下列损害客户利益的欺诈行为：违背委托人的指令买卖证券；未经客户委托，擅自为客户买卖证券，或者假借客户的名义买卖证券；挪用客户交易结算资金；为多获取佣金而诱导客户进行不必要的证券买卖；利用传播媒介或者通过其他方式提供、传播虚假或者误导投资者信息；其他违背客户真实意思表示，损害客户利益的行为。

根据《证券公司监督管理条例》的规定，证券公司从事证券经纪业务，可以委托证券公司以外的人员作为证券经纪人，代理其进行客户招揽、客户服务等活动。证券经纪人应当具有证券从业资格。证券经纪人应当在证券公司的授权范围内从事业务，并应当向客户出示证券经纪人证书。

3. 证券自营业务

证券自营业务是指证券公司以自己的名义，以自有资金或者依法募集的资金，为本公司买卖依法公开发行的股票、债券、权证、证券投资基金及中国证监会认可的其他证券，以获取盈利的行为。证券自营活动有利于活跃证券市场，维护交易的连续性。但是，由于证券公司在交易成本、资金实力、获取信息以及交易的便利条件等方面都比投资大众占有优势。因此，在自营活动中要防范操纵市场和内幕交易等不正当行为；加之证券市场的高收益性和高风险性特征，证券公司的自营业务具有一定的投机性，业务风险较大。为此，许多国家都对证券经营机构的自营业务制定法律法规，进行严格管理。

从事证券自营业务需要具备的条件如下。

(1) 证券公司开展自营业务，需要取得证券监管部门的业务许可。

(2) 证券公司从事自营业务、资产管理业务等两种以上的业务，注册资本最低限额为5亿元，净资本最低限额为2亿元。

(3) 要求证券公司治理结构健全，内部管理有效，能够有效控制业务风险。

(4) 公司有合格的高级管理人员及适当数量的从业人员、安全平衡运行的信息系统。

(5) 建立完备的业务管理制度、投资决策机制、操作流程和风险监控体系。

证券公司自营业务应当建立健全相对集中、权责统一的投资决策与授权机制。自营业务决策机构原则上应当按照董事会—投资决策机构—自营业务部门的三级体制设立。董事会是自营业务的最高决策机构，在严格遵循监管法规中关于自营业务规模等风险控制指标规定的基础上，根据公司资产、负债、损益和资本充足等情况确定自营规模、可承受的风险限额等，并以董事会决议的形式进行落实。自营业务具体的投资运作管理由董事会授权公司投资决策机构决定。投资决策机构是自营业务投资运作的最高管理机构，负责确定具体的资产配置策略、投资事项和投资品种等。自营业务部门为自营业务的执行机构，应在投资决策机构作出的决策范围内，根据授权负责具体投资项目的决策和执行工作。

证券公司的自营业务必须以自身的名义，通过专用自营席位进行，并由非自营业务部门负责自营账户的管理，包括开户、销户、使用登记等。证券公司应建立健全自营账户的审核和稽核制度，严禁出借自营账户、使用非自营席位变相自营、账外自营。对自营资金执行独立清算制度。自营业务资金的出入必须以公司名义进行，禁止以个人名义从自营账户中调入、调出资金，禁止从自营账户中提取现金。

证券公司应当建立"防火墙"制度，确保自营业务与经纪、资产管理、投资银行等业务在人员、信息、账户、资金、会计核算上严格分离。自营业务的投资决策、投资操作、风险监控的机构和职能应当相互独立；自营业务的账户管理、资金清算、会计核算等后台职能应当由独立的部门或岗位负责，以形成有效的自营业务前、中、后台相互制衡的监督机制。证券公司风险控制部门应能够正常履行职责，并能从前、中、后台获取自营业务运作信息与数据，通过建立实时监控系统全方位监控自营业务的风险，建立有效的风险监控报告机制。

证券公司从事证券自营业务，自营证券总值与公司净资本的比例、持有一种证券的价值与公司资本的比例、持有一种证券的数量与该证券发行总量的比例等风险控制指标，应当符合中国证监会的规定。

4. 证券投资咨询业务及与证券交易、证券投资活动有关的财务顾问业务

1) 证券投资咨询业务

证券投资咨询业务是指证券公司及其相关业务人员运用各种有效信息，对证券市场或个别证券的未来走势进行分析预测，对投资证券的可行性进行分析评判；为投资者的投资决策提供分析、预测、建议等服务，倡导投资理念，传授投资技巧，引导投资者理性投资的业务活动。

根据服务对象的不同，证券投资咨询业务又可进一步细分为面向公众的投资咨询业务，为签订了咨询服务合同的特定对象提供的证券投资咨询业务，为本公司投资管理部门、投资银行部门提供的投资咨询服务。

从事证券投资咨询业务的条件为：证券公司从事投资咨询业务，专职人员应当有 5 名以上、高级管理人员至少有 1 名取得证券投资咨询业务资格。

从事证券投资咨询业务，不得有下列行为。

(1) 代理投资者从事证券买卖。

(2) 向投资人承诺证券收益。

(3) 向投资者约定分享投资收益或者分担投资损失。

(4) 为自己买卖股票及具有股票性质、功能的证券。

(5) 利用咨询服务与他人合谋操纵市场或者进行内幕交易。

(6) 法律法规所禁止的其他欺诈行为。

2) 财务顾问业务

财务顾问业务是指与证券交易、证券投资活动有关的咨询、建议、策划业务。具体包括：为企业申请证券发行和上市提供改制改组、资产重组、前期辅导等方面的咨询服务；为上市公司重大投资、收购兼并、关联交易等业务提供咨询服务；为法人、自然人及其他组织收购上市公司及其相关的资产重组、债务重组等提供咨询服务；为上市公司完善法人治理结构、设计经理层股票期权、职工持股计划、投资者关系管理等提供咨询服务；为上市公司再融资、资产重组、债务重组等资本营运提供融资策划、方案设计、推介路演等方面的咨询服务；为上市公司的债权人、债务人对上市公司进行债务重组、资产重组、相关的股权重组等提供咨询服务以及中国证监会认定的其他业务形式。

5. 证券资产管理业务

证券资产管理业务是指证券公司根据有关法律、法规和投资委托人的委托，作为管理人，与委托人签订资产管理合同，将委托人委托的资产在证券市场上从事股票、债券等金融工具的组合投资，以实现委托资产收益最大化的行为。

证券公司从事资产管理业务的业务资格如下。

（1）公司净资本不低于2亿元，且各项风险控制指标符合有关监管规定，设立限定性集合资产管理计划的净资本限额为3亿元，设立非限定性集合资产管理计划的净资本限额为5亿元。

（2）资产管理业务人员具有证券从业资格，且无不良行为记录，其中具有3年以上证券自营、资产管理或者证券投资基金管理从业经历的人员不少于5人。

（3）公司具有良好的法人治理机构、完备的内部控制和风险管理制度。

证券公司从事客户资产管理业务，应当按规定向中国证监会申请客户资产管理业务资格。经中国证监会批准，证券公司可以从事为单一客户办理定向资产管理业务、为多个客户办理集合资产管理业务、为客户办理特定目的的专项资产管理业务。

1）定向资产管理业务

证券公司为单一客户办理定向资产管理业务，应当与客户签订资产管理合同，通过该客户的账户为客户提供资产管理服务。

定向资产管理业务的特点如下。

（1）证券公司与客户必须是一对一的投资管理服务。

（2）具体投资的方向在资产管理合同中约定。

（3）必须在单一客户的专用证券账户中封闭运行。

2）集合资产管理业务

证券公司为多个客户办理集合资产管理业务，应当设立集合资产管理计划并担任集合资产管理计划人，与客户签订集合资产管理合同，将客户资产交由具有客户交易结束资金法人存管业务资格的商业银行或者中国证监会认可的其他机构进行托管，通过专门账户为客户提供资产管理服务。

集合资产管理计划募集的资金可以投资于中国境内依法发行的股票、债券、证券投资基金、央行票据、短期融资券、资产支持证券、金融衍生产品以及中国证监会认可的其他投资品种。

集合资产管理业务的特点如下。

（1）集合性，即证券公司与客户是一对多。

（2）投资范围有限定性和非限定性的区分。

（3）客户资产必须托管。

（4）专门账户投资运作。

（5）比较严格的信息披露。

3）专项资产管理业务

证券公司为客户办理特定目的的专项资产管理业务，应当签订专项资产管理合同，针对客户的特殊要求和资产的具体情况，设定特定的投资目标，通过专门账户为客户提供资产管理服务。

专项资产管理业务的特点如下。

（1）综合性，即证券公司与客户可以是一对一，也可以是一对多。

(2) 特定性，业务设定特定的投资目标。

(3) 通过专门账户经营运作。

6. 融资融券业务

融资融券业务是指向客户出借资金供其买入上市证券或者出借上市证券供其卖出，并收取担保物的经营活动。

证券公司经营融资融券业务，应当具备以下条件。

(1) 公司治理结构健全，内部控制有效。

(2) 风险控制指标符合规定，财务状况、合规状况良好。

(3) 有开展业务相应的专业人员、技术条件、资金和证券。

(4) 完善的业务管理制度和实施方案等。

证券公司申请融资融券业务试点，应当具备以下条件。

(1) 经营经纪业务已满3年，且在分类评价中等级较高的公司；公司治理健全，内控有效，能有效识别、控制和防范业务经营风险和内部管理风险。

(2) 公司信用良好，最近两年未有违法违规经营的情形。

(3) 财务状况良好。

(4) 客户资产安全、完善，实现交易、清理以及客户账户和风险监控的集中管理。

(5) 有完善和切实可行的业务实施方案和内部管理制度，具备开展业务所需要的人员、技术、资金和证券。

根据《证券公司融资融券业务试点管理办法》的规定，证券公司开展融资融券业务试点必须经中国证监会批准。证券公司开展融资融券业务试点应当建立完备的管理制度、操作流程和风险识别、评估与控制体系，确保风险可测、可控、可承受。证券公司应当健全业务隔离制度，确保融资融券业务与证券资产管理、证券自营、投资银行等业务在机构、人员、信息、账户等方面相互分离。证券公司应当对融资融券业务实行集中统一管理，融资融券业务的决策和主要管理职责应当由证券公司总部承担。证券公司应当建立融资融券业务的决策与授权体系，此体系原则上按照董事会—业务决策机构—业务执行部门—分支机构的架构设立和运行。

证券公司经营融资融券业务，应当以自己的名义，在证券登记结算机构分别开立融券专用证券账户、客户信用交易担保证券账户、信用交易证券交收账户、信用交易资金交收账户，并以自己的名义在商业银行分别开立融资专用资金账户和客户信用交易担保资金账户。证券公司应当建立客户选择与授信制度，明确规定客户选择与授信的程序和权限。证券公司应当在向客户融资融券前与其签订融资融券合同，并在合同签订前向客户履行告知义务。融资融券合同应当约定，客户信用交易担保证券账户内的证券和客户信用交易担保资金账户内的资金，为担保证券公司因融资融券所产生对客户债券的信托资产，并约定融资融券的期限和融资利率。证券公司应当按规定为客户开立实名信用证券账户和实名信用资金账户。证券公司向客户融资融券应当向客户收取一定比例的保证金。证券公司应当将收取的保证金以及客户融资买入的全部证券和融券卖出所得全部价款，作为对该客户融资融券所生债权的担保物。证券公司应当逐日计算客户交存的担保物价值与所欠债务的比例。当该比例低于最低维持担保比例时，应当通知客户在一定期限内补缴差额。证券公司应当制定强制平仓的业务规则和程序,强制平仓指令应当由证券公司总部发出。客户融资买入证券的,应当以卖券还款或者直接还款的方式偿还向证券公司融入的资金;客户融券卖出的,应当以买券还券或者直接还券的方式偿还向证券公司融入的证券。

证券公司应当建立由总部集中管理的融资融券业务技术系统和建立融资融券业务的集中风险监控系统;应当采取有效措施,保障客户资产的安全;应当加强对融资融券业务的风险控制和业务稽核;应当建立以净资本为核心的融资融券业务规模监控和调整机制;向全体客户、单一客户和单一证券的融资、融券的金额占其净资本的比例等风险控制指标应当符合中国证监会的规定。

7. 证券公司 IB 业务

IB(Introducing Broker)即介绍经纪商,是指机构或者个人接受期货经纪商的委托,介绍客户给期货经纪商并收取一定佣金的业务模式。证券公司的 IB 业务是指证券公司接受期货经纪商的委托,为期货经纪商介绍客户的业务。IB 制度起源于美国,目前在金融期货交易发达的国家和地区得到普遍推广,并取得了成功。

证券公司取得 IB 资格的条件主要包括:全资拥有或者控股一家期货公司,或者与一家期货公司被同一机构控制,且该期货公司具有实行会员分级结算制度期货交易所得会员资格,方能开展 IB 业务,并且不得再接受其他期货公司的委托。证券公司作为期货公司的介绍经纪商,能够为客户提供协助开户、提供期货行情信息及交易设施、协助风险控制等服务。

介绍经纪商可以从事以下部分或全部中间服务业务:招揽投资者从事股指期货交易;协助办理有关开户手续;为投资者下单交易提供便利;协助期货公司向投资者发送追加保证金通知书和结算单;中国证监会规定的其他业务。

作为期货公司的介绍经纪商,证券公司不得办理期货保证金业务,不承担期货交易的代理、结算和风险控制等职责。也就是说作为期货 IB 业务的证券公司是将自己的客户介绍给期货公司,成为期货公司的客户,并从中收取介绍佣金,但不能接触客户的资金,也不对投资者的期货交易进行结算。

8.2 证券公司的治理结构和内部控制

8.2.1 证券公司的治理结构

公司治理结构是一种联系并规范股东(财产所有者)、董事会、高级管理人员权利和义务分配,以及与此有关的聘选、监督等问题的制度框架。简单地说,就是通过一种制度安排合理地配置所有者与经营者之间的权利与责任关系。

良好的公司治理结构可以解决公司各方利益分配问题,对公司能否高效运转、是否具有竞争力起着决定性的作用。证券公司应当按照现代企业制度,明确划分股东会、董事会、监事会和经理层之间的职责,建立完备的风险管理和内部控制体系;证券公司及其股东、高管人员要诚实守信,保障证券公司股东、客户及其他利益相关者的合法权益,维护证券公司资产的独立和完整。

1. 股东及股东会

1) 股东及实际控制人

实际控制人是指能够在法律上或者事实上支配证券公司股东行使股东权利的个人、法人或其他组织。

股东转让所持有的证券公司股权,受让方及其实际控制人也要符合监管部门规定的资格条件。

股东应当严格履行出资义务,证券公司不得直接或间接为股东出资提供融资或担保。

证券公司股东存在虚假出资、出资不实、抽逃出资或变相抽逃出资等违法违规行为的,董事会应及时报告,并责令纠正。

股东在出现可能导致所持证券公司股权发生转移的情况时,应及时通知证券公司。如所持股权被采取诉讼保全措施或者被强制执行、质押所持有的股权、决定转让所持有的股权等。

2) 股东会

股东会的职权范围、会议的召集和表决程序都需要在公司章程中明确规定。证券公司股东会授权董事会行使股东会的部分职权,授权内容应当明确具体,并且在公司章程中作出规定或经股东大会决议批准。

董事会、监事会、单独或合并持有证券公司5%以上股权的股东,可以向股东会提出议案。

在董事会、董事长不履行职责致使股东会会议无法召开的情况下,持有一定比例股权的股东和监事会可以按照公司章程规定的程序召开临时股东大会。

证券公司股东会在董事、监事任期届满前免除其职务,应当说明理由。

3) 控股股东的行为规范

控股股东不得利用其控股地位损害证券公司、公司其他股东和公司客户的合法权益,不得超越股东会、董事会任免证券公司的董事、监事和高管人员,不得超越股东会、董事会干预证券公司的经营管理活动。

证券公司与其控股股东应在业务、人员、机构、资产、财务、办公场所等方面严格分开,各自独立经营、独立核算、独立承担责任和风险。证券公司的控股股东及其关联方应当采取有效措施,防止与其所控制的证券公司发生业务竞争。

2. 董事和董事会

1) 董事的知情权

证券公司应当采取措施切实保障董事的知情权,为董事履行职责提供必要条件。

2) 董事会

在公司章程中,应当确定董事人数,明确董事会的职权。董事会应当制定规范的董事会召开程序、议事表决规则,经股东会表决通过。

章程要明确规定董事长不能履行职责或缺位时董事长职责的行使,董事会授权董事长在董事会闭会期间行使董事会部分明确具体的职权,但对涉及公司重大利益的事项不得授权董事长决定。

证券公司经营证券经纪业务、证券资产管理业务、融资融券业务和证券承销与保荐业务中两种以上业务的，其董事会应当设薪酬与提名委员会、审计委员会和风险控制委员会，行使公司章程规定的职权。薪酬与提名委员会、审计委员会的负责人应当由独立董事担任。

3）独立董事

独立董事除具有《公司法》和其他法律、行政法规赋予董事的职权外，还可以向董事会或者监事会提议召开临时股东会、提议召开董事会，为履行职责的需要聘请审计机构或咨询机构，对公司的薪酬计划、激励计划以及重大关联交易等事项发表独立意见。

独立董事在任期内辞职或被免职的，独立董事本人和证券公司应当分别向证券监管部门和股东会提供书面说明。

3. 监事和监事会

1）监事的知情权

证券公司应当采取措施切实保障监事的知情权，为监事履行职责提供必要的条件。监事有权了解公司经营情况，并承担相应的保密义务。

2）监事会

监事会对公司财务以及公司董事、经理层人员履行职责的合法合规性进行监督，并向股东会负责。监事会主要履行下列职权。

（1）检查公司财务。

（2）监督董事会、经理层履行职责的情况。

（3）对董事及经理层人员的行为进行质询。

（4）要求董事、经理层人员纠正其损害公司和客户利益的行为。

（5）提议召开临时股东大会。

（6）组织对高级管理人员进行离任审计以及行使法律法规和公司章程规定的其他职权。

公司应将其内部稽核报告、合规检查报告、月季或季度财务会计报告、年度财务会计报告及其他重大事项及时报告监事会。监事会应当就公司的财务情况、合规情况向股东会年度会议作出专项说明。监事明知或应知董事、经理层人员有违反法律、行政法规或公司章程、损害公司利益的行为，未履行应尽职责的，应承担相应责任。

4. 经理层

证券公司章程应当明确经理层人员的构成、职责范围。证券公司应当采取公开、透明的方式，聘任专业人士为经理层人员。经理层人员不得经营与所任职公司相竞争的业务，也不得直接或间接投资于与所任职公司竞争的企业。

证券公司应当设总经理，制定总经理工作细则。总经理依据《公司法》、公司章程的规定行使职权，并向董事会负责。证券公司通过管理委员会、执行委员会等形式行使总经理职权的，其组成人员应当取得证券公司高级管理人员任职资格。

总经理应当根据董事会或者监事会的要求，向董事会或者监事会报告公司重大合同的签订、执行情况，资金运用情况和盈亏情况。总经理必须保证该报告的真实性。未担任董事职务的总经理可以列席董事会会议。

证券公司经理层应当建立责任明确、程序清晰的组织结构，组织实施各类风险的识别与评估，并建立健全有效的内部控制制度和内部控制机制，及时处理或纠正内部控制中存在的缺陷或问题。

8.2.2 证券公司的内部控制

证券公司的内部控制是指证券公司为实现经营目标，根据经营环境变化，对证券公司经营与管理过程中的风险进行识别、评价和管理的制度安排、组织体系和控制措施。为引导证券公司规范经营，完善证券公司内部控制机制，增强证券公司自我约束能力，推动证券公司现代企业制度建设，防范和化解金融风险，中国证监会发布了《证券公司内部控制指引》，要求证券公司按照现代企业制度的要求，建立、健全符合《公司法》规定的治理结构，加强内部管理，建立严格的内部控制制度。

1. 内部控制的目标

有效的内部控制应为证券公司实现下述目标提供合理保证。

(1) 保证经营的合法合规及证券公司内部规章制度的贯彻执行。

(2) 防范经营风险和道德风险。

(3) 保障客户及证券公司资产的安全、完善。

(4) 保证证券公司业务记录、财务信息和其他信息的可靠、完整、及时。

(5) 提高证券公司经营效率和效果。

2. 完善内部控制机制的原则

证券公司内部控制应当贯彻健全、合理、制衡、独立的原则，确保内部控制有效。

(1) 健全性。内部控制应当做到事前、事中、事后控制相统一；覆盖证券公司的所有业务、部门和人员，渗透到决策、执行、监督、反馈等各个环节，确保不存在内部控制的空白或漏洞。

(2) 合理性。内部控制应当符合国家有关法律法规和中国证监会的有关规定，与证券公司经营规模、业务范围、风险状况及证券公司所处的环境相适应，以合理的成本实现内部控制目标。

(3) 制衡性。证券公司部门和岗位的设置应当权责分明、相互牵制；前台业务运作与后台管理支持适当分离。

(4) 独立性。承担内部控制监督检查职能的部门应当独立于证券公司其他部门。

3. 内部控制的主要内容

(1) 经纪业务内部控制。证券公司经纪业务内部控制应重点防范挪用客户交易结算资金及其他客户资产、非法融入融出资金以及结算风险等。应加强经纪业务整体规划，加强营业网点布局、规模、选址等的统一规划和集中管理；应制定统一完善的经纪业务标准化服务规程、操作规范和相关管理制度。

(2) 自营业务内部控制。证券公司应加强自营业务投资决策、资金、账户、清算、交易和保密工作等管理，重点防范规模失控、决策失误、超越授权、变相自营、账外自营、操纵市场、内部交易等的风险；应建立健全自营决策机构和决策程序，加强对自营业务的投资策略、规模、品种、结构、期限等的决策管理；应通过合理的预警机制、严密的账户管理、严格的资金审批调度、规范的交易操作及完善的交易记录保存制度等，控制自营业务运作风险。

（3）投资银行业务内部控制。证券公司投资银行业务内部控制应重点防范因管理不善、权责不明、未勤勉尽责等原因导致的法律风险、财务风险及道德风险。应建立投资银行项目管理制度，完善各类投资银行项目的业务流程、作业标准和风险控制措施；应加强投资银行项目的内核工作和质量控制；应加强证券发行中的定价和配售等关键环节的决策管理；应当杜绝虚假承销行为。

（4）资产管理业务内部控制。证券公司应重点防范规模失控、决策失误、越权操作、账外经营、挪用客户资产和其他损害客户利益的行为以及保本保底所导致的风险。应由资产管理部门统一管理资产管理业务；资产管理业务应与自营业务严格分离，独立决策、独立运作；应制定规范的业务流程、操作规范和控制措施，有效防范各类风险；应当制定明确、详细的资产管理业务信息披露制度，保证委托人的知情权；应当根据自身的管理能力及风险控制水平，合理控制资产管理业务规模。

（5）研究、咨询业务内部控制。证券公司应重点防范传播虚假信息、误导投资者、无资格执业、违规执业以及利益冲突等风险。应加强研究、咨询业务的统一管理，完善研究、咨询业务规范和人员管理制度，制定适当的执业回避、信息披露和"隔离墙"等制度，防止利益冲突；应加强对客户的了解，及时为客户提供有针对性的证券投资咨询服务，与客户保持畅通的沟通渠道，及时、妥善处理客户的咨询和投诉。

（6）业务创新的内部控制。证券公司对业务创新应重点防范违法违规、规模失控、决策失误等风险。业务创新应当坚持合法合规、审慎经营的原则，加强集中管理和风险控制；应建立完整的业务创新工作程序，严格内部审批程序，对可行性研究、产品或业务设计、风险管理、运作与实施方案等作出明确的要求，并经董事会批准；应对创新业务设计科学合理的流程，制度风险控制措施及相关的财务核算、资金管理办法。

（7）分支机构内部控制。证券公司应重点防范分支机构越权经营、预算失控以及道德风险。应建立切实可行的分支机构管理制度，加强对分支机构的印章、证照、合同、资金等的管理，及时掌握分支机构业务状况；对分支机构的授权应当合理、明确，确保分支机构严格在授权范围内经营，并制定防止越权经营的措施。

（8）财务管理内部控制。证券公司应建立、健全财务管理制度和资金计划控制制度，明确界定预算编制与执行的责任，建立适当的资金管理绩效考核标准和评价制度。客户资金与自有资金应严格分开，强化资金的集中管理；应由专门部门统一进行证券公司自有资金的计划、筹集、分配、使用，加强对自有资金运用风险、效益的监控与考核；应制定明确的财务制度及资金管理流程，严格执行资金调拨、资金运用的审批程序，加强费用的预算控制，明确费用标准，严格备用金借款管理和费用报销审批程序；应加强资金风险监控，严格控制流动性风险，特别防范营业部违规受托理财、证券回购和为客户融资所带来的风险。

（9）会计系统内部控制。证券公司按照相关会计准则和会计制度的规定，结合实际情况，建立、健全证券公司的会计核算办法，加强会计基础工作，提高会计信息质量。会计核算应合规、及时、准确、完整；应强化会计监督职能；应完善会计信息报告体系，确保提供及时、可靠的财务信息。

（10）信息系统内部控制。证券公司应建立信息系统的管理制度、操作流程、岗位手册和风险控制制度，加强信息技术人员、设备、软件、数据、机房安全、病毒防范、防黑客攻击、技术资料、操作安全、事故防范与处理、系统网络等的管理。

（11）人力资源管理内部控制。证券公司应当高度重视聘用人员的诚信记录，确保其具有与业务岗位要求相适应的专业能力和道德水准。应当强化对分支机构负责人及计算机、财务等关键岗位人员的垂直管理，关键岗位人员应当实行定期或不定期的轮换和强制休假制度；应当培育良好的内部控制文化，建立、健全员工的从业资格管理；应当建立合理有效的激励约束机制，建立严格的责任追究制度，对员工的绩效考核、评价制度应当达到鼓励员工守法经营的目的；应当制定严谨、公开、合理的人事选拔制度。

8.2.3 证券公司风险控制指标

为了建立以净资本为核心的风险控制指标体系，加强证券公司风险监管，督促证券公司加强内部控制、防范风险，证券公司应当按照《证券公司风险控制指标管理办法》的规定计算净资本和风险资本准备，编制净资本计算表、风险资本准备计算表和风险控制指标监管报表。

1. 净资本及其计算

净资本是指根据证券公司的业务范围和公司资产负债的流动性特点，在净资产的基础上对资产负债等项目和有关业务进行风险调整后得出的综合性风险控制指标。净资产的计算公式如下：

净资本＝净资产－金融产品投资的风险调整－应收项目的风险调整－其他流动资产项目的风险调整－长期资产的风险调整－或有负债的风险调整－/＋中国证监会认定或核准的其他调整项目。

净资本指标反映了净资产中的高流动性部分，表明证券公司可变现以满足支付需要和应对风险的资金数。也可以说，净资本是假设证券公司的所有负债都同时到期，现有资产全部变现偿付所有负债后的金额。

计算净资本的主要目的：一是要求证券公司保持充足、易于变现的流动性资产，以满足紧急需要并抵御潜在的市场风险、信用风险、营运风险、结算风险等，从而保证客户资产的安全；二是在证券公司经营失败、破产关闭时，仍有部分资金用于处理公司的破产清算等事宜。

证券公司应当按照中国证监会规定的计算标准计算净资本，按照有关会计准则的规定充分计提资产减值准备。

2. 风险控制指标标准

各项业务净资本要求如下。

（1）经营经纪业务净资本不得低于人民币 2 000 万元。

（2）经营承销与保荐、自营、资产管理、其他证券业务等业务之一的，净资产不得低于人民币 5 000 万元。

（3）经营经纪业务同时经营承销与保荐、自营、资产管理、其他证券业务等业务之一的，净资本不得低于人民币 1 亿元。

（4）经营承销与保荐、自营、资产管理、其他证券业务等业务之一的，净资本不得低于人民币 2 亿元。

证券公司风险控制指标标准如下。

（1）净资本与各项风险资本准备之和的比例不得低于 100%。

（2）净资本与净资产的比例不得低于 40%。

（3）净资本与负债的比例不得低于 8%。

（4）净资产与负债的比例不得低于 20%。

自营业务的风险控制指标规定如下。

（1）自营权益类证券及证券衍生品的合计额不得超过净资本的 100%。

（2）自营固定收益类证券的合计额不得超过净资本的 500%。

（3）持有一种权益类证券的成本不得超过净资本的 30%。

（4）持有一种权益类证券的市值与其总市值的比例不得超过 5%，但因包销导致的情形和中国证监会另有规定的除外。

融资融券业务的风险指标规定如下。

（1）为单一客户融资规模不得超过净资本的 5%。

（2）为单一客户融券规模不得超过净资本的 5%。

（3）接受单只担保股票的市值不得超过该股票总市值的 20%。

证券公司风险资本准备基准计算标准如下。

（1）证券公司经营证券经纪业务的，应当按托管的客户交易结算资金总额的 3% 计算经纪业务风险资本准备。

（2）证券公司经营证券自营业务的，应当按固定收益类证券投资规模的 10% 计算风险资本准备；对未进行风险对冲的证券衍生品和权益类证券分别按投资规模的 30% 和 20% 计算风险资本准备，对已进行风险对冲的权益类证券和证券衍生品投资按投资规模的 5% 计算风险资本准备。

（3）证券公司经营证券承销业务的，应当分别按包销再融资项目股票、IPO 项目股票、公司债券、政府债券金额的 30%、15%、8%、4% 计算承销业务风险资本准备。

（4）证券公司经营证券资产管理业务的，应当分别按专项、集合、定向资产管理业务规模的 8%、5%、5% 计算资产管理业务风险资本准备。

（5）证券公司经营融资融券业务的，应当分别按对客户融资业务规模、融券业务规模的 10% 计算融资融券业务风险资本准备。

（6）证券公司设立分公司、证券营业部等分支机构的，应当对分公司、证券营业部，分别按每家 2 000 万元、500 万元计算风险资本准备。

（7）证券公司应按上一年营业费用总额的 10% 计算营运风险资本准备。

3. 监管措施

中国证监会及其派出机构对证券公司净资本等各项风险控制指标数据的生成过程及计算结果的真实性、准确性、完整性进行定期或不定期检查。主要监管措施包括以下几方面。

证券公司净资本或其他风险控制指标达到预警标准的，派出机构应当区别情形，对其采取下列措施：①向其出具监管关注函并抄送公司主要股东，要求公司说明潜在风险和控制措施；②对公司高级管理人员进行监管谈话，要求公司采取措施调整业务规模和资产债务结构，提高净资本水平；③要求公司进行重大业务决策时至少提前5个工作日报送专门报告，说明有关业务对公司财务状况和净资本等风险控制指标的影响；④责令公司增加内部合规检查的频率，并提交合规检查报告。

证券公司净资本或其他风险控制指标不符合规定标准的，派出机构应责令公司限期改正，在5个工作日内制定并报送整改计划，整改期限最长不超过20个工作日；证券公司未按时报送整改计划的，派出机构应立即限制其业务活动。在整改期内，中国证监会及其派出机构应当区别情形对证券公司采取以下措施：①停止批准新业务；②停止批准增设、收购营业性分支机构；③限制分配红利；④限制转让财产或在财产上设定其他权利。

证券公司未按期完成整改的，自整改期限到期的次日起，派出机构应当区别情形，对其采取下列措施：①限制业务活动；②责令暂停部分业务；③限制向董事、监事、高级管理人员支付报酬、提供福利；④责令更换董事、监事、高级管理人员或者限制其权利；⑤责令控股股东转让股权或者限制有关股东行使股东权利；⑥认定董事、监事、高级管理人员为不适当人选。

证券公司未按期完成整改，风险控制指标情况继续恶化，严重危及该证券公司稳健运行的，中国证监会可以撤销其有关业务许可。

证券公司风险控制指标无法达标，严重危害证券市场秩序、损害投资者利益的，中国证监会可以区别情形，对其采取下列措施：①责令停业整顿；②指定其他机构托管、接管；③撤销经营证券业务许可；④撤销。

8.3 证券登记结算公司

证券登记结算公司是为证券交易提供集中登记、存管与结算服务，不以盈利为目的的法人。

8.3.1 证券登记结算公司的设立

设立证券登记结算公司必须经国务院证券监督管理机构批准。具体而言，设立证券登记结算公司，应当具备下列条件。

(1) 自有资金不少于人民币2亿元。

(2) 具有证券登记、存管和结算服务所必需的场所和设施。

(3) 主要管理人员和从业人员必须具有证券从业资格。

(4) 证券监督管理机构规定的其他条件。

证券登记结算公司的名称中应当标明"证券登记结算"字样。证券登记结算采取全国集中统一的运营方式，证券登记结算公司的章程、业务规则应当依法制定，并须经证券监督管理机构批准。

为保证登记结算公司履行职能，证券登记结算公司必须具有必备的服务设备和完善的数据安全保护措施；建立完善的业务、财务和安全防范等管理制度；建立完善的风险管理系统。

8.3.2 证券登记结算公司的组织机构

在 2001 年 10 月 1 日之前，我国的证券登记结算是由上海证券交易所成立的上海证券中央登记结算公司和深圳证券交易所成立的深圳证券登记结算公司，以及各自的地方证券登记结算公司完成的。上海证券登记结算公司和深圳证券登记结算公司建立了遍及全国的证券账户登记和存管体系，为投资者提供有关的证券登记、存管服务。公司在中央交收体制下实行会员法人结算制度，证券交易所的会员单位都以法人名义在公司开立结算账户，统一办理所有下属机构在上海和深圳证券交易所进行的证券交易的清算交收业务。根据业务需要，证券登记结算公司一般设立登记部、存管部、股份结算部、资金交收部和国际结算部等主要业务部门。上海证券登记结算公司和深圳登记结算公司还建立了比较完整的风险管理系统，设立结算风险保证基金(包括清算交割准备金和交收风险基金)以及以公司的流动资产为证券交易的集中清算、交收提供连续性和安全性的保障。

2001 年 3 月 30 日，中国证券登记结算有限责任公司成立，原上海证券交易所和深圳证券交易所所属的证券登记结算公司重组为中国证券登记结算有限责任公司的上海分公司和深圳分公司，这标志着建立全国集中、统一的证券登记结算体制的组织构架已经基本形成。建立集中、统一的证券登记结算体制具有重大意义：①方便投资者开立证券账户，减少资金占用，从根本上改变分散登记结算体制中存在的市场分割状态，消除证券公司重复开户、结算资金重置等问题，从而减少资金占用，降低交易成本；②新的体制对两交易所原有登记结算业务进行整合，有利于制定统一的登记结算业务规则和流程，有利于提高市场结算效率；③新体制有助于从体制上防范和控制市场风险。

8.3.3 证券登记结算公司的职能

1. 证券账户、结算账户的设立和管理

投资者在从事证券交易之前，必须向证券登记结算公司提交有关开户资料，开立证券账户后，才可以从事证券交易。投资者通过证券账户持有证券，证券账户用于记录投资者持有证券余额及其变动情况。通常由证券公司等开户代理机构代理证券登记结算公司为投资者开立证券账户。证券公司直接为投资者开立资金结算账户。证券登记结算公司仅为证券公司开立结算账户，结算账户专用于证券交易成交后的清算交收，具有结算履约担保作用。

2. 证券的存管和过户

在无纸化交易模式下，投资者持有的证券必须集中存入证券登记结算系统，这样便于交易结算，也比较安全；过户是根据证券交易清算交收的结果，将证券持有人持有证券的事实记录下来，所用的形式是将一个所有者账户上的证券转移到另一个所有者账户上，这种转移是股权、债券的一种转移。

3. 证券持有人名册登记及权益登记

证券登记结算公司根据与发行人签订的协议，为证券发行人提供证券持有人名册登记服务，准确记载证券持有人的必要信息。

4. 证券交易所上市证券交易的清算、交收及相关管理

证券的清算和交收统称为证券结算，包括证券结算和资金结算。证券交易所上市证券的清算和交收由登记结算公司集中完成，主要模式为：证券登记结算公司作为中央对手方，与证券公司之间完成证券和资金的净额结算。

5. 受发行人委托派发证券权益

证券登记结算公司可以根据发行人的委托向证券持有人派发证券权益，如派发红股、股息和利息等。

6. 办理与上述业务有关的查询、信息、咨询和培训服务

证券登记结算公司按照有关规定为符合条件的主体办理相关业务的查询。

7. 国务院证券监督管理机构批准的其他业务

除了上述 6 项业务外，还会有一些是证券登记结算机构可以提供的服务，但它需要经过国务院证券监督管理机构的批准，如为证券持有人代理投票服务等。

8.3.4 证券登记结算公司的有关业务规则

1. 结算原则

证券登记结算公司为证券交易提供净额结算服务时，结算参与人应该按照货银对付的原则，足额交付证券和资金，并提供交收担保。在交收完成之前，任何人不得动用用于交收的证券、资金和担保物。结算参与人未按时履行交收义务，证券登记结算公司有权按照业务规则处理其证券、资金和担保物。

货银对付原则是证券结算的一项基本原则，可以将证券结算中的违约交收风险降低到最低程度。目前，上市证券的集中交易主要采用净额结算方式，结算参与人必须按照货银对付原则的要求，根据清算结果，向证券登记结算公司足额交付其应付的证券和资金，并为交易行为提供交收担保。目前主要的担保方式是结算参与人存放一定数量的证券交易备付金。

为维护证券市场的正常秩序，保障证券交易的连续性，在净额结算方式下，交收必须按时、准确完成，否则将影响下一个交易日的正常交易。因此，在交收没有完成之前，任何单位和组织都不得动用结算参与人用于交收的财产，包括证券、资金和担保物，如结算参与人存放在登记公司的用于交易的结算备付金、存放于银行指定账户(报证券监管部门备案的客户交易结算资金账户)的客户交易结算金等。

2. 结算证券和资金的专用性

证券登记结算公司按照业务规则收取的各类结算资金和证券，必须存放于专门的清算交收账户，只能按业务规则用于已成交的证券交易的清算、交收，不得被强制执行。

8.4　证券服务机构

8.4.1　证券服务机构的类别

证券服务机构是指依法设立的从事证券服务业务的法人机构。证券服务机构包括投资咨询机构、财务顾问机构、资信评级机构、资产评估机构、会计师事务所等从事证券服务业务的机构。根据我国有关法规的规定，证券服务机构的设立需要按照工商管理法规的要求办理注册，从事证券服务业务必须得到中国证监会和有关主管部门批准。

投资咨询机构、财务顾问机构、资信评级机构从事证券服务业务的人员必须具备证券专业知识和从事证券业务或者证券服务业务两年以上的经验。

8.4.2　律师事务所从事证券法律业务的管理

为了加强对律师事务所从事证券法律业务活动的监督管理，规范律师在证券发行、上市和交易等活动中的执业行为，完善法律风险防范机制，维护证券市场秩序，保护投资者的合法权益，中国证监会与司法部于 2007 年 3 月 9 日发布了《律师事务所从事证券法律业务管理办法》（以下简称《办法》）。

证券法律业务，是指律师事务所接受当事人委托，为其证券发行、上市和交易等证券业务活动，提供的制作、出具法律意见书等文件的法律服务。

《办法》规定，律师事务所从事证券法律业务，可以为下列事项出具法律意见。

（1）首次公开发行股票及上市。

（2）上市公司发行证券及上市。

（3）上市公司的收购、重大资产重组及股份回购。

（4）上市公司实行股权激励计划。

（5）上市公司召开股东大会。

（6）境内企业直接或者间接到境外发行证券、将其证券在境外上市交易。

（7）证券公司、证券投资基金管理公司及其分支机构的设立、变更、解散、终止。

（8）证券投资基金的募集、证券公司集合资产管理计划的设立。

（9）证券衍生品种的发行及上市。

（10）中国证监会规定的其他事项。

《办法》规定，鼓励具备下列条件的律师事务所从事证券法律业务。

（1）内部管理规范，风险控制制度健全，执业水准高，社会信誉良好。

（2）有 20 名以上执业律师，其中 5 名以上曾从事过证券法律业务。

（3）已经办理有效的执业责任保险。

（4）最近两年未因违法执业行为受到行政处罚。

《办法》规定，鼓励具备下列条件之一，并且最近两年未因违法执业行为受到行政处罚的律师从事证券法律业务。

（1）最近 3 年从事过证券法律业务。

（2）最近 3 年连续执业，且拟与其共同承办业务的律师最近 3 年从事过证券法律业务。

（3）最近 3 年连续从事证券法律领域的教学、研究工作，或者接受过证券法律业务的行业培训。

《办法》规定，律师被吊销执业证书的，不得再从事证券法律业务。律师被中国证监会采取证券市场禁入措施或者被司法行政机关给予停止执业处罚的，在规定禁入或者停止执业的期间不得从事证券法律业务。

《办法》规定，同一律师事务所不得同时为同一证券发行的发行人和保荐人、承销的证券公司出具法律意见，不得同时为同一收购行为的收购人和被收购的上市公司出具法律意见，不得在其他同一证券业务活动中为具有利害关系的不同当事人出具法律意见。律师担任公司及其关联方董事、监事、高级管理人员，或者存在其他影响律师独立性的情形的，该律师所在律师事务所不得接受所任职公司的委托，为该公司提供证券法律服务。

8.4.3 注册会计师执业证券、期货相关业务的管理

为了规范注册会计师在证券、期货市场中的执业行为，维护投资者、债权人和社会公众的合法权益，财政部、中国证监会于 2000 年 6 月制定发布《注册会计师执行证券、期货相关业务许可证管理规定》（以下简称《规定》）。

《规定》所称证券、期货相关业务，是指证券、期货相关机构的会计报表审计、净资产验证、实收资本（股本）的审验及盈利预测审核等业务。《规定》所称证券、期货相关机构，是指上市公司、证券、期货经营机构，证券、期货交易所和证券投资基金管理公司等。

1. 会计师事务所申请证券资格的条件

按照《通知》的规定，会计师事务所申请证券资格，应当具备下列条件。

（1）依法成立 3 年以上。

（2）质量控制制度和内部管理制度健全并有效执行，执业质量和职业道德良好。

（3）注册会计师不少于 80 人，其中通过注册会计师全国统一考试取得注册会计师证书的不少于 55 人，上述 55 人中最近 5 年持有注册会计师证书且连续执业的不少于 35 人。

（4）有限责任会计师事务所净资产不少于 500 万元，合伙会计师事务所净资产不少于 300 万元。

（5）会计师事务所职业保险的累计赔偿限额与累计职业风险基金之和不少于 600 万元。

（6）上一年度审计业务收入不少于 1 600 万元。

（7）持有不少于 50％股权的股东，或半数以上合伙人最近在本机构连续执业 3 年以上。

（8）不存在下列情形之一：在执业活动中受到行政处罚、刑事处罚，自处罚决定生效

之日起至提出申请之日止未满 3 年；因以欺骗等不正当手段取得证券资格而被撤销该资格，自撤销之日起至提出申请之日止未满 3 年；申请证券资格过程中，因隐瞒有关情况或者提供虚假材料被不予受理或者不予批准的，自被出具不予受理凭证或者不予批准决定之日起至提出申请之日止未满 3 年。

2. 注册会计师申请许可证的条件

（1）所在会计师事务所已取得证券许可证或者符合本规定第（6）条所规定的条件并已提出申请。

（2）具有证券、期货相关业务资格考试合格证书。

（3）取得注册会计师证书一年以上。

（4）不超过 60 周岁。

（5）执业质量和职业道德良好，在以往 3 年执业活动中没有违法违规行为。

会计师事务所和注册会计师申请证券许可证，应当由会计师事务所向财政部、中国证监会提出申请。对于符合规定条件的会计师事务所、注册会计师，由财政部、中国证监会批准授予证券许可证，并对取得证券许可证的会计师事务所予以公告。会计师事务所和注册会计师的证券许可证实行年检制度。

8.4.4 证券、期货投资咨询机构管理

为了加强对证券、期货投资咨询活动的管理，保障投资者的合法权益和社会公众利益，经国务院批准，国务院证券委员会于 1997 年 12 月发布《证券、期货投资咨询管理暂行办法》。中国证监会及其授权的地方派出机构负责对证券、期货投资咨询业务的监督管理。

1. 申请证券、期货投资咨询从业资格的机构具备的条件

（1）分别从事证券或者期货投资咨询业务的机构，有 5 名以上取得证券、期货投资咨询从业资格的专职人员；同时从事证券和期货投资咨询业务的机构，有 10 名以上取得证券、期货投资咨询从业资格的专职人员；其高级管理人员中，至少有一名取得证券或者期货投资咨询从业资格。

（2）有 100 万元人民币以上的注册资本。

（3）有固定的业务场所和与业务相适应的通信及其他信息传递设施。

（4）有公司章程。

（5）有健全的内部管理制度。

（6）具备中国证监会要求的其他条件。

2. 证券、期货投资咨询人员申请从业资格具备的条件

（1）具有中华人民共和国国籍。

（2）具有完全民事行为能力。

（3）品行良好、正直诚实，具有良好的职业道德。

（4）未受过刑事处罚或者与证券、期货业务有关的严重行政处罚。

（5）具有大学本科以上学历。

（6）证券投资咨询人员具有从事证券业务两年以上的经历，期货投资咨询人员具有从事期货业务两年以上的经历。

（7）通过中国证监会统一组织的证券、期货从业人员资格考试。

（8）中国证监会规定的其他条件。

3. 行为规范

证券、期货投资咨询机构及其投资咨询人员，应当以行业公认的谨慎、诚实和勤勉尽责的态度，为投资人或者客户提供证券、期货投资咨询服务。

证券、期货投资咨询机构及其投资人员，应当完整、客观、准确地运用有关信息、资料向投资人或者客户提供投资分析、预测和建议，不得断章取义地引用或者篡改有关信息、资料；引用有关信息、资料时，应当注明出处和著作权人。证券、期货投资咨询机构及其投资咨询人员，不得以虚假信息、市场传言或者内幕信息为依据向投资人或者客户提供投资分析、预测或建议。

证券、期货投资咨询人员在报刊、电台、电视台或者其他传播媒体上发表投资咨询文章、报告或者意见时，必须注明所在证券、期货投资咨询机构的名称和个人真实姓名，并对投资风险作充分说明。证券、期货投资咨询机构向投资人或者客户提供的证券、期货投资咨询传真件必须注明机构名称、地址、联系电话和联系人姓名。

4. 禁止性行为

我国《证券法》规定，投资咨询机构及其从业人员从事证券服务业务不得有下列行为。

（1）代理委托人从事证券投资。

（2）与委托人约定分享证券投资收益或者分担证券投资损失。

（3）买卖本咨询机构提供服务的上市公司股票。

（4）利用传播媒介或者通过其他方式提供、传播虚假或者误导投资者的信息。

（5）法律、行政法规禁止的其他行为。

因上述行为给投资者造成损失的，依法承担赔偿责任。

8.4.5 资信评级机构从事证券业务的管理

为了促进证券市场资信评级业务规范发展，提高证券市场的效率和透明度，保护投资者的合法权益和社会公众利益，2007 年 8 月，中国证监会发布《证券市场资信评级业务管理暂行办法》（以下简称《办法》），并于 2007 年 9 月 1 日施行。

按照《办法》的规定，证券评级业务是指对下列评级对象开展资信评级服务。

（1）中国证监会依法核准发行的债券、资产支持证券以及其他固定收益或者债务型结构性融资证券。

（2）在证券交易所上市交易的债券、资产支持证券以及其他固定收益或者债务型结构性融资证券，国债除外。

（3）本款第（1）项和第（2）项规定的证券的发行人、上市公司、非上市公众公司、证券公司、证券投资基金管理公司。

（4）中国证监会规定的其他评级对象。

《办法》规定，申请证券评级业务许可的资信评级机构，应当具备下列条件。

（1）具有中国法人资格，实收资本与净资产均不少于人民币2 000万元。

（2）具有符合本办法规定的高级管理人员不少于3人；具有证券从业资格的评级从业人员不少于20人，其中包括具有3年以上资信评级业务经验的评级从业人员不少于10人，具有中国注册会计师资格的评级从业人员不少于3人。

（3）具有健全且运行良好的内部控制机制和管理制度。

（4）具有完善的业务制度，包括信用等级划分及定义、评级标准、评级程序、评级委员会制度、评级结果公布制度、跟踪评级制度、信息保密制度、证券评级业务档案管理制度等。

（5）最近5年未受到刑事处罚，最近3年未因违法经营受到行政处罚，不存在因涉嫌违法经营、犯罪正在被调查的情形。

（6）最近3年在税务、工商、金融等行政管理机关，以及自律组织、商业银行等机构无不良诚信记录。

（7）中国证监会基于保护投资者、维护社会公共利益规定的其他条件。

取得中国证监会证券评级业务许可的资信评级机构（以下简称证券评级机构），从事证券评级业务，应当遵循独立、客观、公正的原则。

证券评级机构从事证券评级业务，应当遵循一致性原则，对同一类评级对象评级，或者对同一评级对象跟踪评级，应当采用一致的评级标准和工作程序。评级标准有调整的，应当充分披露。

同时，《办法》规定，证券评级机构从事证券评级业务，应当制定科学的评级方法和完善的质量控制制度，遵守行业规范、职业道德和业务规则，勤勉尽责，审慎分析。中国证监会及其派出机构依法对证券评级业务活动进行监督管理。中国证券业协会依法对证券评级业务活动进行自律管理。

证券评级机构与评级对象存在利害关系的，不得受托开展证券评级业务；证券评级机构应当建立回避制度，建立清晰合理的组织结构，合理划分内部机构职能，建立健全"防火墙"制度，从事证券评级业务的业务部门应当与其他业务部门保持独立；应当建立评级委员会制度、复评制度、评级结果公布制度、跟踪评级制度、证券评级业务信息保密制度及证券评级业务档案管理制度。

8.4.6 资产评估机构从事证券、期货业务的管理

为了加强对从事证券、期货相关业务（以下简称"证券业务"）资产评估机构的管理，维护证券市场秩序，保护投资者和社会公众的合法权益，财政部、中国证监会于2008年4月29日发布《关于从事证券期货相关业务的资产评估机构有关管理问题的通知》（以下简称《通知》），对资产评估机构申请资产评估资格的撤回等方面作出相关规定。该通知于2008年7月1日起施行。

1. 资产评估机构申请证券评估资格应当符合的条件

按照《通知》的规定，资产评估机构申请证券评估资格，应当符合下列条件。

（1）资产评估机构依法设立并取得资产评估资格 3 年以上，发生过吸收合并的，还应当自完成工商变更登记之日起满 1 年。

（2）质量控制制度和其他内部管理制度健全并有效执行，执业质量和职业道德良好。

（3）具有不少于 30 名注册资产评估师，其中最近 3 年持有注册资产评估师证书且连续执业的不少于 20 人。

（4）净资产不少于 200 万元。

（5）按规定购买职业责任保险或者提取职业风险基金。

（6）半数以上合伙人或者持有不少于 50％股权的股东最近在本机构连续执业 3 年以上。

（7）最近 3 年评估业务收入合计不少于 2 000 万元，且每年不少于 500 万元。

2. 资产评估机构申请证券评估资格不应存在的情况

资产评估机构申请证券评估资格，应当不存在下列情形之一。

（1）在执业活动中受到刑事处罚、行政处罚，自处罚决定执行完毕之日起至提出申请之日止未满 3 年。

（2）因以欺骗等不正当手段取得证券评估资格而被撤销该资格，自撤销之日起至提出申请之日止未满 3 年。

（3）申请证券评估资格过程中，因隐瞒有关情况或者提供虚假材料被不予受理或者不予批准的，自被出具不予受理凭证或者不予批准决定之日起至提出申请之日止未满 3 年。

关于对从事证券业务的资格评估机构的日常管理，《通知》规定，财政部、证监会应当建立资产评估机构从事证券业务诚信档案。对具有证券评估资格的资产评估机构从事证券业务违反规定的，财政部、证监会可以采取出具警示函并责令其整改等措施；对资产评估机构负责人、直接负责的主管人员和其他直接责任人员，可以实行监管谈话、出具警示函等措施，对情节严重的，可以给予一定期限不适宜从事证券业务的惩戒，同时记入诚信档案，并予以公告。

8.4.7 证券服务机构的法律责任和市场准入

1. 证券服务机构的法律责任

证券服务机构为证券的发行、上市、交易等证券业务活动制作、出具审计报告、资产评估报告、财务顾问报告、资信评级报告或者法律意见等文件，应当勤勉尽责，对所依据的文件资料内容的真实性、准确性、完整性进行核查和验证。其制作、出具的文件有虚假记载、误导性陈述或者重大遗漏，给他人造成损失的，应当与发行人、上市公司承担连带赔偿责任，但是能够证明自己没有过错的除外。

2. 市场准入及退出机制

为了加强市场准入的管理，对证券服务机构从事证券业务的审批管理办法由国务院证券监督管理机构和有关主管部门制定。为加强对证券服务机构的管理，我国《证券法》还授予证券监督管理机构对证券服务机构的监管权和现场检查权。同时，证券服务机构未勤勉尽责，所制作、出具的文件有虚假记载、误导性陈述或者重大遗漏的，可以暂停或者撤销其证券业务的许可。

本 章 小 结

证券公司是指依照《公司法》和《证券法》设立的经营证券业务的有限责任公司或者股份有限公司。证券公司的注册资本应当是实缴资本。《证券法》将证券公司的注册资本最低限额与证券公司从事的业务种类直接挂钩，分为 5 000 万元、1 亿元和 5 亿元 3 个标准。

证券承销是指证券公司代理证券发行人发行证券的行为。发行人向不特定对象公开发行的证券，法律、行政法规规定应当由证券公司承销的，发行人应当同证券公司签订承销协议。

发行人申请公开发行股票、可转换为股票的公司债券，依法采取承销方式的，或者公开发行法律、行政法规规定实行保荐制度的其他证券的，应当聘请具有保荐资格的机构担任保荐人。证券公司履行保荐职责应按规定注册登记为保荐机构。保荐机构负责证券发行的主承销工作，负有对发行人进行核查，向中国证监会出具保荐意见，并根据市场情况与发行人协商确定发行价格。

证券投资咨询业务是指证券公司及其相关业务人员运用各种有效信息，对证券市场或个别证券的未来走势进行分析预测，对投资证券的可行性进行分析评判；为投资者的投资决策提供分析、预测、建议等服务，倡导投资理念，传授投资技巧，引导投资者理性投资的业务活动。

证券资产管理业务是指证券公司根据有关法律、法规和投资委托人的委托，作为管理人，与委托人签订资产管理合同，将委托人委托的资产在证券市场上从事股票、债券等金融工具的组合投资，以实现委托资产收益最大化的行为。

公司治理结构是一种联系并规范股东(财产所有者)、董事会、高级管理人员权利和义务分配，以及与此有关的聘选、监督等问题的制度框架。简单地说，就是通过一种制度安排合理地配置所有者与经营者之间的权利与责任关系。

习 题

一、名词解释

证券公司 证券经纪业务 证券承销与保荐 证券自营 融资融券 证券公司治理结构 证券中介机构

二、简答题

1. 证券公司设立的条件与主持资本要求有哪些？
2. 证券公司的主要业务有哪些？
3. 证券公司治理机构有哪些？
4. 证券公司内部控制的目标与原则有哪些？
5. 证券公司内部控制有哪些内容？
6. 证券公司风险控制指标有哪些？
7. 证券登记结算公司的职能有哪些？
8. 证券服务机构的类别有哪些？

三、 案例分析题

掀开"地下证券公司"的黑幕

今年 44 岁的王景献,是偃师市首阳山镇农民,1998 年 10 月,通过郑州市张某认识了商丘市人肖国强。1999 年春节前后,张又约王、肖等在洛阳市老城区某酒店见面。酒酣耳熟之际,肖国强神秘兮兮地对王说:"现在搞股票交易可赚大钱,郑州、商丘等地的都赚了不少,全河南省只有洛阳是个空白。"

"开个点需要多少钱?"王问。"6 万元左右,"肖说,"你能弄来计算机也行,将来郑州会有人来投资,点建成后由你负责,咋样?"

受利益的驱使,王便很快到洛阳市涧西区新市场租了场地,进行一番装修之后,安装上了电话。接着肖国强分两次从郑州弄来 25 台计算机,由于资金短缺,王景献的朋友卞某也加入进来,并被肖任命为总负责人;另外合伙人刘占更负责交割,并聘用 36 名负责报单、出纳、会计人员。开业前,他们的"上手公司"(即庄家)——上海某公司专门派人前来指导"业务",并将此点取代号 0664。然而,非法交易开始不久,便被个别股民看出了破绽。1999 年 6 月,有人将一纸揭发信投到了中国证监会郑州证券监管特派员办事处。办事处调查后,随即向公安机关发函请求查处,其大致内容如下。

河南省公安厅:

根据群众来信反映,洛阳市丽新市场开设了一家股票交易点(无证)。我办领导对此事非常重视,于 1999 年 6 月 8 日派人前去洛阳调查了解,调查经过如下。

1999 年 6 月 8 日下午 2 点左右,我办两位同志在洛阳市公安局珠江路派出所所长及有关同志的大力协助下,进入该点。发现一楼大厅里有一块"河南省洛阳警校计算机培训基地"的牌子,二楼设有计算机机房,旁边的交易大厅有 10 余台电脑正在显示股票行情,有六七个人在炒股,交易厅设有交易台,并有交易人员两名。同时,在交易柜台上查到交易凭证 101 份,从单子可以看出有 13 个账户。经派出所同志了解,此点是王景献、刘占两人开设的。恳请公安部门迅速查处。

当洛阳公安局 6 月 24 日前去查处时,王景献已溜之大吉。

转移地点违法经营

"生意"刚开张便大伤元气,王景献并不死心,他很快找到了偃师市某纺织品公司的下岗职工郝长乐,经过一番游说,郝很快将 3 万元人民币投入其中,又将其弟郝天宇拉入伙。之后,王找到了市环保局的郭某在环保局旧二号楼一楼较隐蔽处租房 7 间,并购置了沙发、传真机、单子、炊具等,并安装了 3 部电话,5 部 586 型兼容机和工作人员数名。一切调试完毕之后,该点被"上手公司"编号为 0660,王负责与肖国强通联,该点由郝长乐负责。以此为样板,薛某在老城区设有一处交易点,拥有交易机 13 台,编号 0661;王某(女)在上阳新村设有一点,拥有机器 5 台,编号 0668;另外,乐轴俱乐部和原丽新市场的点分别编号为 0669 和 0664。

然而,就当他们满心欢喜准备大干一场时,又有意外发生——七月中旬,当他们向上海某公司报单时,才发现由于内讧,该公司已经人去楼空。眼看就要有赚头了,肖国强,王景献等人并不甘心,再次四处联系"上手公司",寻找庄家。很快,他们便在浙江省义乌市找到了一个"上手公司",名曰伟士奇信息投资有限公司。8 月 19 日,王景献、郝天宇行色匆匆来到义乌市。该公司设在一个小商品批发城二楼上,有四五间大屋子,几十台计算机,主要经营恒生指数,股票,外币等业务。按王景献自己的话说"也是一个骗子公司"。但是,双方都彼此心照不宣,共同商定:义乌方面提取 0.45% 的盈利。股民若有盈利了,义乌方面再通过账号给洛阳总站拨付一定的款额,用以支付股民。据不完全统计,自洛阳各非法交易点开业以来,先后向义乌方面交付 11 万元人民币,而义乌方面分文未拨,实属骗子公司。

一切都联系好之后,设在洛阳的 7 个点便"开业"了。具体交易办法是:总站及各分站不知从何处抽来证券交易所的买单、卖单、撤销单、明细单等单据,先让股民开户,然后发给统一的股户证,凭此证进行交易。具体交易程序是：股民自己选好买的股种，自己填写买(卖)单，由各站负责将单子数据打电话报给总站，总站再打电话报给浙江义乌的伟士奇信息投资公司。下午3点闭市后，义乌市方面再发传真将成交单给洛阳总站，由洛阳总站通知各个分站的股民，股民便据此知道赚赔情况。在非法经营过程中，总站已收取各分站交来的保证金5万余元，手续费2万余元，股民股金60万余元。部分被郝长乐、王景献、肖国强等人从中进行侵占、挪用。根据"上手公司"的规定，主要采取4种操作方式，一是买跌，即股民只要认定某种股票要有大的跌幅便买进，则股民赚下跌的差额，跌幅越大则股民赚得越多；相反，若该股票未跌则赔钱；二是买涨，股民认定某种股票要有涨幅，则大量买进，若该股票真的涨了，则赚钱，反之赔钱；三是进行T+0交易；四是放大资金透支买卖，放大幅度达3~5倍，即股民拿1倍的钱可以买3~5倍的股票。在整个交易的过程中，股民每日要付万分之六的利息，其中各点得万分之二，义乌方面得万分之四，股民在交易中所赔的钱，要交给下属各交易点，各交易点再将股金交付各点后，若留仓，则将股金的千分之十交到总站。总站提留股民盈亏的千分之七点八，其中，总站留千分之一点三，分站提留千分之二，肖国强提留千分之零点三，其余由义乌方面提走。

[案例来源：中国证券市场典型案例(吴晓求主编)，2003年]

案例问题：

"地下证券公司"的发展对我国证券市场的发展产生了哪些不利影响？

第 **9** 章 证券营销

教学目标

通过本章的学习，了解证券营销的现状，分析证券营销的发展趋势，掌握证券营销人员工作职责、从业要求、知识要求、素质要求和工作技能，理解证券营销人员的工作管理，解读证券营销人员的基本职业素质。

教学要求

知识要点	能力要求	相关知识
证券营销概述	(1) 证券营销概念及特征的理解能力 (2) 证券经纪业务营销活动的理解和概括能力 (3) 了解证券营销业务最新发展趋势	(1) 证券公司营销的概念及特征 (2) 证券经纪业务营销活动内容 (3) 证券经纪人专业化销售流程
证券经纪人	(1) 了解证券经纪人概述及发展前景 (2) 掌握证券经纪人基本素质 (3) 熟悉证券经纪人专业形象与礼仪	(1) 证券经纪人发展前景 (2) 证券经纪人基本素质及专业形象与礼仪 (3) 证券经纪人专业化销售
证券营销渠道开发方法与技巧	(1) 熟悉证券营销渠道的概念及分类 (2) 掌握银行渠道营销 (3) 了解社区渠道营销和电话亭渠道开发	(1) 证券营销渠道的概念及分类 (2) 银行渠道的开发步骤 (3) 社区渠道营销分类及注意事项

肯定的想法不迫使你做任何事情，但他比消极的想法能更好地帮你把任何事情都做好

——美国著名营销大师　齐格拉

基本概念

证券营销 证券经纪业务营销 证券经纪人 证券营销渠道 银行渠道营销 社区渠道营销

导入案例

用 心 倾 听

美国汽车推销大王乔·吉拉德有过一次深刻的体验。某日，一位名人来向他买车，他推荐了一种最好的车型给那人。那人对车很满意，并掏出了一万美元现金想做订金。但是眼看要成交了，那人却突然变卦而去。乔为此懊恼了一下午，百思不得其解。到了晚上，他忍不住打电话给这个客户："您好，我是乔·吉拉德，今天下午我曾经向您介绍了一部新车，为什么您已决定买下，却突然走了呢？"

"喂，你知道现在是几点钟吗？"

"非常抱歉，我知道现在已经是晚上 11 点钟了，但是我检讨了一下午，实在想不出自己错在哪里，因此特地打电话向您讨教。"

"真的吗？"

"肺腑之言。"

"很好，你是在用心听我说话吗？"

"非常用心。"

"可是今天下午你根本没有用心听我说话。就在签字之前，我提到儿子吉米要进入密执安大学就读，提到了吉米的学科成绩、运动能力及他未来的抱负，我以他为荣，但是你却毫无反应。"

乔突然意识到，自己不记得对方曾说过这些事，因为他当时根本没有注意。乔以为生意已经谈妥，便无心听对方说什么，反而注意办公室内另外一个推销员正在讲的笑话。

"站在对方的立场思考与行动"，成功的销售员不是将产品卖给客户而是满足客户的需求。如何知道客户的需求呢？答案是倾听。

点评

机会总是在你用心倾听的时候到来。

9.1 证券营销概述

9.1.1 市场营销概述

1. 市场营销含义

市场营销是一门新兴的管理学科，起源于美国，后传至欧洲、亚洲等国家，并逐渐被世界各国工商企业所运用，逐渐成为指导企业经营管理的重要工具。近年来，用营销观念来指导企业生产与经营日益成为企业在激烈的市场竞争中生存和发展的根本，市场营销也因此成为 21 世纪最热门和最有价值的学科之一。关于市场营销的确切含义，学术界一直众说纷纭，学者们从不同角度定义了市场营销。美国市场营销协会（American Marketing Association）于 1985 年将市场营销定义为：市场营销是对思想、产品及劳务进行设计、定价、促销及分销的计划和实施的过程，从而满足个人和组织目标的交换。"现代营销学之父"菲利普·科特勒（Philip Kotler）将市场营销定义为：个人和群体通过创造产品和价值，并同他人交换以满足其欲望和需要的社会和管理过程。

以上关于市场营销的定义包括以下几个层次：消费者需求、产品提供、交换及交换媒介、客户满意度、营销参与者等。

1）消费者需求

消费者需求是市场营销的出发点，也是市场营销的原动力。不管这种需求是现存的或潜在的，只要是需求，从营销学角度来讲，都可以通过各种手段将消费者的需求挖掘出来，并提供相应的产品满足消费者需求。但是，从经济学角度来看，并非所有的需求都是有效需求，只有在消费者具备购买能力的情况下，潜在的需求才能转化为有效的需求。

2）产品提供

产品提供是市场营销的重中之重，必须针对消费者需求进行产品提供。营销学上的产品一般有两个部分：一是提供给消费者的具体的物质形态；二是由产品本身衍生出来的服务和价值。对消费者来说，获得产品本身固然重要，但由产品衍生出来的服务与价值也很重要。

3）交换及交换媒介

交换是在市场经济条件下实现资源合理配置的有效方式。从经济学角度来看，营销存在是因为交换活动中存在交易缺口，即交换的一方想让渡自己拥有的使用价值以获取另一种使用价值，而另一方则也想让渡自己拥有的使用价值去获取另外一种使用价值，在这种交易的过程中，如果没有合适的中介，交易双方就难免产生交易缺口。社会分工和专业化的发展为市场营销提供了巨大的发展空间，而营销的发展也相应促进了营销媒介的发展。随着市场经济的发展，交易媒介越来越多，除了传统交易市场，还包括网络、电视、电话等。这些交易媒介既方便了消费者的购买，也极大地促进了商品的销售。

4）客户满意度

客户满意度是指客户购买产品后，对从中能得到的效果和期望值之间进行比较，所形成的愉悦或失望的感觉状态。客户满意度的高低主要取决于两个方面：期望值和实际价值。一般来说，如果产品的期望值很低，而实际价值很高，那么虽然实际消费的客户可能很满意，但却很难吸引到足够多高质量的客户；而如果营销者将消费者的期望值提得很高，就很容易让消费者失望，从而破坏该产品在消费者心目中的可信度，降低品牌价值。一般来说，比较合适的做法是让客户的期望值和产品的实际使用价值大致相当，这样既不会造成客户的心理落差，也有利于在营销中占据主动地位，进行积极主动的宣传工作。

5）营销参与者

市场营销的实现，最终是要靠营销参与者去实现。营销参与者包括在市场上积极主动进行营销活动的相关个人、集体和营销的客户。积极主动营销者一般包括商品生产者、流通中的再加工者，也包括专门销售商品的中介机构。

2. 市场营销环境

企业的营销活动都是在不断发展、变化的社会环境中进行的，它既受到企业内部条件的约束，又受到企业外部条件的制约。这两种来自企业内、外部的约束力量，就是市场营销环境。市场营销环境是一个多变、复杂的因素，企业营销活动成败的关键，就在于能否适应不断变化着的市场营销环境。

美国著名市场营销权威菲利普·科特勒认为：企业的营销环境是影响企业的市场和营销活动的不可控制的参与者和影响力。也就是说，营销环境是指与企业营销活动有潜在关系的所有外部力量和相关因素的集合，它影响着企业能否有效地保持和发展与其目标市场客户交换的能力，是企业生存和发展各种外部条件。

1）市场营销环境的内容

企业市场营销环境的内容广泛而复杂。根据营销环境和企业营销活动的密切程度，可以把营销环境划分为微观营销环境和宏观营销环境。

（1）微观营销环境。微观营销环境是指直接影响和制约企业经营活动的各种力量，它包括客户、供应商、营销中介、竞争者和公众。这些因素与企业营销活动有着密不可分的联系，是不可控制的因素，一般来说，企业无法予以变动、调整和支配。例如，企业无法改变、支配客户的购买偏好和动机，也无法选择竞争者。微观环境的不可控性，要求企业必须对这些环境因素进行深入、细致的调查分析，避免威胁，寻找机会，使企业立于不败之地。

（2）宏观营销环境。宏观营销环境是指同时影响与制约着微观营销环境和企业营销活动的力量，它包括人口、经济、自然、技术、政治、法律和社会文化等环境要素。微观营销环境对企业营销活动的影响是直接的，而宏观营销环境对企业营销活动的影响和制约往往是间接的，它要通过微观营销环境来影响、约束企业的营销行为。微观环境可称为直接营销环境，宏观环境可称为间接营销环境，直接营销环境受制于间接营销环境。例如，一个社会的经济环境会改变消费者的支出模式和消费结构，进而影响消费者对本企业产品的选择机会。宏观营销环境和微观营销环境一样，都是不可控制的，前者不可控制的程度要高于后者，企业只能顺应它们的条件和趋势。随着全球营销的发展，营销管理者必须更加注重对宏观营销环境的研究，避免风险，探寻有利的市场机会。

2）市场营销环境的特点

市场营销环境由多种因素构成，并且不断变化的市场营销环境，是企业营销活动的基础和条件。营销环境有以下3个特点。

（1）多变性。市场营销环境是由多方面的因素构成的，每一个因素都会随着社会经济的发展而不断变化。静止是相对的，变化是绝对的，企业置身于企业生态环境的中心，不管这种环境的变化程度如何，应竭力与周围环境保持动态平衡。一旦平衡被打破，企业应采取积极的措施来适应这种变化，在新的环境条件下达到新的平衡；否则，企业迟早要被淘汰。

（2）复杂性。企业的营销环境不是由单一的因素决定的，它受到一系列相关因素的影响。因此，企业面临的营销环境具有复杂性，主要表现为各环境因素之间存在矛盾关系。例如，随着人们生活水平的不断提高，方便实用的家用电器日益受到人们的青睐，但在节约能源的呼声下，在电力供应有限的情况下，企业不得不作进一步权衡，在可利用资源的前提下去开发新产品。

(3) 差异性。不同企业受不同营销环境的影响，同样，一种营销环境的变化对不同企业的影响也不尽相同。生产老年用品的企业主要受人口环境的影响；生产高级小汽车的企业主要受收入、国家政策和法律环境的约束；汇率上调对房地产企业有益，但对出口导向的外贸企业却不利。外部环境对企业作用的差异性，导致企业要运用各具特色的营销策略。

3) 市场营销战略与组合策略

(1) 市场营销战略。营销和创新是企业经营的核心，因而市场营销战略在企业战略中的地位与意义显得尤为突出。企业战略是人们有意识、有目的的计划，反映了人们对未来行动的预期与主观愿望，并且包括了一系列的决策或行动方式。所谓市场营销战略，是企业战略体系的一个重要组成部分，是指企业为实现其整体经营战略目标，在充分预期和把握企业外部环境与内部条件变化的基础上，对企业全局性和长期的市场营销所作的计划。

(2) 市场营销组合策略。市场营销组合是现代市场营销学中一个十分重要的范畴。市场营销组合是指企业为了进入某一特定的目标市场，在全面考虑其任务、目标、资源及外部环境的基础上，对企业可以控制的各种营销手段进行选择、搭配、优化组合、综合运用，以满足目标市场的需要，获取最佳经济效益的一种经营理念。

市场营销组合策略就是这种经营理念的具体化，即把多种营销手段有主有次、合理搭配、综合应用的过程。构成市场营销组合的各因素，在不断变化的市场环境中是相互作用和相互影响的，因此，市场营销组合就在于它们的"合理组合"，即把企业那些可以控制的营销手段与因素组合成一整套具体的可操作方案。在营销组合中，每一个具体的方案，即每一个组合策略都包含有若干因素，其中任何一个因素的变化都会要求其他有关因素相应变化。

以满足市场需求为目标的"7P"营销组合。"市场营销组合"这一术语，最早由美国哈佛大学教授波顿(N. H. Borden)在 1964 年提出。在他的《市场营销组合的概念》一文中，他把市场机会、产品、定价、人员营销、流通渠道、广告、包装等若干营销要素和手段结合起来，描述了"市场营销组合"的大致轮廓。1975 年，美国营销学学者杰罗姆·麦卡锡(Jerome McCarthy)在第一版《基础营销学》中进一步发展了"市场营销组合"的概念。他认为，可供企业运用的市场营销要素和手段固然很多，但企业可以控制的、能有效运用的因素归纳起来 4 大类，即产品(Product)、价格(Price)、分销(Place)和促销(Promotion)。由于这 4 个词的英文都是以"P"开头，所以简称"4P"。他强调一个完整的市场营销活动，意味着以适当的产品、适当的价格、适当的渠道和适当的促销手段，将产品和服务投放到适当市场的行为。1981 年，波姆斯(B. H. Booms)和比特勒(M. J. Bitner)两人从"服务营销"的观点出发，再次对"市场营销组合"的概念与构成进行了深入研究，从而扩充了市场营销组合的概念与内容。他们在《服务企业的市场营销战略与组织》一文中把市场营销组合描述为"7P"结构，即产品(Product)、价格(Price)、分销(Place)、促销(Promotion)、从业人员(People)、营销过程(Process)和实体分销(Physical Distribution)。

以追求客户满意为目标的"4C"营销组合。"4P"或"7P"代表的是生产者的观点，是卖方用于影响买方的有用的市场营销工具。随着市场竞争日趋激烈，媒介传播速度越来越快，从买方的角度来看，市场营销工具是用来为客户提供利益的，"4P"或"7P"理论越来越受到挑战，以追求客户满意为目标的"4C"理论应运而生。美国学者罗伯特·劳特朋(Robert Lauterborn)于20世纪90年代中提出"4C"理论。"4C"理论以消费者需求为导向，设定市场营销组合的4个基本要素为：客户(Customer)、成本(Cost)、便利(Convenience)和沟通(Communication)。他强调公司首先应该把追求客户满意放在第一位，产品和服务必须满足客户需求，在研发时就要充分考虑客户的购买力，降低客户的购买成本，另外要充分注意到客户购买过程中的便利性，最后还应以消费者为中心实施有效的营销沟通。

9.1.2 证券公司营销概述

1. 证券公司营销含义

证券公司营销是指证券公司以证券类金融产品为载体的服务营销。证券公司在具体开展营销活动时应根据客户需求，设计产品或提供服务，并通过多种销售渠道，采取多种促销手段，实现客户与证券公司的目标交换。因此，证券公司营销是服务营销，参与主体包括证券公司、证券公司营销人员和证券投资者，营销的客体则是证券类金融产品及服务。

1）证券公司

证券公司是证券公司营销的组织实施者。证券公司开展营销活动需设计与提供多样化的证券类金融产品和专业化的证券服务。证券公司在营销中的管理职能主要包括对公司营销活动管理、证券经纪人管理。证券公司营销活动的管理包括营销目标确立、方案制定、计划实施、结果评估等。证券经纪人的管理包括证券经纪人的日常管理和风险合规管理等。证券公司开展营销活动须符合国家法律法规及自律规则的规定，并接受证券监督管理机构行政监管和自律组织自律管理。

2）证券公司营销人员

证券公司营销人员是证券公司营销活动的具体实施者，证券公司营销人员是受证券公司聘用或委托，从事客户招揽和客户服务等营销活动的人员。因此，我国证券公司既可雇用内部员工，也可委托公司外部人员从事营销活动。委托外部人员从事证券营销活动的人员是证券经纪人。

我国对证券经纪人的界定大体有以下两个重要规定。2008年4月23日国务院颁布的《证券公司监督管理条例》第一次明确提出了证券经纪人的概念。该条例第38条规定，证券公司从事证券经纪业务，可以委托证券公司以外的人员作为证券经纪人，代理其进行客户招揽、客户服务等活动。中国证监会公告2009年4月13日起施行的《证券经纪人管理暂行规定》明确对证券经纪人作了界定：证券经纪人，是指接受证券公司的委托，代理其从事客户招揽和客户服务等活动的证券公司以外的自然人。该规定还对证券经纪人的法律地位、资格条件、行为规范、权益保护以及证券公司对证券经纪人的管理职责等问题进行了界定。

证券经纪人为证券从业人员，应当通过证券从业人员资格考试，并具备规定的证券从业人员执业条件。证券经纪人只能接受一家证券公司的委托，并应当专门代理证券公司从事客户招揽和客户服务等活动。取得证券经纪人证书后，证券经纪人方可执业。证券经纪人应当在执业过程中向客户出示证券经纪人证书，明示其与证券公司的委托代理关系，并在委托合同约定的代理权限、代理期间、执业地域范围内从事客户招揽和客户服务等活动。

3）证券投资者

从证券市场角度，证券投资者是指通过证券公司进行证券投资的各类自然人和机构法人，是证券市场的资金供应者。从证券公司角度而言，证券投资者是证券类金融产品和服务的消费者，证券投资者与证券公司签订合约购买证券公司的产品或服务即成为证券公司的客户。因此，本书中的客户即指与证券公司建立关系的证券投资者。

证券投资者可以从不同角度按不同的标准进行分类。

（1）从证券市场角度，证券投资者可分为个人投资者和机构投资者两类。

① 个人投资者。个人投资者是指进行证券投资和购买金融产品的自然人。他们是市场最广泛的投资者。个人投资者具有以下特点：数量众多，单个投资者的资金量较少，他们的专业知识、投资技术、收集分析信息和对风险控制的能力较弱。由于上述特征，个人投资者应选择风险与之相适应的金融产品。为保护个人投资者的合法权益，对于部分高风险证券产品的投资，我国的监管法规还要求投资者个人具有一定的产品知识并要求他签署书面的知情同意书。因此，个人投资者除需证券公司代理其买卖证券外，还需要证券公司提供证券行情资讯和证券投资咨询等增值服务，部分投资者还需要专业的账户管理和理财顾问等服务。

② 机构投资者。机构投资者是指进行证券投资的机构法人。机构投资者一般具有以下特点：投资的资金量大、投资管理严格、收集和分析信息的能力强、投资技术先进、可通过有效的投资组合以分散投资风险等。

目前，我国证券市场的机构投资者主要有政府机构、企业和事业法人、金融机构及各类基金公司等。其中，政府机构进行证券投资的主要目的不是为了获取利息、买卖价差等投资收益，而是为了调剂资金余缺。尤其是中央银行，通过买卖政府债券开展公开市场业务，主要是为了调节货币供应量，进行宏观调控。企业和事业法人主要是用自己的积累资金或暂时不用的闲置资金进行证券投资，资金保值和增值是其进行证券投资的目的之一。另外，金融机构投资者主要包括证券经营机构、商业银行、保险公司等。各类基金公司主要包括证券投资基金、社保基金、企业年金和社会公益基金等。这类机构进行证券投资的主要目的是为了满足资产保值和增值的需求，提高资产收益率，使自身收益最大化。多数机构投资者设有专门的投资部门或聘用专人跟踪自己的投资。他们需要与证券公司进行充分沟通，并保持密切的联系，需要持续的专业化服务。证券公司通常安排固定的投资顾问为机构投资者提供"一对一"服务。

（2）从证券公司营销角度看，证券投资者可分为社会公众和特定对象两类。

① 社会公众。证券公司开展的各类宣传、客户招揽、理财产品销售等活动往往是向社会公众广泛开展的，从这个意义上可以将这一类的投资者归为社会公众。

② 特定对象。证券公司的投资银行业务、定向理财产品和针对特定对象的财务顾问、咨询等专项业务的活动往往是针对特定投资者的。我们可以将这一类投资者归为特定对象。

（3）证券类金融产品及服务。证券类金融产品及服务主要包括股票、债券、基金、金融衍生工具等证券产品和投资咨询产品、集合理财产品、定项资产管理等证券公司咨询理财产品及相关服务。相关服务主要涉及 3 个层次：核心服务、便利性服务、支持性服务。核心服务是证券公司提供给客户的核心利益，即证券公司的核心业务相关服务，如经纪业务的核心服务是证券公司向客户提供交易通道，使客户可以按照自己的意愿买卖交易。便利性服务是为了方便核心服务而提供的与之相应的服务，如经纪业务的便利服务包括转账业务、即时行情服务、账户查询服务、网上交易、电话查询交易服务、网站查询交易服务、投资资讯服务等。支持性服务是用来提高证券公司服务价值或者与其他竞争对手的服务区别开来的服务，包括投资咨询、理财顾问、服务环境等。

证券公司及证券经纪人一方面应根据客户的不同需求提供多样化的产品供客户选择，另一方面应当根据产品的类型、风险收益特征，结合客户身份、财产与收入状况、证券投资经验和风险偏好情况，为客户提供差异化的服务，并向客户充分提示证券投资风险。

2. 证券公司营销范围和分类

根据证券公司营销所涉及的业务范围、营销对象、营销内容及营销方式的不同，可以对证券公司当前开展的营销活动进行不同的分类。

（1）按营销所涉及的业务范围不同，证券公司营销可分为证券经纪业务的营销活动、投资银行业务的营销活动、资产管理业务的营销活动、投资咨询业务的营销活动等。

（2）按营销对象的不同，证券公司营销可分为面向公众的营销和面向特定对象的营销。面向公众的证券公司营销指证券公司面向社会公众广泛开展的各类宣传、促销、客户招揽、理财产品销售等营销活动，如证券经纪业务的营销活动、集合理财产品的销售和针对大众投资者的投资咨询业务等。面向特定对象的营销指证券公司面向小范围的特定对象或某一单一主体进行的营销活动，如投资银行业务中的定向发行、定向理财产品的销售和针对特定对象的财务顾问、咨询等专项业务的营销活动。

（3）按营销内容的不同，证券公司营销可分为品牌营销和产品营销。品牌营销指证券公司通过各类媒体与推介材料，对公司的整体品牌、形象进行的推广宣传活动。产品营销指证券公司为推广、销售自身或他人的金融产品所进行的营销活动，包括证券投资基金、债券、集合理财产品等的销售。

（4）按营销方式的不同，证券公司营销可划分为直接营销、代理营销、委托他人营销。直接营销指证券公司销售本公司设计的产品和推介本公司的服务的营销活动，目前证券公司营销活动多属此类。代理营销是指证券公司在法律法规允许的范围内，受其他机构委托销售其产品或推介其服务的过程，如期货中间介绍业务、代销基金等。委托营销指证券公司在法律法规允许的范围内，委托其他机构或个人销售其产品或推介其服务的营销活动，如证券公司从事证券经纪业务，可以委托证券公司以外的人员作为证券经纪人，代理其进行客户招揽、客户服务等活动。

3. 证券公司营销特点

1）证券类金融产品的特点

（1）收益性。收益性是一般证券最基本的特征，同时也是证券类金融产品的特点。收益性是指持有证券类金融产品可以获得一定数量的收益，是投资者转让资本所有权或使用权的回报。证券类金融产品是证券公司或其他金融机构根据客户需求设计的，投资者购买证券类金融产品可依托证券类金融产品的功能，满足其资产保值和增值的需求。

（2）风险性。风险的本质就是预期收益的不确定性。证券类金融产品的风险性是指投资者面临的预期收益不能实现，甚至亏损的可能。通常情况下，风险与收益呈正比。投资者预期的收益越高，承担的风险就越大；预期的收益越低，承担的风险就越小。

（3）同质性。证券类金融产品的同质性是指不同证券公司提供的同一类型业务的产品，对投资者的效用基本是相同的，没有什么差别。

2）证券公司服务的特点

（1）无形性。服务与实体产品最根本的区别就在于服务的无形性。这种无形性使得商品在被购买之前是看不见、摸不着的。证券公司服务的实质是证券公司提供给投资者的金融服务组合，无有形实体。这些服务难以形象、直观、逼真地向客户展示，只能用数字、计算分析和推测，表明其功能。这种特点使得证券公司在向客户宣传服务的作用时要比有形产品困难得多。

（2）不可分性。服务与有形产品不同，有形产品被制造出来后，先投入存储，随后销售，最后消费。而服务的产生和消费是同时进行的，其过程是先被销售，然后再被同时生产和消费。证券公司服务同样如此，供应与获得是同时进行的，与证券公司不可分割，更深地打上了其生产者——证券公司的烙印。证券公司自身的文化和定位直接、密切地反映在服务中。

（3）可变性。服务的可变性也称为服务的易变性。之所以称为可变或易变，是因为服务的质量取决于服务人员、时间、地点和方式。虽然服务难以做到像有形产品那样统一和连贯的标准化管理，但并非无章可循。证券公司可以尽量利用先进技术和流程，使服务过程标准化，也可以选择优秀人员进行培训，使他们能提供达到客户和公司要求的优质服务，还可以通过客户调查和投诉机制来追踪和检查客户的满意情况，发现问题并加以改进。

（4）易消失性。服务易消失性指服务不能存储以供今后销售或使用。当需求稳定时，服务的易消失性不成问题，因为服务所需物品可事先准备。当需求变动时，服务供应就会发生困难，因此，服务供应者需要更好的解决供求矛盾的策略和方案。

3）证券公司营销的特点

证券公司营销活动是证券公司对证券类金融产品及服务开展的营销管理活动。证券类金融产品及服务的特点，决定了证券公司营销不同于一般行业产品及服务营销，有其特殊性，主要体现在以下方面。

（1）证券公司营销是专业性的营销。证券公司营销涉及股票、债券、基金、金融衍生品、货币市场工具等多种金融产品及服务的综合知识，与一般的有形产品的营销相比，证券公司营销对证券经纪人的专业水平有更高的要求。证券经纪人在营销过程中要向客户充分说明所提供的产品及服务的本质，充分揭示风险，根据客户多样性的需要，还需提供有针对性的资讯。证券经纪人开展营销活动既要掌握市场营销方面的基础知识，如市场细分、目标市场选择、客户分析、营销渠道选择、促销方法等，也要掌握证券市场基础知识、证券交易基础知识、证券投资分析基础知识等。只有具有专业知识的证券经纪人，根据客户需要，提供高质量的服务，才能扩大客户基础。

（2）证券公司营销是适应性的营销。证券市场受到多方面因素的影响，证券营销的产品及服务具有投资价值和收益性，同时也具有风险性。证券投资面临着诸多系统性风险和非系统性风险，客户进入证券市场必须具有一定的风险承受能力。因此，证券公司开展营销活动时，须了解客户的身份、财产与收入状况、证券投资经验和风险偏好等情况，并据此推荐适当的产品或者服务，同时证券经纪人应向客户充分提示证券投资风险。证券公司营销的适应性反映了从投资人的需要出发向投资人销售适当的产品及服务，坚持了投资人利益优先的原则，也是监管机构对证券营销的要求。

（3）证券公司营销是持续性的营销。证券产品及服务具有投资收益性，不同于一般商品与服务的消费性特征。投资者购买证券产品及服务满足其投资和资产保值增值的需求，很大程度上是个长期的过程。另一方面，证券公司产品及服务的不可分性决定客户每次使用产品及服务都离不开证券公司，证券产品及服务与证券公司是不可分割的。这些都表明证券公司营销不是"一锤子买卖"，它需要规范性的持续营销与服务。只有优质的、持续性的营销服务才能维护好客户，不断壮大客户规模。

（4）证券公司营销是注重公司形象和品牌的营销。证券公司营销的产品及服务不是一个实体，是无形的，有其特殊性，客户的购买行为是建立在对证券公司信任的基础上的。客户在众多的有同质性的证券产品及服务中作出选择很大程度上取决于他对某个证券公司的信任程度和感觉。另外，由于证券产品及服务具有同质性，不同的证券公司提供的产品和服务在功能上差别不大，客户在选择时往往首先不是被其功能所吸引，而是首先被其熟知的品牌所吸引，在作出购买决策时更多地会受到品牌影响。因此，证券公司营销比一般企业的营销更注重公司自身的形象和品牌，证券公司在营销过程中要通过自身形象和品牌的塑造来强化目标客户的认同和信任。

4. 证券公司营销作用

随着证券行业的发展，竞争加剧，营销对证券公司的发展具有重要的意义。具体而言，证券公司营销具有以下作用。

（1）证券公司营销有助于证券公司开拓市场，培育客户群体证券公司营销有助于证券公司在特定的细分市场上建立差别化优势。在证券公司营销中，培育并保留住优质客户对证券公司来说是非常重要的，证券公司必须投入足够的力量发展与客户的长期合作关系。证券经纪人开展营销活动在与客户的不断接触过程中，传递了专业知识，扩大了证券及证券市场知识的普及范围，起到了培育客户的作用。因此，加强证券公司营销，实施证券公司营销战略，有利于证券公司深入开拓市场，培育优质客户。

（2）证券公司营销有助于提升证券公司形象，增强内部凝聚力。证券公司营销一方面有助于提高证券公司营销管理水平，培育证券品牌产品，有助于其在证券市场上避免低层次的或单一的价格竞争，在更高层次上寻找竞争优势，创造良好的经济效益和社会效益，树立现代金融企业形象。另一方面，证券公司营销需要整合证券公司内部资源为客户提供服务，这意味着证券公司不仅要进行外部营销，还要进行先于外部营销的内部宣传，将体现公司文化与经营理念的证券产品及服务与品牌信息传递给每个员工，尽可能激励员工更好地为客户服务，这对增强证券公司凝聚力具有重要的现实意义。

（3）证券公司营销有助于提高证券产品及服务的创新步伐，一方面，证券公司营销立足于证券市场的调查与分析，以最大限度满足目标客户群体需要为目的。目标客户未被满足的需求极大地刺激了证券公司进行证券产品及服务的设计与开发，从而为每个目标细分市场提供最优服务，以保持自身竞争优势。另一方面，证券公司必须始终关注目标客户群体的需求变化，不断创新才能始终处于领先位置。综上所述，运用证券公司营销指导业务开展，有助于提高证券产品及服务的创新步伐，有助于提高证券公司的竞争力并保持优势地位。

9.1.3 证券经纪业务营销

1. 证券经纪业务营销含义

证券经纪业务是证券公司主要业务之一，证券经纪业务营销是营销管理与证券经纪业务相结合的产物，是营销管理理论在证券经纪业务中的运用。根据现行相关法律法规规定，证券公司开展营销活动应当了解客户的身份、财产与收入状况、证券投资经验和风险偏好情况，根据所了解的客户情况推荐适当的产品或者服务，并向客户充分提示证券投资风险。

2. 证券经纪业务营销活动

证券经纪业务营销活动从证券公司层面体现为客户招揽、产品销售和客户服务等方面。

1）客户招揽

客户招揽主要包括目标市场选择、营销渠道选择、客户关系建立、客户促成等内容。

（1）目标市场与营销渠道选择是招揽客户的前提和基础。证券市场具有主体多元化、需求多样化和服务个性化的特征，一家证券公司不可能满足所有客户的所有需求而占据整体市场。因此，证券公司通过证券经纪人在开展营销活动时需要采用目标市场策略，在市场调研的基础上对市场进行细分，并正确选择目标市场，确立市场定位。证券公司应当在充分考虑证券产品及服务的特性、市场需求、目标客户自身条件等因素的基础上，合理选择营销渠道，力求采取有效的方式招揽到客户，将证券类金融产品及服务营销出去。

（2）客户关系建立是客户招揽的保证。目标客户是证券公司在市场细分基础上确定将重点开发的客户群。选定了目标客户，招揽客户就进入到搜集客户信息、了解客户与建立客户关系的阶段。首先，证券经纪人需要收集目标客户名单及其基本资料，了解客户的身份、财产与收入状况、证券投资经验和风险偏好。其次，证券经纪人应建立客户档案，整理分析客户资料，确定沟通方案，把握最佳的接触时机与方法，为促成交易打下基础。

（3）客户促成是证券经纪业务营销的关键环节。客户促成即客户在与证券公司充分沟通后达成共识，认可并购买证券公司营销产品和服务的过程，是证券经纪业务营销的关键环节。证券营销人员在促成的过程中，应当熟悉产品及服务的特征、风险，根据客户的财产与收入状况、证券投资经验和风险偏好，向客户推荐适当的产品及服务，并向客户充分提示证券投资风险。

2）产品销售

《证券公司监督管理条例》第 5 条规定：证券公司按照国家规定，可以发行、交易、销售证券类金融产品。证券公司销售产品应取得相应的资格，不能销售非法产品。证券公司产品销售按照产品的归属权不同可分为营销本公司产品和代销其他公司产品两种类型。营销本公司产品指证券公司销售本公司设计的产品的营销活动。代销其他公司产品是指证券公司在法律法规允许的范围内，受他人委托销售其产品或推介其服务的营销活动，如期货中间介绍业务、基金代销业务等。证券公司销售产品时使用的产品推介材料应当符合相关业务规定，含有明确、醒目的风险提示和警示性文字，不得以任何方式预测收益，或者直接与其他同类产品进行比较。

证券经纪人在证券公司产品销售的业务范畴内，从事产品推介活动。推介产品时，证券经纪人应当熟悉产品的特征、风险、业务流程，向客户推介的产品应与客户的产品认知能力、风险承受能力相适应。使用的宣传材料应当由证券公司统一制作，不得提供虚假信息，误导投资者。在产品销售的过程中，证券公司为了达到充分沟通和促销的目的，通常采取人员推销、广告促销、营业推广和公共关系等促销手段。

3）客户服务

客户服务是证券公司营销的重要组成部分，贯穿于证券公司营销活动的始终。证券公司通过证券经纪人主动、及时地开发市场，争取投资者认同，建立与投资者长期关系，奠定有广度和深度的投资者基础，才能达到业务拓展和提升市场占有率的目标。在客户服务的过程中，证券公司及其证券经纪人除了始终坚持投资者利益优先的原则，还应承担投资者教育的义务和责任，不仅要对投资者进行风险教育，还应向投资者讲解证券市场基础知识，向投资者传达正确的投资理念，提高投资者自身的理财素质。

信息服务是证券公司营销服务的主要内容之一。在进行证券投资时，大部分的投资者在获取证券市场信息方面存在空白地带，存在信息不对称性问题。这是因为，一方面，证券市场跌宕起伏，影响其波动的因素众多，单个投资者能力有限，无法收集影响其投资的全部信息；另一方面，大部分投资者只是借助证券投资满足其资产保值增值的需要，而不是以证券投资为职业。所以，为满足投资者需求，证券公司需随时跟踪市场动态，为投资者提供证券市场信息。证券公司营销的信息服务包括证券市场行情服务、专业资讯服务和投资咨询服务等。证券公司证券经纪人向客户提供的投资资讯，应当由证券公司统一制作。

9.2 证券经纪人

9.2.1 证券经纪人简介

1. 证券经纪人定义

2008 年 4 月 23 日国务院公布了《证券公司监督管理条例》（以下简称《条例》）。《条例》的第 38 条明确规定，证券公司从事证券经纪业务，可以委托证券公司以外的人员作为证券经纪人，代理其进行客户招揽、客户服务等活动。证券经纪人应当具有证券从业资格。这是在国家行政法规中首次提出"证券经纪人"的称谓，并给予了证券经纪人合法定位。2009 年 3 月 13 日中国证券监督管理委员会公布了《证券经纪人管理暂行规定》（以下简称《暂行规定》），自 2009 年 4 月 13 日起施行。这意味着中国证券业证券经纪人的过渡期终于结束了，步入了合法发展之路。《暂行规定》对证券经纪人作出了明确定义。证券经纪人，是指接受证券公司的委托，代理其从事客户招揽和客户服务等活动的证券公司以外的自然人。

2. 证券经纪人工作职责

《暂行规定》第 10 条明确规定，取得证券经纪人证书后，证券经纪人方可执业。证券经纪人应当在执业过程中向客户出示证券经纪人证书，明示其与证券公司的委托代理关系，并在委托合同约定的代理权限、代理期间、执业地域范围内从事客户招揽和客户服务等活动。

《暂行规定》第 11 条也明确规定，证券经纪人在执业过程中，可以根据证券公司的授权，从事下列部分或者全部活动：向客户介绍证券公司和证券市场的基本情况；向客户介绍证券投资的基本知识及开户、交易、资金存取等业务流程；向客户介绍与证券交易有关的法律、行政法规、证监会规定、自律规则和证券公司的有关规定；向客户传递由证券公司统一提供的研究报告及与证券投资有关的信息；向客户传递由证券公司统一提供的证券类金融产品宣传推介材料及有关信息；法律、行政法规和证监会规定证券经纪人可以从事的其他活动。

《暂行规定》还明确规定，证券经纪人从事客户招揽和客户服务等活动，应当遵守法律、行政法规、监管机构和行政管理部门的规定、自律规则以及职业道德，自觉接受所服务的证券公司的管理，履行委托合同约定的义务，向客户充分提示证券投资的风险。

证券经纪人不得有下列行为：替客户办理账户开立、注销、转移，证券认购、交易或者资金存取、划转、查询等事宜；提供、传播虚假或者误导客户的信息，或者诱使客户进行不必要的证券买卖；与客户约定分享投资收益，对客户证券买卖的收益或者赔偿证券买卖的损失作出承诺；采取贬低竞争对手、进入竞争对手营业场所劝导客户等不正当手段招揽客户；泄露客户的商业秘密或者个人隐私；为客户之间的融资提供中介、担保或者其他便利；为客户提供非法的服务场所或者交易设施，或者通过互联网络、新闻媒体从事客户招揽和客户服务等活动；委托他人代理其从事客户招揽和客户服务等活动；损害客户合法权益或者扰乱市场秩序的其他行为。

3. 证券经纪人资格

《暂行规定》第 4 条明确规定，证券经纪人为证券从业人员，应当通过证券从业人员资格考试，并具备规定的证券从业人员执业条件。此为从事证券经纪人执业的必备条件。

9.2.2 证券经纪业务营销发展概况

1. 境外证券经纪业务营销概况

证券经纪业务营销伴随着证券市场的产生而出现。境外证券市场经过多年的发展，已经形成了比较成熟的经纪业务营销模式。以美国为例，美国国内比较典型的证券经纪业务营销模式包括证券经纪人模式、折扣经纪商模式、综合模式等，其中证券经纪人模式是最广泛的证券经纪业务营销方式。以下简要介绍美国当前主要的几种经纪业务营销模式。

1）证券经纪人模式

美国证券经纪人分为两个层次：经纪商（法人）和注册代表（自然人）。本节以下所称的证券经纪人指的就是注册代表（个人经纪人）。

美国的证券经纪人营销以美林证券的理财顾问（Financial Consultant，FC）模式最为典型。美林证券理财顾问体系是一套非常成熟的证券经纪人营销模式，理财顾问虽然是"顾问"，但他们更多地承担了"市场营销"的角色。理财顾问作为第一线的证券经纪人，其工作主要就是市场开发和客户维护。美林证券的每个理财顾问都管理着许多客户，这些客户全由理财顾问自己开发。客户的开户、对账单的寄送，以及资讯服务都由理财顾问来完成，从而实现"一对一"的服务。

理财顾问为客户提供服务的内容主要包括：为客户提供财务计划书、为客户投资各种金融工具（包括股票、债券、共同基金等）提供便利（包括为客户下单、定期寄送对账单等）、提供及时的金融资讯、根据客户的风险偏好提供投资组合等。为给理财顾问的服务提供强有力的支撑，美林证券依靠其强大的研究力量建立起功能强大的全球信誉顾问信息平台（Trusted Global Advisor，TGA）。理财顾问通过全球信誉顾问系统输入客户的相关资料，客户的财务计划书即可在短时间内由总部研究部门制作完成。金融信息资料也由总部的研究机构收集制作，并通过全球信誉顾问系统传递给理财顾问。

美林证券在目标客户选取上采取了大客户战略，在服务产品方面推出综合性选择（Integrated Choice）系列产品。这些措施构成了一个有机整体，为理财顾问模式的运作搭建了一个完整的平台。

随着技术和服务手段的日新月异，证券经纪业务营销模式也呈现出多样化特征，但证券经纪人模式依然是最广泛的证券经纪业务营销方式。与证券经纪人营销模式相适应，美国国内有一系列制度对证券经纪人进行管理。依据美国相关法律的规定，任何证券商或发行人雇佣非注册代理人都属于违法。证券经纪人在执业之前，必须在联邦证券交易委员会（SEC）注册，领取执照，之后才能执业代理客户买卖证券。

美国证券经纪人的风险防范措施中，比较完善的是客户保护规则和定期报告制度。客户保护规则包括两部分：第一部分要求券商严格控制所有客户用超额保证金购买证券，券商必须按日计算客户的超额保证金，确保券商遵守关于超额保证金的规则；第二部分要求券商将客户对券商的债权超过债务的部分存在联邦储备银行的特别账户中。美国证券经纪人的定期报告制度包括核心报告和早期预警报告两种。核心报告须定期填写，内容包括证券经纪人的财务和业务状况，这些材料经审查后送给客户审阅、监督和选择。早期预警报告是指证券交易委员会和证券经纪人检查机构对证券经纪人面临的财务问题提出的早期警告，以便证券经纪人及时改进。严格的市场准入，健全的监管体系使美国的证券经纪人制度越来越成熟，显示了其强大的生命力。

2）折扣经纪商模式

采用折扣经纪商模式的证券公司的目标客户主要是对价格比较敏感、收入水平相对较低的个人投资者。在这种模式下，价格成为其最主要的竞争手段。美国 E-trade 公司是采用这一模式的典范。

作为全球最先开展网上经纪业务的经纪商，E-trade 公司纯粹以在线方式开展证券经纪业务。其着眼点就是充分发挥网上经纪业务的低成本优势，收取较低的佣金，以吸引对价格在意而对服务要求不高的自助型投资者。在咨询服务上，E-trade 公司与多家信息服务公司合作提供各种咨询服务和资产管理工具，客户按所提供的信息自行交易。由于公司没有有形的营销网点存在，交易由客户通过网上进行，提供的服务也比较有限，因此，公司的营业成本相对较低，可以为客户提供低佣金的服务。

3）综合模式

采用综合模式的证券公司在不同的时期，围绕不同的业务定位，分别提供不同的服务，采用不同的营销方式。采用这一模式的券商以嘉信理财最为典型。嘉信理财经历了从纯粹的折扣佣金商，到提供全方位的共同基金超市服务，再到在线证券交易经纪商、收购研发机构，提供全方位的咨询服务产品等发展历程。嘉信理财并不拘泥于某种固定的模式，而是在不同的时期，结合市场环境和自身的资源禀赋，对公司的经纪业务作出明确、合理的定位，然后围绕这一定位，推出不同的产品和服务，采用不同的推广方式来赢得市场。

2. 我国证券经纪业务营销发展概况

1990 年 12 月和 1991 年 7 月，上海证券交易所和深圳证券交易所分别正式运营。从两个交易所正式营运到现在已经走过 20 多年历程，我国的证券经纪业务营销也从最初的"坐商"阶段发展到以证券经纪人模式为代表的"行商"阶段。

1）2002 年 5 月以前（固定佣金制下的"坐商"阶段）

我国证券行业历史上很长一段时期内，证券公司经纪业务营销方式以基于营业网点的"坐商模式"为主。2002 年 5 月之前，证券行业执行固定佣金制度，整个证券业也表现出明显的卖方市场特征，券商之间的竞争并不激烈，证券公司不需要在开发客户方面做太多的努力即可获得源源不断的客户。这一阶段，多数证券公司并不主动走出去开发客户，而是采取等客户上门的方法开展业务，即所谓"坐商模式"。在这一阶段，证券公司主要依靠在各地开设证券营业部，通过网点数量的拓展实现业务规模的扩张。

2）2002 年 5 月至 2006 年 5 月（探索发展阶段）

2002 年 5 月 1 日，中国证券监督管理委员会、国家计委、国家税务总局联合发布的《关于调整证券交易佣金收取标准的通知》开始执行，A 股、B 股、证券投资基金执行佣金最高上限向下浮动制度。浮动佣金制的执行，迫使券商开始重视经纪业务营销。部分先行券商纷纷采取新的举措：采用各种促销措施来争取和保有更多客户；积极拓展银行等外部营销渠道；建立客户经理或投资顾问队伍。

在这一阶段，行业内出现了"全员营销"模式。这一模式概括来说就是证券公司营业网点所有员工都需要发挥营销作用，承担招揽客户的任务，即"人人都是营销员"。在这一模式下，每个员工除完成本职工作以外，还肩负着拓展新客户的任务。证券公司营业网点根据员工本职工作量的大小和相应的业务资源来下达任务，确定分配办法。每个员工都有自己的客户群，并承担部分信息传递和客户服务的工作。全员营销模式在一定程度上为证券公司创造了经济效益，提升了竞争力，但同时也带来了不少问题。在这一模式下，很多员工为了完成客户开拓任务而置本职工作于不顾，从而降低了公司整体运营效率与服务质量。

3）2006年5月至2009年4月（规范发展阶段）

随着证券行业市场竞争的加剧，证券经纪业务营销模式创新也不断涌现。这些模式创新在给证券公司带来业务增长的同时，也造成了行业无序竞争并留下了一定的风险隐患。2006年5月，中国证券监督管理委员会（简称中国证监会）发布了《关于落实〈证券法〉规范证券经营机构证券经纪业务有关行为的通知》。该通知对证券经营机构与客户签订证券交易协议、接受客户交易委托、资金清算交收等业务环节作出了规范性要求。由此，我国证券经纪业务营销开始逐步进入规范发展阶段。2007年5月，中国证监会发布了《关于证券公司依法合规经营，进一步加强投资者教育有关工作的通知》。该通知明确要求证券公司应当加强证券经纪业务营销行为的规范，进一步促进了证券经纪业务营销向着规范化的方向发展。2008年6月1日，国务院发布的《证券公司监督管理条例》开始施行。该条例第一次明确提出证券公司从事证券经纪业务，可以委托证券公司以外的人员作为证券经纪人，代理其进行客户招揽、客户服务等活动。这标志着我国的证券经纪业务营销步入了规范发展的新时期。

4）2009年4月以来（证券经纪人发展阶段）

2009年4月13日施行的《证券经纪人管理暂行规定》明确了证券经纪人的法律地位、资格条件、行为规范、权益保护以及证券公司对证券经纪人的管理职责等问题。4月24日，联合证券有限责任公司获得中国证监会深圳监管局批准，成为证券行业首家获得证券经纪人制度实施资格的券商。至此，证券经纪人制度终于走向历史前台，证券经纪业务营销迈入了证券经纪人发展阶段。

9.2.3 证券经纪人发展概况

1. 美国证券经纪人的发展概况

美国证券经纪人是伴随着证券市场的发展而产生的。1776年美国建国后开始大量发行国债，随着可交易证券的增多，以前从事私人彩票、海运保险等金融服务的经纪人，开始聚集在咖啡馆等场所进行证券拍卖业务，这些人就是第一批证券经纪人。随后，费城证券交易所、纽约证券交易所等先后成立，证券经纪人队伍随着证券市场的快速增长而壮大。

在市场初创时期，政府对证券市场缺乏监管，证券公司的服务质量较差，证券经纪人专业水准不高，许多人将对客户的研究咨询服务理解为就是提供各种"小道消息"。那一时期，证券经纪人向客户大肆推销劣质证券、携款潜逃等欺诈客户的行为时有发生，证券经纪人市场形象不佳。进入20世纪，政府开始意识到对证券行业实行严格监管的重要性，1911年，堪萨斯州通过并实行了《蓝天法案》（Blue Sky Law），要求销售证券的证券经纪人必须在州政府注册登记。之后两年内，美国其他22个州也通过了类似的法律。1929年美国股市发生了股灾，最终将美国经济推入了"大萧条"的深渊。痛定思痛，美国政府开始对金融体系进行改革，并加强了对证券行业的监管，从此现代证券经纪人监管体系逐步形成。1934 年美国通过了《证券交易法案》，要求交易所、证券经纪和交易商（Broker—Dealer）必须登记注册。该法案在法律上明确了自律性组织对证券行业的监管职能，并导致了美国证券与交易委员会（SEC）的诞生。1940 年美国通过了《投资顾问法案》，要求为他人提供证券投资建议的个人必须进行注册登记，并披露相关的利益冲突。在取得明确的法律地位后，证券经纪人制度开始向着健康的方向发展。以美林证券为代表的部分公司开始尝试建立新型的证券经纪人队伍，并开创了新盼证券经纪人管理培训模式。1945 年，美林证券建立了行业内第一所培训证券经纪人的学校。在美林证券的营业部里看不到一个客户，也没有财务部、电脑部和营业柜台等，只有大量的证券经纪人和极少的几个管理者。美林证券的每个证券经纪人都管理着许多客户，少则一二百户，多则上千户；他们每个人管理的资产从一两千万美元到成百上千亿美元。这些客户全由证券经纪人自己开发，客户的开户、资金转账、对账单的寄送以及金融信息的资讯服务都由证券经纪人一手包办，从而实现了"一对一"的服务。这种新的运作模式很快取得了成功，到 20 世纪 40 年代末，美林证券已经成为华尔街上最大的经纪公司。大量证券经纪人也随之成为百万富翁、千万富翁。美林证券的成功使其他证券公司竞相效仿，全国性的经纪公司迅速崛起。至此，现行的证券经纪人经营管理体系逐渐形成。

2. 中国证券经纪人的发展概况

1994 年左右，我国房地产热"退烧"，一批房地产证券经纪人转行为证券营业部拉客户以获得"分成"，他们成为中国最早的证券经纪人。当时证券经纪市场交易量非常少，证券经纪人制度很不完善，证券公司大多根据证券经纪人拉来的客户保证金额度，给予证券经纪人一次性提成，不对其进行管理及限制。因此，部分道德较差的证券经纪人，经常在几个营业部之间来回拉客户以换取高额的佣金，出现了较多的风险。而证券营业部也渐渐厌倦了这种证券经纪人方式，证券经纪人模式发展进入低潮。1997 年开始，迫于市场竞争压力，各证券公司又掀起了证券经纪人制度创新的热潮，其中君安证券建立了投资管理制度，开始了证券经纪人队伍建设的探索，但是由于君安证券公司的变化和其他客观因素的限制，公司没能持续推动该制度的发展。1999 年平安证券引入了平安保险成功的营销模式，2000—2002 年之间在 22 家营业网点建立了千人的客户经理，获得了短暂的成功，但是由于其经营策略的改变，减少了对证券经纪人建设方面的投入，最后也没能保持证券经纪人队伍领先的发展机遇。2001 年，富友证券采用"分田到户"销售组织模式，在短短一年多的时间里创造了一个证券市场的销售神话，在上海证券市场上掀起了一股营销变革的狂潮，但此种模式的运作机制有较大的局限性，所以这种模式随着证券经纪业务佣金体制的改革也很快夭折了。2001 年，大鹏证券首次引入了美国美林证券的理财顾问模式，但他们只是照搬美林模式，没有使之本土化，因此，在当时无论是政策环境还是人们的营销观念都不适合该制度的发展，美林模式的证券经纪人制度也以失败而告终了。

从 2001 年开始，国信证券首先探索"银证通"营销模式，并通过几年的发展取得了巨大的成功，该模式就是被众多券商仿效的客户经理模式。2004 年，联合证券曾经以"银证通"模式建立了客户经理队伍，效果不太明显。2005 年，联合证券借鉴美林证券模式和保险代理人模式，开始建设证券经纪人队伍。证券经纪人队伍在 2007 年获得飞速发展，该公司的证券经纪人规模在 2008 年就超过了万人。联合证券通过对证券经纪人的规范化制度建设和系统建设，建立了系统化的证券经纪人管理体系，培养了行业内综合素质较高的证券经纪人队伍，初步建立了行业内首家证券经纪人模式，并于 2009 年 4 月份首家获得监管部门批准实施证券经纪人制度。无论是国信证券的客户经理模式还是联合证券的证券经纪人模式，都经历了多年的探索，为推动中国证券经纪人制度的发展作出了巨大的贡献。在两种成功模式的吸引下，各券商纷纷仿效，截止到 2008 年，国内证券经纪人规模超过 10 万人。2009 年 3 月，中国证监会出台了《证券经纪人管理暂行规定》，明确了证券经纪人的法律地位，从此，在中国证券经纪人成为了一个全新的职业。

9.2.4 证券经纪人发展前景

1. 中国证券市场上升的空间巨大

影响证券经纪人发展前景的因素很多，其中最基本的因素是证券市场的发展前景。根据如下几个方面的数据分析，可以推断，中国证券市场发展潜力巨大。

1）证券市场规模将快速扩大

从国际经验来看，发达国家的证券化率（股市总市值与国内生产总值总量的比值）大多在 100% 以上，发展中国家的证券化率也大多在 80% 左右，除了 2007 年中国的证券化率达到 127% 以外，到 2008 年证券化率还不到 50%，这说明我国的证券市场未来将有较大的上升空间，证券市场规模将快速扩大。

2）证券投资者总数将快速增长

随着中国经济不断成长，人均收入不断提高，人们的投资需求将日益扩大，证券投资者总数将保持较快速度增长。

2. 中国证券市场需要证券经纪人

1）证券市场竞争的需要

随着证券市场竞争的日渐激烈，券商之间对客户资源的争夺也日趋白热化。为了争抢客户资源，各券商采取不同的方式吸引客户，其中，建立销售队伍成了目前开发客户最直接的手段之一。证券经纪人可利用人的主动性、灵活性、热情和其具有的专业知识，将证券公司现有的营业部和信息网络连接起来，使证券公司的资源优势发挥到极致。目前，绝大多数证券公司都在建立销售团队。

2）投资者投资的需要

随着国内经济的发展、居民收入的提升，居民理财需求不断膨胀，投资者需要证券经纪人根据客户的投资偏好提供适应性的服务。另外，资本市场不断发展，各种新产品不断被推出，产品结构日趋复杂，远远超出了一般人的理解能力。这时，客户迫切需要具备相关专业知识的证券经纪人为其解读新产品并提供综合理财服务。因此，证券经纪人团队对于投资者来说至关重要。

3）证券公司改革、营业部职能转变的需要

证券公司从"坐商"向"行商"转变，营销成为重中之重。为了减少成本，营业部大面积减少场地，压缩后台人员，建立营销队伍。不久之后，营业部内的客户将会越来越少，大部分客户将通过网上交易，营业部则成了证券经纪人的办公场所，成为真正的销售与服务中心。

3. 证券经纪人未来发展前景无限

虽然中国快速发展的证券市场对证券经纪人的需求巨大，但与美国证券经纪人发展相比，中国目前的证券经纪人发展仍处于初始阶段，未来发展前景广阔。

（1）中国证券经纪人规模较小，仅为美国证券经纪人的 1/6，仅为中国保险经纪人的 1/22。若按美国证券经纪人与保险经纪人的比例计算，中国证券经纪人的缺口高达 100 多万人。目前，我国证券经纪人鱼龙混杂，高素质的证券经纪人很少。以从业资格考试为例，截至 2008 年年底，仅有 3 万余人通过了证券从业资格考试。因此，在较长的时间内，高素质证券经纪人将处于供不应求状态。

（2）从国外经验来看，证券市场上绝大多数客户都有自己的证券经纪人，在我国，大量的客户还没有证券经纪人为其服务，这意味着证券经纪人未来拥有巨大的开发存量客户的机会。

（3）随着中石油、工商银行、中国人寿等航母企业陆续上市，中国证券市场已经进入大市值时代，即使换手率下降至上轮熊市水平，未来二级市场成交量低于 20 万亿元的可能性也很小。证券经纪人的主要收入来源于客户交易佣金提成，因此其收入有较大保障。

4. 证券经纪人职业生涯规划

1）了解职业，了解自己

职业生涯规划是指个人和组织相结合，在对一个人职业生涯的主客观条件进行测定、分析、总结、研究的基础上，对个人的兴趣、爱好、能力、特长、经历及不足等各方面进行综合分析与权衡，结合时代特点，根据个人的职业倾向，确定其最佳的职业奋斗目标，并为实现这一目标作出行之有效的安排。证券经纪人在制定个人职业生涯规划时需要了解证券经纪人的职业特点，了解自己，从而作出正确的选择。

2）证券经纪人职业发展

证券经纪人的职业发展一般有两条通道，即业务线通道和管理线通道。证券经纪人可选择业务线通道，从投资顾问助理逐步晋升至首席投资顾问，并享受相应的待遇；证券经纪人也可选择管理线通道，管理证券经纪人团队，逐步晋升至市场部经理，甚至营业部经理、公司高级管理人员等。如果证券经纪人在晋升过程中改变职业生涯规划，也可在业务线通道和管理线通道之间进行转换。各证券经纪人可以根据自己的职业生涯规划，作出相应的选择。

9.2.5 证券经纪人基本素质

证券经纪人的基本素质一般包含 4 个方面，可以用"KASH" 4 个字母表示。

（1）K（Knowledge）指知识。对证券经纪人而言，除了要掌握证券方面的专业知识、营销知识外，还要涉猎本专业外的知识，做到博学，因为证券经纪人需要与不同类型的客户交流，学识渊博的证券经纪人更容易获得客户的信任。

（2）A（Attitude）指态度。正确的信念、观念和态度是一个证券经纪人必备的基本素质。这里的态度包括对证券经纪人职业的态度、对所属公司的态度、对客户的态度等。证券经纪人只有持积极的态度才能产生正确的行为，正确的行为才有可能带来事业上的成功。证券经纪人一般应具备"三心"：强烈的上进心，不断地要求自己进步；强烈的企图心，随时发现新机会，不达到目标决不罢休；平常心，就是能够用平和的心态看待一些不尽如人意的事情。

（3）S(Skill)指技巧。证券经纪人应该熟练使用很多技巧，如交往技巧、沟通技巧、销售技巧、危机处理技巧、冲突处理技巧、客户服务技巧等。

（4）H(Habit)指习惯。证券经纪人需要养成良好的工作和生活习惯，如每天填写工作日志的习惯、每天拜访客户的习惯、每天给客户打电话或发送短消息的习惯等。

证券经纪人除了必备的"KASH"基本素质外，还需要具备有效沟通、保持积极心态、专业形象与礼仪等方面的能力。

1. 有效沟通

现代营销之父菲利普·科特勒认为：沟通是两人或两人以上的团体，通过符号的交换而建立关系的过程。这些符号能产生意义，从而使彼此关系得以发展。因此，可以把沟通理解为：将信息传递给对方，并期望得到对方的响应的互动过程。

1）有效的语言沟通

沟通是一种能力，证券经纪人都有沟通潜力，这种潜力可以通过后天的实践和训练激发出来。语言沟通通常有4种方式。

（1）自信式：直接积极的方式，自信讲话是以积极自信的方式表达自己，同时要求并鼓励他人也这样做。这种讲话方式需要很多技巧和方式，它要求表达者在说之前先仔细思考。以自信方式讲话的人常表现出来的一些行为如下。

① 负责任。

② 主动。

③ 积极倾听。

④ 声音洪亮。

⑤ 表现出诚恳。

⑥ 着眼于解决问题。

⑦ 声音和肢体语言表现出自信。

⑧ 直接追究问题产生的根源。

⑨ 请求需求。

（2）攻击式：以自我为中心的方式。攻击式讲话是一种难以控制的方式，它容易在沟通双方之间产生敌意，并且让人产生受控制或被支配的感觉。它通常表现出以下行为。

① 责备、非难。

② 具有威胁性的肢体语言。

③ 要求命令。

④ 提高声音。

⑤ 刻薄的、个性化的语言。

⑥ 语言恐吓。

（3）消极进攻式：敏感却具有攻击性的方式。消极进攻式讲话给人的感觉是敏感而间接，但潜在语意表达出的却是想要操纵他人并可能伤害他人的感情。它通常表现出如下行为。

① 反对。

② 对非问题产生源的其他人发牢骚。

③ 追究细节和使用讽刺的语言。

④ 邀功、谈条件。

⑤ 非语言的信息与语言表达的信息相背离。

⑥ 对于阐述问题或提供帮助态度保守。

⑦ 事后责难。

（4）退让式：平和的讲话方式。退让式是 4 种讲话方式中最平和的一种。退让式的讲话往往是被动的，并且允许他人控制讲话内容。它通常表现出以下行为。

① 声音柔和。

② 过于取悦他人而不表达自己的观点。

③ 逃避。

④ 尽量不用肢体语言。

⑤ 听起来不确定。

⑥ 拐弯抹角。

⑦ 听起来没有希望可言。

4 类语言沟通方式在工作与生活中处处可见，证券经纪人必须借助正确的语言沟通方式，有效表达自己的观点。

 相关链接

有一则小故事能给予人们启示：从前，有一位苏丹梦到自己的牙齿都掉光了，他一觉醒来就询问占卜者这个梦的意思。占卜者大喊："这是一件多么不幸的事啊，每掉一颗牙齿，就意味着您家将失去一个人。"苏丹气急败坏，下令将占卜者重打 50 大板，以示惩罚。接着，苏丹又找来一个占卜者，这个人一听完梦的内容，惊呼道："多么幸运啊！您将比所有的家人都活得长久啊！"苏丹安心了，赏给第二个占卜者 50 个金币。守卫私下问这个占卜者："你的解释和另外一个人并没有不同嘛。"这个占卜者笑笑，回答说："许多事情都可以说，重要的是如何去说。"美国有一句谚语："如果你说出来的话不能令人感到温暖，就不要说。"说话的内容由说者控制，但听到的感受由听者决定。智慧的舌头说智慧的话语。

2）成功的非语言沟通

美国肢体语言专家帕蒂·伍德在长期的试验中发现：一个人要向外界传达完整的信息，单纯的语言成分只占 7%，声调占 38%，另 55%的信息都需要由非语言的肢体语言来传达。

保罗·道格拉斯(美国)曾经说过，当你与别人意见相左时，应以你的表情、耐心、所言所行向他证明你是真的关心他。

（1）第一印象影响沟通。第一印象是每个证券经纪人与客户初次接触时给对方留下的形象特征。第一印象在人际交往中所具备的定式效应有很大的稳定性，一个人留给他人的第一印象就像深深的烙印，很难改变。心理学家研究发现，人们的第一印象的形成是非常短暂的。有人认为，见面后 30 秒钟就能形成人的第一印象，有人甚至认为只有 3 秒钟。在现实生活中，有时这几秒钟就可以决定一个人的命运。作为证券经纪人，客户在第一时间内就会判断他对经纪人有没有好感。几分钟内产生的第一印象，就会决定下一次他还会不会见这个经纪人。所以，作为一个证券经纪人一定要重视自己留给客户的第一印象。

（2）目光接触沟通。眼睛是人心灵的窗户，也是传递信息尤其是传递心理活动信息最有效的器官。证券经纪人与客户沟通时，要特别注意观察体会对方的眼神，并善于利用自己的眼神表情达意，影响对方对你的感觉。

视线行为可概括如下 4 点。

① 商业会谈视线。商业会谈中，可想象对方的额头和双眼之间有一块正三角形区域。如果直视这个区域，就会产生一种严肃的气氛，对方会感到是在正经地谈生意。假如证券经纪人的视线没有下降到对方眼睛以下的位置，就能够继续控制彼此的互动关系。

② 社交视线。当视线下降到对方眼睛以下时，社交气氛便会产生。试验结果显示，在社交场合中，一般人会注视对方双眼和嘴巴之间形成的倒三角形区域。

③ 亲密视线。亲密视线是自己的视线从对方双眼往下经过下巴到对方身体其他部位。近距离时，在双眼和胸部之间形成三角形；距离远时，则由双眼到下腹部。

④ 斜视。斜眼看人表示兴趣或敌意。当斜视和挑高的眉毛或微笑一起出现时，则表达出兴趣，这种方式也被常用作求爱。但是当斜视和眉毛下垂、皱眉头、嘴角下垂一起出现时，则表示怀疑、敌意或批评。

（3）肢体语言与言语的配合。人的肢体动作是种无声的语言，只要一个人有想法、有企图、有动机，在其眼神、动作中都会有相应的表现。证券经纪人要想了解客户的心理状况，只要细心观察和总结对方的一举一动，便能掌握对方的真实意图、真正动机。例如，有一位客户说："我不想和那个证券经纪人谈业务，他是我见过的握手最无力的人，手冷冰冰的，我们每握一次手，我对他的信赖就减低一分，因为握手软弱无力的人缺乏活力、缺乏真诚。"通过社交场合的握手礼，常常能折射出一个人的礼仪修养。

（4）笑容的魅力。微笑是人类宝贵的财富，是自信的标志，也是礼貌的象征，微笑具有震撼人心的力量，同时它会为你赢得事业上的成功。微笑要发自内心并且充满活力。真诚的微笑，能表达出真挚情感。

证券经纪人李先生过去是个严肃刻薄、脾气暴躁的人，同事、客户甚至他的太太见他都避之唯恐不及，因此他的业绩非常差。后来，他的一位研究人际关系学的朋友，帮他找到了症结。李先生一改旧习，不论在电梯里还是在走廊上，不论是在大门口还是在商场里，逢人三分笑，像其他同事一样，真诚地与人握手。结果，不仅夫妻能够和睦相处、相亲相爱，而且客户盈门，业绩蒸蒸日上。

3）有效倾听

倾听，跟阅读一样，主要都是理智的活动，而不只是耳朵和眼睛的感官运动。如果在倾听的过程中没有心智的参与，那只能称为"随意地听"，而非有效倾听。人说话要有节制，应知道什么时候该说，什么时候该保持沉默。与人谈话时，不要只自己说，还要学会听，学会观察。常言道："沉默是金，雄辩是银。"当一个证券经纪人在客户面前夸夸其谈时，客户的反应将会怎样？

（1）认真倾听的作用。认真倾听能够了解对方的需要，它是发现事实真相的捷径。认真倾听能使人更了解对方的真实立场、观点、态度，了解对方的沟通方式、内部关系，甚至是双方存在的意见分歧，从而使你掌握谈话的主动权，并会给客户留下好印象，使对方产生信赖和好感，使客户形成愉快、宽容的心理，更有利于达成一个双方都妥协的协议。倾听和谈话一样具有说服力。

（2）有效倾听。有效倾听可以分为 4 个步骤来完成。

① 准备倾听。

② 发出准备倾听的信息。

③ 采取积极的行动（积极的行为包括频繁地点头，鼓励对方去说）。

④ 准备理解对方全部的信息。

在倾听的过程中如果没有听清楚、没有理解时，应及时告诉客户，请对方重复或解释清楚，这一点是每一个证券经纪人在倾听过程中经常忽略的问题。所以在倾听时，如果发生这样的情况要及时告知客户。

（3）积极倾听。善于听别人说话的人，能给对方正确的信息反馈，说话的人会有相见恨晚之感。积极倾听能促成更有效的沟通。证券经纪人应重新调整倾听的习惯，以获得最大的效果。

2. 团队沟通

很多证券经纪人刚上班或刚进入一家新公司后，总会产生一些紧张或不安的情绪。这种情绪的产生很大程度上是因为对公司的所有情况都比较陌生，从而产生担忧，害怕自己在很多方面做不好。

1）消除陌生感

众所周知，人对于陌生的环境或多或少总会有一些恐惧感，在陌生的环境中，人们总是感觉心理上难以放松，总是难以集中精力，以致无法轻松自如地与职场里的其他人沟通。新加入团队的证券经纪人也不例外，他们往往对老成员有一种敬畏感。这些，都需要证券经纪人和团队大家庭好好沟通，尽快完成团队与环境的融入。

2）保持团队沟通

有效沟通与团队建设之间存在着密切的联系，要想使一个团队具有很强的凝聚力与战斗力，首先要做的就是保证团队内部的有效沟通。保持团队沟通渠道的顺畅，将有利于团队关系的和谐。团队的沟通尽量采取面对面的沟通方式，因为面对面沟通是最有效的沟通方式。

团队沟通一般有如下 3 个方面。

（1）营销活动沟通。证券经纪人营销团队是公司接触市场的最前沿，对市场很了解。营销部门在进行市场策划时要及时从证券经纪人营销团队获取有价值的市场信息。营销管理部门是负责营销战略实施的部门，对市场、渠道及政策理解深刻。营销部门需要将理解有效地传导给每一个证券经纪人。

（2）营销方案沟通。营销活动方案一般由营销部门策划。在方案制定过程中，营销部门管理者常常不了解营销团队的真实需求，而证券经纪人营销团队也极少主动参与。营销部门为了使方案更具市场竞争力通常会全面考虑市场状况及竞争对手的策略，却极少考虑本公司证券经纪人营销的实际状况，所以营销活动方案实施后常常达不到预想的效果，主要问题就出现在营销方案的沟通上。

事实上，证券经纪人团队、营销部门之间往往是因为一扇沟通的"门"把大家隔开了。只要主动把门打开，主动沟通，证券经纪人团队、营销部门之间的沟通问题就能够解决。

（3）工作生活上沟通。证券经纪人在工作中要多学、多问、多与同事沟通，遇到棘手或者拿不准的问题，不可不懂装懂，需要多多请教同事，因为他们更加熟悉公司的环境，更加了解工作流程，多与同事沟通会避免走弯路。证券经纪人应积极参加公司组织的活动，因为在工作中和同事深入接触的机会有限，大家都忙于自己的事务，不可能过多交流，而在一些非正式场合则可以对公司的团队有更深的了解，所以要让自己融入到团队中去。

3. 客户沟通

证券经纪人在与客户交往过程中首先要做到的是尊重客户。同时，证券经纪人在与客户沟通时一定要坦诚、守信。因为证券经纪人在招揽客户和服务客户过程中，会遇到各种性格的客户，为了方便与不同类型的客户进行沟通，可以根据客户性格将客户分为如下几种类型。

1）自傲型客户

这类客户好为人师，他们有个很大的优点，那就是毫不遮掩，有什么就说什么。如果证券经纪人想了解这类客户的想法，他们一定会知无不言，言无不尽的。这类客户最大的特点就是比较善于表现自己的观点与想法，与他们交谈时，证券经纪人必须尽量显示出自己的专业知识，使他们产生信任感，这样成功率也会增大了。

2）敏感型客户

这类客户很敏感，自尊心也比较强。对于这类客户，证券经纪人首先要给他们良好的第一印象，建立信任，然后再细心地观察他们，不时称赞他们的一些优点，照顾他们的面子，这样他们就会很快建立起对证券经纪人的信任。在沟通中，证券经纪人可以坦率地把自己的情况告诉他，加强他们对证券经纪人的了解，拉近彼此的距离。当他们开始谈自己的事情时，千万不要过于频繁追问，造成客户心理的压力。对待这一类型的客户，要先交朋友再谈工作。

3）沉默寡言型客户

这类客户不爱说话，但颇有主见，做事非常细心，不为他人的言语所左右，特别是涉及他们的切身利益时更是如此。他们表面看起来很冷漠，对一切都不在乎，使人难以接近，其实他们的内心是热情的，如果建立信任，他们会充分给予证券经纪人支持。对待这类客户，不要给对方太大的压力，这样只能让他们产生厌恶心理。他们一般比较讨厌夸夸其谈的证券经纪人。

4）多疑型客户

这类客户生性比较谨慎，对任何事都抱怀疑心理。他们在家庭中、工作中都显得比较拘谨，朋友圈不大，较少人能在比较短的时间内取得他们的信任。对于这类客户，关键就在于消除他们的疑虑，要以亲切、坦诚、热情的态度与他交流。在沟通时，证券经纪人千万不要与之争辩，要以沉着的姿态与之沟通，并且要创造多次见面的机会，经过多次的沟通逐步赢得他们的认可。

9.2.6 证券经纪人专业形象与礼仪

礼仪不仅仅是礼节，它源自内心，是真心关心别人，在意他人的自尊与感受，且表现在外的待人处事的行为和方式。礼仪，能够帮助证券经纪人塑造成功的专业形象，向客户展示出一个成功证券经纪人的自信、专业素质和专业能力。

1. 专业形象

1）仪容

在讲究包装与品味的商业社会里，人们常常因为选择太多而无从决定，选择时人们更多凭借对产品外观及包装的判断。面对琳琅满目的商品，包装精美的会首先引起人们的注意，有了注意才有可能买回家试用。如果它的质量也同样不错，那人们就会变成它的忠实用户。所以，外在的形象包装，是走向成功的第一扇门。同样，在销售过程中，如何让证券经纪人从客户的诸多待选中脱颖而出，首要之务也是包装。客户很难对一个穿着邋遢的证券经纪人产生信任感。因此，个人的仪表就是为客户打开的第一扇门，通过这扇门，客户与证券经纪人可以进一步彼此深入了解。

通俗来说，人们可以通过看、闻、听、触来判断一个人的外表及形象是否令人喜欢。什么是看？看人的外表、姿态，以及肢体语言，看人是否干净、卫生。什么是闻？就是闻身上有无异味。什么是听？就是听人的谈吐，听人的身体是否会发出不合时宜的噪音。什么是触？就是通过触摸感受握手的力度，从中感知对方是否表达了恰到好处的热情。

作为一个专业的金融行业的从业人员，证券经纪人首先应该将自己的仪容修饰得整洁、大方：头发整洁、无头屑；头发软者可用摩丝定型；留长发的女士不要在办公室披头散发，束起来或者是盘发显得更为干练利落；男士遵守发型"三不"原则（前不到眉、侧不掩耳、后不抵领），尽量不出现中长发或者是剃光头、染怪发等情况。客户如果看到过于时尚、个性的造型，通常不会在见面时直接表达自己的看法，而当证券经纪人再次约洽的时候，就会发现客户会以不同的理由婉拒再次见面，这是因为客户希望看到的金融行业人士是稳重、成熟、专业和值得信赖的。

更多的个人形象细节还有：眼睛周围整洁、无分泌物，应避免眼睛布满血丝，否则会给人以疲惫不堪的形象；细心查看牙齿上有无食品残留物。作为一个重视形象细节的人，同时还要养成良好的个人卫生习惯：保持鼻腔清洁且勿让鼻毛"探头探脑"，勿有当众抠鼻子等不雅举动；应保持手部干净，指甲修剪得整齐；男士胡须要刮干净；女士化妆以轻淡为宜，唇膏不可太艳，眼影不可太浓，不要画眼线及装假睫毛；男士不留长指甲，女士不涂抹鲜艳指甲油；外出时，不宜吃葱蒜等强烈刺激的食物，保持唇部润泽，口气清新，以适合近距离交谈；男士和女士一般不宜使用味道过分浓烈的香水，不宜酒后上岗工作。如果客户看到一个满身酒气的证券经纪人坐在对面进行产品推介，他是很难下决心将自己的投资交予一个看似不清醒的人及他的公司的。

2）仪表

个人仪表最关键的一点就是穿着要看场合，即遵守"TOP"原则（Time 时间、Occasion 场合、Place 地点）。证券经纪人如果不修边幅，经常穿着 T 恤、野营短裤和凉拖为客户服务，那么客户会怀疑自己面对的是一个户外探险爱好者，而不是一个可以信任的、能解决理财问题的专业人士。所以证券经纪人要谨记，工作场合职业装的穿着境界是：凭借得体的衣着塑造职场形象，增强职业素养，从而使他人更加重视你的工作、产品和服务；不合适的着装只会误导客户注意你的装束而不是你要展示的产品和服务。

3）仪态

（1）站姿。首先，最容易表现姿势特征的是人处于站立时的姿势。标准的站姿，上身要挺直，头要摆正，目光平视，将下颌微微收回，面带微笑，挺胸收腹。当然，挺胸收腹是任何时候都应该注意的。站姿大致有 4 种：侧放式、前腹式、后背式和丁字步。一般来说，男士可以采取双腿分开与肩同宽的姿势，双手置于身体两侧，或相握于身后（一只手握住另一只手腕）；而女士则可以双脚呈"丁字"步站立，双手交叉轻握悬垂于身前，如长时间与人交谈，则可微微提起双手交握于胸前。无论男士还是女士，应尽量避免含胸低头或高昂着头。另外，两只手插在裤子口袋里也是不雅观的举动。男士可以一只手插进裤子口袋，而女士着职业装时绝对不能将手放进口袋。此外还应注意，身体倚靠墙壁、柱子或桌子会给人以懈怠、懒散的感觉。

心理学家指出，双腿并拢站立的人，一般会给人以稳健、踏实、可信赖的印象，但同时也会给人留下不是很好接触的印象；而两腿分开站立、双脚有点外八字的人，则会传递给人以果敢、进取，具有主动、积极态度的信息；双腿并拢站立、双脚一前一后的人，则是比较有抱负和目标的人，这样的人往往性格急躁但很勇敢和富于冒险精神；还有一种人，站立的时候，以一只脚为重心，另一只脚的脚尖着地放在重心腿的后面，这类人大多喜欢变化，愿意接受挑战。当然，站姿并不能完全代表一个人，因为受过专业训练人会改变身体姿态，但它至少能够说明一点，站姿是一种重要的语言，它能够传情达意。站姿忌讳：弯腰驼背，左右摇晃；叉腰、抱胸；东倒西歪、倚靠物体；手插口袋及做小动作。

（2）走姿。人的走姿可以传递出很多种情绪，比如愉快、沮丧、热情，或是懒散、懈怠等。心理学家史诺嘉丝发现：步伐较大且有弹力、双手用力摆动的人，通常比较自信、乐观、有目标；走路时拖沓着步伐且快慢不定的人，则比较犹豫、悲观、没有主见；喜欢支配别人的人，走路时喜欢脚向后高踢；女性走路时手臂摆得愈高，说明她精神愈饱满，精力愈充沛；相反，走路不怎么摆动手臂的女性，则大多正处在思绪混乱或沮丧的时候。

因此，要使自己的走姿体现出一些积极的信息，就应该保持目光平视，头正颈直，挺胸收腹，两臂自然下垂前后摆动，身体要保持平稳，从腰部以下开始移动，双手要和谐摆动。走动时，男性应表现出内心的自信和阳刚之美，不要把双手背在身后，这样看上去很傲慢。女性则应该动作稳健而轻盈，以表现出女性的优雅。女性穿裙子或旗袍时，要走成一条直线，使裙子下摆与脚的动作显示出和谐的韵律感，出脚和落脚时，脚尖都应指向正前方，千万不要有内八字或外八字的毛病，因为正确的走路姿势还有助于健美。正确的走姿应做到上身挺直，面带微笑，自然大方；双目平视前方，身体保持垂直平稳；肩部放松，两臂自然摆动，重心可稍向前。证券经纪人特别要保持"三轻"原则：走路轻，说话轻，动作轻。走姿忌讳：左右摇晃；急速奔跑；步履沉重；脚尖向内八字或外八字，不成直线；弯腰驼背，背手；手扶楼梯栏杆，东张西望；叼着香烟在人群中行走。

（3）坐姿。理想的坐姿是当男士坐下时，要挺直脊背让身体重心下垂，两腿与肩部同宽，双手可以自然地放在双腿上。但在与人交谈或做会议发言时，不要坐满整个椅子，让臀部与椅背略有空隙，大腿和小腿成90度角，以表现出男性的练达和自信。不要把小腿交叉蜷缩在椅下，这样显得腿短且姿态不雅。女士理想的坐姿则是膝盖并拢，永远都不能分开双腿，因为这体现着女性的修养。女士应腰脊挺直，双手自然相叠放在一条腿上，背部直立不能完全倚靠在椅背上，坐满椅子的2/3即可。落座的时候，应从座位左侧入座，具体姿势是先退半步用一只手整理裙子，然后坐下把双手放在一条腿上，动作轻盈而协调，任何时候不能露出大腿。一般情况下，女性不跷二郎腿，若坐的时间较长，并且在非正式场合，可以跷二郎腿，但要斜放双腿，而且是在不影响他人的前提下。

坐姿有几点是应该注意的：任何时候都不能抖腿、大幅度跷二郎腿、用一只脚在地上打拍子或者双腿分开太大；女士坐姿要求两膝不分开，即使想跷腿，两腿也要合并；与客户一起入座或同时入座的时候，要分清尊次，一定要请对方先入座。一般讲究左进左出，这是"以右为尊"的一种具体体现；和客户交谈的时候，可以面向正前方，或者面部侧向对方，但不能把后脑勺对着对方；一般在工作场合或有客户拜访时，坐椅子的2/3就比较合乎礼节，通常不应当把上身完全倚靠在椅背上；在跟客户交谈时，为表示重视，不仅应面向对方，而且同时要把整个上身朝向对方。坐姿忌讳：动作迅猛；前俯后仰、东倒西歪；跷二郎腿、抖脚尖或晃腿；手拍座椅扶手；坐下后再挪动椅子；手撑下巴。

（4）行礼。行礼是从心底里向对方发出感谢和尊重的意念，并体现在行动上，行礼能给对方留下诚恳、真实的印象。

① 点头致意。这种姿势用于同事及关系非常密切的人之间，是在匆匆相遇的短暂瞬间采用的一种打招呼方法。比如，在电梯间、楼梯上，人们遇到熟人通常会采用点头致意来打招呼。打招呼的时候，一定要注视对方的眼睛，接着含笑点头，这时通常有两种方式：一种是在打招呼的同时微笑；一种是在打招呼之后微笑，可根据实际情况选择。

② 敬礼。这种姿势是将上半身向前倾斜30度，用于迎送客人等一般性问候。行礼时要稍微停顿一下，再慢慢抬起头，这样会给人以很恭敬的感觉。行礼后抬头时，一定要看客人的眼睛，且应该笑容满面。

③ 深度敬礼。这种姿势是将上半身向前倾斜45度，通常用来向别人表示感谢或者道歉等。

2. 营销礼仪

1）电话礼仪

电话作为办公工具，应尽量避免谈论私事，特别是当行情波动不稳定的上班时候，客户经常致电了解相关情况，如果电话占线忙音，无形中会给客户增添许多的烦躁情绪。作为专业的证券经纪人和客户通电话时，内容要点一定要清晰，不需要絮絮叨叨太长时间，客户又不好意思先挂断电话，所以人们通话时间应控制在3分钟以内，这样既能保持线路畅通，同时也提高了通话效率。通话时，应将听筒贴紧耳朵，话筒置于唇下5厘米处，确保通话的声音清晰，音量适中。通话时，尽量不与第三者岔话，让客户感觉到证券经纪人和他是"一对一"的沟通，体现对他的尊重，若有重要事情与第三者应答，必须先征得客户的同意方可应答，同时用手捂住话筒与第三方尽快交代事宜，不要让客户长时间等待。

2）敲门礼仪

敲门时声音要清晰有节奏，既能提醒办公室内的客户注意有人来拜访，也能令客户感受到证券经纪人专业拜访的魅力。当敲门时，手势可用空心握拳，以指关节轻声叩门。敲门音量适度，不可过大。敲门频率以有节奏的"哒——哒哒"先敲一次，没有回音可再重复前述动作，不可"哒哒哒"敲个没完没了。敲门时应该面带微笑，让客户关注到有人拜访，见到的应是带着亲切微笑的笑容，这无形中也拉进了彼此的关系。

3) 开门礼仪

客户上门进行洽谈的时候，要提前安排好会议室，将客户引领至会议室门前，开门要注意遵循一个原则——方便客户。开门的步骤是：首先敲门，得到允诺才可开门，或是避免会议室有其他人员贸然闯入，示意室内的人做好准备，紧接着是开门。开门用手的方法是：门把对左手，用右手开；门把对右手，用左手开。进门时要明确进门顺序：外开门，客先入；内开门，己先入。客户进门的同时，证券经纪人要做一个挡门的动作，侧身用手或身挡门，留出入口，礼貌地用语言和手势同时示意客人请进。等所有人员进毕会议室后，再慢慢地关门。

4) 握手礼仪

握手，通常是人们交往中的第一次身体接触。握手的得体与否，对接下来的相互交往有着重大的影响。无论在日常生活还是商务活动中，握手都是一项很重要、很普遍、很有讲究的礼节。握手原则是位尊者先伸手。

5) 交换名片礼仪

名片上一般会有姓名、身份、各种官衔和联络方法，自己不好意思介绍的话（如职位及各种头衔）或者一些比较细致的联络方法（如公司网址、电子邮箱、MSN 方式、QQ 号等），可以由名片代劳。在社交场合，名片的作用已经不仅仅是提供一些简单的个人信息，更重要的是名片还是人们在社会交往中的一个增色剂，一项漂亮的包装，甚至能为整个人的形象画龙点睛。

6) 介绍礼仪

在公众场合里，彼此介绍的时候也要遵循礼仪，原则是尊者优先了解情况。相对年轻的人，要主动向别人介绍自己，接下来长者再做自我介绍。介绍的顺序一般是：先将男士介绍给女士；先将年轻者介绍给年长者；先将未婚女子介绍给已婚女子；先将职位低的介绍给地位高的；先将家庭成员介绍给对方。

若需要介绍的一方人数不止一人，可采取笼统方法进行介绍，例如可以说，"这是我的家人"、"他们都是我的同事"等，但是最好还是要对其一一进行介绍。在进行此种介绍时，可比照他人介绍位次尊卑顺序进行介绍。若被介绍双方皆不止一人，则可依照礼规，先介绍位卑的一方，后介绍位尊的一方。在介绍各方人员时，均需由尊到卑，依次进行。

7) 会务迎接礼仪

迎来送往，是社会交往接待活动中最基本的形式和重要环节，是表达主人情谊、体现礼貌素养的重要方面。尤其是迎宾，是给客人良好第一印象的最重要工作。

迎接客人要有周密的部署，并应注意以下事项：对前来访问、洽谈业务、参加会议的客人，应首先了解对方到达的时间、乘车安排或车次、航班，安排与客人身份、职务相当的人员前去迎接。若因某种原因，相应身份的主人不能前往，前去迎接的主人应向客人作出礼貌的解释；应提前到达车站、机场或指定地点去迎接客人，决不能迟到让客人久等。

在接到客人后，应首先问候"一路辛苦了"、"欢迎您来到×××"等。然后向对方作自我介绍，如果有名片，可送予对方。名片递送礼仪见上文所述；将客户送达至指定地点后，应该有接应的同事将客户迎接至公司对应的会议室安排妥当，并告知客户会议或洽谈的日程安排、时长及会后相关安排。

8）客户接待礼仪

客人要找的证券经纪人不在时，要明确告诉客户该证券经纪人到何处去了以及何时回本单位。请客人留下电话、地址，明确是由客人再次来单位，还是请联系人拜访客户。在客人到来时，证券经纪人如不能马上接待，要向客人说明等待理由和等待时间，若客人愿意等待，应该向客人提供饮料、杂志，并时常为客人换饮料。

3. **高端客户拜访礼仪**

1）拜访前的准备

当证券经纪人拜访客户时，每个客户的内心也许会兴起一个和当年梁惠王见孟子时同样的问题："你，不远千里而来，将何以有利于我？"证券经纪人要带去的不一定是有形的礼品，有价值的观念、创意或建议有时会更受客户的喜爱和欢迎。客户如果知道证券经纪人每次见他都会带来利益或意义，他有什么理由不欢迎拜访呢？

证券经纪人要去拜访高端客户，应该要做到以下几点。

（1）明确拜访目的。有一个笑话，一个小偷看见他的同伙在阅读《新装上市》杂志，惊奇地问："怎么，要改行做时装？""哪儿的话，我在研究今年的时装口袋到底会缝在什么地方。"凡事预则立，不预则废。证券经纪人拜访高端客户，若要在较短的时间内给客户留下良好的专业印象，必须事前做好充分的准备和"功课"。

（2）预约规范。每次拜访应事先预约。预约可以通过电话，也可以当面约定。拟定访问时间，并征得对方同意。简洁明了的向对方表明拜访的目的，表达意思要清晰，不要使对方产生误解。

（3）检查个人仪容、仪表。

（4）准备好应携带的书函、文件、证件、名片等相关资料。

（5）交通安排妥当。如自行前往，应选择合适的交通工具，以保证准时赴约。交通工具选定后，确定出发时间。

（6）拜访前其他规范。在访客途中，应注意保管重要物品，防止丢失；发生意外情况，及时与对方联系说明情况，并致歉意；提前5分钟赴约，不宜过早；见面前，再次检查自己的仪容、仪表及相关资料；对门卫或前台人员，主动出示证件，说明来意，同时态度谦虚、面带微笑、语调温和；若被门卫或前台告知并引导至会谈地点时，应对对方的帮助表示感谢。

2）拜访时

（1）到达会议地点，举止大方。若被访者未到，应耐心地在前台或会议室等待，不可显出不耐烦或懒散的样子。客户虽然不一定会看到证券经纪人的举止行为，但是公司其他人会以旁观者的角度观察细节，此时的一言一行都要控制得宜。

（2）等待时留意来人。千万不要专注于阅读或在纸上乱写，防止因太入神而忽略被拜访者的到来；也不应在被拜访者的公司内到处走动，甚至乱翻别人的资料档案。

（3）拜访时要注意以下几点：艺术地选择拜访时间，避开对方刚上班、中午用餐、休息或即将下班时间。如果是雨天或特殊气候，进入会谈地点时，应先请教接待人员是否有衣帽间可以放置雨具，最好不要随身携带雨具去见客户。气候不佳时，更要注意时间安排，以免交通阻塞，并留出足够的时间整理衣着，尤其是雨淋后的头发要快速梳理整齐。正确使用名片。携带数量充足的名片，如果是初次见面，要马上拿出名片给对方。

3）拜访结束后的信息反馈

将拜访过程中的有关资料整理，并向主管汇报。将遗留问题和困难及时同主管沟通。

9.3　证券经纪人专业化销售

9.3.1　证券经纪人专业化销售前准备

1. 订立有效目标的 SMART 原则

证券经纪人在工作中常常出现很多困惑，例如：为什么整天在忙碌工作业绩却不明显？为什么在工作中经常不知道自己在忙什么？为什么在工作中经常知道哪些事情该做，哪些事情不该做？为什么上级布置的工作任务、下达的指令不能很好地完成？为什么作为团队主管却感觉不能有效调动下属的积极性？

出现这些问题的原因到底是什么？实际上，出现以上困惑的主要原因是证券经纪人目标不清晰或根本没有设定目标。那么什么是目标？简单地说，目标就是在一定时间内希望达成的结果。目标的订立对于证券经纪人来说非常重要，一个合格的证券经纪人必须给自己在不同阶段设定目标。

订立目标看似一件简单的事情，每个人都有过订立目标的经历，但是如果想把目标分解，使之比较科学、合理，就必须学习并掌握 SMART 原则。具体（Specific）：订立目标必须具体，例如"我今年的目标是寻找到 100 个客户"、"我今年的目标是要赚 10 万元"等。空泛的目标不是有效目标，例如"我将来要有很多钱"、"我要发达"、"我将来要很成功"等不具体的目标都不是有效目标。可量化（Measurable）：有效目标都必须是可量化的，例如寻找多少个客户、赚多少钱等。可实现（Achievable）：有效目标一般都是可以实现的，如果目标超出目标订立者的能力范围就不是有效目标，例如"我的人生目标就是要做总统"、"我今年的目标就是要赚一千万元"等。注重结果（Result - oriented）：有效目标必须是可见的、有结果的，没有结果的目标不是有效目标，例如"我的目标就是尽量做好这件事"。有时间期限（Time - limited）：有效目标必须有一定时间限制，例如"我的目标就是两年内成为部门经理"。无论是订立团队的工作目标，还是个人的绩效目标，都必须符合上述原则，5 个原则缺一不可。团队主管必须和团队成员一起订立目标，不断提高工作绩效。

2. 工作日志

实践证明，写下自己目标的人比没有写下目标的人更容易成功。因此，证券经纪人应好好利用工作日志，写下每月、每周的工作目标与计划，完成后对照原定目标做好总结并调整下一个工作目标，如此类推。

1) 工作日志的作用

（1）提醒作用。工作日志是记录任务产生及任务输出过程的工具，对于证券经纪人来讲，工作日志的提醒作用非常明显。证券经纪人在实际操作过程中，可能会同时进行多项工作，在从事实际操作过程中，可能会因注意小的事情而忽略重要的事情，所以及时地查看工作日志，并进行标注，对证券经纪人抓住工作重点有重要作用。

（2）跟踪作用。不同的证券经纪人面对的客户不同，其工作内容就会有本质上的不同，因此，对证券经纪人的工作效率及工作及时性的控制很难。营销管理人员应该把工作日志看成是跟踪证券经纪人工作的重要手段，根据工作日志所记录的内容，对证券经纪人的重要事件进行跟踪，在跟踪过程中增加资源支持力度，并将风险降低到最低水平。

（3）工作的证明。营销管理人员通过工作日志的检查与反馈，可以督导工作效率低下的证券经纪人，发现问题及时解决，并归纳成功证券经纪人良好的工作习惯与方法，推而广之。

2) 工作日志的内容

工作日志一般包含 3 部分内容：第一部分是当天重要信息的记录，例如晨会内容摘要；第二部分是当天工作内容的记录；第三部分是第二天的工作计划。

 相关链接

工作日志范例：

	工作计划	工作记录	总结检讨	备注
8：00	学习内容	股指期货相关知识		
8：30	参加早会	稳健获利法技术分析讲座演练	熟能生巧，今天我又进步了不少	
9：30	电话约访刘总、李律师、徐医生	准备好了	只要事先准备充分，难办的事也会变容易	明天下午 3：30 拜访刘总
10：30	打电话给王总约他明天中午吃饭	未成功，因为明天中午他有接待任务	后悔，应约定其他时间，而且他接待的人有可能是我的另一位客户，应该再做一下尝试	反应不够快，准备不充分，明天再约
11：00	接待沈先生	同意本周四来开户	基本功必须再加强	
11：45	与陈总共进午餐	对我的建议非常感兴趣，决定追加资金	针对不同的客户需找出其不同的需求，并想办法满足	他太太最近心脏不太好，应在适当时机慰问
13：00	陪同李明开户			
14：00	打电话邀约孙大姐，雷老板	孙大姐成功，雷老板待定	必须先让雷老板体验到我们的服务	下周一接待孙大姐

续表

	工作计划	工作记录	总结检讨	备注
15：00	分析股市行情			
15：10	给客户转发公司资讯	给赵代理、钱老师转发资讯		
15：25	通过手机短信或电话提醒客户股市风险	给王阿姨、郑老伯打电话提示风险		
16：00	夕会	接触阶段的问题设计与现场训练	专业化销售太重要了	
18：00	见吴女士，一起吃晚饭	虽然尚未完全同意，但已经开始认同	看来我在说明与促成环节方面还有欠缺，加油	下周五是吴女士的儿子生日，备好礼物
20：00	整理客户档案，拟定明日工作计划，填写工作日志	竟然这么久没与李四联系了，他有一笔国债快到期了，得了解他下一步的打算	客户档案与工作日志必须定期检查、整理，否则可能误事	明天给客户李四打电话
21：00	与卢主任一起拜见顾总	没谈任何关于证券投资的话题	顾总还没完全信任我，正观察我，别急	顾总对足球感兴趣，下次主场约他一起看球

3. 寻找目标市场

市场细分是根据投资者不同的需求特征将整体市场划分成若干个不同群体的过程。每一个投资者群体都是一个具有相同需求和欲望的细分子市场，因此，分属于同一细分市场的投资者，他们的需要和欲望极为相似；分属于不同细分市场的投资者的需求和欲望存在着明显差别。证券经纪人应通过市场细分，向目标子市场提供独特的服务产品及其相关的营销组合，有效地满足客户需求，并维持客户的忠诚度。

1）市场细分的步骤

市场细分的步骤包括确定合适的市场细分方法和描述细分市场特点两个方面。在市场细分的过程中，一方面需要对各种市场细分方法有比较充分的认识，并挑选出最佳的细分方法；另一方面，需要了解各细分市场的关键购买因素、客户感兴趣的程度、具体需求、经济效益和竞争态势等各种信息。细分市场有助于证券经纪人更好地对市场进行分析，寻找适合自身特点的目标市场。

2）市场细分的主要依据

（1）直接因素。细分市场时，重点考虑的是地理因素和人口因素。地理因素和人口因素是传统市场营销的市场细分方法的依据。地理因素包括城市与农村、经济发达地区与普通城市、地形、交通、气候等。人口因素包括年龄、性别、生命周期、职业、收入、教育程度等。人口因素中所包含的这些变量来源于客户自身，比较容易了解。对于证券经纪人而言，人口因素是寻找目标市场最主要的因素，证券经纪人在确定目标市场前，需要对目标市场的人口因素进行综合分析，从而确定下一步的策略和方法。

（2）间接因素。间接因素一般指客户的心理因素和行为因素。客户的心理因素是其自身的较深层次的因素，包括生活方式、观念、动机、认知、个性等。在同一人口因素中心理因素也有不同。客户行为因素是指与客户投资习惯相关的一些变量，包括追求的利益、购买渠道、购买时机、使用状况、使用率、忠诚度等。

3）寻找目标市场策略

经过对细分市场的评估，证券经纪人需要决定如何选择细分市场，选择开拓哪些细分市场。目标市场是指具有共同需求或特征的投资者的集合。目标市场的设定可以是一个细分市场，也可能是一系列细分市场。根据所选择的细分市场数目和范围，可以将目标市场选择策略分为无差异性营销、差异性营销和集中性营销 3 种方式。

（1）无差异性营销。无差异性营销又称为大众营销，是指不考虑各细分市场的差异性，而将整个市场确定为目标市场。采用无差异性营销策略针对的是所有投资者的共同需求，而不是各细分市场投资者群体的特殊需求。在此情况下，证券经纪人可以设计单一营销组合直接面对整个市场。在无差异性营销策略下，所有客户接受的产品和服务是完全一致的。采用这种营销策略的主要优点就在于成本最低、操作最为简单。但在竞争激烈的证券经纪业务市场中，这种策略的效益也是相对比较低的，寻找客户的随意性较大。无差异性营销的策略为绝大多数证券经纪人采用，他们通常将整个市场作为目标市场，利用自身的特长和资源寻找客户，这种策略效率很低。

（2）差异性市场营销。差异性市场营销策略又称为多重细分市场策略，采用这种策略的证券经纪人会选择多个潜在的客户群作为目标市场，然后针对每个细分市场设计独立的营销组合。一般而言，差异性市场营销策略比集中性市场营销策略更能提升业绩。采用这种策略的时候，证券经纪人通常会针对不同的细分市场进行差异化的产品销售或服务，从而能够更好地满足客户的需求。

（3）集中性市场营销。集中性市场营销策略又称为单一细分市场策略，是指在整体市场中选择其中一个细分市场作为目标市场，证券经纪人可以针对该细分市场的特点规划、设计专门的营销策略。采取这种策略可以让证券产品和服务深入渗透细分市场，并能在这个有限市场中建立专业知名度，能够把有限的资源进行集中利用。该类目标市场一般指某生活社区、社会团体、组织等。但是集中性市场营销策略也有其风险和不足，证券经纪人把所有的资源都投入到该目标市场，而单一市场客户资源有限，因此整体业绩提升将受到很大的限制。

4）寻找准客户

（1）准客户应具备的条件。研究表明，证券经纪人如果事先把准客户加以合理分析、归类，将有助于开展重点营销和目标管理，以较小的投入取得较大的业绩，因此，证券经纪人应重视对准客户的分析、归类工作。对准客户的分类可以按下面标准进行。

① 个人准客户。一般来说，个人准客户须满足资金充裕、为人亲和、易接近、有投资需求等条件。

② 机构准客户。一般来说，机构准客户须满足资金充裕并有投资需求的条件。机构准客户的条件中缺少了"易接近"一条，因为除非有特殊关系，一般机构客户都是需要创造接近机会的。

(2) 准客户的分类。证券经纪人的准客户，一般分为以下 4 类。

① A 类：有资金、易接近、投资意向明确的客户。

② B 类：已经从事证券投资的客户。

③ C 类：有资金但证券投资意向不太明确或资金不多但非常认同证券投资的客户。

④ D 类：没资金又不认同证券投资的客户。

作为证券经纪人，A 类准客户是最优质的准客户，成为客户的可能性最大；B 类准客户必须通过优质服务才有可能使其成为客户；C 类准客户需要长期培养，通过普及投资理念和知识，使其改变观念；D 类准客户短时期内可以放弃，但可以长期保持联系，因为这类准客户将来有可能升级到其他类别。

(3) 寻找准客户的方法。从投资者与证券经纪人建立关系开始，将该投资者称为该证券经纪人的客户。证券经纪人销售流程中很重要的一步就是在目标市场中寻找准客户。证券经纪人的客户类型可分为直接关系型、间接关系型和陌生关系型 3 种类型。针对 3 种不同类型的客户群，证券经纪人常用的寻找客户的方法有缘故法、介绍法、直冲开拓法等。

① 缘故法（直接关系型）。缘故法就是证券经纪人利用个人的生活与工作经历所建立的人际关系进行客户开发的方法。这些群体主要包括：亲戚朋友、街坊邻居、消费关系、师生、同事等。缘故法是刚入行的经纪人常用的方法。他们刚开始从业时，将自己的亲戚、朋友列出清单，从中选出最有资源价值关系的亲朋好友，通过他们来帮忙开发客户。一般来说，一个人的缘故关系有两种划分方法，即"五同"法和"五缘"法。"五同"即同学、同乡、同事、同好、同邻。"五缘"即亲缘、地缘、业缘、神缘、物缘。其中"亲缘"指证券经纪人的亲戚；"地缘"指证券经纪人在出生地、变换居住地所认识的人；"业缘"指证券经纪人通过曾经的工作关系认识的人；"神缘"指通过宗教信仰认识的人；"物缘"通常指通过各种商业活动认识的人。利用缘故法开拓业务时由于约访时被拒绝的可能性较小，容易增强证券经纪人销售的信心，因此缘故法是证券经纪人最常用的一种方法。

② 介绍法（间接关系型）。介绍法即通过客户介绍客户的方法。证券经纪人在开发客户的过程中，可与一部分客户建立良好的个人情感关系，再通过这些客户关系派生出新的客户关系，建立新的客户群。在运用介绍法时，证券经纪人一方面要尽量展示自身优势，树立良好形象，取得客户的认同，使他们愿意帮忙介绍客户；另一方面，要让客户切身感受到所营销的证券产品及服务的优势，使客户有意愿推荐给其亲朋好友。

③ 直冲开拓法。直冲开拓法是采取一定的方式，主动去认识陌生人的方法，直冲法一般包括陌生拜访法、信函开拓法、区域咨询法、随机开拓法、资料收集法、社团开拓法、互联网开拓法等。此种方法最能考验证券经纪人心理承受力和营销技巧，也最能锻炼证券经纪人的应变能力和销售能力。

9.3.2 证券经纪人专业化销售

1. 电话约访

电话约访是证券经纪人必备的基本技能之一，对善于利用电话的证券经纪人而言，电话是一种有利的武器，因为电话没有距离限制，节省时间、精力，经纪人在单位时间内能接触更多的客户。

1) 电话约访的特点

电话约访是证券经纪人与客户交流的重要环节，它有如下几个特点。

(1) 电话约访仅靠声音传递讯息。

(2) 证券经纪人必须在极短的时间内引起准客户的兴趣(前30秒)。

(3) 电话约访是一种不见面的沟通。

(4) 电话约访是感性而非理性的销售动作。

2) 电话约访的目标设定

证券经纪人在进行电话约访前要设定清晰的目标，毫无目的的电话约访会引起客户的反感，有可能导致准客户流失。电话约访一般设定主要目标和次要目标。

(1) 主要目标。证券经纪人进行电话约访的主要目标一般是获得面谈的机会，确定面谈的时间，而不是销售产品或服务。一个精明的销售人员绝不会在电话中销售他的产品或服务，因为在电话中最容易遭受客户拒绝。

证券经纪人的电话约访话术参见下例。

"陈先生，我非常希望能认识您，能当面向您请教，您能给我这个机会吗?"

"陈先生，您看是明天下午还是后天上午您比较方便?"

(2) 次要目标。证券经纪人如果在电话中不能达到主要目标，则需要尽可能达成次要目标，一般次要目标是要求客户给予保持电话联系的机会。例如: "陈先生，那就不打扰您了，等您出差回来后我再给您打电话，可以吗?"

3) 电话约访前准备

(1) 资料准备。证券经纪人在打电话前，必须先准备好纸张和笔，将电话要点记录在便笺纸上，并准备下列资料，将资料放在身前易于翻阅的桌上。

① 准客户或老客户的基本资料。

② 整理一份完备的语言要点。

③ 想好打电话给准客户的理由。

④ 准备好要说的内容。

⑤ 想好准客户可能会提出的问题。

⑥ 想好如何应对客户的拒绝。

(2) 心理准备。即使证券经纪人的从业时间很长，经验很丰富，在电话约访前也会紧张，所以电话约访前的心理准备很重要。对于经验还不是太丰富的证券经纪人，克服紧张情绪最好的办法就是多练习、多打电话，积累的经验多了，也就不紧张了。证券经纪人在电话约访前不要考虑太多，不要管电话效果的好与坏，考虑得越多，恐惧也就越多。电话约访前，证券经纪人一方面要充分准备开场白，标准的营销语言要背熟，能脱口而出，充分的准备可以让人忘掉恐惧。另一方面，还要清楚产品对客户的好处，做到心中有数。最后，要明白电话约访的主要目的是取得与准客户见面的机会，确定面谈的时间，在心理上要尽量放松，酝酿热情，面带微笑。

另外，证券经纪人一定要摆正心态，不要以为给准客户打电话是在求他们开户或推销产品。其实，证券经纪人是在为客户投资理财提供服务，应该抱着帮人的心态面对，这样就不会患得患失，恐惧心理就会减轻或消失。

4）电话约访技巧

（1）电话接通后的技巧。一般而言，如果电话约访的对象是某公司的高级管理人员，第一个接听电话的可能是总机或秘书，证券经纪人要有礼貌地用坚定的语气说出要找的准客户的名字，秘书多半有回绝领导认为不必要的电话的任务。因此，证券经纪人必须简短地介绍自己，要让秘书感觉到你要和老板谈论的事情很重要，但切记不要说得太多。如果电话约访对象是一般级别的人员，则接听电话的可能是准客户本人，证券经纪人可以简单介绍自己；如果对方是转介绍的准客户，则一定要先说明介绍者是谁，并代介绍者问候对方。

（2）引起兴趣的技巧。当准客户接上电话时，证券经纪人应简短、有礼貌地进行介绍，并应在最短的时间内引起准客户的兴趣。除了简短的寒暄外，切忌漫无边际地聊天。

（3）电话诉说拜访理由的技巧。依据准客户资料，不同的准客户应该使用不同的营销技巧。如果证券经纪人打电话的目的是要和准客户约时间会面，那么千万不能在电话中谈论太多有关销售的内容。

（4）结束电话的技巧。电话这种方式是不适合销售或说明任何复杂的产品的，因为证券经纪人无法从客户的表情、举止判断客户的反应，并且无"见面三分情"的基础，很容易遭到拒绝。因此，证券经纪人必须有效地运用结束电话的技巧，达到约见目的后应立刻结束电话交谈。电话约访时间不要太长，太长则耽误准客户的时间，容易引起对方反感。根据优秀销售人员的经验总结，电话约访的标准时间一般在3～5分钟。

5）电话约访基本素质训练

有的证券经纪人很不理解，为何电话的内容相同，说话技巧也一样，与同一客户进行电话交流时，会有截然不同的结果。其实，这与证券经纪人说话的声音、语气、语调有很大的关系。如果语气、语调运用恰当，使客户听起来舒服，客户就会更容易接纳打电话的人。

一般情况下，证券经纪人应进行重音、语调、咬字等方面的训练。

6）建立电话约访脚本

电话约访脚本一般包括自我介绍、为什么打电话、产品或服务介绍、对客户的好处等4个方面。

 相关链接

全程通话案例

证券经纪人小张经过客户唐先生的推荐，获得了唐先生的好朋友李先生的电话号码，并知道李先生现年33岁，某公司经理，收入不菲，妻子现年28岁，有一子，两岁。李先生投资理财观念很好。

寒暄致意、自我介绍	证券经纪人：您好！我找李先生。 李先生：我是，你是谁？ 证券经纪人：我是××证券公司证券经纪人小张，请问您现在通话方便吗？
同意谈话	李先生：有什么事？
说明来意	证券经纪人：是这样的，我是唐先生的证券经纪人，唐先生是您的好朋友，对不对？ 李先生：对。 证券经纪人：听您的朋友唐先生说，您的理财观念很好，唐先生对您的理财观念和理财方法赞不绝口。因此我很想认识您，并想找个时间来拜访您。
提出要求	证券经纪人：不知这个周三下午或周四上午哪个时间您比较方便？
异议处理	李先生：哦，唐先生给我打过电话，不过很抱歉，我现在不想谈和证券有关的事。 证券经纪人：没关系，我和唐先生也是好朋友，我给您打电话的目的不是谈股票，只是想认识您。
异议处理	李先生：我很忙啊，没时间。 证券经纪人：我明白，像您这样事业有成的人忙是很正常的。实际上只见一面认识一下就行，可能几分钟，不会耽误您太久，您看我们是周三还是周四见面呢？
确认见面时间地点	李先生：那就星期四下午三点吧，在我公司。 证券经纪人：请问您公司的地址？ 李先生：地址是…… 证券经纪人：好，我记下了，地址是……，我会在周四下午三点准时到您公司，到时见。

2. 接触与探询

一个初入证券市场做营销的证券经纪人，大多数人初次面对准客户时都会不知所措。在准客户提出异议时，证券经纪人可能没有能力和经验深入异议的实质，将问题用最佳方式去解决，且在与准客户接触过程中获取的信息也不够多，造成无法了解准客户的实际需求。因此，如何通过与客户的接触，在不断的交谈中了解客户的背景、性格、投资需求等信息，就成了证券经纪人开发客户成功的关键。

1）接触与探询的目的

接触与探询的目的就是通过与准客户的接触，了解准客户的需求，与准客户建立良好的关系，以获得展示自己和公司、进行产品说明的机会。

2）接触与探询的步骤

接触与探询环节一般有三大步骤：第一步是寒暄与赞美；第二步是收集客户资料；第三步是切入主题，进入展示与说明环节，或进入促成与缔约环节。

（1）寒暄与赞美。赞美是人际关系最佳的润滑剂，是一种美德。说一些赞美对方的话可以很快拉近与准客户的距离，消除客户的戒备心，使证券经纪人更容易被客户接纳，为进一步沟通创造机会，也为成功地推销自己创造条件。经验告诉人们，赞美是取得客户好感、取得客户信任的最有效的方法之一。

相关链接

下面是面对不同的准客户所运用的赞美语言。

1. 对事业成功者

"您事业这么成功，跟您当初的选择有很大关系，能不能请教一下，您下决心从事这个行业（下决心创业）的原因是什么?"

"在创业过程中您遇到的最大困难是什么，您是怎么走过来的?"

"作为一个成功人士，您能给我这样的年轻人提供一些建议吗?"

2. 对长者

"您能不能给刚进入社会的年轻人一点忠告和建议?"

"请问您对证券经纪人这个行业怎么看? 能给我一些忠告和建议吗?"

3. 家庭主妇或职业女性

"李大姐，王姐（介绍人）对您烧菜的手艺赞不绝口，能不能告诉我一点秘诀，让我也有机会在家人和朋友面前露一手!"

"听王姐介绍说，您对孩子的教育方面有很多心得，能否与我分享一下?"

"王姐，您显得这样年轻，皮肤保养得这么好，一定有秘诀，给我透露一些吧!"

（2）收集客户资料。收集准客户资料是证券经纪人接触准客户时的工作目标，是开发客户的一个关键点。尽可能地收集准客户资料，有助于证券经纪人把握客户的潜在需求。在这个销售环节，证券经纪人要多问问题，并且学会倾听。收集客户资料有以下两种方式。

① 多问准客户一些感兴趣的问题，比如爱好、工作、家庭、孩子教育等，与客户进行情感交流，获取客户信息，寻找突破口，寻找卖点。

提问有两种方法，一种是开放式提问，即问题没有固定答案，可以让准客户畅所欲言，使证券经纪人了解准客户的真实需求；另一种是封闭式提问，即将客户的回答限定在"是"与"否"的选择中，它有助于证券经纪人掌控局面，在与准客户谈话过程中将谈话内容向自己想表达的方向引导。证券经纪人在不同的场合选用不同的提问方式，应做到有的放矢，才能得到满意的效果。

② 学会倾听。倾听需要面部表情、肢体语言、语言的配合，倾听是一种情感交流，也是证券经纪人尊重客户的表现。"听"的繁体中文是"聽"，有一个"耳"字和"心"字，说明倾听不仅需要"耳朵"还要用"心"去听；还有一个"目"字，说明倾听时应看着别人的眼睛听；还有一个"王"字，代表倾听者要把说话的那个人当成是帝王来对待。因此，从"听"字的繁体结构中可以看出，倾听时不仅要用"耳朵"，还要用"心"，用"眼睛"，更重要的是要把对方当成是帝王，充分地尊重他。经验证明，倾听者更能获得客户的好感，一个彬彬有礼的倾听者是不容易被拒绝的。

（3）切入主题。切入主题是证券经纪人与客户接触的终极目标，很多证券经纪人在销售过程中都做得很好，可就是成交不了，其实在很大程度上是由于证券经纪人的一种心理暗示造成的。

切入主题可以直接进入销售环节中的展示与说明环节，或直接进入促成和缔约环节，这要视准客户的反应而定。如果准客户在与证券经纪人初次交流过程中表达了证券投资的意愿或购买投资产品的意愿，证券经纪人即可直接进入促成的环节。

　　3）接触过程中的要领

　　（1）建立良好的第一印象。首次见面时一般在6秒钟之内就会对对方有初步印象。证券经纪人与准客户第一次见面，客户第一眼看到的是证券经纪人的外表、穿着。所以，证券经纪人的外表形象非常重要，穿着应整洁大方，才容易被客户接受。另外，作为证券行业的从业人员，除了要有较高的专业素质、严谨的工作态度，还需要有稳重大方的专业形象。给人好感的另外一个要点是赴约要准时。证券经纪人拜访准客户时，最好在约定时间的10分钟前到达，以便熟悉周围环境，理顺需要和客户谈论的话题等。证券经纪人面见准客户时要保持微笑，克服紧张情绪，仪态大方，不卑不亢，按照展业礼仪要求作自我介绍，递上名片。

　　（2）消除戒心。证券经纪人可通过赞美性语言让准客户消除戒心，在和客户敞开心扉交流时，要让他知道证券经纪人会严守秘密。

　　（3）制造对方感兴趣的话题。在销售过程中准客户是主角，证券经纪人的任务就是通过寒暄、赞美和提问，让准客户尽可能多说，从而了解准客户的需求。因此，为准客户创造一个畅所欲言的氛围非常重要。制造感兴趣的话题一般有以下几种方式。

　　① 有针对性的提问。

　　引导话题："后来呢？"

　　认同客户："可不是嘛！哈哈哈哈！对呀对呀！"

　　反馈客户："真不容易！太难得了！"

　　② 认真倾听，用眼神、语言鼓励。

　　③ 避免争议。证券经纪人在与准客户交流过程中，要避免与客户发生争执，即使客户观念明显错误，也不可直接否定，可以采取"是……但是……"来回答。例如："您的分析很有道理，不过，我也听过另外一种观点……"

　　④ 适时切入正题。优秀的证券经纪人，懂得审时度势，掌控整个沟通和交流过程，并能根据准客户的反应适时切入正题。

　　3. 展示与说明

　　（1）展示与说明的目的。证券经纪人可通过展示公司实力与个人能力，激发准客户的兴趣，根据准客户风险承受能力，介绍适应性的投资产品，引导客户促成与缔约（开户、转托管或购买投资产品等）。

　　（2）展示与说明的要点。

　　① 建立专业的形象。正式的着装是一个证券经纪人必须注意的细节，好的职业形象会给客户留下良好的印象，增加客户信任。另外，配备完整的展业工具和展业资料，如手提电脑、公司的简介、公司研究报告等，能体现专业形象。

　　② 充实的专业知识。证券经纪人是靠专业知识和优质服务取信于客户的，在准客户面前充分展示专业能力是此环节的关键点。所以，证券经纪人必须要加强学习，充实自己的专业知识，提高自己的专业素养和能力。

　　（3）常备的展业资料。证券经纪人在与准客户进行面谈前，要准备充足的展业资料，包括：公司产品宣传资料、股市K线图表、剪报、产品推介书、客户感谢信或推荐信、宣传公司或自己的报刊文章、投资者教育资料等。有条件的证券经纪人最好准备一台手提电脑，将所有资料储存在电脑中。

（4）能力展示的注意事项。

① 位置安排。

a. "一对一"时的位置安排。证券经纪人"一对一"地向准客户展示时最好选择小圆桌，尽量避免与准客户面对面坐，最好坐在准客户侧面或同一面。如要拉近彼此距离，可在征得对方同意下同坐一排。若选择公共场所如饭店、咖啡店、茶室时，应避开出入口，可选择安静区域，以免受到干扰。

b. "二对一"时的位置安排。当证券经纪人由主管陪同向准客户展示时，为了增加说服力，可采用"ABT"法则。A（Advisor）指的是主管，B（Bridge）指的是证券经纪人，T（Target）指的是准客户。证券经纪人请出主管后，主展示人由 B 变成 A，尽量将准客户的座位安排在主管左边，好让准客户能清楚看到主管展示的资料。千万不可让两者对坐，形成对立的感觉。在主管展示时，证券经纪人可运用点头、微笑等肢体语言，增强主管的说服力。

② 关注客户反应。证券经纪人和准客户交流过程中，要时刻关注准客户的反应，当谈到客户不耐烦的话题的时候，要及时转换话题；当谈到客户感兴趣的产品或服务时，要及时促成。

③ 用笔指点。证券经纪人和客户交流的过程中，手中一定要握一支笔，在适当的时候给客户指点，并且在客户提出问题时，要给客户做演算。

④ 专业导入（FFAB）。当与客户的前期交流到位后，证券经纪人要适时地进行专业导入，简称 FFAB，即：产品或服务的特点（Feature）；产品或服务的功能（Function）；功能的优点和风险（Advantage）；优点带来的利益或风险带来的损失（Benefits）。

在专业导入之前应分析客户风险承受力、投资需求。在进行专业导入时，应简易地说出产品的特点及功能，避免使用艰深术语，要引述其优点并分析能给客户带来的收益。证券经纪人应牢记，客户始终选择能给他们带来利益产品或服务。在展示与说明环节，证券经纪人的一个动作、一个神态、一句话都可能把事情引导至不同的方向。所以，在销售过程中，证券经纪人要记住保持职业形象，一言一行应符合执业行为规范的要求。

4. 促成与缔约

促成与缔约是证券专业化销售流程中最关键的环节，是销售的最终目的，以签订最终协议（签订开户协议、理财产品协议等）而结束。

1）促成与缔约的重要性

促成与缔约是证券经纪人销售行为的最终目的，是成功销售行为的标志。促成是达成销售的"临门一脚"，证券经纪人可以通过促成发现客户最真实的想法，而缔约是完成销售的结果。证券经纪人在销售过程中最困难的环节就是促成，因为促成的时机很难把握。以下是促成与缔约的最佳时机。

（1）客观因素发生变化时。

① 公司举办促销活动时，如阶段性的优惠方案、赠送礼品、送培训、送资讯。

② 公司推出创新产品时。

③ 准客户乔迁新居时。

④ 公司出现重大利好时。

⑤ 准客户对现在的证券公司服务不满时。

⑥ 准客户所在证券公司营业部搬迁时。

⑦ 准客户所在券商被查处或出现重大变故时。

（2）主观因素发生变化时。

① 准客户沉默思考，不再提问时。

② 准客户问题增多或主动取阅资料时。

③ 准客户主动改变周围环境，避免干扰时。

④ 准客户对证券经纪人的意见表示明显赞同时。

⑤ 准客户主动将座位移向证券经纪人时。

⑥ 准客户询问别人的情况时。

⑦ 准客户讨论交易佣金时。

2）促成与缔约的方法

（1）推定承诺法。证券经纪人经过展示与说明后，如果客户已经同意，就不需再次征询客户意见，马上邀请其来公司参观，并要求其带齐证件办理开户手续。

参考用语：

请您记得带好身份证和银行卡……

那我明天上午 10 点在公司等您……

您先办好手续，然后我给您讲解操作方法……

李大姐，我今天下午和明天上午有时间，您看哪个时间来开户比较方便……

您准备用什么银行的银行卡办第三方存管呢……

（2）二择一法。让客户在两个已经设定结果的答案中选择其中一项。

参考用语：

您是明天过来开户呢，还是后天？

您是明天上午有空，还是下午有空？

您开户是只开 A 股，还是 B 股也一起开呢？

（3）结束动作。完成缔约手续后，不要忘了给出服务承诺，加强客户信心，同时不能忘记提示投资风险。结束动作一般要包括如下几点。

① 感谢。

② 再次确定客户的服务需求。

③ 再次给出服务承诺。

④ 强调投资的风险点。

⑤ 送别客户。

5. 异议处理

异议处理贯穿于证券专业化销售流程中寻找准客户、接触前准备、电话约访、接触与探询、展示与说明、促成与缔约、维护与服务等销售环节。

异议是指准客户对同一问题表示的不同看法和愿望。证券经纪人的职责是开发准客户，但在初始阶段，准客户与证券经纪人并不熟悉，存在生疏感是正常的现象，因此，准客户的异议是正常的。一般情况下，准客户提出异议的问题根源在于产品或服务对其没有好处或好处不突出。

1）异议处理的目的

证券经纪人发现客户异议的实质后，帮助准客户理清思路，让客户认清自己的风险承受能力，并寻找适应性投资产品。

2）异议处理的流程

（1）区分客户异议的实质。证券经纪人与准客户的沟通过程中，客户提出异议非常正常，销售过程也就是不断处理异议的过程。客户提出的异议不一定是真正的异议，例如客户的抱怨等，但这些是不需要回答的，是假异议。

要分析客户异议是真异议还是假异议，需找出客户存在异议的实质，针对不同类型的客户分门别类地解决。以下是不同销售环节异议的分析。

陌生拜访。陌生拜访时，准客户提出的假异议一般是探听证券经纪人公司的虚实，这是一般证券经纪人都会遇到的问题，解决的办法也简单，如实介绍公司的情况，不必隐瞒，如实介绍能为客户提供的服务范围和内容。证券经纪人还需要如实介绍公司的授权范围和工作职责，在介绍产品收益的同时要充分揭示产品的风险。

深入探询。当进行到深入探询阶段时，证券经纪人已经能够分辨出准客户的风险承受能力、风险偏好以及投资类别等。这时候准客户提出的异议一般都是和其他券商的服务、佣金、产品收益等方面的比较，针对这类问题，证券经纪人就要充分展现自信、展示本公司实力和个人专业服务优势。

促成与缔约。客户在促成阶段有异议，说明客户已经逐渐认同公司及为其服务的证券经纪人。很多证券经纪人喜欢把这类异议叫做"临门一脚"。如果在这个时候遇到异议，可以采取"二择一"的办法，因为客户和证券经纪人已经比较熟悉了，采用此方法一般不会引起客户的反感。例如，如果客户的签约时间不能确定，那么就可以给客户限定时间"周一或者周二，上午还是下午"。给出选择，但是选择的空间不用很大。如果是办理方式的问题，那就说，"您坐车还是开车，是您自己来，还是需要我去接您"等。证券经纪人说话一定要留有余地，但是留下的空间也不要太大，这样既可以留有空间，也不会很被动。

维护与服务。在客户的维护阶段也会产生异议，此阶段异议一般为真异议，如果处理得不好就有可能造成客户流失。这些异议一般包括对交易佣金的不满、对客户服务的不满等。一般来说，此阶段的异议能事先察觉，比如，最近与客户的沟通中，客户提出其他券商提供的服务和证券经纪人等。针对这样的异议首先要自我反省，一定是在服务过程中出现了失误，无论是联系时间上、感情维护上，还是专业资讯的提供上，都要做反省。客户一旦提出异议，必须第一时间给客户道歉，说明自身的不足，并提出解决方案，同时加强感情上的维护。如果自己还不能解决，可以求助团队、主管和专业的理财部门。

（2）转介绍。客户在转介绍的时候也会存在异议，但大多数是假异议。解决办法是提高服务质量，增进感情。

（3）帮助客户理清思路。客户存在异议的原因是因为看待事情的观点和证券经纪人不一致。处理客户异议时，证券经纪人要换位思考，承认客户观点的合理性，与客户一起分析观点，将客户的思路向正确的方向引导。客户的异议即使很尖锐，也不要一味回避。

（4）排除疑虑，引导客户接受建议。在证券经纪人与客户进行观点对比时，让客户自己找出两者思路的不同，让客户判断观点的对错，只有这样才能从本质上排除客户的疑虑。只有当客户的疑虑排除后才有可能接受证券经纪人的建议，证券经纪人要根据客户提出的异议来判断客户的风险承受能力，是风险偏好型、风险厌恶型还是风险中性型，并以此为依据推荐适应性产品或服务。

 相关链接

异议处理的语言艺术

1. 案例1

客户：股票风险太大！

证券经纪人：是的，股票投资确实存在风险，只有一定风险承受力的人才能投资股票市场。（认同）

证券经纪人：您认识到这一点说明您是很理性的投资者，这是非常难得的。（赞美）

证券经纪人：我们先做一个风险承受能力测试，看您属于哪种类型的投资者，是风险偏好型、风险厌恶型，还是风险中性型。（引导）

证券经纪人：如果您是风险偏好型则可以选择投资股票、权证、偏股型基金等；如果您是风险中性型可以选择基金、偏基金型理财产品等；如果您是风险厌恶型可以选择债券、货币型基金、稳健性理财产品等。但我相信您一定知道在投资市场里风险和收益是成正比的，收益越大风险越大。（说明）

2. 案例2

客户：我对股票一窍不通。

证券经纪人：我很理解您的担心，您现在不懂股票，当然会有顾虑，这很正常。（认同）

证券经纪人：其实，目前我国的证券投资者中有80%都不懂股票，这也是许多投资者亏损的根本原因。（认同）

证券经纪人：其实，如果您有投资意愿，苦于对投资不了解，没关系，我们公司每周都举办投资者培训班，欢迎您参加。培训班会讲解证券投资的知识、投资风险和投资技巧。（引导、说明）

3. 案例3

客户：您能保证让我赚钱吗？

证券经纪人：您听说过"股市有风险，投资需谨慎"这句话吗？

证券经纪人：在股市中一般收益越大风险越大，股市永远充满着风险和机遇！

4. 案例4

客户：我再考虑一下。

证券经纪人：有句话说得好，"你不理财，财不理你"，意思是说，如果我们手上有闲钱，千万不要全部存在银行，现在银行存款收益很低，与通货膨胀比较起来，存款实际上在贬值。所以，为了能使手上的钱升值，就需要进行适当的投资，如果您有投资需求的话，股市也是一种不错的选择；如果您需要更稳健的投资，也可以选择稳健型的理财产品……

5. 案例5

客户：你们证券公司离我家里(公司)太远，不方便。

证券经纪人：我知道，您是怕麻烦。但是，现在都采用网上交易，买卖股票不用到现场了，所以远近没有任何关系啊！另外，现在通信这么发达，通过电话委托也同样可以，其实非常方便。

6. 案例 6

客户：我有亲戚（熟人）在证券公司工作，我炒股找他就行了。

证券经纪人：是的，我理解。不过，证券公司的工作人员一般都比较忙，平时可能很难有时间为您提供资讯，何况您也一定不好意思老是麻烦人家，是吧？我就不一样，因为我的工作就是为您这样的客户提供各项资讯服务的。您任何时候有问题都可以与我联系，而且，如果有最新资讯，我会第一时间通知您。

9.3.3 机构客户开发方法与技巧

目前的证券市场，机构客户所占比重越来越大，部分营业部形成了以机构客户为重点的营销团队。机构客户的开发对证券经纪人、营业部乃至证券公司的发展都具有越来越重要的作用。

1. 机构客户的特点

1）资金规模比较大

机构客户可分为专业投资机构和非专业投资机构。专业投资机构是指该机构利用自有资金或者募集资金进行中长期投资，其投资于证券市场的资金额度相对比较稳定；非专业机构一般是指企业利用闲置资金或流动资金进行中短期投资，以达到增值保值的目的。非专业投资机构在证券市场投资额度不够稳定，资金变动较大。

2）服务质量要求高

专业机构投资者由于本身具备比较高的专业水平，其对证券公司的服务有更高的要求：一是要求营业部或者证券经纪人有良好的专业素质和水平；二是在研究资讯和交易系统方面的要求较高。非专业机构投资者在时间和精力上对券商有更多的依赖，这主要是因为非专业投资机构对资金安全性要求较高，而且其证券投资专业知识相对较弱，在投资过程中需要专业人员的辅导。

3）投资风格较稳健

一般的机构投资者在进行投资时，操作相对稳健，追求的是中长期稳定的收益，而不是短期投机收益。由于机构投资者资金规模较大，预期收益率要求比较合理。另外，机构投资者对资金安全和流动性要求比较高，而短期投机操作的风险比较大，所以机构投资者的投资风格以稳健的中长期投资为主。

2. 机构客户开发的意义

1）提高营业部资产质量

机构投资者资产量大，能有效提高营业部的客户托管资产规模。机构投资者对资金的流动性要求较高，积极参与交易可以保障资金的流动性。所以，从资产总量和交易量两方面都将提高营业部的资产质量。在牛市中，由于专业的机构投资者把握机会能力强，交易相对活跃；在熊市中，机构投资者又能较好地保存实力。

2）提高营业部的服务水平

相对个人投资者而言，机构投资者在投资过程中会形成比较有效的投资模式。依据市场的"二八定律"，从营业部的投入和收益比例来看，服务大客户能产生较好的效益。为了满足机构客户的投资需求，营业部必须针对机构客户制定个性化的服务内容。只有不断进行服务创新才能维持长期合作关系。

3）提高营业部的声誉

机构客户某方面的特色会形成营业部的良好口碑。例如，营业部的客户形成了某一特点，如"权证高手云集"、"机构客户的乐园"、"私募基金扎堆的地方"等。依靠良好的专业水平和真诚的服务提高营业部或个人的品牌非常重要，品牌效应将吸引更多的机构投资者。

4）提升证券经纪人的业绩和业务水平

机构客户不仅给证券经纪人的个人业绩和收入带来了提升，而且其较高的服务要求有利于提升证券经纪人的专业水平和业务素质。

3. 机构客户开发技巧

1）机构客户的渠道来源

机构客户开发主要是通过介绍法，包括银行关系的介绍、朋友介绍、客户介绍等。对证券经纪人来说，开发机构客户的捷径主要来自驻点银行的转介绍。证券公司与银行的合作存在业务上的互惠互利关系，因此充分利用银行的客户资源是开拓机构客户的重要途径。

（1）银行渠道的开发。银行是机构客户的聚集地，二者存在着良好的合作和信赖关系。证券经纪人要想开发银行渠道、搞好与银行的关系，必须做到如下几个方面。

取得银行信任。一般银行同时有几家券商驻点，证券经纪人需要有积极的工作态度、较高的专业素质和较高的把握机会、较强的协调处理事务的能力，树立良好的职业形象，方能取得银行的认可。

证券经纪人要与银行机构客户经理相处融洽，在业务上互帮互助，培养共同爱好，建立良好的人际关系。

证券经纪人要适时向银行提出需求，争取与机构客户相关负责人见面的机会，必要时请出公司高层领导出面洽谈。

 相关链接

某证券经纪人在某银行驻点期间，工作认真负责，勤勤恳恳，除了自己的日常工作以外，尽量帮助银行员工做一些力所能及的辅助工作，给人留下了踏实肯干的态度。在工作以外的时间，他还能与银行个人金融业务主管搞好关系，经常约见一起吃饭，参加一些娱乐活动。

一段时间后，个人金融业务主管主动为他介绍了一个机构客户，并粗略告知了该机构的一些基本情况。该员工抓住时机很快与客户进行了约见。通过沟通，了解到该机构计划先用 1 000 万元的资金做新股申购，待行情好转，再介入二级市场。通过耐心周到的服务和专业交流，该机构不久就开户了，一个月后，其资金增加到 3 000 万元，并介入二级市场。

（2）朋友介绍。朋友介绍是最常用的一种方法。证券经纪人应与朋友经常来往、建立互信，并积极主动加入朋友的生活圈子，结识新朋友。在交往中，有意无意向其介绍相关理财观念和产品，培养其理财意识，开发其需求，并适时建议开户。

相关链接

某证券经纪人的朋友是一个房地产企业负责人，一直从事股票投资。2006年股市走强，他所在的公司开始进行新股申购。该证券经纪人经常与其见面沟通，尽心尽力为朋友提供资讯服务，得到了该朋友的认可。随后，他给该证券经纪人介绍了自己的另外一个朋友。但是此人对股市心存疑虑，迟迟不肯开户。为了消除他的担心，证券经纪人请求朋友安排了一次见面，同时他带齐了公司资料，并邀请了营业部的资深分析师共同前往。分析师与此人进行了深入细致的沟通，得到了此人的认可。不久，此人以公司名义开户并投入资金5 000万元。

2）准备工作

证券经纪人在开发机构客户前，需要做好充分的准备工作，准备工作包括准客户需求调查以及信息资料配备等。

（1）准客户需求调查。知己知彼，百战不殆。证券经纪人在进行机构客户开发前，必须尽量了解准客户投资的资金性质、投资偏好等，这样才能向准客户提出建设性意见，设计出有针对性的服务计划。首先，了解准客户的资金性质。资金来源和性质决定了资金的安全性、收益性和流动性要求以及客户的风险承受能力，这些因素也能影响机构客户对投资品种的选择和对资产的配置。其次，了解准客户的投资偏好和投资风格，以便在与准客户交流中，抓住其诉求点，提供思路一致、恰当中肯的建议。

（2）准备资料，预约洽谈。证券经纪人在约见准客户前要准备好相关资料，例如公司及营业部简介、研究报告、理财产品资料以及客户服务计划书等。定好预约时间后，证券经纪人一定要按时到达，并事先合理安排谈话主题。

3）洽谈

证券经纪人在机构客户开发过程中，一般最先接触到的是公司的证券投资业务负责人，他对证券经纪人印象的好坏直接影响到该机构客户开发的成败，所以证券经纪人需要与其进行详细、耐心的沟通交流。

第一步，为了让准客户详细了解公司的各项情况，证券经纪人需要向准客户介绍公司背景、研究咨询能力、营业部特点和市场地位等。

第二步，认真听取客户需求，资产收益目标及各种投资疑问，适时有针对性地解答客户的问题，主要阐明营业部能满足客户哪些要求、解决客户哪些问题以及能提供哪些服务项目等。

第三步，当与机构客户中层领导进行深入交谈之后，可以试探接触更高决策领导人，必要时请营业部领导与其见面沟通。

在洽谈成功之后，客户有可能并不马上开户。期间，证券经纪人可以邀请相关人员参加营业部组织的各种贵宾客户活动，使客户对公司的实力和文化有进一步了解，随后，在合适的机会下提醒客户来营业部开户。

4）后续服务

服务是最好的营销。机构客户的后续服务是培养忠诚客户和开展持续营销的关键环节。

（1）及时提示。根据市场变化，将影响投资的关键性信息及时提供给客户，或将公司最新研究资讯第一时间发给客户，使客户及时掌握市场动态，把握投资机会。这是服务客户最根本和最关键的环节。

（2）日常服务到位。

① 整合营业部资源，为客户提供优质的服务。整合营业部前后台资源，充分利用技术部、运营部、理财中心等部门的优势资源对客户进行专业服务，使客户的问题在第一时间得到解决，让客户享受到真诚优质的服务。开展高端客户沙龙活动，为其提供投资交流平台，分享投资经验。

② 定期拜访，回馈客户。营业部领导定期拜访机构客户，加强沟通，及时了解客户需求变化，及时传递市场信息。证券经纪人做到经常性回访，保持交流通畅。重大节日回馈客户，维持感情交流。以上是机构客户开发的基本方法，每一个证券经纪人需要根据自身特长寻找适合自己的方法和技巧，不能机械照搬、照抄别人的成功经验。

9.4　证券营销渠道开发方法与技巧

9.4.1　证券营销渠道

营销大师菲利普·科特勒提出：营销渠道（Marketing Channels）是促使产品或服务顺利地被使用或消费的一整套相互依存的组织。营销渠道也称贸易渠道（Trade Channels）或分销渠道（Distribution Channels）。肯迪夫和斯蒂尔给分销渠道下的定义是：分销渠道是指"当产品从生产者向最后消费者或产业用户移动时，直接或间接转移所有权所经过的途径"。

科特勒认为，严格地讲，市场营销渠道（Marketing Channels）和分销渠（Distribution Channels）是两个不同的概念。他说，一条市场营销渠道包括某种产品的供、产、销过程中所有的企业和个人，如资源供应商（Supplier）、生产者（Producer）、商人中间商（Merchant Middleman）、代理中间商（Agent Middleman）、辅助商（Facilitator）（又译作"便利交换和实体分销者"，如运输企业、公共货栈、广告代理商、市场研究机构等）以及最后消费者或用户（Ultimate Customer or User）等。现在，营销渠道和分销渠道两概念多混用。

证券公司的营销渠道是指证券产品及服务从证券公司向客户（投资者）转移过程中所经过的途径。证券经纪业务营销是金融服务营销，这决定了证券公司的营销渠道一般是直接的、短而宽的扁平状营销渠道。

1. 证券公司营销渠道的分类

证券公司营销渠道主要分为两种。

1）直接销售渠道

直接销售渠道是指产品在供应商和客户之间的直接流通和销售，即由证券公司直接将投资产品或服务提供给客户，证券公司的销售渠道主要是证券营业部、服务部。

营业部是证券公司传统的营销渠道，它提供一直较为被动的分销方式，因为客户需要借助营业网点渠道进行投资。

2）间接销售渠道

间接销售渠道是指产品通过中间商或中介机构流通。中介机构是第三方团体，如独立财务顾问等。与直接营销相比，独立财务顾问可以同时提供来自不同金融服务提供者的建议和信息，它们了解不同公司产品之间的差别，因而可以向客户推荐更适合客户需求的产品。

境外成熟资本市场的证券经营机构一般综合使用上述直接和间接的营销渠道。近年来，随着网络技术的发展和金融管制的放松，新的分销方式也开始发展，如网络证券服务等。目前，我国证券公司的营销渠道基本上为直接销售渠道。

2. 证券公司营销渠道开发的意义

证券公司的渠道拓展主要指营业部的证券经纪人的业务拓展。"渠道为王"、"得渠道者得天下"说明了渠道在其业务拓展中起着决定性的作用。

1）水龙头效果，源源不断

渠道如同水龙头，可以保证客户的不断供给，拥有优质的渠道，便有了源源不断的准客户群体。

2）目标群体稳定、集中

开发证券营销渠道，可以更好地通过渠道接触客户。渠道的优点是准客户多。有了量的保证，才可能有质的突破。

3）流水线式营销

稳定的渠道提供了证券经纪人和客户之间的稳定沟通平台，有助于证券经纪人和客户的零距离沟通，开展"一对一"的持续服务，有利于制定统一的后续服务方案。

4）容易培养证券经纪人的归属感

在渠道展业的证券经纪人，能在相对短的时间内进入工作状态，借助相对稳定和持续的渠道展业模式，不仅能帮助其完成业绩，也可给其带来归属感。

3. 证券经纪人的营销渠道拓展

在证券经纪人的业务拓展中，营销渠道的拓展非常重要，证券经纪人的营销渠道一般包括银行网点、社区、保险公司网点等。其中，最有效的渠道还是基于"银证合作"模式下的银行网点渠道。除了银行网点，其他渠道还包括如下方面。

1）目标企业

目标企业服务包括为上市公司后续营销服务、中小板和创业板潜在机构客户前期综合金融服务、大中型国有企业和民营企业改制配套服务等。

2）社区网点

社区网点主要是与社区物业管理部门和业主委员会之间建立良好的合作关系，为所在小区的居民提供综合性的金融理财服务。

3）市(商)场

在商家和顾客比较积聚的综合性超市、建材家居市场，选择消费者比较集中的时段，为商家和顾客提供金融理财服务。

4）运营商、开发商渠道

这种渠道主要包括如下方面。

(1) 通信运营商渠道，如中国移动、中国联通、中国电信、中国网通、中国铁通营业厅驻点营销和客户捆绑促销活动等。

（2）邮政服务渠道，如商业信函投递、邮政报刊亭合作等。

（3）出租车营运公司，如随车宣传广告折页、开户送往返出租车费、交通频道广而告之等。

（4）电视购物渠道，如通过"快乐购"、"宅急送"等渠道配送产品、服务或宣传折页等。

5）市民休闲娱乐场所

这些场所主要包括体育运动健身会所、美容美体会所、商务咖啡店、快餐店等连锁型服务类场所。证券公司可以在现场摆放产品宣传资料，参与会员定期联谊活动，提供投资理财顾问式服务等。

4．渠道的创新

1）新业务、新渠道

与银行业和保险业的发展相比，中国证券业的起步还不到 20 年，但这 20 年，正是金融服务业突飞猛进的 20 年。证券公司由于科技的发展，其交易系统、清算系统和服务网络系统的发展日新月异。定向理财、集合理财、专项理财业务不断发展和完善。市值管理、融资融券、大小非大宗交易，证券公司通过大力开展金融创新，拓展业务范围，为客户提供了更多的投资品种和投资方式。通过理财产品的深入开发和销售，一方面能够提高竞争能力，另一方面又能在金融创新中防范和化解金融风险。

2）强化"混业经营"趋势下的销售渠道整合

证券公司在扩大自有网点的销售的同时，应着眼于"混业经营"的大格局，提早布局和提升与银行、保险、期货、信托、外汇、黄金等机构的渠道合作，和其他金融机构之间结成战略联盟，形成长期的战略合作关系。通过对"银证合作"、"证保合作"、"证期合作"等多种合作形式下的渠道整合，促成合作双方更有效地利用资源，降低成本和分享客户，建立资源共享平台，扩大产品服务范围，对消费者市场展开立体、全方位、持续的营销，特别要进行在"服务和产品差异性"基础上的二次开发。

9.4.2 银行渠道营销

1．银行的分类及特点

（1）银行按性质分为国有银行、股份制银行、政策性银行。

国有银行网点众多，覆盖面非常广，机构设置比较复杂，部门众多，分行下设中心支行，中心支行再下设分理处和二级支行。股份制银行一般以城市中心区域和业务密集区域为主，网点以支行为主，功能定位较全。

（2）银行按等级分为总行、分行、支行、分理处。总行和分行的个人银行部是合作和接触的重点，合作营销往往要经过个人银行部批准。有些个人银行部还下设贵宾理财中心，主要负责一些大的个人客户的集中理财服务，在业务合作方面非常值得开发。

一般支行的个人银行业务（包括银证合作业务）会有一位主管行长负责，证券经纪人在网点开拓中应该重点接触这位行长。个人业务部科长主管个人业务，合作中的影响仅次于分管行长。证券经纪人还要接触大堂经理，他们对驻点人员的意见，往往会直接影响领导的看法，因此需要特别重视。一般分理处的直接负责人只有一位，即分理处主任，他听取上级支行的意见的同时，也有一定的决策权。

2. 银行渠道的开发步骤

（1）了解网点状况。证券经纪人在开发一个新网点之前，对这家网点的状况应有了解，比如地理位置、周边环境、客户流量等。

（2）联系个人银行部。一般情况下，由于有三方存管关系的铺垫和一些合作基础，证券经纪人开拓新网点可与分行个人银行部接触。

（3）广布人脉，接触领导。证券经纪人去支行谈合作，最好直接接触到分管行长，分管行长的意见往往能起到决定作用，为了提高对方的信任，应在各家银行尽可能建立人脉关系，以备不时之需，当然有人引见更好。

（4）强调公司优势。证券经纪人在和银行领导接触前，多挖掘一些公司的竞争优势，以作比较。

（5）细化合作方案。证券经纪人拜访银行网点之前，可以组织一些营销活动，将银行员工发展为公司客户，增加双方的熟悉程度。

3. 银行渠道的维护

证券经纪人需要与银行网点保持良好的合作关系，这样就不会因为竞争对手的排挤而无法立足。证券经纪人保持与银行网点良好的合作关系的重要环节就是在业务方面能做到双赢。所以，证券经纪人要思考在业务方面怎样才能做到双赢。

（1）银行渠道的日常维护方式。

① 和银行主管、银行职员保持密切的沟通。

② 友好对待其他证券公司的驻点人员。

（2）银行渠道维护中的注意要点。

① 新合作的优质网点，一般应由业务比较熟悉、开拓能力强的证券经纪人驻点，给对方以良好的第一印象。

② 最初合作阶段，驻点证券经纪人一定要稳定，相互熟悉也需要过程，人员流动大容易给对方造成缺乏合作诚意的感觉。

③ 证券经纪人尽可能吸引网点职员成为客户。银行职员一旦成为客户，证券经纪人与之就可以有更多的接触机会，建立双方长期合作关系。

④ 在与银行合作的过程中，银行提出的一些合理要求（如三方存管数量、信用卡数量等），证券经纪人在能力范围内要尽量给予满足，如果未能做到，事后也要及时给予解释，以取得对方的信任。

⑤ 银行职员除了是合作伙伴外，还应该是优质的准客户。证券经纪人应将银行职员发展成客户，而且要提供特别的关注和服务。

4. 银行渠道和非银行渠道的配合

（1）利用驻点银行周边社区发掘准客户。在小区内的银行来往的准客户基本上都是小区的住户，此类客户的活动场所比较固定。证券经纪人可依靠团队力量，进行小区的宣传活动，尽快在该小区树立品牌形象。证券经纪人在该小区开发出第一批客户后，要与他们成为朋友，通过这些客户的转介绍逐步覆盖整个小区。

（2）与银行理财经理一起去其他单位发掘准客户。与银行理财经理一起去其他单位发掘准客户，一方面可以借助银行的信誉优势，另一方面银行理财产品与证券公司产品可相互补充，扩大推广产品范围，达到互惠互利的目标，实现三赢。

（3）与银行职员联手营销。与银行合作进行小区、卖场客户集中营销。银行推销信用卡及相关理财产品，证券公司推广证券投资客户服务。

（4）与银行进行小型客户见面会，促进开发。证券经纪人可与银行一起举行小型投资交流会、财富讲座等，帮银行一起拓宽客户资源，发掘更多共同的准客户，从而加深双方合作。

9.4.3　社区渠道营销

1. 社区的基本情况

证券经纪人在进行社区渠道开发时，首先要寻找合适的社区，寻找社区可以从以下几个方面进行分析。

（1）入户时间。入户时间长短直接影响入住率，入住率的高低又直接影响客户量，同时入户时间影响社区的出租率。

（2）户型。户型的大小，可以在某种程度上反映住户的经济实力。

（3）户数。社区的户数代表着准客户的蕴藏量，从而决定准客户的多少。

（4）车库。证券经纪人可以根据车库和私家车情况作进一步的判断。通过私家车的价格区间判断业主的经济实力。另外，通过车库的地点，可以分析出业主的活动路线。

（5）居民情况。证券经纪人可以通过社区居民的日常活动判断该社区居民的经济实力。例如，早晨7点到8点是上班高峰期，可大致了解社区上班人群情况；8点到9点是买菜的高峰期，可了解社区住户的重要路线，并大致明确买菜人是业主还是保姆；下午5点到晚上9点是社区活动频繁的时间段，这个时间段直接反映社区住户情况。在以上几个典型时间段，证券经纪人应详细记录人群的相关信息，以便分析客户，有针对性地开展营销工作。

（6）社区周边情况。证券经纪人要记录社区周边场所，如商场、超市、幼儿园、休闲场所等。这些信息可以帮助证券经纪人找到准客户，并根据住户的作息习惯，有针对性地开展营销工作。

2. 社区的分类

根据管理方式不同可以将社区分为开放式社区和封闭式社区。下面分别对两种不同类型的社区进行分析。

（1）开放式社区。开放式社区的最大特点是社区入户时间较长，一般属于老社区，物业管理比较松懈，社区内出入的人多，显得杂乱。居住在此类社区的居民相对来说经济实力较低，客户群体不够集中，出租率较高。但是，开放式社区的住户大部分没有房贷的压力，经济负担较轻，本地人居多，适合小组成员集体进驻，开展声势较大的营销活动。

（2）封闭式社区。封闭式社区的最大特点是该社区一般较新，相对档次较高，物业管理比较严格，自住人较多，出租率低，居民相对稳定。在该社区营销时，能够进行展业的地点除了会所外，其他地点基本很难得到物业管理处的批准。平时很难接触到业主，营销成本较高。但是，该社区业主质量较高，大资产客户相对多。会所内适合进行投资者培训和投资报告会。

3. 进驻小区的前期筹备

证券经纪人在选择某社区后，就要做好进驻前的准备工作，一般可按照如下几个方面准备。

（1）与物业管理处、业主委员会、居民委员会洽谈。

（2）填写详细报告上交管理部门获取支持。

（3）确定进驻社区的人员和装备。

（4）严守社区的展业纪律。

（5）确定客户分配原则。

（6）制订有效的目标和计划。

4. 社区开发的注意事项

（1）证券经纪人社区开发一般采取小组开发的方式，小组成员选择时要合理搭配和分工，例如，营销经验丰富的负责主动销售，投资分析水平较高的负责讲解，组织能力较强的负责组织。

（2）社区营销开发时要采取灵活多变的营销方式，不能千篇一律，要致力于寻找适合特定社区的营销方法。

（3）要人尽其能，将合适的人放在合适的岗位和渠道。

（4）社区进驻后要处理好社区的人际关系。

（5）用专业形象和良好的专业素质赢得社区居民的好感与信任。

（6）遵守社区物业管理的规章制度。

9.4.4 报刊亭渠道开发

随着人们生活习惯和方式的改变，城市内报刊亭迅速增多。报刊亭具有相对固定的地理位置，使广大读者形成一种"买书、买报到邮政报刊亭"的印象。报刊亭每天都有一定的人流量，适合证券经纪人进行定点宣传和客户开发。

1. 报刊亭开发步骤

（1）市场调查。一般在城市闹市区不到百米的地方便会有一个报刊亭，证券经纪人要先了解人流量较大的报刊亭数量，并做好人流量的调查，判断是否选定驻点。

证券经纪人可根据自己所需要的资料来拟定问卷调查，制作一份关于理财的调查问卷，内容可以包括年龄、性别、联系方式、家庭住址、家庭人口、年收入、投资经验、投资方式等，调查问卷能帮助证券经纪人从报刊亭采集到准客户的资料。

（2）网点开发。证券经纪人一般采取如下两种方式与报刊亭达成合作协议。

① 月租式。证券经纪人在和报刊亭合作时，报刊亭一般不会免费发宣传资料帮助做宣传，所以经纪人可以考虑给报刊亭支付一定的费用，相当于是租金。当然，月租的费用要仔细分析测算，不能盲目投资。

② 驻点式。驻点式即证券经纪人每天在报刊亭进行宣传，为投资者提供咨询，并主

动与购买报纸、杂志的人沟通，特别是购买财经类报刊的。报刊亭老板可能不喜欢证券经纪人占用他的摊位，所以一定要处理好和老板的关系。

（3）具体实施。

① 尽可能将优质的宣传资讯材料摆放在报刊亭里，保证材料的时效性。

② 问卷调查的打印、填写、整理应有专人跟踪。

③ 宣传时一定要有其他的营销活动进行配套，例如，营业部每周六、周日举办投资报告会，驻点宣传时可以发放投资报告会请柬。

2. 报刊亭开发的注意事项

证券经纪人在报刊亭开发过程中需要注意如下几点。

（1）证券经纪人要弄清楚报刊亭真正的老板是谁。证券经纪人在与报刊亭谈合作的过程中，往往不是很顺利，谈了几次都没有结果。这个时候要去了解，报刊亭的工作人员是不是报刊亭的真正的老板，如果他就是一个雇工，当然做不了老板的主。

（2）证券经纪人需要有足够的耐心，解释清楚合作的目的，尽量挑选经营意识好的、关注理财的、热心的报刊亭老板。

（3）证券经纪人要热情大方，有耐心，要尊重对方。

（4）证券经纪人应与报刊亭老板及工作人员先交朋友后谈业务。

本 章 小 结

　　证券公司营销是指证券公司以证券类金融产品为载体的服务营销。证券公司在具体开展营销活动时应根据客户需求，设计产品或提供服务，并通过多种销售渠道，采取多种促销手段，实现客户与证券公司的目标交换。因此，证券公司营销是服务营销，参与主体包括证券公司、证券公司营销人员和证券投资者，营销的客体则是证券类金融产品及服务。

　　证券经纪业务是证券公司主要业务之一，证券经纪业务营销是营销管理与证券经纪业务相结合的产物，是营销管理理论在证券经纪业务中的运用。根据现行相关法律法规规定，证券公司开展营销活动应当了解客户的身份、财产与收入状况、证券投资经验和风险偏好情况，根据所了解的客户情况推荐适当的产品或者服务，并向客户充分提示证券投资风险。

　　证券公司的营销渠道是指证券产品及服务从证券公司向客户（投资者）转移过程中所经过的途径。证券经纪业务营销是金融服务营销，这决定了证券公司的营销渠道一般是直接的、短而宽的扁平状营销渠道。

　　银行渠道的开发步骤：了解网点状况。证券经纪人在开发一个新网点之前，对这家网点的状况应有了解，比如地理位置、周边环境、客户流量等；联系个人银行部。一般情况下，由于有三方存管关系的铺垫和一些合作基础，证券经纪人开拓新网点可与分行个人银行部接触；广布人脉，接触领导。证券经纪人去支行谈合作，最好直接接触到分管行长，分管行长的意见往往能起到决定作用，为了提高对方的信任，应在各家银行尽可能建立人脉关系，以备不时之需，当然有人引见更好；强调公司优势。证券经纪人在和银行领导接触前，多挖掘一些公司的竞争优势，以作比较；细化合作方案。证券经纪人拜访银行网点之前，可以组织一些营销活动，将银行员工发展为公司客户，增加双方熟悉程度。

习 题

一、名词解释

证券公司营销　证券经纪人　证券经纪业务营销　证券营销渠道

二、简答题

1. 证券公司营销的特点是什么？
2. 证券经纪业务营销活动的内容有哪些？
3. 证券经纪人的基本素质有哪些？
4. 证券经纪人专业化销售前准备工作有哪些？
5. 证券经纪人专业化销售的内容是什么？
6. 开发机构客户开发技巧有哪些？

三、案例分析题

案例 1：

证券营销观念的转变

阶段 1——证券营销是广告、促销和公关活动

在这个阶段，证券营销机构逐步认识到其所面临的传统市场的竞争正变得越来越激烈，日趋激烈的竞争将迫使组织不得不采取相应的行动。证券营销机构参照制造业的做法，采取了广告和促销等营销手段。这些手段在竞争过程中确实发挥了作用，但是当竞争对手也开始采取上述手段时，证券营销机构开始认识到保有顾客远比第一阶段的吸引客户要困难得多。

阶段 2——证券营销就是"微笑服务"和友好气氛

虽然广告、促销和公关活动使得更多的人知道了本证券营销机构的名字，但是，这还不能发挥持续性的竞争优势作用，因为竞争对手能够在短期内模仿上述营销手段。而且，组织还面临着一个更大难题：怎样才能将"那些知道本公司的人"转变为"客户"？解决上述问题的方法之一就是增设客户服务项目，并且让所有员工接受客户服务技能的培训。当然，竞争对手很快也会模仿该做法。但不管怎样，在金融服务组织里，微笑服务和建立良好关系的方法迅速地流行起来，由此，组织的重要工作就是保证本组织的服务质量优于竞争对手，避免出现与竞争对手不相上下的局面。

阶段 3——证券营销就是创新

在这个阶段，创新成为塑造竞争优势和差异化的基础。在证券行业中，创新很容易被模仿，所以创新产品的生命力非常短。组织必须满足顾客不断变化的需求，因此就要进行持续创新，对证券营销机构而言，其所面临的压力不是偶然性的创新活动，而是要不断地开发新产品，保证自己处于创新的领导地位。

阶段 4——证券营销就是定位

由于证券营销机构的产品升级表现出趋同性趋势，所以，每个组织都必须考虑"如何另辟蹊径，塑造组织的差异化"。这关系到每个组织在营销活动中如何定位的问题。比如，他们是将服务对象定位于特定年龄层的个人还是定位于企业群？定位所涉及的内容非常多，并非简单地提出一种想法就能解决，它还包括选择目标市场、为目标市场提供有效服务等。

阶段5——证券营销师分析、计划与控制

发展到最终阶段，证券营销就不仅仅是一个执行问题了。要使证券营销真正成为一项有价值的活动，就必须建立起一个综合性的分析系统，利用这个分析系统，能够进行营销后果的评估，保证组织发展目标的一致性，并且对营销结果进行跟踪和控制。如果一个组织无法评估其市场潜力，不能定制产品计划，无法设定灵活的目标和控制监督系统，那它就无法确定自己的发展方向。在这个阶段，营销已经变成了一种哲学思想，比如，营销服务必须与组织承诺相匹配，必须与组织的发展战略直接挂起钩来。在一个不断变化的环境中，商业活动通常会围绕营销问题而展开。

[资料来源：证券营销实务(王庆国、吴夕晖编著，2012年)]

案例问题：

通过营销模式的演变，未来证券公司应该采用怎样的全员营销策略提高公司的竞争力？

案例2：

中信证券恒丰路营业部创新营销模式

依托独特新颖的营销模式、丰富优质的理财品种和政府部门的政策扶持，落户闸北已近20年的中信证券股份有限公司上海恒丰路证券营业部营销规模在短期内迅速壮大，该营业部客户数也由初创时的2 000户，扩增至20 000余户，其中上千万户为高端用户。

依托母公司中信证券研发团队设计的新颖财富管理模式和品种独特丰富的客户理财项目，中信证券恒丰路营业部组建了一支由专业财经人士领衔，以中、高端客户为主要对象的精英营销团队，开展度身定制式的理财服务。他们针对股改后上市公司部分非流通股一年后可解禁上市流通的政策，积极为急于抛股套现的一些上市公司非流通股大小股东(卖方)，寻找看好这些上市发展前景并愿意长期持股的战略投资者(买方)，并以优厚的交易减免扣率促成买卖双方成交。这种通过卖方市场积累客户、通过买方市场创造财富的营销模式，仅2010年便为营业部带来了巨大的利润，创造了6 200余万元的巨额税收。

上述营销模式，还为中信证券恒丰路营业部带来了一大批高端客户。这是因为这些非流通股大小股东，基本上是上市公司的高管或财力雄厚的战略投资者，也是中信证券恒丰路营业部十分需要的理财群体。在营业部的真诚相邀下，许多高端客户接受了这一理财"管家"。营业部则根据不同客户需求，奉上了度身打造的现金管理和投资理财方案，如远高于同期限银行理财产品收益率的"高端客户资金增值计划"、股票定向增发、转融通业务、直投业务、专户理财、阳光私募、股权质押、期限套利等，受到众多客户的青睐。国内十余家知名银行都与该营业部签订了第三方资金存管协议。

此外，中信证券恒丰路营业部还主动为区域重点企业提供各类金融服务，如为准备借壳上市的国企提供上市政策咨询、理财产品推介等配套服务。

[资料来源：中信证券公司(2012年)]

案例问题：

中信证券恒丰路营业部采用了哪些创新营销模式？

第10章 证券市场监管

教学目标

　　通过本章的学习，掌握证券市场监管理论依据、证券市场监管的要素、证券市场监管模式，了解证券市场监管相关法律、法规调整范围、宗旨和主要内容，熟悉证券市场的行政监管和自律管理，掌握证券发行的审核制度、对证券交易所、对场外交易市场、证券发行公司和证券交易行为的管理和对证券公司的监管，了解证券市场监管的理论和实践问题。

教学要求

知识要点	能力要求	相关知识
证券市场监管概述	(1) 证券市场监管理论依据的理解能力 (2) 证券市场监管要素的理解和概括能力 (3) 了解证券市场监管模式	(1) 证券市场监管理论依据 (2) 证券市场监管要素 (3) 证券市场监管模式
证券市场监管法律法规	(1) 证券市场法律、法规的掌握能力 (2) 证券市场的行政监管 (3) 证券市场的自律管理	(1) 证券市场监管相关法律、法规调整范围、宗旨和主要内容 (2) 证券市场的行政监管的具体内容 (3) 证券市场自律管理
证券市场监管的内容	(1) 证券发行监管的理解能力 (2) 证券交易监管的理解能力 (3) 对证券公司的监管的理解能力	(1) 证券发行的审核制度 (2) 对证券交易所、对场外交易市场、证券发行公司和证券交易行为的管理 (3) 对证券公司的监管

　　每只股票后面都有一家公司，了解公司在干什么。

——彼得·林奇

基本概念

监管　外部性　信息不对称

导入案例

安然公司事件与萨班斯法案

1. 安然公司倒闭

安然公司(Enron)曾经是叱咤风云的"能源帝国",2000 年总收入高达 1 000 亿美元,名列《财富》杂志"美国 500 强"中的第七,掌控着美国 20％的电能和天然气交易,是华尔街竞相追捧的宠儿,安然股票是所有的证券评级机构都强力推荐的绩优股。

2001 年年初,一家短期投资机构老板吉姆·切欧斯公开对安然的盈利模式表示了怀疑。他注意到,作为安然的首席执行官,斯基林一直在抛出手中的安然股票,而他不断宣称安然的股票会从当时的 70 美元左右升至 126 美元。而且按照美国法律规定,公司董事会成员如果没有离开董事会,就不能抛出手中持有的公司股票。这引发了人们对安然的怀疑,并开始真正追究安然的盈利情况和现金流向。到了 8 月中旬,人们对于安然的疑问越来越多,并最终导致了股价下跌。8 月 9 日,安然股价已经从年初的 80 美元左右跌到了 42 美元。

2001 年 10 月 16 日,安然公司公布该年度第三季度的财务报告,宣布公司亏损总计达 6.18 亿美元,引起投资者、媒体和管理层的广泛关注,从此拉开了安然事件的序幕。

随后,美国证券交易委员会对安然其合伙公司展开调查,要求公司自动提交某些交易的细节内容;美林和标准普尔公司调低了对安然的信用评级;不久,安然被迫承认做了假账,自 1997 年以来,安然虚报盈利共计竟达到 6 亿美元。

11 月 28 日,标准普尔将安然债务评级调低至"垃圾债券"级。

11 月 30 日,安然股价跌至 0.26 美元,市值由峰值时的 800 亿美元跌至 2 亿美元。

2001 年 12 月 2 日,安然公司正式向破产法院申请破产保护,破产清单所列资产达 498 亿美元,成为当时美国历史上最大的破产企业。2002 年 1 月 15 日,纽约证券交易所正式宣布,将安然公司股票从道·琼斯工业平均指数成分股中除名,并停止安然股票的相关交易。至此,安然大厦完全崩溃。短短两个月,能源巨擎安然公司轰然倒地。

2. 安达信诚信危机

创立于 1913 年、总部设在芝加哥的安达信(Arthur Andersen)是全球五大会计师事务所之一,它代理着美国 2 300 家上市公司的审计业务,占美国上市公司总数的 17％,在全球 84 个国家设有 390 个分公司。

安达信作为安然公司财务报告长达 16 年的审计者,既没审计出安然虚报利润,也没发现其巨额债务。而 2002 年 1 月 10 日,安达信公开承认销毁了与安然审计有关的档案。很快,安然公司丑闻转化为审计丑闻。按照美国法律,股市投资人可以对安达信在财务审计时未尽职责提起诉讼,如果法庭判定指控成立,安达信将不得不为他们的损失做出赔偿。

2001 年 12 月,安达信会计师事务所因卷入安然公司丑闻而遭到解体。安达信会计师事务所执照上缴后,美国安达信会计师事务所被安永(Ernst & Young)会计师事务所收购,而中国香港部分则并入普华永道会计师事务所(Price Waterhouse Coopers)。

3. 萨班斯法案的出台

美国相继爆出的造假事件严重挫伤了美国经济恢复的元气，重创了投资者和社会公众的信心，引起美国政府和国会的高度重视。萨班斯-奥克斯利法案(Sarbanes-Oxley)，即萨班斯法案就是在这样的背景下出台的。法案有两处最为引人注目。

一是改进公司治理结构，强化内部控制与责任。明确公司管理层责任要求管理层及时评估内部控制、进行财务报告，同时加大对公司管理层及白领犯罪的刑事责任。

二是强化审计师的独立性及监督。法案要求：建立一个独立机构来监督上市公司审计、审计师定期轮换、全面修订会计准则、制定关于公司审计委员会成员构成的标准并独立负责审计师的提名、对审计师提供咨询服务进行限制等。

点评

证券市场监管是保护投资者权益的有效方式，只有这样，才便于投资者充分了解证券发行人的资信、证券的收益和风险状况，从而使投资者能够比较正确地选择投资对象。

10.1 证券市场监管概述

10.1.1 证券市场监管的理论依据

20世纪30年代爆发的经济危机使自由放任的市场经济受到沉重打击，使人们开始认识到市场机制本身存在的缺陷。市场失灵引发的严重危害使人们不得不试图寻找一种新的力量以弥补市场机制的不足，在这样的情况下，政府规制开始兴起。

1. 监管的理论依据

政府监管，或称政府规制，通常可以用来特指市场经济国家的政府为克服"市场失灵"而采取的种种有法律依据的规律或制约经济活动的行为。政府规制的产生是市场经济发展的必然结果。古典经济学主张，市场机制会自动调节资源配置，引导社会达到福利的最大化，经济发展是市场机制自发调节的结果，在此过程中，政府只是充当"守夜人"的角色，对市场采取自由放任的政策，因此，管得最少的政府被认为是最好的政府。按照西方经济学理论，市场机制要充分发挥作用必须满足几个条件：市场上存在大量的买者和卖者，他们都不能影响市场价格，只是价格接受者；市场经济的活动主体以平等的身份参与市场竞争；市场信息是完备的，参与者可以根据充分的市场信息做出最大化其利益的选择。然而，这种理想的完全竞争市场只是一种假设，20世纪30年代影响整个世界的经济危机使自由放任的市场经济受到沉重打击，也使人们开始认识到市场机制本身存在的缺陷。市场失灵引发的严重危害使人们不得不试图寻找一种新的力量以弥补市场机制的不足，在这样的情况下，政府微观规制开始兴起。由此可见，政府规制产生的直接基础是市场失灵的出现，市场失灵一般表现为自然垄断、信息不对称、外部性等。在这些情况下，市场机制无法自发实现资源最优配置，不能产生良好绩效，因此需要通过政府规制纠正这种情形。

1) 自然垄断与政府规制

在完全竞争市场条件下，企业在边际收益等于边际成本处实现生产者均衡，资源配置最优。但是，自由竞争的发展必然导致垄断，而缺乏规制的垄断会导致资源的浪费和社会福利损失。垄断分为两种情况，一种是竞争性行业中的垄断，从各国实践上看这种类型的垄断多采用反垄断法进行控制和调节，另一种是自然垄断，由技术经济特征决定了由一个或少数几个企业生产满足全部市场需求更具有合理性，而这在实现规模经济和范围经济的同时对效率和公平都会产生极大的负面影响。政府对自然垄断行业规制的目的一方面要限制行业新的竞争者进入，避免造成过度竞争和资源浪费；另一方面要调节市场价格，避免垄断厂商为了追求高额垄断利润而制定过高的价格，扭曲分配效率，损害社会福利。

2) 外部性与政府规制

所谓外部性，是指当市场价格不能够反映生产的边际社会成本而出现市场失灵。这也就是说，如果某种商品的生产和消费所产生的效应给其他人带来影响时，就会出现外部经济效果，即外部性。按照影响不同外部性会有两种情况：积极的影响称为外部经济；相反，如果是消极的、坏的影响，就称为外部不经济。环境污染问题是造成外部不经济的典型例子。例如河流上游的化工厂排放没有经处理的工业废水，其中的有毒有害物质使河流受到污染影响了水质，从而使下游养鱼场产量降低，养鱼场受到的损失就是外部不经济。这种外部不经济是私人成本小于社会成本造成的，当外部不经济的消极影响不能通过市场价格机制反映出来时，就会引起价格扭曲，使得外部不经济的产品生产过多，从而引发市场失灵，导致资源配置偏离帕累托最优状态，最终造成经济效率的损失。

3) 信息不对称与政府规制

信息不对称是指交易双方对所拥有的关于交易对象的信息是不对等的，一方往往比另一方掌握了更多和更充分的信息。在这种情形下，一方出于追逐自身利益的目的往往利用信息优势使得另一方处于不利的地位，从而导致资源配置无法到达帕累托最优状态。施蒂格勒1961年发表的《信息经济学》首次对信息的价值进行研究，对信息的供给和需求进行了成本收益分析，对当代经济学的发展产生了重大影响。随后，阿克洛夫在对旧车市场的研究中提出，市场交易双方之间的信息不对称会影响到价格机制的作用，损害资源配置效率，从而导致市场失灵。信息不对称问题一经提出就受到经济学家的广泛关注。信息不对称按照不对称发生的时间分为两种类型，其中发生在签约之前的称为逆向选择，发生在签约之后的称为道德风险。无论哪一种信息不对称都会导致资源配置的无效率，使经济活动偏离帕累托最优状态。

在市场经济运行过程中，由于信息不对称的广泛存在，多数情况下生产者比消费者占有较多的信息，处于信息优势地位。例如在食品药品卫生安全、医院医疗服务、产品质量等领域，产品和服务的生产者同消费者相比能够掌握更多的信息，如食品或药品的副作用，所以有可能凭借信息优势隐瞒产品的质量风险，而大多数普通消费者往往缺乏专业知识，所以难以辨别产品质量好坏。一旦生产者缺少必要约束，很容易放松对产品质量的要求，借助信息优势来掩盖产品质量缺陷，这种行为会给消费者带来更多的安全风险和健康危害，侵害消费者的权益。这时，为了保证社会公众的安全，政府应当采用适当的法律或行政手段，通过立法规定产品质量和服务的标准，明确生产者有义务向消费者提供的信息，或者由政府提供充分的信息。

2. 证券市场监管的必要性

政府规制并不是解决市场失灵问题的唯一出路，但政府规制解决市场失灵问题上有某些独特优势，表现为两个方面。

一方面，政府具有强制性权力，可以命令市场交易主体披露某些重要信息，采取措施防止意外事件的发生，向生产者颁布许可证，设定准入条件等。一是政府具有征税权，比如对于在生产过程中造成环境污染企业，受害者往往没有权力对其生产经营活动进行直接的干预或监督，更不能对其进行罚款或征税，而政府却可以通过征税对其污染活动进行限制和管理。二是政府具有禁止权，能够禁止某些经济行为，而市场经济直接参与者除非得到国家的特许权，否则是没有权力干涉其他经济主体行为的，例如在自然垄断行业中，为了限制行业竞争者数量过多造成过度竞争，政府可以实行进入规制，而行业内既存企业没有权力这样做。三是政府具有惩罚权，与私人合约相比，政府能对某些干扰和破坏市场经济的行为进行惩罚。例如对于生产假冒伪劣产品，侵害消费者利益的企业，政府可以依法对其进行罚款，或追究相关责任人的责任。现代市场经济的运行事实上是依赖于政治制度的各种强制性权力，国家运用这些权力直接提供某些基本的服务或间接创造出安全稳定的市场经济环境，为建立良好的市场经济秩序提供保障。

另一方面，同其他方法相比，某些情况下政府规制在克服市场失灵上更节约成本。当危害发生时，受害程度不容易估计或涉及人数众多而容易导致搭便车行为，或者因协调困难而难以采取集体行动时，政府规制更有效率。

此外，金融行业本身的特点也使政府监管不可或缺。金融业是信息不对称相对严重的行业，投资决策不仅取决于投资的预期回报率，同时也取决于风险的大小，因此信息在金融交易中有更大的价值。融资者拥有更多的私人信息，在金融交易中相对于投资者处于有利地位，政府规制如进入规制、价格规制、资本充足性规制等，会使信息的显示更加真实，这样就降低了信息成本，减少可能发生的逆向选择和道德风险，充分保护广大投资者的利益。

10.1.2 证券市场监管要素

1. 证券市场监管目标

证券市场监管的总体目标是建立一个高效率的证券市场，保障广大投资者的投资权益，保障证券市场合法交易活动，维护证券市场正常秩序，发挥证券市场资源配置的作用，促进社会经济的繁荣与稳定。

具体目标又包括以下几个方面。

（1）促进全社会金融资源的配置与政府目标相一致，从而提高整个社会资金的配置效率。

（2）消除因证券市场和证券产品本身的原因而给某些市场参与者带来的交易的不公平。

（3）克服超出个别机构承受能力的、涉及整个证券业或者宏观经济的系统性风险。

（4）促进整个证券业的公平竞争。

2. 证券市场监管的作用

有效的证券市场管理能够克服证券市场自身的诸多缺陷，并对社会和经济的发展具有多方面的影响和促进作用。这主要体现在以下几点。

（1）证券市场管理有助于避免或消除证券发行市场的蓄意欺诈和交易市场的垄断行市、操纵交易、哄抬价格和盲目投机等多种弊端，以保证证券发行和交易活动的顺利进行。这实际上也是现代证券管理产生的最直接原因。

（2）证券市场管理有利于保护广大投资者的权力和利益。投资者是证券市场的支撑者，没有投资者，证券市场就无从谈起。投资者参与证券市场是以取得某项权利和收益为目的的，如投资者购买股票，要求参与公司管理和获取股息、红利收益，购买公司债券，要求在债券到期时还本付息，如果公司破产也有要求按一定程序进行清偿的权利。这些都需要有法律保障。否则，投资者便可能因权益受损而失去投资意愿，证券市场就难以发展。证券市场管理的目的之一就是有效地维护投资者权益，如在证券发行中规定的"公开原则"便有利于投资者充分了解证券发行者的资信与证券的收益与风险，从而能够比较正确地进行投资决策，合理地选择投资对象。

（3）证券市场管理有利于维护证券发行与交易市场的正常营业秩序，能够促进证券市场筹资、融资功能的发挥。高效率的证券市场有利于促进国民储蓄向工业等经济部门的顺利流动，方便和加速企业的筹资、融资活动，促进生产性资源的合理分配和有效使用，从而促进国民经济的发展。

（4）证券市场管理能够保障证券交易所以及证券公司、信托投资机构等市场中介机构忠实有效地为客户服务。通过证券立法与监管能够有效地规范证券交易所执行严格的交易制度和程序，保证市场中介机构在证券发行、证券交易中合理地行使"媒体"职能，发挥媒介作用。

（5）证券市场管理有利于稳定证券市场的行市，增强投资者信心，促进资本的合理流动，这不仅促进了证券市场的健康成长，也能推动金融业、商业和其他行业，以及社会福利事业的顺利发展。

3. 证券市场监管的原则

尽管各国证券市场管理的方式、方法存在着差异，但在实施管理过程中一般都要遵循以下基本原则。

（1）合法原则。即一切证券的发行、交易及其他相关行为都必须符合国家法律、法规和宏观经济政策的要求，禁止非法发行证券和非法的、以各种不正当手段从事的证券交易活动，牟取暴利。

（2）公开原则。即证券市场的主管机关必须根据筹资人和投资人双方的要求，公布与证券市场交易活动有关的信息和文件资料；企业发行证券时，必须公布发行企业的发行章程或发行说明书，实行企业财务公开；当证券上市时，必须连续公布上市公司的财务及其经营状况，定期向公众公布公司的财务及经营报告、各种财务会计报表，以便投资者得到充分的信息，合理投资。

（3）公平原则。即证券交易双方处于相互平等的地位，公平交易，禁止哄骗、欺诈等行为。如：禁止以某种手段欺骗交易对手和社会公众；禁止捏造事实或隐瞒、遗漏关于证券交易的重要事实；禁止编造关于证券发行与交易的虚假消息，散布影响交易程序和市场行情的流言蜚语；禁止蒙骗等不正当手段劝说公众买进或卖出；禁止"内幕人员"利用特殊地位获取暴利；等等。

（4）公正原则。即要求证券主管机关在审批证券发行、证券上市和经营证券业务的机构时，在制定规章制度及其执行时，都必须站在公正的立场上秉公办事；要求起草文件、鉴证报表及各种参与证券发行、交易者，都必须站在公正的立场上，反映真实情况，不得有隐瞒、虚假、欺诈等误导行为，以保证证券交易活动的正常进行，保护各方的合法权益。

（5）自愿原则。即要求证券市场的一切交易活动必须遵循市场的原则和筹资人与投资人双方的需要进行，不允许以行政干预人为地制造证券交易，证券发行时不能强行摊派，在证券交易时不能依靠行政权力强买强卖，必须充分地由投资者根据自己的意愿和投资偏好进行证券投资选择，任何人无权干涉；任何人及单位也都无权强迫哪个单位发行证券；同时，任何证券商也不得违背客户意思或未获授权买卖证券或胁迫强制买卖证券。

（6）国家监管和自我管理相结合原则。这是证券市场管理的基本指导思想，也是其总体管理原则。一方面，国家政府及其管理机构必须制定证券管理法规，规范和监管证券市场，这是管好证券市场的基本前提；另一方面，要加强证券从业者的自我约束、自我教育、自我管理，这是管好证券市场的基础保证。

10.1.3 证券市场监管模式

证券市场监管模式就是指证券管理机构的设置、管理权限的划分所构成的制度。由于历史的原因和各国的具体情况不同，世界各国对证券管理所持的态度、制定的法律和采取的管理方法都存在着一定的差异，从而形成了不同的监管模式。

1. 证券市场监管模式

综观世界各国证券市场管理体制，大体上可分为3种模式。

1）集中立法管理型模式

在这种模式下，政府积极参与证券市场管理，重视发挥国家证券主管机关对证券市场的统一管理作用，往往拥有强大的证券管理机构，政府充分授权，具有强大的威力。世界上大部分国家属此类型，如美国、日本、法国、加拿大、韩国、新加坡、马来西亚、菲律宾、印度、巴基斯坦、埃及、土耳其、以色列等国。美国是这种模式的典型代表，故又称美国模式。

2）自律管理型模式

在这种模式下，政府对证券市场的干预较少，政府也不设立专门的证券管理机构。证券和管理完全由证券交易所及证券交易商会等民间组织自行管理，强调证券业者自我约束、发挥自我管理的作用。世界上的一些国家和地区如英国、德国、意大利、荷兰、香港等大体属于这一类型。英国是这一类型的典型代表，故也称英国模式。

3）分级管理型模式

除了上述两大基本模式外，目前还有一种普遍运用的模式，即分级管理模式。这类模式又分为二级管理模式和三级管理模式两种。二级管理是指政府和自律机构相结合的管理；三级管理是指中央和地方两级政府加上自律机构相结合的管理。分级管理一般采取两种方式进行：一是政府和自律机构分别对证券进行管理，形成官方和民间的权力分配和制衡；二是中央和地方分别对证券进行管理，形成政府间、政府与民间的权力分配和制衡。

目前，世界上绝大多数国家和地区都开始采取分级管理模式，如美国、法国、意大利和中国香港都逐步向二级、三级管理模式靠拢。这主要是因为，完全由政府行政部门对证券管理的模式不利于市场的发展，事实上，离开证券业者的自我约束、自我管理的基础，政府再强大的管理机构也难以奏效；而完全由行业公会自律管理又容易形成行业垄断和利益集团，也不利于证券市场的规范化和顺利发展。

2. 证券市场监管机构

证券市场管理机构的设置取决于证券市场管理体制。由于各个国家和地区管理体制模式不同，证券管理机构也便千差万别，但从总体上看，主要由政府监管机构、证券发行机构、证券交易机构、证券投资机构等构成。

1) 政府监管机构

政府监管机构分为专管证券的管理机构和兼管证券的管理机构两类，前者典型的是美国的联邦证券交易管理委员会，后者如日本的大藏省证券局、英国的英格兰银行。

2) 证券发行机构

证券发行机构一般有财政部门，金融组织控制的证券商如投资银行，金融公司或财务公司、证券公司，持股公司和工商大企业等。目前，不少国家都有由经营证券业务的金融机构联合组成的证券业协会（或证券同业公会）。

3) 证券交易机构

证券交易机构主要是指证券交易所。证券交易所是一种封闭性的组织市场，必须具备一定资格的经纪人才可进入。目前，发达国家和地区的证券交易所大多采取会员组织形式，发展中国家大都采取公司组织形式。

4) 证券投资机构

证券投资机构指专门从事集中社会公众资金投资于各种行业的证券，以降低或分散投资风险和提高投资收益的专业性机构，主要有各种证券投资公司、各种信托机构、各种保险公司，以及各种基金管理公司。

上述各类证券管理机构，除政府监管机构外，都属于自律性监管机构。

由于监管模式不同，各类证券管理机构在不同国家和地区的证券市场管理中的地位和作用也不同。

以集中立法管理为特征的美国，采取专业性主管机构即证券交易管理委员会来管理证券市场。美国证券交易管理委员会是一个独立的、统一管理全国证券活动的联邦管理机构。该机构由5名委员组成，所有委员由总统任命，参议院批准，任期5年，直接对国会负责，其管理范围包括证券发行、证券交易（场内交易和场外交易）、投资银行、证券商及其他市场参与者，并对下属的联邦证券交易所和全国证券交易商协会实施监督和指导。联邦证券交易所是一个半管理、半经营机构，管理的主要对象是全国的各个证券交易所，即"场内交易"；全国证券交易商协会是一个全权管理场外交易活动的非盈利组织。

日本的证券管理机构与美国相似，它原来没有证券管理委员会，之后改由大藏省证券局负责证券管理，同时另设证券顾问委员会负责重大政策研究咨询。

以自律管理为主的英国，政府没有设立专门的证券管理机构，英格兰银行仅基于金融政策的需要拥有对超过一定数额证券发行的审批权；贸易部兼管证券发行的登记事务。英国的证券市场主要由证券交易商协会、收购与合并问题专门小组和证券业理事会3个机构组成的自我管理系统进行自律管理。证券交易商协会是由证券交易所内的经纪商和交易商组成的，主要管理伦敦及其他交易所内的业务；收购与合并问题专门小组由参加"伦敦城工作小组"的9个专业协会发起组成，主要从事有关企业、公司收购合并等问题的管理；证券业理事会主要负责制定、解释和推行有关证券发行、交易的各项规章制度，该组织是英国证券自我管制的核心机构。

香港证券管理属于英国自律模式，证券监管机构主要是1986年成立的联合证券交易所。联合证券交易所采取自我管理的运行形式，所有一切组织、管理及运行都受制于联合证券交易所的有关条例、章程、规则等。

3. 中国证券市场监管体系

我国证券市场实行以政府监管为主，自律为辅的监管体系。这一监管体制随着证券市场的发展，经历了从地方监管到中央监管、从分散监管到集中监管的过程，大致可分为两个阶段。

第一阶段从20世纪80年代初期到20世纪90年代中期，证券市场处于区域性试点阶段。这一时期证券市场的监管主要由地方政府负责，上海、深圳分别颁布了有关股份公司和证券交易的地方性法规，建立了地方证券市场监管机构，中央政府只是进行宏观指导和协调。

第二阶段从1992年开始。这一年在全国范围内进行股票发行和上市试点，证券市场开始成为全国性市场。与此相适应，证券市场的监管也由地方管理为主改为中央集中监管。同年成立了国务院证券委员会和中国证券监督管理委员会，负责对全国证券市场进行统一监管。1998年国务院决定撤销国务院证券委员会，其工作改由中国证券监督管理委员会承担，并决定中国证券监督管理委员会对地方证管部门实行垂直领导，从而形成了集中统一的监管体系。

我国证券市场监管体系由中国证券监督管理委员会和其派出机构证券监管办公室组成。中国证券监督管理委员会（简称中国证监会）是国务院直属机构，是全国证券、期货市场的主管部门，按照国务院授权履行行政管理职能，依照法律、法规对全国证券、期货业进行集中统一监管。

我国的证券市场管理体系十分重视民间机构和证券行业自律管理的作用。注册会计师及会计师协会、律师及律师事务所作为独立的法人组织，依据国家的法律和规章，根据各自的职责对证券市场实行社会监督。1991年8月28日成立的中国证券业协会是我国证券发展史上第一个全国性的行业自律管理组织，它根据党和国家有关政策、规划，对中国证券业的发展进行规划设计，拟定自律性管理制度，加强行业管理，协调会员关系，增进本行业与国家有关部门的联系。证券交易所依据国家法律、规章和国际通行原则，对会员实行自律性管理和约束。

相关链接

中国证券监督管理委员会

中国证监会为国务院直属正部级事业单位，依照法律、法规和国务院授权，统一监督管理全国证券期货市场，维护证券期货市场秩序，保障其合法运行。根据《证券法》第14条规定，中国证监会还设有股票发行审核委员会，委员由中国证监会专业人员和所聘请的会外有关专家担任。中国证监会在省、自治区、直辖市和计划单列市设立证券监管局，以及上海、深圳证券监管专员办事处。改革开放以来，随着中国证券市场的发展，建立集中统一的市场监管体制势在必行。1992年10月，国务院证券委员会和中国证券监督管理委员会宣告成立，标志着中国证券市场统一监管体制开始形成。

1. 历史沿革

国务院证券委和中国证监会成立以后，其职权范围随着市场的发展逐步扩展。1993年11月，国务院决定将期货市场的试点工作交由国务院证券委负责，中国证监会具体执行。1995年3月，国务院正式批准《中国证券监督管理委员会机构编制方案》，确定中国证监会为国务院直属副部级事业单位，是国务院证券委的监管执行机构，依照法律、法规的规定，对证券期货市场进行监管。1997年8月，国务院决定，将上海、深圳证券交易所统一划归中国证监会监管；同时，在上海和深圳两市设立中国证监会证监管专员办公室；11月，中央召开全国金融工作会议，决定对全国证券管理体制进行改革，理顺证券监管体制，对地方证券监管部门实行垂直领导，并将原由中国人民银行监管的证券经营机构划归中国证监会统一监管。1998年4月，根据国务院机构改革方案，决定将国务院证券委与中国证监会合并组成国务院直属正部级事业单位。经过这些改革，中国证监会职能明显加强，集中统一的全国证券监管体制基本形成。1998年9月，国务院批准了《中国证券监督管理委员会职能配置、内设机构和人员编制规定》，进一步明确中国证监会为国务院直属事业单位，是全国证券期货市场的主管部门，进一步强化和明确了中国证监会的职能。

2. 基本职能

(1) 建立统一的证券期货监管体系，按规定对证券期货监管机构实行垂直管理。

(2) 加强对证券期货业的监管，强化对证券期货交易所、上市公司、证券期货经营机构、证券投资基金管理公司、证券期货投资咨询机构和从事证券期货中介业务的其他机构的监管，提高信息披露质量。

(3) 加强对证券期货市场金融风险的防范和化解工作。

(4) 负责组织拟定有关证券市场的法律、法规草案，研究制定有关证券市场的方针、政策和规章；制订证券市场发展规划和年度计划；指导、协调、监督和检查各地区、各有关部门与证券市场有关的事项；对期货市场试点工作进行指导、规划和协调。

(5) 统一监管证券业。

3. 主要职责

(1) 研究和拟定证券期货市场的方针政策、发展规划；起草证券期货市场的有关法律、法规；制定证券期货市场的有关规章。

(2) 统一管理证券期货市场，按规定对证券期货监督机构实行垂直领导。

(3) 监督股票、可转换债券、证券投资基金的发行、交易、托管和清算；批准企业债券的上市；监管上市国债和企业债券的交易活动。

(4) 监管境内期货合约上市、交易和清算；按规定监督境内机构从事境外期货业务。

(5) 监管上市公司及其有信息披露义务股东的证券市场行为。

(6) 管理证券期货交易所；按规定管理证券期货交易所的高级管理人员；归口管理证券业协会。

(7) 监管证券期货经营机构、证券投资基金管理公司、证券登记清算公司、期货清算机构、证券期货投资咨询机构；与中国人民银行共同审批基金托管机构的资格并监管其基金托管业务；制定上述机构高级管理人员任职资格的管理办法并组织实施；负责证券期货从业人员的资格管理。

(8) 监管境内企业直接或间接到境外发行股票、上市；监管境内机构到境外设立证券机构；监督境外机构到境内设立证券机构、从事证券业务。

(9) 监管证券期货信息传播活动，负责证券期货市场的统计与信息资源管理。

(10) 会同有关部门审批律师事务所、会计师事务所、资产评估机构及其成员从事证券期货中介业务的资格并监管其相关的业务活动。

(11) 依法对证券期货违法行为进行调查、处罚。

(12) 归口管理证券期货行业的对外交往和国际合作事务。

(13) 国务院交办的其他事项。

10.2　证券市场监管法律法规

为了加强证券市场监管，许多国家都制定和颁布证券法律、法规，将证券市场活动纳入规范化、程序化的法制管理之中。中国证券市场监管的法律、法规分为 4 个层次。第一个层次是指由全国人民代表大会或全国人民代表大会常务委员会制定并颁布的法律。第二个层次是指由国务院制定并颁布的行政法规。第三个层次是指由证券监管部门和相关部门制定的部门规章及规范性文件。第四个层次是指由证券交易所、中国证券业协会及中国证券登记结算有限公司制定的自律性规则。

10.2.1　证券市场监管法律

1.《中华人民共和国证券法》

《中华人民共和国证券法》于 1998 年 12 月 29 日第九届全国人民代表大会常务委员会第六次会议通过，于 1999 年 7 月 1 日实施。2005 年 10 月 27 日第十届全国人民代表大会常务委员会第十八次会议对原《证券法》进行了全面修订，并于 2006 年 1 月 1 日起生效。

1）调整范围

《证券法》的调整范围涵盖了在中国境内的股票、公司债券和国务院依法认定的其他证券的发行、交易和监管，其核心旨在保护投资者的合法权益，维护社会经济秩序和社会公共利益。

2）主要内容

共分 12 章，分别为总则、证券发行、证券交易、上市公司的收购、证券交易所、证券公司、证券登记结算机构、证券服务机构、证券业协会、证券监督管理机构、法律责任和附则。

2.《中华人民共和国公司法》

《中华人民共和国公司法》于 1993 年 12 月 29 日由第八届全国人民代表大会常务委员会第五次会议通过，于 1994 年 7 月 1 日起实施。2005 年 10 月 27 日第十届全国人民代表大会常务委员会第十八次会议再次进行较全面的修订，并于 2006 年 1 月 1 日起施行。

1）调整范围

《公司法》的调整范围包括股份有限公司和有限责任公司，其核心旨在保护公司、股东和债权人的合法权益，维护社会经济秩序。《公司法》确立了我国公司的法律地位及其设立、组织、运行和终止等过程的基本法律准则。

2）主要内容

《公司法》共分13章219条，对在中国境内有限责任公司的设立和组织机构，股份有限公司的设立和组织机构，股份有限公司的股份发行和转让，公司债券，公司财务和会计，公司合并和分立，公司破产、解散和清算，外国公司的分支机构，法律责任等内容制定了相应的法律条款。

3.《中华人民共和国证券投资基金法》

《中华人民共和国证券投资基金法》经2003年10月28日第十届全国人民代表大会常务委员会第五次会议通过，并于2004年6月1日起正式实施。

（1）调整范围。《证券投资基金法》的调整范围是证券投资基金的发行、交易、管理、托管等活动，规范证券投资基金活动，促进证券投资基金和证券市场的健康发展。

（2）基金法主要内容。分为12章103条，包括：总则，基金管理人，基金托管人，基金的募集，基金份额的交易，基金份额的申购与赎回，基金的运作与信息披露，基金合同的变更、终止与基金财产清算，基金份额持有人权利及其行使，监督管理，法律责任及附则。

4.《中华人民共和国刑法》对证券犯罪的规定

《中华人民共和国刑法》于1979年7月1日第五届全国人民代表大会第二次会议通过并实施。

第十届全国人民代表大会常务委员会第二十二次会议于2006年6月29日通过《中华人民共和国刑法修正案（六）》。2009年2月28日第十一届全国人民代表大会常务委员会第七次会议通过《中华人民共和国刑法修正案（七）》。

关于证券犯罪或与证券有关的主要规定如下。

（1）欺诈发行股票、债券罪。在招股说明书、认股书、公司、企业债券募集办法中隐瞒重要事实或者编造重大虚假内容，发行股票或者公司、企业债券，数额巨大、后果严重或者有其他严重情节的，处5年以下有期徒刑或者拘役，并处或者单处非法募集资金金额1%以上5%以下罚金。单位犯本款罪的，对单位判处罚金，并对其直接负责的主管人员和其他直接责任人员处5年以下有期徒刑或者拘役（第160条）。

（2）提供虚假财务会计报告罪。依法负有信息披露义务的公司、企业向股东和社会公众提供虚假的或者隐瞒重要事实的财务会计报告，或者对依法应当披露的其他重要信息不按照规定披露，严重损害股东或者其他人利益，或者有其他严重情节的，对其直接负责的主管人员和其他直接责任人员，处3年以下有期徒刑或者拘役，并处或者单处2万元以上20万元以下罚金（第161条）。

（3）上市公司的董事、监事、高级管理人员违背对公司的忠实义务，利用职务便利，操纵上市公司从事下列行为之一，致使上市公司利益遭受重大损失的，处3年以下有期徒刑或者拘役，并处或者单处罚金；致使上市公司利益遭受特别重大损失的，处 3 年以上 7 年以下有期徒刑，并处罚金；无偿向其他单位或者个人提供资金、商品、服务或者其他资产的；以明显不公平的条件，提供或者接受资金、商品、服务或者其他资产的；向明显不具有清偿能力的单位或者个人提供资金、商品、服务或者其他资产的；为明显不具有清偿能力的单位或者个人提供担保，或者无正当理由为其他单位或者个人提供担保的；无正当理由放弃债权、承担债务的；采用其他方式损害上市公司利益的。上市公司的控股股东或者实际控制人，指使上市公司董事、监事、高级管理人员实施前款行为的，依照前款的规定处罚。

（4）以欺骗手段取得银行或者其他金融机构贷款、票据承兑、信用证、保函等，给银行或者其他金融机构造成重大损失或者有其他严重情节的，处 3 年以下有期徒刑或者拘役，并处或者单处罚金；给银行或者其他金融机构造成特别重大损失或者有其他特别严重情节的，处 3 年以上 7 年以下有期徒刑，并处罚金。单位犯前款罪的，对单位判处罚金，并对其直接负责的主管人员和其他直接责任人员，依照前款的规定处罚（第 175 条之一）。

（5）非法发行股票和公司、企业债券罪。这是指未经国家有关主管部门批准，非法发行股票或者公司、企业债券，数额巨大、后果严重或者有其他严重情节的，处 5 年以下有期徒刑或者拘役，并处或者单处非法募集资金金额 1％以上 5％以下罚金。单位犯前款罪的，对单位判处罚金，并对其直接负责的主管人员和其他直接责任人员处 5 年以下有期徒刑或者拘役（第 179 条）。

（6）内幕交易、泄露内幕信息罪。证券、期货交易内幕信息的知情人员或者非法获取证券、期货交易内幕信息的人员，在涉及证券的发行，证券、期货交易或者其他对证券、期货交易价格有重大影响的信息尚未公开前，买入或者卖出该证券，或者从事与该内幕信息有关的期货交易，或者泄露该信息，或者明示、暗示他人从事上述交易活动。

（7）编造并传播影响证券交易虚假信息罪、诱骗他人买卖证券罪。编造并且传播影响证券、期货交易的虚假信息，扰乱证券、期货交易市场，造成严重后果的，处 5 年以下有期徒刑或者拘役，并处或者单处 1 万元以上 10 万元以下罚金。证券交易所、期货交易所、证券公司、期货经纪公司的从业人员，证券业协会、期货业协会或者证券、期货监督管理部门的工作人员，故意提供虚假信息或者伪造、变造、销毁交易记录，诱骗投资者买卖证券、期货合约，造成严重后果的，处 5 年以下有期徒刑或者拘役，并处或者单处 1 万元以上 10 万元以下罚金；情节特别恶劣的，处 5 年以上 10 年以下有期徒刑，并处 2 万元以上 20 万元以下罚金。

（8）操纵证券市场罪。有下列情形之一，操纵证券、期货市场，情节严重的，处 5 年以下有期徒刑或者拘役，并处或者单处罚金；情节特别严重的，处 5 年以上 10 年以下有期徒刑，并处罚金：单独或者合谋，集中资金优势、持股或者持仓优势或者利用信息优势联合或者连续买卖，操纵证券、期货交易价格或者证券、期货交易量的；与他人串通，以事先约定的时间、价格和方式相互进行证券、期货交易，影响证券、期货交易价格或者证券、期货交易量的；在自己实际控制的账户之间进行证券交易，或者以自己为交易对象，自买自卖期货合约，影响证券、期货交易价格或者证券、期货交易量的；以其他方法操纵证券、期货市场的。

（9）商业银行、证券交易所、期货交易所、证券公司、期货经纪公司、保险公司或者其他金融机构，违背受托义务，擅自运用客户资金或者其他委托、信托的财产，情节严重的，对单位判处罚金，并对其直接负责的主管人员和其他直接责任人员，处 3 年以下有期徒刑或者拘役，并处 3 万元以上 30 万元以下罚金；情节特别严重的，处 3 年以上 10 年以下有期徒刑，并处 5 万元以上 50 万元以下罚金。社会保障基金管理机构、住房公积金管理机构等公众资金管理机构，以及保险公司、保险资产管理公司、证券投资基金管理公司，违反国家规定运用资金的，对其直接负责的主管人员和其他直接责任人员，依照前款的规定处罚（第 185 条之一）。

（10）明知是毒品犯罪、黑社会性质的组织犯罪、恐怖活动犯罪、走私犯罪、贪污贿赂犯罪、破坏金融管理秩序犯罪、金融诈骗犯罪的所得及其产生的收益，为掩饰、隐瞒其来源和性质，有下列行为之一的，没收实施以上犯罪的所得及其产生的收益，处 5 年以下有期徒刑或者拘役，并处或者单处洗钱数额 5％以上 20％以下罚金；情节严重的，处 5 年以上 10 年以下有期徒刑，并处洗钱数额 5％以上 20％以下罚金：提供资金账户的；协助将财产转换为现金、金融票据、有价证券的；通过转账或者其他结算方式协助资金转移的；协助将资金汇往境外的；以其他方法掩饰、隐瞒犯罪所得及其收益的来源和性质的（第 191 条第一款）。

10.2.2　证券监管的行政法规

现行的证券行政法规主要有《证券公司监督管理条例》、《证券公司风险处置条例》等。

1.《证券公司监督管理条例》

为了加强对证券公司的监督管理，规范证券公司的行为，防范证券公司的风险，保护投资者的合法权益和社会公共利益，促进证券业健康发展，根据《公司法》和《证券法》制定《证券公司监督管理条例》。于 2008 年 6 月 1 日颁布施行，共计 8 章 97 条。章节如下。

（1）总则。

（2）证券公司的设立与变更。

（3）组织机构。

（4）业务规则与风险控制。

（5）客户资产的保护。

（6）监管措施。

（7）法律责任。

（8）附则。

2.《证券公司风险处置条例》

为了控制和化解证券公司风险，保护投资者合法权益和社会公共利益，保障证券业健康发展，根据《证券法》和《企业破产法》制定《证券公司风险处置条例》，已于 2008 年 4 月 23 日公布并施行。

1）指导思想和基本原则

总结近年来证券公司风险处置过程中好的措施和成功经验，立足现实需要，同时考虑将来的发展趋势，进一步健全和完善证券公司市场退出机制，巩固证券公司综合治理的成果，促进证券市场健康稳定发展。

制定《证券公司风险处置条例》的基本原则如下。

（1）化解证券市场风险，保障证券交易正常运行，促进证券业健康发展。

（2）保护投资者合法权益和社会公共利益，维护社会稳定。

（3）细化、落实《证券法》、《中华人民共和国企业破产法》，完善证券公司市场退出法律制度。

（4）严肃市场法纪，惩处违法违规的证券公司和责任人。

2）处置证券公司风险的具体措施

（1）停业整顿。停业整顿是自我整改的一种处置措施。

（2）托管、接管。托管、接管是无自我整改能力，需要借助外力进行整顿的一种处置措施。

（3）行政重组。行政重组是出现重大风险，但财务信息真实、完整，省级人民政府或者有关方面予以支持，有可行的重组计划的证券公司向中国证监会申请进行行政重组。

（4）撤销。撤销是对经停业整顿、托管、接管或者行政重组在规定期限内仍达不到正常经营条件的证券公司采取的市场退出措施。

3）保护客户及债权人合法权益的规定

4）《处置条例》和《企业破产法》衔接

2007年6月1日实施的《企业破产法》第134条规定，金融机构破产可由国务院制定具体的实施办法。

证券公司被依法撤销、关闭时，有《企业破产法》第2条规定情形的，行政清理工作完成后，中国证监会或者其委托的行政清理组可以申请对被撤销、关闭的证券公司进行破产清算。证券公司或者其债权人提出破产清算申请，不需要动用证券投资者保护基金的，中国证监会在批准破产清算前撤销其证券业务许可，证券公司停止经营证券业务，并安置客户；需要动用证券投资者保护基金的，中国证监会对证券公司作出撤销决定，进行行政清理。

中国证监会可以直接向人民法院申请对证券公司进行重整；经中国证监会批准，证券公司或者其债权人也可以向人民法院提出重整申请。重整不成的，由人民法院裁定证券公司破产，并组织破产清算；人民法院认为需要行政清理的，按规定进行行政清理。

证券公司实施重整或者破产清算的，中国证监会可以向人民法院推荐管理人人选；证券公司实施重整的，重整计划涉及需中国证监会批准事项的，如变更业务范围、主要股东、公司形式，公司合并、分立等，应当报经中国证监会批准。

10.2.3 部门规章及规范性文件

1.《证券发行与承销管理办法》

为了规范证券发行与承销行为，保护投资者的合法权益，根据《中华人民共和国证券法》、《中华人民共和国公司法》，制定《证券发行与承销管理办法》，自 2006 年 9 月 19 日起施行。

1）首次公开发行股票询价的调整和补充

首次公开发行股票应当通过向询价对象询价的方式确定股票发行价格。对在深圳证券交易所中小企业板上市的公司，规定可以通过初步询价直接定价，在主板市场上市的公司必须经过初步询价和累计投票询价两个阶段定价。对目前网下累计投标与网上申购分步进行的机制进行调整，规定网下申购与网上申购同步进行。

所有询价对象均可自主选择是否参与初步询价，主承销商不得拒绝询价对象参与初步询价；只有参与初步询价的询价对象才能参与网下申购。首次公开发行股票的公司发行规模在 4 亿股以上的，可以向战略投资者配售股票，可以采用超额配售选择权机制。

主承销商应当在询价时向询价对象提供投资价值研究报告。

2）对证券发售的规定

首次公开发行股票数量在 4 亿股以上的，可以向战略投资者配售股票。战略投资者不得参与首次公开发行股票的初步询价和累计投标询价，并应当承诺获得本次配售的股票持有期限不少于 12 个月。

公开发行股票数量少于 4 亿股的，配售数量不超过本次发行总量的 20%；公开发行股票数量在 4 亿股以上的，配售数量不超过向战略投资者配售后剩余发行数量的 50%。

询价对象应当为其管理的股票配售对象分别指定资金账户和证券账户，专门用于累计投标询价和网下配售。

2.《证券公司融资融券业务试点管理办法》

《证券公司融资融券业务试点管理办法》于 2006 年 6 月 30 日由中国证券监督管理委员会公布；根据 2011 年 10 月 26 日中国证券监督管理委员会《关于修改〈证券公司融资融券业务试点管理办法〉的决定》修订。该《办法》分总则、业务许可、业务规则、债券担保、权益处理、监督管理、附则 7 章 48 条，自 2006 年 8 月 1 日起施行。

1）试点条件

（1）经营证券经纪业务已满 3 年的创新试点类证券公司。

（2）公司治理健全，内部控制有效，能有效识别、控制和防范业务经营风险和内部管理风险。

（3）公司及其董事、监事、高级管理人员最近两年内未因违法违规经营受到行政处罚和刑事处罚，且不存在因涉嫌违法违规正被中国证监会立案调查或者正处于整改期间。

（4）财务状况良好，最近两年各项风险控制指标持续符合规定，最近 6 个月净资本均在 12 亿元以上。

（5）客户资产安全、完整，客户交易结算资金已实现第三方存管。

（6）对交易、清算、客户账户和风险监控集中管理，对历史遗留的不规范账户已设定标识并集中监控。

（7）已制定切实可行的融资融券业务试点实施方案和内部管理制度，具备开展融资融券业务试点所需的专业人员、技术系统、资金和证券。

2）业务规则

（1）证券公司以自己的名义在证券登记结算机构分别开立融券专用证券账户、客户信用交易担保证券账户、信用交易证券交收账户和信用交易资金交收账户。

（2）证券公司以自己的名义在商业银行分别开立融资专用资金账户和客户信用交易担保资金账户。

（3）证券公司在向客户融资融券前，应当办理客户征信，了解客户的身份、财产与收入状况、证券投资经验和风险偏好，并以书面和电子方式予以记载、保存；同时与客户签订载入中国证券业协会规定的必备条款的融资融券合同。客户只能与一家证券公司签订融资融券合同，向一家证券公司融入资金和证券，客户只能开立一个信用资金账户。

（4）证券公司向客户融资只能使用融资专用资金账户内的资金；向客户融券只能使用融券专用证券账户内的证券。

（5）客户融资买入证券的，应当以卖券还款或者直接还款的方式偿还向证券公司融入的资金；客户融券卖出的，应当以买券还券或者直接还券的方式偿还向证券公司融入的证券。

（6）客户融资买入或者融券卖出的证券暂停交易，且交易恢复日在融资融券债务到期日之后的，融资融券的期限顺延。融资融券合同另有约定的，从其约定。

（7）客户融资买入或者融券卖出的证券预定终止交易，且最后交易日在融资融券债务到期日之前的，融资融券的期限缩短至最后交易日的前一交易日。融资融券合同另有约定的，从其约定。

3）债权担保

（1）证券公司向客户融资融券，应当向客户收取一定比例的保证金。保证金可以证券冲抵。

（2）证券公司应当将收取的保证金以及客户融资买入的全部证券和融券卖出所得全部价款，分别存放在客户信用交易担保证券账户和客户信用交易担保资金账户，作为对该客户融资融券所生债权的担保物。

（3）证券公司应当逐日计算客户交存的担保物价值与其所欠债务的比例。当该比例低于最低维持担保比例时，应当通知客户在一定的期限内补缴差额。客户未能按期缴足差额或者到期未偿还债务的，证券公司应当立即按照约定处分其担保物。

（4）客户交存的担保物价值与其债务的比例超过证券交易所规定水平的，客户可以按照证券交易所的规定和融资融券合同的约定提取担保物。

（5）司法机关依法对客户信用证券账户或者信用资金账户记载的权益采取财产保全或者强制执行措施的，证券公司应当处分担保物，实现因向客户融资融券所生债权，并协助司法机关执行。

4）权益处理

证券公司通过客户信用交易担保证券账户持有的股票不计入其自有股票，证券公司无须因该账户内股票数量的变动而履行相应的信息报告、披露或者要约收购义务。

5）监督管理

（1）证券交易所应当按照业务规则采取措施，对融资融券交易的指令进行前端检查，对买卖证券的种类、融券卖出的价格等违反规定的交易指令予以拒绝。

（2）证券登记结算机构应当按照业务规则，对与融资融券交易有关的证券划转和证券公司信用交易资金交收账户内的资金划转情况进行监督。

（3）负责客户信用资金存管的商业银行应当按照客户信用资金存管协议的约定，对证券公司违反规定的资金划拨指令予以拒绝；发现异常情况的，应当要求证券公司作出说明，并向中国证监会及该公司注册地证监会派出机构报告。

（4）证券公司应当按照证券交易所的规定，在每日收市后向其报告当日客户融资融券交易的有关信息。

3.《首次公开发行股票并在创业板上市管理暂行办法》

《首次公开发行股票并在创业板上市管理暂行办法》是为了规范首次公开发行股票并在创业板上市的行为，促进自主创新企业及其他成长型创业企业的发展，保护投资者的合法权益，维护社会公共利益，根据《证券法》、《公司法》制定，2009年1月21日中国证监会第249次主席办公会议审议通过，自2009年5月1日起施行。

（1）总则。共8条，对立法原则和适用范围等进行了规定。

（2）发行条件。发行人申请首次公开发行股票必须满足持续经营时限、连续盈利、净资产及股本总额的有关规定。发行人足额缴纳注册资本，发行人的主要资产不存在重大权属纠纷；发行人的股权清晰，控股股东和受控股股东、实际控制人支配的股东所持发行人的股份不存在重大权属纠纷。公司经营符合国家产业政策及环境保护政策。发行人资产完整，业务及人员、财务、机构独立，内部控制制度健全有效，具有完整的业务体系和直接面向市场独立经营的能力。与控股股东、实际控制人及其控制的其他企业间不存在同业竞争，以及严重影响公司独立性或者显失公允的关联交易。

（3）发行程序。首先由发行人董事会就股票发行的具体方案、募集资金使用的可行性及其他必须明确的事项作出决议，并提请股东大会批准；其次，发行人股东大会就本次发行股票作出决议；最后，由发行人按照中国证监会有关规定制作申请文件，由保荐人保荐并向中国证监会申报。

特别规定，保荐人保荐发行人发行股票并在创业板上市，应当对发行人的成长性进行尽职调查和审慎判断并出具专项意见。发行人为自主创新企业的，还应当在专项意见中说明发行人的自主创新能力。

（4）信息披露。发行人及其全体董事、监事和高级管理人员，发行人的控股股东、实际控制人以及保荐人及其保荐代表人应当保证招股说明书内容真实、准确、完整。招股说明书的有效期为6个月。

《首次公开发行股票并在创业板上市管理暂行办法》规定，申请文件受理后、发行审核委员会审核前，发行人应当在中国证监会网站预先披露招股说明书（申报稿），发行人及与本次发行有关的当事人不得以广告、说明会等方式为公开发行股票进行宣传。发行人可在公司网站刊登招股说明书（申报稿），所披露的内容应当一致，且不得早于在中国证监会网站披露的时间；预先披露的招股说明书（申报稿）不能含有股票发行价格信息。

（5）监督管理和法律责任。

4.《证券市场禁入规定》

《证券市场禁入规定》将适用范围扩大至发行人、上市公司、券商等的控股股东、实际控制人及其董事、监事。《规定》称，对于发行人、上市公司、证券公司以及基金公司、证券服务机构的控股股东、实际控制人以及实际控制人的董事、监事、高级管理人员等7类人员存在的违规行为，证监会可以根据情节严重的程度采取证券市场禁入措施。《证券市场禁入规定》共13条，2006年3月7日中国证监会第173次主席办公会议审议通过，自2006年7月10日起施行。

1）基本原则

中国证监会对违反法律、行政法规或者中国证监会有关规定的有关责任人员，根据情节严重的程度，采取证券市场禁入措施。行政处罚以事实为依据，遵循公开、公平、公正的原则。被中国证监会采取证券市场禁入措施的人员，中国证监会将通过中国证监会网站或指定媒体向社会公布，并记入被认定为证券市场禁入者的诚信档案。

2）适用范围

采取证券市场禁入措施：①发行人、上市公司的董事、监事、高级管理人员，其他信息披露义务人或者其他信息披露义务人的董事、监事、高级管理人员；②发行人、上市公司的控股股东、实际控制人或者发行人、上市公司控股股东、实际控制人的董事、监事、高级管理人员；③证券公司的董事、监事、高级管理人员及其内设业务部门负责人、分支机构负责人或者其他证券从业人员；④证券公司的控股股东、实际控制人或者证券公司控股股东、实际控制人的董事、监事、高级管理人员；⑤证券服务机构的董事、监事、高级管理人员等从事证券服务业务的人员和证券服务机构的实际控制人或者证券服务机构实际控制人的董事、监事、高级管理人员；⑥证券投资基金管理人、证券投资基金托管人的董事、监事、高级管理人员及其内设业务部门、分支机构负责人或者其他证券投资基金从业人员；⑦中国证监会认定的其他违反法律、行政法规或者中国证监会有关规定的有关责任人员。

3）市场进入措施的类型

违反法律、行政法规或者中国证监会有关规定，情节严重的，可以对有关责任人员采取3～5年的证券市场禁入措施；行为恶劣、严重扰乱证券市场秩序、严重损害投资者利益或者在重大违法活动中起主要作用等情节较为严重的，可以对有关责任人员采取5～10年的证券市场禁入措施。

有下列情形之一的，可以对有关责任人员采取终身的证券市场禁入措施：①严重违反法律、行政法规或者中国证监会有关规定，构成犯罪的；②违反法律、行政法规或者中国证监会有关规定，行为特别恶劣，严重扰乱证券市场秩序并造成严重社会影响，或者致使投资者利益遭受特别严重损害的；③组织、策划、领导或者实施重大违反法律、行政法规或者中国证监会有关规定的活动的；④其他违反法律、行政法规或者中国证监会有关规定，情节特别严重的。

有下列情形之一的，可以对有关责任人员从轻、减轻或者免予采取证券市场禁入措施：①主动消除或者减轻违法行为危害后果的；②配合查处违法行为有立功表现的；③受他人指使、胁迫有违法行为，且能主动交代违法行为的；④其他可以从轻、减轻或者免予采取证券市场禁入措施的。

10.3　证券市场监管的内容

10.3.1　证券发行监管

从证券市场监管的内容看，主要包括证券发行管理、证券交易管理和证券商管理。这里分别予以介绍。

1. 证券发行的审核制度

世界各国对证券发行的管理都是通过审核制度来实现的。审核制度主要有两种：一种是注册制，即所谓的"公开原则"；另一种是"核准制"（或称"特许制"），即所谓的"实质管理"。前者以美国联邦证券法为代表；后者以美国部分州的证券法以及欧洲大陆各国的公司法为代表。这两种制度并不是完全对立的，有时可以互相补充，事实上多数国家也综合运用这两种制度，只是着重点不同而已。

1）注册制

注册制是证券发行人在发行证券之前，首先必须按照法律规定申请注册。将证券发行以及与证券发行有关的一切信息公布于众，并要求所提供的信息具有真实性、可靠性，如果发行者公布的资料内容有虚伪或遗漏，发行者要负法律上的刑事或民事责任。只要满足了上述条件，这种证券就可以公开上市发行。因此，注册制实质上是一种发行证券的公司的财务公布制度，其目的在于使投资者在投资前能够据此判断该证券有无投资价值，以便投资决策。

2）核准制

核准制与注册制不同之处在于，在发行证券时，不仅要公开真实情况，而且要求证券发行者将每笔证券发行报请主管机关批准。在实行证券发行核准制的国家中，一般都规定出若干证券发行的具体条件，经主管部门审查许可，证券方可发行。这些具体条件主要包括：①发行公司的营业性质，管理人员的资格能力；②发行公司的资本结构是否健全合理；③发行人所得报酬是否合理；④公开的资料是否充分、真实；⑤事业有无合理的成功机会等。只有符合这些"实质管理"条例的发行公司才可以在证券市场上发行证券，进行直接筹资。

实行核准制是因为在公开原则下是以投资者能够看懂"公开说明书"为前提的，但实际上，许多普通投资并不具备这种能力，因而投资仍然具有一定的盲目性，导致上当受骗，蒙受损失。

但也应指出，完全依赖实质管理的原则也有缺陷，因为这种做法有可能导致公众产生错误的安全感，因此，除明显性欺诈发行的情况以外，该原则的应用是有限的。有鉴于此，现在许多国家的法律都倾向于对两种不同原则加以综合运用，以达到保护投资者利益和促进企业融资的目的。

2. 证券发行注册的内容

无论是实行注册制还是核准制，发行者在发行债券之前均要向证券管理机关办理发行申报注册手续。

证券发行注册，美国的做法比较有代表性。美国实行双重注册制度，即证券发行公司既要在证券交易管理委员会注册，也要在证券上市的那家证券交易所注册。两者注册程序和内容大体相同。这里主要介绍在证券交易管理委员会注册的情况。

申请发行注册的证券发行公司必须从证券交易管理委员会领取并填写"证券注册申请书"。申请书由三部分组成。

第一部分是发行说明书，对公司情况作一般介绍，包括发行目的、发行条件、公司的历史和经营事业的情况以及同业竞争情况，公司近 5 年的资产、负债总额及其变化情况，产品销售额及其变化趋势，盈利和分红水平，公司资本结构，公司发行证券数额，公司债务的清偿情况等。

第二部分是公司财务的详细报表和统计资料，包括发行公司的资产负债表和损益表等财务报表；申请上市发行证券的票面价格、期限、预计收益等情况以及该证券和发行公司其他证券的关系；公司经营报告等。

第三部分是各种证券发行情况的证明材料，包括发行公司聘请独立经营的会计师事务所对上述报表或报告进行全面的核实说明，这种说明具有法律上的公证性质；由法律机构出具的、证明发行合法化的书面意见副本；承销合同副本、信托合同副本等。

在美国还有一部分证券享受发行注册豁免。主要如下。

（1）财政部发行的国库券、政府公债和其他联邦政府机构发行的债券，以及一部分经证券交易管理委员会批准后州政府发行的地方市政债券。

（2）私募证券，即采用非公开发行方法发行的证券。

（3）商业票据，即由大公司、大企业发行的短期借款票据。

（4）银行发行的股票、债券。

（5）公司、企业在州内发行的证券。

（6）其他小额股票、债券。

3. 证券注册发行责任

根据美国证券法，如果证券发行者在注册申报书中有谎报、漏报本公司的情况，并蒙骗主管机关使发行注册生效，有价证券购买者有权提出诉讼，并对以下当事人追究民事责任：证券发行者；承购并分售证券的投资银行；参与"证券注册申报书"起草与审定，并在其上签章证明属实的会计师、工程师及其他专家。如经法庭调查属实，则上述所列各方必须承担经济赔偿责任。

10.3.2 证券交易监管

证券交易的管理包括对证券交易所的管理、对场外交易市场的管理、对证券发行公司的交易管理和对证券交易行为的管理。

1. 证券交易所的管理

证券交易所是进行证券交易的最重要市场，是证券流通市场的核心，因此，各国都对证券交易所实行严格的管理。

1）证券交易所设立方式

各国对证券交易所的设立所规定的制度有所不同，一般采用3种不同的管理方式。

一是特许制，如日本等国。在日本设立证券交易所必须经大藏省的特许，大藏省对证券交易所的规章制度有核批权，如果认为不当，可命令交易所修改。世界上大部分国家采取特许制。

二是登记制，如美国等。美国《证券交易法》第5条规定，证券交易所除因交易量过少，经证券交易管理委员会豁免者外，都必须依法登记，同时提交注册书和其他有关文件，证券交易管理委员会确认交易所的组织、规章制度符合法律规定，则准许注册设立。

三是承认制，如英国等。英国对证券交易所的管理以"自律"为原则，因此，政府没有专门审批交易所的机构，而只要得到证券交易所协会的承认即可，但必须提供遵守证券交易规章制度的保证及交易所本身的规则。

2）证券交易所的日常监督管理

许多国家的证券交易法都规定，证券主管机关对证券交易有检查、监督管理权，如美国的证券交易管理委员会、日本的大藏省都对证券交易所派驻监督官员，检查监督的事项主要有：①审查交易所的章程、细则和决议的内容，看其是否合法；②对交易所进行定期的检查或要求其定期提交规定的营业与财务报告；③在交易所有违法行为，妨害公共利益，或扰乱社会秩序时，主管当局可给予警告、令其停业，甚至解散的处分。

3）证券交易所的自我管理

证券交易所也要发挥自律的功能进行自我管理。各国证券交易所都有自己的规章制度，包括章程、业务规则和会员管理办法等。这些规章制度对证券交易所的工作人员、交易所会员及其所进行的活动起到有效的约束和调节作用。

2．场外交易市场的管理

场外交易市场没有固定的组织形式，进行交易的证券种类和数量众多，交易地点分散，参加交易的证券商、投资人数量巨大，因而场外交易市场的管理困难较大，问题较多。对场外交易市场的管理主要有两种方法。

（1）组成证券商同业公会进行自律。如美国的证券交易法规定：①证券商应组成协会进行自律；②证券商协会对其会员所经营业务的种类及地区应予以限制，并向证券交易管理委员会办理登记；③证券商协会的章程应当注意防止欺诈与操纵市场的行为，提倡公正交易的原则，限制过分的利润、佣金及其他收费；④应保护投资者与公共利益，消除自由公开市场上的障碍等。

（2）政府对场外交易市场制定管理制度。如美国证券交易法规定：①在场外交易市场交易的公司资产额在100万美元以上、股东在500人以上应向证券交易管理委员会注册；②在州与州之间进行场外交易业务的证券商也必须向证券交易管理委员会注册；③全国证券商协会主要管理证券场外交易，该协会制定各种管理规则，防止虚伪、操纵市场的行为，加强公平交易和商业道德，监督收取不正当手续费，以保护投资者的利益，对违反者开除会籍或课以罚金。此外，还制定有关证券商之间股价确认的规则，对场外交易价格进行管理。

3. 证券发行公司的交易管理

以美国为例说明证券发行公司的证券交易管理。

（1）实行证券发行公司的交易注册制度。美国证券交易法规定，任何公司，只要其发行的证券在联邦交易所进行公开交易，都必须向证券交易管理委员会进行交易注册登记；在场外交易市场上交易的证券，如前所述，凡资产总额超过 100 万美元或股东人数超过 500 人以上的公司，都必须向证券交易管理委员会注册登记，后来为了简化手续，1982 年改为总资产超过 300 万美元的发行公司必须向证券交易管理委员会注册登记，总资产不足 300 万美元的发行公司可享受场外交易注册登记。

（2）进行交易注册后，证券发行公司必须按证券交易管理委员会的要求填写和递交反映该公司资产、负债、盈利等财务状况的统计表格和财务报告。

（3）当证券交易管理委员会发现发行公司定期提供的公司财务信息不完整、不真实时，根据情节有权对公司正在流通中的证券发出暂停交易命令。

（4）因发行公司漏报、谎报公司财务状况，导致证券交易各方承受经济损失时，证券发行公司必须承担民事责任。发行公司蓄意谎报公司情况的，对主要当事人按触犯刑法处理。

（5）为了防止证券发行公司内部人员利用职权便利和外界无法获取的资讯操纵交易市场牟取暴利，美国等许多国家还规定，凡是证券发行公司内部人员对公司证券进行个人交易者，必须向证券管理机构进行证券交易的个人注册，并向证券管理机构报告其证券买进、卖出情况，包括证券买卖数量、价格、附加条件以及成交的时间、地点等。

4. 证券交易行为的管理

在美国的证券交易市场中，由证券交易管理委员会维持交易市场的交易秩序，并对证券交易市场上所有的参加者实行交易行为管理。交易行为管理包括反垄断、反欺诈、反假冒和反内部勾通等内容。

（1）反垄断条款。反垄断条款的核心问题是禁止证券交易市场上垄断证券价格的行为，制止哄抬或哄压证券价格，制止一切故意造成证券价格波动的证券买卖。反垄断条款主要有三条：第一条是禁止交易者为了影响市场行情而进行的不转移证券所有权的买空卖空；第二条是禁止交易者为影响市场行情而连续以高价买入或以低价卖出某种证券的行为；第三条是禁止交易者为影响市场行情与他人共谋，以约定价格大量买进或卖出某种证券的行为。

（2）反欺诈、反假冒条款。其核心是禁止证券交易过程中的欺诈、假冒或其他蓄意损害交易对手的行为。主要内容有四条：第一条是禁止在证券市场上无实际成交意思，但空报价格，欺骗交易对手；第二条是禁止编造和散布影响市场交易秩序和市场行情的谎言；第三条是禁止向交易对手和公众提供有关证券发行和证券交易的虚假信息；第四条是禁止采取蒙骗、威吓等不正当手段劝说或强迫公众买进或卖出证券。

（3）反内部勾通条款。其核心问题是禁止公司的内部人员或关系户利用公职之便在证券交易中牟利。为此，采取 3 条处理原则：①透露未公布信息者，要承担民事责任；②通过内部信息在证券交易中得到好处者，以及凭借内部信息，在交易中欺骗交易对手，损害了交易对手利益者，必须承担民事责任；③内部勾通的存在，使证券买卖双方在客观上获得的信息不均等，因而证券交易是在不公平条件下完成的，属于不公平交易，受损失的一方有权向透露未公布信息的当事人和利用内部信息从事证券交易的当事人索赔经济损失。

10.3.3 对证券公司的监管

证券公司是经过主管机关批准的经营证券发行和流通等业务的专业机构。在证券市场上，证券的发行和交易一般都是通过证券公司这一中介进行的。证券公司根据其业务性质的不同，可分为证券承销商、证券自营商和证券经纪商 3 种。对证券公司的监管是证券市场监管的重要内容。

1. 证券公司的设立资格

依据各国立法，一般对证券公司的设立采取特许制和登记制两种。特许制以日本为代表，在日本，凡是经营证券的证券公司都必须先向大藏省申请，按不同的经营业务获得不同的特许。只有获得特许执照方可营业，非证券公司不得经营证券业务以及相关的其他业务。登记制以美国为代表，在美国，凡是经营证券业务的证券公司都必须向证券交易管理委员会登记注册。但是，无论采取哪种形式，都必须符合规定的条件，主要有：①证券公司应有的最低资本额；②交纳足够的营业保证金；③具有良好的信誉；④证券公司及其从业人员具有从事证券业务的知识、经验；⑤从业人员必须经过严格的考试、审查、录用。

2. 证券承销商的行为规范

证券承销商是证券发行市场上经营承销业务的中介机构。从美国的法律看，对承销商的行为规范主要有：①禁止商业银行参与公司证券的承销，以防止商业银行利用其证券附属部门及存款进行投机牟利；②承销商对公开说明书的虚伪、遗漏负一定的民事责任，如证明确已尽到义务，可免除责任；③承销合同及承销商报酬情况必须予以公开；④承销商在承销期间从事稳定价格的行为（如为防止或延缓证券在公开市场上价格下跌而购买证券行为），必须依据证券交易管理委员会的规定，事先报告，否则是违法行为。

3. 证券自营商的行为规范

证券自营商即证券交易商，是在证券交易市场中为自己买入卖出证券的证券商。自营商的行为规范主要有：①自营商必须按规定的业务范围从事经营活动；②自营商必须按实际资本额的一定百分比提存营业保证金；③自营商的账册、业务及财务状况要报送主管机关审核；④自营商不得进行操纵性买卖；⑤自营商在证券交易所内卖出证券成交后，应逐笔将卖出的证券提交证券交易所办理交割，不得以当天买进的同类证券相抵消；⑥自营商不得在同一交易期内对同一证券接受委托买卖和自营买卖；⑦自营商购买证券时的出价如果与场外顾客相同，尽管自营商叫价较早，订单较大，仍应以顾客优先。

4. 证券经纪商的规范

证券经纪商即证券经纪人或佣金经纪人，是在证券市场上专门进行代客买卖证券，充当交易媒介收取佣金的证券商。证券经纪商的行为规范主要有：①经营范围主要限于在交易市场上代理客户买卖证券。如要经营自营买卖、承销业务、投资咨询等其他业务，须经主管机关批准；②必须按实收资本的一定百分比缴存营业保证金；③代客买卖证券，首先必须签订买卖证券委托契约，并对委托人一切委托事宜有严守秘密的义务；④未经客户委托，不得代客户买卖；⑤代客户买卖应坚持公平交易原则，禁止任何欺诈不法行为，不得做欺诈性的推销牟利，在接受客户"全权委托"时，不得利用客户的账户做不必要的反复买卖，从中赚取佣金；⑥交易时必须经过竞价程序，不得直接用一买一卖抵消的方式来进行交易；⑦如果兼做自营商，在买卖证券时，要表明该交易是自营买卖还是代客买卖等。

5. 对证券公司的监督与惩罚

对证券公司实施监督与管理的最主要部门是证券主管机关，如日本的大藏省、美国的证券交易管理委员会。此外，证券交易所及证券商同业公会对证券商也有自律的作用。为了保护广大投资者及公众利益，主管机关可随时要求证券商提出有关其财务与营业的报告资料。如发现如下情况：①证券公司的行为有不合法或不合有关规定的事项；②对顾客有欺诈及违反义务的行为；③证券公司的财务状况恶化；④证券公司负责人或其业务具有法定的消极条件，以及不依法令的要求保持各项必要的记录，则证券主管机关有权命令其纠正或限期改善，并视实际情况对证券商给予警告、短期停业，直至撤销营业执照的处分。如果发现证券从业人员有违法行为，证券主管机关有权视其情节轻重予以警告、短期或长期禁止其为任何证券商所聘任或雇佣的处分。

本 章 小 结

政府监管，或称政府规制，通常可以用来特指市场经济国家的政府为克服"市场失灵"而采取的种种有法律依据的规律或制约经济活动的行为。政府规制的产生是市场经济发展的必然结果。政府规制产生的直接基础是市场失灵的出现，市场失灵一般表现为自然垄断、信息不对称、外部性等。证券市场监管的总体目标是建立一个高效率的证券市场，保障广大投资者的投资权益，保障证券市场合法交易活动，维护证券市场正常秩序，发挥证券市场资源配置的作用，促进社会经济的繁荣与稳定。有效的证券市场管理能够克服证券市场自身的诸多缺陷，并对社会和经济的发展具有多方面的影响和促进作用。证券市场监管模式有集中立法管理型模式、自律管理型模式、分级管理型模式。证券市场监管要遵循合法、公开、公正、自愿的原则，证券市场监管机构包括政府监管机构、证券发行机构、证券投资机构、证券交易机构等。我国证券市场实行以政府监管为主，自律为辅的监管体系。这一监管体制随着证券市场的发展经历了从地方监管到中央监管、从分散监管到集中监管的过程。

证券市场监管法律法规有3个层次，包括《中华人民共和国证券法》、基金法、公司法、刑法等法律对证券犯罪的规定、国务院颁布的行政法规以及证监部门或相关部门的规章。

从证券市场监管的内容看，主要包括证券发行管理、证券交易管理和证券商管理。证券发行监管包括证券发行的审核制度、证券发行注册的内容、证券注册发行责任等内容，证券交易的管理包括对证券交易所的管理、对场外交易市场的管理、对证券发行公司的交易管理和对证券交易行为的管理。证券公司是经过主管机关批准的经营证券发行和流通等业务的专业机构。在证券市场上，证券的发行和交易一般都是通过证券公司这一中介进行的。对证券公司的监管是证券市场监管的重要内容。证券公司根据其业务性质的不同，可分为证券承销商、证券自营商和证券经纪商3种。

习 题

一、名词解释

政府监管 注册制 核准制

二、简答题

1. 证券市场监管模式有哪些?
2. 简述中国证券市场监管体系。
3. 与中国证券市场监管相关的法律有哪些?
4. 证券交易所设立有哪些方式?
5. 对证券公司的设立资格有哪些规定?

三、案例分析题

美国"证券投资者保护公司"

1. "证券投资者保护公司"简介

1) 成立背景

证券投资者保护公司(SIPC)起源于1968—1970年间纽约交易所的"订单拖欠危机",由于没有预料到对股票的需求量巨大,经纪商无法处理大批订单,给投资者造成相当大的损失。大批经纪商因而被兼并、收购或者被迫停止营业,甚至倒闭。证券市场的公众信誉岌岌可危。此时,美国国会迅速行动,通过了《1970证券投资者保护法》,目的在于对由于经纪商危机而给投资者造成的损失提供一定程度的保护,并且因此重新燃起投资者对美国证券市场的信心。在此基础上,创立了一个非营利性的政府机构——证券投资者保护公司,来保护投资者,使其免遭因经纪公司破产而造成的损失。

2) 组织结构

证券投资者保护公司是一个非营利性的会员制公司,其会员为所有符合美国《1934证券交易法》第15(b)条的证券经纪商和自营商。截至2000年12月31日,SIPC共有7 033家会员。SIPC的董事会由7位董事构成。其中5位董事经参议院批准由美国总统委任,在这5位董事中,3位来自证券行业,两位来自于社会公众。另外两位董事分别由美国财政部长以及联邦储备委员会指派。董事会的主席和副主席由总统从社会公众董事中任命。

SICP共有员工28位,担负了所有与会员清算、邀请受托人及其律师和会计师、检查索赔要求、审计财产分配等有关的事宜。

3) 资金来源

SIPC基金由会员摊派而来,这些资金被用以投资美国政府债券,其利息也作为SIPC资金的一部分。作为赔偿基金的补充,SIPC还从银行财团获得了一种周转信贷额度。除此之外,如果有必要,证券交易委员会(SEC)有权向美国财政部申请额度高达10亿美元的借款,然后再出借给SIPC,用于急需。至2000年底,SIPC的基金额度高达12.2亿美元,比上年底增加了9 000万美元。

2. "证券投资者保护公司"的作用

"证券投资者保护公司"是美国整个投资者保护体系的一个重要组成部分。尽管有许多各种性质的处理投资欺诈行为的机构——联邦范围的、自律性的、州属的,但SIPC与这些机构不同,其关注的范围更狭窄些，它主要针对当金融经纪商或自营商面临破产或者财务危机时，用公司基金给有关投资者以补偿。"证券投资者保护公司"未被国会授予其反对欺诈的权利。

当一家经纪商由于破产或其他财务困难而倒闭时，SIPC会在一定期限内尽快履行归还投资者储存于该经纪商的现金、股票或者其他证券。没有SIPC，这些与处于倒闭状态的经纪商有关的投资者将可能永远损失掉其证券或者货币，或者需等待数年时间以寻求法律上的解决。

99%以上的适合资格的投资者从"证券投资者保护公司"获得了投资回报。自从1970年国会通过其设立，至2000年12月，SIPC共预付了3.91亿美元用以补偿大约443 000位投资者的38亿美元的资产。就目前的情况，每位客户的最高获配上限为50万美元，其中现金额最多为10万美元。

"证券投资者保护公司"成了投资者面临经纪商破产事件时的第一道防线。

3. "证券投资者保护公司"的服务范围

证券投资者保护公司与联邦储备保险公司不同，后者为银行储蓄者提供一揽子式保护，而前者不是。

当一家会员银行面临破产时，联邦储备保险公司会保证所有有关储蓄者的损失小于一个确定的水平。多数储蓄者将钱存放在经过FDIC保险的银行的账户上，原因就是由于他们承担不起货币损失的风险。这点与股票市场上"风险与回报共存"的投资者行为恰好相反。在股票市场上，由于市场价格起伏不定，因而在这种受风险驱动的投资领域里，投资者头寸的损失是经常发生的事情。这便是为什么在股市萧条期间，面对投资者的资产(股票、债券等)跌水，SIPC并不向投资者支付任何货币赔偿的原因所在。

SIPC通常将对破产机构的所有投资者提供相关保护。不过，SIPC的服务范围不包括当个人投资者持有的股票或其他证券毫无价值时的情形。但是，SIPC会帮助其股票或其他证券被经纪商偷窃或置于经纪商破产的风险之下的个人投资者。

另外，如果破产机构的顾客同时又是以下类型之一者，其索赔要求将不属于SIPC基金的保护范围。

(1) 该机构的一般合伙人、董事或者高级职员。

(2) 持有该机构任何类型证券达5%或以上的优先股东。(持有某些不可转换的优先股股票的股东除外)。

(3) 占该机构净资产(或净利润)份额5%或以上的有限合伙人。

(4) 对该机构的管理和政策具有控制影响力的人。

(5) 为了自身业务运营而非为了其客户的证券商、经纪人、银行。

4. "证券投资者保护公司"的运作模式

只有准确理解有关规则才能有效地保护自己的财产。美国证券投资者保护公司为投资者提供保护的规则如下。

(1) 当一家经纪机构面临倒闭时，SIPC通常要求联邦法院派员前去对该机构进行清算并保护其客户的利益。

(2) 受SIPC保护的投资活动。所有处于财务危机状态的经纪机构的客户，其现金、股票和债券都将受SIPC的保护。而商品期货合约、投资合约(比如有限合伙协议)等未按《1993证券法》在美国证券交易委员会注册的投资行为，不受SIPC的保护。

(3) SIPC的帮助项目。面临破产机构的客户将索回所有已经以其名义登记或正在以其名义登记的证券(比如股票和债券)。其后，该机构剩余的客户资产会以客户的索取规模为基础进行按比例分割，如果机构的客户账户上仍没有足够基金用以满足客户的索赔要求，SIPC将动用储备基金来补充分配的不足，包括最大现金额10万美元在内，每位客户最多可获得50万美元。

(4) 如何进行账户转移。联邦法院的委派人员以及SIPC可以安排某些或者所有的客户账户转移到另一家经纪商，被转移账户的客户会被立即通知获悉，并且可以自由选择是否转移到其他的经纪商处。

(5) 如何估价索赔要求。典型的做法是，当SIPC请求法院对某一经纪商进行清算时，有关客户账户的财务价值按索赔要求的"提出日期"进行计算。无论如何，客户所拥有的证券是要得到补偿的。为此目的，若有必要，SIPC 会动用其储备基金，从市场上购买替代证券来赔偿投资者。由于市场的变化莫测以及破产经纪商等的欺诈，投资者获得的证券经常会变得跌值，有时甚至一无所值。但也有所获证券的价值增加的情形。

（资料来源：中国证监会网站）

案例问题：

通过美国"证券投资者保护公司"的基本情况的介绍，你认为美国在实施投资者保护方面的具体做法，对中国证券市场监管有什么借鉴意义？

参 考 文 献

[1] 杨兆廷，刘颖. 证券投资学[M]. 北京：人民邮电出版社，2010.

[2] 陈文汉. 证券投资学[M]. 北京：机械工业出版社，2010.

[3] 霍文文. 证券投资学[M]. 北京：高等教育出版社，2008.

[4] 方先明. 证券投资学[M]. 南京：南京大学出版社，2009.

[5] 杨宜. 证券投资学[M]. 北京：机械工业出版社，2011.

[6] 刘克. 证券投资学[M]. 北京：中国铁道出版社，2009.

[7] 张玉明. 证券投资学[M]. 北京：清华大学出版社，2007.

[8] 邢天才，王玉霞. 证券投资学[M]. 大连：东北财经大学出版社，2007.

[9] 余学斌. 证券投资学[M]. 北京：科学出版社，2008.

[10] 岑仲迪，顾锋娟. 证券投资学[M]. 北京：清华大学出版社，2011.

[11] 盛洪昌，唐志武. 证券投资学[M]. 北京：清华大学出版社，2011.

[12] 傅学良. 证券投资学[M]. 上海：上海交通大学出版社，2006.

[13] [美]博迪·凯恩·马斯库. 投资学[M]. 7版. 北京：机械工业出版社，2010.

[14] [美]滋维·博迪，等. 投资学[M]. 北京：机械工业出版社，2009.

[15] 张宗新. 投资学[M]. 2版. 上海：复旦大学出版社，2009.

[16] 马君潞，李学峰. 投资学[M]. 2版. 北京：科学出版社，2011.

[17] [美]理查德·A·布雷利，等. 资本投资与估值[M]. 北京：中国人民大学出版社，2010.

[18] 博迪，朱宝宪. 投资学[M]. 6版. 北京：机械工业出版社，2005.

[19] [美]赖利，等. 投资学[M]. 7版. 北京：清华大学出版社，2009.

[20] [美]查尔斯，P·琼斯. 投资学分析与管理[M]. 10版. 北京：机械工业出版社，2008.

[21] [美]罗斯. 公司理财[M]. 8版. 北京：机械工业出版社，2009.

[22] [美]埃德温·J·埃尔顿，马丁·J·格鲁伯，斯蒂芬·J·布朗，威廉·N·戈茨曼. 现代投资
    组合理论和投资分析[M]. 6版. 北京：中国人民大学出版社，2006.

[23] [美]罗纳德·W·梅利歇尔，埃德加·A·诺顿，潘永泉. 金融学导论：市场、投资与财务管
    理[M]. 13版. 北京：机械工业出版社，2009.

[24] [美]查尔斯·J·科拉多，布拉德福德·D·乔丹，白雪，胡波. 投资学基础：估值与管理
    [M]. 3版. 北京：北京大学出版社，2007.

[25] [美]弗兰克·K·赖利，基思·C·布朗，李伟平. 投资分析与组合管理[M]. 8版. 北京：中
    国人民大学出版社，2011.

[26] [美]威廉·F·夏普，陈代云，陈昕，钱敏. 投资者与市场：组合选择、资产定价及投资建议
    [M]. 上海：格致出版社，上海三联书店，上海人民出版社，2011.

[27] [美]劳伦斯·J·吉特曼，等. 刘园，改编. 投资学基础[M]. 11版，中国版. 北京：电子工
    业出版社，2011.

[28] 胡金焱，霍兵，李维林. 证券投资学[M]. 北京：高等教育出版社，2008.

[29] 姜旭朝，胡金焱，孔丹凤. 货币银行学[M]. 北京：经济科学出版社，2008.

[30] 胡金焱，李维林. 金融投资学[M]. 北京：经济科学出版社，2004.

[31] 胡金焱，李维林. 证券投资案例评析[M]. 济南：山东大学出版社，2000.

[32] 朴明根，邹立明，王春红. 证券投资学[M]. 北京：清华大学出版社，2009.

[33] 杨大楷. 证券投资学[M]. 3版. 上海：上海财经大学出版社，2011.

[34] 戴志敏. 证券投资学：理论、实践与案例分析[M]. 杭州：浙江大学出版社，2009.

[35] 中国证券业协会. 证券市场基础知识[M]. 北京：中国财政经济出版社，2010.

[36] [美]弗雷德里克·S·米什金. 货币金融学[M]. 8 版. 北京：清华大学出版社，2009.

[37] 傅元略. 金融工程——衍生金融产品与财务风险管理[M]. 上海：复旦大学出版社，2007.

[38] 侯高兰. 国际金融[M]. 北京：清华大学出版社，2005.

[39] 黄达. 金融学[M]. 2 版. 北京：中国人民大学出版社，2009.

[40] 霍文文. 金融市场学教程[M]. 上海：复旦大学出版社，2005.

[41] 姜波克. 国际金融新编[M]. 4 版. 上海：复旦大学出版社，2010.

[42] 姜礼尚. 期权定价的数学模型和方法[M]. 北京：高等教育出版社，2008.

[43] [美]杰克·C·弗朗西斯，等. 投资学：全球视角[M]. 北京：中国人民大学出版社，2006.

[44] 雷仕凤，等. 国际金融学[M]. 北京：经济管理出版社，2010.

[45] [美]罗伯特·惠利. 衍生工具[M]. 北京：机械工业出版社，2010.

[46] 门明. 金融衍生工具原理与应用[M]. 北京：对外经济贸易大学出版社，2008.

[47] [美]唐·钱斯，等. 衍生工具与风险管理[M]. 7 版. 北京：机械工业出版社，2010.

[48] 汪昌云. 金融衍生工具[M]. 北京：中国人民大学出版社，2009.

[49] [美]威廉·夏普，戈登·亚历山大，杰弗里·贝利. 投资学[M]. 北京：中国人民大学出版社，2003.

[50] 邹瑜骏，黄丽清，汤震宁. 金融衍生产品——衍生金融工具理论与运用[M]. 北京：清华大学出版社，2007.

[51] [美]滋维·博迪，等. 金融学[M]. 2 版. 北京：中国人民大学出版社，2009.

[52] 证券业从业资格考试中心. 证券投资基金[M]. 北京：教育科学出版社，2011.

[53] 中国证券业协会. 证券投资基金[M]. 北京：中国财政经济出版社，2012.

[54] 李凤云. 投资银行[M]. 北京：清华大学出版社，2011.

[55] 刘英华. 期货投资经典案例[M]. 上海：上海远东出版社，2009.

[56] 王国庆，吴夕晖. 证券营销实务[M]. 长沙：湖南大学出版社，2012.

[57] 吴晓求. 证券投资学[M]. 北京：中国人民大学出版社，2009.

[58] 盛希泰. 证券经纪人营销管理体系建设[M]. 北京：中国财政经济出版社，2009.

北京大学出版社本科财经管理类实用规划教材（已出版）

财务会计类

序号	书　名	标准书号	主　编	定价	序号	书　名	标准书号	主　编	定价
1	基础会计（第2版）	7-301-17478-4	李秀莲	38.00	17	企业财务会计模拟实习教程	7-5655-0404-4	董晓平	25.00
2	基础会计学	7-301-19403-4	窦亚芹	33.00	18	税法与税务会计	7-81117-497-7	吕孝侠	45.00
3	会计学	7-81117-533-2	马丽莹	44.00	19	税法与税务会计实用教程	7-81117-598-1	张巧良	38.00
4	会计学原理（第2版）	7-301-18515-5	刘爱香	30.00	20	初级财务管理	7-301-20019-3	胡淑姣	42.00
5	会计学原理习题与实验（第2版）	7-301-19449-2	王保忠	30.00	21	财务管理学	7-5038-4897-1	盛均全	34.00
6	会计学原理与实务（第2版）	7-301-18653-4	周慧滨	33.00	22	财务管理学实用教程（第2版）	7-301-21060-4	骆永菊	42.00
7	会计学原理与实务模拟实验教程	7-5038-5013-4	周慧滨	20.00	23	基础会计学学习指导与习题集	7-301-16309-2	裴　玉	28.00
8	会计实务	7-81117-677-3	王远利	40.00	24	财务管理理论与实务	7-301-20042-1	成　兵	40.00
9	高级财务会计	7-81117-545-5	程明娥	46.00	25	财务管理学原理与实务	7-81117-544-8	严复海	40.00
10	高级财务会计	7-5655-0061-9	王奇杰	44.00	26	财务管理理论与实务（第2版）	7-301-20407-8	张思强	42.00
11	成本会计学	7-301-19400-3	杨尚军	38.00	27	公司理财原理与实务	7-81117-800-5	廖东声	36.00
12	成本会计学	7-5655-0482-2	张红漫	30.00	28	审计学	7-81117-828-9	王翠琳	46.00
13	成本会计学	7-301-20473-3	刘建中	38.00	29	审计理论与实务	7-81117-955-2	宋传联	36.00
14	管理会计	7-81117-943-9	齐殿伟	27.00	30	会计综合实训模拟教程	7-301-20730-7	章洁倩	33.00
15	管理会计	7-301-21057-4	肜芳珍	36.00	31	财务分析学	7-301-20275-3	张献英	30.00
16	会计规范专题	7-81117-887-6	谢万健	35.00	32	银行会计	7-301-21155-7	宗国恩	40.00

工商管理、市场营销、人力资源管理、服务营销类

序号	书　名	标准书号	主　编	定价	序号	书　名	标准书号	主　编	定价
1	管理学基础	7-5038-4872-8	于千千	35.00	19	市场营销学	7-81117-676-6	戴秀英	32.00
2	管理学基础学习指南与习题集	7-5038-4891-9	王　珍	26.00	20	市场营销学（第2版）	7-301-19855-1	陈　阳	45.00
3	管理学	7-81117-494-6	曾　旗	44.00	21	市场营销学新论	7-5038-4879-7	郑玉香	40.00
4	管理学原理	7-5655-0078-7	尹少华	42.00	22	国际市场营销学	7-5038-5021-9	范应仁	38.00
5	管理学原理与实务（第2版）	7-301-18536-0	陈嘉莉	42.00	23	市场营销理论与实务（第2版）	7-301-20628-7	那　薇	40.00
6	管理学实用教程	7-5655-0063-3	邵喜武	37.00	24	现代市场营销学	7-81117-599-8	邓德胜	40.00
7	管理学实用教程	7-301-21059-8	高爱霞	42.00	25	消费者行为学	7-81117-824-1	甘瑁琴	35.00
8	通用管理知识概论	7-5038-4997-8	王丽平	36.00	26	商务谈判（第2版）	7-301-20048-3	郭秀君	49.00
9	现代企业管理理论与应用	7-5038-5024-0	邸彦彪	40.00	27	商务谈判实用教程	7-81117-597-4	陈建明	24.00
10	管理运筹学（第2版）	7-301-19351-8	关文忠	39.00	28	消费者行为学	7-5655-0057-2	肖　立	37.00
11	统计学原理	7-301-21061-1	韩　宇	38.00	29	客户关系管理实务	7-301-09956-8	周贺来	44.00
12	统计学原理	7-5038-4888-9	刘晓利	28.00	30	公共关系学	7-5038-5022-6	于朝晖	40.00
13	统计学	7-5038-4898-8	曲　岩	42.00	31	公共关系理论与实务	7-5038-4889-6	王　玫	32.00
14	应用统计学（第2版）	7-301-19295-5	王淑芬	48.00	32	公共关系学实用教程	7-81117-660-5	周　华	35.00
15	管理定量分析方法	7-301-13552-5	赵光华	28.00	33	公共关系理论与实务	7-5655-0155-5	李泓欣	45.00
16	新编市场营销学	7-81117-972-9	刘丽霞	30.00	34	跨国公司管理	7-5038-4999-2	冯雷鸣	28.00
17	市场营销学	7-5655-0064-0	王槐林	33.00	35	质量管理	7-5655-0069-5	陈国华	36.00
18	市场营销学实用教程	7-5655-0081-7	李晨耘	40.00	36	跨文化管理	7-301-20027-8	晏　雄	35.00

序号	书 名	标准书号	主编	定价	序号	书 名	标准书号	主编	定价
37	企业战略管理	7-5655-0370-2	代海涛	36.00	52	人力资源管理实用教程（第2版）	7-301-20281-4	吴宝华	45.00
38	企业文化理论与实务	7-81117-663-6	王水嫩	30.00	53	人力资源管理：理论、实务与艺术	7-5655-0193-7	李长江	48.00
39	企业战略管理	7-81117-801-2	陈英梅	34.00	54	员工招聘	7-301-20089-6	王 挺	30.00
40	企业战略管理实用教程	7-81117-853-1	刘松先	35.00	55	服务营销理论与实务	7-81117-826-5	杨丽华	39.00
41	产品与品牌管理	7-81117-492-2	胡 梅	35.00	56	服务企业经营管理学	7-5038-4890-2	于干千	36.00
42	东方哲学与企业文化	7-5655-0433-4	刘峰涛	34.00	57	服务营销	7-301-15834-0	周 明	40.00
43	运营管理	7-5038-4878-0	冯根尧	35.00	58	会展服务管理	7-301-16661-1	许传宏	36.00
44	生产运作管理（第2版）	7-301-18934-4	李全喜	48.00	59	现代服务业管理原理、方法与案例	7-301-17817-1	马 勇	49.00
45	运作管理	7-5655-0472-3	周建亨	25.00	60	服务性企业战略管理	7-301-20043-8	黄其新	28.00
46	组织行为学	7-5038-5014-1	安世民	33.00	61	服务型政府管理概论	7-301-20099-5	于干千	32.00
47	组织行为学行为教程	7-301-20466-5	冀 鸿	32.00	62	新编现代企业管理	7-301-21121-2	姚丽娜	48.00
48	流程型组织的构建研究	7-81117-519-6	岳 澎	35.00	63	创业学	7-301-15915-6	刘沁玲	38.00
49	人力资源管理（第2版）	7-301-19098-2	颜爱民	60.00	64	管理学	7-301-17452-4	王慧娟	42.00
50	人力资源管理经济分析	7-301-16084-8	颜爱民	38.00	65	公共关系学实用教程	7-301-17472-2	任焕琴	42.00
51	人力资源管理原理与实务	7-81117-496-0	邹 华	32.00					

经济、国贸、金融类

序号	书 名	标准书号	主编	定价	序号	书 名	标准书号	主编	定价
1	政治经济学原理与实务	7-81117-498-4	沈爱华	28.00	20	国际金融实用教程	7-81117-593-6	周 影	32.00
2	宏观经济学原理与实务（第2版）	7-301-18787-6	崔东红	57.00	21	国际商务	7-5655-0093-0	安占然	30.00
3	宏观经济学	7-5038-4882-7	蹇令香	32.00	22	金融市场学	7-81117-595-0	黄解宇	24.00
4	微观经济学原理与实务	7-81117-818-0	崔东红	48.00	23	金融工程学理论与实务	7-81117-546-2	谭春枝	35.00
5	微观经济学	7-81117-568-4	梁瑞华	35.00	24	财政学	7-5038-4965-7	盖 锐	34.00
6	西方经济学实用教程	7-5038-4886-5	陈孝胜	40.00	25	保险学原理与实务	7-5038-4871-1	曹时军	37.00
7	西方经济学实用教程	7-5655-0302-3	杨仁发	49.00	26	东南亚南亚商务环境概论	7-81117-956-9	韩 越	38.00
8	西方经济学	7-81117-851-7	于丽敏	40.00	27	证券投资学	7-301-19967-1	陈汉平	45.00
9	现代经济学基础	7-81117-549-3	张士军	25.00	28	金融学理论与实务	7-5655-0405-1	战玉峰	42.00
10	国际经济学	7-81117-594-3	吴红梅	39.00	29	货币银行学	7-301-15062-7	杜小伟	38.00
11	发展经济学	7-81117-674-2	赵邦宏	48.00	30	国际结算（第2版）	7-301-17420-3	张晓芬	35.00
12	管理经济学	7-81117-536-3	姜保雨	34.00	31	国际贸易规则与进出口业务操作实务（第2版）	7-301-19384-6	李 平	54.00
13	计量经济学	7-5038-3915-3	刘艳春	28.00	32	金融风险管理	7-301-20090-2	朱淑珍	38.00
14	外贸函电	7-5038-4884-1	王 妍	20.00	33	国际贸易实务	7-301-20919-6	张 肃	28.00
15	国际贸易理论与实务（第2版）	7-301-18798-2	缪东玲	54.00	34	国际贸易理论、政策与案例分析	7-301-20978-3	冯 跃	42.00
16	国际贸易（第2版）	7-301-19404-1	朱廷珺	45.00	35	国际结算	7-301-21092-5	张 慧	42.00
17	国际贸易实务（第2版）	7-301-20486-3	夏合群	45.00	36	金融工程学	7-301-18273-4	李淑锦	30.00
18	国际贸易结算及其单证实务	7-5655-0268-2	卓乃坚	35.00	37	证券投资学	7-301-21236-3	王 毅	45.00
19	国际金融	7-5038-4893-3	韩博印	30.00					

法律类

序号	书 名	标准书号	主编	定价	序号	书 名	标准书号	主编	定价
1	经济法原理与实务	7-5038-4876-6	杨士富	32.00	5	劳动法学	7-81117-495-3	李 瑞	32.00
2	经济法实用教程	7-81117-547-9	陈亚平	44.00	6	金融法学理论与实务	7-81117-958-3	战玉锋	34.00
3	国际商法理论与实务	7-81117-852-4	杨士富	38.00	7	国际商法	7-301-20071-1	丁孟春	37.00
4	商法总论	7-5038-4887-2	任先行	40.00					

电子商务与信息管理类

序号	书 名	标准书号	主编	定价	序号	书 名	标准书号	主编	定价
1	网络营销	7-301-12349-2	谷宝华	30.00	3	电子商务概论	7-301-12343-0	庞大连	35.00
2	数据库技术及应用教程（SQL Server版）	7-301-12351-5	郭建校	34.00	4	网络营销	7-301-16556-0	王宏伟	26.00

序号	书　名	标准书号	主编	定价	序号	书　名	标准书号	主　编	定价
5	网络信息采集与编辑	7-301-16557-7	范生万	24.00	20	电子商务概论	7-301-16717-5	杨雪雁	32.00
6	电子商务案例分析	7-301-16596-6	曹彩杰	28.00	21	电子商务英语	7-301-05364-5	覃　正	30.00
7	管理信息系统	7-301-12348-5	张彩虹	36.00	22	网络支付与结算	7-301-16911-7	徐　勇	34.00
8	电子商务概论	7-301-13633-1	李洪心	30.00	23	网上支付与安全	7-301-17044-1	帅青红	32.00
9	管理信息系统实用教程	7-301-12323-2	李　松	35.00	24	企业信息化实务	7-301-16621-5	张志荣	42.00
10	电子商务法	7-301-14306-3	李　瑞	26.00	25	电子化国际贸易	7-301-17246-9	李辉作	28.00
11	数据仓库与数据挖掘	7-301-14313-1	廖开际	28.00	26	商务智能与数据挖掘	7-301-17671-9	张公让	38.00
12	电子商务模拟与实验	7-301-12350-8	喻光继	22.00	27	管理信息系统教程	7-301-19472-0	赵天唯	42.00
13	ERP原理与应用教程	7-301-14455-8	温雅丽	34.00	28	电子政务	7-301-15163-1	原忠虎	38.00
14	电子商务原理及应用	7-301-14080-2	孙　睿	36.00	29	商务智能	7-301-19899-5	汪　楠	40.00
15	管理信息系统理论与应用	7-301-15212-6	吴　忠	30.00	30	电子商务与现代企业管理	7-301-19978-7	吴菊华	40.00
16	网络营销实务	7-301-15284-3	李蔚田	42.00	31	电子商务物流管理	7-301-20098-8	王小宁	42.00
17	电子商务实务	7-301-15474-8	仲　岩	28.00	32	管理信息系统实用教程	7-301-20485-6	周贺来	42.00
18	电子商务网站建设	7-301-15480-9	臧良运	32.00	33	电子商务概论	7-301-21044-4	苗　森	28.00
19	网络金融与电子支付	7-301-15694-0	李蔚田	30.00					

物流管理与工程类

序号	书　名	标准书号	主编	定价	序号	书　名	标准书号	主　编	定价
1	物流工程	7-301-15045-0	林丽华	30.00	25	营销物流管理	7-301-18658-9	李学工	45.00
2	现代物流决策技术	7-301-15868-5	王道平	30.00	26	物流信息技术概论	7-301-18670-1	张　磊	28.00
3	物流管理信息系统	7-301-16564-5	杜彦华	33.00	27	物流配送中心运作管理	7-301-18671-8	陈　虎	40.00
4	物流信息管理	7-301-16699-4	王汉新	38.00	28	物流项目管理	7-301-18801-9	周晓晔	35.00
5	现代物流学	7-301-16662-8	吴　健	42.00	29	物流工程与管理	7-301-18960-3	高举红	39.00
6	物流英语	7-301-16807-3	阚功俭	28.00	30	交通运输工程学	7-301-19405-8	于　英	43.00
7	第三方物流	7-301-16663-5	张旭辉	35.00	31	国际物流管理	7-301-19431-7	柴庆春	40.00
8	物流运作管理	7-301-16913-1	董千里	28.00	32	商品检验与质量认证	7-301-10563-4	陈红丽	32.00
9	采购管理与库存控制	7-301-16921-6	张　浩	30.00	33	供应链管理	7-301-19734-9	刘永胜	49.00
10	物流管理基础	7-301-16906-3	李蔚田	36.00	34	现代企业物流管理实用教程	7-301-17612-2	乔志强	40.00
11	供应链管理	7-301-16714-4	曹翠珍	40.00	35	供应链设计理论与方法	7-301-20018-6	王道平	32.00
12	物流技术装备	7-301-16808-0	于　英	38.00	36	物流管理概论	7-301-20095-7	李传荣	44.00
13	现代物流信息技术	7-301-16049-7	王道平	30.00	37	供应链管理	7-301-20094-0	高举红	38.00
14	现代物流仿真技术	7-301-17571-2	王道平	34.00	38	企业物流管理	7-301-20818-2	孔继利	45.00
15	物流信息系统应用实例教程	7-301-17581-1	徐　琪	32.00	39	物流项目管理	7-301-20851-9	王道平	30.00
16	物流项目招投标管理	7-301-17615-3	孟祥茹	30.00	40	供应链管理	7-301-20901-1	王道平	35.00
17	物流运筹学实用教程	7-301-17610-8	赵丽君	33.00	41	现代仓储管理与实务	7-301-21043-7	周兴建	45.00
18	现代物流基础	7-301-17611-5	王　侃	37.00	42	物流系统仿真案例	7-301-21072-7	赵　宁	25.00
19	逆向物流	7-301-19809-4	甘卫华	33.00	43	物流管理实验教程	7-301-21094-9	李晓龙	25.00
20	现代物流管理学	7-301-17672-6	丁小龙	42.00	44	物流学概论	7-301-21098-7	李　创	44.00
21	物流运筹学	7-301-17674-0	郝　海	36.00	45	物流信息系统	7-301-20989-9	王道平	28.00
22	供应链库存管理与控制	7-301-17929-1	王道平	28.00	46	物流与供应链金融	7-301-21135-9	李向文	30.00
23	物流信息系统	7-301-18500-1	修桂华	32.00	47	物流信息系统	7-301-20989-9	王道平	28.00
24	城市物流	7-301-18523-0	张　潜	24.00	48	物料学	7-301-17476-0	肖生苓	44.00

请登录 www.pup6.cn 免费下载本系列教材的电子书（PDF 版）、电子课件和相关教学资源。

欢迎免费索取样书，并欢迎到北京大学出版社来出版您的大作，可在 www.pup6.cn 在线申请样书和进行选题登记，也可下载相关表格填写后发到我们的邮箱，我们将及时与您取得联系并做好全方位的服务。

联系方式：010-62750667，wangxc02@163.com，dreamliu3742@163.com，lihu80@163.com，欢迎来电来信。